中国语言资源保护工程

中国语言资源集·河北 编委会

主 任
韩爱丽

副主任
王 晖 单 娟

主 编
吴继章

副主编
盖林海 傅 林 吴丽君 李巧兰 侯建华
李 旭 李小平 王志勇 刘义青

委 员
（以姓氏笔画为序）

马美茹	王志勇	王锡丽	尹 凯	田文静	刘义青
孙 顺	李小平	李巧兰	李 旭	李建昌	吴丽君
吴继章	何怡佳	沈丹萍	张兰英	郑 莉	侯建华
唐健雄	曹梦雪	盖林海	傅 林	戴克良	

秘 书
刘宏宇

中国语言资源集

河北 语音卷

吴继章　主编

商务印书馆
The Commercial Press

总序

教育部、国家语言文字工作委员会于 2015 年 5 月发布《教育部 国家语委关于启动中国语言资源保护工程的通知》（教语信函〔2015〕2 号），启动中国语言资源保护工程（以下简称"语保工程"），在全国范围开展以语言资源调查、保存、展示和开发利用等为核心的各项工作。

在教育部、国家语委统一领导下，经各地行政主管部门、专业机构、专家学者和社会各界人士共同努力，至 2019 年底，语保工程超额完成总体规划的调查任务。调查范围涵盖包括港澳台在内的全国所有省份、123 个语种及其主要方言。汇聚语言和方言原始语料文件数据 1000 多万条，其中音视频数据各 500 多万条，总物理容量达 100TB，建成世界上最大规模的语言资源库和展示平台。

语保工程所获得的第一手原始语料具有原创性、抢救性、可比性和唯一性，是无价之宝，亟待开展科学系统的整理加工和开发应用，使之发挥应有的重要作用。编写《中国语言资源集（分省）》（以下简称"资源集"）是其中的一项重要工作。

早在 2016 年，教育部语言文字信息管理司（以下简称"语信司"）就委托中国语言资源保护研究中心（以下简称"语保中心"）编写了《中国语言资源集（分省）编写出版规范（试行）》。2017 年 1 月，语信司印发《关于推进中国语言资源集编写的通知》（教语信司函〔2017〕6 号），要求"各地按照工程总体要求和本地区进展情况，在资金筹措、成果设计等方面早设计、早谋划、早实施，积极推进分省资源集编写出版工作"，"努力在第一个'百年'到来之际，打造标志性的精品成果"。2018 年 5 月，又印发了《关于启动中国语言资源集（分省）编写出版试点工作的通知》（教语信司函〔2018〕27 号），部署在北京、上海、山西等地率先开展资源集编写出版试点工作，并明确"中国语言资源集（分省）编写出版工作将于 2019 年在全国范围内全面铺开"。2019 年 3 月，教育部办公厅印发《关于部署中国语言资源保护工程 2019 年度汉语方言调查及中国语言资源集编制工作的通知》（教语信厅函〔2019〕2 号），要求"在试点基础上，在全国范围内开展资源集编制工作"。

为科学有效开展资源集编写工作,语信司和语保中心通过试点、工作会、研讨会等形式,广泛收集意见建议,不断完善工作方案和编写规范。语信司于2019年7月印发了修订后的《中国语言资源集(分省)实施方案》和《中国语言资源集(分省)编写出版规范》(教语信司函〔2019〕30号)。按规定,资源集收入本地区所有调查点的全部字词句语料,并列表对照排列。该方案和规范既对全国作出统一要求,保证了一致性和可比性;也兼顾各地具体情况,保持了一定的灵活性。

各省(区、市)语言文字管理部门高度重视本地区资源集的编写出版工作,在组织领导、管理监督和经费保障等方面做了大量工作,给予大力支持。各位主编认真负责,严格要求,专家团队团结合作,协同作战,保证了资源集的高水准和高质量。我们有信心期待《中国语言资源集》将成为继《中国语言文化典藏》《中国濒危语言志》之后语保工程的又一重大标志性成果。

语保工程最重要的成果就是语言资源数据。各省(区、市)的语言资源按照国家统一规划规范汇集出版,这在我国历史上尚属首次。而资源集所收调查点数之多,材料之全面丰富,编排之统一规范,在全世界范围内亦未见出其右者。从历史的眼光来看,本系列资源集的出版无疑具有重大意义和宝贵价值。我本人作为语保工程首席专家,在此谨向多年来奋战在语保工作战线上的各位领导和专家学者致以崇高的敬意!

曹志耘

2020年10月5日

序

河北是中华民族主要发祥地之一，有着悠久的历史和灿烂的文化。早在二百多万年以前，河北境内就有人类居住，从旧石器时代起，到中石器时代、新石器时代，早期人类的遗迹遍布今天的河北各地。五千多年前，中华民族的三大始祖黄帝、炎帝和蚩尤就在今天河北的大地上征战并最后融合，开创了中华民族的文明史。独特的自然地理环境和漫长的社会发展演变历史孕育了河北独具特色的地域文化：燕赵文化、中山文化、畿辅文化、太行文化、红色文化，等等。语言是文化的载体又是文化的组成部分，方言反映地域文化，与地域文化互为一体，古今皆然。譬如，有研究者就根据《方言》所载西汉大部分地区"芜菁"只有这一个名称，而赵、魏两地则依据"芜菁"的大小、颜色等的不同分别有四个名称这一方言特点，推断当时河北的一些地方"芜菁"的种类比别的地方多。到了现当代，我们能了解到的这类现象更是比比皆是，现在河北的唐山一带，人们常用"走一窗户"来表示"敷衍、应付"或"走形式、走过场"等意思，就源于当地流行的皮影戏这种艺术形式。

由于方言与地域文化的这种密切关系，使得某些地域文化现象在本身成为历史之后，仍能借助方言保存下来，这使地域文化的多样性和丰富性有了较多的可能。但社会的转型和快速发展加快了方言消失的速度，地域文化生存的土壤处在加速的瓦解中；这就使得方言的保存和保护具有了现实的必要性和迫切性。

顺应方言保存和保护的需要，先是国家语委于2008年启动了"中国语言资源有声数据库建设工程"，教育部、国家语委又于2015年在"中国语言资源有声数据库建设工程"的基础上启动了"中国语言资源保护工程"。"中国语言资源保护工程"是20世纪50年代全国第一次汉语方言普查之后，第二个由政府主导的全国性语言调查工程。与以往的方言调查相比，"中国语言资源保护工程"有着诸多鲜明突出的特点。有的特点我们从各省的资源集中就可以看到，如全国所有的调查点都严格按照统一的格式，调查同样的内容；调查的内容不限于语音、词汇、语法，还包括了地方文化；它的调查不仅有纸笔的记录分析，还有录音录像，等等。有的特点则是资源集中看不到的：首先是它针对工程中的每一个方面、每一个步骤，都制定了严格具体的规范，提出了明确的要求；而且这些规范和要求都是以正规出版物或文件、信函的方式给出的，前者如《中国语言资源调查手册·汉语方言》（商务印书馆，2015），后者如《教育部办公厅关于部署中国语言资源保护工程2019年度汉语方言调查及中国语言资源集编制工作的通知》（教语信厅函〔2019〕2号）。其次是在调查队伍的组建、调查人员的培训、发音人的选择上都下足了功夫。三是调查点和调查内容的确定都是经过专业队伍反复论证的。四是各省市编入资源集和放置在语保工程采录展示平台上的相关内容都是经过语保核心专家组专家或外省市同行专家"中期检查""预验收""验收"过的，这些检查等都有严格细致的标准。

河北的语保工作是从2013年开始的。"有声数据库河北库"建设工作，我们调查了唐山的滦南县、玉田县、迁西县和古冶区以及承德的滦平县等5个县（区），并顺利通过了验收。在教育部、国家语委启动"中国语言资源保护工程"之后，河北省语委、省教育厅高度重视，迅速响应，于2015年9月启动了中国语言资源河北汉语方言调查项目。项目从2016年正式开始到2019年结束，历时3年，共完成了35个点的汉语方言调查描写任务。这部即将出版的《中国语言资源集·河北》就是河北一期"语言资源保护工程"的成果之一。河北语保参与调查工作的专业人员共148人，发音人225人，共组建了20个调查团队。在整个调查过程中，从发音人的选定到田野的纸笔记录，从材料的整理到录音录像，每个调查团队都以认真负责、一丝不苟的精神，克服了无数想象不到的困难。调查团队的专业人员绝大部分都是高校教师。一些需要多人互相配合完成的任务，如录音录像，多是在假期中完成的。酷热难当的盛夏，录音录像时为防止噪音的干扰，往往是风扇不能吹，空调不能开。河北同全国其他省市一样，在工作过程中，克服了各种各样的困难，经历了许许多多曲折而动人的"故事"，这些"故事"中的一部分反映在《语保故事》（第一辑）（王莉宁主编，光明日报出版社，2021）中，感兴趣的读者可以参看。

《中国语言资源集·河北》的编写工作开始于2019年的年中，2019年6月成立了资源集编写委员会并申报立项，7月组织召开了资源集编写工作研讨会议。会上就资源集编写的第一步工作即单点校对进行了讨论并对校对任务进行了分工，10月完成了河北汉语方言调查项目35个点的校对任务，并将修改的情况按要求报给了语保中心。2020年1月组织专家进行了集中研讨，对编写任务按照语音、词汇、语法和口头文化进行了分组分工；邀请语保中心专家就资源集编写的有关内容进行了培训和问题解答。2020年底《中国语言资源集·河北》全部编写完成并进入出版流程。

"中国语言资源保护工程"对我们整个国家的语言和文化建设都将产生重大的影响，对河北而言更是具有特殊重要的意义。首先，河北环绕京津，河北的一部分方言比其他方言受普通话的影响更大、更直接，这种影响使得河北方言，起码是其中的大部分方言无论是在语音、词汇方面，还是在语法方面都处在较其他方言更快的变化之中；因此，河北的语言资源保护就有着比其他省市更为突出的迫切性。其次，从上个世纪50年代第一次全国汉语方言普查开始，就形成了一种河北方言在大部分地区大部分方面与普通话差别都不大的看法，这在一定程度上影响了河北方言调查研究的全面和深入。最近十几年来，随着调查的深入，人们已经在逐渐改变对河北方言的看法。这次语保调查，由于规模较大，调查的内容较为全面，对我们全面准确地认识河北方言及其调查研究的意义将会具有较大的作用，并促进河北方言调查研究的深入发展。三是可以在一定程度上弥补多年来河北方言调查研究中基础材料欠缺的弱项。四是为河北提供了一个壮大方言调查研究队伍和向周边省市学习的机会。

河北省的语言资源保护工作，无论是方言调查还是资源集的编写，都是在国家语委、教育部语信司、中国语言资源保护研究中心、河北省语委、河北省教育厅的领导和指导下进行的。工作过程让我们认识到，完成大规模的语言基础建设工程，政府主导、相关行政部门和专业团队的密切配合是必不可少的。几年里，河北省语委办的同志们，始终如一地与专业团队密切配合，以积极主动的工作态度，在调查点的选择调整、发音人的确定、外省市专家检查验收工作的协调安排、相关会议的组织、经费的申请和管理等方面，付出了大量的劳动。

由于《中国语言资源集·河北》所涉及内容的调查是在不同的时间地点、由不同的团队完成的，难免存在对同类问题的不同看法；由于方言和方言文化都具有较高的复杂性，很容易导致描写或分析的不准确；更由于我们的水平有限，问题和错漏的存在几乎可以说是一种必然。

我们衷心期待来自各方面的关注和批评指正！

吴继章
2022年11月

中国语言资源保护工程河北方言调查点分布图

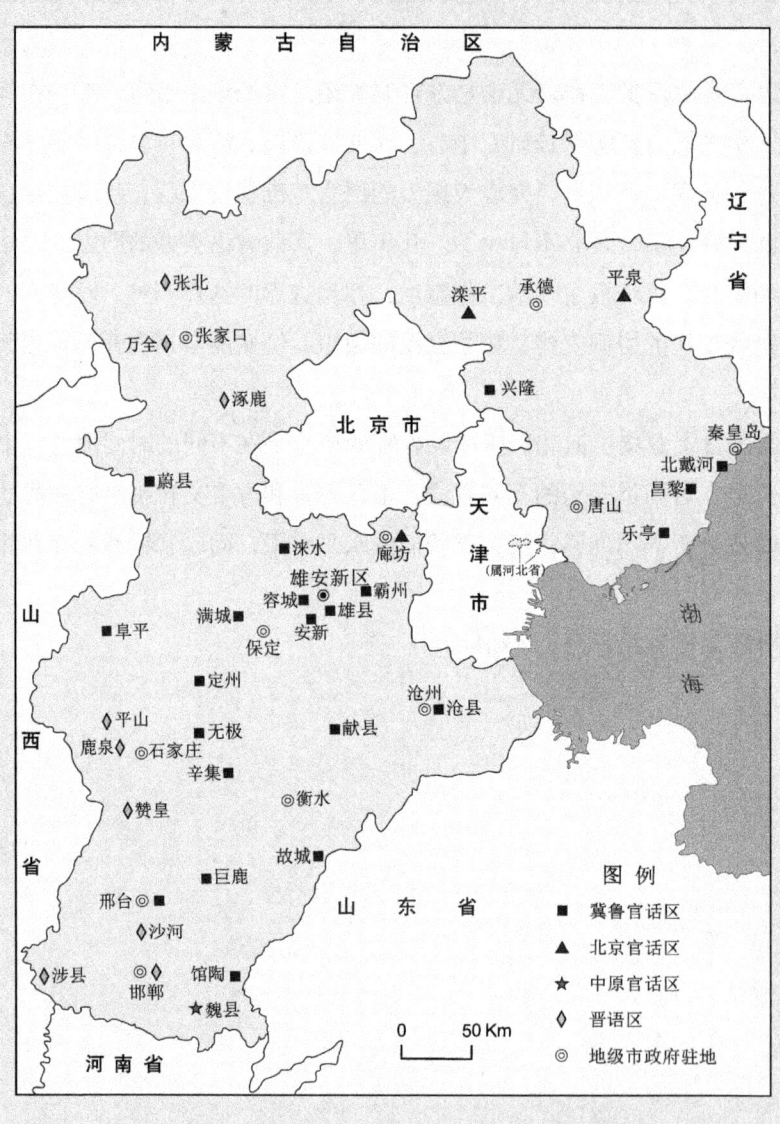

审图号：冀S（2022）001号

目 录

概 述 / 1
编写凡例 / 2

第一章 各地音系 / 5

第一节 兴隆方音 …… 5
壹 概况 …… 5
贰 声韵调 …… 6
叁 连读变调 …… 8
肆 异读 …… 10
伍 儿化韵 …… 12

第二节 北戴河方音 …… 13
壹 概况 …… 13
贰 声韵调 …… 14
叁 连读变调 …… 17
肆 异读 …… 19
伍 儿化韵 …… 21

第三节 昌黎方音 …… 22
壹 概况 …… 22
贰 声韵调 …… 23
叁 连读变调 …… 26
肆 异读 …… 31
伍 儿化韵 …… 33

陆 其他音变 …… 35

第四节 乐亭方音 …… 36
壹 概况 …… 36
贰 声韵调 …… 37
叁 连读变调 …… 39
肆 异读 …… 42
伍 儿化韵 …… 44
陆 其他音变 …… 45

第五节 蔚县方音 …… 46
壹 概况 …… 46
贰 声韵调 …… 47
叁 连读变调 …… 50
肆 异读 …… 52
伍 儿化韵 …… 54

第六节 涞水方音 …… 55
壹 概况 …… 55
贰 声韵调 …… 57
叁 连读变调 …… 60
肆 异读 …… 63
伍 儿化韵 …… 65

第七节 霸州方音 …… 68
壹 概况 …… 68

贰 声韵调 …………… 69	伍 儿化韵 …………… 126
叁 连读变调 …………… 72	第十二节 阜平方音 …… 128
肆 异读 …………… 75	壹 概况 …………… 128
伍 儿化韵 …………… 77	贰 声韵调 …………… 129
陆 其他音变 …………… 79	叁 连读变调 …………… 131
第八节 容城方音 …… 80	肆 异读 …………… 134
壹 概况 …………… 80	伍 儿化韵 …………… 136
贰 声韵调 …………… 81	第十三节 定州方音 …… 138
叁 连读变调 …………… 84	壹 概况 …………… 138
肆 异读 …………… 87	贰 声韵调 …………… 139
伍 儿化韵 …………… 89	叁 连读变调 …………… 142
陆 其他音变 …………… 92	肆 异读 …………… 145
第九节 雄县方音 …… 93	伍 儿化韵 …………… 147
壹 概况 …………… 93	第十四节 无极方音 …… 149
贰 声韵调 …………… 94	壹 概况 …………… 149
叁 连读变调 …………… 97	贰 声韵调 …………… 150
肆 异读 …………… 100	叁 连读变调 …………… 153
伍 儿化韵 …………… 102	肆 异读 …………… 156
陆 其他音变 …………… 103	伍 儿化韵 …………… 158
第十节 安新方音 …… 105	陆 其他音变 …………… 159
壹 概况 …………… 105	第十五节 辛集方音 …… 160
贰 声韵调 …………… 106	壹 概况 …………… 160
叁 连读变调 …………… 108	贰 声韵调 …………… 161
肆 异读 …………… 111	叁 连读变调 …………… 164
伍 儿化韵 …………… 113	肆 异读 …………… 167
陆 其他音变 …………… 116	伍 儿化韵 …………… 169
第十一节 满城方音 …… 117	第十六节 衡水方音 …… 170
壹 概况 …………… 117	壹 概况 …………… 170
贰 声韵调 …………… 118	贰 声韵调 …………… 171
叁 连读变调 …………… 121	叁 连读变调 …………… 173
肆 异读 …………… 124	肆 异读 …………… 176

伍 儿化韵 …………… 178
第十七节 故城方音 …… 179
　　壹 概况 ……………… 179
　　贰 声韵调 …………… 180
　　叁 连读变调 ………… 183
　　肆 异读 ……………… 185
　　伍 儿化韵 …………… 187
第十八节 巨鹿方音 …… 188
　　壹 概况 ……………… 188
　　贰 声韵调 …………… 189
　　叁 连读变调 ………… 192
　　肆 异读 ……………… 194
　　伍 儿化韵 …………… 196
第十九节 邢台方音 …… 198
　　壹 概况 ……………… 198
　　贰 声韵调 …………… 199
　　叁 连读变调 ………… 201
　　肆 异读 ……………… 203
　　伍 儿化韵 …………… 205
第二十节 馆陶方音 …… 207
　　壹 概况 ……………… 207
　　贰 声韵调 …………… 208
　　叁 连读变调 ………… 211
　　肆 异读 ……………… 214
　　伍 儿化韵 …………… 216
第二十一节 沧县方音 …… 217
　　壹 概况 ……………… 217
　　贰 声韵调 …………… 218
　　叁 连读变调 ………… 221
　　肆 异读 ……………… 224
　　伍 儿化韵 …………… 226

第二十二节 献县方音 …… 227
　　壹 概况 ……………… 227
　　贰 声韵调 …………… 228
　　叁 连读变调 ………… 231
　　肆 异读 ……………… 234
　　伍 儿化韵 …………… 236
第二十三节 平泉方音 …… 238
　　壹 概况 ……………… 238
　　贰 声韵调 …………… 240
　　叁 连读变调 ………… 243
　　肆 异读 ……………… 245
　　伍 儿化韵 …………… 247
　　陆 其他音变 ………… 248
第二十四节 滦平方音 …… 249
　　壹 概况 ……………… 249
　　贰 声韵调 …………… 250
　　叁 连读变调 ………… 252
　　肆 异读 ……………… 254
　　伍 儿化韵 …………… 256
第二十五节 廊坊方音 …… 257
　　壹 概况 ……………… 257
　　贰 声韵调 …………… 258
　　叁 连读变调 ………… 261
　　肆 异读 ……………… 263
　　伍 儿化韵 …………… 265
第二十六节 魏县方音 …… 267
　　壹 概况 ……………… 267
　　贰 声韵调 …………… 268
　　叁 连读变调 ………… 271
　　肆 异读 ……………… 274
　　伍 儿化韵 …………… 276

第二十七节 张北方音 …… 277
　壹 概况 …… 277
　贰 声韵调 …… 278
　叁 连读变调 …… 280
　肆 异读 …… 283
　伍 儿化韵 …… 284

第二十八节 万全方音 …… 286
　壹 概况 …… 286
　贰 声韵调 …… 287
　叁 连读变调 …… 290
　肆 异读 …… 293
　伍 儿化韵 …… 294

第二十九节 涿鹿方音 …… 296
　壹 概况 …… 296
　贰 声韵调 …… 297
　叁 连读变调 …… 300
　肆 异读 …… 303
　伍 儿化韵 …… 304

第三十节 平山方音 …… 306
　壹 概况 …… 306
　贰 声韵调 …… 307
　叁 连读变调 …… 309
　肆 异读 …… 311
　伍 儿化韵 …… 313
　陆 其他音变 …… 315

第三十一节 鹿泉方音 …… 316
　壹 概况 …… 316
　贰 声韵调 …… 317
　叁 连读变调 …… 320
　肆 异读 …… 322
　伍 儿化韵 …… 324

第三十二节 赞皇方音 …… 325
　壹 概况 …… 325
　贰 声韵调 …… 326
　叁 连读变调 …… 329
　肆 异读 …… 331
　伍 儿化韵 …… 333

第三十三节 沙河方音 …… 335
　壹 概况 …… 335
　贰 声韵调 …… 336
　叁 连读变调 …… 339
　肆 异读 …… 341
　伍 儿化韵 …… 342

第三十四节 邯郸方音 …… 344
　壹 概况 …… 344
　贰 声韵调 …… 345
　叁 连读变调 …… 348
　肆 异读 …… 352
　伍 儿化韵 …… 354

第三十五节 涉县方音 …… 356
　壹 概况 …… 356
　贰 声韵调 …… 357
　叁 连读变调 …… 359
　肆 异读 …… 362
　伍 儿化韵 …… 364
　陆 其他音变 …… 366

第二章 字音对照 / 368

参考文献 / 618

附　录 / 620

后　记 / 631

概　述

　　本卷包括两部分内容。第一部分主要描写语保工程河北省35个调查点的音系。具体内容是：方言点概况，发音人概况，声韵调系统，新老异读、文白异读，连读变调，儿化和其他音变。方言点概况中的地理、人口、行政区划等数据均来自各地政府的官方网站，其数据统计截止时间点一般是2020年。发音人概况只介绍提供本卷语言信息的老年男性发音人（简称"老男"）和青年男性发音人（简称"青男"）。为了让读者了解其语言背景，我们对发音人的经历做了较为详细的介绍。每个方言点根据实际特点，对富有特色的部分进一步展开，如安新、涞水等地方言的儿化现象复杂，昌黎、霸州等地方言的连读变调变异较多，这些都相应进行了详细的描写。各方言点的音系描写，以语保工程的调查资料为主，也适当参考了相关方言的研究论著，尤其是语流音变的例证、文白异读例证等，以提高描写的充分性。

　　第二部分主要以表格形式展示语保工程河北省35个调查点的单字音。表格以字为列，以方言点为行，方便方言之间的横向比较。字种以《中国语言资源调查手册·汉语方言》中的"单字（方言老男）"所列1000个汉字为准，并标注了每个字的中古音韵地位，以便于进行古今音对照比较。方言音值来自于语保工程各课题组的调查记录。本部分所录单字音，按照语保工程的调查规范，详细记录了文白异读、又读等信息，是对语音卷第一部分声韵调系统、文白异读部分描写的具体展示。

　　这里，我们对语保工程的方言点的选取排序和发音人的遴选情况再做一简要介绍：

　　在方言点的选取上，语保工程各省市调查点的数量是由教育部语言文字信息管理司、中国语言资源保护研究中心在充分考虑了各方面的因素、反复征求学界专家意见的基础上统筹设定的。河北省35个调查点的设定，考虑了如下几个方面的因素：方言调查点的方言区属，各个方言区方言点的数量，方言区和方言点与普通话的差别程度；一部分方言点的跨区或过渡性特点；调查点在不同行政区内的分布；社会经济、文化尤其是行政区划变动所带来的方言抢救的急迫性；以往河北方言调查研究的成果等。本卷描写的35个方言点，涵盖河北方言的所有类型：冀鲁官话、晋语、北京官话和中原官话。与前人研究相比，本书在描写规模和深度上，都大大提高了，河北方言的音系特点得到了更为全面的展示。

　　在方言点的排序上，河北35个调查点的排序主要是按照如下的原则进行的：先官话，后晋语。官话内部先冀鲁官话，再北京官话，最后中原官话。三种官话次方言和晋语内部按地理位置从北向南排列。这里考虑的因素主要有两个：一是各类方言在河北方言中所占的比例，占比大者排序靠前；二是地理位置，各类官话和晋语内部各调查点地理位置靠北的在前。

在发音人的遴选上，为准确地记录方言，语保调查描写中设置有一系列的严格规定或标准：调查地点要在城关；发音人中的老年发音人调查时的年龄应在 55—65 岁之间，文化程度一般为小学或中学，当地出生、当地长大，父母、配偶也都必须是当地人。

编写凡例

本书的记音方式，以教育部语言文字信息管理司、中国语言资源保护研究中心《中国语言资源调查手册·汉语方言》（商务印书馆，2015 年）为规范。涉及本卷的内容主要有：

1. 连读变调只记实际调值，不记本调。轻声音节一般标"0"，调值较特殊的按实际调值标出。

2. 存在自由变读的词，在其词形上标注下标"又"，如兴隆方言"奶奶"有两种连调式，则两种连调式所对应词形都写作"奶奶$_{又}$"。有文白异读的，音值后分别标注下标"文""白"。字音对发音人来说有新旧色彩的，分别标注下标"新""旧"。

除此之外，为了行文简便，本书约定使用一些描述性符号：

1. 单字调的理论组合，用"调值 + 调值"的方式表示，实际连调式用"调值 - 调值"的方式表示，如"兴隆方言的'上声 + 上声'（213+213）组合，实际调值是'35-213'"。

2. 连读调的表格中，发生变调的，实际调值加粗显示。如果某一单字调类组合未发现连读用例，则用"——"表示。一种单字调理论组合对应多个实际连调式的，如果连调式所辖字组有数量上的明显差异，除特殊情况单独说明外，按连调式所辖字组数量的多少自上而下排列。为便于排版，每种连调式的例词数量一般为 4 个，不足 4 个的按实际数量列举，但部分方言点为了更好地显示分布规律，则根据情况增加。为便于核对，例词尽可能从语保工程所记录的词汇、语法例句中选择。

3. 对同类现象，本卷尽量用相同的叙述风格和表格样式进行描述，但考虑到个别方言点的特殊性，则采用更方便的其他方式，如昌黎方言的连读变调采用声调模式和举例模式两级表格进行展示。

4. 在描述异读时，字音的新老异读用"-"分隔，"-"前为老男读音，后为青男读音。字音的文白异读用"/"隔开，"/"前为白读形式，后为文读形式。不同例字、例词用"｜"分隔。

5. 儿化韵与基本韵母的对应关系表中，有的方言点存在一个基本韵母对应多个儿化韵的情况，这种分化有的是词汇性的，这时我们在每种对应下标注"（部分）"，表示符合该项基本韵母条件的词语并非全部对应该儿化韵。有的韵母在轻声条件下的儿化形式与非轻声不同，如定州"小闺女儿"中"女儿"的韵母为 iər，与其基本韵母 y 的一般儿化形式 yər 不同，这种情况不再一一列入儿化韵表格。

6. 表现为儿化韵的"- 儿"缀，在例证中写为下标，如"唱歌$_儿$"。除儿化韵外，其他多个音节发生的合音现象，在其合并后的音节所对应的语素组合上加 [ ]，如沙河方言：[没有]miəu^{24}。

7. 字音对照表中，有的字在有的方言中因无法提取单字音等原因，原始材料中即无音值，本书也保持空白。

第一章
各地音系

第一节 兴隆方音

壹 概况

一 兴隆概况

兴隆县位于河北省东北部,在承德市最南端,地处京津唐承四城市结合部,与北京市平谷区、密云区,天津市蓟州区,唐山市迁西县、遵化市毗邻,有"一县连三省"之称。

兴隆县地理坐标为东经 117°12′—118°15′,北纬 40°11′—40°42′。县境东西长 86 公里,南北宽 57 公里,总面积 3123 平方公里,山场面积占 84%,是典型的"九山半水半分田"的深山区。

兴隆县辖 15 个镇、5 个乡、289 个行政村。到 2020 年全县总人口 32.3 万。县内有汉族、满族、蒙古族、回族等 20 多个民族。少数民族使用汉语。兴隆方言属冀鲁官话的保唐片。

二 发音人概况

老男发音人:于占友,1955 年 4 月出生,兴隆县兴隆镇大有村农民。1955 年在兴隆县兴隆镇大有村出生,1963 年至 1969 年在大有村小学读书,1969 年至 1971 年在原城关公社中学(现为兴隆县二中)读初中,1972 年至 1975 年在大有村务农,1975 年至 1977 年在兴隆县五七大学学习,1977 年至 1979 年在原城关公社农场任技术员,1979 年至 1988 年在兴隆镇农牧综合服务站工作,1998 年回大有村务农。

青男发音人:张话宜,1987 年 10 月出生,兴隆县物价局科员。1987 年在兴隆县兴隆镇东区村出生,1993 年至 1998 年在兴隆一小读小学,1998 年至 2001 年在兴隆二中读初中,2001 年至 2004 年在兴隆职中上学,2004 年至 2008 年在北京国际商务学院学习,2008 年至调查时一直在兴隆县物价局工作。

贰 声韵调

一 声母

兴隆方言有 23 个声母，包括零声母。

p 八兵病别　　pʰ 派片爬劈　　m 马门明麦　　f 飞风饭副

t 多端东毒　　tʰ 讨天甜踢　　n 脑奴熬又安又　　　　　　　　　　l 老连路驴

ts 资早坐贼　　tsʰ 刺草寸祠　　　　　　　　s 丝三酸缩

tʂ 张柱争纸　　tʂʰ 抽茶初车　　　　　　　　ʂ 事山顺十　　ʐ 软荣热日

tɕ 酒九绝菊　　tɕʰ 清全轻权　　ȵ 年牛泥女　　ɕ 想谢响县

k 哥高共谷　　kʰ 开口宽阔　　　　　　　　x 好很灰活

ø 问云药熬又安又

说明：

（1）声母 n 只出现在开口呼和合口呼韵母前，ȵ 只出现在齐齿呼和撮口呼韵母前，二者无音位对立。

（2）声母 ʐ 的实际音值为 [ɻ]。

（3）零声母中，齐齿呼和撮口呼韵母开头有轻微的唇舌同部位摩擦，开口呼有喉头闭塞成分，合口呼除 u、uo 外，介音 u 的实际音值是 [ʋ]。

二　韵母

兴隆方言有 38 个韵母。

ɿ 资祠丝字　　　　　i 弟米戏一　　　　　u 苦五猪出　　　　　y 雨橘绿驴

ʅ 知试十尺

ər 儿耳二

a 大马茶八　　　　　ia 家俩牙鸭　　　　　ua 抓花瓦刮

　　　　　　　　　　iɛ 街写接贴　　　　　　　　　　　　　yɛ 靴月雪学_文

ə 歌车盒热_又

o 拨破磨佛　　　　　　　　　　　　　　　uo 坐过活国热_又

ai 开排买白　　　　　　　　　　　　　　uai 怪快坏外

ei 赔飞北黑　　　　　　　　　　　　　　uei 对水鬼胃驴_又

ɑu 包曹老勺　　　　　iɑu 表桥笑学_白

ou 豆走口肉　　　　　iou 牛九油六

an 南占山半　　　　　ian 减盐片年　　　　　uan 短官关穿　　　　　yan 权院元悬

ən 针沉肯认　　　　　in 心今新斤　　　　　uən 寸滚春顺　　　　　yn 均群熏云

ɑŋ 糖唱方绑　　　　　iɑŋ 响样讲腔　　　　　uɑŋ 床光王双

əŋ 灯升争横　　　　　iŋ 冰病星硬　　　　　uəŋ 翁瓮

oŋ 东红农共　　　　　ioŋ 兄永熊用

说明：

（1）韵母 ə 的实际音值是 [ɤ]。o 的实际音值大多存在明显的 u 介音，整体接近 [uo]。

（2）韵母 ər 在阳平和上声中的舌位较高，在去声中较低。去声中实际音值为 [ɐr]。

三　声调

兴隆方言有 4 个单字调。

阴平 35　　　东该灯风通开天春　　搭哭拍切

阳平 55　　　门龙牛油铜皮糖红　　急节　毒白盒罚

上声 213　　懂古鬼九统苦讨草　　买老五有　谷百塔

去声 51　　　冻怪半四痛快寸去　　卖路硬乱洞地饭树　动罪近后　刻六麦叶月

叁 连读变调

单字调在语流中会发生有规律的变化。这里分析两字组的连读变调规律。先看后字为非轻声的两字组连调情况，见表1：

表1 兴隆方言后字为非轻声的两字组连调表

前字＼后字	阴平 35	阳平 55	上声 213	去声 51
阴平 35	35-35 相亲　香菇 中秋　发烧	35-55 葱头　着凉 说媒　香油	35-213 撒谎　莴笋 山谷　钢笔	35-51 冬至　天亮 松树　阴历
阳平 55	55-35 台风　元宵 围巾　毛衣	55-55 油条　厨房 蝴蝶　别人	55-213 凉水　没有 白果　洋火	55-51 狐臭　怀孕 油菜　肥皂
上声 213	21-35 老叔　母猪 改锥　打针	21-55 早晨　鲤鱼 乳牛　往年	35-213 老虎　雨伞 马桶　洗澡	21-51 柏树　扫地 手电　米饭
去声 51	51-35 后天　旱烟 订婚　豆浆	51-55 日食　放牛 化脓　酱油	51-213 傍晚　木耳 害喜　中暑	53-51 下货　绿豆 做饭　看病

说明：一些字组的连调不符合上述规律，如：蝴蝶儿55-213│划拳51-55│刷牙55-55。

再看后字为轻声的两字组连调情况，见表2：

表2　兴隆方言后字为轻声的两字组连调表

前字＼后字本调	阴平35	阳平55	上声213	去声51	不明确
阴平35	35-0 星星　风筝 东西　妈妈 **55-0** 姑姑　哥哥 公公　蛛蛛	35-0 高粱　收拾 今年　清明 **55-0** 芝麻　出来	35-0 沙子　孙子 闺女　虾米 **55-0** 多少　奶奶₍又₎	35-0 窗户　师傅 天气　正月 **55-0** 干净　出去	35-0 窟窿　黑间 他们　亲戚 **55-0** 甘蔗
阳平55	55-0 棉花　蘑菇 王八　邻居	55-0 回来　爷爷 婆婆　核桃	55-0 虫子　桃子 柴火　朋友	55-0 茄菜　螃蟹 名字　脓带	55-0 萝卜　馄饨 芫荽　蛤蟆
上声213	**21-0** 纸斋　手巾 眼睛　点心	21-0 里头　起来 姥爷　暖和	**21-0** 耳朵　姐姐 姥姥　奶奶₍又₎ **35-0** 等等　指甲	**21-0** 早下　脑袋 女婿　扁担	**21-0** 老了　尾巴 我们　怎么
去声51	51-0 嫁妆　父亲 弟兄　妹夫	51-0 太阳　大爷 去年　上头	51-0 露水　叶子 跳蚤　灶火	51-0 腊月　上去 爸爸　舅舅	51-0 钥匙　下巴 病了　簸箕

说明：

（1）"阴平＋阴平"的两种连调式中，不变调的"35-0"所辖字组数量相对较多。"55-0"所辖重叠式的亲属称谓语相对较多。

（2）"上声＋上声"的两种连调式，重叠式字组中的亲属称谓语一般是"21-0"式，非亲属称谓语一般是"35-0"式。非重叠字组没有非常明显的分化条件。

（3）一些字组不符合上述规律：日头55-0｜双棒ᵣ51-0｜扫帚51-0。

肆 异读

一 新老异读

1.1 声母

声母方面，普通话中的开口呼零声母字（中古影疑母一等字），老男一般有 n 声母和零声母两种异读。青男与之类似，有一些字只存在零声母一读了，如：爱 nai^{51}/ai^{51}-ai^{51} ｜ 矮 nai^{213}/ai^{213}-ai^{214} ｜ 藕 nou^{213}/ou^{213}-ou^{214}。

1.2 韵母

韵母方面，普通话的 [ly] 音节所辖字，老男一般有 [luei] 的异读，如：驴 luei^{55} ｜ 吕 luei^{213} ｜ 律 luei^{51} ｜ 绿 luei^{51}。青男只有和普通话类别相同的 [ly] 音节一读。

1.3 声调

声调方面，老男的阴平调值 35 和阳平调值 55 与普通话正好相反。青男则与普通话一致，如：东 toŋ^{35}-toŋ^{55} ｜ 铜 tʰoŋ^{55}-tʰoŋ^{35} ｜ 天 tʰian^{35}-tʰian^{55} ｜ 甜 tʰian^{55}-tʰian^{35}。

二 文白异读

2.1 声母

中古部分庄组入声字，白读为 [tʂ] 类，文读为 [ts] 类，同普通话，如：侧 tʂai^{35}/tsʰə^{51} ｜ 择 tʂai^{55}/tsə^{55} ｜ 色 ʂai^{213}/sə^{51}。

2.2 韵母

普通话的 [ly] 音节所辖字，一般有 [luei] 的白读，如：驴 luei^{55}/ly^{55} ｜ 吕 luei^{213}/ly^{213} ｜

律 luei⁵¹/ly⁵¹ ｜ 绿 luei⁵¹/ly⁵¹。

中古遇摄部分字，有 [ou iou] 类的白读，而文读同普通话类别，如：做 tsou⁵¹/tsuo⁵¹ ｜ 取 tɕʰiou²¹³/tɕʰy²¹³。

韵母的其他文白异读主要见于宕江曾通诸摄的部分入声字。

宕江摄入声字韵母白读 [ɑu iɑu] 类，文读 [o uo yɛ] 类。如：剥 pɑu³⁵/po³⁵ ｜ 弱 zɑu⁵¹/zuo⁵¹ ｜ 雀 tɕʰiɑu²¹³/³⁵/tɕʰyɛ⁵¹ ｜ 学 ɕiɑu⁵⁵/ɕyɛ⁵⁵ ｜ 削 ɕiɑu³⁵/ɕyɛ³⁵ ｜ 约 iɑu³⁵/yɛ³⁵。

曾摄开口三等庄组入声字韵母白读 [ai]，文读 [ə]。如：侧 tʂai³⁵/tsʰə⁵¹ ｜ 择 tʂai⁵⁵/tsə⁵⁵ ｜ 色 ʂai²¹³/sə⁵¹。

通摄合口三等入声字韵母白读 [ou]，文读 [u]。如：叔 ʂou³⁵/ʂu³⁵ ｜ 熟 ʂou⁵⁵/ʂu⁵⁵。

还有一些不太成规律的文白异读，如：俊 tsuən⁵¹/tɕyn⁵¹ ｜ 闰 zən⁵¹/zuən⁵¹ ｜ 热 zuo⁵¹/zɻ⁵¹。

2.3 声调

声调存在异读的，一般是中古清声母入声字，白读一般是阴平或上声，以上声居多。文读一般同普通话调类。如：角 tɕiɑu²¹³/tɕyɛ⁵⁵ ｜ 侧 tsai³⁵/tsʰə⁵¹ ｜ 节 tɕie²¹³/tɕie⁵⁵ ｜ 福 fu²¹³/fu⁵⁵ ｜ 雀 tɕʰiɑu²¹³/³⁵/tɕʰyɛ⁵¹ ｜ 色 ʂai²¹³/sə⁵¹ ｜ 霍 xuo²¹³/xuo⁵¹。

伍 儿化韵

韵母 ər 没有相应的儿化韵。其他基本韵母的儿化规律及例词见表3：

表3　兴隆方言儿化韵与基本韵母对应关系表

儿化韵	基本韵母	例词	儿化韵	基本韵母	例词
ər	ɿ ʅ	瓜子儿　汤匙儿	iɛr	iɛ	老爷儿
	ei	擦黑儿	yɛr	yɛ	满月儿
	ən	年根儿	ɤr	ə	唱歌儿
iər	i	饭粒儿		əŋ（非唇音声母）	跳绳儿
	in	背心儿	iɤr	iŋ	年景儿　杏儿
uər	uei	墨水儿	or	o	巫婆儿
	uən	打盹儿		əŋ（唇音声母）	钢镚儿　缝儿
yər	y	有趣儿		uo	水果儿
	yn	合群儿	uor	oŋ	胡同儿
ur	u	眼珠儿		uəŋ	喻儿
ɐr	ai	猪崽儿	aur	au	灯泡儿
	an	小盘儿	iaur	iau	鸟儿
iɐr	ian	对面儿	our	ou	扣儿
uɐr	uai	一块儿	iour	iou	衣袖儿
	uan	玩儿	ɑ̃r	ɑŋ	前响儿
yɐr	yan	圆圈儿	iɑ̃r	iɑŋ	花样儿
ar	a	把儿	uɑ̃r	uɑŋ	天窗儿
iar	ia	豆芽儿	yɤ̃r	yŋ	小熊儿
uar	ua	花儿			

第二节 北戴河方音

壹 概况

一 北戴河概况

北戴河区隶属于河北省秦皇岛市，东北与海港区毗邻，西与抚宁区接壤，东、南面临渤海湾。地理坐标为东经 119°24′—119°31′，北纬 39°47′—39°53′。全区东西长 11.2 公里，南北宽 10.15 公里，总面积 112.45 平方公里。

北戴河区地质构造较为复杂，境内地貌类型多样，北部为剥蚀平原，南部为低山区，东北部、西部为冲积平原，局部有沿海沼泽地。

北戴河辖 3 个镇、2 个街道办事处、1 个省级开发区、43 个行政村。到 2020 年全区总人口 9.9 万。北戴河常住居民绝大部分为汉族。靠近海边的村庄，使用的方言更接近普通话，远离海边的村庄，方言面貌保存较好。北戴河方言属于冀鲁官话的保唐片。

二 发音人概况

老男发音人：杨晓春，1958 年 3 月出生，北戴河二中保安。调查时居住在秦皇岛市北戴河区某小区。出生于戴河镇拨道洼村，1966 年至 1972 年在拨道洼小学（现海北路小学）读书，1972 年至 1986 年在家务农，1986 年至 2013 年兼开拖拉机、机车等，2013 年至 2015 年在本地某小区当保安，2016 年至调查时在北戴河二中当保安。

青男发音人：张伟，1986 年 9 月出生，北戴河道路运输公司职员。调查时居住在秦皇岛市北戴河区某小区。出生于戴河镇谢李庄，1991 年至 1996 年在蔡各庄小学读书，1996 年至 2000 年在拨道洼北戴河三中读书，2000 年至 2003 年在保定上中专，2004 年至 2014 年陆续做过钢筋工、司机等工作，2014 年调查时开出租车。

贰 声韵调

一 声母

北戴河方言有 20 个声母，包括零声母。

p 八兵病别　　pʰ 派片爬劈　　m 马门明麦　　f 飞凤饭副

t 多端东毒　　tʰ 讨天甜踢　　n 脑奴熬安₍白₎　　　　　　　l 老蓝连路驴

tʃ 资早坐贼　　tʃʰ 刺草寸茶　　　　　　ʃ 丝三酸山　　ʐ 软荣热日
　张柱装纸　　　抽抄车吃　　　　　　　山手双十

tɕ 酒九绝菊　　tɕʰ 清全轻权　　nʑ 年牛泥女　　ɕ 想谢响县

k 哥高共谷　　kʰ 开口宽阔　　　　　　x 好很灰活

ø 儿问云药安₍文₎

说明：

（1）声母 n 只出现在开口呼和合口呼韵母前，nʑ 只出现在齐齿呼和撮口呼韵母前，二者无音位对立。

（2）tʃ 组声母音值不稳定。有的具有明显舌尖色彩，有的舌位偏后近 [tʂ] 组声母。普通话中跟舌尖后高不圆唇元音相拼的声母，近 [tʂ] 组，如：知、池、纸、迟、师、指、治、柿、事、使、试、时、市、汁、世、侄、虱、实、失、直、织、尺、吃、石、食、式；跟 uɑŋ、əŋ 韵母相拼时，近 [tʂ] 组，如：装、壮、疮、床、霜、桩、撞、窗、双、证、秤、绳、剩、争、程、整、正、声、城。有的舌位偏前近 [ts] 组声母，如：酸、算、笋、顺、仓、作、索、粽、左、坐、所、嫂、走、伞、擦、层、僧、贼、塞、色、侧、送、宋、宿。

（3）声母 z 的实际音值为 [ɹ]。

二 韵母

北戴河方言有 36 个韵母。

ɿ 资次丝知尺十	i 弟米戏一	u 苦五猪出	y 雨橘绿局
ər 儿耳二			
a 大马茶八	ia 家俩牙鸭	ua 抓花瓦刮	
	ie 写鞋接贴		ye 靴月雪学文
ɤ 歌车盒破拨末佛			
		uo 坐过活国	
ai 开排埋白		uai 摔快坏外	
ei 赔飞贼北		uei 对水鬼胃	
ɑu 宝饱烧勺	iɑu 表桥药学白		
ou 豆走口肉	iou 牛九油六		
an 南占山半	ian 减盐片年	uan 短官关穿	yan 权院元选
ən 森深根身	in 心今新斤	uən 寸滚春顺	yn 均群熏云
ɑŋ 糖唱方绑	iɑŋ 响样讲腔	uɑŋ 床光王双	
əŋ 灯升争蒙	iŋ 冰病星硬	uəŋ 翁	yŋ 兄永熊用
		uŋ 东红农共	

说明：

（1）韵母 ɿ 跟 tʃ 组声母相拼时，如果声母实际音值为 [tʂ] 组，则为 [ʅ]；如果声母实际音值为 [ts] 组，则为 [ɿ]。

（2）韵母 a、ia、ua 的韵腹舌位偏央。

（3）韵母 ie、ye 的实际音值为 [iɛ][yɛ]。

三 声调

北戴河方言有 4 个单字调。

阴平 44	东该灯风通开天春	搭哭拍
阳平 35	门龙牛油铜皮糖红	急毒白盒罚
上声 214	懂古鬼九统苦讨草	买老五有　谷百节塔
去声 51	冻怪半四痛快寸去	卖路硬乱洞地饭树　动罪近后　切刻　六麦叶月

说明：

（1）阴平44的调尾有时略降，音值接近442；有时是高平55。

（2）上声214是一个以升为主的曲折调，开头略平，降幅达不到1度，上升幅度不到3度，实际音值接近224。

(叁) 连读变调

单字调在语流中会发生有规律的变化。这里分析两字组的连读变调规律。先看后字为非轻声的两字组连调情况,见表 1:

表 1　北戴河方言后字为非轻声的两字组连调表

前字＼后字	阴平 44	阳平 35	上声 214	去声 51
阴平 44	44-44 天天　香菇 花生　发烧	44-35 清明　公牛 锅台　梳头	44-214 失火　开水 猪血　丢脸	44-51 冬至　松树 山药　输液
阳平 35	35-44 洋灰　年初 镰刀　调羹	35-35 郎猫　油条 媒人　划拳	35-214 着火　凉水 年底　白薯	35-51 阳历　茶叶 瞧病　划算
上声 214	21-44 整天　草鸡 养猪　打针	21-35 往年　鬼节 嘴唇　保媒	35-214 水果　老虎 雨伞　母狗	21-51 柳树　小麦 扫地　炒菜
去声 51	53-44 辣椒　菜刀 豆浆　唱歌ᵣ	53-35 向莲　放牛 大勺　酱油	53-214 下雨　热水 木耳　中暑	53-51 现在　绿豆 做饭　算命

再看后字为轻声的两字组连调情况,见表 2:

表2 北戴河方言后字为轻声的两字组连调表

前字＼后字本调	阴平 44	阳平 35	上声 214	去声 51	不明确
阴平 44	44-0 星星　妈妈 丝瓜　东西 35-0 蛛蛛　公公	44-0 天头　今年 出来　高粱	44-0 沙子　虮子 钉子　闺女 35-0 多少	44-0 黑下　正月 出去　香菜 35-0 干饭　欺负 兄弟　姑父	44-0 胳膊　衣裳 亲戚　歇着 35-0 疤瘌
阳平 35	35-0 黄瓜　元宵 棉花　王八	35-0 爷爷　婆婆 回来　长虫	35-0 云彩　尘土 朋友　柴火	35-0 脓带　油菜 螃蟹　和尚	35-0 蛤蟆　萝卜 男的　咱们
上声 214	21-0 手巾　点心 简单　姐夫	21-0 起来　枕头 老实　本钱	21-0 晌午　痒痒 耳朵　奶奶	21-0 脑袋　扁担 打算　小气	21-0 老鸹　尾巴 女的　走了
去声 51	53-0 大方　弟兄 蜜蜂　嫁妆	53-0 刺挠　寿材 后年　上头	53-0 露水　耗子 戒指　豆腐	53-0 腊月　上去 爸爸　运气	53-0 钥匙　簸箕 记着　忘了

肆 异读

一 新老异读

1.1 声母

普通话中的开口呼零声母字（中古影疑母一等字），老男不少字存在 n 和零声母的异读，青男同此，但这样的情况青男有所减少，有的只有零声母一读了，如：恩 nən^{44}-ən^{44}。

老男的 tʃ 组声母，青男分为 ts、tʂ 两组。但青男发音中能构成 ts、tʂ 两组音对立的字已经很少，老男 tʃ 组声母所辖字，青男大部分实际音值都是 [tʂ] 组。

与老男相比，青男的 x 声母发音部位靠后，实际音值更接近 [h]。

1.2 韵母

老男 p、pʰ、m、f 与 ɤ 相拼成的音节，青男都改为 p、pʰ、m、f 与 o 相拼，音值与普通话更为接近。

与上述老男 tʃ 组声母和青男 ts、tʂ 组声母的系统差异相对应，老男的 ɿ 韵母在青男口中也相应分为 ɿ、ʅ 两组。

1.3 声调

与老男相比，青男的阳平 35 的调值不稳定，其调值有时是 24。除此之外，声调没有系统性差别。

二 文白异读

2.1 声母

普通话中的开口呼零声母字，北戴河口音大多白读为 n 声母，文读为零声母，如：爱

nai⁵¹/ai⁵¹ | 额 nɤ³⁵/ɤ³⁵。

中古见系二等字，一般白读为 [tɕ] 类，文读为 [k] 类，如：耕 tɕiŋ⁴⁴/kəŋ⁴⁴ | 客 tɕʰie²¹⁴/kʰɤ⁵¹。但也有相反的情况，如：街 kai⁴⁴/tɕie⁴⁴。这里韵母也相应不同，下文不赘。

青男区分 ts、tʂ 组声母，所以保留了一部分与之相关的文白异读，主要是中古部分庄组入声字，白读为 [tʂ] 类，文读为 [ts] 类，如：侧 tʂʰɤ⁵¹/tsʰɤ⁵¹ | 择 tʂai³⁵/tsɤ³⁵ | 色 ʂai²¹⁴/sɤ⁵¹。

2.2 韵母

老男的韵母异读主要集中在中古宕江曾梗通摄的入声字上。

宕江摄入声字，韵母白读 [ɑu iɑu] 类，文读 [ɤ uo ye] 类。如：剥 pɑu⁴⁴/pɤ⁴⁴ | 弱 zɑu⁵¹/zuo⁵¹ | 雀 tɕʰiɑu²¹⁴/tɕʰye⁵¹ | 学 ɕiɑu³⁵/ɕye³⁵。个别字如"落"还有 [a] 类的白读形式：落 lɑu⁵¹ 白/la⁵¹ 白/luo⁵¹ 文。

曾摄开口一等入声字，韵母白读 [i ei] 类，文读 [ɤ] 类，如：墨 mi⁵¹/mɤ⁵¹ | 得 tei²¹⁴/tɤ³⁵。

曾摄开口三等庄组、梗摄开口二等庄组入声字，韵母白读 [ai]，文读 [ɤ]，如：色 ʂai²¹⁴/sɤ⁵¹ | 择 tʂai³⁵/tsɤ³⁵。（声母按青男记音）

梗摄开口二等见系入声字，韵母白读 [ie]，文读 [ɤ]，如：客 tɕʰie²¹⁴/kʰɤ⁵¹。

通摄合口三等入声屋韵字，韵母白读 [ou]，文读 [u]，如：叔 ʃou⁴⁴/ʃu⁴⁴。

2.3 声调

声调存在异读的，一般是中古清声母入声字，白读一般是上声，文读一般同普通话调类。如：节 tɕie²¹⁴/tɕie³⁵ | 福 fu²¹⁴/fu³⁵ | 雀 tɕʰiɑu²¹⁴/tɕʰye⁵¹ | 色 ʂai²¹⁴/sɤ⁵¹ | 客 tɕʰie²¹⁴/kʰɤ⁵¹。

伍 儿化韵

韵母 ɚr、uəŋ 没有相应的儿化韵。其他基本韵母的儿化规律及例词见表3：

表3　北戴河方言儿化韵与基本韵母对应关系表

儿化韵	基本韵母	例词	儿化韵	基本韵母	例词
ər	ɿ	肉丝儿　汁儿　侄儿　事儿	uɐr	ua	花儿　画儿　掛儿
	ɤ	个儿　格儿　歌儿　坡儿		uai	一块儿
	ei	宝贝儿　刀背儿　眼泪儿		uan	手腕儿　拐弯儿
	ən	婶儿　小本儿　树根儿	yɐr	yan	公园儿　小院儿
iər	i	底儿　鸡儿　苞米儿	ur	u	谱儿　果脯儿　屋儿
	ie	树叶儿　台阶儿　小鞋儿	ɑur	ɑu	树梢儿　小桃儿　包儿
	in	脚印儿　笔芯儿　抽筋儿	iɑur	iɑu	家雀儿　桌角儿　小瓢儿
uər	uo	蝈蝈儿　水果儿　干活儿	our	ou	拉手儿　肘儿　鱼钩儿
	uei	一对儿　张嘴儿　味儿	iour	iou	鬏鬏儿　小牛儿
	uən	打盹儿　花纹儿　小棍儿	ãr	ɑŋ	帮忙儿　瓜瓤儿　小缸儿
yər	y	小鱼儿　蛐蛐儿	iãr	iɑŋ	小杨儿　像样儿
	ye	上月儿　小雪儿	uãr	uɑŋ	小筐儿　鸡蛋黄儿　庄儿
	yn	裙儿	ə̃r	əŋ	信封儿　田埂儿　撑儿
ɐr	a	树杈儿　把儿　法儿　岔儿	iə̃r	iŋ	杏儿　塑料瓶儿
	ai	盖儿　小孩儿　软木塞儿	ũr	uŋ	小葱儿　猫冬儿　空儿
	an	杆儿　长衫儿　班儿	yə̃r	yŋ	有用儿
iɐr	ia	芽儿　一下儿			
	ian	头衔儿　跟前儿　不点儿			

第三节　昌黎方音

壹　概况

一　昌黎概况

昌黎县隶属于河北省秦皇岛市，位于河北省东北部，东临渤海，北与卢龙县、抚宁县连接，西南与滦州市、乐亭县、滦南县隔河相望。

昌黎县地理坐标为东经118°45′—119°20′，北纬39°25′—39°47′。全县东西长50公里，南北宽47.5公里，总面积1210.56平方公里。昌黎县地势由西北向东南倾斜，地貌有山地丘陵、山麓平原、滨海平原。

昌黎县下辖11个镇、5个乡、1个城郊区，共446个行政村。到2020年全县总人口56.4万，汉族占99%以上，其余为回族、满族、蒙古族等少数民族。少数民族均说汉语。用方言演唱的曲艺形式有昌黎地秧歌、民歌、皮影和老奤戏。昌黎方言属冀鲁官话的保唐片。

二　发音人概况

老男发音人：马季强，1953年3月出生，昌黎镇四街村农民。调查时居住在秦皇岛市昌黎县昌黎镇某小区。出生于昌黎镇四街村，1960年至1966年就读于昌黎师范学校附属小学（现昌黎县六小），1966年至调查时在本地务农，其中1979年至1983年曾在昌黎县团林乡做过电工等杂务。

青男发音人：赵亮，1981年12月出生，昌黎县文化馆副馆长。出生于昌黎镇五街村，1988年至1994年就读于昌黎县五街小学，1994年至1997年在昌黎县第三中学读初中，1997年至2000年在昌黎县第三中学读高中，2000年至2004年在位于昌黎县的河北农业大学（现河北科技师范学院）读农业专业，2004年至调查时在昌黎县文体广新局工作，后任文化馆副馆长。

贰 声韵调

一 声母

昌黎方言有 24 个声母，包括零声母。

p 八兵病别	pʰ 派片爬劈	m 马门明麦	f 飞风饭副
t 多端东毒	tʰ 讨天甜踢	n 脑奴爱又安又	l 老连路驴
ts 资早坐张装	tsʰ 刺草拆初床		s 丝三事山书
tʂ 租竹柱纸主	tʂʰ 茶车锄尺吃		ʂ 蛇树绳世十　ʐ 软荣热日
tɕ 酒九绝菊	tɕʰ 清全轻权	ȵ 年牛泥女	ɕ 想谢响县
k 哥高共谷	kʰ 开口宽阔	ŋ 爱又安又	x 好很灰活
∅ 问云药爱又安又			

说明：

（1）多数情况下，t、tʰ、n 的阻碍部位较为靠前，位于齿背或齿间位置。

（2）中古精组、知系两类声母与今舌尖前音声母 ts、tsʰ、s 和舌尖后音声母 tʂ、tʂʰ、ʂ 的对应较复杂。在单字层面，在合口呼前常读作舌尖前音，如：煮 ts、船 tsʰ、霜 s。在连读层面，儿化时或用作后字时，常读作舌尖后音，如：洗澡 [tʂ]ㄦ、刺 [tʂʰ]ㄦ、打算 [ʂ]、稻草 [tʂʰ]；用作前字时，常读作舌尖前音，如：芝 [ts] 麻、吵 [tsʰ] 架、上 [s] 坟。

（3）声母 n 只出现在开口呼和合口呼韵母前，ȵ 只出现在齐齿呼和撮口呼韵母前，二者无音位对立。

（4）在部分单字中，声母 z 的摩擦性不强，实际读音为 [ɹ]，如：染、让。

二　韵母

昌黎方言有 37 个韵母。

ɿ 资祠虱字	i 弟米戏一	u 苦五猪出	y 雨橘绿驴
ʅ 知试十尺			
ər 儿耳二			
a 大马茶八	ia 家俩牙鸭	ua 抓花瓦刮	
	ie 街写接贴		ye 靴月雪学₂
ɤ 歌车盒热破佛			
		uo 坐过活国	
ai 开排买白		uai 怪快坏外	
ei 赔飞北黑		uei 对水鬼胃	
ɑu 包曹老勺	iɑu 表桥笑学₂		
ou 豆走口肉	iou 牛九油六		
an 南占山半	ian 减盐片年	uan 短官关穿	yan 权院元选
ən 针沉肯认	in 心今新斤	uən 寸滚春顺	yn 均群熏云
ɑŋ 糖唱方绑	iɑŋ 响样讲腔	uɑŋ 床光王双	
əŋ 灯升争横	iŋ 冰病星硬	uəŋ 翁	
		uŋ 东红农共	yŋ 兄永熊用

说明：

（1）无尾韵中的韵腹 a，实际读音为 [A]；韵母 ian 中的 a，实际读音为 [ɛ]。

（2）韵母 u 与舌尖前音相拼时，带有卷舌色彩。

（3）韵母 ye 和 ie 中 e 的实际音值为 [ɛ]。

（4）韵母 uo 在零声母音节中的实际读音为 [uə]。

（5）韵母 an 中的韵尾 n 阻碍部位较为靠前，位于齿背或齿间位置。

（6）韵母 in 和 iŋ 的实际读音分别为 [iən] 和 [iəŋ]。

（7）鼻音韵尾 n 后常伴有合口动作，这与（5）中所述特点有关。

三　声调

昌黎方言有 4 个单字调。

阴平 42　　东该灯风通开天春　搭哭拍

阳平 24　　门龙牛油铜皮糖红　卖₁硬₁乱₁洞₁地₁饭₁树₁动₁罪₁近₁后₁急节文毒白盒罚

上声 213　　懂古鬼九统苦讨草　买老五有　谷百塔切节白刻白

去声 453　　冻怪半四痛快寸去　卖₂路硬₂乱₂洞₂地₂饭₂树₂动₂罪₂近₂后₂刻文六麦叶月

说明：

（1）阳平以升为主，开头略降，实际音值介于 324 与 224 之间，易与上声相混。尾段常出现下降式延长，音值接近 3242。

（2）上声以升为主，易与阳平相混。尾段常出现下降式延长，音值接近 2131。

（3）去声为凸调，开头略升，以降为主。

（4）有部分字存在阳平和去声的异读，具体音值多数由词汇条件所决定。

叁 连读变调

单字调在语流中会发生有规律的变化。这里分析两字组的连读变调规律。先看后字为非轻声的两字组连调情况，见表1：

表1　昌黎方言后字为非轻声的两字组连调表

前字＼后字	阴平 42	阳平 24	上声 213	去声 453
阴平 42	**34-42** 初一　发烧 公爹　相亲 **24-42** 擦黑儿	**34-213** 抽匣　公牛 刷牙　吹牛 **34-24** 天亮　鸡蛋 出灵　发愁	**34-213** 钢笔　猪血 丢脸　撒谎 **42-213** 扎篓　邪嘴儿 **24-213** 失火	**34-453** 青酱　商店 吃药　蜂蜜
阳平 24	**34-42** 洋灰　年初 洋葱　毛衣	**34-213** 流氓　厨房 咸盐 **34-24** 难受	**34-213** 磁铁　白薯 胡扯　流产	**34-453** 学校
	24-42 棉衣　年轻 聊天儿　床单儿	**42-24** 划拳	**24-213** 如果 畦埂儿　田埂儿	**24-453** 集市　淘气 瞧脉　合算

（续表）

前字＼后字	阴平 42	阳平 24	上声 213	去声 453
上声 213	**24-42** 养猪　打工 水缸　眼珠儿 **21-42** 宰猪　插秧 我爹　你爹	**24-24** 眼眉　扫地 母牛　水田 **24-213** 暖壶　赶集	**24-213** 雨伞　打盹儿 左手　洗澡儿	**21-453** 老蚌　吵架 肯定　炒菜 **24-453** 以后　礼拜
去声 453	**45-42** 旱烟　订婚 后爹　串亲	**42-24** 过年　尿尿 做饭　笨蛋 **42-213** 酱油　拜堂	**42-213** 下雨　木耳 中暑　继母	**42-453** 被套　坐便 做寿　算卦

说明：

（1）前字为阴平或阳平时，有一小部分字组中前字变调后的实际调值为44。在两字组中，为简洁起见统一处理为34，在多字组和句子中则如实标出44。这些两字组包括：相亲、爹妈、跟前儿、香蘑、说媒、天亮、鸡蛋、抠门儿、肩膀、亏本儿、输液、咸盐、经常。

（2）"一""三""七""八"42的特殊变调：在去声前变为24，如：一万、三个、七个、八项；在其他调类前变为34，如：一千、三天、八抬（轿）、七里。

"不"42的特殊变调：在去声453前变为24，如：不在、不会；在其他调类前变为34，如：不中、不能、不懂；但是在上声213前，也可保持42不变，如：不管。

下面看后字为轻声的两字组连调情况。轻声现象在昌黎方言中非常普遍。昌黎方言的轻声大致可分为两类，一类的听感是调型自然下降的降调（记为A类），为常规轻声现象；另一类的听感是调型轻微上升的升调（记为B类），属特殊轻声现象。此外，"轻声不轻"的现象在A、B两类中都存在，在B类中尤为明显。

A类轻声主要有6种连调模式，分别是42-1，43-1，24-3，213-3，21-4和45-2。每种单字调组合对应的变化模式见表2。从前字的角度看，可看出连调模式的分布有一定的倾向性，见表3。每种连调模式对应的例证见表4。

B类轻声的具体表现为：在一部分轻声词中，后字不轻，且无论哪个调类的字作后字，后字的声调都会类化成同一种固定的模式，其调型微升，描写为23。这一类轻声主要出现在前字为阳平24的词里，也有少量出现在前字为上声213或去声453的词里。详见表5。

为尽可能呈现连调模式的分布倾向，在表 4 和表 5 中根据现有调查材料对字组进行了穷尽列举。

需要说明的是，这里列出了轻声的实际调值，但在词汇和语法记录中，我们将 A 类轻声统一记作 [0]；将 B 类轻声以实际音值 23 标出，不按常规轻声处理。

表 2　昌黎方言后字为轻声（A 类）的两字组连调表（声调模式）

前字＼后字本调	阴平 42	阳平 24	上声 213	去声 453
阴平 42	42-1 43-1 24-3 213-3	42-1 43-1 24-3 213-3	42-1 43-1 24-3	42-1 43-1 24-3 213-3
阳平 24	24-3 42-1 43-1 213-3	24-3 43-1 213-3	24-3 42-1 43-1 213-3	24-3 213-3
上声 213	21-4 24-3	21-4 24-3	21-4 24-3	21-4
去声 453	45-2	45-2 21-4	45-2	45-2

表 3　昌黎方言后字为轻声（A 类）的两字组连调模式与前字单字调的对应表

前字＼轻声模式	42-1	43-1	24-3	213-3	21-4	45-2
阴平 42	√	√	√	√	——	——
阳平 24	√	√	√	√	——	——
上声 213	——	——	√	——	√	——
去声 453	——	——	——	——	√	√

说明：上表中"√"表示具有该轻声模式，"——"表示不具有该轻声模式。

表4　昌黎方言后字为轻声（A类）的两字组连调表（举例模式）

前字＼后字本调	阴平 42	阳平 24	上声 213	去声 453
阴平 42	42-1 星星　甘蔗　疙瘩 妈妈　哆嗦　孬遭 43-1 丝瓜　垃圾　观音 休息　黑间　肌筋 天天ㄦ 24-3 东西　衣裳 213-3 生猪　公公　公鸡 风筝　蛛蛛ㄦ	42-1 荤油　香油 43-1 高粱　胳膊　棺材 工钱　舒服　姑爷 清明　鲜灵 多前ㄦ　裕裢ㄦ 24-3 今年　出来　芝麻 213-3 丫头　干饭	42-1 沙子　虱子　梯子 花子　瞎子　中指 欢喜　桌子　筛子 闺女　烧纸　钉子 家里ㄦ 43-1 鸽子　屋子　车子 包子　浆子　庄里 疯子　撮子　磕碜 归拢　规矩　孙子 宽敞 24-3 多少　家伙 知了ㄦ	42-1 菠菜　生日　招喝 亲戚ㄦ　今ㄦ个 43-1 窗户　师傅　轱辘 24-3 天道　冬至　阴历 公历　乡下　街道 疤瘌　姑父　兄弟 欺负　知道　挑担 出去　光棍ㄦ 213-3 松树　香菜　山药 家具　汤药　中药 干净　豌豆　豇豆 干菜　腥气　相信 边ㄦ上　正月ㄦ
阳平 24	24-3 外甥　熟悉 饭锅　旁边ㄦ 42-1 南瓜 43-1 元宵　调羹ㄦ 213-3 下巴	24-3 农民　后头　琢磨 下来　丈人　砚台 结实　别人　后ㄦ年 43-1 郎猫　零钱 蚂螂　着凉 213-3 长虫	24-3 竹子　橘子　露水 后晌　稻子　帽子 豆腐　痦子　妹子 肚子　棒子 42-1 白酒　头午 黄酒　寒碜 43-1 毛ㄦ笔 213-3 辫子　妗子	24-3 馄饨　上去　油菜 大麦　皇历　农历 模样ㄦ　后ㄦ个 夜ㄦ个　咳嗽ㄦ 213-3 蚕豆　埋汰 阳历　茶叶
上声 213	21-4 改锥　牡丹　尾巴 眼睛　哑巴　简单 草鸡　手巾　拢梳 点心　瓦工　姐夫 老叔　小心　喜欢 数叨　左边ㄦ 24-3 老鸹	21-4 往年　里头　鲤鱼 枕头　锁头　老人 姥爷　本钱　暖和 老实　耿直 24-3 起来	21-4 李子　谷子　爪子 椅子　剪子　饺子 傻子　姥姥　嫂子 姐姐　斧子　小子 耳朵　晌午 24-3 蚂蚁　可以	21-4 韭菜　起鹊　脑袋 满月　柏树　曲蟮 扁担　打算　数落 小气　几个　哪个 反正　柳树　小麦 早ㄦ个　媳妇ㄦ 哪下ㄦ

（续表）

前字＼后字本调	阴平 42	阳平 24	上声 213	去声 453
去声 453	**45-2** 大风　辣椒　大家 菜锅　菜刀　嫁妆 妹夫　簸箕　大方 唠咕 半天ㄦ　背心ㄦ 右边ㄦ　蜜蜂ㄦ	**45-2** 去年　木头　芋头 客人　大伯　大油 放牛　麦秸　信服 肉头　放牛 **21-4** 日头　鲫鱼	**45-2** 叶子　柚子　栗子 耗子　兔子　柱子 扫帚　褥子　凳子 筷子　钥锁　裤子 袜子　戒指　粽子 下水　正手　大母 大水　热水　屁股 棍子　个把　右手 霍闪	**45-2** 月亮　进去　绿豆 过去　运气　木匠 热闹　忌妒　告诉 谢谢　味道　漂亮 要是　腊月ㄦ

表 5　昌黎方言后字为轻声（B 类）的两字组连调表（举例模式）

前字＼后字本调	阴平 42	阳平 24	上声 213	去声 453
阴平 42	——	——	——	——
阳平 24	**42-23** 白天　蘑菇　棉花 萝卜　黄瓜　王八 肥猪　邻居　镰刀 拾掇　直溜 梅花ㄦ　荷花ㄦ 甜根ㄦ	**42-23** 石头　前头　回来 核桃　馒头　舌头 拳头　媒人　祠堂 婆婆　围裙　裁缝 上头　下头　榔头 前年　石榴ㄦ 蝴蝶ㄦ	**42-23** 雹子　茄子　猴子 虫子　蚊子　蝇子 河蚂　牙狗　房子 席子　坛子　瓶子 柴火　胰子　鼻子 胡子　脖子　朋友 聋子　瘸子　平整 尘土　没有　儿子 钳子　绳子　勤谨 妯娌　城里ㄦ	**42-23** 黄豆　芹菜　头发 脓带　和尚　姨父 菩萨　徒弟　犁杖 合上　时候ㄦ 前ㄦ个　明ㄦ个
上声 213	——	——	**42-23** 母狗	——
去声 453	——	**45-23** 旱地　这样ㄦ 那样ㄦ	——	**42-23** 这个　那个

肆 异读

一 新老异读

1.1 声母

普通话中的开口呼零声母字（中古影疑母一等字），老男一般有 n 声母、ŋ 声母和零声母三种情况。只有 n 声母读法，如：鹅 nɤ²⁴；只有零声母读法，如：藕 ou²¹³；同时存在三种声母的异读，如：爱 nai⁴⁵³/ŋai⁴⁵³/ai⁴⁵³。第三种情况数量相对较多。青男则只有两种情况：只有 ŋ 声母读法，如：鹅 ŋɤ²⁴；只有零声母读法，如：爱 ai⁴⁵³。其中第二种情况是多数。

中古精组、知系两类声母，与老男舌尖前音声母 ts、tsʰ、s 和舌尖后音声母 tʂ、tʂʰ、ʂ 的对应较复杂，上文已述。青男则与普通话的对应情况一致。

在音值层面，青男 tɕ、tɕʰ、ɕ 的发音部位略靠前，在有些字中实际读音近于舌尖前音，如：间、饥、希、限等。x 的发音部分较靠后，有小舌音色彩，如：河、花、户。

1.2 韵母

老男与青男在韵母上的差异，主要是舌尖元音韵母的辖字。老男的舌尖前音和舌尖后音声母辖字较复杂，舌尖元音因之而不同。青男两类舌尖元音韵母的辖字皆与普通话一致。

另外，老男韵母存在白读的字，青男有些已没有白读，如：宿 ɕy²¹³/su⁴⁵³-su⁴⁵³ | 棉 ȵiɑu²⁴/mian²⁴-mian²⁴。

1.3 声调

老男有一部分字存在两读现象，既可以读作阳平 24，也可以读作去声 453。但是许多此类字，青男只读去声 453。青男存在两读的字多数属于自由变读，受词汇条件约束的情况较少。

中古清声母入声字，老男多有上声白读，文读则同普通话调类，但青男有白读的字已不多，大多只有与普通话调类一致的读音。

二 文白异读

2.1 声母

中古部分见系二等字，声母白读为 [k] 类，文读为 [tɕ] 类，如：街 kai⁴²/tɕie⁴² ｜ 更 kəŋ⁴²/tɕiŋ⁴²。这里韵母也相应不同，下文不赘。

2.2 韵母

韵母的其他文白异读主要见于宕江曾通诸摄的部分入声字。

宕江摄入声字韵母白读 [ɑu iɑu] 类，文读 [uo ye] 类，如：弱 zɑu⁴⁵³/zuo⁴⁵³ ｜ 雀 tɕʰiɑu²¹³/tɕʰye⁴⁵³ ｜ 学 ɕiɑu²⁴/ɕye²⁴。

曾摄开口三等庄组入声字韵母白读 [ai]，文读 [ɤ]，如：色 sai²¹³/sɤ⁴⁵³。

通摄合口三等入声字韵母白读 [ou y] 类，文读 [u]，如：叔 sou⁴²/su⁴² ｜ 宿 ɕy²¹³/su⁴⁵³。

还有一些不太规律的文白异读，如：棉 ȵiɑu²⁴/mian²⁴ ｜ 尾 i²¹³/uei²¹³ ｜ 墨 mi⁴⁵³/mɤ⁴⁵³。

2.3 声调

声调存在异读的，一般是中古清声母入声字，白读一般是上声，文读一般同普通话调类。如：黑 xei²¹³/xei⁴² ｜ 拆 tsʰai²¹³/tsʰai⁴² ｜ 插 tʂʰa²¹³/tʂʰa⁴² ｜ 节 tɕie²¹³/tɕie²⁴ ｜ 宿 ɕy²¹³/su⁴⁵³ ｜ 雀 tɕʰiɑu²¹³/tɕʰye⁴⁵³ ｜ 色 sai²¹³/sɤ⁴⁵³。

伍 儿化韵

韵母 ər、uəŋ 没有相应的儿化韵。其他基本韵母的儿化规律及例词见表6：

表 6　昌黎方言儿化韵与基本韵母对应关系表

儿化韵	基本韵母	例词	儿化韵	基本韵母	例词
ər	ɿ	刺儿　字儿	ɐr	ai	小孩儿　鞋带儿
	ʅ	汁儿　纸儿		an	上班儿　门槛儿
	ei	宝贝儿　眼泪儿	iɐr	ian	跟前儿　饺子馅儿
	ən	树根儿　门儿			
iər	i	小鸡儿　米粒儿	uɐr	uai	一块儿
				uan	手腕儿　铁环儿
	in	脚印儿　有劲儿	yɐr	yan	公园儿　小院儿
uər	uei	一对儿　一会儿	ɑr	a	树杈儿　把儿
	uən	打盹儿　小棍儿		ɑŋ	烟灰缸儿　鞋帮儿
yər	y	小鱼儿　曲儿	iɑr	ia	芽儿　一下儿
	yn	裙儿　小军儿（人名）		iɑŋ	小杨儿（人名）小蒋儿（人名）
iɛr	ie	树叶儿　台阶儿	uɑr	ua	花儿　画儿
	iŋ	小病儿　酒瓶儿		uɑŋ	小筐儿　鸡蛋黄儿

（续表）

儿化韵	基本韵母	例词	儿化韵	基本韵母	例词
yɤr	ye	上月儿 小雪儿	ur	u	菜谱儿 小猪儿
	yŋ	有用儿 小熊儿	aur	au	包儿 枣儿
ɤr	ɤ	歌儿 自个儿	iaur	iau	桌角儿 半山腰儿
	əŋ	田埂儿 信封儿	our	ou	小偷儿 兜儿
uɤr	uŋ	小葱儿 鱼冻儿	iour	iou	小酒儿 皮球儿
	uo	蝈蝈儿 点火儿			

说明：儿化对声母、韵母和声调都会产生影响。在非儿化音节中读舌尖前音的声母，有时在儿化音节中会读舌尖后音，如：洗脸水 suei²¹³、凉水儿 ʂuər²¹³。

在某些单音节儿化词或双音节儿化词中，被儿化字的声调会变为上声 213，这类字通常为阳平字，也有个别为去声字或阴平字，如：猴儿 xour²¹³｜抠门儿 kʰou³⁴mər²¹³｜灵牌儿 lin³⁴pʰer²¹³｜年头儿 nian³⁴tʰour²¹³｜小河儿 ɕiau²⁴xɤr²¹³｜打鸣儿 ta²⁴mier²¹³｜肚脐儿 tu⁴²tɕʰiər²¹³｜大门儿 ta⁴²mər²¹³｜算盘儿 suan⁴²pʰer²¹³｜隔壁儿 tɕie⁴²piər²¹³｜自个儿 tɕin⁴²kɤr²¹³｜电棒儿 tian⁴²par²¹³｜一会儿 i³⁴xuer²¹³｜边儿上 piɐr²¹³ʂaŋ⁰。

还有一类形容词，通过重叠，在"AA儿的"结构中起到加深程度或加强肯定语气的作用，表示"非常、特别"或"确定无疑、确实如此"的含义。如"香香儿的"意思是"非常香"，"死死儿的"意思是"死了，确定无疑"。从语音上看，"AA儿的"结构中不管前一个 A 是什么调类，后一个 A 的声调一律变为 213，详细变调规律见表 7：

表 7　昌黎方言"AA儿的"结构变调规律表

A	变调模式	例词
阴平 42	34-213	香香儿的　高高儿的　尖尖儿的　轻轻儿的　新新儿的　瞎瞎儿的
阳平 24	34-213	活活儿的　聋聋儿的　白白儿的　咸咸儿的　凉凉儿的　粘粘儿的
上声 213	24-213	死死儿的　妥妥儿的　鼓鼓儿的　苦苦儿的　紧紧儿的 好好儿的　软软儿的　丑丑儿的　饱饱儿的
去声 453	42-213	胖胖儿的　对对儿的　奥奥儿的　亮亮儿的 烂烂儿的　硬硬儿的　瘦瘦儿的　旧旧儿的

说明："奥奥儿的"是指非常好。

(陆) 其他音变

轻声对声母和韵母会产生影响。在"子"尾词中,多数情况下,声母 ts 的实际读音接近 [z],如:沙子 z̩^{0}｜瓫子 z̩^{23}。轻声对韵母的影响主要体现为元音的央化和弱化。元音央化,如:霍闪 ʂən^0｜尾巴 pə^0｜头发 fə^{23}｜前ㄦ个 kə^{23}；元音弱化,如:进去 tɕʰi^0｜回来 lei^0｜棉花 xuo^0｜热闹 nou^0。

第四节　乐亭方音

壹　概况

一　乐亭概况

乐亭县位于河北省唐山市东南部，东南濒临渤海，北、东北倚滦河与秦皇岛市昌黎县相邻，西北、西和西南与滦南县、曹妃甸区接壤。

乐亭县地理坐标为东经 118°40′—119°18′，北纬 39°05′—39°34′。全县东西宽 49 公里，南北长 52 公里，总面积 1307.7 平方公里。乐亭县地处燕山褶皱带南缘凹陷区，为滦河冲积、海相沉积平原，地势低平，自西北向东南缓缓倾斜。

乐亭县下辖 10 个镇、3 个乡、1 个街道办事处、473 个行政村。到 2020 年全县总人口 38.9 万。其中绝大多数是汉族，少数民族主要有满族、回族、蒙古族，数量较少，且已不使用本民族语言，改说汉语。民间艺术有乐亭皮影和乐亭大鼓。乐亭方言属冀鲁官话的保唐片。

二　发音人概况

老男发音人：孙兴琦，1950 年 6 月出生，退休教师。调查时居住在乐亭县乐亭镇某小区。出生于乐亭县闫各庄镇周家铺村，1958 年在国仙院大罗庄小学学习，1964 年在阎各庄初中学习，1967 年在阎各庄高中学习，之后从事教育工作至退休，1980 年曾进修中专学历。

青男发音人：张佳伟，1983 年 2 月出生，乐亭县青春旅行社导游。调查时居住在乐亭县乐亭镇某小区。出生于三合庄乡西高甸村，1989 年至 1995 年在高甸小学学习，1995 年至 1998 年在三合中学学习，1998 年至 2001 年在乐亭二中学习，之后参加工作。

贰 声韵调

一 声母

乐亭方言有 23 个声母,包括零声母。

p 八兵病别	pʰ 派片爬劈	m 马门明麦	f 飞风饭副
t 多端东毒	tʰ 讨天甜踢	n 脑奴年女	l 老连路驴
ts 资早坐贼	tsʰ 刺草寸祠		s 丝三酸缩
tʂ 张柱争纸	tʂʰ 拆茶初尺	ʂ 事山手十	ʐ 软荣热日
tɕ 酒九绝菊	tɕʰ 清全轻权		ɕ 想谢响县
k 哥高共谷	kʰ 开口宽阔	ŋ 熬安鹅矮	x 河好灰活
∅ 儿问云药			

说明:
(1)声母 n 在齐齿呼和撮口呼韵母前的实际音值是 [ɲ]。
(2)声母 ʐ 的实际音值为 [ɻ]。
(3)零声母中,齐齿呼、合口呼和撮口呼韵母开头有轻微的唇舌同部位摩擦,开口呼有喉头闭塞成分。

二 韵母

乐亭方言有 37 个韵母。

ɿ 资祠丝字　　　　　i 弟米戏一　　　　u 苦五猪出　　　　y 雨橘绿驴
ʅ 知试十尺
ɚ 儿耳二

a 大马茶八　　　　　ia 家俩牙鸭　　　　ua 抓花瓦刮
　　　　　　　　　　ie 鞋写接贴　　　　　　　　　　　　ye 靴月雪学文

ə 歌车盒破佛　　　　　　　　　　　　　uə 坐过热国
ai 开街买白　　　　　　　　　　　　　　uai 怪快坏外
ei 赔飞北黑　　　　　　　　　　　　　　uei 对水鬼胃
ɑu 包曹老勺　　　　　iɑu 表桥笑学白
ou 豆走口肉　　　　　iou 牛九油六
an 南占山半　　　　　iɛn 减盐片年　　　uan 短官关穿　　yɛn 权院元选
ən 针沉肯认　　　　　iən 心今新斤　　　uən 寸滚春顺　　yən 均群熏云
ɑŋ 糖唱方绑　　　　　iɑŋ 响样讲腔　　　uɑŋ 床光王双
əŋ 灯升争横　　　　　iəŋ 冰病星硬　　　uŋ 东红农共　　yŋ 兄永熊用
　　　　　　　　　　　　　　　　　　　uəŋ 翁

说明：

（1）元音 a 作无尾韵的韵腹时，实际读音为 [ᴀ]。

（2）韵母 ə 在与 p、pʰ、m、f 相拼时实际音值接近 [uɤ]，与其他声母相拼时实际音值是 [ɤ]。

三　声调

乐亭方言有 4 个单字调。

阴平 31　　东该灯风通开天春　搭哭拍切又
阳平 212　　门龙牛油铜皮糖红　急节　毒白盒罚
上声 34　　懂古鬼九统苦讨草　买老五有　谷百塔节
去声 52　　冻怪半四痛快寸去　卖路硬乱洞地饭树　动罪近后　刻切又六麦叶月

说明：

（1）上声 34 的尾部经常有短暂的下降。

（2）去声的实际调值是 552。

叁 连读变调

单字调在语流中会发生有规律的变化。这里分析两字组的连读变调规律。先看后字为非轻声的两字组连调情况，见表1：

表 1　乐亭方言后字为非轻声的两字组连调表

前字＼后字	阴平 31	阳平 212	上声 34	去声 52
阴平 31	**33-31** 听说　香菇 发烧　猪肝儿 **31-31** 应该	**33-212** 锅台　荤油 发愁　刷牙 **31-212** 牤牛　香油	**33-34** 一百　开水 失火　猪血 **31-34** 中指	**33-52** 商店　吃药 鸡蛋　蜂蜜 **35-52** 干菜　杉树 正月儿　光棍儿 **31-52** 汤药　香菜
阳平 212	**34-31** 洋灰　年初 围巾　毛衣	**34-212** 咸盐　祠堂 洋油　划拳	**34-34** 年底　洋火儿 白酒　寻死	**34-52** 白面　合算 油菜　洋蜡 **35-52** 条儿案

（续表）

前字＼后字	阴平 31	阳平 212	上声 34	去声 52
上声 34	33-31 水坑　火车 水沟儿	33-212 赶集　起床 眼眉　水瓢	33-34 老虎　打盹儿 马桶　水果儿	33-52 老道　旅店 演戏　扫地 211-52 好受　保佑 柏树　韭菜 35-52 挑担　改造 古代　体育
去声 52	53-31 菜锅　菜刀 药针儿 34-31 蜜蜂儿　辣椒 汽车	53-212 大门　炕席 化脓　上坟	53-34 后悔　二两 下雨　热水	53-52 旱地　做饭 看病　庙会

说明：

（1）除"去声＋去声"的组合外，去声作后字的组合都有部分字组采用"35-52"连调式，这种连调式和后字轻声的两字组中的"35-0"在音值上已经很难区分。

（2）有个别字组的连调不符合上述规则，如：台风 31-31| 食指 31-34。

再看后字为轻声的两字组连调情况，见表 2：

表 2　乐亭方言后字为轻声的两字组连调表

前字＼后字本调	阴平 31	阳平 212	上声 34	去声 52	不明确
阴平 31	31-0（A） 星星　丝瓜 倭瓜　观音 35-0 东西　蛛蛛 公鸡	31-0（A） 蝙蝠　稀涎 姑爷　丫头儿 35-0 出来　芝麻 天头　三十	31-0（A） 江米　竹子 虱子　家雀儿	31-0（A） 菠菜　窗户 亲戚　师傅 35-0 出去　山药 兄弟　欺负	31-0（A） 窟窿　黑介 垃圾　胳膊 35-0 衣裳　疤瘌

(续表)

前字＼后字本调	阴平 31	阳平 212	上声 34	去声 52	不明确
阳平 212	**31-0**（B） 黄瓜　王八 蘑菇　棉花	**31-0**（B） 寒食　回来 长虫　婆婆	**31-0**（B） 尘土　前晌_儿 茄子　柴火	**31-0**（B） 白日　黄豆 螃蟹　和尚 **35-0** 茶叶　时气 直性　容易	**31-0**（B） 萝卜　拾掇 荸荠　蛤蟆 **35-0** 咳嗽
上声 34	**211-0** 草鸡　手巾 点心　眼睛 **31-0**（B） 老鸹	**211-0** 鲤鱼　枕头 锁头　姥爷	**211-0** 晌午　李子 耳朵　奶奶 **31-0**（B） 母狗	**211-0** 脑袋　满月 买卖　手艺 **35-0** 古代	**211-0** 尾巴　有咧 姐们_儿　我们
去声 52	**55-0** 嫁妆　簸箕 嚏喷 **35-0** 大方　右边_儿 **212-0** 外甥　地方_儿	**55-0** 芋头 **35-0** 外头　木头 **212-0** 下头　后年 丈人　砚台	**55-0** 裤子　叶子 耗子　屁股 **35-0** 麦子　露水 月子　袜子 **212-0** 帽子　豆腐 妗子　稻子	**55-0** 犟性　进去 叫唤　告送 **35-0** 绿豆　热闹 旧历　腊月_儿 **212-0** 大麦	**55-0** 记得　钥匙 这么 **35-0** 亮咧　忘咧 **212-0** 掉咧　下巴 后_儿个　夜_儿个

说明：

（1）阴平的"31-0"类连调，轻声"0"的实际调值是1。阳平的"31-0"类连调，轻声"0"的实际调值是3。为了区别两种连调式，我们分别将其记为"31-0（A）"和"31-0（B）"。

（2）每种调类组合都有"35-0"的连调式，这里的轻声"0"的实际调值是高降调，整体连调式与"35-52"的非轻声连调式非常接近而难以分辨。

（3）"去声＋轻声"的几种连调式，与中古的声母类别有关："55-0"的前字基本上是中古清声母字；"35-0"的前字，主要是中古次浊声母字，有少量全浊声母字；"212-0"的前字，主要是中古全浊声母字，有少量次浊声母字。

（4）有个别字组的连调不符合上述规则，如：扫帚 55-0| 双双_儿 55-0| 爸爸 31-0（A）。

肆 异读

一 新老异读

1.1 声母

普通话中的开口呼零声母字（中古影疑母一等字），老男一般为 ŋ 声母。青男部分字已改读为零声母，同普通话，如：矮 ŋai^{34}-ai^{34}｜安 ŋan^{31}-an^{31}。

1.2 韵母

老男与青男在韵母上的差异，主要集中在中古入声字，青男的韵母类别与普通话一致，如：镯 tʂɑu^{212}-tʂuə^{212}｜落 lɑu^{52}-luə^{52}｜弱 zɑu^{52}-zuə^{52}｜约 iɑu^{34}-ye^{34}｜宿 ɕy^{34}-su^{52}｜叔 ʂou^{31}-ʂu^{31}。也有个别非入声字，如：弄 nəŋ^{52}-nuŋ^{52}。

1.3 声调

中古清声母入声字，老男多读阴平或上声（上声居多），青男与普通话调类一致，如：吉 tɕi^{31}-tɕi^{212}｜隔 kə^{34}-kə^{212}｜宿 ɕy^{34}-su^{52}｜霍 xuə^{34}-xuə^{52}。

二 文白异读

2.1 声母

中古部分庄组入声字，白读为 [tʂ] 类，文读为 [ts] 类，如：择 tʂai^{212}/tsə^{212}｜色 ʂai^{34}/sə^{52}。

中古见组二等字，白读为 [tɕ] 组声母，文读为 [k] 组声母，如：耕 tɕiəŋ^{34}/kəŋ^{34}｜更 tɕiəŋ^{34}/kəŋ^{34}。

2.2 韵母

韵母的文白异读主要见于宕江曾通四摄的部分入声字。

宕江摄入声字韵母白读 [ɑu iɑu] 类，文读 [ə uə ye] 类，如：剥 pɑu³⁴/pə³⁴｜落 lɑu⁵²/luə⁵²｜学 ɕiɑu²¹²/ɕye²¹²｜削 ɕiɑu³¹/ɕye³¹｜约 iɑu³¹/ye³¹。

曾摄开口三等庄组入声字韵母白读 [ai]，文读 [ə]，如：择 tʂai²¹²/tsə²¹²｜色 ʂai³⁴/sə⁵²。

通摄合口三等入声字韵母白读 [ou]，文读 [u]，如：叔 ʂou³¹/ʂu³¹｜熟 ʂou²¹²/ʂu²¹²。

2.3 声调

声调存在异读的，一般是中古清声母入声字，白读一般是上声，文读一般同普通话调类，如：割 kə³⁴/kə³¹｜结 tɕie³⁴/tɕie²¹²｜色 ʂai³⁴/sə⁵²。

伍 儿化韵

韵母 ər、uəŋ 没有相应的儿化韵。其他基本韵母的儿化规律及例词见表3：

表3 乐亭方言儿化韵与基本韵母对应关系表

儿化韵	基本韵母	例词	儿化韵	基本韵母	例词
ər	ɿ	刺儿 小孩子儿	ɐr	ai	盖儿 奶儿
	ʅ	侄儿 针儿		an	蚕儿 衬衫儿
	ei	赔本儿 眼泪儿	iɐr	iɛn	差点儿 随便儿
	ən	根儿 门儿	uɐr	uai	一块儿
iər	i	米儿 粒儿		uan	玩儿
	iən	小手巾儿 背心儿	yɐr	yɛn	旋儿
uər	uei	裤腿儿 味儿	ar	a	一马儿 把儿
	uən	打盹儿 光棍儿		ɑŋ	前晌儿 膀儿
yər	y	坐家女儿	iɑr	ia	家儿 抽匣儿
	yən	裙儿		iɑŋ	样儿 对象儿
iɐr	ie	夜儿个	uɑr	ua	花儿 爪儿
	iəŋ	打鸣儿 银杏儿		uɑŋ	下庄儿 双双儿
yɐr	ye	月儿	ur	u	圆珠儿笔 五月端午儿
	yŋ	小熊儿	ɑur	ɑu	姥儿 外号儿
ɤr	ə	唱歌儿	iɑur	iɑu	角儿 家雀儿
	əŋ	调羹儿	our	ou	折扣儿 山沟儿
uor	uŋ	胡同儿	iour	iou	袖儿 石榴儿
	uə	洋火儿			

㊅ 其他音变

在轻声音节中，一些作为韵腹的低元音会变为中元音或半高元音，如：尾巴 i²¹¹pə⁰ ｜ 下来 ɕia²¹²lei⁰ ｜ 芝麻 tʂʅ³⁵mə⁰ ｜ 黄瓜 xuaŋ³¹kuə⁰。

第五节　蔚县方音

壹　概况

一　蔚县概况

蔚县位于河北省西北部，东与涿鹿县接壤，南与保定市涞源县、涞水县为邻，西与山西省广灵县、灵丘县交界，北与宣化区、阳原县相接。

蔚县地理坐标为东经114°11′—115°04′，北纬39°33′—40°12′。县境东西长74.55公里，南北宽71.25公里，总面积3220平方公里。地处太行山、燕山交汇处，属冀西北山间盆地，恒山余脉由晋入蔚，壶流河横贯西东，形成了明显的南部深山、中部河川、北部丘陵三个自然生态区域。

蔚县辖11个乡、11个镇、561个行政村。到2020年全县总人口50万，其中绝大部分为汉族。用方言演唱的地方戏曲主要是蔚县秧歌，此外还有晋剧（山西梆子）、河北梆子等。蔚县方言属冀鲁官话的保唐片。

二　发音人概况

老男发音人：苏贵，1954年8月出生，河北省蔚县某矿业公司退休干部。1962年至1968年在蔚州镇南关东老君观小学上学，1968年至1970年在红卫中学（现蔚县一中）读初中，1970年至1972年在红卫中学读高中，1972年至2014年在蔚县老虎头煤矿工作，2014年8月退休。

青男发音人：刘建立，1989年3月出生，河北省蔚县某装饰公司外勤业务员。1996年至2002年在蔚州镇五街小学上学，2002年至2006年在蔚县第三中学读初中，2006年至2009年在蔚县西河营中学读高中，2009年至2012年在江西景德镇陶瓷工艺美术学院读大专，2012年毕业后回到蔚县工作。

贰 声韵调

一 声母

蔚县方言有 21 个声母，包括零声母。

p 八兵病别	pʰ 派片爬劈	m 马门明麦	f 飞风饭副	v 昧问温王
t 多端东毒	tʰ 讨天甜踢	n 脑南熬安		l 老蓝连驴
ts 资早坐张 直柱装竹	tsʰ 刺草寸抄 车初床吃		s 丝三酸山 手双事十	z 软荣热日
tɕ 酒九绝菊	tɕʰ 清全轻权	ȵ 年牛泥女	ɕ 想谢响县	
k 哥高共谷	kʰ 开口宽阔		x 好很灰活	
ø 儿问云药				

说明：

（1）单字"饿、恶"的声母存在 [n][ŋ] 自由变读现象，这里一律记为 n。

（2）声母 z 存在 [z][ʐ] 自由变读现象，这里一律记为 z。

（3）声母 v 的实际音值接近 [ʋ]。

二 韵母

蔚县方言有 31 个韵母。

ɿ 资丝师试十直尺　　i 弟米戏一　　　　u 苦五猪出　　　　y 雨橘绿局

ər 儿耳二

ɑ 大马茶八瓦　　　　iɑ 家俩牙鸭　　　uɑ 抓花刮滑

　　　　　　　　　　iə 写鞋接贴　　　　　　　　　　　　yə 靴月雪学新

ɔ 糖唱床王　　　　　iɔ 响样讲腔

ɯ 黑

ɤ 歌车盒热破末拨　　　　　　　　　　uɤ 坐过活国

ɛi 开排拆白外　　　　　　　　　　　　uei 拐怀快坏

ei 赔飞埋北胃　　　　　　　　　　　　uei 对碎吹鬼

ʌɯ 宝饱烧勺　　　iʌɯ 表桥笑药学老

əu 豆走口肉　　　iəu 牛九油六

ã 南占山万　　　　iã 减盐片年　　　uã 短官关穿　　　yã 权院元选

əŋ 深根灯升争翁　　iŋ 心新冰病星硬　　uŋ 寸滚东红农共　　yŋ 均云兄永熊用

说明：

（1）韵母 ər 中的元音舌位偏低，近 [ɐ]。

（2）韵母 iə、yə 中介音 i、y 的音长较长，在去声音节中更为明显。

（3）韵母 ɤ 后有时有后滑音 [ɐ]；高元音 i、u、y、ɤ 作韵母，往往有后滑音，但音值有所不同。

（4）唇音声母后和 uɤ 中的 ɤ 有时略圆唇。

（5）韵母 ei 动程较短。

（6）韵母 ʌɯ 的主要元音 ʌ 舌位偏高，实际音值介于 [ʌ] 和 [ɤ] 之间；iʌɯ 中的主要元音 ʌ 有弱化现象，开口度较小，实际音值近 [ɤ]，有时还会进一步弱化脱落，韵母为 [iɯ]。

（7）韵母 əu、iəu 中的 u 实际读音近 [ʊ]，但无明显圆唇动作；主要元音 ə 在 iəu 韵母中有弱化现象，有时还会进一步弱化至脱落。

（8）韵母 iã 的韵腹舌位略高，实际读音近 [æ]。ã、iã、uã、yã 有时略带鼻尾。

（9）韵母 ɯ 实际舌位比 [ɯ] 低，介于 [ɯ] 与 [ɤ] 之间。

三 声调

蔚县方言有 4 个单字调。

阴平 53　　东该灯风通开天春　谷百搭节哭拍切刻
阳平 41　　门龙牛油铜皮糖红　急　毒白盒罚
上声 44　　懂古鬼九统苦讨草　买老五有　塔
去声 312　 冻怪半四痛快寸去　卖路硬乱洞地饭树　动罪近后　六麦叶月

说明：去声 312 出现在句末，有时曲折不明显，近 31。

叁 连读变调

单字调在语流中会发生有规律的变化。这里分析两字组的连读变调规律。先看后字为非轻声的两字组连调情况，见表1：

表1 蔚县方言后字为非轻声的两字组连调表

前字＼后字	阴平 53	阳平 41	上声 44	去声 312
阴平 53	53-53 香菇 花生 稀粥 扎针 21-53 应该 一百 一千	53-41 天明 葱头 香油 刷牙	53-44 灰土 开水 铅笔 一起	53-312 冬至 松树 豇豆 吃药 13-312 一万 一共
阳平 41	41-53 台风 洋灰 年初 白天	13-41 煤油 油条 茶食 难挨 41-41 着凉 零钱儿	41-44 洪水 年底 红薯 洋火	41-312 油菜 白面 茶叶 难受
上声 44	44-53 整天 养猪 母鸡 草屋 13-53 简单 好喝	44-41 水田 以前 鲤鱼 草房	44-44 洗澡 53-44 冷水 左手 早起 可以	44-312 以后 柳树 手电 保佑

(续表)

后字 前字	阴平 53	阳平 41	上声 44	去声 312
去声 312	31-53 稻谷　大街 旱烟　自杀	13-41 大河　放牛 盖房　面条儿 31-41 后年　二十 二两　寿材	31-44 下雨　热水 木耳　中暑	13-312 旱地　地动 看病　寺庙 31-312 集市儿　要是

再看后字为轻声的两字组连调情况，见表2：

表2　蔚县方言后字为轻声的两字组连调表

后字本调 前字	阴平 53	阳平 41	上声 44	去声 312	不明确
阴平 53	53-0 星星　村乡 丝瓜　东西	53-0 今年　清明 出来　高粱	53-0 家里　多少 闺女	53-0 天气　阴历 豌豆　家具	53-0 窟窿　沙子 柱子　他们
阳平 41	41-0 蘑菇　棉花 黄瓜　邻居	41-0 明年　回来 核桃　爷爷	41-0 云彩　前晌 城里　朋友	41-0 前夜　农历 黄豆　咳嗽	41-0 石榴　芫荽 萝卜　蚊子
上声 44	44-0 牡丹　草鸡 手巾　改锥	44-0 往年　老人	44-0 晌午　耳朵 姥姥　你老	44-0 底下　韭菜 板凳　长相	44-0 爪子　李子 尾巴　俺们
去声 312	31-0 衬衣　木工 外甥	31-0 外头　木头 下来	31-0 露水　稻草 翅膀　月饼	31-0 半夜　大麦 叫唤　舅舅	31-0 盖的　钥匙 栗子　兔子

说明：

（1）阳平作为前字读降调时，结尾实际音高稍高于1；

（2）去声作为前字，实际读音为略带曲折的降升调，但尾音很短，近31；

（3）个别字组不符合上述规律，如：①阴平+轻声：衣裳44-0；②上声+轻声：老虎53-0。

肆 异读

一 新老异读

1.1 声母

普通话中的开口呼零声母字（中古影疑母一等字），老男一般读为n声母，青男与之相同，但青男有一些字出现了零声母异读，如：恩 nəŋ^{53}-nəŋ^{53}/əŋ^{53} ｜ 岸 nã^{312}-nã^{312}/ã^{312}。

1.2 韵母

老男的韵母 ɯ 辖字只有"黑"。青男"黑"字音值为 xɤ^{53}。

老男有文白异读的字，青男有些已无白读音，如：托 t^{h}ʌɯ^{53} ~ 生 /t^{h}uɤ^{53}-t^{h}uo^{53} ｜ 足 tɕy^{53}/tsu^{41}-tsu^{41}。

在音值层面，老男韵母 iʌɯ，青男的音值为 iɯ；老男韵母 ɤ、uɤ，青男音值是 o、uo。

1.3 声调

中古清声母入声字，老男今多读阴平，与普通话归类不一致的，青男有的改读与普通话一致的调类，如：节、结 tɕiə^{53}-tɕiə^{41} ｜ 吉 tɕi^{53}-tɕi^{41} ｜ 国 kuɤ^{53}-kuo^{41} ｜ 福 fu^{53}-fu^{41} ｜ 渴 k^{h}ɤ^{53}-k^{h}ɤ^{44} ｜ 骨 ku^{53}-ku^{44}。

中古全浊声母入声字，老男今多读阳平，但也有部分读阴平或白读为阴平的，如"鹤""择""特"，与普通话归类有差异。这些字青男有的改为与普通话相同的调类，如：鹤 xɤ^{53}-xɤ^{312} ｜ 特 t^{h}ɤ^{53}-t^{h}ɤ^{312}。

中古全浊声母平声字，老男今读阳平，但有一些读为阴平的，这些字青男改读为阳平，与普通话一致，如：球 tɕ^{h}iəu^{53}-tɕ^{h}iəu^{41} ｜ 炎 iã^{53}-iã^{41}。

在调值层面,老男的阴平调值为53,青男的阴平调则降幅相对较小,接近54。

二 文白异读

2.1 声母

中古见组二等字,白读为 [tɕ] 类,文读为 [k] 类,如:耕 tɕiŋ⁵³/kən⁵³ | 客 tɕʰiə⁵³/kʰɤ⁵³ | 隔 tɕiə⁵³/kɤ⁵³。疑母字也存在差异:额 ȵiə³¹²/nɤ⁴¹。这里韵母也相应不同,下文不赘。

中古通摄精组三等入声字,白读 [tɕ] 类声母,文读 [ts] 类声母:足 tɕy⁵³/tsu⁴¹ | 宿 ɕiəu⁵³ 住一~/ɕy⁵³ ~舍,旧/su⁵³ ~舍,新。其韵母也相应不同。

个别中古微母字,白读为 [m] 声母,文读为 [v] 声母:蚊 mən⁴¹/vən⁴¹。

2.2 韵母

宕江摄入声字韵母白读为 [ʌɯ iʌɯ] 类,文读 [ɤ uɤ yə] 类,如:剥 pʌɯ⁵³/pɤ⁵³ | 托 tʰʌɯ⁵³ ~生/tʰuɤ⁵³ | 削 ɕiʌɯ⁵³/ɕyə⁵³。个别字如"落"还有 [ɑ] 类的白读形式:落 lʌɯ³¹² ~枕/lɑ³¹² ~下/luɤ³¹² ~后。

曾摄开口三等庄组入声字、梗摄开口二等庄组入声字,韵母白读 [ɛi],文读 [ɤ],如:策 tsɛi⁵³/tsʰɤ⁵³ | 择 tsɛi⁵³/tsɤ⁴¹ | 色 sɛi⁵³/sɤ⁵³。

梗摄开口二等见系入声字,韵母白读 [iə],文读 [ɤ],如:客 tɕʰiə⁵³-kʰɤ⁵³ | 隔 tɕiə⁵³-kɤ⁵³。

通摄合口三等入声屋韵字,韵母白读 [əu iəu] 类,文读 [u y] 类,如:叔 səu⁵³/su⁵³ | 熟 səu⁴¹/su⁴¹ | 宿 ɕiəu⁵³ 住一~/ɕy⁵³ ~舍,旧/su⁵³ ~舍,新。"宿"的新读 su⁵³ 与普通话类别一致。烛韵精组字"足",白读 [y],文读 [u],如:足 tɕy⁵³/tsu⁴¹。

中古曾摄开口一等入声字"黑"较特殊,其中古同韵字今音一般白读为 [ei],文读为 [ɤ],如:墨 mei³¹²/mɤ³¹² | 得 tei⁵³/tɤ⁵³,但"黑"的白读自成一个韵母 ɯ,文读为 [ei] 类,如:黑 xɯ⁵³/xei⁵³。

中古果摄见系开口一等字,白读今为合口呼,文读同普通话类别,为开口呼,如:河 xuɤ⁴¹/xɤ⁴¹。该类中的"饿"字,白读为 vɤ³¹²,文读为 nɤ³¹²,白读虽然为开口呼,但因为 vɤ³¹² 实际上由零声母合口呼 uɤ 演化而来,所以文白类型与"河"是一致的。

2.3 声调

声调上的文白差异比较少,一般在于中古入声字。中古清声母入声字白读一般是阴平或上声,文读一般同普通话调类。如:足 tɕy⁵³-tsu⁴¹ | 雀 tɕʰiʌɯ⁴⁴/tɕʰyə³¹²。中古次浊声母入声字,白读为去声,文读同普通话:额 ȵiə³¹²-nɤ⁴¹。

伍 儿化韵

韵母 ər、yŋ 没有相应的儿化韵。其他基本韵母的儿化规律及例词见表3：

表3 蔚县方言儿化韵与基本韵母对应关系表

儿化韵	基本韵母	例词	儿化韵	基本韵母	例词
ɿer	ɿ	鸡子儿 侄儿	ɛr	ɛi（部分）	胳膝盖儿 小孩儿
ər	ei	藏老谜儿		ã	猪肝儿
ier	i	鸡儿 猪蹄儿	iɛr	iã（部分）	河边儿 上面儿
uer	uei	多会儿 裤腿儿	uɛr	uã	饭馆儿
yer	y	小鱼儿	yɛr	yã	手绢儿 旋儿
ɑr	ɑ	戏法儿	ɔr	ɔ	地方儿 巷儿
iɑr	iɑ	虾儿	iɔr	iɔ	豆浆儿 啥样儿
	iã（部分）	门限儿 馅儿 件儿	ur	u	小猪儿 媳妇儿
uɑr	uɑ	花儿	ʌɯr	ʌɯ	小道儿 枣儿
ɣr	ɣ	窝儿 自行车儿	iʌɯr	iʌɯ	角儿 雀儿
uɣr	uɣ	水果儿 背锅儿	əur	əu	水沟儿 时候儿
ɯr	ɯ	擦黑儿	iəur	iəu	煤球儿
ɛr	ɛi（部分）	盖儿	ə̃r	əŋ	脸盆儿 打针儿 水坑儿 缝儿
iɛr	iə	夜儿个 蝴蝶儿	iə̃r	iŋ	杏儿 水蜻儿
uɛr	uei	块儿	ũr	uŋ	村儿里 冰棍儿
yɛr	yə	木橛儿			

第六节　涞水方音

壹　概况

一　涞水概况

涞水县隶属于河北省保定市，位于河北省中部偏西，北邻北京市房山区、门头沟区、张家口市涿鹿县、蔚县，东接涿州市、高碑店市，南与定兴县相连，西部与易县、涞源县接壤。

涞水县地理坐标为东经114°49′—115°48′，北纬39°17′—39°57′。纵距137.9公里，横距74公里，总面积1661平方公里。地形由西北向东南倾斜且狭长，地貌差异悬殊，呈山区、丘陵、平原三种类型阶梯状分布。

涞水县下辖1个街道办、12个镇、3个乡和1个经济开发区、284个行政村。到2020年全县总人口31.58万。涞水县居民主要为汉族，约31万人，另有满族约1.9万人，回族约2000人。涞水县方言主要有城关话和山区话两种，少数民族均使用汉语。涞水方言属冀鲁官话的保唐片。

二　发音人概况

老男发音人：王志清，1958年2月出生，涞水县食品厂退休工人。调查时居住在县城某小区。出生于涞水县涞水镇南关村，1958年至1966年在本地生活，1966年至1972年在城内完小读小学，1972年至1974年在涞水二中读初中，1974年至1976年在涞水一中读高中，1976年至1978年在涞水镇南关村务农，1978年至1991年在涞水县食品厂工作，1992年至2005年曾经营饭店，2005年至2014年在本地当保安，2014年退休。

青男发音人：杜英春，1985年2月出生，本地某装修公司工人。调查时居住在涞水县涞水镇北关村某小区。出生于涞水县涞水镇北关村，1985年至1992年在本地生活，1992年至1998年在北关小学读小学，1998年至1999年在涞水镇第三中学读初一，之后因故辍学，1999年至2003年在某玻璃厂工作，2004年至2016年在本地菜市场经商，2016年至调查时在装修公司务工。

贰 声韵调

一 声母

涞水方言有 24 个声母,包括零声母。

p 八兵病别　　　pʰ 派片爬劈　　　m 马门明麦　　　f 飞凤饭副

t 多端东毒　　　tʰ 讨天甜踢　　　n 脑南熬奴　　　　　　　　　　l 老蓝连路

ts 资早坐贼　　　tsʰ 刺草寸祠　　　　　　　　　　s 丝三酸缩

tʂ 张章柱直
装竹纸　　　tʂʰ 抽抄车吃
茶初床　　　ʂ 山手双十
事山双　　　ʐ 软荣热日

tɕ 酒九绝菊　　　tɕʰ 清全轻权　　　ɲ 年牛泥女　　　ɕ 想谢响县

k 哥高共谷　　　kʰ 开口宽阔　　　ŋ 饿　　　x 好很灰活

ø 儿问云药

说明:

(1) 声母 n 只出现在开口呼和合口呼韵母前,ɲ 只出现在齐齿呼和撮口呼韵母前,二者无音位对立。

(2) 声母 ʐ 的实际音值是 [ɻ]。

(3) 声母 tɕ、tɕʰ、ɕ 在与撮口呼韵母相拼时,有舌尖化色彩。

二 韵母

涞水方言有 37 个韵母。

ɿ 资次丝字	i 弟米戏一	u 苦五猪出	y 雨橘绿局
ʅ 师试十尺			
ər 儿耳二			
a 大马茶八	ia 家俩牙鸭	ua 花瓦刮	
	iɛ 写鞋接贴		yɛ 靴月雪学_文
ɣ 歌车盒热			
		uo 破末拨坐过活国	
ai 开排埋白		uai 摔快坏外	
ei 赔飞贼北		uei 对水鬼胃	
ɑu 宝饱烧勺	iɑu 表桥笑学_白		
ou 豆走口肉	iou 牛九油六		
an 南站山半	ian 减盐片年	uan 短官关穿	yan 权院元悬
ən 森深根身	in 心今新斤	uən 寸滚春顺	yn 均群熏云
ɑŋ 糖唱方绑	iɑŋ 响样讲腔	uɑŋ 床光王双	
əŋ 灯升争蒙	iŋ 冰病星硬	uəŋ 翁瓮	
oŋ 东红农共	ioŋ 兄永熊用		

说明：

（1）韵母 a、ia、ua 的韵腹舌位偏央。

（2）合口呼韵母除 u、uo 外，在与零声母相拼时，介音 u 的实际音值是 [ʋ]。

三 声调

涞水方言有 4 个单字调。

阴平 31　东该灯风通开天春　搭哭拍切

阳平 45　门龙牛油铜皮糖红　急节　毒白盒罚

上声 24　懂古鬼九统苦讨草　买老五有　谷百塔

去声 314　冻怪半四痛快寸去　卖路硬乱洞地饭树　动罪近后　六麦叶月　刻

说明：

（1）阴平 31 的起点有时较高，整体调值接近 41。

（2）上声 24 的前段经常有短暂的下降，调值接近 214，与去声的调值 314 相当接近，但二者仍能保持对立。

叁 连读变调

单字调在语流中会发生有规律的变化。这里分析两字组的连读变调规律。先看后字为非轻声的两字组连调情况，见表1：

表1　涞水方言后字为非轻声的两字组连调表

前字＼后字	阴平 31	阳平 45	上声 24	去声 314
阴平 31	55-31 花生　香菇 青蛙　发烧	55-45 推头　刷牙 葱头　香油	55-24 中指　铅笔 一百　不管	55-314 冬至　蜂蜜 天亮　猪圈
阳平 45	45-31 白天　台风 洋灰　年初	45-45 煤油　茅房 池塘　围裙	45-24 棉袄　白酒 着火　年底	45-314 牌位　河岸 瞧病　学校
上声 24	24-31 老家　米粥 打针　养猪	24-45 暖壶　以前 往年　草房	45-24 洗澡　小产 好歹　水果儿	24-314 扫地　保佑 眼泪　以后
去声 314	31-31 辣椒　后爹 饭锅　菜刀	31-45 去年　放牛 日食　大河	31-24 下雨　热水 右手　中暑	31-314 腊月　地震 旱地　大蒜

说明：上声24为前字时，上升幅度减小，调值接近23。个别字接近33或22。去声314为后字时，上升部分幅度一般较小，调值接近313或312。

再看后字为轻声的两字组连调情况，见表2：

表2 涞水方言后字为轻声的两字组连调表

前字 \ 后字本调		阴平 31	阳平 45	上声 24	去声 314	不明确
阴平 31	A	33-0 星星 公鸡 观音 风筝	33-0 工钱 蜂儿 窝儿 心疼	33-0 梳子 家里 霜雪 烧纸	33-0 正月 窗户 天气 生日	33-0 窟窿 垃圾 歇着 亲戚
阴平 31	B	45-0 丝瓜 蛛蛛 公公	45-0 清明 出来 今年 姑儿	45-0 说给 轻巧 开水 乖巧	45-0 鸡蛋 松树 兄弟 欺负	45-0 衣裳
阳平 45	A	24-0 黄瓜 王八 蘑菇 棉花	24-0 婆婆 核桃 前年 明儿	24-0 雹子 云彩 儿狗 柴火	24-0 白菜 时候 蚕豆 脓带	24-0 石榴 萝卜 荸荠 男的
阳平 45	B	45-0 元宵 南瓜	45-0 琢磨 零钱儿	45-0 凉水 朋友 城里 黄酒	45-0 茶叶 皇历 农历 合算	45-0 咳嗽 什么
上声 24	A1	24-0 老鸹 简单	——	——	24-0 韭菜 柏树 瓦匠 喜鹊	24-0 姐们儿
上声 24	A2	31-0 女猫 点心 母鸡 里屋	31-0 鲤鱼 鸟儿 脊梁 乳牛	31-0 奶奶 姥姥 耳朵 母狗	31-0 脑袋 满月 女婿 几个	31-0 尾巴 我们 走了 想着
上声 24	B	45-0 改锥	——	45-0 老虎 左手	——	——
去声 314	A1	331-0 大方 腻歪	331-0 木头 芋头 枕头 兔儿	331-0 裤子 妹子 那里 灶火	331-0 爸爸 绿豆 叫唤 木匠	331-0 钥匙 簸箕 记得 这么
去声 314	A2	31-0 大烟 丈夫 父亲	31-0 太阳 过年	——	31-0 月亮 谢谢	——
去声 314	B	——	45-0 后头 舅儿 道儿 下来	45-0 露水 硬朗 柿子 豆腐	45-0 夜个 出去 大麦 碓窖	45-0 认得

说明：

（1）后字为轻声的两字组连调分为 A、B 两种。B 类的调值为"45-0"，与前后字的单字调值无关，其中轻声"0"的实际调值为 53，但音强小、音长短。A 类连调中，轻声"0"的调值除"去声＋轻声"的"A-1"类型中为 35 外，其他均为 53。A 类连调中的轻声"0"除调值不再维持单字调外，其他特征（音强、音长）与单字音没有明显的差别。连调式"33-0"中，前字调值有时略有下降，调值接近 32。

（2）相同单字调条件下的不同连调式，其所辖字组之间没有明显的词汇和语法差别。

（3）个别字组的连调规则有例外，如：长虫 33-0 ｜ 柱子 24-0。

肆 异读

一 新老异读

1.1 声母

普通话中的开口呼零声母字（中古影疑母一等字），老男除"鹅"等个别字外，一般读为 n 声母，而青男一般读为零声母，与普通话类别相同，如：鹅 ŋɤ⁴⁵-ɤ⁴⁵｜安 nan³¹-an³¹｜熬 nɑu⁴⁵-ɑu⁴⁵｜藕 nou²⁴-ou²⁴。

1.2 韵母

韵母差异较小。老男有白读音的字，青年有一些已经没有白读，如："埋"，老男有白读音 mei⁴⁵；"骑"，老男有白读音 tɕʰy⁴⁵；"谱"，老男有白读音 pu²⁴。这一类字多为非入声字。韵母有文白异读的入声字，青男和老男无差别。

1.3 声调

声调没有系统性差别。中古清声母入声字中，老男今读上声的字，青男多读与普通话一致的其他调类，如：福 fu²⁴-fu⁴⁵。

二 文白异读

老男的文白异读主要集中在中古宕江曾梗通摄的入声字上。存在异读的音类主要是韵母和声调。

2.1 韵母

宕江摄入声字韵母白读 [ɑu iɑu] 类，同效摄字；文读 [uo yɛ] 类，同果摄字。如：托 tʰɑu³¹ ~ 生 /tʰuo²⁴｜雀 tɕʰiɑu²⁴/tɕʰyɛ³¹⁴｜学 ɕiɑu⁴⁵/ɕyɛ⁴⁵｜剥 pɑu³¹/puo³¹。个别字如"落"还有 [a]

类的白读形式，如：落 lɑu³¹⁴/la³¹⁴ ~ 下 /luo³¹⁴。

曾摄开口三等庄组入声字、梗摄开口二等庄组入声字，韵母白读 [ai] 类，同蟹摄开口二等庄组字；文读 [ɤ] 类，同假摄章组字。如：侧 tʂai³¹/tsʰɤ³¹⁴ ｜ 择 tʂai⁴⁵/tsɤ⁴⁵ ｜ 色 ʂai³¹⁴/sɤ³¹⁴。

梗摄开口二等见系入声字，韵母白读 [iɛ] 类，同蟹摄字；文读 [ɤ] 类，同果摄字。如：客 tɕʰiɛ³¹⁴/kʰɤ³¹⁴。

通摄合口三等入声屋韵字，韵母白读 [ou] 类，同流摄字；文读 [u] 类，同遇摄字。如：叔 ʂou³¹/ʂu³¹ ｜ 熟 ʂou⁵³/ʂu⁵³。

其他摄的部分字也存在系统性不明显的文白异读，如：埋 mei⁴⁵/mai⁴⁵ ｜ 含 xən⁴⁵/xan⁴⁵ ｜ 寻 ɕin⁴⁵/ɕyn⁴⁵。

2.2 声调

声调存在异读的，一般是中古清声母入声字，白读一般是上声，文读一般同普通话调类。如：郭 kuo²⁴ 用于地名 /kuo³¹ 姓氏 ｜ 福 fu²⁴/fu⁴⁵。

伍 儿化韵

词缀"-儿"具有小称功能。在语音上因所附词根音节的韵母不同而具有不同的语音表现形式,可分为儿尾型、儿化型两类。有的韵母兼有儿尾型和儿化型。

一 儿尾型

"-儿"的语音为保持独立的轻声音节,一般会增生出与前附词根音节韵尾发音动作相近的声母或介音。采用这一类型的是韵尾为"-ŋ"和"-u"的韵母。下面从词根音节角度给出对应规律,见表3:

表3 涞水方言儿尾型"-儿"缀的音变方式与基本韵母对应关系表

音变后	基本韵母	例词
-ŋ+ŋɚ/ɚ	-ŋ+ə	水坑儿 明儿 前晌儿 样儿 胡同儿 小勇儿
-u+uɚ/ɚ	-u+ə	水沟儿 半宿儿 道儿 角儿 鸟儿

二 儿化型

"-儿"不再保持为独立的音节,而是与前附音节韵母合并成为儿化韵。根据合并的方式,又可分为化合和拼合两类。

化合是前附音节韵母与"儿"音节在语音特征上重新组合,前附音节的韵尾失掉,韵腹元音央化,形成新的音节,见表4:

表4 涞水方言儿化型"-儿"缀（化合型）中儿化韵与基本韵母对应关系表

儿化韵	基本韵母	例词
ɐr	ai	香菜 盖儿 小孩儿
	an	床单儿 衬衫儿 猪肝儿
iɐr	ian	馅儿 面儿 好点儿
uɐr	uai	块儿
	uan	新郎官儿 饭馆儿 玩儿 碗儿
yɐr	yan	手绢儿 圈儿 烟卷儿
ər	ei	辈儿
	ən	大门儿 哥们儿
	ɿ	刺儿 小小子儿
iər	in	背心儿 不得劲儿
uər	uən	村儿 光棍汉
	uei	裤腿儿 亲嘴儿
yər	yn	连衣裙儿

拼合是指前附音节韵母与"儿"音节进行线性拼合，形成新音节。如：

fa+ər → faər 变戏法儿　tʂʰɤ+ər → tʂʰɤər 小车儿

拼合型儿化与儿尾型的标志性区别是：拼合后的音节为单音节，声调为单字调；儿尾型的音节为双音节，声调为连调式。

拼合型的儿化韵是一种过渡类型，因为原韵母一般都另有化合型的儿化韵音变。一个音节采用拼合型还是化合型，与音节的构词位置有一定关系："-儿"所附音节本身也是轻声音节时，用化合型；"-儿"所附音节本身不是轻声音节时，多用拼合型。采用化合型后，有的会与单纯的化合型儿化韵合并，具体情况见表5：

表5 涞水方言儿化型"-儿"缀中兼有拼合型与化合型的音变方式与基本韵母对应关系表

音变后		基本韵母	例词
化合型	拼合型		
ɐr	aər	a	化合型：花儿 爪儿 裤衩儿 妈妈儿 拼合型：把儿 变戏法儿

（续表）

音变后		基本韵母	例词
化合型	拼合型		
iɐr	iaər	ia	化合型：过家家儿 拼合型：衣裳架儿
uɐr	uaər	ua	化合型：说笑话儿 拼合型：连环画儿　说瞎话儿
ɐr	ɤər	ɤ	化合型：甘蔗儿 拼合型：小车儿　折儿　唱歌儿　唠嗑儿
uɐr	uoər	uo	化合型：花骨朵儿　银杏果儿　罗锅儿 拼合型：水果儿
iɛr	iɛər	iɛ	化合型：窑姐儿　姑老爷儿 拼合型：蝴蝶儿　叶儿
yɛr	yɛər	yɛ	化合型：（无例证）　拼合型：小月儿

三　儿尾兼儿化型

儿尾兼儿化型是指同一韵母因词汇条件不同而采用儿尾或儿化两种形式的类型。一个音节采用儿尾型还是儿化型，与音节的构词位置有一定关系："-儿"所附音节本身也是轻声音节时，多用儿化型；"-儿"所附音节本身不是轻声音节时，多用儿尾型，具体情况见表6：

表6　涞水方言儿尾兼儿化型"－儿"缀的音变方式与基本韵母对应关系表

音变后		基本韵母	例词
儿尾型	儿化型		
i + iər/ər	iər	i + ər	儿尾型：梨儿　抽屉儿　猪蹄儿　姨儿　表兄弟儿　笛儿； 儿化型：东西儿　小登记儿　咽气儿　隔壁儿　走亲戚儿
y + yər/ər	yər	y + ər	儿尾型：家具儿；儿化型：地区儿　小闺女儿
ʅ + ər/ʅ	ər	ʅ + ər	儿尾型：侄儿；儿化型：大年三十儿　戒指儿　事儿
u + uər/ər	uər	u + ər	儿尾型：端午儿　檐蝙蝠儿　兔儿　大肚儿的；儿化型：胡胡儿

一些带"-儿"缀的词语的语音形式不符合上述规律，如：媳妇儿 ɕi²⁴fər⁰，老的儿 lau³¹tər⁰，得儿 tər²⁴。

第七节 霸州方音

壹 概况

一 霸州概况

霸州市是廊坊市代管的县级市，东邻天津市武清区，西邻雄县，南邻文安县，北与固安县、永清县和安次区接壤。

霸州市地理坐标为东经116°26′—116°92′，北纬38°99′—39°2′。东西长58公里，南北宽28公里，面积801平方公里，位于河北省冀中平原东部，境内无山脉、丘陵，地势低平，自西北向东南缓倾。

霸州市下辖9个镇、3个乡、1个省级经济开发区和1个街道办事处，363个行政村街、18个社区。到2020年全市总人口65万。霸州市居民以汉族为主，有回族、满族、蒙古族等15个少数民族，少数民族总人口12628人。少数民族均使用汉语交流。霸州方言属冀鲁官话的保唐片。

二 发音人概况

老男发音人：张国伦，1957年7月出生，霸州市霸州镇渔津洼小学教师。调查时居住在霸州市霸州镇渔津洼小学。出生于霸州镇东关八街，1970年于霸县东关小学毕业，1973年于霸县城关中学毕业，1975年高中毕业后在家务农，1977年在东关小学工作，1981年在河北杨村师范脱产学习，1983年回到东关小学工作，2005年至调查时在渔津洼小学工作。

青男发音人：吴昊东，1985年9月出生，霸州市霸州镇人民政府机关工作人员。调查时居住在霸州市霸州镇。出生于霸州镇东关五街，1999年于霸州市第六小学毕业，2002年于霸州市第二中学毕业，2005年于霸州市一中毕业，2005年到河北职业技术学院（廊坊）上学，2008年大学毕业后在霸州镇人民政府工作。

贰 声韵调

一 声母

霸州方言有 23 个声母，包括零声母。

p 八兵病别	pʰ 派片爬劈	m 马门明麦	f 飞风饭副
t 多端东毒	tʰ 讨天甜踢	n 脑南恶安	l 老蓝连路
ts 资早坐贼	tsʰ 刺草寸祠	s 丝三酸缩	
tʂ 纸张装竹	tʂʰ 茶抽春吃	ʂ 山手双十	ʐ 软用热日
tɕ 酒九绝菊	tɕʰ 清全轻权	ȵ 年女牛	ɕ 想谢响县
k 哥高共谷	kʰ 开口宽阔	x 好很灰活	
ø 二问云药			

说明：
（1）合口呼零声母音节除 u 外，开头有轻微的唇齿摩擦。
（2）声母 ʐ 的摩擦色彩不强烈，实际音值为 [ɹ]。

二 韵母

霸州方言有 38 个韵母。

ɿ 资次丝	i 弟米戏一	u 苦五猪出	y 雨橘绿局

ɿ 师试十尺

ɚ 儿耳二

a 大马茶八　　　　ia 家俩牙鸭　　　　ua 花瓦刮

　　　　　　　　　iɛ 写鞋接贴　　　　　　　　　　　　ye 靴月雪掘

ɤ 歌车盒热

o 脖破磨拨　　　　　　　　　　　　　uo 坐过活国

ai 开排埋白　　　　　　　　　　　　　uai 摔快坏外

ei 赔飞贼北　　　　　　　　　　　　　uei 对水鬼胃

ɑu 宝饱烧勺　　　iɑu 表桥笑药

ou 豆走口肉　　　iou 牛九油六

an 南站山半　　　ian 减盐片年　　　uan 短官关穿　　　yan 权院元悬

ən 森深根身　　　in 心今新斤　　　uən 寸滚春顺　　　yn 均群熏云

ɑŋ 糖唱方绑　　　iɑŋ 响样讲腔　　　uɑŋ 床光王双

əŋ 灯升争蒙　　　iŋ 冰病星硬　　　uəŋ 翁瓮

　　　　　　　　　　　　　　　　　uŋ 东红农共　　　yŋ 兄永熊用

说明：

（1）元音 a 在 a、ia、ua 中为 [ᴀ]，在 ian、yan 中为 [æ]。

（2）韵母 o 实际读音略有动程，且唇形略展。

（3）"二"的实际读音为 [ɚ]。

（4）韵母 iɛ、yɛ 中的主元音 ɛ，实际音值近 [ᴇ]。

（5）韵母 an、ian、uan、yan 中的 a 有轻微鼻化色彩。

三　声调

霸州方言有 4 个单字调。

阴平 45　　东该灯风通开天春　搭哭拍切

阳平 53　　门龙牛油铜皮糖红　急毒白盒罚

上声 214　 懂古鬼九统苦讨草　买老五有　谷百节塔

去声 41　　冻怪半四痛快寸去　卖路硬乱洞地饭树　动罪近后　六麦叶月

说明：

（1）阴平一般读为45，也存在自由变读为44的现象。

（2）去声单念和在音节末尾时，有412的自由变读，一律记为41。

叁 连读变调

单字调在语流中会发生有规律的变化。这里分析两字组的连读变调规律。先看后字为非轻声的两字组连调情况，见表1：

表1 霸州方言后字为非轻声的两字组连调表

前字＼后字	阴平 45	阳平 53	上声 214	去声 41
阴平 45	45-45 初一　香菇 松花　发烧	45-53 葱头　锅台 梳头　香油 45-44 中伏　厢房 工人　粗盐	45-214 开水　莴笋 脏土　商场	45-41 冬至　阴历 松树　菠菜
阳平 53	53-45 台风　晴天 伏天　头胎 44-45 成天　秦椒 洋车　毛衣	53-44 红鱼　头伏 乏煤　门牙 44-53 鱼鳞　茅房 着凉　祠堂	53-214 凉水　毛笔 没在　黄米 44-214 着火　年底 城里　棉袄	53-41 农历　阳历 油菜　急病儿 44-41 白菜　床铺 蚊帐　白面
上声 214	21-45 整天　养猪 老叔　改锥	21-53 水瓢　火柴 暖壶　眼眉 21-44 虎牙	24-214 老虎　理发 小产　洗澡	24-41 礼拜　扫地 手电　米饭

（续表）

前字＼后字	阴平 45	阳平 53	上声 214	去声 41
去声 41	41-45 大坑　衬衣 订婚　后妈	41-53 大河　放牛 盖房　酱油 41-44 二伏　带鱼 正房　外人	41-214 大水　木耳 料酒　中暑	41-41 输液　饭铺儿 庙会　竟意儿 45-41 地震　半夜 做饭　看病

说明：

（1）两字组的重音位置会对阳平的连调产生影响：重音在第二音节时，阳平作为前字读 44，作为后字不变调；重音在第一音节时，阳平作为前字不变调，仍读 53，作为后字读 44。"上声＋阳平"后字变读为 44 的字组，目前只发现了"虎牙"。

（2）上声作为后字在非重读音节中结尾实际音高不到 4。

（3）去声作为前字，除"去声＋去声"连调的第二类"45-41"外，实际调值接近 42。

再看后字为轻声的两字组连调情况，见表 2：

表 2　霸州方言后字为轻声的两字组连调表

前字＼后字本调	阴平 45	阳平 53	上声 214	去声 41	不明确
阴平 45	**21-0** 丝瓜　公鸡 公公　星星 45-0 倭瓜	**21-0** 今年　清明 棺材　工钱 45-0 出来　高粱 姑爷	**21-0** 闺女　舒坦 车子　烧纸	**21-0** 黑下　正月 抽屉　师傅 45-0 家具　清亮 腥气 53-0 青菜　兄弟 干净　欺负	**21-0** 窟窿　衣裳 疤瘌　歇着
阳平 53	53-0 蘑菇　棉花 黄瓜　王八	53-0 石头　明年 回来　核桃	53-0 云彩　尘土 雹子　苹果	53-0 螃蟹　皇历 黄豆　芹菜	53-0 萝卜　拾掇 荸荠　蛤蟆

（续表）

前字 \ 后字本调	阴平 45	阳平 53	上声 214	去声 41	不明确
上声 214	**41-0** 牡丹　点心 母猪　草鸡 **21-0** 里边儿　左边儿	**41-0** 女猫　枕头 姥爷　暖和 **21-0** 起来　里头	**41-0** 耳朵　老鼠 奶奶　痒痒	**41-0** 早下　喜鹊 脑袋　满月 **21-0** 柳树　扁担 长相　瓦匠	**41-0** 有了　女的 尾巴　我们 **21-0** 怎么　可了
去声 41	**45-0** 蜜蜂　外甥 嫁妆　父亲 **41-0** 大方　怪乎 上边儿	**45-0** 上头　砚台 犉牛　丈人 **41-0** 太阳　过年 后年　困难	**45-0** 露水　翅膀 豆腐　麦子	**45-0** 月亮　叫唤 爸爸　绿豆 **41-0** 运气　愿意 这个	**45-0** 柿子　病了 钥匙　簸箕

说明：

（1）"阴平＋轻声"的三种连调中，"21-0"是主要的，"45-0"和"53-0"的字组数量相对较少。

（2）"上声＋轻声"的两种连调中，"41-0"是主要的，只有少数读"21-0"。

（3）"去声＋轻声"的两种连调中，"45-0"是主要的，只有少数读"41-0"。

（4）一些字组不符合上述规律：①阳平＋轻声：45-0 朋友｜没有又｜勤勤；②去声＋轻声：53-0 日头。

肆 异读

一 新老异读

从系统上来看，霸州话新老差异不大，只存在一些零散的差别。

1.1 声母

普通话中的开口呼零声母字，老男一般在所有场合都读为 n 声母，青男则有一些字仅在地名、姓氏中读为 n 声母，其他场合读为零声母，与普通话相同。如：安 nan^{45}-nan^{45} 姓 / an^{41} ~全｜岸 nan^{41}-nan^{41} 河~，村名 /an^{41} 河~。青男有的字还表现为在口语词中读 n 声母，书面语词中读零声母：爱 nai^{41}-nai^{41} ~人 /ai^{41} 热~。

1.2 韵母

个别端组字老男读为开口呼，青男读为合口呼，如：端 tan^{45}-tuan^{55} ~午。

1.3 声调

中古清声母入声的部分字，老男读为上声，青男读为与普通话类别相同的其他调类，如：息 ɕi^{214}-ɕi^{45}｜发 fa^{214}-fa^{41} 头~，或出现与普通话调类相同的文读音，如：福 fu^{214}-fu^{214} 有~ / fu^{53} 幸~｜国 kuo^{214}-kuo^{214} 人名 /kuo^{53} ~家。

二 文白异读

2.1 声母

曾摄开口三等庄组入声部分字声母白读 [tʂ] 组，文读 [ts] 组。如：择 tʂai^{53}/tsɤ^{53}｜侧 tʂai^{45} ~歪 /tsʰɤ^{41}｜色 ʂai^{214}/sɤ^{41}。

宕江摄和梗摄开口二等入声部分字声母白读 [tɕ] 组，文读 [k] 组。如：隔 tɕiɛ^{45}/kɤ^{53}｜

客 tɕʰiɛ²¹⁴/kʰɤ⁴¹｜耕 tɕiŋ⁴⁵/kəŋ⁴⁵。

2.2 韵母

韵母的文白异读主要见于宕江曾梗通五摄入声字。

宕江摄入声字韵母白读 [ɑu iɑu] 类，文读 [o ɤ uo yɛ] 类，个别字读 [a] 类，如：剥 pɑu⁴⁵/po⁴⁵｜落 lɑu⁴¹/la⁴¹ ~ 下 /luo⁴¹｜雀 tɕʰiɑu²¹⁴/⁴⁵/tɕʰyɛ⁵¹｜学 ɕiɑu⁵³/ɕyɛ⁵³｜削 ɕiɑu⁴⁵/ɕyɛ⁴⁵｜约 iɑu⁴⁵/yɛ⁴⁵。

曾摄开口一等入声字韵母白读 [ei]，文读 [ɤ o] 类，如：得 tei²¹⁴ 舒服 /tɤ³⁵ ~ 到｜墨 mei⁴¹/mo⁴¹。

曾摄开口三等庄组入声字韵母白读 [ai]，文读 [ɤ]，如：侧 tsai⁴⁵ ~ 歪 /tsʰɤ⁴¹｜择 tsai⁵³/tsɤ⁵³｜色 ʂai²¹⁴/sɤ⁴¹。

梗摄开口二等入声字韵母白读 [iɛ]，文读 [ɤ]，如：客 tɕʰiɛ²¹⁴/kʰɤ⁴¹｜隔 tɕiɛ⁴⁵/kɤ⁵³。

通摄合口三等入声字韵母白读 [ou iou] 类，文读 [u y] 类，如：叔 ʂou⁴⁵/ʂu⁴⁵｜熟 ʂou⁵³/ʂu⁵³｜菊 tɕiou²¹⁴/tɕy³⁵。

其他摄的个别入声字韵母也存在文白异读，如：血 ɕiɛ²¹⁴ 流 ~ /ɕyɛ⁵¹ ~ 压。

除入声字韵母外，有一些舒声字的韵母也存在文白异读的情况，如：耕 tɕiŋ⁴⁵/kəŋ⁴⁵。

2.3 声调

声调存在异读的，一般是中古清声母入声字，白读一般是阴平或上声，文读一般同普通话调类。如：侧 tsai⁴⁵ ~ 歪 /tsʰɤ⁴¹｜色 ʂai²¹⁴/sɤ⁴¹｜客 tɕʰiɛ²¹⁴/kʰɤ⁴¹。

伍 儿化韵

韵母 ər 没有相应的儿化韵。其他基本韵母的儿化规律及例词见表 3：

表 3　霸州方言儿化韵与基本韵母对应关系表

儿化韵	基本韵母	例词	儿化韵	基本韵母	例词
ɤr	ɿ	刺儿　鸡子儿　小小子儿	uor	uo	水果儿　罗锅儿　干活儿
	ʅ	事儿　白日儿　侄儿		uŋ	胡同儿　门洞儿　小桶儿
	ei	眭背儿　一擦黑儿　眼泪儿	ɤr	ɤ	小车儿　唱歌儿　自个儿
	ən	早晨儿　大门儿　打针儿		əŋ	缝儿　跳绳儿　风筝儿
iɤr	i	肚脐儿　横鼻儿　小米儿	iɤr	iɛ	灯节儿　叶儿　麦秸儿
	in	今儿个　背心儿　脚印儿		iŋ	过了明儿　杏儿　打鸣儿
uɤr	uei	多会儿　裤腿儿　味儿	yɤr	yɛ	木橛儿
	uən	村儿　冰棍儿　嘴唇儿		yŋ	哭穷儿
	uəŋ	嗡儿			
yɤr	y	小鱼儿　小闺女儿	ɚ	ai	小猪崽儿　小孩儿　盖儿
				an	床单儿　小盘儿　竹竿儿
	yn	合群儿	iɚ	ian	中间儿　对面儿　旁边儿

（续表）

儿化韵	基本韵母	例词	儿化韵	基本韵母	例词
ur	u	小猪儿 眼珠儿 饭铺儿	uer	uai	一块儿
ar	a	末后拉儿 哪儿 变戏法儿		uan	蔓儿 饭馆儿 玩儿
	ɑŋ	翅膀 小厨房儿 电棒儿	yer	yan	手绢儿 烟卷儿 圆圈儿
iar	ia	豆芽儿 一下儿	aur	au	小道儿 桃儿 小勺儿
	iɑŋ	这样儿 亮儿	iaur	iau	角儿 面条儿 鸟儿
uar	ua	水洼儿 花儿 猪爪儿	our	ou	河沟儿 时候儿 小偷儿
	uɑŋ	鸡蛋黄儿 小筐儿	iour	iou	石榴儿 袄袖儿 煤球儿
or	o	围脖儿 上坡儿			

㊅ 其他音变

一 轻声引起的音变

1.1 声母

擦音化，如：荸荠 pʰi⁵³ɕi⁰ ｜ 扫帚 sɑu⁴⁵ʂu⁰ ｜ 屁股 pʰi⁴⁵xu⁰ ｜ 簸箕 po⁴⁵ɕi⁰ ｜ 打嚏喷 tɑ²¹tʰi⁴⁵fən⁰。

送气化，如：萝卜 luo⁵³pʰai⁰ ｜ 荸荠 pʰi⁵³ɕi⁰ ｜ 耳朵〱 ər⁴¹tʰuo⁰ ｜ 胳臂 kɤ²¹pʰai⁰ ｜ 虼蚤 kɤ⁴⁵tsʰɑu⁰。

脱落，如：后脊梁 xou⁴⁵tɕi⁴¹iɑŋ⁰。

1.2 韵母

弱化，如：地方儿 ti⁴⁵fər⁰ ｜ 媳妇儿 ɕi⁴¹fər⁰ ｜ 稀罕 ɕi²¹xən⁰ ｜ 上去 ʂɑŋ⁴⁵tɕʰi⁰（进去、出去等），这类情况中，轻声音节中的 a 央化，近似于 ə；轻声音节中的 ɤ 实际读音为 [ə]。

减音，如：扫帚 sɑu⁴⁵ʂu⁰ ｜ 上边儿 ʂɑŋ⁴¹pər⁰（下边儿、外边儿等）。

同化，如：亲戚 tɕʰin²¹tɕʰin⁰ ｜ 闺女〱 kuən²¹n̩in ｜ 告上 kɑŋ⁴⁵ʂɑŋ⁰ ｜ 肩膀子 tɕiɑn⁴⁵pɑŋ⁴¹tsɿ⁰ ｜ 暖和 nɑŋ⁴¹xuo⁰。

异化，如：清明 tɕʰiŋ²¹mən⁰。

低元音化，如：胳臂 kɤ²¹pʰai⁰。

双元音化，如：萝卜 luo⁵³pʰai⁰。

轻声引起后接非轻声音节的声调变化，如：当不间儿 tɑŋ²¹pu⁰tɕier⁵³ ｜ 备不住 pei⁴⁵pu⁰tʂu⁵³。

二 其他

后字声母同化前字韵尾，如：仁果儿 zən⁴⁴kuor²¹⁴。

受儿化影响发生的音变，如：电棒子 tian⁴¹pa⁴⁵tsɿ⁰←电棒儿 tian⁴⁵par⁴¹；娘们儿 n̩ia⁵³mər⁰←娘儿们儿 n̩iar⁵³mən⁰。

第八节　容城方音

壹　概况

一　容城概况

容城县属河北雄安新区，北距北京、东距天津均为120公里，西距保定50公里。

容城县地理坐标为东经113°40′—116°20′，北纬38°10′—40°00′。县境总面积314平方公里，地处冀中平原中部，在大清河水系冲积扇上，属山麓平原向冲积平原过渡地带。土地平坦，地势由西北向东南倾斜，境内河流主要有南拒马河、大清河和白沟引河，另有县西部的萍河。

容城县辖5个镇、3个乡、127个行政村。到2020年全县总人口27.32万。其中绝大多数是汉族，少数民族均使用汉语。容城方言属冀鲁官话的保唐片。

二　发音人概况

老男发音人：张保芬，1951年11月出生，容城镇上坡村农民。调查时居住在容城县容城镇上坡村。1951年生于容城镇后营村，1959年至1965年在容城镇容城小学学习，1965年至1968年在容城县中学学习，1968年7月毕业后务农。

青男发音人：薛威，1982年2月出生，容城县某文化传媒有限公司职员。调查时居住在容城县容城镇北关村。1982年生于容城镇北关村，1989年至1995年在容城镇容城小学学习，1995年至1998年在容城镇第一中学学习，1998年至2000年在湖北省黄冈市黄冈林校学习，2000年至调查时在容城县某文化公司工作。

贰 声韵调

一 声母

容城方言有22个声母，包括零声母。

p 八兵病别	pʰ 派片爬劈	m 马门明麦	f 飞风饭副
t 多端东毒	tʰ 讨天甜踢	n 脑年奴女安	l 老蓝连路
ts 资早坐贼	tsʰ 刺草寸祠	s 丝三酸缩	
tʂ 张竹装纸	tʂʰ 抽车春吃	ʂ 手顺书十	ʐ 软荣热日
tɕ 酒九绝菊	tɕʰ 清全轻权	ɕ 想谢响县	
k 哥高共谷	kʰ 开口宽阔	x 好很灰活	
ø 儿问云药			

说明：

（1）声母 n 在齐齿呼和撮口呼韵母前的实际音值是 [ȵ]。

（2）零声母中，齐齿呼韵母和撮口呼韵母开头有轻微的唇舌同部位摩擦，开口呼有喉头闭塞成分，合口呼除 u、uo 外，音节开头的 u 实际音值是 [ʋ]。

二 韵母

容城方言有38个韵母。

ɿ 资祠丝字　　　　　i 弟米戏一　　　　　u 苦五猪出　　　　　y 雨橘绿局

ʅ 知试十尺

ɚ 儿耳二

a 大马茶八　　　　　ia 家俩牙鸭　　　　　ua 抓花瓦刮

　　　　　　　　　　iɛ 街写接贴　　　　　　　　　　　　　　　yɛ 靴月雪学_文

ɤ 歌车盒热

o 破拨末佛　　　　　　　　　　　　　　　uo 坐过活国

ai 开排买白　　　　　　　　　　　　　　　uai 怪快坏外

ei 赔飞埋北　　　　　　　　　　　　　　　uei 对水鬼胃

ɑu 宝饱薄勺　　　　　iɑu 表桥笑学_白

ou 豆走口肉　　　　　iou 牛九油六

an 南占山半　　　　　ian 减盐片年　　　　　uan 短官关穿　　　　　yan 权院元选

ən 针沉肯认　　　　　in 心今新斤　　　　　uən 寸滚春顺　　　　　yn 均群熏云

ɑŋ 糖唱方绑　　　　　iɑŋ 响样讲腔　　　　　uɑŋ 床光王双

əŋ 灯升争横　　　　　iŋ 冰病星硬　　　　　uŋ 东红农共　　　　　yŋ 兄永熊用

　　　　　　　　　　　　　　　　　　　　　uəŋ 翁瓮

说明：

（1）元音 a 在 a、ia、ua 中为 [A]。

（2）韵母 ɤ 在与 tʂ 组声母相拼时，实际音值是 [ɿɤ]。韵母 o 实际略有动程，且唇形略展，接近 [uɤ]。

（3）韵母 ɑu、iɑu 的实际音值接近 [ɔ][iɔ]。

三　声调

容城方言有 4 个单字调。

阴平 43　　东该灯风通开天春　　搭哭拍

阳平 35　　门龙牛油铜皮糖红　　急　毒白盒罚

上声 213　　懂古鬼九统苦讨草　　买老五有　谷百塔节

去声 513　冻怪半四痛快寸去　卖路硬乱洞地饭树　动罪近后　切刻　六麦叶月

说明：

（1）阴平 43 的实际调值是 443，有时前段较高，整体接近 553。

（2）阳平 35 的尾段多略有下降。

（3）上声 213 的下降部分幅度较小，整体调值接近 113。

（4）去声 513 的起点略低，上升段幅度较小，整体调值接近 412。

叁 连读变调

单字调在语流中会发生有规律的变化。这里分析两字组的连读变调规律。先看后字为非轻声的两字组连调情况，见表1：

表1 容城方言后字为非轻声的两字组连调表

前字＼后字	阴平 43	阳平 35	上声 213	去声 513
阴平 43	44-43 花生 香菇 发烧 针灸	44-35 香油 葱头 牤牛 说媒	44-213 山谷 中指 开水 猪血	35-513 街道 清酱 冬至 蜂蜜
阳平 35	44-43 台风 洋灰 年初 床单	44-35 祠堂 煤油 厨房 油条	44-213 洪水 着火 磁铁 年底	35-513 油菜 划算 学校 难受
上声 213	21-43 养猪 打针 老家 改锥	21-35 以前 水田 母牛 暖壶	35-213 马桶 旅馆 打盹儿 44-213 水果儿 洗澡	35-513 打架 米饭 往后 礼拜 21-513 炒菜 好看 手绢儿
去声 513	52-43 辣椒 饭锅 菜刀 豆浆	52-35 炕席 放牛 盖房 大门	52-213 下雨 中暑 正手 后悔	44-513 地震 号脉 怕臊 乐意

再看后字为轻声的两字组连调情况，见表2：

表2　容城方言后字为轻声的两字组连调表

前字＼后字本调	阴平43	阳平35	上声213	去声513
阴平43	**31-0** 星星　甘蔗 丝瓜　蛛蛛	**31-0** 今年　清明 高粱　芝麻	**31-0** 指甲　沙子 家里　虾米	**31-0** 天气　窗户 生日　姑父 **35-0** 乡下　家具 松树　出去
阳平35	**21-0** 蘑菇　棉花 黄瓜　王八 **31-0** 元宵　梅花儿	**21-0** 长虫　石头 明儿　回来 **31-0** 围裙　农民	**21-0** 云彩　雹子 塘土　儿狗 **31-0** 苹果　朋友	**21-0** 黄豆　白日 螃蟹　蚊帐 **35-0** 皇历
上声213	**21-0** 老鸹　母鸡 手巾　点心 **52-0（A）** 鲫瓜　尾巴	**21-0** 起来　蚂螂 虮蜉　枣儿 **52-0（A）** 鲤鱼	**52-0（A）** 老鼠　早起 晌午　李子 **52-0（B）** 奶奶　姥姥 姐姐	**21-0** 柳树　喜鹊 小麦　韭菜 **52-0（A）** 脑袋　媳妇儿
去声513	**52-0（B）** 大方　嫁妆 腻歪 **35-0** 露湿 **52-0（A）** 右边儿	**52-0（B）** 木头　刺儿 扣儿　钥匙 **35-0** 道儿　缝儿 上头又　下头又 **52-0（A）** 上头又　下头又	**52-0（B）** 翅膀　柚子 栗子　木耳 褥子　下水 **35-0** 柿子　稻子 棒子　二两 豆腐　帽子	**52-0（B）** 旧历　进去 绿豆　叫唤 爸爸　痛快 **35-0** 大麦　上去 夜个儿 **52-0（A）** 谢谢

说明：

（1）"52-0（A）"的实际调值是"52-3"，"52-0（B）"的实际调值是"52-23"。"上声＋轻声"的"52-0（B）"式，目前只发现"奶奶""姥姥""姐姐"三例重叠式亲属称谓词语。"去声＋轻声"的连调式中，"52-0（B）"是主要的变调形式，不仅包括中古清去及归阴去的入声字，还包括少数浊去字。"35-0"式中的前字仅限于中古浊去声和全浊上声字。"52-0（A）"式目前发现的例词只有方位词语"上头""下头""右边""谢谢"等四例，其中"上头""下头"有"52-0（A）""35-0"两种连调式。

（2）个别字组的变调不符合上述规律，如：老虎 31-1｜砚台 44-4。

肆 异读

一 新老异读

1.1 声母
老男和青男的声母差异较小。老男声母存在文白异读的，青男一般只有文读音。

1.2 韵母
老男韵母存在文白异读的，青男有的只有文读音。

在音值层面，老男的 ai、uai，青男发音时韵腹到韵尾的动程更短，已接近 ε、uε。

老男韵母 ɤ 在与 tʂ 组声母相拼时，实际音值是 [ɿə]，青男的实际音值为 [ɤ]，与其他声母后的音值无别。

1.3 声调
中古清声母入声字的部分字，老男读为上声，青男则读为与普通话类别相同的其他调类，如：刮 kua²¹³-kua⁴³³ ｜ 郭 kuo²¹³/⁴³-kuo⁴³³ ｜ 国 kuo²¹³-kuo³⁵。

在调值层面，青男的阴平 433 与老男的 43 相比，尾段拖长。

二 文白异读

2.1 声母
中古见组部分二等字声母白读 [tɕ] 组，文读 [k] 组。如：耕 tɕiŋ⁴³/kəŋ⁴³。个别中古日母字，白读零声母，文读为 [ʐ] 声母，如：闰 yn⁵¹³/ʐuən⁵¹³。这些情况中韵母也相应不同，下文不赘。

2.2 韵母
韵母的文白异读主要见于宕江曾梗通五摄入声字。

宕江摄入声字韵母白读 [ɑu iɑu] 类，文读 [o uo yɛ] 类。如：剥 pɑu⁴³/po⁴³｜落 lɑu⁵¹³/luo⁵¹³｜学 ɕiɑu³⁵/ɕyɛ³⁵｜约 iɑu²¹³/yɛ⁴³。

曾摄开口一等入声字韵母白读 [ei]，文读 [ɤ]。如：得 tei²¹³/tɤ³⁵。

曾摄开口三等庄组入声字韵母白读 [ai]，文读 [ɤ]。如：色 ʂai²¹³/sɤ⁵¹³。

曾摄开口一等端组、三等庄组，梗摄开口二等庄组部分字，文白读的声母与普通话类别一致，但韵母白读为合口呼，文读为开口呼，如：特 tʰuo⁵¹³/tʰɤ⁵¹³｜测 tsʰuo⁵¹³/tsʰɤ⁵¹³｜策 tsʰuo⁵¹³/tsʰɤ⁵¹³。这一特征和果摄开口一等字的音韵特征一致（大部分韵母为合口呼），如：鹅 nuo³⁵｜饿 uo⁵¹³。

通摄三等入声字韵母白读 [ou iou] 类，文读 [u]。如：叔 ʂou⁴³/ʂu⁴³｜熟 ʂou³⁵/ʂu³⁵。

除入声字韵母外，有一些舒声字的韵母也存在文白异读的情况，如：尾 i²¹³/uei²¹³。

2.3 声调

声调存在异读的，一般是中古清声母入声字，白读一般是上声，文读一般同普通话调类。如：郭 kuo²¹³/kuo⁴³｜约 iɑu²¹³/yɛ⁴³｜得 tei²¹³/tɤ³⁵｜色 ʂai²¹³/sɤ⁵¹³。

伍 儿化韵

词缀"-儿"具有小称功能。在语音上，因所附词根音节的韵母不同而具有不同的语音表现形式，可分为儿尾型、儿化型两类。有的韵母兼有两种类型的变异。儿化型中基本韵母和儿化韵之间的对应关系见表3：

表3 容城方言儿化型"-儿"缀中儿化韵与基本韵母对应关系表

儿化韵	基本韵母	例词	儿化韵	基本韵母	例词
ɐr	a	把儿	ər	ei	摸黑儿
	ai	灶台儿			
	an	脸盘儿		ən	花盆儿
	ɤ	唱歌儿			
iɐr	ia	豆芽儿	iər	in	背心儿
	ian	过年儿			
	iɛ	窑姐儿			
uɐr	ua	小娃娃儿	uər	uei	裤腿儿
	uai	一块儿			
	uan	拐弯儿		uən	光棍儿
	o	围脖儿			
	uo	干活儿			
yɐr	yɛ	正月儿	yər	yn	花裙儿
	yan	手绢儿			

表4中列出了儿尾型"-儿"缀与基本韵母的对应情况。这种情况中的儿尾有时会受前字韵尾的影响而增生 u 介音或 ŋ 声母。

表4 容城方言儿尾型"-儿"缀的音变方式与基本韵母对应关系表

加儿尾后	基本韵母	例词	加儿尾后	基本韵母	例词
ɑu + ɚ	ɑu	豆腐脑儿	iaŋ + ŋɚ	iaŋ	丈母娘儿
ɑu + uɚ		桃儿	uaŋ + ŋɚ	uaŋ	蛋黄儿
iɑu + ɚ	iɑu	角儿里	əŋ + ɚ	əŋ	獴儿
iɑu + uɚ		鸟儿	əŋ + ŋɚ		水坑儿
ou + ɚ	ou	扣儿	iŋ + ŋɚ	iŋ	明儿
ou + uɚ		猴儿	uŋ + ŋɚ	uŋ	胡同儿
iou + ɚ	iou	舅儿	uəŋ + ŋɚ	uəŋ	小瓮儿
iou + uɚ		袖儿	yŋ + ŋɚ	yŋ	小熊儿
ɑŋ + ɚ	ɑŋ	地方儿	y + ɚ	y	小鱼儿
ɑ + ŋɚ		前晌儿			

说明：存在个别例外，如"电影儿"，其音变形式为 $tian^{52}iɚ^{21}$。

有的基本韵母会在不同词汇条件下对应儿化和儿尾两种类型的"儿"缀语音类型。表5列出这几种基本韵母对应不同类型的情况。在对应儿尾型时，"儿"缀有时也和单纯的儿尾型一样，增生声母或介音。

表5 容城方言儿尾兼儿化型"-儿"缀的变音方式与基本韵母对应关系表

"-儿"缀语音类型及音值		基本韵母	例词
儿化	ɚ	ɿ	孙子儿
儿尾	ɿ + zɚ		刺儿
儿化	ɚ	ʅ	戒指儿
儿尾	ʅ + ɚ		侄儿
	ʅ + zɚ		事儿

（续表）

"-儿"缀语音类型及音值		基本韵母	例词
儿化	iɚ	i	运气儿
儿尾	i+ɚ		梨儿
儿化	uɻ	u	圆珠儿笔
	ɚ		媳妇儿
	uɚ		胡胡儿
儿尾	u+ɚ		小猪儿

陆 其他音变

在轻声音节中，一些作韵腹的低元音会变为半高元音。如：尾巴 $i^{212}po^0$｜芝麻 $tʂɿ^{31}mo^0$｜下来 $ɕia^{35}lei^0$｜黄瓜 $xuaŋ^{21}kuo^0$。一些单元音韵母会变为复韵母，如：窗户 $tʂʰuaŋ^{31}xuo^0$。

第九节 雄县方音

壹 概况

一 雄县概况

雄县属河北雄安新区,位于雄安新区东部,北距北京约 100 公里,东距天津约 100 公里,西距保定约 70 公里,南邻任丘市、安新县。

雄县地理坐标为东经 116°01′—116°20′,北纬 38°54′—39°10′。总面积 677.55 平方公里,地势呈西南东北走向,东北高,西南低,以平原为主。

雄县下辖 8 个镇、4 个乡、290 个行政村。到 2020 年全县总人口 47.86 万,其中汉族占绝大多数。少数民族主要是满族和回族,其中满族 10697 人、回族 1390 人,都使用汉语。雄县方言按口音可分为雄州镇片区、北沙片区、张青口片区、中部片区等。雄县方言属冀鲁官话的保唐片。

二 发音人概况

老男发音人:郭根茂,1956 年 6 月出生,职业为医生。调查时居住在雄县雄州镇铺南村。1956 年出生后未长期在外地居住,1964 年至 1972 年在一铺小学读小学、初中,1972 年至 1975 年在雄县中学读高中,1975 年离校后在一铺南村当乡村医生,1976 年至 1977 年在保定学医,1978 年至 2015 年就职于雄县医院。2015 年退休后在一铺南卫生室工作。

青男发音人:钱旭,1989 年 3 月出生,河北省雄县某包装厂工人。调查时居住在雄县雄州镇西侯留村。1989 年出生后未长期在外地居住,1996 年至 2002 年在西侯留小学读书,2002 年至 2005 年在雄县第二中学读初中,2005 年至 2007 年在雄县职教中心中专毕业,2008 年在北京打工,2009 年回到雄县,在某包装厂工作。

贰 声韵调

一 声母

雄县方言有 23 个声母,包括零声母。

p 八兵病别　　pʰ 派片爬劈　　m 马门明麦　　f 飞凤饭副

t 多端东毒　　tʰ 讨天甜踢　　n 脑熬安奴　　　　　　　　　l 老蓝连路

ts 资早坐贼　　tsʰ 刺草寸祠　　　　　　　　s 丝三酸涩
　争装纸　　　　　拆茶初床　　　　　　　　　事山双

tʂ 张竹柱主　　tʂʰ 抽抄车吃　　　　　　　　ʂ 顺手书十　　ʐ 软荣热日

tɕ 酒九绝菊　　tɕʰ 清全轻权　　ȵ 年牛泥女　　ɕ 想谢响县

k 哥高共谷　　kʰ 开口宽阔　　　　　　　　　x 好很灰活

ø 儿问云药

说明:

(1)声母 n 只出现在开口呼和合口呼韵母前,ȵ 只出现在齐齿呼和撮口呼韵母前,二者无音位对立。

(3)零声母中,齐齿呼韵母和撮口呼韵母开头有轻微的唇舌同部位摩擦,开口呼有喉头闭塞成分,合口呼除 u、uo 外,音节开头的 u 实际音值是 [ʋ]。

二 韵母

雄县方言有 38 个韵母。

ɿ 资祠丝纸　　　　　i 弟米戏一　　　　　u 苦五猪出　　　　　y 雨橘绿局

ʅ 知试十尺

ər 儿耳二

a 大马茶八　　　　　ia 家俩牙鸭　　　　　ua 花瓦刮

　　　　　　　　　　iɛ 街写接贴　　　　　　　　　　　　　　yɛ 靴月雪倔

ɤ 歌车盒热

o 破拨末佛　　　　　　　　　　　　　　　uo 坐过活国

ai 开排买白　　　　　　　　　　　　　　uai 摔快坏外

ei 赔飞埋北　　　　　　　　　　　　　　uei 对水鬼胃

ɑu 宝饱薄勺　　　　　iɑu 表桥笑药

ou 豆走口肉　　　　　iou 牛九油六

ãn 南站山半　　　　　iãn 减盐片年　　　　　uãn 短官关穿　　　　　yãn 权院元悬

ən 针沉肯认　　　　　in 心今新斤　　　　　uən 寸滚春顺　　　　　yn 均群熏云

ɑŋ 糖唱方绑　　　　　iɑŋ 响样讲腔　　　　　uɑŋ 床光王双

əŋ 灯升争横　　　　　iŋ 冰病星硬　　　　　uəŋ 翁瓮

　　　　　　　　　　　　　　　　　　　　uŋ 东红农共　　　　　yŋ 兄永熊用

说明：

（1）元音 a 在 a、ia、ua 中为 [ᴀ]，在 iãn、yãn 中为 [æ]。

（2）韵母 o 实际读音略有动程，且唇形略展。

（3）韵母 ər 在"二"中的实际读音为 [ɐr]。

（4）韵母 iɛ、yɛ 中的主元音 ɛ，实际音值近 [ᴇ]。

（5）韵母 ãn、iãn、uãn、yãn 中韵尾 n 实际发音最后舌尖不到位。

三 声调

雄县方言有 4 个单字调。

阴平 45　　东该灯风通开天春　　搭哭拍切
阳平 53　　门龙牛油铜皮糖红　急　毒白盒罚
上声 214　　懂古鬼九统苦讨草　买老五有　谷百塔节
去声 41　　冻怪半四痛快寸去　卖路硬乱洞地饭树　动罪近后　刻　六麦叶月

说明：

（1）阴平 45 前段有轻微降势，结尾升幅低于 5，总体有平缓的曲折色彩，实际为 334。

（2）上声 214 有时曲折不太明显，实际读音前段降势较平缓，结尾音高低于 4。

(叁) 连读变调

单字调在语流中会发生有规律的变化。这里分析两字组的连读变调规律。先看后字为非轻声的两字组连调情况,见表1:

表1 雄县方言后字为非轻声的两字组连调表

前字＼后字	阴平 45	阳平 53	上声 214	去声 41
阴平 45	45-45 初一 香菇 松花 发烧	45-53 葱头 锅台 梳头 香油	45-214 开水 莴笋 商场 铅笔	45-41 冬至 阴历 松树 菠菜
阳平 53	53-45 洋灰 白天 毛衣 年糕	53-53 煤油 油条 着凉 零钱	53-214 着火 城里 白酒 毛笔	53-41 河岸 床铺 银杏 学校
上声 214	**21**-45 水坑 养猪 老叔 改锥	**21**-53 水瓢 火柴 暖壶 眼眉	**24**-214 理发 左手 有喜 可以	**24**-41 礼拜 扫地 手电 米饭

（续表）

前字＼后字	阴平 45	阳平 53	上声 214	去声 41
去声 41	41-45 大坑　衬衣 订婚　后妈	41-53 大河　放牛 盖房　酱油	41-214 大水　木耳 稻草　右手	41-41 做饭新　号脉 这样儿　那样儿 534-41 做饭旧　地震 背后　半夜 庙会　做梦 45-41 看病　外号儿 种菜

说明：

（1）语流中非重读的阳平字起点比 5 略低，最低点高于 3。

（2）去声作为前字，实际读音最低点略高于 1。

（3）"去声＋去声"的三种连调式中，"534-41"这一类占主流。

再看后字为轻声的两字组连调情况，见表 2：

表 2　雄县方言后字为轻声的两字组连调表

前字＼后字本调	阴平 45	阳平 53	上声 214	去声 41	不明确
阴平 45	**44-0** 丝瓜　星星 黑间　公鸡 45-0 倭瓜　风筝	**44-0** 今年　清明 芝麻　牤牛 45-0 出来　高粱 姑爷	**44-0** 闺女　舒坦 家里　鸽子 45-0 说给　轻巧 开水　朋友	**44-0** 正月　吆喝 窗户　抽屉 45-0 山药　清亮 出去　豌豆	**44-0** 窟窿　甘茎 衣裳　胳膊
阳平 53	53-0 蘑菇　棉花 黄瓜　王八	53-0 前年　回来 核桃　石头	53-0 云彩　凉水 雹子　塘土 45-0 黄酒　朋友 年景　勤谨	53-0 皇历　白菜 油菜　凉灶 45-0 明儿个	53-0 荸荠　萝卜 拾掇　馄饨

（续表）

前字＼后字本调	阴平 45	阳平 53	上声 214	去声 41	不明确
上声 214	**41-0** 牡丹　北瓜 母猪　草鸡 **21-0** 老鸹　小心 里边ル	**41-0** 鲤鱼　女猫 姥爷　老婆 **21-0** 里头　起来	**41-0** 晌午　老鼠 奶奶　母狗	**41-0** 脑袋　满月 早下　女婿 **21-0** 柳树　韭菜 柏树　喜鹊	**41-0** 尾巴　女的 有了　暖和 **21-0** 怎么　可了
去声 41	**45-0** 嫁妆　父亲 妹夫ル　地方ル **21-0** 外甥　外孙ル **41-0** 上边ル　下边ル 大方	**45-0** 牸牛　丈人 沥头　木头 砚台　信服 **21-0** 下来　后头 外头 **41-0** 太阳　去年 困难	**45-0** 翅膀　露水 栗子　豆腐ㄡ **21-0** 柿子　稻子 棒子　被子 帽子　褯子 辫子　豆腐ㄡ	**45-0** 月亮　腊月 绿豆　叫唤 爸爸　妹妹 **21-0** 上去　大麦 **41-0** 运气　愿意 进去　道士	**45-0** 钥匙　记得 **21-0** 病了

说明：

（1）以去声为前字的连调式中，"21-0"所辖字组的前字大多为中古汉语的浊声母字。

（2）上述连调规则存在一些例外，如：①阳平＋轻声：咳嗽 21-0；②上声＋轻声：老虎 24-0；③去声＋轻声：日头 53-0｜镏子 44-0。

肆 异读

一 新老异读

1.1 声母

普通话中的开口呼零声母字，老男一般读为 n 声母，青男则有不少字读为零声母，同普通话类别，如：矮 nai^{214}-ai^{214} ｜岸 nan^{41}-an^{41} ｜恩 $nən^{45}$-$ən^{45}$。

ts 组声母和 tʂ 组声母所辖的字，老男和普通话存在差异，而青男与普通话非常一致，如：窄 $tsai^{214}$-$tʂai^{214}$ ｜愁 $tsʰou^{53}$-$tʂʰou^{53}$ ｜沙 sa^{45}-$ʂa^{45}$；所旧 $ʂuo^{214}$-suo^{214}。

1.2 韵母

韵母 an、ian、uan、yan，其中的韵腹，老男为鼻化元音，而青男的鼻化色彩较少。

个别端组字老男读为开口呼，青男读为合口呼，如：端 tan^{45}-$tuan^{55}$ ~ 午。

1.3 声调

中古清声母入声字的部分字，老男读为上声，青男读为与普通话类别相同的其他调类，如：节 $tɕie^{214}$-$tɕie^{53}$ ｜郭 kuo^{214}-kuo^{45} ｜福 fu^{214}-fu^{53}。

二 文白异读

2.1 声母

中古见组部分二等字声母白读 [tɕ] 组，文读 [k] 组，如：隔 $tɕiɛ^{45}$/$kɤ^{53}$ ｜客 $tɕʰiɛ^{214}$/$kʰɤ^{41}$ ｜耕 $tɕiŋ^{45}$/$kəŋ^{45}$。韵母也相应不同，下文不赘。

2.2 韵母

韵母的文白异读主要见于宕江曾梗通五摄入声字。

宕江摄入声字韵母白读 [au iau] 类，文读 [o uo ye] 类，如：剥 pau⁴⁵/po⁴⁵｜落 lau⁴¹/la⁴¹ ~ 下 /luo⁴¹｜雀 tɕʰiau²¹⁴/⁴⁵/tɕʰyɛ⁴¹｜学 ɕiau⁵³/ɕyɛ⁵³｜削 ɕiau⁴⁵/ɕyɛ⁴⁵｜约 iau⁴⁵/yɛ⁴⁵。其中"落"还有 [a] 类的白读形式。

曾摄开口一等入声字韵母白读 [ei]，文读 [ɤ o] 类，如：得 tei²¹⁴ 舒服 /tɤ²¹⁴ ~ 到｜墨 mei⁴¹/mo⁴¹。

曾摄开口三等庄组入声字韵母白读 [ai]，文读 [ɤ]，如：侧 tsai⁴⁵ ~ 歪 /tsʰɤ⁴¹｜择 tsai⁵³/tsɤ⁵³｜色 sai²¹⁴/sɤ⁴¹。

梗摄开口二等入声字韵母白读 [iɛ]，文读 [ɤ]，如：客 tɕʰiɛ²¹⁴/kʰɤ⁴¹｜隔 tɕiɛ⁴⁵/kɤ⁵³。

通摄合口三等入声字韵母白读 [ou] 类，文读 [u]，如：叔 ʂou⁴⁵/su⁴⁵｜熟 ʂou⁵³/su⁵³。

其他摄的个别入声字韵母也存在文白异读，如：血 ɕiɛ²¹⁴ 流 ~ /ɕyɛ²¹⁴ ~ 压。

2.3 声调

声调存在异读的，一般是中古清声母入声字，白读一般是阴平或上声，文读一般同普通话调类，如：侧 tsai⁴⁵ ~ 歪 /tsʰɤ⁴¹｜色 sai²¹⁴/sɤ⁴¹｜客 tɕʰiɛ²¹⁴/kʰɤ⁴¹｜托 tʰau²¹⁴ ~ 生 /tʰuo⁴⁵。

伍 儿化韵

韵母 ər 没有相应的儿化韵。其他基本韵母的儿化规律及例词见表3：

表3　雄县方言儿化韵与基本韵母对应关系表

儿化韵	基本韵母	例词	儿化韵	基本韵母	例词
ɚ	ɿ	刺儿　鸡子儿　小小子儿	uɚ	uo	水果儿　罗锅儿　干活儿
	ʅ	白日儿　三十儿　侄儿		uŋ	胡同儿　小桶儿　门洞儿
	ei	唯背儿　傍黑儿　眼泪儿	ɤɚ	ɤ	小河儿　小车儿　唱歌儿
	ən	年根儿　脑门儿　打针儿		əŋ	唯埂儿　水坑儿　跳绳儿
iɚ	i	猪蹄儿　亲戚儿　表兄弟儿	iɛɚ	iɛ	叶儿　麦秸儿　蝴了蝶儿
	in	今儿个　背心儿　胡琴儿		iŋ	明儿个　杏儿　打鸣儿
uɚ	uei	裤腿儿　一对儿　味儿	yɛɚ	yɛ	木橛儿
	uən	村儿里　嘴唇儿　冰棍儿		yŋ	哭穷儿
	uəŋ	嗡儿	ɿɚ	ai	小猪崽儿　盖儿　口袋儿
yɚ	y	小鱼儿　小闺女儿		ãn	门槛儿　床单儿　衬衫儿
	yn	合群儿	iɛɚ	iãn	天儿　对面儿　一边儿
ur	u	眼珠儿　庄稼主儿　妹夫儿	uɚ	uai	一块儿
ar	a	哪儿　把儿　掉渣儿		uãn	蔓儿　饭馆儿　玩儿
	ɑŋ	前晌儿　肩膀儿　电棒儿	yɛɚ	yãn	手绢儿　烟卷儿　圆圈儿
iar	ia	豆芽儿　一下儿	aur	ɑu	小道儿　一早儿　桃儿
	iɑŋ	这样儿　亮儿	iaur	iɑu	角儿　鸟儿　知了儿
uar	ua	水洼儿　花儿　猪爪儿	our	ou	水沟儿　时候儿　土豆儿
	uɑŋ	鸡蛋黄儿　小筐儿	iour	iou	末丢儿　石榴儿　袄袖儿
or	o	围脖儿　上坡儿			

㈥ 其他音变

一 轻声引起的音变

1.1 声母

（1）同化，如：家里 tɕia⁴⁴ȵiɛ⁰｜村ㄦ里 tsʰuər⁴⁴ȵiɛ⁰｜后脊梁 xou⁴¹tɕi⁴¹ȵiaŋ⁰。

（2）擦音化，如：荸荠 pʰi⁵³ɕiɛ⁰｜茅厕 mau⁵³sa⁰｜扫帚 sau⁴⁵ʂu⁰｜屁股 pʰi⁴⁵xu⁰｜簸箕 po⁴⁵ɕiɛ⁰｜打嚏喷 ta²¹tʰi⁴⁵fən⁰。

（3）送气化，如：萝卜 luo⁵³pʰai⁰｜荸荠 pʰi⁵³ɕiɛ⁰｜虼蚤 kɤ⁴⁵tsʰau⁰｜胳臂 kɤ⁴⁴pʰai⁰。

1.2 韵母

（1）弱化，如：地方ㄦ ti⁴⁵fər⁰｜蚂螂 ma⁵³ləŋ⁰｜闺女 kuei⁴⁴ȵi⁰｜媳妇ㄦ ɕi⁴¹fər⁰｜稀罕 ɕi⁴⁴xən⁰。这里韵腹 a 在轻声音节中央化近似于 [ə]，ɤ 在轻声音节中实际读音为 [ə]。

（2）增音，如：家里 tɕia⁴⁴ȵiɛ⁰｜村ㄦ里 tsʰuər⁴⁴ȵiɛ⁰｜荸荠 pʰi⁵³ɕiɛ⁰｜簸箕 po⁴⁵ɕiɛ⁰｜要饭的 iau⁴¹fã²¹tiɛ⁰。这里韵母 i 经增音变为 [iɛ]。

（3）减音，如：花骨朵ㄦ xua⁴⁵ku⁴⁴tur⁰｜扫帚 sau⁴⁵ʂu⁰｜上边ㄦ ʂaŋ⁴¹per⁰（下边ㄦ，左边ㄦ等）。

（4）单元音化，如：拾掇 ʂʅ⁵³tɤ⁰｜小月 ɕiau⁴¹i⁰。

（5）低元音化，如：茅厕 mau⁵³sa⁰｜耳朵 ər⁴¹tau⁰｜胳臂 kɤ⁴⁴pʰai⁰。

（6）脱落，如：公母俩 ku⁴⁵mu⁰lia²¹⁴（同化引起的韵尾脱落）。

二 其他

后字声母同化前字韵尾，如：仁果ㄦ zəŋ⁵³kuor²¹⁴｜暖和 naŋ⁴¹xuo⁰；后字韵母同化前字韵母，如：鲤鱼 ly^{41}y^{0}。

"啊"在以元音 i、y、a、ɤ、ɛ 结尾的音节后面变读为 ia，在以元音 u 结尾的音节后面变读为 ua，在以 ŋ 为韵尾的音节后面变读为 ŋa，在以卷舌元音结尾的音节后面变读为 ʐa。

第十节 安新方音

壹 概况

一 安新概况

安新县属雄安新区，位于河北省中部，县境东与雄县、任丘相连，南与高阳接壤，西与清苑、徐水交界，北与容城毗邻。

安新县地理坐标为东经115°38′—116°07′，北纬38°43′—39°02′。总面积738.6平方公里。县境西、南、北为冲积洼地平原，东为著名的淡水湖泊——白洋淀。

安新县辖9个镇、4个乡、223个行政村。到2020年全县总人口47万，其中绝大部分是汉族。本县方言按口音可大致分为城关话、三台话、安州话和水区话。安新方言属冀鲁官话的保唐片。

二 发音人概况

老男发音人：臧国安，1957年8月出生，安新县东刘街村农民。1957年在安新镇东刘街村出生，1965年至1971年在东刘街村读小学，1971年至1973年在安新一中读初中，初中毕业后在家务农，曾于1982年至1987年在村里开过饭店。

青男发音人：臧浩，1989年2月出生，在安新县城从事零售业。1989年在安新镇东刘街村出生，1995年至2001年在东刘街村读小学，2001年至2004年在安新一中读初中，初中毕业后至调查时，一直在安新县城做零售工作。

贰 声韵调

一 声母

安新方言有 22 个声母，包括零声母。

p 八兵病别	pʰ 派片爬劈	m 马门明麦	f 飞风饭副
t 多端东毒	tʰ 讨天甜踢	n 脑南年熬又	l 老蓝连路
ts 资早坐贼纸	tsʰ 刺草寸祠茶拆	s 丝三晒酸缩	
tʂ 知张装竹汁	tʂʰ 抽春虫吃	ʂ 山手双十	ʐ 软荣热日
tɕ 酒九绝菊	tɕʰ 清全轻权	ɕ 想谢响县	
k 哥高共谷	kʰ 开口宽阔	x 好很灰活	
∅ 问云药熬又			

说明：

（1）声母 ʐ 的实际音值是 [ɻ]。

（2）零声母音节中，齐齿呼韵母和撮口呼韵母开头有轻微的唇舌同部位摩擦，开口呼有喉头闭塞成分，合口呼音节除 u、uo 外，开头的 u 实际音值是 [ʋ]。

二 韵母

安新方言有 39 个韵母。

ɿ 资次丝	i 弟米戏一	u 苦五猪出	y 雨橘绿局

ɿ 师试十尺

ər 儿耳二

a 大马茶八　　　　　ia 家俩牙鸭　　　　ua 花瓦刮

　　　　　　　　　　iɛ 写鞋接贴　　　　　　　　　　　　yɛ 靴月雪掘

ɤ 歌车盒热

o 脖破磨拨　　　　　　　　　　　　　　uo 坐过活国

ai 开排埋白　　　　　　　　　　　　　 uai 摔快坏外

ei 赔飞贼北　　　　　　　　　　　　　 uei 对水鬼胃

ɑu 宝饱烧勺　　　　　iɑu 表桥笑药　　　uɑu 镐

ou 豆走口肉　　　　　iou 牛九油六

an 南站山半　　　　　ian 减盐片年　　　uan 短官关穿　　yan 权院元悬

ən 森深根身　　　　　in 心今新斤　　　 uən 寸滚春顺　　yn 均群熏云

ɑŋ 糖唱方绑　　　　　iɑŋ 响样讲腔　　　uɑŋ 床光王双

əŋ 灯升争蒙　　　　　iŋ 冰病星硬　　　 uəŋ 翁瓮

　　　　　　　　　　　　　　　　　　　uŋ 东红农共　　yŋ 兄永熊用

说明：

（1）韵母 iɛ 和 yɛ 的韵腹略高，实际音值是 [e]。

（2）韵母 ai、uai 中，从 a 到 i 的动程较短，实际音值接近 [æe]。

（3）韵母 ɑu、iɑu 中，从 ɑ 到 u 的动程较短，实际音值接近 [ɑo]。

（4）韵母 ian 的实际音值是 [iɛn]。

三　声调

安新方言有 4 个单字调。

阴平 45　　东该灯风通开天春　搭哭

阳平 31　　门龙牛油铜皮糖红　急　毒白盒罚

上声 214　 懂古鬼九统苦讨草　买老五有　节谷百塔拍切

去声 51　　冻怪半四痛快寸去　卖路硬乱洞地饭树　动罪近后　刻　六麦叶月

说明：

（1）阴平 45 的上升幅度较小，有时不明显。尾段实际略有下降。

（2）上声 214 在语流中做尾字时，上升部分有时幅度较小或不明显。

叁 连读变调

单字调在语流中会发生有规律的变化。这里分析两字组的连读变调规律。先看后字为非轻声的两字组连调情况，见表1：

表1 安新方言后字为非轻声的两字组连调表

后字 前字	阴平 45	阳平 31	上声 214	去声 51
阴平 45	53-45 书包 应该 天天 香菇	45-31 丢人 葱头 说媒 猪油	45-214 不管 脏土 猪血 鸡子儿	45-51 鞭炮 光棍儿 冬至 阴历
阳平 31	53-45 洋钉 年轻 台风 白天	45-31 零钱 鼋鱼 油条 围脖儿	45-214 毛笔 洋火 白酒 窑姐儿	45-51 合适 怀孕 阳历 油菜
上声 214	21-45 一天 口轻 改锥 老公	45-31 赶集 炒勺 暖壶 眼眉	45-214 洗澡 米酒 可以 打盹儿	21-51 考试 打架 满月 出殡
去声 51	53-45 大坑 唱歌儿 蜜蜂 菜刀	53-31 下棋 大门 上坟 干活儿	55-214 下雨 闹口 宁可 大伙儿	53-51 路费 做梦 算卦 笨蛋

再看后字为轻声的两字组连调情况，见表2：

表2 安新方言后字为轻声的两字组连调表

前字＼后字本调		阴平 45	阳平 31	上声 214	去声 51	不明确
阴平 45		45-0 星星　公鸡 蛛蛛　东西	45-0 清明　高粱 芝麻　长虫	45-0 沙子　桌子 家里　舒坦	45-0 天道　山药 正月　窗户	45-0 疤瘌　衣裳 轱辘　甘蔗
阳平 31		33-0 蘑菇　棉花 黄瓜　滑稽	33-0 盘缠　回来 石头　爷爷	33-0 云彩　塘土 雹子儿狗	33-0 白菜　黄豆 脓带　螃蟹	33-0 荸荠　萝卜 馄饨　蛤蟆
上声 214		53-0 牡丹　点心 拢梳　姐夫 21-0 简单	53-0 枣儿　草鸡 鲤鱼　母牛 21-0 里头　起来 出来	53-0 老鼠　晌午 痒痒　李子 45-0 口水　老虎 21-0 奶奶　姥姥 左手	53-0 脑袋　女婿 蛐蟮 21-0 喜鹊　扁担 出去　韭菜	53-0 买的　尾巴 手缣　打着 21-0 抖搂　怎么
去声 51	中古清声母	55-0 嫁妆　嘟喷	55-0 罐头　枕头	55-0 镜子　兔子 案子　翅膀	55-0 叫唤　要是	55-0 冻着　簸箕 记得　快当
	中古浊声母	55-0 利息　腻歪	55-0 木头　外头 状元　就儿 21-0 道儿　杏儿 后年　丈人 上头　下头	55-0 袋子　例子 后悔　右手 21-0 豆腐　稻子 棒子　柱子 露水　帽子	55-0 月亮　腊月 爸爸　绿豆 21-0 大麦　买卖	55-0 钥匙 21-0 卖的　病嘞 下巴　认得

说明：

（1）"阴平＋轻声"的连调存在采用"21-0"或"53-0"的例外，如：青菜（义为"菠菜"）21-0｜兄弟（义为"弟弟"）21-0｜丝瓜 53-0｜鸽子 53-0｜鸭子 53-0。其中，"鸽子、鸭子"与"上声＋轻声"的主要连调式相同，这应该与"鸽、鸭"作为古清入声字，其本调本来就曾是上声有关系。

（2）"阳平＋轻声"的连调存在个别采用"45-0"的例外，如：苹果 $p^h iŋ^{45} kuo^0$。

（3）"上声＋轻声"的连调中，总体上看，"53-0"的连调式所辖字组数量较多，"21-0"

和"45-0"的连调式所辖字组数量较少。除后字本调原为上声的部分叠字组如"奶奶、姥姥"倾向采用"21-0"的连调式外，其他字组采用哪种连调式，没有明显的词义或构词条件。另外，还有极个别词语连调是"55-0"，如：扫帚。

（4）"去声＋轻声"的连调中，前字为古清声母字的，一般采用"55-0"的连调式，部分采用"21-0"，如：进去，这下儿。这可能是受词义与之相对的"出来、哪下儿"（连调均为21-0）的感染造成的。前字为古全浊次浊声母字的，采用"21-0"或"55-0"连调式。前者所辖字组数量总体上比后者多。具体字组采用哪一种连调式，没有明显的语义或构词条件。此外，还有个别字组采用其他的连调式，如：地界儿53-0｜去年53-0｜日头33-0。

肆 异读

一 新老异读

1.1 声母

普通话中的开口呼零声母字，老男一般读为 n 声母，青男则有一些字读为零声母，如：暗 nan^{51}-an^{51} ｜ 岸 nan^{51}-an^{51} ｜ 恶 nɤ^{51}-ɤ^{51}。

ts 组声母和 tʂ 组声母所辖的字，老男和青男存在差别。如：插 tsʰa^{214}-tʂʰa^{214} ｜ 杉 sa^{45}-ʂa^{45} ｜ 参 sən^{45}-ʂən^{45} ｜ 拆 tsʰai^{214}-tʂʰæ^{45}；指 tʂɿ^{214}-tsɿ^{214} ｜ 使 ʂɿ^{214}-sɿ^{214}。其中，前一种情况占多数。

1.2 韵母

老男韵母 ai、uai 中，从 a 到 i 的动程较短，实际音值接近 [æe]；韵母 ɑu、iɑu 中，从 ɑ 到 u 的动程也较短，实际音值接近 [ɑo]。青男则进一步读为纯粹的单元音 [æ][ɔ]，如：来 lai^{31}-læ^{31} ｜ 怪 kuai^{51}-kuæ^{51} ｜ 刀 tɑu^{45}-tɔ^{45} ｜ 孝 ɕiɑu^{51}-ɕiɔ^{51}。

因为 ts 组声母和 tʂ 组声母所辖字的差异，韵母相应地也产生了 ɿ 和 ʅ 的差异。

1.3 声调

中古清声母入声字，青男今调类归派与普通话更为一致，这种情况以老男归上声、青男归其他调类为主，如：割 kɤ^{214}/kɤ^{45} ｜ 吉 tɕi^{214}/tɕi^{31} ｜ 切 tɕʰiɛ^{214}/tɕʰiɛ^{45}。

二 文白异读

老男的文白异读主要集中在中古宕江曾梗通摄的入声字上。存在异读的音类主要是韵母和声调。

2.1 韵母

宕江摄入声字韵母白读 [ɑu iɑu] 类，文读 [o uo yɛ] 类，如：摸 mɑu⁴⁵/mo⁴⁵｜托 tʰɑu²¹⁴ ~ 生 /tʰuo²¹⁴｜雀 tɕʰiɑu²¹⁴/tɕʰyɛ⁵¹｜学 ɕiɑu³¹/ɕyɛ³¹｜剥 pɑu²¹⁴/po⁴⁵。个别字如"落"还有 [a] 类的白读形式：落 lɑu⁵¹/la⁵¹ ~ 下 /luo⁵¹。

曾摄开口一等入声字韵母白读 [ei]，文读 [ɤ]，如：得 tei²¹⁴/tɤ²¹⁴。

曾摄开口三等庄组入声字、梗摄开口二等庄组入声字，韵母白读 [ai]，文读 [ɤ]，如：侧 tsai²¹⁴/tsɤ⁵¹｜择 tsai³¹/tsɤ³¹｜色 sai²¹⁴/sɤ⁵¹。

梗摄开口二等见系入声字，韵母白读 [iɛ]，文读 [ɤ]，如：客 tɕʰiɛ²¹⁴/kʰɤ⁵¹。

通摄合口三等入声屋韵字，韵母白读 [ou]，文读 [u]，如：叔 ʂou²¹⁴/ʂu⁴⁵｜熟 ʂou³¹/ʂu³¹。

其他摄的个别入声字韵母也存在文白异读，如臻摄开口三等质韵：笔 pei²¹⁴/pi²¹⁴｜密 mei⁵¹/mi⁵¹；山摄合口四等，如：血 ɕiɛ²¹⁴/ɕyɛ⁵¹。

2.2 声调

声调存在异读的，一般是中古清声母入声字，白读一般是上声，文读一般同普通话调类。如：叔 ʂou²¹⁴/ʂu⁴⁵｜客 tɕʰiɛ²¹⁴/kʰɤ⁵¹｜隔 tɕiɛ²¹⁴/kɤ³¹。

伍 儿化韵

词缀"-儿"具有小称功能，在语音上因所附词根音节的韵母不同而具有不同的音变类型：儿尾型，"-儿"的语音为保持独立的轻声音节，但大多增生与前附词根音节韵尾发音动作相近的声母（这种增生的声母比单字音系中的声母发音动作小，摩擦轻微，我们用一组性质相近的近音和鼻音 [j ɥ ɻ w ŋ] 来记录）；儿化型，"-儿"与所附音节合并为一个音节，韵母为儿化韵。

从词根音节韵母的角度看，除了分别对应上述两种情况的韵母外，有的韵母又存在兼有两种类型的变异。

基本韵母中，韵尾 ŋ 的韵母只存在儿尾型音变。音变前，"词根+儿"的音值组合为"Vŋ+ər"，音变后为"Vŋ+ŋər"（这里以 V 来代表不同韵腹元音），如：前晌儿，tɕʰian+ʂaŋ+ər → tɕʰian ʂaŋ ŋər ｜ 缝儿 fəŋ+ər → fəŋ ŋər ｜ 早清儿 tsau+tɕʰiŋ+ər → tsau tɕʰiŋ ŋər ｜ 胡同儿 xu+tʰuŋ+ər → xu tʰuŋ ŋər。

基本韵母中，兼有儿尾和儿化两种类型的是：i、y、ɻ、u 和 u 尾韵母，对应关系见表3：

表3　安新方言儿尾兼儿化型"-儿"缀的音变方式与基本韵母对应关系表

儿尾型音变	儿化型音变	基本韵母	例词
i+jər	iər	i+ər	儿尾型：不离儿 儿化型：扫就地儿
y+ɥər	yər	y+ər	儿尾型：小鱼儿（念歌谣时） 儿化型：小鱼儿（说一般话语时）

儿尾型音变	儿化型音变	基本韵母	例词
ʅ+ɚ	ɚ	ʅ+ər	儿尾型：侄儿 儿化型：邻室ɻ
u+wɚ	uɻ	u+ər	儿尾型：眼珠儿　小铺儿 儿化型：软乎ɻ　圆珠ɻ笔
ou/ɑu+wɚ iou/iɑu+wɚ	ouɻ/ɑuɻ iouɻ/iɑuɻ	ou/ɑu+ər iou/iɑu+ər	儿尾型：嘴头儿　就儿　外号儿　犄角儿 儿化型：坟头ɻ　唧溜ɻ　毛ɻ　菜豆角ɻ

说明：这一类韵母在实际话语中表现为哪一种音变类型，和构词、语用条件相关。总体来说，采用儿化型的情况在数量上更多一些。这些语法、语用条件包括：

（1）"儿"所附音节本身也为轻声音节时，采用儿化型，如"软乎ɻ""邻室ɻ"。

（2）"儿"及所附音节处在词的非尾部位置时，采用儿化型，如"圆珠ɻ笔"。

（3）除上述条件以外的情况，"儿"所附韵母采用哪种类型，有的和语用条件有关，如"小鱼儿"出现在歌谣中和一般话语中时，分别采用儿尾和儿化两种类型；有的在词汇中的分布是随机的，如"嘴头儿""坟头ɻ"各自对应儿尾和儿化两种类型。未发现同一个词无条件对应两种类型读音的情况。

个别词语中的字音不符合一般规律，其原因待研究，如"媳妇ɻ"中，"妇ɻ"的音值为[fər]。

基本韵母中，除上述韵母及ər韵母本身外，都只对应儿化型音变，具体对应关系见表4：

表4　安新方言儿化型"-儿"缀中儿化韵与基本韵母对应关系表

儿化韵	基本韵母	例词	儿化韵	基本韵母	例词
ar	a	把ɻ	iər	in	背心ɻ
iar	ia	一下ɻ	uər	uei	裤腿ɻ
uar	ua	花ɻ		uən	打盹ɻ
ɐr	ai	盖ɻ	yər	yn	小裙ɻ
	an	床单ɻ	ɤr	ɤ	小推车ɻ
iɐr	ian	一边ɻ	or	o	围脖ɻ
uɐr	uai	凉快ɻ	uor	uo	水果ɻ
	uan	弯ɻ	iɛr	iɛ	叶ɻ

（续表）

儿化韵	基本韵母	例词	儿化韵	基本韵母	例词
yɐr	yan	手绢儿	yɛr	yɛ	主角儿
ər	ei	背儿			
	ən	本儿			
	ʅ	刺儿			

说明：韵母 ɤ 所辖词语存在个别例外，如："今儿个儿"中"个儿"音值为 [kər]。

⑹ 其他音变

在轻声音节中，在两种情况下 a 实际音值是 [o]：①与唇音声母相拼的 a；②ua 中的 a。

音节 mu 在部分词语中存在实际音值为声化韵 [m] 的变体，如"木头"的实际音值为 [m^{55}t^{h}ou^{0}]。

第十一节　满城方音

壹　概况

一　满城概况

满城区隶属保定市，位于河北省中部，太行山东麓。北同易县接壤，南与清苑区毗邻，西和顺平县交界，东连竞秀区和徐水区。

满城地理坐标为东经114°56′—115°29′，北纬38°43′—39°07′。总面积为658.18平方公里。地势西北高、东南低，西北部为太行山余脉，中部为山区和平原过渡带，东南部为山前冲积平原。主要河流有漕河、界河、龙泉河三条过境河流。

满城区下辖5个镇、6个乡、183个行政村。到2020年全区总人口39.14万，绝大部分为汉族。满城方言属冀鲁官话的保唐片。

二　发音人概况

老男发音人：刘乃先，1957年9月出生，农民。出生于城关公社城内村，调查时居住在该村。1964年至1969年在满城小学学习，1969年至1972年在满城县镇中读初中，1973年至1975年在满城县中学读高中，1975年毕业后在满城县城关镇城内村务农，1980年后做过汽车运输，1988年开始经营旅馆、跑出租，未离开过本地。

青男发音人：李宾，1984年8月出生，木工。出生于满城镇城内村，调查时居住在该村。1992年至1998年在满城第一小学读书，1998年至2001年在满城县镇中读初中，毕业后在城内村学木工，2008年开始从事装修行业。

贰 声韵调

一 声母

满城方言有 23 个声母，包括零声母。

p 八兵病别	pʰ 派片爬劈	m 马门明麦	f 飞风饭副	
t 多端东毒	tʰ 讨天甜踢	n 脑南熬奴		l 老蓝连路
ts 资早坐贼	tsʰ 刺草寸祠		s 丝三酸塞	
tʂ 张装纸竹	tʂʰ 抽春拆茶吃		ʂ 山手双十	ʐ 软荣热日
tɕ 酒九绝菊	tɕʰ 清全轻权	ȵ 年泥捏女	ɕ 想谢响县	
k 哥高共谷	kʰ 开口宽阔		x 好很灰活	
∅ 儿问云药				

说明：

（1）声母 ʐ 的实际音值是 [ɻ]。

（2）中古影、疑母开口一等字声母一般为 n，个别字如 "鹅" 实际音值为 [ŋ]，因无对立，统一记为 n。声母 n 只出现在开口呼和合口呼韵母前，ȵ 只出现在齐齿呼和撮口呼韵母前，二者无音位对立。

（3）零声母音节中，齐齿呼韵母和撮口呼韵母开头有轻微的唇舌同部位摩擦，开口呼有喉头闭塞成分，合口呼音节除 u、uo 外，开头的 u 实际音值是 [ʋ]。

二 韵母

满城方言有 38 个韵母。

ɿ 资祠丝字　　　　　i 弟米戏一　　　　　u 苦五猪出　　　　　y 雨橘绿局

ʅ 师试十尺

ər 儿耳二

a 大马茶八　　　　　ia 家俩牙鸭　　　　　ua 抓花瓦刮

　　　　　　　　　　iɛ 写鞋接贴　　　　　　　　　　　　　　yɛ 靴月雪学_文_

ɤ 歌车盒热

o 脖婆磨拨　　　　　　　　　　　　　　　uo 坐过活国

ai 开排埋白　　　　　　　　　　　　　　uai 摔快坏外

ei 赔飞贼北　　　　　　　　　　　　　　uei 对水鬼胃

ɑu 宝饱烧勺　　　　　iɑu 表桥药学_白_

ou 豆走口肉　　　　　iou 牛九油六

an 南站山半　　　　　ian 减盐片年　　　　uan 短官关穿　　　　yan 权院元悬

ən 森深根身　　　　　in 心今新斤　　　　　uən 寸滚春顺　　　　yn 均群熏云

ɑŋ 糖唱方绑　　　　　iɑŋ 响样讲腔　　　　uɑŋ 床光王双

əŋ 灯升争蒙　　　　　iŋ 冰病星硬　　　　　uəŋ 翁瓮

　　　　　　　　　　　　　　　　　　　　uŋ 东红农共　　　　yŋ 兄永熊用

说明：

（1）韵母 a、ia、ua 中的 a，实际音值是 [ᴀ]。

（2）韵母 o 只出现在唇音声母后，与 uo 位置互补，但 o 实际也有动程，音值与 uo 相近。韵母 uo 中的 o 唇形较展。

（3）鼻尾韵母中，韵腹元音鼻化色彩较浓，尤其是 an、ɑŋ 类韵母，非鼻音声母后实际音值是 [ãn][ɑ̃ŋ]，声母为鼻音时，实际音值是 [ã][ɑ̃]。

三 声调

满城方言有 4 个单字调。

阴平 45　东该灯风通开天春　搭哭拍切
阳平 22　门龙牛油铜皮糖红　节急　毒白盒罚
上声 213　懂古鬼九统苦讨草　买老五有　谷百塔
去声 512　冻怪半四痛快寸去　卖路硬乱洞地饭树　动罪近后　刻　六麦叶月

说明：

（1）阴平 45 的尾段略有下降，实际调值为以升为主的升降调。

（2）去声 512 的上升部分有时终点较高，实际调值接近 513。

(叁) 连读变调

单字调在语流中会发生有规律的变化。这里分析两字组的连读变调规律。先看后字为非轻声的两字组连调情况，见表1：

表1 满城方言后字为非轻声的两字组连调表

前字＼后字	阴平 45	阳平 22	上声 213	去声 512
阴平 45	45-45 山沟　香菇 花生　发烧	45-22 说媒　爹娘 发愁　丢人	45-213 开水　莴笋 脏土　摘奶	45-512 出殡　商店 生气　听话
阳平 22	45-45 洋灰　壕坑 年初	45-22 祠堂　流氓 洋油　零钱ㄦ	45-213 洪水　尘土 着火　年底	45-512 蚊帐　瞧病 灵位　学校
上声 213	21-45 老家　养猪 米粥　结婚	35-22 赶集　可能 以前　暖壶	35-213 打盹ㄦ　洗澡 老母ㄦ	21-512 以后　礼拜 扫地　手电
去声 512	53-45 豆浆　旱烟 订婚　后爹	53-22 大娘　上学 下棋　稻田	53-213 热水　稻谷 案板　跳蚤	53-512 做饭　号脉 孕妇　算卦

说明：前字为45的字组，有的前字实际调值为时长明显拉长的55，如：香菇，白果，洋葱。因为未发现明显的分化条件，表中未单独列出。

再看后字为轻声的两字组连调情况,见表2:

表2 满城方言后字为轻声的两字组连调表

后字本调＼前字	阴平 45	阳平 22	上声 213	去声 512	不明确
阴平 45	45-0 公公 风筝 星星 丝瓜 21-0 叔叔 姑姑 哥哥	45-0 姑娘 姑爷 工钱 三十 21-0 出来	45-0 姑子 街坊 铅笔 家伙	45-0 师傅 欺负 姑父 兄弟 21-0 山药 鸡蛋 青菜 知道 干净 腥气	45-0 该着 吆喝 宽绰 甘蔗 21-0 下巴
阳平 22	22-0 蘑菇 滑稽 棉花 黄瓜 45-0 醪糟	22-0 侄儿 前头 回来 石榴 45-0 长虫	22-0 没有 头里 茄子 儿狗 45-0 朋友 凉水 苹果	22-0 油菜 黄豆 螃蟹 白面	22-0 芫荽 萝卜 荸荠 蛤蟆
上声 213	42-0 点心 姐夫 牡丹 母猪 21-0 小心	42-0 口条 脊梁 本钱 老实 21-0 起来 姥爷 暖和 老人儿	42-0 馃子 耳朵 指甲 婶子 21-0 母狗 左手 奶奶 水果儿 45-0 老虎 体己 藕粉	42-0 脑袋 媳妇儿 把式 女婿 21-0 底下 柏树 柳树 韭菜	42-0 有咧 哑巴 想着 俺们 21-0 老鸹 老的儿 眨巴 怎么
去声 512	55-0 叫猪 弟兄 腻歪 21-0 大方	55-0 扣儿 算盘 历头 木头 21-0 后儿 杏儿 上头 下头 牸牛 丈人 砚台 二十	55-0 兔子 灶火 褥子 案子 凳子 筷子 裤子 这里 21-0 柿子 稻子 棒子 柱子 裤子 袖子 帽子 豆腐	55-0 木匠 担杖 炮仗 笑话儿 热闹 绿豆 21-0 上去 下去 进去 大麦 爸爸 这个	55-0 钥匙 记得 这么 21-0 病咧 认得

说明：

（1）"阴平＋轻声"的两类连调式，从总体看，"45-0"是主要的，但重叠式的亲属称谓语以及后字本调为去声的，倾向于用"21-0"。

（2）"阳平＋轻声"的两类连调，"22-0"是主要的，"45-0"所辖字组较少。

（3）"上声＋轻声"的三类连调，"42-0"和"21-0"是主要的，二者没有明显的分化条件。"45-0"所辖字组数量很少。

（4）"去声＋轻声"的两类连调，与前字的中古声类有一定关系。"55-0"所辖字组，前字为中古清声母、次浊声母字的居多，"21-0"的前字则以中古全浊声母字居多。"55-0"连调调值较为特殊，前字音长较长，后字不轻不短，实际调值是213，但因为后字都失去本调，这里仍处理为轻声。

肆 异读

一 新老异读

1.1 声母

普通话中的开口呼零声母字,老男一般读为 n 声母,青男则有一些字读为零声母,如:恩 nən⁴⁵-ən⁴⁵ | 额 nuo²²-ɤ²²。另外,这类字中老男偶尔出现的 [ŋ] 声母变体,在青男发音中未出现。

1.2 韵母

老男和青男在韵母方面没有系统性差异,个别字青男的韵类与普通话归类一致,如:额 nuo²²-ɤ²²。

1.3 声调

老男和青男在调类和各调类的辖字上比较一致。个别中古清声母入声字,老男为阴平,青男为上声,如:竹 tʂu⁴⁵-tʂu²¹³。

从调值上看,青男的阴平调 45 的上升程度更不明显,实际调值接近 55,而且没有老男阴平调尾部的略降部分。

二 文白异读

老男的文白异读主要集中在中古宕江曾梗通摄的入声字上。存在异读的音类主要是韵母和声调。

2.1 韵母

宕江摄入声字韵母白读 [ɑu iɑu] 类,文读 [o yɛ] 类,如:摸 mɑu⁴⁵/mo⁴⁵ | 雀 tɕʰiɑu²¹³/

tɕʰyɛ⁵¹² ｜ 学 ɕiɑu²²/ɕye²² ｜ 剥 pɑu⁴⁵/po⁴⁵。

曾摄开口一等入声字韵母较复杂，有的白读 [ei]，文读 [uo]，如：得 tei²¹³/tuo²¹³。有的白读为 [uo]，文读为 [ɤ]，如：特 tʰuo⁵¹²/tʰɤ⁵¹²。

曾摄开口三等庄组入声字、梗摄开口二等庄组入声字，韵母白读 [ai]，文读 [ɤ]，如：择 tʂai²²/tsɤ²² ｜ 色 ʂai²¹³/sɤ⁵¹²。

梗摄开口二等见系入声字，韵母白读 [iɛ]，文读 [ɤ]，如：客 tɕʰiɛ²¹³/kʰɤ⁵¹² ｜ 隔 tɕiɛ⁴⁵/kɤ⁴⁵。

通摄合口三等入声屋韵字，韵母白读 [ou]，文读 [u]，如：叔 ʂou⁴⁵/ʂu⁴⁵ ｜ 熟 ʂou²²/ʂu²²。烛韵字，韵母白读 [y]，文读 [u]，如：足 tɕy²¹³/tsu²¹³。

其他摄的个别入声字韵母也存在文白异读，如臻摄开口三等质韵：笔 pei²¹³/pi²¹³。

2.2 声母和声调

声母和声调存在异读的，一般是中古清声母入声字。其中中古知章庄组字白读一般为 [tʂ] 组，文读一般为 [ts] 组；见组二等字声母白读为 [tɕ] 组，文读为 [k] 组。声调白读一般是上声，文读大多同普通话调类。如：色 ʂai²¹³/sɤ⁵¹² ｜ 客 tɕʰiɛ²¹³/kʰɤ⁵¹² ｜ 隔 tɕiɛ²¹³/kɤ⁴⁵。

伍 儿化韵

词缀"-儿"具有小称功能,在语音上因所附词根音节的韵母不同而具有不同的音变类型:儿尾型,依附在韵尾为 u 和 ŋ 的韵母之后的"-儿"缀,其语音为保持独立的轻声音节。"-儿"缀或保持零声母,或分别增生介音 u 或声母 ŋ;儿化型,依附在其他韵母(除韵母 ər 本身外)后的"-儿"与所附音节合并为一个音节,韵母为儿化韵。

儿尾型"-儿"缀与基本韵母对应关系见表3:

表3 满城方言儿尾型"-儿"缀的音变方式与基本韵母对应关系表

儿尾	基本韵母	例词
ər/uər	au	枣儿
	iou	面条儿
	ou	狗儿
	iou	牛儿
ər/ŋər	ɑŋ	药方儿
	iɑŋ	小枪儿
	uɑŋ	小床儿
	əŋ	凳儿
	iŋ	绳儿
	uəŋ	小瓮儿
	uŋ	虫儿
	yŋ	小熊儿

除儿尾型对应的韵母外，韵母 ər 也没有相应的儿化韵，其他基本韵母的儿化规律及例词见表4：

表 4　满城方言儿化韵与基本韵母对应关系表

儿化韵	基本韵母	例词	儿化韵	基本韵母	例词
ər	ɿ	刺儿	iɐr	ia	豆芽儿
	ʅ	糁儿		ian	房檐儿
iər	i	小鸡儿	uɐr	ua	花儿
ur	u	小猪儿		uai	块儿
yər	y	金鱼儿		uan	撒欢儿
ɤr	ɤ	小车儿	yɐr	yan	圆圈儿
or	o	上坡儿	ər	ei	上辈儿
uor	uo	罗锅儿		ən	盆儿
iɛr	iɛ	树叶儿	iər	in	今儿
yɛr	yɛ	小雪儿	uər	uei	零碎儿
ɐr	a	腊八儿		uən	打滚儿
	ai	锅盖儿	yər	yn	合群儿
	an	上班儿			

第十二节　阜平方音

壹　概况

一　阜平概况

阜平县位于河北省保定市西部，东与唐县、曲阳县交界，北与山西省灵丘县连接，西与山西省五台县毗邻，南与石家庄市行唐县、灵寿县接壤。

阜平县地理坐标为东经113°45′—114°31′，北纬38°09′—39°07′。全县东西长79.8公里，南北宽49.6公里，总面积2496平方公里。阜平为山区县，属太行山山系，境内地形复杂。

阜平县下辖6个镇、7个乡、209个行政村。到2020年全县总人口23.04万，绝大多数是汉族，少数民族主要是回族、蒙古族，数量较少，且已改说汉语。阜平方言属冀鲁官话的保唐片。

二　发音人概况

老男发音人：陈永明，1956年12月出生，农民。调查时居住在阜平县阜平镇白河村。出生于阜平镇白河村，1963年至1965年在榆树公小学上一、二年级，1965年至1968年在白河小学上三至五年级，1968年至1970年在小坝连中读初中，1970年初中毕业后在白河大队南坡根生产队务农，1980年至1992年在阜平县化肥厂工作，1992年至1995年从事煤炭运输工作，1996年至2004年在县城经营小吃店，2004年至调查时在阜平县教师发展中心务工。

青男发音人：陈春，1985年12月出生，阜平县电视台职员。调查时居住在阜平县城。出生于阜平镇白河村，1992年至1998年在阜平城厢小学读书，1998年至2002年在城厢中学读初中，2002年至2006年在阜平中学读高中，2006年至2010年在保定职业技术学院上学，2010年至2017年在涞水电视台工作，2017年3月至调查时在阜平电视台工作。

贰 声韵调

一 声母

阜平方言有24个声母，包括零声母。

p 八兵病别	pʰ 派片爬劈	m 马门明麦	f 飞风饭副	
t 多端东毒	tʰ 讨天甜踢	n 脑南奴		l 老蓝连路
ts 资早坐贼	tsʰ 刺草寸祠全		s 丝三酸缩	
tʂ 张章柱直装竹纸	tʂʰ 抽抄车吃茶初床		ʂ 山手双十事山双	ʐ 软荣热日
tɕ 酒九绝菊	tɕʰ 清轻权	ȵ 年牛泥女	ɕ 想谢响县	
k 哥高共谷	kʰ 开口宽阔	ŋ 饿熬安爱	x 好很灰活	
∅ 儿问云药				

说明：

（1）声母 n 只出现在开口呼和合口呼韵母前，ȵ 只出现在齐齿呼和撮口呼韵母前，二者无音位对立。

（2）声母 ʐ 的实际音值是 [ɻ]。

二 韵母

阜平方言有33个韵母。

ɿ 资祠丝字　　　　i 弟米戏一　　　　u 苦五猪出　　　　y 雨橘绿局
ʅ 师试十尺
ɚ 儿耳二

a 大马茶八　　　　ia 家俩牙鸭　　　　ua 花瓦刮
　　　　　　　　　iɛ 写鞋接贴　　　　　　　　　　　ye 靴月雪掘
ɣ 歌车盒热　　　　　　　　　　　　　uɣ 破末拨坐过活国
æ 开排埋白　　　　　　　　　　　　　uæ 摔快坏外
ei 赔飞嘴北　　　　　　　　　　　　　uei 碎吹鬼胃
ɔ 宝饱烧勺　　　　iɔ 表桥笑药
ou 豆走口肉　　　　iou 牛九油六
æ̃ 南站山半　　　　iæ̃ 减盐片年　　　　uæ̃ 短官关穿　　　yæ̃ 权院元悬
ɑŋ 糖唱方绑　　　　iɑŋ 响样讲腔　　　uɑŋ 床光王双
əŋ 深根灯升争蒙　　iŋ 心今冰病星硬　uəŋ 温问翁瓮
oŋ 寸滚东红农共　　ioŋ 均云兄永熊用

说明：

（1）韵母 a、ia、ua 的韵腹舌位偏央。

（2）韵母 u 与零声母相拼时，整个音节实际音值是自成音节的 [v]。其他合口呼韵母在与零声母相拼时，介音 u 的实际音值是 [v]。

（3）韵母 əŋ、ɑŋ、iɑŋ、uɑŋ、oŋ、ioŋ 的实际音值是 [ẽŋ][ɑ̃ŋ][iɑ̃ŋ][uɑ̃ŋ][õŋ][iõŋ]。

三　声调

阜平方言有 4 个单字调。

阴平 31　东该灯风通开天春
阳平 24　门龙牛油铜皮糖红　谷百塔搭哭急节切拍刻白　毒白盒罚
上声 55　懂古鬼九统苦讨草　买老五有
去声 53　冻怪半四痛快寸去　卖路硬乱洞地饭树　动罪近后　六麦叶月　刻文

说明：

（1）阳平 24 的前段较平，整体调值接近 224。

（2）上声 55 的发音不稳定。有时略升，接近 45；有时略低，接近 44。

（3）去声 53 的实际调值有时下降幅度较大，接近 52。

(叁) 连读变调

单字调在语流中会发生有规律的变化。这里分析两字组的连读变调规律。先看后字为非轻声的两字组连调情况，见表1：

表1 阜平方言后字为非轻声的两字组连调表

前字＼后字	阴平 31	阳平 24	上声 55	去声 53
阴平 31	**55**-31 公鸡 花生 书包 新鲜	**55**-24 天明 猪血 梳头 香油	**24**-55 亲嘴 烧纸 猪崽儿 烟卷儿 **53**-55 开水 拉屎	**24**-53 冬至 稀饭 身后 猪圈
阳平 24	**55**-31 洋灰 年糕 台风 杀猪 **24**-31 一边儿	**55**-24 煤油 葱头 着凉 出灵 **24**-24 洋钱儿	**55**-55 着火 棉袄 年底 流产 **31**-55 洪水 凉水 吃奶 黄酒 **24**-55 洋火 白酒	**24**-53 油菜 蚕豆 合算 学校

前字＼后字	阴平 31	阳平 24	上声 55	去声 53
上声 55	55-31 养猪　炒锅 早生　元宵	55-24 以前　炒瓢 小河　往年	55-55 马桶　洗脸 **53-55** 左手　洗澡	55-53 以后　扫地 考试　打架
去声 53	53-31 饭锅　菜刀 后爹 **24-31** 后天　辣椒ㄦ	53-24 半宿　放牛 酱油　拜堂	53-55 下雨　热水 木耳　裤腿	53-53 现在　做饭 再见　大麦 **24-53** 过寿　断气 地震　入殓 **53-24** 愿意　谢谢 进去

说明：

（1）阳平 24 作后字时，上升幅度有时较小，接近 23 或 33。

（2）上述规律存在少量例外，如：腥气 53-24 ｜陪送 55-53 ｜闲在 53-53 ｜哄撮 24-55。

再看后字为轻声的两字组连调情况，见表 2：

表 2　阜平方言后字为轻声的两字组连调表

前字＼后字本调	阴平 31	阳平 24	上声 55	去声 53	不明确
阴平 31	31-0 星星　丝瓜 香菇　蛛蛛 **24-0** 姑姑　哥哥	31-0 霜雪　高粱 今年　芝麻	31-0 梳子　家里 肩膀　闺女	31-0 天气　松树 正月　阴历	31-0 甘蔗　垃圾 衣裳　疤瘌

（续表）

前字＼后字本调	阴平 31	阳平 24	上声 55	去声 53	不明确
阳平 24	53-0 明天　黄瓜 啼哭　棉花	53-0 石头　核桃 爷爷　叔叔 21-0 长虫　出来 客人　男人	53-0 雹子　苹果 前晌　尘土 21-0 谷子　年景 竹子　朋友	53-0 黄豆　白菜 阳历　姨父 21-0 柏树　黑下 出去　蛐蟮	53-0 萝卜　芫荽 荸荠　蛤蟆 21-0 窟窿　胳膊 咳嗽　疙瘩
上声 55	21-0 草鸡　点心 母猪　手巾 53-0 左边儿	21-0 鲤鱼　姥爷 起来　本钱 24-0 野鹊　伙房	21-0 李子　奶奶 老鼠　姐姐 53-0 晌午　老虎 母狗　水果儿 24-0 姥姥　锁子	21-0 水地　柳树 脑袋　满月 24-0 岗地	21-0 有了　老了 女的　姐们 24-0 尾巴　哑巴 老鸹　你们
去声 53	24-0 自家　后天 外甥 53-0 菜刀　豆浆 大方　右边儿	24-0 木头　麦秸 后年　柱脚 53-0 日头　过年 下来　刺挠	24-0 二两　稻子 露水　后晌 53-0 稻草　后悔 妇女	24-0 腊月　绿豆 大大　妹妹 53-0 上去　舅舅 弟弟	24-0 病了　记着 这么　簸箕 53-0 这个　那个

说明：

（1）阴平、阳平、上声、去声与轻声组合形成的连调式中，轻声的实际调值分别是：1、3、4、3。

（2）"阴平＋轻声"和"上声＋轻声"对应的几种连调式，所辖字组在数量上有区别，其中"阴平＋轻声"的"24-0"连调式所辖字组为亲属称谓词，其他连调式所辖字组则无明显的语法或语义差别。"阳平＋轻声"的两类连调式中，采用"21-0"连调式的，前字大多是中古的清入声字。"去声＋轻声"的两种变调，没有明显的分化条件，"24-0"的连调式所辖字组略多。

（3）上述规律存在少量例外，如：菠菜 21-0 ｜流氓 24-0 ｜可以 55-0。

肆 异读

一 新老异读

1.1 声母

普通话中的开口呼零声母字，老男一般读为 [ŋ] 声母，而青男不少已经改读为零声母，与普通话类别相同，如：饿 ŋɤ⁵³-ɤ⁵³｜安 ŋæ³¹-æ³¹｜矮 ŋæ⁵⁵-æ⁵⁵。

1.2 韵母

韵母差异较小。老男有白读音的字，青年有一些已经没有白读，如"埋"，老男有白读音 mei²⁴。"嫩"的韵母较为复杂，老男为 noŋ⁵³/ŋəŋ⁵³，青男为 əŋ⁵³/nəŋ⁵³。

1.3 声调

声调没有系统性差别。中古清声母入声字中，老男今读阳平的字，青年有的改读与普通话一致的其他调类，如：福 fu²⁴-fu⁴⁵；有的较复杂，如有文白异读的"色"，老男白读阳平，青男白读上声：色 ʂæ²⁴/ʂæ⁵⁵，这里青男的白读和文读类型与周边的北京话、保定话一致。

二 文白异读

老男的文白异读主要集中在中古宕江曾梗通摄的入声字上。存在异读的音类主要是韵母和声调。

2.1 韵母

宕江摄入声字韵母白读 [ɔ iɔ] 类，文读 [uɤ yɛ] 类，如：托 tʰɔ³¹ ~ 生 /tʰuɤ³¹｜雀 tɕʰiɔ⁵³/tɕʰyɛ⁵³｜学 ɕiɔ²⁴/ɕyɛ²⁴｜剥 pɔ²⁴/puɤ²⁴。个别字如"落"还有 [a] 类的白读形式：落 lɔ⁵³/la⁵³ ~ 下 /luɤ⁵³。

曾摄开口三等庄组入声字、梗摄开口二等庄组入声字，韵母白读 [æ]，文读 [ɤ]，如：侧 tʂæ²⁴/tsʰɤ⁵³｜择 tʂæ²⁴/tsɤ²⁴｜色 ʂæ²⁴/sɤ⁵³。

梗摄开口二等见系入声字，韵母白读 [iɛ]，文读 [ɤ]，如：客 tɕʰiɛ²⁴/kʰɤ⁵³。

通摄合口三等入声屋韵字，韵母白读 [ou]，文读 [u]，如：叔 ʂou²⁴/ʂu²⁴。

其他摄的部分字也存在系统性不明显的文白异读，如：埋 mei²⁴/mæ²⁴｜含 xəŋ⁴⁵/xæ̃⁴⁵｜血 ɕiɛ²⁴/ɕyɛ²⁴。

另外，中古蟹摄合口一等、止摄合口三等韵母与端系声母相拼时，今韵母一般为开口呼，但部分字出现了合口呼文读，如：对 tei⁵³/tuei⁵³（老男）｜醉 tsei⁵³/tsuei⁵³（青男）。

2.2 声调

声调上的文白差异比较少，较成系统的，一般是中古清声母入声字，白读一般是阳平，文读同普通话调类。如：刻 kʰei²⁴/kʰɤ⁵³｜色 ʂæ²⁴/sɤ⁵³。

伍 儿化韵

韵母 ər 没有相应的儿化韵。其他基本韵母的儿化规律及例词见表3：

表3 阜平方言儿化韵与基本韵母对应关系表

儿化韵	基本韵母	例词	儿化韵	基本韵母	例词
ar	a	裤衩儿 把儿	iɚ	i	东西儿 猪蹄儿
iar	ia	虾儿 下儿		iŋ（中古深臻摄）	今儿 背心儿
uar	ua	花儿 话儿		u（非唇音声母）	小屋儿
iɚ	iɛ	蝴蝶儿 大叶儿烟		uei	一会儿 亲嘴儿
yɚ	yɛ	角儿	uɚ	uŋ（中古深臻摄）	裂纹儿
ɚ	ɤ	夜个儿		oŋ（中古深臻摄）	嘴唇儿 单轮儿车
	uɤ（唇音声母）	围脖儿	yɚ	y	鱼儿 谜语儿
	æ	月历牌儿 盖儿	ɔɚ	ɔ	桃儿 枣儿
	æ̃	衬衫儿	iɔɚ	iɔ	鸟儿 家雀儿
iɚ	iæ̃	上边儿 对面儿	ouɚ	ou	日头儿 水沟儿
uɚ	uɤ（非唇音声母）	水果儿	iouɚ	iou	抓阄儿 衣袖儿
	uæ	一块儿	ɑ̃ɚ	ɑŋ	白上儿 地方儿
	uæ̃	新郎官儿 串蔓儿	iɑ̃ɚ	iɑŋ	月亮儿 这样儿
yɚ	yæ̃	手绢儿 烟卷儿	uɑ̃ɚ	uɑŋ	小筐儿 蛋黄儿

（续表）

儿化韵	基本韵母	例词	儿化韵	基本韵母	例词
ər	u（唇音声母）	媳妇儿 小卖部儿	ə̃r	əŋ（中古曾梗摄）	水坑儿 缝儿
	ei	宝贝儿	iə̃r	iŋ（中古曾梗摄）	杏儿 打鸣儿
	ɿ	刺儿 重孙子儿	uə̃r	uəŋ（中古曾梗摄）	瓮儿
	ʅ	戒指儿 侄儿	õr	oŋ（中古通摄）	胡同儿
	əŋ（中古深臻摄）	门儿 根儿	iõr	ioŋ	连衣裙儿 勇儿

第十三节 定州方音

壹 概况

一 定州概况

定州市位于河北省中部偏西,北与望都县、唐县交界,西与曲阳县接壤,南与石家庄新乐市、无极县、深泽县毗连,东与安国市为邻。

定州市地理坐标为东经114°48′—115°15′,北纬38°14′—38°40′。总面积1283平方公里,定州市地处太行山东麓,华北平原西缘,地势由西北向东南微微倾斜,形成了略有起伏的土丘、洼地及沙岗、河滩等冲积扇平原的微地貌。

定州市下辖16个镇、5个乡、4个街道办事处、542个行政村(包括社区)。到2020年全市总人口122.9万。除汉族外,还有回族、满族等少数民族,人口约2.88万。少数民族均使用汉语。定州方言属冀鲁官话的保唐片。

二 发音人概况

老男发音人:王丙午,1954年5月出生,定州市西城区中心校退休教研员。调查时居住在定州市西关东街永安巷。出生于定州市西关东街,1962年至1967年在西关小学读书,1967年至1969年在家务农,1969年至1971年在定州二中读初中,1971年至1974年在定州二中读高中,1974年至1976年回到家中务农,1976年至1992年在西关东街小学任民办教师,1992年至1994年到定州师范学校民师班学习,1994年至1998年在西城区教育办公室工作,1998年调入定州市教育局工作,现已退休。

青男发音人:石磊,1983年9月出生,定州市国土资源局职工。调查时居住在定州市西城区某小区。出生于定州市南城区中心街,1990年至1996年就读于定州实验小学,1996年至1999年在定州实验中学读初中,1999年至2001年在定州中学读高中,2001年至2003年在武警某部服役,2003年在家待业,2004年到中国人寿定州公司工作,2005年至调查时在定州市国土资源局工作,这期间,在职进修获得本科学历。

贰 声韵调

一 声母

定州方言有 24 个声母，包括零声母。

p 八兵病别　　pʰ 派片爬劈　　m 马门明麦　　f 飞风饭副

t 多端东毒　　tʰ 讨天甜踢　　n 脑南能奴　　　　　　　　l 老蓝连路

ts 资早坐酒绝　tsʰ 刺草寸清全　　　　　　　s 丝三酸谢徐

tʂ 张竹柱主　　tʂʰ 抽抄车吃　　　　　　　　ʂ 顺手书十　　ʐ 软荣热日
　争装纸　　　　　拆茶初床　　　　　　　　　事山双

tɕ 鸡九军橘　　tɕʰ 气桥权缺　　ȵ 年牛泥女　　ɕ 戏咸熏瞎

k 哥高共谷　　kʰ 开口宽阔　　ŋ 鹅矮熬安　　x 好很灰活

ø 儿问云药

说明：

（1）声母 n 只出现在开口呼和合口呼韵母前，ȵ 只出现在齐齿呼和撮口呼韵母前，二者无音位对立。

（2）声母 ʐ 的实际音值为 [ɻ]。

（3）零声母中，齐齿呼韵母和撮口呼韵母开头有轻微的唇舌同部位摩擦，开口呼有喉头闭塞成分，合口呼除 u、uo 外，音节开头的 u 实际音值是 [ʋ]。

二　韵母

定州方言有 38 个韵母。

ɿ 资祠丝字　　　　　i 弟米戏一　　　　　u 苦五猪出　　　　　y 雨橘绿局

ʅ 知纸试十尺

ər 儿耳二

a 大马茶八　　　　　ia 家俩牙鸭　　　　　ua 花瓦刮

　　　　　　　　　　iɛ 街写接贴　　　　　　　　　　　　　　yɛ 靴月雪绝

ɤ 歌车盒热

o 破拨末佛　　　　　　　　　　　　　　　uo 坐过活国

ai 开排埋白　　　　　　　　　　　　　　uai 摔快坏外

ei 赔飞对北　　　　　　　　　　　　　　uei 追水鬼胃

ɑu 宝饱薄勺　　　　　iɑu 表桥笑药

ou 豆走口肉　　　　　iou 牛九油六

an 南站山半　　　　　ian 减盐片年　　　　uan 短官关穿　　　　yan 权院元悬

ən 针沉肯认　　　　　in 心今新斤　　　　　uən 寸滚春顺　　　　yn 均群熏云

ɑŋ 糖唱方绑　　　　　iɑŋ 响样讲腔　　　　uɑŋ 床光王双

əŋ 灯升争横　　　　　iŋ 冰病星硬　　　　　uəŋ 翁瓮

　　　　　　　　　　　　　　　　　　　uŋ 东红农共　　　　　yŋ 兄永熊用

说明：

（1）韵母 ai、uai，ɑu、iɑu 中，韵腹到韵尾的动程很小，实际音值接近 [æ][uæ][ɔ][iɔ]。

（2）韵母 o 实际存在动程，与 [uo] 接近。

三　声调

定州方言有 4 个单字调。

阴平 33　　东该灯风通开天春　　谷搭节过~　　哭拍切~菜

阳平 213　　门龙牛油铜皮糖红　　急　白毒盒罚

上声 24　　懂古鬼九统苦讨草　　买老五有　　百塔节~约

去声 51　　冻怪半四痛快寸去　卖路硬乱洞地饭树　动罪近后　切▁▁刻　六麦叶月

说明：

（1）阳平 213 的下降部分幅度较小，整体调值接近 113。

（2）去声 51 的终点实际较高，整体调值接近 53。

叁 连读变调

单字调在语流中会发生有规律的变化。这里分析两字组的连读变调规律。先看后字为非轻声的两字组连调情况，见表1：

表1 定州方言后字为非轻声的两字组连调表

前字＼后字	阴平 33	阳平 213	上声 24	去声 51
阴平 33	33-11 相亲　香菇 发烧　扎针	33-24 天明　刷牙 公牛　发愁 33-213 香油　说媒	33-24 开水　莴笋 公狗　多少	33-51 冬至　青酱 吃药　汤药 211-51 阴历　家庙
阳平 213	24-33 洋灰　毛衣 围巾　成家	24-213 洋油　着凉 24-24 调皮　零钱儿	24-24 洋火　老虎 长果　白酒	24-51 阳历　洋蜡 蚊帐　条案
上声 24	24-33 养猪　炒锅 打针　改锥	24-213 眼眉　赶集 老爷儿　嘴唇儿 24-24 母牛　暖壶 老人儿	24-24 打闪　左手 老虎　洗脸	24-51 米饭　眼泪 老道　炒菜

（续表）

前字＼后字	阴平33	阳平213	上声24	去声51
去声51	53-33 见天　菜刀 旱烟　订婚	53-213 酱油　化脓 上学　大油 53-24 后年　放牛 炕席　上坟	53-24 下雨　大水 稻谷　断奶	53-51 旱地　地动 唱戏　做梦

说明：同一种单字调组合有多个连调式的，没有明显的分化条件，表中按连调式所辖字组的数量多少自上而下排列。

再看后字为轻声的两字组连调情况，见表2：

表2　定州方言后字为轻声的两字组连调表

前字＼后字本调	阴平33	阳平213	上声24	去声51	不明确
阴平33	33-0 丝瓜　书包 蛛蛛　东西儿 211-0 公鸡　交猪 姑姑　公公	33-0 高粱　芝麻 钉儿　收成 211-0 冬凌　冰凌 工钱　今年	33-0 欢喜　闺女 沙子　屋子	33-0 天气　师傅 甘蔗　姑父 211-0 出去　松树 猪圈　鸡蛋	33-0 家的　乡的 亲戚　歇着 211-0 衣裳　家什儿
阳平213	42-0 王八　梅花儿 蘑菇　棉花	42-0 石头　明儿 核桃　寒食 211-0 馍馍　娃娃儿	42-0 云彩　凉水 雹子　柴火 211-0 儿狗	42-0 白日　皇历 油菜　螃蟹 211-0 时气	42-0 萝卜　石榴 荸荠　荸荠 211-0 什么　咱们
上声24	211-0 老鸹　草鸡 点心　姐夫	211-0 里头　角儿 口条　纸钱	211-0 晌午　奶奶 柳树　老鼠	211-0 小麦　韭菜 满月　板凳	211-0 有了　哑巴 尾巴　女的

（续表）

前字＼后字本调	阴平 33	阳平 213	上声 24	去声 51	不明确
去声 51	**35-0** 麦秸 **53-0** 右边ㄦ	**35-0** 上头　下头 后ㄦ　木头 **53-0** 下来　芋头	**35-0** 后晌　木耳 露水　翅膀 **53-0** 辫子	**35-0** 月亮　进去 大麦　叫唤 **53-0** 上去　待见 谢谢　要是	**35-0** 背着　钥匙

肆 异读

一 新老异读

1.1 声母

老男 ts 组声母与齐齿呼、撮口呼韵母相拼的字，青男为 tɕ 组声母，如：

集 tsi²¹³-tɕi²⁴ ｜ 剑 tsian⁵¹-tɕian⁵¹ ｜ 匠 tsiaŋ⁵¹-tɕiaŋ⁵¹ ｜ 焦 tsiɑu³³-tɕiɔo³³ ｜ 绝 tsyɛ²¹³-tɕʰyɛ²⁴；七 tsʰi³³-tɕʰi³³ ｜ 钱 tsʰian²¹³-tɕʰian²⁴ ｜ 切 tsʰiɛ³³-tɕʰiɛ³³ ｜ 取 tsʰy²⁴-tɕʰy²⁴；西 si³³-ɕi³³ ｜ 星 siŋ³³-ɕiŋ³³ ｜ 修 siou³³-ɕiou³³ ｜ 徐 sy²⁴-ɕy²⁴ ｜ 雪 syɛ³³-ɕyɛ²⁴。

1.2 韵母

老男和青男在韵母上没有系统性差异。老男的一些特殊字音在青男口中已无存，如：贞 tʂəŋ³³-tʂən³³ ｜ 端 tan³³-tuan³³ ～午 ｜ 唇 tɕʰyn²¹³-tʂʰuən²⁴。

1.3 声调

阳平和上声在老男口中虽接近但相混并不多，在青男口中则出现了大规模的合流，大量阳平字改读上声，阳平辖字所余不多。如：来 lai²¹³-lai²⁴ ｜ 肥 fei²¹³-fei²⁴ ｜ 河 xɤ²¹³-xɤ²⁴。

中古清声母入声字的部分字，老男读为阴平，青男读为与普通话类别相同的其他调类，如：北 pei³³-pei²⁴ ｜ 谷 ku³³-ku²⁴ ｜ 雪 syɛ³³-ɕyɛ²⁴。有的字，青男的调类虽与普通话不一致，但调值与普通话相近，如：尺 tʂʰʅ³³-tʂʰʅ²¹³。

二 文白异读

2.1 声母

中古宕江摄和梗摄开口二等入声部分字，声母白读 [tɕ] 组，文读 [k] 组，如：隔 tɕie³³/

kɤ²⁴｜客 tɕʰiɛ³³/kʰɤ⁵¹｜耕 tɕiŋ³³/kəŋ³³。这里韵母也相应不同，下文不赘。

2.2 韵母

韵母的文白异读主要见于中古宕江曾梗摄入声字。

宕江摄入声字韵母白读 [ɑu iɑu] 类，文读 [o uo] 类，如：剥 pɑu³³/po³³｜落 lɑu⁵¹/la⁵¹ ~ 下 /luo⁵¹。其中"落"还有 [a] 类的白读形式。

曾摄开口三等庄组入声字韵母白读 [ai]，文读 [ɤ]，如：侧 tʂai²⁴ ~ 棱 /tsʰɤ⁵¹。

梗摄开口二等入声字韵母白读 [iɛ]，文读 [ɤ]，如：客 tɕʰiɛ³³/kʰɤ⁵¹｜隔 tɕiɛ³³/kɤ²⁴。

2.3 声调

声调存在异读的，一般是中古清声母入声字，白读一般是阴平或上声，文读一般同普通话调类，如：隔 tɕiɛ³³/kɤ²⁴｜客 tɕʰiɛ³³/kʰɤ⁵¹｜侧 tʂai²⁴ ~ 棱 /tsʰɤ⁵¹。

伍 儿化韵

词缀"-儿"具有小称功能，在语音上因所附词根音节的韵母不同而具有不同的音变类型：儿尾型，"-儿"的语音为保持独立的轻声音节，但大多增生与前附词根音节韵尾发音动作相近的声母（这种增生的声母比单字音系中的声母发音动作小，摩擦轻微，我们用一组性质相近的近音和鼻音 [j ɥ ɻ w ŋ] 来记录）；儿化型，"-儿"与所附音节合并为一个音节，韵母为儿化韵。

从词根音节韵母的角度看，除了分别对应上述两种情况的韵母外，有的韵母又存在兼有两种类型的变异。

基本韵母中，韵尾 ŋ 的韵母只存在儿尾型音变。音变前，"词根+儿"的音值组合为"Vŋ+ər"，音变后为"Vŋ+ŋər"（这里以 V 来代表不同韵腹元音），如：水汪儿 ʂuei+uaŋ+ər → ʂuei uaŋ ŋər｜水坑儿 ʂuei+kʰəŋ+ər → ʂuei kʰəŋ ŋər｜杏儿 ɕiŋ+ər → ɕiŋ ŋər｜虫儿 tʂʰuŋ+ər → tʂʰuŋ ŋər。

基本韵母中，兼有儿尾和儿化两种类型的是 i、y、ɻ、u 和 u 尾韵母，对应关系见表3：

表 3 定州方言儿尾兼儿化型"-儿"缀的音变方式与基本韵母对应关系表

儿尾型	儿化型	基本韵母	例词
i+jər	iər	i+ər	儿尾型：梨儿 鸡儿 儿化型：小闺女儿
y+ɥər	yər	y+ər	儿尾型：鱼儿 儿化型：小鱼儿
ɻ+ɻər	ər	ɻ+ər	儿尾型：侄儿 儿化型：事儿

（续表）

儿尾型	儿化型	基本韵母	例词
u＋wər	uər	u＋ɚ	儿尾型：小猪儿 儿化型：胡胡儿
-u＋wər	-ur	-u＋ɚ	儿尾型：小道儿 猴儿 儿化型：打球儿 加油儿

说明：

（1）"儿"所附音节本身也为轻声音节时，采用儿化型，如"小闺女儿""胡胡儿"。

（2）"儿"及所附音节处在词的非尾部位置时，采用儿化型，如"圆珠儿笔"。

（3）除上述条件以外的情况，"儿"所附韵母采用哪种类型，有的和语用条件有关，如"小鱼儿"出现在歌谣中和普通话语中时，分别采用儿尾和儿化两种类型。

除此之外，个别词语中的字音不符合一般规律，如"媳妇儿"中"妇儿"的音值为 [fɚr]。

基本韵母中，除上述韵母及 ɚ 韵母本身外，都只对应儿化型音变，具体对应关系见表4：

表4 定州方言儿化型"-儿"缀的音变方式与基本韵母对应关系表

儿化韵	基本韵母	例词	儿化韵	基本韵母	例词
ar	a	那儿	ər	ei	擦黑儿 裤腿儿
iar	ia	一下儿		ən	本儿 串门儿
uar	ua	花儿		ɿ	小馃子儿
ɐr	ai	盖儿 小布袋儿	iər	in	背心儿 小手巾儿
	an	床单儿	uər	uei	亲嘴儿
	ɤ	小河儿 唱歌儿		uən	村儿 打盹儿
iɐr	ian	面儿 零钱儿	yər	yn	嘴唇儿
uɐr	uai	一块儿	or	o	围脖儿
	uan	玩儿	iɛr	iɛ	叶儿 窑姐儿
	uo	水果儿 干活儿	yɛr	yɛ	小雪儿 正月儿
yɐr	yan	圆圈儿			

说明：基本韵母 a ia ua 儿化的主要元音为 [a]，如"那儿、一下儿"，有的主要元音为 [ɐ]，如"花儿"，有的儿化后主要元音介于 [a][ɐ] 之间，如"梅花儿"，这里将韵母 a ia ua 的儿化韵统一记为 ar iar uar。

第十四节 无极方音

壹 概况

一 无极概况

无极县隶属河北省石家庄市，西与藁城区相邻，北与定州市相接，东南与晋州市相连，东与深泽县接壤。

无极县地理坐标为东经114°47′—115°28′，北纬38°03′—38°18′。到2020年全县总面积524平方公里。无极县境内地势平坦，西高东低，呈缓坡倾斜态势。

无极县下辖6个镇、5个乡、4个居委会、213个行政村。到2020年全县总人口53万，绝大部分是汉族。回族约1.5万，集中在县西南部的高头回族乡，另有满族、蒙古族等民族，人口数量不多。各少数民族都使用汉语。无极方言属冀鲁官话的石济片。

二 发音人概况

老男发音人：刘玉儒，1953年6月出生，县棉织厂退休工人。1965年于无极县城关高小毕业，考入无极中学，1966年后退学，1967年曾在社办中学学习，随后进入无极县文工团工作，后调至县棉织厂工作直至退休，退休后一直在家务农，无长期外出生活居住经历。

青男发音人：司明水，1984年3月出生，个体经营者。1992年至1998年在无极县东关小学读小学，1998年至2001年在无极县育才中学读初中，2001年至2004年在无极中学（南校）读高中，2004年至2007年在石家庄读大专，毕业后先在唐山工作，后回到无极，做个体经营至今。

贰 声韵调

一 声母

无极方言有24个声母，包括零声母。

p 八兵病别	pʰ 派片爬劈	m 马门明麦	f 飞风饭副
t 多端东毒	tʰ 讨天甜踢	n 脑南奴	l 老蓝连路
ts 资早坐酒绝	tsʰ 刺草寸清全		s 丝三酸谢徐
tʂ 张竹柱主争装纸	tʂʰ 抽抄车吃拆茶初床		ʂ 顺手书十事山双	ʐ 软荣热日
tɕ 鸡九军橘	tɕʰ 气桥权缺	ȵ 年牛泥女	ɕ 戏咸熏瞎
k 哥高共谷	kʰ 开口宽阔	ŋ 熬安鹅藕	x 好很灰活
ø 儿问云药			

说明：
声母 ts、tsʰ、s 的实际发音动作为舌尖略抵上齿沿，音值接近齿间音 [tθ tθʰ θ]，在与齐、合、撮口呼韵母相拼时尤为明显。

二 韵母

无极方言有37个韵母。

ɿ 资祠丝　　　　　　i 弟米戏一　　　　u 苦五猪出　　　　y 雨橘绿局

ʅ 知纸试十尺

ər 儿耳二

ɑ 大马茶八　　　　　iɑ 家俩牙鸭　　　　uɑ 花瓦刮

　　　　　　　　　　iɛ 街写接贴　　　　　　　　　　　　yɛ 靴月雪绝

ɤ 歌车盒热佛　　　　　　　　　　　　　　uɤ 破拨坐过活国

æ 开排埋白　　　　　　　　　　　　　　　uæ 摔快坏外

ei 赔飞对北　　　　　　　　　　　　　　　uəi 追水鬼胃

ɔ 宝饱薄勺　　　　　iɔ 表桥笑药

ou 豆走口肉　　　　　iəu 牛九油六

ãn 南站山半　　　　　iãn 减盐片年　　　uãn 短官关穿　　　yãn 权院元悬

en 针沉肯认　　　　　ien 心今新斤　　　uen 寸滚春顺　　　yen 均群熏云

ɑŋ 糖唱方绑　　　　　iɑŋ 响样讲腔　　　uɑŋ 床光王双

əŋ 灯升争横　　　　　iŋ 冰病星硬　　　uəŋ 翁瓮

　　　　　　　　　　　　　　　　　　　uŋ 东红农共　　　　yŋ 兄永熊用

说明：

（1）韵母 uæ 结尾处有轻微动程，实际音值为 [uæᵉ]。

（2）韵母 uɤ 的主要元音有圆唇色彩。

（3）韵母 ãn、iãn、uãn、yãn 的鼻音韵尾的调音部位较靠后，接近 [ɲ]。

（4）韵母 ɤ 在 tʂ、tʂʰ、ʂ、ʐ 后的实际音值是 [ʅɤ]，即在翘舌音声母后先滑出一个舌尖元音 ʅ，再接央元音 ə，这里将 [ʅɤ] 与 ɤ 处理为同一个韵母的不同变体。

三　声调

无极方言有 5 个单字调。

阴平 31　　东该灯风通开天春

阳平 213　　门龙牛油铜皮糖红　谷搭节拍切刻急　白毒盒罚

上声 35　　懂古鬼九统苦讨草　买老五有　哭

阴去 51　　冻痛寸去　六叶月

阳去 451　怪半四快卖路硬乱洞地饭树动罪近后　麦

说明：

（1）上声的实际调值有时起点稍高，接近 45。

（2）阴去的结束点比阴平的结束点稍高，实际调值接近 52。阳去的起点有时稍低，结束点较高，实际调值接近 353。

㈢ 连读变调

单字调在语流中会发生有规律的变化。这里分析两字组的连读变调规律。先看后字为非轻声的两字组连调情况，见表1：

表1 无极方言后字为非轻声的两字组连调表

前字＼后字	阴平 31	阳平 213	上声 35	阴去 51	阳去 451
阴平 31	**33**-31 飞机　劁猪 蹭稀　针灸	**33**-213 开门　铅笔 吹牛　天明	31-35 浇水　亲嘴ㄦ 莴笋　输水	**33**-51 冬至	**33**-451 耕地　爹娘 31-451 稀饭　生病
阳平 213	**35**-31 棉衣　河边ㄦ 洋灰　杀猪	**35**-213 羊毛　围裙ㄦ 着凉　说媒	31-35 门口　长果ㄦ 白酒　窑姐ㄦ	**31**-51 棉裤　实在 直正　阳历 **35**-51 能干　吃药 出殡　学校	**31**-451 流汗　难受 **35**-451 年画
上声 35	35-31 老师　改锥 小心　我爹	35-213 脸盆　炒瓢 檩条　暖壶	**31**-35 老远　水果ㄦ **35**-35 左手　小产	35-51 演戏　炒菜 老道　保佑	**31**-451 米饭　扫地 眼泪

（续表）

前字＼后字	阴平 31	阳平 213	上声 35	阴去 51	阳去 451
阴去 51	**53-31** 菜刀　背心儿 衬衣儿	**51-213** 酱油　客人 课堂　干活儿	**51-35** 信纸　热水 裤腿　裤衩儿	**51-51** 唱戏　种菜 上算　做梦	**51-451** 看病　见面 入殓　寺庙
阳去 451	**53-31** 汗衫	**51-213** 大门　面条儿 自杀　上坟	**51-35** 袖口　下雨 大水　右手	**51-51** 浪费　地动 对面　放屁 **451-51** 旧货　半夜	**451-451** 外号　饭店 做饭　电棒儿

再看后字为轻声的两字组连调情况，见表2：

表2　无极方言后字为轻声的两字组连调表

前字＼后字本调	阴平 31	阳平 213	上声 35	阴去 51	阳去 451
阴平 31	**31-0** 风筝　星星 丝瓜　观音 **35-0** 公公　蛛蛛 公鸡　衣裳	**31-0** 窝囊　高粱 商人　舒脱 **35-0** 芝麻　冬凌 工钱	**31-0** 宽敞　沙子 端午　家里 **35-0** 渣子	**31-0** 天气　汤药 生日　正月儿 **35-0** 青菜　山药 鸡蛋　干净	**31-0** 欺负　乡下 窗户 **35-0** 松树　豌豆
阳平 213	**31-0** 棉花　啼哭 蘑菇　黄瓜 **213-0** 良心　黑家 元宵	**31-0** 别人　婆婆 前年　回来 **213-0** 长虫　脚盆 结实 **35-0** 出来	**31-0** 云彩　雹子 连雨　城里 **213-0** 竹子　橘子 谷子　苹果	**31-0** 白日　油菜 芹菜　徒弟 **35-0** 出去	**31-0** 蚕豆　黄豆 螃蟹　模样 **213-0** 蛐蟮
上声 35	**35-0** 祖宗　喜欢 草鸡　手巾	**35-0** 里头　起来 鲤鱼　女猫	**35-0** 奶奶　老鼠 耳朵　母狗	**35-0** 女婿　脑袋 满月　姊妹	**35-0** 柳树　考试

(续表)

后字本调 前字	阴平 31	阳平 213	上声 35	阴去 51	阳去 451
阴去 51	**53**-0 嫁妆 弟兄 辣椒儿	**53**-0 历头 木头 **35**-0 蛋牛 蛋猫	**53**-0 叶子 栗子 屁股 **35**-0 蛋狗	**53**-0 腊月 进去 谢谢 热闹儿	**53**-0 木匠 怨抱 月亮儿
阳去 451	**325**-0 外甥儿 **53**-0 地摊儿	**325**-0 上头 下头 下来 丈人 **35**-0 外头 牸牛 **53**-0 大娘 亮堂	**325**-0 柿子 稻子 棒子 砚瓦 **35**-0 豆腐 箸子 露水 后晌 **53**-0 麦子 算子	**325**-0 上去	**325**-0 大麦 **53**-0 绿豆

说明：阳平作前字时，如果前字为中古清入声字，则一般采用"213-0"式。

肆 异读

一 新老异读

1.1 声母

老男 ts 组声母与齐齿呼、撮口呼韵母相拼的字，青男读为 tɕ 组声母，如：焦 tsiɔ³¹-tɕiɔ³¹（中古精组）。但相反的情况更多，这些字是中古的见组字，如：吉 tɕi²¹³-tsi²¹³ ｜ 协 ɕi²¹³-si²¹³ ｜ 兴 ɕiŋ⁴⁵¹-siŋ⁵¹。个别知系字，青男为 ts 组与齐齿呼韵母拼，与老男不同，如：射 ʂɤ⁵¹-siɛ⁵¹。

就声母的音值看，青男 ts、tsʰ、s 的实际发音为舌尖抵齿背而发，不像老派的音值接近齿间音 [tθ tθʰ θ]。

个别特殊字音的声母，青男的类别与普通话一致，如：谱 pu³⁵-pʰu³⁵。

1.2 韵母

老男和青男的韵母较为一致。青男元音 ɑ 在无韵尾韵母中的实际音值为 [A]，与老男不同。个别字的韵母，青男的类别与普通话一致，如：贞 tʂəŋ³¹-tʂen³¹。

1.3 声调

青男和老男的主要差别是青男的单字调不再区分阴阳去，只在连读调中存在差别。

中古清声母入声字，老男和青男一般都读为阳平，非常一致，个别字老男读为上声，青男读为与普通话类别相同的调类，如：国 kuɤ³⁵-ku²¹³。

二 文白异读

2.1 声母

中古见系开口二等部分字，声母白读 [tɕ] 组，文读 [k] 组，如：客 tɕʰiɛ²¹³/kʰɤ⁵¹｜耕 tɕiŋ³¹/kəŋ³¹。

中古影疑母二三等字中，有的白读为 [ȵ] 声母，文读为 [ŋ] 声母或零声母，如：挨 ȵiɛ³¹/ŋæ³¹｜仰 ȵiaŋ³⁵/iaŋ³⁵。

2.2 韵母

韵母的文白异读主要见于宕江曾梗摄入声字。

宕江摄入声字韵母白读 [ɔ iɔ] 类，文读 [uɤ yɛ] 类，如：剥 pɔ²¹³/puɤ²¹³｜托 tʰɔ²¹³/tʰuɤ²¹³｜落 lɔ⁴⁵¹/luɤ⁴⁵¹｜索 sɔ²¹³/suɤ³⁵｜雀 tɕʰiɔ⁵¹/tɕʰyɛ⁵¹｜学 ɕiɔ²¹³/ɕyɛ²¹³。

曾摄开口一等入声字韵母白读 [əi]，文读 [ɤ]，如：得 təi²¹³/tɤ²¹³｜墨 məi⁵¹/mɤ⁵¹。曾摄开口三等庄组入声字韵母白读 [æ]，文读 [ɤ]，如：择 tʂæ²¹³/tsɤ²¹³｜策 tʂʰæ²¹³/tsʰɤ²¹³｜色 ʂæ²¹³/sɤ²¹³。

梗摄开口二等入声字韵母白读 [iɛ]，文读 [ɤ]，如：客 tɕʰiɛ²¹³/kʰɤ⁵¹。

通摄三等入声屋韵字韵母白读 [əu iəu y] 类，文读 [u]，如：叔 ʂəu²¹³/ʂu²¹³｜宿 siəu²¹³/su²¹³｜俗 sy²¹³/su²¹³。

除入声字韵母外，有一些舒声字的韵母也存在文白异读的情况，如：耕 tɕiŋ³¹/kəŋ³¹｜做 tsəu⁵¹/tsuɤ⁵¹。

2.3 声调

声调存在异读的，一般是中古清声母入声字，白读一般是阳平，文读一般同普通话调类。如：索 sɔ²¹³/suɤ³⁵｜客 tɕʰiɛ²¹³/kʰɤ⁵¹。

伍 儿化韵

韵母 ər 没有相应的儿化韵。其他基本韵母的儿化规律及例词见表3：

表3 无极方言儿化韵与基本韵母对应关系表

儿化韵	基本韵母	例词	儿化韵	基本韵母	例词
ər	ɿ	刺儿 纸儿	ɐr	æ	色儿 一袋儿
	ʅ	事儿 豆汁儿		ãn	一半儿 花篮儿
	əi	一对儿 晚辈儿	iɐr	iãn	房檐儿 蔫儿
	en	树根儿 顶针儿	uɐr	uæ	一块儿 敞着怀儿
iər	i	小米儿 表兄弟儿		uãn	当官儿 撒欢儿
	ien	信儿 小树林儿	yɐr	yãn	院儿 一圈儿
uər	uəi	鬼儿 灰儿	ɔr	ɔ	尿泡儿 毛儿
	uen	门墩儿 魂儿	iɔr	iɔ	药儿 腰儿
yər	y	小鱼儿 句儿	əur	əu	绿豆儿 头儿
	yen	围裙儿 军儿（人名）	iəur	iəu	油儿 小舅儿
ur	u	小老虎儿 小猪儿	ɑ̃r	ɑŋ	汤儿 小张儿
ɑr	ɑ	办法儿 一把儿	iɑ̃r	iɑŋ	秧儿 样儿
iɑr	iɑ	豆芽儿 虾儿	uɑ̃r	uɑŋ	光儿 筐儿
uɑr	uɑ	瓜儿	ə̃r	əŋ	缝儿 绳儿
ɤr	ɤ	歌儿 盒儿	iə̃r	iŋ	影儿 病儿
iɤr	iɛ	一截儿 窑姐儿	uə̃r	uəŋ	瓮儿
uɤr	uɤ	小桌儿 活儿	ũr	uŋ	空儿 虫儿
yɤr	yɛ	小雪儿 满月儿	yũr	yŋ	熊儿

(陆) 其他音变

一 同化音变

个别字音的韵尾在词中同化为与下一音节声母相同发音部位的辅音，如：棉花 miɑŋ³¹xuɤ⁰｜半块儿 pɑŋ⁵¹kʰuɐr⁵¹。有的韵尾由元音韵尾变为鼻辅音韵尾，也是受相邻音节的同化影响，如：闺女 kuen³¹ɲi⁰。

二 异化音变

一些音节的韵头受相邻音节的影响，由圆唇变为不圆唇，如：芫荽 iãn³¹suəi⁰｜猪圈 tʂu³⁵tɕiãn⁰｜闺女 kuen³¹ɲi⁰。

第十五节　辛集方音

壹　概况

一　辛集概况

辛集市位于河北省石家庄市东部，北与深泽县、安平县接壤，东与深县为邻，南与冀县、宁晋县相接，西与晋州市毗连。

辛集市地理坐标为东经115°07′—115°28′，北纬37°38′—38°08′。南北长55.6公里，东西宽28公里，总面积951平方公里。地处山麓平原与低洼平原的过渡地带，市内地势整体平坦。

辛集市下辖8个镇、7个乡、344个行政村。到2020年全市总人口59.46万，其中汉族占99.5%以上。少数民族人口约2千多人，以回族为主，均使用汉语。辛集方言属冀鲁官话的石济片。

二　发音人概况

老男发音人：史同训，1952年8月出生，辛集镇四街农民。1952年至1959年在辛集镇四街生活，1959年至1962年在辛集镇第三小学读初小，1962年至1965年在辛集镇第一小学读高小，1965年毕业至调查时在辛集镇务农。

青男发音人：王朋，1985年1月出生，辛集镇三街农民。1985年至1992年在辛集镇三街生活，1992年至1998年在辛集镇第六小学读小学，1998年至2001年在辛集市三中读初中，2001年至2004年在辛集市职教中心读高中，2004年毕业后至调查时在辛集镇三街务农。

贰 声韵调

一 声母

辛集方言有 25 个声母，包括零声母。

p 八兵病别	pʰ 派片爬劈	m 马门明麦	f 飞风饭副	
t 多端东毒	tʰ 讨天甜踢	n 脑南奴俺		l 老蓝连路
ts 资早坐酒绝	tsʰ 刺草寸清全		s 丝三酸谢徐	
tʂ 张竹柱主争装纸	tʂʰ 抽抄车吃拆茶初床		ʂ 顺手书十事山双	ʐ 软荣热日	ɻ 儿耳二
tɕ 鸡九军橘	tɕʰ 气桥权缺	ȵ 年牛泥女	ɕ 戏咸熏瞎	
k 哥高共谷	kʰ 开口宽阔	ŋ 熬安鹅藕	x 好很灰活	
∅ 衣问云药				

说明：

（1）声母 n 只出现在开口呼和合口呼韵母前，ȵ 只出现在齐齿呼和撮口呼韵母前，二者无音位对立。

（2）声母 n 存在音位变体 [ŋ]。

二 韵母

辛集方言有 37 个韵母。

ɿ 资祠丝	i 弟米戏一	u 苦五猪出	y 雨橘绿局
ʅ 知纸试十尺			
ɑ 大马茶八花	iɑ 家俩牙鸭	uɑ 瓦挖袜	
	iɛ 街写接贴		yɛ 靴月雪绝
ə 歌车盒热破拨儿		uə 坐过活郭国	
ai 开排埋白		uai 摔快坏外	
ei 赔飞对北		uei 追水鬼胃	
ɑu 宝饱薄勺	iɑu 表桥笑药	uɑu 桌嘲镬	
ou 豆走口肉	iou 牛九油六		
an 南山战半	ian 减盐片年	uan 短官关穿	yan 卷权院元
ən 针沉肯认	iən 心今新斤	uən 寸滚春顺	yən 均群熏云
aŋ 糖唱方绑	iaŋ 响样讲腔	uaŋ 床光王双	
əŋ 灯升争横	iŋ 冰病星硬	uəŋ 翁瓮	
oŋ 东红农共	ioŋ 兄永熊用		

说明：

（1）韵母 ɑ、iɑ、uɑ 的实际音值为 [ɒ iɒ uɒ]。韵母 aŋ、iaŋ、uaŋ 的韵腹实际音值是 [ɑ]。

（2）韵母 iɛ、yɛ 的实际音值为 [iE yE]。

（3）韵母 ei、uei 的韵尾实际发音时只表现为向 i 有轻弱的滑动。

（4）韵母 uɑu 辖字很少，只有"桌、镬、嘲"几个字。

（5）韵母 an、ian、uan、yan、ən、iən、uən、yən 的鼻音尾较弱。

（6）韵母 ə 与翘舌音声母 tʂ、tʂʰ、ʂ 相拼时，有短过渡音 [ɤ]，实际音值为 [ɤə]，与 l 声母相拼时，实际音值为 [ə]。

三 声调

辛集方言有 4 个单字调。

阴平 33　东该灯风通开天春　谷搭节哭拍塔切

阳平 354　门龙牛油铜皮糖红　急　白毒盒罚

上声 324　懂古鬼九统苦讨草　买老五有　百

去声 41　动罪近后冻怪半四痛寸去快卖路硬乱洞地饭树　刻　麦六叶月

说明：阳平调值不稳定，绝大多数读为升降调，少数字前部稍平，后部为降，降的时长较短。

叁 连读变调

单字调在语流中会发生有规律的变化。这里分析两字组的连读变调规律。先看后字为非轻声的两字组连调情况，见表1：

表1　辛集方言后字为非轻声的两字组连调表

前字＼后字	阴平 33	阳平 354	上声 324	去声 41
阴平 33	354-33 山沟儿　香菇 杀猪　发烧	33-354 锅台　葱头 出灵　杀棋 33-42 三十	33-324 发水　开水 吃奶　亲嘴儿 33-34 发展　三杆	35-41 冬至　干菜 输液　吃药
阳平 354	354-33 台风　行针 河帮　洋灰	354-354 流脓　祠堂 坟头儿　赔钱儿 354-42 儿猫　爷爷 娃娃	35-324 凉水　左手 小产　甭管 35-34 苹果	35-41 前日　杂碎 牌位　模样儿
上声 324	24-33 小猪　取灯儿 手巾　眼珠儿 324-33 水坑　小叔 水沟　左边儿	24-354 小河　水田 打鸣儿　檩条 322-42 赶集　老头 女猫儿	35-324 左手　打盹儿 好歹　保准 35-34 老虎　晌午	24-41 礼拜　老道 炒菜　跑肚 324-31 瓦匠　感谢 敞亮　哪个

（续表）

前字＼后字	阴平 33	阳平 354	上声 324	去声 41
去声 41	41-33 炸窝　木工 后爹　教室	**42-354** 盖房　串门 上学　二十 41-42 臭虫	**42-324** 热水　木耳 稻草　后响儿 41-34 右手　后悔	42-41 地震　做饭 看病　电棒儿

说明：

（1）"阴平＋阴平"和"阳平＋阴平"两种组合，当前字为词重音时读作352，如"香菇、台风"；当后字为词重音时，前字声调稍有不同，读354，如"山沟儿、行针"。这里都记作354。

（2）"阴平＋去声"和"阳平＋去声"两种组合，当前字为词重音时，读"35-31"，如"干菜、杂碎"；当后字为词重音时，读"35-41"，如"冬至、前日"。这里统一记作"35-41"。

（3）"去声＋阴平"组合，当前字为词重音时，读"41-33"，如"木工、教室"；当后字为词重音时，读"42-33"，如"右边儿、炸窝"。这里统一记作"41-33"。

（4）"去声＋去声"组合，当前字为词重音时，读"41-31"，如"电棒儿、外号儿"；当后字为词重音时，读"42-41"，如"地震、旱地"。这里统一记作"42-41"。

再看后字为轻声的两字组连调情况，见表2：

表2　辛集方言后字为轻声的两字组连调表

前字＼后字本调	阴平 33	阳平 354	上声 324	去声 41	不明确
阴平 33	33-0 星星　霜雪 公公　新鲜	33-0 冰凌　工夫 收成　工钱	33-0 沙子　家里 筛子　多少	33-0 窗户　车道 生日　师傅	33-0 甘蔗　垃圾 衣裳　饥了
阳平 354	**35-0** 梅花儿　黄瓜 蘑菇　滑秸	**35-0** 石头　清明 前年　寒食	**35-0** 云彩　罨子 十五　塘土儿	**35-0** 菩萨　螃蟹 情愿　油菜	**35-0** 明了　石榴 芫荽　萝卜

（续表）

前字＼后字本调	阴平 33	阳平 354	上声 324	去声 41	不明确
上声 324	**322-0** 姐夫　草鸡 牡丹	**322-0** 里头　脊梁 姥爷　起来	**322-0** 奶奶　狗蚤 老鼠　母狗	**322-0** 脑袋　姊妹 捣蛋	**322-0** 尾巴　俺们 有了　走哇
去声 41	**42-0** 叫猪　柱脚 妹夫　大方 **324-0** 弟兄　地方 四方　外甥儿	**42-0** 枕头　妹夫 芋头　钥匙 **324-0** 历头　下来 蛋牛儿　上头	**42-0** 戒指　麦子 叶子　柿子 **324-0** 露水　稻子 豆腐　二两	**42-0** 怵见　绿豆 要是　腊月 **324-0** 上去　大麦 这个　那个	**42-0** 那咱　钥匙 病了　瘦巴 **324-0** 夜唠　记得 忘了

说明：

（1）去声在轻声前的两类连调，与前字中古声母的类别有一定关系。"42-0"以古清去为主，"324-0"以古浊去（包括次浊去、全浊上、全浊去）字为主。次浊字大部分和全浊上、全浊去一致，为"324-0"，少量字为"42-0"。

（2）个别词不符合以上连调规律，如：日头儿24-0。

肆 异读

一 新老异读

1.1 声母

老男 ts 组声母与齐齿呼、撮口呼韵母相拼的字，在青男口中有的读为 tɕ 组声母，如：徐 sy³⁵⁴-ɕy³⁵⁴。但也有相反的情况，如：休 ɕiəu³³-siəu³³。

就声母的音值看，青男 tsʰ 声母与撮口呼韵母拼合时，发音部位较老男略靠后。

1.2 韵母

老男和青男的韵母有较大的差别。

老男韵母 ən、iən、uən、yən 在青男口中绝大部分相应读为 ei、iei、uei、yei，如：盆 pʰən³⁵⁴-pʰei³⁵⁴ ｜ 新 siən³³-siei³³ ｜ 滚 kuən³²⁴-kuei³²⁴（＝鬼 kuei³²⁴）｜ 军 tɕyən³³-tɕyei³³。但 ən 类韵母仍有残存，如"村"，青男实际发音是 tsʰuən³³，从整体考虑将其记为 tsʰuei³³。

在音值方面，韵母 ɑ、iɑ、uɑ 的韵腹较老男略高，实际音值近于 [ɔ][iɔ][uɔ]。

1.3 声调

中古清声母入声字，老男和青男一般都读为阴平，较为一致，部分字青男读为与普通话类别相同的调类，如：骨 ku³³-ku³²⁴ ｜ 北 pei³³-pei³²⁴ ｜ 吉 tɕi³³-tɕi³⁵⁴ ｜ 国 kuə³²⁴-kuə³⁵⁴。

二 文白异读

老男的文白异读主要集中在中古宕江曾梗通摄的入声字上。存在异读的音类主要是韵母和声调。

2.1 韵母

宕江摄入声字韵母白读为 [ɑu iɑu] 类，同效摄字；文读 [ə uə yɛ] 类，同果摄字。如：托 tʰɑu³³/tʰuə³³｜雀tɕʰiɑu⁴¹/tɕʰyɛ⁴¹｜剥pɑu³³/pə³³。

曾摄开口一等入声字韵母白读 [ei]，文读 [ə]。如：得 tei³³/tə³⁵⁴。

曾摄开口三等庄组入声字、梗摄开口二等庄组入声字，韵母白读 [ai]，文读 [ə]，如：侧 tṣai³²⁴/tsʰə⁴¹｜色 ṣai³³/sə⁴¹。

梗摄开口二等见系入声字，韵母白读 [iɛ]，文读 [ə]，如：客 tɕʰiɛ³³/kʰə⁴¹｜隔 tɕiɛ³³/kə³³。

通摄合口三等入声屋韵字，韵母白读 [əu]，文读 [u]，如：叔 ṣəu³³/ṣu³³。

2.2 声调

声调存在异读的，一般是中古清声母入声字，白读一般是阴平，文读一般同普通话调类。如：得 tei³³/tə³⁵⁴｜索 sɑu³³/suə³²⁴｜客 tɕʰiɛ³³/kʰə⁴¹。

伍 儿化韵

韵母 uɑu、uəŋ、ioŋ 没有相应的儿化韵。其他基本韵母的儿化规律及例词见表3：

表3 辛集方言儿化韵与基本韵母对应关系表

儿化韵	基本韵母	例词	儿化韵	基本韵母	例词
ɑr	ɑ	大老喳儿 裤衩儿	ɛr	ai	页拉盖儿 小孩儿
iɑr	iɑ	豆芽儿		an	炕单儿 就伴儿
uɑr	uɑ	水洼儿 花儿	iɛr	ian	天儿 窟窿眼儿
iɛr	iɛ	烟叶儿 小鞋儿	uer	uai	块儿
yɛr	yɛ	名角儿		uan	玩儿 弯儿
ər	ə	小河儿 车儿	yer	yan	扫当院儿
	ɿ	年三十儿 翅儿	ur	u	当屋儿 眼珠儿
	ʅ	小小子儿	ɑur	ɑu	桃儿 枣儿
	ei	晔背儿 傍黑儿	iɑur	iɑu	末了儿 鸟儿
	ən	年根儿 串门儿	our	ou	山沟儿 土豆儿
iər	i	猪蹄儿 断气儿	iour	iou	臼儿 溜儿
	iən	得劲儿	ɑ̃r	aŋ	前晌儿 电棒儿
uər	uə	对过儿 胳肘窝儿	iɑ̃r	iaŋ	模样儿
	uei	这会儿 冰棍儿	uɑ̃r	uaŋ	板床儿
	uən	村儿 嘴唇儿	ə̃r	əŋ	缝儿
yər	y	鱼儿	iə̃r	iŋ	杏儿 打鸣儿
	yən	小雨儿	uə̃r	oŋ	虫儿 火龙儿

第十六节　衡水方音

壹　概况

一　衡水（桃城区）概况

桃城区隶属于河北省衡水市，位于河北省东南部，北部、西部与深州市交界，南部与冀州区毗邻，东南部与枣强县相连，东部与武邑县接壤。

衡水市地理坐标为东经115°25′—115°51′，北纬37°36′—37°49′。总面积591平方公里，是古黄河、古漳河、古滹沱河、滏阳河冲积洪积区，北、西部属滏阳河流域，东南部属黑龙港河流域。境内地势较平坦，地势由西南向东北略有倾斜。

桃城区是衡水市的主城区，也是全市政治、经济、文化、交通中心。全区下辖4个乡、2个镇、4个街道办事处。到2020年全区总人口60.86万。桃城方言属冀鲁官话的石济片。

二　发音人概况

老男发音人：冯建文，1954年10月出生，个体经营者。1954年至1964年在衡水市桃城区东明村生活，1964年至1967年在衡水市南华小学读书，1968年至1969年在衡水市南门口小学读书，1969年在衡水市阜丰小学读书，1970年至1972年在衡水市阜丰中学读初中，1972年至1974年先后在衡水市胜利路中学和衡水中学读书，1974年至1978年在桃城区务农，1979年至2004年在桃城区开影印店，2004年退休至调查时在桃城区生活。

青男发音人：赵冰，1987年3月出生，个体经营者。1987年至1994年在衡水市桃城区阜丰村生活，1994年至1999年在衡水市阜丰小学读小学，1999年至2003年在衡水市八中读初中，2003年至2006年在衡水市职教中心读中专，2007年至调查时在桃城区经商。

贰 声韵调

一 声母

衡水方言有 22 个声母，包括零声母。

p 八兵病别　　pʰ 派片爬劈　　m 马门明麦　　f 飞风饭副　　v 味问温王

t 多端东毒　　tʰ 讨天甜突　　n 脑南奴　　　　　　　　　　l 老蓝连路

ts 资早坐贼　　tsʰ 刺草寸抽　　　　　　　　s 丝三酸事　　ʐ 荣新软新
　装竹纸柱新　　　茶初床车新　　　　　　　　　山顺书新十新　　热新日新

tɕ 酒九绝菊柱旧　tɕʰ 清全轻权车旧　ȵ 年牛泥女　ɕ 想谢响县书旧十旧

k 哥高共谷　　kʰ 开口宽阔　　ŋ 熬旧安旧　　x 好很灰活

ø 儿云药软旧菜旧
　热旧日旧熬新安新

说明：

（1）ts 组声母大多数情况读 [ts][tsʰ][s]，但分别有音位变体 [tʂ][tʂʰ][ʂ]。[ts] 类音值的发音部位经常略微靠后，音位变体 [tʂ][tʂʰ][ʂ] 的发音部位靠前。变体 [tʂ][tʂʰ][ʂ] 和声母 ʐ 后接舌尖元音时，元音实际音值是 [ʅ]，下文统一记成 [ʅ]。

（2）声母 n 只出现在开口呼和合口呼韵母前，ȵ 只出现在齐齿呼和撮口呼韵母前，二者无音位对立。

（3）声母 tɕ、tɕʰ、ɕ 的实际音值非常接近 [tʃ][tʃʰ][ʃ]。

（4）声母 ʐ 的实际音值是 [ɻ]，v 实际音值是 [ʋ]。

二 韵母

衡水方言有 37 个韵母。

ɿ 资次丝师试直新十新尺新　　i 弟米戏一直旧十旧尺旧　　u 苦五骨谷猪新出新　　y 雨橘绿局猪旧出旧

ər 儿新耳新二新

a 大马茶八瓦　　ia 家俩牙鸭　　ua 抓刷花刮

　　　　　　　iɛ 街接贴热旧　　　　　　　　yɛ 靴月雪学文

ɤ 歌车盒热新

o 婆磨破末拨　　　　　　　　uo 坐过活国

ai 开排埋白外　　　　　　　　uai 摔拐快坏

ei 赔飞贼北　　　　　　　　　uei 对水鬼胃

au 宝饱烧勺　　iau 表笑药学白

əu 豆走口肉　　iəu 牛九油六

an 南站山半　　ian 减盐片年　　uan 短官关穿　　yan 权院元悬

ən 森深根身　　in 心今新斤　　un 寸滚春顺　　yn 均群熏云

aŋ 糖唱方绑　　iaŋ 响样讲腔　　uaŋ 床光王双

əŋ 灯升争蒙翁　iŋ 冰病星硬　　uŋ 东红农共　　yŋ 兄永熊用

ɭ 儿旧耳旧二旧

说明：

（1）a 出现在 ai、uai、an、ian、uan、yan 中时，实际发音部位靠前，接近 [a]。

（2）au、iau 中韵腹到韵尾的实际动程较短，音值接近 [ɔ][iɔ]。ai、uai 类似，音值接近 [ɛ][uɛ]。

三 声调

衡水方言有 4 个单字调。

阴平 24　东该灯风通开天春　谷百塔搭节哭拍切

阳平 53　门龙牛油铜皮糖红　讨　急　毒白盒罚

上声 55　懂古鬼九统苦讨草　买老五有

去声 31　冻怪半四痛快寸去　卖路硬乱洞地饭树　动罪近后　刻　六麦叶月

说明：阴平 24 略有曲折，实际音值接近 224。

(叁) 连读变调

单字调在语流中会发生有规律的变化。先看非重叠字组的连读变调规律，其中后字为非轻声的两字组连调情况，见表1：

表1 衡水方言后字为非轻声的两字组连调表（非重叠式）

前字＼后字	阴平 24	阳平 53	上声 55	去声 31
阴平 24	24-24 当街 猪血 香菇 初一	24-53 今年 葱头 推头 香油	**31-55** 莴笋 开水 鸡子ㄦ 烟卷ㄦ	24-31 冬至 阴历 松树 杉树
阳平 53	53-24 洋灰 白天 炉灰 床单ㄦ	53-53 煤油 从前 鱼鳞 茅房	53-55 着火 凉水 洋火ㄦ 白酒	53-31 银杏 阳历 时气 毛裤
上声 55	55-24 养猪 打针 整天 小猪ㄦ	55-53 伙房 暖壶 打鸣ㄦ 脸盆ㄦ	55-55 雨伞 米酒 早起 洗澡ㄦ	55-31 往后 扫地 水埝 柳树
去声 31	31-24 蜜蜂 豆浆 大坑 半宿	31-53 盖房 酱油 过年 放牛	31-55 下雨 木耳 大水 稻草	31-31 地震 最后 旱地 大埝

说明：上声作前字，有时实际音值接近45。

再看后字为轻声的两字组连调情况，见表2：

表2 衡水方言后字为轻声的两字组连调表（非重叠式）

前字＼后字本调	阴平 24	阳平 53	上声 55	去声 31	不明确
阴平 24	**31-0** 丝瓜 东西 公鸡 北瓜 **53-0** 双生儿	**31-0** 出来 冰凌 太阳 芝麻 **21-0** 高粱 家什儿	**31-0** 欢喜 家里 沙子 虱子 **24-0** 多少	**31-0** 正月 兄弟 出去 柏树 **21-0** 干净 山药 光棍儿	**31-0** 甘蔗 窟窿 衣裳 胳膊 **24-0** 多咱 知了儿
阳平 53	**24-0** 蘑菇 棉花 肥猪 王八 **53-0** 元宵	**24-0** 石头 前年 回来 寒食 **53-0** 长虫	**24-0** 云彩 城里 虫子 牙狗 **53-0** 勤谨	**24-0** 皇历 油菜 时候 甜棒 **53-0** 甬个	**24-0** 萝卜 芫荽 荸荠 蛤蟆 **53-0** 什么
上声 55	**21-0** 手巾 点心 种猪 草鸡 **55-0** 左边儿	**21-0** 起来 鲤鱼 母牛 口条	**21-0** 晌午 老鼠 李子 母狗 **53-0** 老母 老虎 **55-0** 水果儿	**21-0** 姊妹 瓦匠 脑袋 满月 **55-0** 哪个	**21-0** 有了 尾巴 哑巴 老的儿 **55-0** 怎么
去声 31	**53-0** 露湿 麦秸 弟兄 妹夫 **31-0** 上边儿	**53-0** 上头 下来 砚台 客人 **31-0** 太阳	**53-0** 灶火 柿子 豆腐 屁股	**53-0** 月亮 腊月 上去 绿豆 **31-0** 介绍	**53-0** 照着 钥匙 炮仗 记得 **31-0** 这咱

下面看叠字组的情况，见表3：

表3 衡水方言重叠式两字组连调表

调类＼类别	名词性字组	量词重叠形式	动词重叠形式	副词性字组
阴平 24	**31-0** 星星 蛛蛛 尖儿尖儿	**31-24** 天天儿 **24-0** 家儿家儿	**24-0** 听听 拍拍	——

（续表）

调类 \ 类别	名词性字组	量词重叠形式	动词重叠形式	副词性字组
阳平 53	**24**-0 婆婆　爷爷 头ㄦ头ㄦ　糊ㄦ糊ㄦ	53-0 年年　回回	53-0 拿拿　挪挪	53-0 明明
上声 55	**21**-0 粑粑　姐姐	——	55-0 烤烤　跑跑	55-55 早早ㄦ　紧紧
去声 31	**53**-0 爸爸　弟弟 道ㄦ道ㄦ	31-0 样ㄦ样ㄦ　件ㄦ件ㄦ	31-0 动动　用用	31-55 慢ㄦ慢ㄦ

肆 异读

一 新老异读

1.1 声母

普通话中的开口呼零声母字，老男一般读为 ŋ 声母，而青男分为两种情况：大多读为 n 声母，如：藕 ŋəu^{55}-nəu^{55}｜矮 ŋai^{55}-nai^{55}；一部分字读为零声母，如：恩 ŋən^{24}-ən^{24}。

中古知庄章组字，老男读同精组，但有两种情况，一种为 [ts] 类舌尖音（有 [tʂ] 类音位变体），与今开口呼和合口呼韵母相拼。另一种为 [tɕ] 类舌面音，与今齐齿呼和撮口呼韵母相拼。第一种情况，青男与老男差别很大，中古知庄章组字在青男口中为 [tʂ] 类，与来源于精组的 [ts] 类对立，如：针 tsən^{24}-tʂən^{24}｜茶 tsʰɑ^{53}-tʂʰɑ^{53}。第二种情况，青男则与老男一致。不过，第二种情况中，老男和青男都存在与普通话类别更接近的新读，如：车 tɕʰiɛ^{24}旧/tʂʰɤ^{24}新-tɕʰiɛ^{24}旧/tʂʰɤ^{24}新。

中古日母字，老男的白读、老读为零声母，青男则有不少改为 [z] 声母，如：弱 iɑu^{31}-zuo^{31}｜闰 yn^{31}-zun^{31}。这里韵母也相应存在差异，下文不赘。

1.2 韵母

韵母的系统性差异很小。老男有白读音的字，青男有一些已经没有白读，如"策"，老男有白读音 tsʰai^{24}；"宿"，老男有白读音 ɕy^{24}，青男均无。

在音值层面，"儿"类字（中古止摄开口日母字），老男发音为自成音节的 [l̩]，青男发音则存在后接元音，实际整体音值是 [l̩ə]。

1.3 声调

老男和青男在声调上的差异主要存在于中古清入声字。老男读为阴平的字，青男有的读为与普通话一致的调类，如：烛 tsu²⁴-tṣu⁵³｜曲 tɕʰy²⁴-tɕʰy⁵⁵｜踏 tʰa²⁴-tʰa³¹。

二 文白异读

老男的文白异读主要集中在中古宕江曾梗通摄的入声字上。存在异读的音类主要是韵母和声调。

2.1 韵母

宕江摄入声字韵母白读 [ɑu iɑu] 类，文读 [uo yɛ] 类，如：摸 mɑu²⁴/mo²⁴｜削 ɕiɑu²⁴/ɕyɛ²⁴。

曾摄开口一等入声字韵母白读 [ei]，文读 [ɤ]，如：得 tei²⁴/tɤ⁵³。

曾摄开口三等庄组入声字、梗摄开口二等庄组入声字，韵母白读 [ɑi]，文读 [ɤ]，如：侧 tsɑi²⁴/tsʰɤ³¹｜择 tsɑi⁵³/tsɤ⁵³｜色 sɑi²⁴/sɤ³¹。

梗摄开口二等见系入声字，韵母白读 [iɛ]，文读 [ɤ]，如：客 tɕʰiɛ²⁴/kʰɤ³¹｜隔 tɕiɛ²⁴/kɤ²⁴。

通摄合口三等入声屋韵字，韵母白读 [əu]，文读 [u]，如：叔 səu²⁴/su²⁴。

其他摄的个别入声字韵母也存在文白异读，如臻摄开口三等质韵，如：密 mei³¹/mi³¹。

2.2 声调

声调存在异读的，一般是中古清声母入声字，白读一般是阴平，文读一般同普通话调类，如：得 tei²⁴/tɤ⁵³｜客 tɕʰiɛ²⁴/kʰɤ³¹。

伍 儿化韵

韵母 ʅ 和 ər 没有相应的儿化韵。其他基本韵母的儿化规律及例词见表 4：

表 4 衡水方言儿化韵与基本韵母对应关系表

儿化韵	基本韵母	例词	儿化韵	基本韵母	例词
ər	ʅ	戒指儿 鸡子儿 家什儿 锯齿儿	iɐr	ian	地埝儿 见天儿
	ei	畦背儿 傍黑儿	uɐr	uai	块儿
	ən	脸盆儿 爷们儿		uan	新郎官儿 饭馆儿
iər	i	猪蹄儿 咽气儿	yɐr	yan	手绢儿 人缘儿
	in	背心儿 不得劲儿	ur	u	师傅儿 门市部儿
uər	uei	裤腿儿 亲嘴儿	or	o	媒人婆儿 围脖儿
				əŋ（v 声母）	瓮儿
	un	村儿 冰棍儿	uor	uo	朵儿 大伙儿
yər	y	小猪儿 眼珠儿		uŋ	公儿 有空儿
	yn	合群儿 衬裙儿	ɤr	ɤ	唱歌儿 模特儿
ɑr	ɑ	裤衩儿 嘴巴儿		əŋ（非 v 声母）	水坑儿 麻绳儿
	ɑŋ	翅膀儿 电棒儿	iɛr	iɛ	烟叶儿 窑姐儿
iɑr	iɑ	一下儿 豆芽儿		iŋ	赶明儿 打鸣儿
	iɑŋ	这样儿 变样儿	yɛr	yɛ	小说儿 木楔儿
uɑr	uɑ	花儿 话儿	aur	au	土道儿 包儿
	uɑŋ	相框儿 张庄儿	iaur	iau	白条儿 一担挑儿
			əur	əu	小水沟儿 兜儿
ɐr	ai	月份牌儿	iəur	iəu	袄袖儿 加油儿
	an	切菜板儿 玩儿	yŏr	yŋ	小熊儿 勇儿

第十七节 故城方音

壹 概况

一 故城概况

故城县位于河北省东南部，隶属于衡水市，北与景县、西与枣强县、南与清河县相接，东与山东省德州市隔京杭大运河相望。

故城县地理坐标为东经 115°44′—116°16′，北纬 37°3′—37°32′。县域总面积 941 平方公里。境内有京杭大运河、清凉江、江江河等几大河流。

故城县下辖 11 个镇、2 个乡、538 个行政村。到 2020 年全县总人口 44.45 万，其中绝大多数是汉族。少数民族主要是回族、满族，均说汉语。故城方言属冀鲁官话的石济片。

二 发音人概况

老男发音人：周仲文，1958 年 5 月出生，故城县教文体局职工，调查时居住在故城县郑口镇。出生于故城县郑口镇张庄，1972 年于张庄小学毕业，1972 年于王户中学就读初中，1976 年于郑口中学高中毕业，1978 年任职于张庄民办小学，后又在冀县师范学习一年。1979 年至 2008 年在坛村中学任教，2008 年在县教文体局任职。

青男发音人：孙树全，1987 年 6 月出生，经营理发店，调查时居住在故城县郑口镇帝君庙村。出生于故城县郑口镇帝君庙村，2003 年于月坛村中学毕业，至 2005 年先后在郑口和北京学技术，2005 年至 2007 年在衡水打工，2007 年至调查时在郑口经营理发店。

贰 声韵调

一 声母

故城方言有25个声母，包括零声母。

p 八兵病别　　pʰ 派片爬劈　　m 马门明麦　　f 飞凤饭副　　v 味问温王

t 多端东毒　　tʰ 讨天甜踢　　n 脑南能奴　　　　　　　　　　　　　l 老蓝连路

ts 资早坐贼　　tsʰ 草祠拆茶　　　　　　　　　　s 丝酸山顺
　 竹争装纸　　　 初床春船　　　　　　　　　　　双事又

tʂ 张柱主粥　　tʂʰ 抽抄车城　　　　　　　　　　ʂ 手书十事又　　ʐ 荣软热日

tɕ 酒九绝菊　　tɕʰ 清全轻权　　ȵ 年牛泥女　　ɕ 想谢响县

k 哥高共谷　　kʰ 开口宽阔　　ŋ 鹅藕安恶　　x 好很灰活

∅ 儿熬药云

说明：

（1）声母 n 只出现在开口呼和合口呼韵母前，ȵ 只出现在齐齿呼和撮口呼韵母前，二者无音位对立。

（2）声母 ʐ 的实际音值是 [ɻ]。

二 韵母

故城方言有38个韵母。

ɿ 资次丝师	i 弟米戏一	u 苦五骨谷	y 雨橘绿局
ʅ 试直尺十儿~文~		ʮ 猪除书如	
ər 耳二~文~儿~文~			
a 大马茶八瓦	ia 家俩牙鸭	ua 抓刷花刮	
æ 开排埋白外	iæ 街鞋蟹隔~白~	uæ 摔拐快坏	
	iɛ 写接贴节		yɛ 靴月雪学~文~
ɤ 婆歌车盒热~文~隔~文~		uɤ 坐过活热~白~国~文~	
ei 赔飞贼北		uei 对水鬼胃国~白~	
ɔ 宝饱烧勺	iɔ 表笑药学~白~		
ou 豆走口肉	iou 牛九油六		
æ̃ 南占山半	iæ̃ 减盐片年	uæ̃ 短官关穿	yæ̃ 权院元悬
ẽ 森深根身	iẽ 心今新斤	uẽ 寸滚春顺	yẽ 均群熏云
ɑŋ 糖唱方绑	iɑŋ 响样讲腔	uɑŋ 床光王双	
əŋ 灯升争蒙翁	iŋ 冰病星硬	uŋ 东红农共	yŋ 兄永熊用

说明：

（1）韵母 ʮ 的实际音值有时是 [ʮɯ]。

（2）a 在无韵尾韵母中实际音值为 [A]；ɤ 在非舌根声母后偏央。

（3）ɔ 动程较短，在有些音节中实际音值接近 [o]；ei 发音动程也较短。

（4）"热、说、弱"等字的韵母绝大多数情况下音值为 [uɤ]，少数情况下发音近似 [ʮə]，本书统一记作 uɤ。

（5）鼻化元音 æ̃ 在 iæ̃、yæ̃ 中舌位偏高，接近 [ɛ̃]。ẽ 的实际音值是 [ə̃]。

三　声调

故城方言有 4 个单字调。

阴平 24　东该灯风通开天春　统　谷百塔搭节哭拍切~白~刻~白~

阳平 53　门龙牛油铜皮糖红　讨　急　毒白盒罚

上声 55　懂古鬼九统苦讨草　买老五有

去声 31　冻怪半四痛快寸去　卖路硬乱洞地饭树　动罪近后　切~文~刻~文~　六麦叶月

说明：

（1）阴平起始部分较平或微降，时间短暂，整体以升为主。

（2）上声调值在 44 和 55 之间。

（3）去声大多数字读为低降调 31，少数字读为曲折调 313 或 312，统一记作 31。

叁 连读变调

单字调在语流中会发生有规律的变化。这里分析两字组的连读变调规律。先看后字为非轻声的两字组连调情况，见表1：

表1 故城方言后字为非轻声的两字组连调表

前字＼后字	阴平 24	阳平 53	上声 55	去声 31
阴平 24	24-24 花生　结婚 相亲　钢笔	24-53 刷牙　丢人 香油　说媒	**21-55** 开水　烧纸 烟卷儿　吃奶	24-31 蜂蜜　吃药 稀饭　猪圈
阳平 53	53-24 洋灰　成家 毛衣　洋葱	53-53 煤油　零钱 茅房　着凉	53-55 着火　白酒 凉水　长果儿	**55-31** 皮蛋　学校 难受　麻将
上声 55	31-24 水沟儿　打工 养猪　宰猪	24-53 母牛　暖壶 板油　伙房	31-55 老虎　小产 讲古儿　左手	55-31 米饭　老道 手绢儿　眼泪
去声 31	31-24 辣椒　见天 订婚　饭锅	31-53 太阳　化脓 大油　跳绳	31-55 热水　玉米 稻草　料酒	**24-31** 旱地　地震 见面儿　做饭

说明：个别字组不符合上述规律，如：瞧病 53-31｜要是 31-31。

再看后字为轻声的两字组连调情况，见表2：

表2 故城方言后字为轻声的两字组连调表

前字＼后字本调	阴平 24	阳平 53	上声 55	去声 31	不明确
阴平 24	21-0 东西 丝瓜 星星 公鸡	21-0 芝麻 清明 出来 脊梁 24-0 高粱 结实	21-0 舒坦 肩膀 闺女 沙子	21-0 黑下 正月 兄弟 豌豆 24-0 家具 天气 菠菜 山药	21-0 窟窿 多咱 甘蔗 衣裳
阳平 53	55-0 蘑菇 棉花 白天 黄瓜 53-0 明天 台风 连襟ル	55-0 寒食 媒人 石头 前年 53-0 围裙 别人 头年	55-0 云彩 朋友 鼋子 头里 53-0 头晌 苹果 勤谨 平整	55-0 茶叶 皇历 油菜 蚕豆	55-0 萝卜 菩萨 芫荽 荸荠 53-0 馄饨
上声 55	24-0 喜欢 里屋 牡丹 母鸡	24-0 鲤鱼 本钱 里头 起来	24-0 晌午 老鼠 奶奶 耳朵	24-0 脑袋 早上 底下 小麦	24-0 哑巴 老鸹 女的 懂得
去声 31	53-0 木梳 妹夫 麦秸 叫猪 31-0 右边 外边 下边 四方	53-0 上头 下来 外头 客人 31-0 过年 去年 后头	53-0 露水 翅膀 被子 下水 31-0 过晌	53-0 木匠 爸爸 月亮 腊月 31-0 谢谢 运气	53-0 臭啦 冻着 认得 立棱 31-0 钥匙 这么

肆 异读

一 新老异读

1.1 声母

中古知庄章组字，老男读同精组 [ts] 类音的字，青男有的读为 [tʂ] 类，如：指 tsɿ⁵⁵-tʂʅ⁵⁵｜罩 tsɔo³¹-tʂɔo³¹｜柿 sɿ³¹-ʂʅ³¹。但也有相反的情况，如：住 tʂu̩³¹-tsu³¹｜畜 tʂʰu³¹-tsʰu³¹。

1.2 韵母

老男的 u̩ 韵母，青男均读为 u 韵母，如：住 tʂu̩³¹-tsu³¹｜除 tʂʰu̩⁵³-tʂʰu⁵³｜书 ʂu̩²⁴-ʂu²⁴｜如 zu̩⁵³-zu⁵³。

青男的 iæ 韵母所辖字仅有"街"字，与老男相比少很多。

1.3 声调

去声的调值，青男实际调值为曲折调 313 的情况比老男多。

在调类上，老男和青男在声调上的差异主要存在于中古清入声字中。老男读为阴平的字，青男多读为与普通话一致的调类，如：吉 tɕi²⁴-tɕi⁵³｜烛 tʂu²⁴-tʂu⁵³｜塔 tʰa²⁴-tʰa⁵⁵。

二 文白异读

老男的文白异读主要集中在中古宕江曾梗通摄的入声字上。存在异读的音类主要是韵母和声调。

2.1 韵母

宕江摄入声字韵母白读 [ɔo iɔo] 类，文读 [ɤ uɤ yɛ] 类，如：摸 mɔo²⁴/mɤ²⁴｜落 lɔo³¹/luɤ³¹｜削 ɕiɔo²⁴/ɕyɛ²⁴。

曾摄一等入声字韵母白读 [ei uei] 类，文读 [ɤ uɤ] 类，如：得 tei²⁴/tɤ⁵³ ｜ 国 kuei⁵⁵ ~ 家庄 /kuɤ⁵⁵ 中 ~ 。

曾摄开口三等庄组入声字、梗摄开口二等庄组入声字，韵母白读 [æ]，文读 [ɤ]，如：侧 tsæ²⁴/tsʰɤ³¹ ｜ 择 tsæ⁵³/tsɤ⁵³ ｜ 色 sæ²⁴/sɤ³¹。

梗摄开口二等见系入声字，韵母白读 [iɛ iæ] 类，文读 [ɤ]，如：客 tɕʰiɛ²⁴/kʰɤ³¹ ｜ 隔 tɕiæ²⁴/kɤ⁵³。

其他摄的个别入声字韵母也存在文白异读，如臻摄开口三等质韵：密 mei³¹/mi³¹。

2.2 声调

声调存在异读的，一般是中古清声母入声字，白读一般是阴平，文读一般同普通话调类。如：得 tei²⁴/tɤ⁵³ ｜ 客 tɕʰiɛ²⁴/kʰɤ³¹。

伍 儿化韵

韵母 ɚ 没有相应的儿化韵。其他基本韵母的儿化规律及例词见表3：

表3 故城方言儿化韵与基本韵母对应关系表

儿化韵	基本韵母	例词	儿化韵	基本韵母	例词
ɑr	a	末拉儿 一沓儿	iər	i	小米儿 小妮儿
	ɑŋ	小张儿 肉汤儿		iẽ	今儿 红心儿
iɑr	ia	豆芽儿 小虾儿	uər	ʯ	猪儿 没主儿
	iɑŋ	小羊儿 腔儿		uei	这会儿 小腿儿
uɑr	ua	水洼儿 小花儿		uẽ	冰棍儿 没准儿
	uɑŋ	小床儿 鸡蛋黄儿	yər	y	小鱼儿 小曲儿
ær	æ	名牌儿 小孩儿		yẽ	合群儿
	æ̃	上班儿 一半儿	ɤr	ɤ	小河儿 唱歌儿
iær	iæ	小鞋儿		əŋ	田埂儿 头绳儿
	iæ̃	天儿 馅儿	ɿɤr	iɛ	树叶儿 窑姐儿
uær	uæ	一块儿		iŋ	过明儿 小年轻儿
	uæ̃	拐弯儿 当官儿	ʯɤr	ʯɤ	窝儿 豁儿
yær	yæ̃	公园儿 花卷儿		uŋ	没空儿 小葱儿
ɚ	ei	擦黑儿 小辈儿	yɤr	yɛ	小雪儿 满月儿
	ẽ	年根儿 熟人儿	ɔɔr	ɔɔ	枣儿 手套儿
	ɿ	鱼刺儿 写字儿	iɔɔr	iɔɔ	小鸟儿 小桥儿
	ʅ	有事儿 果汁儿	our	ou	水沟儿 小周儿
			iour	iou	加油儿 打球儿
			ur	u	里屋儿 罐头壶儿

第十八节　巨鹿方音

壹　概况

一　巨鹿概况

巨鹿县位于邢台市中部,东与南宫市、广宗县相连,西与隆尧县、任县交界,北与宁晋县、新河县毗邻,南与平乡县接壤。

巨鹿县地理坐标为东经 114°50′—115°12′,北纬 37°07′—37°25′。县境东西长 28.2 公里,南北宽 31 公里,总面积 631 平方公里。巨鹿县地势平坦,处在由古黄河、漳河冲积形成的平原上。

巨鹿县下辖 8 个镇、2 个乡、2 个省级经济开发区、291 个行政村。到 2020 年全县总人口 34.6 万,汉族人口占 99.96%。巨鹿方言属冀鲁官话的石济片。

二　发音人概况

老男发音人:王振刚,1951 年 11 月出生,巨鹿县广播电视台退休职工。1959 年至 1964 年在四吕小学读小学,1965 年至 1967 年在胡林寨农业中学读初中,1967 年至 1977 年在家务农,1977 年至 2011 年在巨鹿广播站工作,2011 年至调查时退休在家。

青男发音人:孙自学,1992 年 2 月出生,巨鹿县西苑小学教师。1998 年至 2004 年在巨鹿县王虎寨小学读小学,2004 年至 2007 年在巨鹿县教师进修学校附中读初中,2007 年至 2010 年在巨鹿县二中读高中,2010 年至 2014 年在石家庄河北省体育学院读大学,除大学期间在石家庄,其余时间均在巨鹿县工作生活。

贰 声韵调

一 声母

巨鹿方言有 23 个声母，包括零声母。

p 八兵病别　　　　　pʰ 派片爬劈　　　　　m 马门明麦　　　f 飞风饭副

t 多端东毒　　　　　tʰ 讨天甜踢　　　　　n 脑南能奴　　　　　　　l 老蓝连路

ts 资早坐贼　　　　　tsʰ 刺草寸全　　　　　　　　　　　　　s 丝三酸选

tʂ 张竹争装纸主　　　tʂʰ 抽茶抄初床春船城　　　　　　　　ʂ 手事山顺

tɕ 酒九柱菊　　　　　tɕʰ 清轻权车　　　　　ȵ 年牛泥女　　　ɕ 想谢响县

k 哥高共谷　　　　　kʰ 开口宽阔　　　　　ŋ 熬安鹅额　　　x 好很灰活

ø 儿药问云荣软热日

说明：声母 n 只出现在开口呼和合口呼韵母前，ȵ 只出现在齐齿呼和撮口呼韵母前，二者无音位对立。

二 韵母

巨鹿方言有 46 个韵母。

ɿ 资刺丝四　　　　i 米戏一直尺　　　　u 苦五骨谷　　　　y 猪雨橘绿

ʅ 纸师试虱

ɚ 儿耳二

a 大马茶八　　　　　ia 家俩牙鸭　　　　　ua 抓花刮瓦

ɤ 歌得盒额

o 拨婆磨佛　　　　　　　　　　　　　　　uo 坐过活国

　　　　　　　　　　　iɛ 写鞋接车热　　　　　　　　　　　　　yɛ 靴月雪绝

ai 开排埋白　　　　　　　　　　　　　　uai 摔快坏外

ei 赔飞贼北　　　　　　　　　　　　　　uei 对水鬼胃

ɑu 宝饱烧勺　　　　　iɑu 表笑药学

ou 豆走口手　　　　　iou 牛九肉六

an 山安班胆　　　　　ian 先奸减扁　　　　　uan 官关穿短　　　　yan 圈冤远软

ən 森深根身　　　　　in 心今新斤　　　　　uən 寸滚春顺　　　　yən 均群熏云

ɑŋ 方钢绑厂　　　　　iɑŋ 腔响讲抢　　　　　uɑŋ 光双窗网

əŋ 灯升争梦　　　　　iəŋ 迎赢影硬　　　　　uəŋ 翁瓮

　　　　　　　　　　　iŋ 星明停病

oŋ 东红农共　　　　　ioŋ 兄永熊用

ɛ̃ 南蓝占半　　　　　iɛ̃ 盐片年娘　　　　　uɛ̃ 船完乱断　　　　yɛ̃ 权院元原

ã 房糖唱上　　　　　iã 像样让降　　　　　uã 床王壮旺

说明：

（1）韵母 an、ian、uan、yan 的韵腹开口度偏小，且只出现于平调（阴平、上声）中。韵母 ɛ̃、iɛ̃、uɛ̃、yɛ̃ 只出现于降调（阳平、去声）中。

（2）韵母 ɑŋ、iɑŋ、uɑŋ 只出现于平调（阴平、上声）。韵母 ã、iã、uã 只出现于降调（阳平、去声）。

三　声调

巨鹿方言有 4 个单字调。

阴平 33　东该灯风通开天春　哭拍塔切刻

阳平 41　门龙牛油铜皮糖红　急　毒白盒罚

上声 55　懂古鬼九统苦讨草统讨买老五有　谷百搭节
去声 21　冻怪半四痛快寸去　卖路硬乱洞地饭树　动罪近后　六麦叶月
说明：
（1）阴平 33 在鼻尾韵中略升，在非鼻尾韵中较平。
（2）上声 55 有时尾部略降。

(叁) 连读变调

单字调在语流中会发生有规律的变化。这里分析两字组的连读变调规律。先看后字为非轻声的两字组连调情况，见表1：

表1 巨鹿方言后字为非轻声的两字组连调表

前字＼后字	阴平 33	阳平 41	上声 55	去声 21
阴平 33	33-33 猪血　香菇 天天　山沟儿	33-41 冬凌　天明 跟前　鲫鱼	33-55 亲嘴　多少 温水　差点儿	33-21 正月　冬至 猪圈　家具
阳平 41	41-33 洋葱　毛衣 元宵　年糕	41-41 祠堂　河沿 石窑儿　眉头儿	41-55 着火　凉水 牙狗　黄酒	**55**-21 白日　皇历 蚊帐　茶叶
上声 55	55-33 打针　改锥 小心　俺爹	55-41 往前　檩条儿 眼眉　鲤鱼 55-21 暖壶　酒坛 酒瓶儿　赶明儿	41-55 水果儿　左手 老虎　打盹儿	55-21 屎布　米饭 炒菜　手绢儿
去声 21	21-33 第一　大坑 麦秸　喂猪	21-41 过年　放牛 大门　酱油	21-55 右手　中暑 大水　裤腿儿	**33**-21 放屁　那样儿 地动　旱地

说明：

（1）阴平作前字时，实际调值均略上升，实际调值接近 34 或 35。

（2）阳平在平调 33 和 55 前时，略有下降，实际调值接近 54 或 53。有少数字组采用"41-21"连调式，如：零钱儿、狐臭、头发。

再看后字为轻声的两字组连调情况，见表 2：

表 2　巨鹿方言后字为轻声的两字组连调表

前字＼后字本调	阴平 33	阳平 41	上声 55	去声 21	不明确
阴平 33	33-0 星星　丝瓜 公公　包包	33-0 出来　高粱 结实　芝麻	33-0 沙子　家里 姑子　橘子	33-0 窗户　亲戚	33-0 窟窿　铺的 衣裳　宽绰
阳平 41	53-0 邻家　拾掇 黄瓜　人家	53-0 馍馍　麻糖 盘缠　石头	53-0 茄子　柴火 云彩　朋友	53-0 杂碎　甜棒 时候　前个	53-0 萝卜　馄饨 妯娌　蔓菁
上声 55	55-0 牡丹　北瓜 姐夫　手巾	55-0 暖和　老实 姥爷　起来	55-0 吵吵　冷子 奶奶　姐姐	55-0 哪个　脑袋 女婿　买卖	55-0 几呀　俺们 女哩　尾巴儿
去声 21	53-0 蜜蜂　弟兄 外甥儿　妹夫儿	53-0 芋头　丈人 日头　砚台	53-0 兔子　丈母 二两　戒指儿	53-0 道士　木匠 舅舅　热闹	53-0 盖的　记哩 妹的儿　钥匙儿

说明：

（1）阴平 33 在轻声前实际为升调，接近 34 或 35。

（2）有少量字组不符合上述规律，如："扫帚"，应为 55-0，实际为 53-0；"姑姑、叔叔"应为 33-0，实际为 55-0。

肆 异读

一 新老异读

1.1 声母

普通话中的开口呼零声母字，老男一般读为 ŋ 声母，而青男有的字读为零声母，与普通话类别相同，如：额 ŋɤ⁴¹-ɤ⁴¹。

中古知章组部分字，在与今齐齿呼和撮口呼相拼时为 [tɕ] 类舌面音，这类字青男有的改为 [tʂ] 类音，如：制 tɕi²¹-tʂʅ²¹ | 折 tɕiɛ⁴¹-tʂɤ⁴¹ | 撤 tɕʰiɛ²¹-tʂʰɤ²¹ | 世 ɕi²¹-ʂʅ²¹。这里相应地韵母也发生了变化，下文不赘。

中古日母字和在普通话中读同日母的部分喻母字，老男一般为零声母，青男则有不少改为 [l] 声母或 [z] 声母，如：绕 iɑu²¹-lɑu²¹ | 荣 ioŋ⁴¹-loŋ⁴¹ | 闰 yən²¹-zuən²¹。这里相应地韵母也存在差异，下文不赘。

1.2 韵母

中古宕江摄韵母，老男按声调是否为降调分为 [ã][ɑŋ] 两组，青男则统一为 [ɑŋ] 组，如：房 fã⁴¹-fɑŋ⁴¹ | 向 ɕiã²¹-ɕiɑŋ²¹ | 旺 uã²¹-uɑŋ²¹。

1.3 声调

老男和青男在声调上的差异主要存在于中古清入声字中。老男读为阴平的字，青男有的读为与普通话一致的调类，如：福 fu³³-fu⁴¹ | 烛 tʂu³³-tʂu⁴¹ | 曲 tɕʰy³³-tɕʰy⁵⁵。

二 文白异读

文白异读主要是声母和韵母的异读，集中在中古知章组、宕江曾梗摄入声字。

中古知章组三等字中的蟹、止、假、遇摄字，以及已经与之归并的咸、深、山、臻、曾、梗摄入声字，白读声母为 [tɕ] 类，文读为 [tʂ] 类。相应地，白读韵母为 [i iɛ y] 类，文读为 [ʅ ɤ u] 类，如：制 tɕi²¹/tʂʅ²¹ ｜ 知 tɕi³³/tʂʅ³³ ｜ 十 ɕi⁴¹/ʂʅ⁴¹ ｜ 直 tɕi⁴¹/tʂʅ⁴¹ ｜ 石 ɕi⁴¹/ʂʅ⁴¹ ｜ 车 tɕʰiɛ³³/tʂʰɤ³³ ｜ 社 ɕiɛ²¹/ʂɤ²¹ ｜ 舌 ɕiɛ⁴¹/ʂɤ⁴¹ ｜ 折 tɕiɛ⁴¹/tʂɤ⁴¹ ｜ 猪 tɕy³³/tʂu³³ ｜ 书 ɕy³³/ʂu³³。

宕江摄入声字韵母白读为 [au iau] 类，文读 [uo yɛ] 类，如：落 lau²¹/luo²¹ ｜ 岳 iau²¹/yɛ²¹。

曾摄开口一等入声字韵母白读 [ei]，文读 [ɤ]，如：得 tei³³/tɤ³³。曾摄开口三等庄组入声字、梗摄开口二等庄组入声字，韵母白读 [ai]，文读 [ɤ]，如：择 tʂai⁴¹/tsɤ⁴¹ ｜ 色 ʂai³³/sɤ³¹。

梗摄开口二等见系入声字，韵母白读 [iɛ]，文读 [ɤ]，如：隔 tɕiɛ³³/kɤ³³。

伍 儿化韵

韵母 ɚ 没有相应的儿化韵。其他基本韵母的儿化规律及例词见表3：

表3　巨鹿方言儿化韵与基本韵母对应关系表

儿化韵	基本韵母	例词	儿化韵	基本韵母	例词
ar	a	尾巴儿　戏法儿	yɚr	y	传小书儿　金鱼儿
ar	ai	盖儿　小孩儿	yɚr	yən	合群儿　花裙儿
ar	an	门槛儿　猪肝儿	ɚr	ɑŋ	巴掌儿
ar	ɛ̃	就伴儿　小篮儿	ɚr	ã	电棒儿
iar	ia	一下儿	iɚr	iɑŋ	猪秧儿
iar	ian	天儿	iɚr	iã	这样儿
iar	iɛ̃	面儿　馅儿	uɚr	uɑŋ	小筐儿
uar	ua	梅花儿　汗褂儿	uɚr	uã	蛋黄儿
uar	uai	一块儿	ɤr	ɤ	下巴颏儿　唱歌儿
uar	uan	管儿　环儿	ɤr	əŋ	双生儿　外甥儿
uar	uɛ̃	蔓儿　玩儿	iɤr	iɛ	夜儿个　小推车儿
yar	yɛ	小雪儿	iɤr	iŋ	赶明儿　酒瓶儿
yar	yan	圈儿　绕远儿	or	o	佛儿佛儿　围脖儿
yar	yɛ̃	手绢儿　旋儿	or	uəŋ	小瓮儿
ɚr	ei	擦黑儿	uor	uo	对过儿　花骨朵儿
ɚr	ən	串门儿　阵儿	uor	oŋ	没空儿　小虫儿
ɚr	ɿ	刺儿	yor	ioŋ	小熊儿　哭穷儿
ɚr	ʅ	翅儿　戒指儿	ur	u	屋儿

（续表）

儿化韵	基本韵母	例词	儿化韵	基本韵母	例词
iər	i	月亮地儿 吸铁石儿	ɑur	ɑu	道儿 小勺儿
	in	背心儿 不得劲儿	iɑur	iɑu	知了儿 檩条儿
uər	uei	这会儿 裤腿儿	our	ou	山沟儿 啥时候儿
	uən	冰棍儿 打盹儿	iour	iou	袖儿

第十九节　邢台方音

壹　概况

一　邢台（桥东区）概况

邢台市桥东区位于邢台市区东部，东与邢台县接壤，南依沙河市，西沿京广铁路与桥西区为邻。桥东区是邢台市的政治、经济、文化的中心，也是邢台市的老城区、主城区。

桥东区地理坐标为东经114°25′—114°31′，北纬37°02′—37°05′。总面积116平方公里，邢台市位于太行山脉南段东麓和华北平原交汇处，市域内地势高差悬殊，桥东区的地貌为平原。

桥东区下辖2个镇、1个乡、6个街道办事处，有55个行政村、78个社区。到2020年全区总人口36.3万，绝大部分是汉族。邢台桥东区方言属冀鲁官话的石济片。

2020年6月，桥东区更名为襄都区，且并入了原邢台县的部分地区。为描述方便，仍使用调查时的名称。

二　发音人概况

老男发音人：黄庆云，1955年6月出生，退休工人。1955年至1964年在邢台市桥东区生活，1964年至1969年在邢台东大街小学读小学，1969年至1971年在邢台东大街小学读初中，1971年至2015年在邢台某公司工作，2015年退休。

青男发音人：王晓，1992年5月出生，建筑工程技术人员。1992年至2000年在邢台桥东区生活，2000年至2005年在邢台市马路街小学读小学，2005年至2008年在邢台市第五中学读初中，2008年至2011年在邢台市第二中学读高中，2011年至2014年在河北工程技术高等专科学校读大学，2014年至调查时在邢台某公司工作。

贰 声韵调

一 声母

邢台方言有24个声母，包括零声母。

p 八兵病别	pʰ 派片爬劈	m 马门明麦	f 飞风饭副	v 味问温王
t 多端东毒	tʰ 讨天甜踢	n 脑南年女		l 老蓝连路
ts 资早坐酒绝	tsʰ 刺草寸清取		s 丝三酸谢徐	
tʂ 张竹柱主争装纸	tʂʰ 抽抄车吃拆茶初床		ʂ 顺手书十事山双	ʐ 软荣热日
tɕ 鸡九军橘	tɕʰ 气桥权缺		ɕ 戏咸熏瞎	
k 哥高共谷	kʰ 开口宽阔	ŋ 藕按安ㄡ	x 好很灰活	
∅ 儿衣云安ㄡ				

说明：

（1）声母 ts、tsʰ、s 与齐齿呼和撮口呼韵母相拼时，有腭化色彩，音值与 tɕ、tɕʰ、ɕ 接近。

（2）声母 v 的实际音值是 [ʋ]，ʐ 的实际音值是 [ɻ]。

二 韵母

邢台方言有36个韵母。

ɿ 资祠丝　　　　　　i 弟米戏一　　　　　u 苦五猪出　　　　y 雨橘绿局

ʅ 知纸试十尺

ər 儿耳二

a 大马茶八瓦　　　　ia 家俩牙鸭　　　　ua 抓刷花刮

　　　　　　　　　　iɛ 街写接贴　　　　　　　　　　　　　yɛ 靴月雪绝

ə 歌车盒热破拨佛

　　　　　　　　　　　　　　　　　　uo 坐过活郭国

ai 开排埋白外　　　　　　　　　　　　uai 摔怪快坏

ei 赔飞北胃　　　　　　　　　　　　　uei 对追水鬼

au 宝饱薄勺　　　　　iau 表桥笑药

ou 豆走口肉　　　　　iou 牛九油六

an 南山占完　　　　　ian 减盐片年　　　uan 短官关穿　　　yan 卷权院元

ən 针沉文认_文_　　　　in 心今新认_文_　　　uən 寸滚春顺　　　yn 均群熏云

aŋ 糖唱方王　　　　　iaŋ 响样讲腔　　　uaŋ 装床光双

əŋ 灯升争翁　　　　　iŋ 冰病星硬　　　uŋ 东红农共　　　yŋ 兄永熊用

说明：

（1）韵母 ai、uai 的动程较小，实际音值接近 [ɛ][uɛ]。韵母 a、ia、ua 的韵腹实际音值是 [ʌ]。韵母 aŋ、iaŋ、uaŋ 的韵腹实际音值是 [ɑ]。

（2）韵母 ə 与唇音声母相拼时，实际读音为 [o]；与舌面后声母相拼时，实际读音为 [ɤ]；与其他声母相拼时，实际读音为 [ə]。

三　声调

邢台方言有4个单字调。

阴平 34　东该灯风通开天春　谷百搭节哭拍塔切刻_白_

阳平 53　门龙牛油铜皮糖红　急　白毒盒罚

上声 55　懂古鬼九统苦讨草　买老五有

去声 31　动罪近后冻怪半四痛寸去快卖路硬乱洞地饭树　刻_文_　麦六叶月

说明：

（1）阴平 34 有时较平，接近 33。

（2）阳平有时终点较低，整体接近 52。

叁 连读变调

单字调在语流中会发生有规律的变化。这里分析两字组的连读变调规律。先看后字为非轻声的两字组连调情况，见表1：

表1 邢台方言后字为非轻声的两字组连调表

前字＼后字	阴平 34	阳平 53	上声 55	去声 31
阴平 34	34-34 香菇 杀猪 汤锅 发烧	34-53 天明 清明 公牛 梳头	34-55 端午 公狗 开水 脏土	34-31 冬至 鸡蛋 松树 阴历
阳平 53	53-34 洋灰 成天 平车 年轻	**33-53** 煤油 着凉 鱼鳞 河沿儿	53-55 白酒 莲藕 着火 红枣	53-31 油菜 狐臭 茶叶 难看
上声 55	**43**-34 水坑 整天 养猪 草鸡	55-53 彩虹 母牛 拢头 眼眉	**53**-55 洗澡 母狗 水果 左手	55-31 水坝 柏树 韭菜 土豆
去声 31	31-34 饭锅 木梳 布衫 豆浆	31-53 日食 拜堂 酱油 化脓	31-55 热水 露水 右手 断奶	**33**-31 过寿 地震 木炭 做饭

再看后字为轻声的两字组连调情况，见表2：

表2 邢台方言后字为轻声的两字组连调表

后字本调 前字	阴平 34	阳平 53	上声 55	去声 31	不明确
阴平 34	34-0 丝瓜　蛛蛛 东西儿　抽抽儿	34-0 高粱　芝麻 结实　冰凌	34-0 孙子　钉子 宽敞　家里	34-0 师傅　窗户 欺负　清亮	34-0 衣裳　歇了 干巴　窟窿
阳平 53	53-0 蘑菇　黄瓜 白天　梅花儿	53-0 核桃　舌头 馍馍　围裙儿	53-0 云彩　柴火 胰子　毛尾	53-0 皇历　菩萨 和尚　徒弟	53-0 馄饨　拾掇 妯娌　娘们儿
上声 55	55-0 牡丹　手巾 53-0 姐夫　枕头	55-0 老实　暖壶 老婆　脊梁 53-0 可怜　鲤鱼	55-0 耳朵　奶奶 嚷嚷　巷子 53-0 响午　冷子 李子　蚂蚁	55-0 反正　几个 53-0 脑袋	55-0 尾巴　轱辘 娶了　每么儿
去声 31	31-0 妹夫　簸箕 大夫　弟兄	31-0 木头　过年 上头　灶王	31-0 豆腐　灶火 后晌　叶子	31-0 进去　道士 绿豆　爸爸	31-0 钥匙　盖的 记着　下巴

说明：

（1）上声作前字的两种连调式，"55-0"是主要的，所辖字组数量较多。

（2）去声后的轻声，实际调值大都为较短的升调 23，个别字时长不短，如"木头"，但因失去本调，这里也都统一记为 0。

（3）叠字组中，部分亲属称谓语的连调与上述规律不同，如：姑姑 55-0｜叔叔 55-0。

肆 异读

一 新老异读

1.1 声母

老男 ts 组声母与齐齿呼、撮口呼韵母相拼的字，青男大部分都读为 tɕ 组声母，如：焦 tsiau³⁴-tɕiau³⁴ ｜ 青 tsʰiŋ³⁴-tɕʰiŋ³⁴ ｜ 徐 sy⁵³-ɕy⁵³。ts 组与齐齿呼、撮口呼相拼的情况，青男只存在于部分字的又读中，如：姐 tɕie⁵⁵/tsie⁵⁵ ｜ 笑 ɕiau³¹/siau³¹。

普通话中的开口呼零声母字，老男一般有 ŋ 声母和零声母两种读法，青男与之较为一致。青男有的字只有零声母读法，如：恩 ŋən³⁴-ən³⁴。不过也有相反的情况，如：矮 ai⁵⁵-ŋai⁵⁵。

1.2 韵母

老男和青男韵母的差别，主要在音值层面。韵母 ian、yan 在老男口中韵尾多脱落，韵腹鼻化，而青男的鼻化特征进一步弱化，已相当接近 [iɛ][yɛ]。

1.3 声调

中古清声母入声字，老男和青男一般都读为阴平，较为一致，部分字青男读为与普通话类别相同的调类，如：窄 tʂai³⁴-tʂai⁵⁵。

二 文白异读

老男的文白异读主要集中在中古宕江曾梗通摄的入声字上。存在异读的音类主要是韵母和声调。

2.1 韵母

宕江摄入声字韵母白读 [au iau] 类，文读 [ə ɤu yɛ] 类，如：剥 pau³⁴/pə³⁴ ｜ 弱 ʐau³¹/

zuə³¹｜雀 tɕʰiau⁵⁵/tɕʰyɛ³¹。

曾摄开口一等入声字韵母白读 [ei]，文读 [ə]，如：得 tei³⁴/tə³¹。

曾摄开口三等庄组入声字、梗摄开口二等庄组入声字，韵母白读 [ai]，文读 [ə]，如：侧 tʂai⁵⁵/tʂʰə³¹｜色 ʂai³⁴/ʂə³¹。

梗摄开口二等见系入声字，韵母白读 [iɛ]，文读 [ə]，如：客 tɕʰiɛ³⁴/kʰə³¹。

通摄合口三等入声屋韵字，韵母白读 [ou]，文读 [u]，如：叔 ʂou³⁴/ʂu³⁴｜熟 ʂou⁵³/ʂu⁵³。

2.2 声调

声调存在异读的，一般是中古清声母入声字，白读一般是阴平，文读一般是去声。如：得 tei³⁴/tə³¹｜笔 pi³⁴-pi³¹｜客 tɕʰiɛ³⁴/kʰə³¹。个别字文白读均为上声，如：血 ɕiɛ⁵⁵/ɕyɛ⁵⁵。

伍 儿化韵

韵母 ər、yŋ 没有相应的儿化韵。其他基本韵母的儿化规律及例词见表3：

表3　邢台方言儿化韵与基本韵母对应关系表

儿化韵	基本韵母	例词	儿化韵	基本韵母	例词
ar	a	冰凌碴儿　裤衩儿	ɤr	ə（非唇音声母）	小河儿　这儿　唱歌儿
iar	ia	架儿　芽儿	uor	uo	对过儿　大伙儿
	iaŋ（部分）	这样儿	ər	ɿ	写字儿　刺儿
uar	ua	花儿　听话儿		ʅ	戒指儿　事儿
ɐr	ai	小猪崽儿		ei	擦黑儿　倍儿
	an	猪肝儿　碗儿		ən	年根儿　脸盆儿
	aŋ	小张儿		əŋ	风儿　水坑儿
iɐr	iɛ	蝴蝶儿	iər	i	梨儿　东西儿
	ian	畦子埝儿　河沿儿		in	今儿
	iaŋ（部分）	亮儿　秧儿		iŋ	星星儿　明儿
uɐr	uai	一块儿　拐儿	uər	uei	凉水儿　裤腿儿
	uan	砖儿		uən	开春儿　光棍儿
	uaŋ	筐儿　窗儿		uŋ	有空儿

（续表）

儿化韵	基本韵母	例词	儿化韵	基本韵母	例词
yɐr	yan	烟卷儿 圈儿	yər	y	小驴儿 小雨儿
	yɛ	缺儿 小雪儿		yn	围裙儿
aur	au	草儿 外号儿	ur	u	头晌午儿
iaur	iau	角儿 面条儿	our	ou	日头儿 水沟儿
or	ə（唇音声母）	围脖儿	iour	iou	加油儿 瘤儿

说明：

（1）ar 类儿化韵和 ɐr 类儿化韵音值相近，以 uar 和 uɐr 最为接近，有相混的迹象。

（2）部分词的儿化韵不符合上述规律，如"左边儿""上边儿"，发音时介音 i 脱落，儿化韵与 an 相同。再如"媳妇儿"中，后字儿化韵为 ər。

第二十节 馆陶方音

壹 概况

一 馆陶概况

馆陶县地处河北省东南部，隶属于邯郸市，西与广平、曲周、邱县接壤，南靠大名县，北连临西县，东以卫运河为界与山东省冠县、临清市毗邻。

馆陶县地理坐标为东经115°06′—115°40′，北纬36°27′—36°47′。县域总面积为456平方公里，馆陶县为冲积平原，地势西南高，东北低。河流主要有漳河和卫运河。

馆陶县下辖4个镇、4个乡、277个行政村。到2020年全县总人口36万，绝大部分为汉族。馆陶方言属冀鲁官话的石济片。

二 发音人概况

老男发音人：刘贵宝，馆陶县馆陶镇中心校校长。1959年10月出生于馆陶县馆陶镇陶西村，1967年就读于南陶完小，1972年就读于馆陶中学，1977年毕业后于陶西村务农，1979年至1981年就读于大名师范学校，1984年毕业后至调查时，先后任馆陶镇小学教师，馆陶镇中心校校长。

青男发音人：武俊超，馆陶县某板材公司职工。1987年7月出生于馆陶县馆陶镇陶西村，1999年毕业于馆陶县西联校，2002年毕业于馆陶县第二中学，2002年至2005年于馆陶县职教中心就职，2005年至2007年于深圳宝安区工作，2007年至2008年在山东烟台开发区工作，2008年至调查时在馆陶县某板材公司工作。

贰 声韵调

一 声母

馆陶方言有 24 个声母，包括零声母。

p 八兵病别　　pʰ 派片爬劈　　m 马门明麦　　f 飞风饭副

t 多端东毒　　tʰ 讨天甜踢　　n 脑南能奴　　　　　　　　　　l 老连如驴软₍白₎

ts 资早坐酒绝　tsʰ 刺草寸清取　　　　　　　　s 丝三酸谢徐

tʂ 张竹柱主　　tʂʰ 抽抄车吃拆　　　　　　　　ʂ 顺手书十　　ʐ 热日软₍文₎
　争装纸　　　　茶船城　　　　　　　　　　　事山双

tɕ 鸡九军橘　　tɕʰ 气桥权缺　　ȵ 年牛泥女　　ɕ 戏咸熏瞎

k 哥高共谷　　kʰ 开口宽阔　　　　　　　　　x 好很灰活　　ɣ 鹅爱藕安

ø 儿衣问云熬

说明：

（1）声母 n 只出现在开口呼和合口呼韵母前，ȵ 只出现在齐齿呼和撮口呼韵母前，二者无音位对立，且 ȵ 的舌面色彩较少。

（2）零声母中，齐齿呼韵母、合口呼韵母和撮口呼韵母开头有轻微的唇舌同部位摩擦，开口呼有喉头闭塞成分。

二　韵母

馆陶方言有 41 个韵母。

ɿ 资祠丝字	i 弟米戏一	u 苦五猪出	y 雨橘绿局
ʅ 知纸试十尺			
ər 儿耳二			
a 大马茶八	ia 家俩牙鸭	ua 抓花刮瓦	
ɛ 折车热色	iɛ 街写接贴	uɛ 说_白国_白	yɛ 靴月学绝
ɤ 歌渴盒鹤			
o 破磨薄佛		uo 坐勺说_文国_文	yo 脚角药
ai 开排埋白	iai 戒鞋蟹矮	uai 摔怪坏外	
ei 赔北飞对_白		uei 追水鬼对_文	
ɑo 刀熬宝号	iɑo 交表桥料		
əu 豆走口肉	iəu 牛九油六		
æn 南山占完	iæn 减盐片年	uæn 短官关穿	yæn 卷权院元
en 分沉根认	in 心今新银	un 寸滚春问	yn 均群熏云
ɑŋ 糖唱方浪	iɑŋ 响样讲腔	uɑŋ 装床光王	
əŋ 灯升争横	iŋ 冰病星硬	uŋ 东红农共翁	yŋ 兄永熊用

说明：

（1）韵母 a、ia、ua 的韵腹实际音值接近 [A]。

（2）韵母 iɑo 中的 ɑ 实际读音偏前，近 [A]。韵母 iæn 中的 æ 实际读音略高，近 [ɛ]。

（3）韵母 ɛ、uɛ 中的 ɛ 实际音值略偏低偏后。

（4）韵母 əu、iəu 在上声字中实际读为 [ɤu iɤu]。

（5）韵母 un、yn 在去声字中实际读为 [uᵊn yᵊn]，iŋ 在去声字中实际读为 [iᵊŋ]。

（6）韵母 o、uo、yo 中的 o 发音时口型略展。

（7）韵母 uŋ 在零声母后的实际音值近 [uoŋ]，这里仍记作 uŋ。

三 声调

馆陶方言有4个单字调。

阴平 24　东该灯风通开天春　谷百搭节哭拍塔切刻　麦

阳平 52　门龙牛油铜皮糖红　急　白毒盒罚

上声 44　懂古鬼九统苦讨草　买老五有

去声 213　动罪近后冻怪半四痛寸去快卖路硬乱洞地饭树　叶六月

说明：

（1）上声一般读为44，但有时结尾略降。

（2）去声的终点有时达不到3。

叁 连读变调

单字调在语流中会发生有规律的变化。这里分析两字组的连读变调规律。先看后字为非轻声的两字组连调情况，见表1：

表1 馆陶方言后字为非轻声的两字组连调表

前字＼后字	阴平 24	阳平 52	上声 44	去声 213
阴平 24	**24-24** 香菇　麦秸 当中　生姜 **43-24** 书包　输液 冰糕儿　猪肝儿	24-52 今年　天明 甲鱼　三十	**24-44** 清早　开水 说谎　开始 **52-44** 多少　拉呱儿	**24-21** 冬至　今个儿 阴历　乡下 **44-21** 光棍儿
阳平 52	**53-24** 洋灰　年初 河边儿　年根儿	52-52 洋油　着凉 祠堂　围脖儿	52-44 前晌儿　长果儿 凉水　锣鼓	**53-21** 前面儿　灵位 菩萨　徒弟 **44-21** 学校　银杏 甜棒　随便儿
上声 44	**43-24** 水坑　打针 剪刀　养猪	44-52 水田　往年 母猫　赶集	52-44 旅馆　左手 早起　冷水	**44-21** 好地　以后 炒菜　柳树 **44-213** 好过　有味儿

（续表）

前字＼后字	阴平 24	阳平 52	上声 44	去声 213
去声 213	21-24 喂猪　卧室 辣椒　地瓜	21-52 大油　剃头 放牛　上学 21-44 大爷　大娘 奉承　亮堂 213-52 面前儿　面条儿 上愁	21-43 下雨　热水 稻草　右手	24-21 地动　做菜 大豆　揍架

说明：

（1）"阴平＋阴平"的"24-24"连调式，后字有时略平近22，如"鲜姜""角猪"。

（2）"阳平＋阴平"前字变调与"上声＋阴平"前字变调调值调型接近，前者发音时略升后降，以降为主，动程较长，记为53；后者发音时先平后降，降程部分较"阳平＋阴平"稍短，记为43。

（3）"阳平＋上声""上声＋上声"的连调式"52-44"的后字有时略降，近43，如"着火、凉水""冷水、母狗"。

（4）"阳平＋去声"的连调式"44-21"，前字发音时尾部略降。

（5）个别字组不符合上述规律，如：吃奶22-44｜以前24-52｜演戏52-21。

（6）"一""不"的特殊音变：

"一"做前字时的连调情况是：①阴平＋阴平：一边儿43-24；②阴平＋上声：一准儿22-44；③阴平＋去声：一万、一块儿44-21，一辈儿44-213。

"不"做前字，只在去声和去声来源的轻声前有变调形式：①阴平＋去声：不断、不在44-21；②阴平＋轻声：不会52-0。

再看后字为轻声的两字组连调情况，见表2：

表2　馆陶方言后字为轻声的两字组连调表

前字＼后字本调	阴平 24	阳平 52	上声 44	去声 213
阴平 24	24-0 东西　公鸡 丝瓜儿 **22-0** 星星　蜻蜓 亲戚　衣裳	24-0 芝麻　收拾 出来　棺材 **22-0** 冰凌　窟窿儿 猜得	24-0 沙子　听了 家里　挑子 **22-0** 知了　闺女 鸡子儿	24-0 菠菜　风筝 黑夜　兄弟 **52-0** 干净　知道 鸡蛋 **22-0** 抽屉
阳平 52	52-0 白天　葵花 邻居　寻思	52-0 石头　明年 回来　男人	52-0 云彩　桃子 苹果　城里	52-0 芹菜　蚕豆 时运　难受
上声 44	44-0 扁担　母亲 整天　草鸡	44-0 鲤鱼　母牛 起来　姥爷	44-0 椅子　李子 本子　哥哥	44-0 买卖　韭菜 脑袋　好看
去声 213	21-0 妹夫　蜜蜂 父亲　弟兄	21-0 木头　下来 丈人　过年	**21-0** 露水　后晌儿 下水　翅膀 **21-0** 柿子　袖子	**21-0** 腊月　上去 热闹　月亮 **24-0** 这个　那个 外号儿

说明：

（1）"阴平＋轻声"的"22-0"连调式中，前字实际调值近33。

（2）"去声＋轻声（本调为阳平、上声、去声的）"的连调中，前字有时略平近22，如"木头""柿子、袖子""月亮、过道"。

（3）个别组合不符合上述规律，如：天天 24-0｜正月 44-0。

肆 异读

一 新老异读

1.1 声母

老男 ts 组声母与齐齿呼、撮口呼韵母相拼的字，在青男口中很多都改读为 tɕ 组声母，如：积 tsi²⁴-tɕi²⁴｜亲 tsʰin²⁴-tɕʰin²⁴｜徐 sy⁵²-ɕy⁵²。有的则出现又读形式，如：焦 tsiɑu²⁴-tsiɑu²⁴/tɕiɑu²⁴｜谢 siE²¹³-siE²¹³/ɕiE²¹³。

中古喻母字"荣、容"，老男白读零声母，文读与普通话类别一致，同日母 [ʐ]，而青男则只有日母一种读法，如：荣 yŋ⁵²/ʐuŋ⁵²-ʐuŋ⁵²｜容 yŋ⁵²/ʐuŋ⁵²-ʐuŋ⁵²。相应地，韵母也存在差异，下文不赘。

1.2 韵母

韵母 E、iE、uE、iai 的辖字，青男比老男减少，这些减少的字的韵母一般都改为与普通话相同的类别，如：折 tʂE²⁴-tʂɤ²⁴｜策 tʂʰE²⁴-tsʰɤ²¹³｜隔 tɕiE²⁴-kɤ⁵²｜蟹 ɕiai²¹³-ɕiE²¹³。有的字老男白读为 E 类韵母，文读同普通话类别，青男则只保留文读音，如：客 kʰE²⁴/kʰɤ²¹³-kʰɤ²¹³｜国 kuE²⁴白/kuo²⁴文/kuei²⁴姓氏-kuo²⁴。

老男的 uei 韵母可与 l 声母相拼，该类字青男与普通话类别一致，如：雷 luei⁵²-lei⁵²｜类 luei²¹³-lei²¹³。

1.3 声调

中古清声母入声字，老男和青男一般都读为阴平，较为一致，部分字青男读为与普通话类别相同的调类，如：踏 tʰa²⁴-tʰa²¹³｜吉 tɕi²⁴-tɕi⁵²。

二 文白异读

2.1 声母

中古部分合口三等知系字，白读为 [l] 声母，文读多同普通话类别，如：输 lu^{24}/$ʂu^{24}$ | 软 $luæn^{44}$/$ʐuæn^{44}$ | 闰 lun^{213}/$ʐun^{213}$。

一些字在普通话中的声母为音变例外，但馆陶白读声母符合中古声类的演变规则，文读与普通话一致，如：谱 pu^{44}/p^hu^{44}（中古帮母）| 侧 $tʂE^{52}$/$tsʰɤ^{213}$（中古庄母）| 所 $ʂuo^{44}$/suo^{44}（中古生母）。

中古喻母字"荣、容"，白读零声母，文读为 [ʐ]，如：荣 $yŋ^{52}$/$ʐuŋ^{52}$ | 容 $yŋ^{52}$/$ʐuŋ^{52}$。

2.2 韵母

中古曾梗摄部分入声字，白读为 [E uE] 类，文读 [ɤ uo] 类，如：侧 $tʂE^{52}$/$tsʰɤ^{213}$ | 客 k^hE^{24}/$k^hɤ^{213}$ | 刻 k^hE^{24}/$k^hɤ^{24}$ | 国 kuE^{24}/kuo^{24}。

通摄三等部分入声字，白读为 [y]，文读为 [u]，如：宿 sy^{24}/su^{24} | 足 $tɕy^{24}$/tsu^{24}。

蟹摄合口一等字中，端组"对"白读为开口呼，"雷"白读为合口呼，两字的文读正好相反，分别为合口呼和开口呼：对 tei^{213}/$tuei^{213}$ | 雷 $luei^{52}$/lei^{52}。

部分中古开口三等入声字，白读为撮口呼，文读为齐齿呼，如：孽 $ȵyE^{213}$/$ȵiE^{213}$ | 削 syE^{24}/$siɑo^{24}$ | 约 yE^{24}/$iɑo^{24}$。

2.3 声调

声调存在异读的，较成系统的是中古清声母和次浊声母入声字，白读一般是阴平，文读一般是去声，如：客 k^hE^{24}/$k^hɤ^{213}$ | 落 la^{24}/luo^{213}。

伍 儿化韵

韵母 ər 没有相应的儿化韵。其他基本韵母的儿化规律及例词见表3：

表3 馆陶方言儿化韵与基本韵母对应关系表

儿化韵	基本韵母	例词	儿化韵	基本韵母	例词
ar	a	变戏法 找茬儿	uɐr	uai	拐儿 块儿
	ɑŋ	麦芒儿 跳房儿		uæn	一段儿 茶馆儿
iar	ia	豆芽儿 光脚丫儿	yɐr	yæn	考卷儿 眼圈儿
	iɑŋ	撇腔儿 花样儿	ɹr	ɿ	刺儿
uar	ua	小褂儿 花儿		ʅ	三十儿
	uɑŋ	庄儿 蛋黄儿		ei	一辈儿
ɤr	E	画册儿		en	大门儿
	ɤ	歌儿 盒儿	iər	i	猪蹄儿
	əŋ	跳绳儿 坑儿 缝儿		in	今儿 没劲儿
or	o	围脖儿	uər	uei	一会儿 红墨水儿
	uo	水果儿 大伙儿		un	轱轮儿 没准儿
uor	uE	小说儿	yər	y	蛐蛐儿 小鱼儿
	uŋ	种儿 窟窿儿		yn	围裙儿
yor	yo	角儿	iɤ̃r	iŋ	畦圪岭儿 明儿
iɛr	iE	爷儿俩 树叶儿	yɤ̃r	yŋ	哭穷儿
yɛr	yE	木橛儿	ur	u	屋儿
ɐr	ai	牌儿 布袋儿	aor	ao	后脑勺儿 赶早儿
	æn	盘儿 花瓣儿	iaor	iao	面条儿 不开窍儿
iɐr	iai	台阶儿 小鞋儿	əur	əu	土豆儿 两口儿
	iæn	雨点儿 笔尖儿	iəur	iəu	松球儿 小牛儿

第二十一节　沧县方音

壹　概况

一　沧县概况

沧县位于沧州市中部偏东，西靠河间市、献县，北依青县，东邻黄骅市，东南与孟村回族自治县相连，南接南皮县与泊头市。

沧县地理坐标为东经 116°27′—117°09′，北纬 38°05′—38°33′。县境东西宽 66 公里，南北长 47 公里，面积 1533 平方公里，全域为平原。

沧县下辖 4 个镇、15 个乡（其中有 4 个回族乡）、510 个行政村。到 2020 年全县总人口 73.43 万，以汉族为主。少数民族主要是回族和满族，分别约 2 万人和 0.48 万人，少数民族都使用汉语。沧县方言属冀鲁官话的沧惠片。使用本地方言演唱的曲艺形式为沧州木板大鼓。

二　发音人概况

老男发音人：庞峰波，1957 年 4 月出生，沧县旧州镇北关村农民。1964 年至 1970 年在北关村读小学，1970 年至 1974 年在北关村读初中，1974 年至 1976 年在旧州镇东关村读高中，1976 年至 1984 年在北关村生产队当会计，1984 年至 1997 年在沧县磷肥厂当工人，1997 年至调查时在北关村务农。

青男发音人：董德建，1990 年 2 月出生，工人。1996 年至 2002 年在东关村读小学，2002 年至 2005 年在东关村读初中，2005 年至调查时在旧州镇采油厂当工人。

贰 声韵调

一 声母

沧县方言有 24 个声母，包括零声母。

p 八兵病别	pʰ 派片爬劈	m 马门明麦	f 飞风饭副
t 多端东毒	tʰ 讨天甜踢	n 脑南能奴	l 老蓝连路
ts 资早坐贼 装竹纸	tsʰ 刺草寸祠 茶初床		s 丝三酸缩 事山双
tʂ 张章柱直	tʂʰ 抽抄车吃		ʂ 山手双十　ʐ 软荣热日
tɕ 酒九绝菊	tɕʰ 清全轻权	ȵ 年牛泥女	ɕ 想谢响县
k 哥高共谷	kʰ 开口宽阔	ŋ 熬安藕额	x 好很灰活
ø 儿问云药			

说明：

（1）声母 n 只出现在开口呼和合口呼韵母前，ȵ 只出现在齐齿呼和撮口呼韵母前，二者无音位对立。

（2）声母 ŋ 的实际音值有时是 [ɣ]。声母 ʐ 的实际音值是 [ɻ]。

（3）零声母中，齐齿呼韵母和撮口呼韵母开头有轻微的唇舌同部位摩擦，开口呼有喉头闭塞成分，合口呼除 u 韵母外，音节开头的 u 实际音值是 [ʋ]。

二 韵母

沧县方言有 38 个韵母。

ɿ 资祠丝字　　　　　i 弟米戏一　　　　　u 苦五猪出　　　　　y 雨橘绿驴

ʅ 师试十尺

ər 儿耳二

ɑ 大马茶八　　　　　iɑ 家俩牙鸭　　　　　uɑ 花瓦刮

　　　　　　　　　　iɛ 写接贴夜　　　　　　　　　　　　　　　ye 靴月雪学_文

ɣ 歌车盒热婆磨

　　　　　　　　　　　　　　　　　　　　uo 坐过活国

ai 开排埋白　　　　　iai 街解鞋蟹　　　　　uai 摔快坏外

ei 赔飞贼北　　　　　　　　　　　　　　　uei 对水鬼胃

ɑu 宝饱烧勺　　　　　iɑu 表桥药学_白

ou 豆走口肉　　　　　iou 牛九油六

an 南站山半　　　　　ian 减盐片年　　　　　uan 短官关穿　　　　　yan 权院元悬

ən 森深根身　　　　　iən 心今新斤　　　　　uən 寸滚春顺　　　　　yən 均群熏云

ɑŋ 糖唱方绑　　　　　iɑŋ 响样讲腔　　　　　uɑŋ 床光王双

əŋ 灯升争蒙　　　　　iŋ 冰病星硬　　　　　uəŋ 翁瓮

oŋ 东红农共　　　　　　　　　　　　　　　　　　　　　　　　　　yoŋ 兄永熊用

说明：

（1）韵母 uo 中 o 的唇形略展。韵母 iai 的音值接近 [ie]。

（2）韵母 an、ian、uan、yan 的实际音值是 [ãn iãn uãn yãn]。韵母 ən、iən、uən（零声母）、uən（非零声母）、yən 的实际音值是 [ẽn iẽn ʋẽn uẽn yẽn]，其中的元音 [ã] 和 [ẽ] 较弱。上述韵母的韵尾 n 存在清化、弱化现象，整体有脱落的趋势。

三 声调

沧县方言有 4 个单字调。

阴平 23　东该灯风通开天春　谷百塔搭节哭拍切刻

阳平 53　门龙牛油铜皮糖红　急　毒白盒罚
上声 55　懂古鬼九统苦讨草　买老五有
去声 41　冻怪半四痛快寸去　卖路硬乱洞地饭树　动罪近后　六麦叶月

说明：

（1）阴平 23 的调值不稳定，有时实际音值接近 35。

（2）上声 55 有时结尾略降，实际调值接近 54，但能与阳平 53 保持音位对立。

叁 连读变调

单字调在语流中会发生有规律的变化。这里分析两字组的连读变调规律。先看后字为非轻声的两字组连调情况，见表1：

表1 沧县方言后字为非轻声的两字组连调表

前字＼后字	阴平 23	阳平 53	上声 55	去声 41
阴平 23	23-23 香菇　初一 相亲　发烧	23-53 葱头　说媒 刷牙　发愁	23-55 开水　烟卷ㄦ 掐奶　亲嘴ㄦ	23-41 干净　睡觉 相信　高兴
阳平 53	53-23 台风　农村 南瓜　前边ㄦ	53-53 明年　牤牛 41-53 学堂　来牌 55-53 厨房	53-55 着火　白酒 祠堂　凉水 41-55 红薯　洋火ㄦ 没有	53-41 圆菜　难受 随便　阳历
上声 55	53-23 打工　小偷ㄦ 左边ㄦ　里边ㄦ	55-53 往年　可能 以前　打鸣ㄦ	55-55 狗屎　典礼 41-55 老虎　水果ㄦ 53-55 左手　米酒	55-41 礼拜　眼泪 伙巷　米饭

（续表）

前字\后字	阴平 23	阳平 53	上声 55	去声 41
去声 41	41-23 大坑　麦秸 落生　菜刀	41-53 大河　下棋 二十　串门儿	41-55 大水　裤腿儿 右手　中暑	23-41 现在　做梦 再见　地震

说明：

（1）阳平和上声字作前字时，前字变 41 的连调式，其所辖字组一般较古旧或口语色彩较浓，其他连调式则没有明显的词汇或语音条件。

（2）"一"字（单字调为阴平 23）在阴平字前的调值为 53，与其他阴平字不同。

（3）"阴平＋上声"的连调中，有个别词语不符合规律，如：家雀儿 41-55。

再看后字为轻声的两字组连调情况，见表 2：

表 2　沧县方言后字为轻声的两字组连调表

前字\后字本调	阴平 23	阳平 53	上声 55	去声 41	不明确 0
阴平 23	**41-0** 星星　脬猪 妈妈母亲 **23-0** 妈妈乳房	**41-0** 苍蝇　鲫鱼 棺材　丫头 **23-0** 高粱　姑爷	**41-0** 烧纸　车子 闺女　生日	**41-0** 黑下　窗户 胳臂　咳嗽	**41-0** 哆嗦　疤瘌 衣裳　甘蔗
阳平 53	**55-0** 蘑菇　王八 拾掇　梅花儿	**55-0** 石榴　郎猫 爷爷　盘缠 **41-0** 围裙	**55-0** 云彩　十五 聋子　虫子 **53-0** 年景　朋友	**55-0** 黄豆　螃蟹 徒弟　埋怨	**55-0** 荸荠　馄饨 妯娌　咱们
上声 55	**23-0** 点心　牡丹 母猪　姐夫	**23-0** 女猫　鲤鱼 枕头　姥爷	**23-0** 耳朵　奶奶 李子　老鼠 **53-0** 小产　扫帚	**23-0** 底下　脑袋 蛐蟮　满月	**23-0** 想着　俺们 喜鹊　老鸹

（续表）

后字本调 前字	阴平 23	阳平 53	上声 55	去声 41	不明确 0
去声 41	**53-0** 露湿　嫁妆 外甥　妹夫儿	**53-0** 下来　套脓 砚台　后头	**53-0** 跳蚤　戒指 棍子　二两	**53-0** 月亮　爸爸 **41-0** 热闹	**53-0** 钥匙　病了 认得　这么

说明：除"妈妈_母亲_"和"妈妈_乳房_"这样用连调式区分语义的情况外，其他连调的变异未发现与明显的语义条件的对应。

肆 异读

一 新老异读

1.1 声母

普通话中的开口呼零声母字，老男一般读为 ŋ 声母，而青男分为三种情况：大多读为 n 声母，如：藕 ŋou^{55}-nou^{55}｜矮 ŋai^{55}-nai^{55}。一部分字读为零声母，如：恩 ŋən^{23}-ən^{23}。还有一部分字与老男相同，读为 ŋ 声母，这些字都是 ɤ 韵母，如：鹅 ŋɤ^{53}-ŋɤ^{53}｜恶 ŋɤ^{23}-ŋɤ^{23}｜额 ŋɤ^{53}-ŋɤ^{53}。这一类字中，也有个别字，老男读为零声母，而青男读为 n 声母，如：爱 ai^{41}-nai^{41}。

中古通摄喻母三等字，老男为零声母，青男为 [z] 声母，如：容 yoŋ^{53}-zoŋ^{53}。韵母也存在差异，下文不赘。

中古知庄章组字，老男分 [ts、tʂ] 两组，前者同精组。老男读 [ts] 组的字，青男有一些字改读为 tʂ 组，如：茶 tsʰɑ^{53}-tʂʰɑ^{53}｜沙 sɑ^{23}-ʂɑ^{23}。但也有相反的情况，老男为 [tʂ] 组，而青男为 ts 组，如：初 tʂʰu^{23}-tsʰu^{23}｜粥 tʂou^{23}-tsou^{23}。

1.2 韵母

韵母差异较小。老男有白读音的字，青男有一些已经没有白读，如"鹤"，老男有白读音 xɑu^{53}；"色"，老男有白读音 sai^{23}。

韵母 iai 的辖字，青男有所减少，如：解 tɕiai^{55}-tɕiɛ^{55}。

1.3 声调

老男和青男在声调上，无论是调类辖字和调值，都非常一致。

二 文白异读

老男的文白异读主要集中在中古宕江曾梗通摄的入声字上。存在异读的音类主要是韵母和声调。

2.1 韵母

宕江摄入声字韵母白读 [ɑu iau] 类，文读 [uo ɤ yɛ] 类，如：托 tʰɑu²³ ~ 生 /tʰuo²³｜雀 tɕʰiau²³/tɕʰyɛ⁴¹｜学 ɕiau⁵³/ɕyɛ⁵³｜剥 pɑu³³/pɤ³³。个别字如"落"还有 [ɑ] 类的白读形式：落 lɔ⁴¹/lɑ⁴¹ ~ 下 /luo⁴¹。

曾摄开口一等入声字韵母白读 [ei]，文读 [ɤ]，如：得 tei²³/tɤ⁵³。

曾摄开口三等庄组入声字、梗摄开口二等庄组入声字，韵母白读 [ai]；文读 [ɤ]，同假摄章组字。如：侧 tsai²³/tsʰɤ⁴¹｜择 tsai⁵³/tsɤ⁵³｜色 sai²³/sɤ⁴¹。

梗摄开口二等见系入声字，韵母白读 [iɛ]，文读 [ɤ]，如：客 tɕʰiɛ²³/kʰɤ⁴¹｜隔 tɕiɛ²³/kɤ²³。

通摄合口三等入声屋韵字，韵母白读 [ou]，文读 [u]，如：熟 ʂou⁵³/ʂu⁵³。

其他摄的个别入声字韵母也存在文白异读，如臻摄开口三等质韵：密 mei⁴¹/mi⁴¹。

2.2 声调

声调存在异读的，一般是中古清声母入声字，白读一般是阴平，文读一般同普通话调类。如：得 tei²³/tɤ⁵³｜客 tɕʰiɛ²³/kʰɤ⁴¹。

伍 儿化韵

韵母 ər、uəŋ 没有相应的儿化韵。其他基本韵母的儿化规律及例词见表3：

表3 沧县方言儿化韵与基本韵母对应关系表

儿化韵	基本韵母	例词	儿化韵	基本韵母	例词
ᴀr	ɑ	花儿	uər	uei	连腿儿
	ɑŋ	小张儿		uən	村儿
iᴀr	iɑ	下儿	yər	yən	小裙儿
	iɑŋ	小强儿	ɣr	ɣ	唱歌儿
uᴀr	uɑ	花儿		əŋ	缝儿 猛儿（人名）
	uɑŋ	蛋黄儿	iɣr	iɛ	烟叶儿
ər	ai	盖儿		iŋ	杏儿
	an	蚕儿	uor	uo	窝儿
iər	iɛ	小鞋儿	uor	oŋ	门洞儿
	ian	天儿	yor	yɛ	小月儿
uər	uai	凉快儿		yoŋ	勇儿（人名）
	uan	拐弯儿	ur	u	小猪儿
yər	yan	手绢儿	yər	y	小驴儿 小鱼儿
ɚ	ɿ	刺儿	our	ou	时候儿
	ʅ	事儿	iour	iou	袖儿
	ei	宝贝儿	ɑur	ɑu	小勺儿
	ən	本儿			
iɚ	i	猪蹄儿	iɑur	iɑu	长豆角儿
	iən	背心儿			

第二十二节 献县方音

壹 概况

一 献县概况

献县位于河北省东南部的平原地带，属沧州市，与河间市、沧县、泊头市、武强县、饶阳县、肃宁县接壤。

献县地理坐标为东经115°50′—116°30′，北纬38°3′—38°22′，县境总面积1174平方公里。河北省中南部的主要河流滹沱河、滏阳河在献县汇合成子牙河，再由东北出县境，又有子牙新河、北排河等多条人工河道发源并横穿县域。

献县辖9个镇、9个乡、1个国营农场、500个行政村。到2020年全县总人口66万，绝大部分为汉族。少数民族主要是回族，约6000人左右。本地汉族居民主要使用献县话进行交流，献县话按语音标准再分为城关话、淮镇话和陌南话。回族居民使用汉语，口音与邻近的汉族居民一致。使用本地方言演唱的曲艺种类主要有南口大鼓和西河大鼓。献县方言属冀鲁官话的沧惠片。

二 发音人概况

老男发音人：李永华，1952年7月出生，调查时居住在献县乐寿镇大张庄村。1952年出生，1959年在献县城关完小小学毕业后，在本村务农，后来在县城开过建筑材料店，期间也打过零工。

青男发音人：田松，1986年10月出生，销售员。调查时居住在献县乐寿镇西关村。1986出生后，先后就读于乐寿镇西关小学和献县宏志中学。中学毕业后当过驾校教练，现从事销售工作。

贰 声韵调

一 声母

献县方言有 23 个声母，包括零声母。

p 八兵病别	pʰ 派片爬劈	m 马门明麦	f 飞风饭副	
t 多端东毒	tʰ 讨天甜踢	n 脑南熬奴		l 老蓝连路
ts 资早坐贼	tsʰ 刺草寸祠		s 丝三酸缩	
tʂ 张装竹择	tʂʰ 抽春吃茶		ʂ 山手双十	ʐ 软荣热日
tɕ 酒九绝菊	tɕʰ 清全轻权	ȵ 年牛泥女	ɕ 想谢响县	
k 哥高共谷	kʰ 开口宽阔		x 好很灰活	
ø 儿问云药				

说明：

（1）声母 tʂ、tʂʰ、ʂ、ʐ 发音时，舌前部（舌尖和舌叶）抬起与龈后接触或接近，在与儿化韵母 ɣʳ 相拼时，为舌尖抬起与硬腭中部接触。ʐ 做声母和韵尾时的实际音值都是近音 [ɻ]。

（2）声母 n 只出现在开口呼和合口呼韵母前，ȵ 只出现在齐齿呼和撮口呼韵母前，二者无音位对立。

（3）零声母中，齐齿呼韵母和撮口呼韵母开头有轻微的唇舌同部位摩擦，开口呼有喉头闭塞成分，合口呼除 u 韵母外，音节开头的 u 实际音值是 [ʋ]。

二 韵母

献县方言有 38 个韵母。

ɿ 资次丝字　　　　　　i 弟米戏一　　　　　　u 苦五猪出　　　　　　y 雨橘绿局

ʅ 师试十尺

əɻ 儿耳二

a 大马茶八　　　　　　ia 家俩牙鸭　　　　　　ua 花瓦刮

　　　　　　　　　　　ie 写鞋接贴　　　　　　　　　　　　　　　　　ye 靴月雪掘

ɤ 歌渴盒热

ɿə 折车蛇设

　　　　　　　　　　　　　　　　　　　　　uo 坐过活国脖破磨拨

ɛ 开排埋白　　　　　　　　　　　　　　　uɛ 摔快坏外

ei 赔飞贼北　　　　　　　　　　　　　　uei 对水鬼胃

ɔ 宝饱烧勺　　　　　　iɔ 表桥笑药

ou 豆走口肉　　　　　　iou 牛九油六

æ̃ 南站山半　　　　　　iæ̃ 减盐片年　　　　　　uæ̃ 短官关穿　　　　　yæ̃ 权院元悬

ən 森深根身　　　　　　in 心今新斤　　　　　　uən 寸滚春顺　　　　　yən 均群熏云

ɑ̃ 糖唱方绑　　　　　　iɑ̃ 响样讲腔　　　　　　uɑ̃ 床光王双

əŋ 灯升争蒙　　　　　　iŋ 冰病星硬　　　　　　uəŋ 翁瓮

oŋ 东红农共　　　　　　　　　　　　　　　　　　　　　　　　　　　yoŋ 兄永熊用

说明：

（1）韵母 ɤ 的实际音值是 [ɯɤ]，其与韵母 uo、ie、ye、ɿə 的共同点是发音过程总体上可以看做是从高元音向相邻较低元音的滑动，语图均可见第一共振峰有明显的上扬。前后两元音的音长一般相当。在有意延长整个韵母时，一般是前一个元音被延长得更多。

（2）韵母 a、ia、ua 中的 a 实际音值是 [A]。

三 声调

献县方言有 4 个单字调。

阴平 33　东该灯风通开天春　搭哭节谷塔拍切刻{白}

阳平 53　门龙牛油铜皮糖红　急　毒白盒罚

上声 214　懂古鬼九统苦讨草　买老五有　百

去声 31　冻怪半四痛快寸去　卖路硬乱洞地饭树　动罪近后　刻{文}　六麦叶月

说明：

（1）阳平的实际调值是 553，高平段和下降段时长一般相当，但在听感上，下降部分是主要的。

（2）上声的下降部分幅度较小，调值接近 24。

(叁) 连读变调

单字调在语流中会发生有规律的变化。这里分析两字组的连读变调规律。先看后字为非轻声的两字组连调情况，见表1：

表1 献县方言后字为非轻声的两字组连调表

前字＼后字	阴平 33	阳平 53	上声 214	去声 31
阴平 33	**53-33** 星期　猪肝 香菇　初一	33-53 刷牙　今年 推头　腥油	33-33 开水　掐奶 不懂　亲嘴ル	33-31 天亮　阴历 香菜　猪圈
阳平 53	53-33 明天　年糕 洋灰　台风	A：53-53 厨房　平时 流氓　零钱 B：31-53 头年　煤油 调皮　同学	53-214 年底　凉水 着火　棉袄	53-31 抬杠　阳历 难受　随便ル
上声 214	24-33 宰猪　打针 小叔　眼珠ル	21-53 以前　宰鱼 喜糖　买盐	A：24-214 雨伞　老虎 左手　小产 B：53-214 数九　火腿ル	24-31 柳树　扫地 瓦匠　考试
去声 31	31-33 大坑　麦秸 第一　豆浆	31-53 太阳　盖房 大油　上坟	31-214 下雨　大水 妇女　右手	31-31 种菜　旱地 看病　笨蛋

说明:"阳平+阳平""上声+上声"两种组合分别有 A、B 两类连调式。A 类实际上是前字不变调或更接近单字调值的连调式,B 类是前字变调并且调值与其他调类合并的连调式。A、B 两类连调式所辖字组没有语法、语义类别上的系统差异,只是语用色彩上相对书面化的词语及新词语倾向于归入 A 类,相对口语化的词语归入 B 类。同时,对同样的字组,文化程度较高的青男发音人更倾向于使用 A 类。同一个发音人,在较正式的场合或用方言念书时,更倾向选择 A 类,自然交谈时倾向选择 B 类。

再看后字为轻声的两字组连调情况,见表 2:

表 2 献县方言后字为轻声的两字组连调表

前字＼后字本调	阴平 33	阳平 53	上声 214	去声 31	不明确
阴平 33	A：33-0 星星 妈妈 甘蔗 风筝 B：53-0 吃吃 帮帮	33-0 清明 棺材 工钱 结实	33-0 沙子 家里 说给 多少	33-0 黑下 正月 腥气 欺负	33-0 轻了 宽绰 待着 窟窿
阳平 53	55-0 蘑菇 黄瓜 棉花 王八	A：55-0 媒人 爷爷 石头 前年 B：21-0 长虫 围裙	55-0 头里 牙狗 瓶子 雹子	55-0 油菜 黄豆 前日 螃蟹	55-0 男的 石榴 芫荽 萝卜
上声 214	21-0 点心 姐夫 母猪 傻瓜	21-0 女猫 鲤鱼 姥爷 老实	A：21-0 晌午 奶奶 椅子 耳朵 B：53-0 管管 写写	21-0 脑袋 满月 老鼠 野鹊	21-0 抖搂 有了 哑巴 眨么
去声 31	A：331-0 簸箕 腻歪 大方 弟兄 B：21-0 上边儿 下边儿	331-0 下来 砚台 外头 后头	331-0 兔子 戒指 豆腐 露水	A：331-0 月亮 爸爸 炮仗 热闹 C：31-0 跳跳 弄弄	A：331-0 病了 冲着 记得 这么 B：21-0 就哒

说明：

（1）轻声音节的调值在各类前字调值后的差别不大，除"去声＋轻声"的 C 类连调中后字调值为 1 外，其他位置的轻声音节的调值一般都接近 3。

（2）"阴平＋轻声（本调为阴平）"的组合有 A、B 两类连调式。B 类与"阴平＋阴平"的连调对应。动词性的重叠字组一般采用 B 类，其他性质字组采用 A 类。

（3）"阳平＋轻声（本调为阳平）"的组合有 A、B 两类连调式，正与表 1 中"阳平＋阳平"组合的 A、B 两类连调式成呼应关系。"55-0"的实际调值是 55-3，是阳平单字调 53 调型从单字调向双音节词调的一种扩展。"31-0"应是"31-53"连调式在后字成为轻声后形成的。重叠字组采用 B 类连调式的比非重叠字组更多。非重叠字组采用 B 类连调式的只有"围裙、长虫"等。

（4）"上声＋轻声（本调为上声）"的组合也有 A、B 两类连调式，与"上声＋上声"的 A、B 两类连调式呼应。B 式连调显然是"上声＋上声"中的 B 式连调在后字轻声化之后形成的。动词性的重叠字组更倾向于采用 B 式连调。

（5）"去声＋轻声"的组合有 A、B、C 三类连调式。非重叠字组一般采用 A 类。动词性的重叠字组一般采用 C 类连调。C 类连调的实际调值除后字时长变短外，和非轻声的连调值很接近。B 类连调式的调值与"上声＋轻声"的 A 类连调式相同。采用 B 类的字组很少，只有"上边ㄦ、下边ㄦ、休窝子、就哒"。

肆 异读

一 新老异读

1.1 声母

声母的差异很小，个别中古日母字，老男为零声母，青男为 [z] 声母，如：让 iɑ̃³¹-zɑ̃³¹。普通话中的开口呼零声母字，老男和青男一般都读为 n 声母，青男有的字读为零声母，如：恶 nɤ³¹-ɤ³¹。

1.2 韵母

韵母差异很小。韵母 ɿə 所辖的字，青男有所减少，部分改入 ɤ 韵母，实际音值是 [ɯɤ]，如：射、设 ʂɿə31-ʂɤ31。

1.3 声调

老男和青男在调类辖字和调值上都非常一致。

二 文白异读

老男的文白异读主要集中在中古宕江曾梗通摄的入声字上。存在异读的音类主要是韵母和声调。

2.1 韵母

宕江摄入声字韵母白读为 [ɔ iɔ] 类，文读为 [uo ye] 类，如：托 tʰɔ³³ ~ 生 /tʰuo³³ | 雀 tɕʰiɔ³³/tɕʰye³¹ | 学 ɕiɔ⁵³/ɕye⁵³ | 剥 pɔ³³/puo³³。个别字如"落"还有 [a] 类的白读形式：落 lɔ³¹/la³¹ ~ 下 /luo³¹。

曾摄开口一等入声字韵母白读 [ei]，文读 [ɤ]，如：得 tei³³/tɤ⁵³。

曾摄开口三等庄组入声字、梗摄开口二等庄组入声字，韵母白读 [ɛ]，文读 [ɤ]，如：侧 tʂɛ³³/tsʰɤ³¹ ｜ 择 tʂɛ⁵³/tsɤ⁵³ ｜ 色 ʂɛ²¹⁴/sɤ³¹。

梗摄开口二等见系入声字，韵母白读 [iɛ]，文读 [ɤ]，如：客 tɕʰiɛ³³/kʰɤ³¹ ｜ 隔 tɕiɛ³³/kɤ⁵³。

通摄合口三等入声屋韵字，韵母白读 [ou]，文读 [u]，如：叔 ʂou³³/ʂu³³ ｜ 熟 ʂou⁵³/ʂu⁵³。

其他摄的个别入声字韵母也存在文白异读，臻摄开口三等质韵：笔 pei³³/pi²¹⁴；山摄合口四等屑韵：血 ɕiɛ³³/ɕyɛ³¹。

2.2 声调

声调存在异读的，一般是中古清声母入声字，白读一般是阴平，文读一般同普通话调类。如：尺 tʂʰʅ³³/tʂʰʅ²¹⁴ ｜ 客 tɕʰiɛ³³/kʰɤ³¹ ｜ 隔 tɕiɛ³³/kɤ⁵³。

伍 儿化韵

韵母除 əʐ 外都可以儿化，形成儿化韵。儿化主要是使"-儿"缀所附前字的韵母发生变化，但声母 tʂ、tʂʰ、ʂ、ʐ 在与儿化韵 ɣʵr 相拼时，被动发音部位更靠后，接近硬腭中部，主动发音部位由舌前部（舌尖和舌叶）变为舌尖。儿化韵母 ɣʵr、iɣʵr 在与声母 t、tʰ、tɕ、tɕʰ 及零声母相拼时，有时会伴随拍音 [ɾ]，如"板凳儿"的音值有时是 [tɭʵr]。

儿化韵与基本韵母的对应关系见表3：

表3　献县方言儿化韵与基本韵母对应关系表

儿化韵	基本韵母	例词	儿化韵	基本韵母	例词
ʌr	a	没法儿	yəʐ	yən	小裙儿
	ã	药方儿		iə	公社儿
iʌr	ia	豆芽儿	ɣʵr	ɣ（声母为舌尖音时）	找乐儿
	iã	小羊儿		əŋ（声母为舌尖音时）	板凳儿
uʌr	ua	花儿	ɯɣʵr	ɣ（声母为舌根音时）	唱歌儿
	uã	蛋黄儿		əŋ（声母为舌根音时）	芹菜梗儿
ɐr	ɛ	小牌儿	iɣʵr	ie	空姐儿
	æ	小盘儿		iŋ	小营儿

（续表）

儿化韵	基本韵母	例词	儿化韵	基本韵母	例词
iɐr	iæ	一边儿	uor	uo	老婆儿
uɐr	uɛ	一块儿		oŋ	小桶儿
	uæ	拐弯儿		uəŋ	小瓮儿
yɐr	yæ	花园儿		əŋ（声母为唇音时）	扎猛儿
iəʐ	i	小毛衣儿	iuor	ye	主角儿
	in	没音儿		yoŋ	没大用儿
əʐ	ɿ	写字儿	ur	u	枣核儿
	ʅ	一只儿鞋	iur	y（声母为l时）	小驴儿
	ei	小辈儿		y（声母不为l时）	小鱼儿 马驹儿
	ən	小盆儿	our	ou	小狗儿
uəʐ	uei	小柜儿	iour	iou	一溜儿
	uən	小棍儿	ɔr	ɔ	宝儿
			iɔr	iɔ	上学儿

第二十三节　平泉方音

壹　概况

一　平泉概况

平泉市位于河北省东北部，属承德市，处于河北、辽宁、内蒙古结合部。东临辽宁省凌源市，西连承德县，南靠宽城县，北接内蒙古宁城县。

平泉市地理坐标为东经118°21′—119°15′，北纬40°24′—40°40′。南北最长77.4公里，东西最宽74公里，总面积3296平方公里。

平泉市辖15镇、4乡、1个街道办事处、239个行政村。到2020年全市总人口39.94万。县内有汉、满、蒙古、回等20个民族，其中主要是汉族。有8个少数民族乡、156个民族村，少数民族人口16.8万人。少数民族中，蒙古族的中老年人一般能说蒙古语和汉语，青年人一般说汉语。蒙古族说的汉语与邻近的汉语方言口音相近。其他少数民族使用汉语。平泉方言属北京官话的京承片。

二　发音人概况

老男发音人：杨国平，1959年11月出生，平泉县城西小学教师。1968年至1973年在平泉县松树台小学读书，1974年至1976年在平泉县第一中学读初中，1976年至1978年在平泉县第一中学读高中，1978年至1980年在平泉师范读书，1980年至1982年在平泉县七沟中学担任教师，1982年至调查时在平泉县城西小学教书。

青男发音人：孙占峰，1989年8月出生，平泉县某热力公司职工。1996年至2002年在平泉县双桥小学读书，2002年至2005年在平泉县第二中学读初中，2005年至2008年在平泉县第一中学读高中，2008年至2009年在平泉职教中心读书，2009年至2012年在济南某职业技术学院读书,2012年至2013年在平泉县七沟镇政府工作,2013年在平泉县审批中心工作,2014年11月至调查时在平泉某热力公司工作。

贰 声韵调

一 声母

平泉方言有 22 个声母，包括零声母。

p 八兵病别　　pʰ 派片爬劈　　m 马门明麦　　　　f 飞风饭副

t 多端东毒　　tʰ 讨天甜踢　　n 脑奴泥女熬又安又　　　　　　l 老蓝连路

ts 资早坐贼　　tsʰ 刺草寸祠　　　　　　　　　s 丝三酸缩

tʂ 张柱争纸　　tʂʰ 抽茶初车　　　　　　　　　ʂ 事山顺十　　ʐ 软荣热日

tɕ 酒九绝菊　　tɕʰ 清全轻权　　　　　　　　　ɕ 想谢响县

k 哥高共谷　　kʰ 开口宽阔　　　　　　　　　　x 好很灰活

ø 问云药熬又安又

说明：

（1）声母 n 出现在齐齿呼和撮口呼韵母前时，实际音值是 [ȵ]。

（2）零声母中，齐齿呼和撮口呼韵母开头有轻微的唇舌同部位摩擦，开口呼有喉头闭塞成分，合口呼除 u、uo 外，介音 u 的实际音值是 [ʋ]。

二 韵母

平泉方言有 38 个韵母。

ɿ 资祠丝字　　　　i 弟米戏一　　　　u 苦五猪出　　　　y 雨橘绿局
ʅ 知试十尺
ər 儿耳二

a 大马茶八　　　　ia 家俩牙鸭　　　　ua 抓花瓦刮
　　　　　　　　　iɛ 街写接贴　　　　　　　　　　　　yɛ 靴月雪学文
ɘ 歌车盒热文
o 拨破磨佛　　　　　　　　　　　　　uo 坐过活国热文
ai 开排买白　　　　　　　　　　　　　uai 怪快坏外
ei 赔飞北黑　　　　　　　　　　　　　uei 对水鬼胃
ɑu 包曹老勺　　　　iɑu 表桥笑学白
ou 豆走口肉　　　　iou 牛九油六
an 南占山半　　　　ian 减盐片年　　　uan 短官关穿　　　yan 权院元悬
ən 针沉肯认　　　　in 心今新斤　　　uən 寸滚春顺　　　yn 均群熏云
ɑŋ 糖唱方绑　　　　iɑŋ 响样讲腔　　　uɑŋ 床光王双
əŋ 灯升争横　　　　iŋ 冰病星硬　　　uəŋ 翁瓮
　　　　　　　　　　　　　　　　　　uŋ 东红农共　　　yŋ 兄永熊用

说明：

（1）韵母 ɘ 的实际音值是 [ɤ]。o 的实际音值有时存在明显的 u 介音，整体接近 uo。

（2）韵母 ər 在去声音节中实际音值为 [ɚ]。

（3）韵母 ai、uai，其韵腹到韵尾的动程较小，实际音值是 [æɛ uæɛ]。韵母 ɑu、iɑu 的实际音值是 [ɔ iɔ]。

（4）韵母 iɛ、yɛ 中的 ɛ 舌位偏高，实际音值接近 [e]。

（5）韵母 yn 的两个音素之间存在过渡音 [e]，实际音值是 [yᵉn]。

三　声调

平泉方言有 4 个单字调。

阴平 55　　东该灯风通开天春　搭哭拍切

阳平 35　门龙牛油铜皮糖红　急　节又　毒白盒罚
上声 214　懂古鬼九统苦讨草　买老五有　谷百塔节又
去声 51　冻怪半四痛快寸去　卖路硬乱洞地饭树　动罪近后　刻六麦叶月

说明：

（1）阳平 35 的开头一般有短暂的下降或低平段。

（2）上声 214 的下降和上升部分幅度相当，实际调值为 313 或 414。

叁 连读变调

单字调在语流中会发生有规律的变化。这里分析两字组的连读变调规律。先看后字为非轻声的两字组连调情况，见表1：

表1 平泉方言后字为非轻声的两字组连调表

前字＼后字	阴平 55	阳平 35	上声 214	去声 51
阴平 55	55-55 相亲　香菇 中秋　发烧	55-35 葱头　清明 高粱　香油	55-214 撒谎　莴笋 山谷　钢笔	55-51 冬至　天亮 松树　阴历
阳平 35	35-55 台风　黄瓜 围巾　洋葱	35-35 油条　厨房 蝴蝶　划拳	35-214 凉水　牙狗 白果　洋火	35-51 瞧病　怀孕 油菜　肥皂
上声 214	**21**-55 火烟　母猪 雪糕　打针	**21**-35 彩虹　鲤鱼 乳牛　往年	**35**-214 老虎　着火 马桶　洗澡	**21**-51 柏树　扫地 喜鹊　米饭
去声 51	**53**-55 后天　旱烟 订婚　豆浆	**53**-35 日食　放牛 盖房　酱油	**53**-214 傍晚　木耳 代表　中暑	**53**-51 旱地　绿豆 庙会　现在

再看后字为轻声的两字组连调情况，见表2：

表2 平泉方言后字为轻声的两字组连调表

前字＼后字本调	阴平 55	阳平 35	上声 214	去声 51	不明确
阴平 55	55-0 星星　休息 东西　妈妈	55-0 丫头　芝麻 衣服　干粮	55-0 梯子　沙子 闺女　宽敞	55-0 窗户　生日 天气　正月	55-0 衣裳　窟窿 甘蔗　知了
阳平 35	35-0 熟悉　王八 蘑菇　邻居	35-0 长虫　婆婆 石头　核桃	35-0 桃子　柴火 竹子　朋友	35-0 脓带　陪送 时候　和尚	35-0 萝卜　芫荽 荸荠　馄饨
上声 214	21-0 老鸹　眼睛 手巾　拢梳	21-0 暖和　老实 姥爷　老婆	21-0 姐姐　耳朵 晌午　李子	21-0 女婿　脑袋 晚上　喜鹊	21-0 尾巴　老了 保着　我们
去声 51	51-0 嫁妆　父亲 地方　木梳	51-0 木头　大爷 事情　认识	51-0 露水　柿子 跳蚤　豆腐	51-0 道士　弟弟 月亮　爸爸	51-0 钥匙　下巴 记得　忘了

说明：有部分"阴平＋轻声"字组采用的是"35-0"连调式，如：多少、三个、收拾、发送、公公、姑父。此外还有个别字组不符合表中规律，如：日头 35-0。

肆 异读

一 新老异读

1.1 声母

普通话中的开口呼零声母字，老男一般存在 n 和零声母两种又读，青男与之相似，但青男有一些字只有零声母的读法，如：岸 nan⁵¹/an⁵¹-an⁵¹ ｜ 安 nan⁵⁵/an⁵⁵-an⁵⁵。

1.2 韵母

老男韵母的一些发音特色，青男口中已不存在，如老男韵母 yn 的两个音素之间存在的过渡音 [e]，青男为 [ə]，音值更接近普通话。青男的韵母 iɛ、yɛ 中的 ɛ 舌位也与普通话无别。

韵母 ai、uai，其韵腹到韵尾的动程，青男比老男更小，实际音值已非常接近 [æɪ uæɪ]。韵母 ɑu、iɑu 的实际音值与老男相同，都是 [ɔɯ iɔɯ]。

1.3 声调

老男和青男在声调上的差异主要是调值上的，老男上声 214 调实际音值是 313 或 414，下降部分和上升部分幅度一致，而青男实际调值为 312 或 412，上升部分的幅度比老男小。

中古的清声母入声字，老男有不少字存在上声和去声的又读，青男与之相似，但有的字青男只有与普通话一致的读法：霍 xuo²¹⁴/xuo⁵¹-xuo⁵¹ ｜ 宿 ɕy²¹⁴/su⁵¹-su⁵¹。

二 文白异读

2.1 声母

中古部分庄组入声字，白读为 [tʂ] 类，文读为 [ts] 类，如：侧 tʂai⁵⁵/tsʰə⁵¹ ｜ 择 tʂai³⁵/tsə³⁵ ｜ 色 ʂai²¹⁴/sə⁵¹。

个别中古日母和泥母字，白读为 [l] 声母，文读分别为 [z] 和 [n] 声母，如：扔 ləŋ⁵⁵/zəŋ⁵⁵｜嫩 lən⁵¹/nən⁵¹。

2.2 韵母

韵母的文白异读主要见于宕江曾通五摄的部分入声字。

宕江摄入声字韵母白读 [ɑu iɑu] 类，文读 [o uo yɛ] 类，如：剥 pɑu⁵⁵/po⁵⁵｜落 lɑu⁵¹/luo⁵¹｜雀 tɕʰiɑu²¹⁴/tɕʰyɛ⁵¹｜学 ɕiɑu³⁵/ɕyɛ³⁵｜削 ɕiɑu⁵⁵/ɕyɛ⁵⁵｜约 iɑu⁵⁵/yɛ⁵⁵。

曾摄开口三等庄组入声字韵母白读 [ai]，文读 [ə]，如：侧 tṣai⁵⁵/tsʰə⁵¹｜择 tṣai³⁵/tsə³⁵｜色 ṣai²¹⁴/sə⁵¹。

通摄合口三等入声字韵母白读 [y ou] 类，文读 [u]，如：宿 ɕy²¹⁴/su⁵¹｜熟 ṣou³⁵/ṣu³⁵。

还有一些不太成规律的文白异读，如：含 xən³⁵/xan³⁵｜俊 tsuən⁵¹/tɕyn⁵¹。

2.3 声调

声调存在异读的，一般是中古清声母入声字，白读一般是阴平或上声，文读一般同普通话调类，如：侧 tṣai⁵⁵/tsʰə⁵¹｜雀 tɕʰiɑu²¹⁴/tɕʰyɛ⁵¹｜色 ṣai²¹⁴/sə⁵¹｜霍 xuo²¹⁴/xuo⁵¹｜宿 ɕy²¹⁴/su⁵¹。

伍 儿化韵

韵母 ɚr 没有相应的儿化韵。其他基本韵母的儿化规律及例词见表3：

表3 平泉方言儿化韵与基本韵母对应关系表

儿化韵	基本韵母	例词	儿化韵	基本韵母	例词
ər	ʅʅ	鸡子儿、汤匙儿	uɑr	uɑ	花儿
	ei	宝贝儿	iɛr	iɛ	老爷儿
	ən	年根儿	yɐr	yɛ	丑角儿
iər	i	饭粒儿	ɤr	ə	唱歌儿
	in	背心儿	or	o	围脖儿
uər	uei	墨水儿	uor	uo	水果儿
	uən	打盹儿	ɑur	ɑu	豆腐脑儿
yər	y	有趣儿	iɑur	iɑu	面条儿
	yn	合群儿	our	ou	扣儿
ur	u	眼珠儿	iour	iou	吹牛儿
ɐr	ai	猪崽儿	ɑ̃r	ɑŋ	前响儿
	an	小盘儿	iɑ̃r	iɑŋ	花样儿
iɐr	ian	对面儿	uɑ̃r	uɑŋ	天窗儿
uɐr	uai	一块儿	ə̃r	əŋ	缝儿
	uan	玩儿	ĩɚr	iŋ	杏儿
yɐr	yan	圆圈儿	uə̃r	uəŋ	嗡儿
ar	a	把儿	ũr	uŋ	胡同儿
iar	ia	豆芽儿	yə̃r	yŋ	小熊儿

陆 其他音变

个别词前鼻韵韵尾 -n 和后鼻韵韵尾 -ŋ 间或混用，如："怎"，读作 tsən²¹⁴ 或 tsəŋ²¹⁴；"咱"，读作 tsɑn³⁵ 或 tsɑŋ³⁵；"什"，读作 ʂən³⁵ 或 ʂəŋ³⁵。

人称代词"我""他"的无韵尾韵母常变读为前鼻尾韵母，如："我"，读作 uo²¹⁴ 或 uan²¹⁴；"他"，读作 tʰa⁵⁵ 或 tʰan⁵⁵。

第二十四节 滦平方音

壹 概况

一 滦平概况

滦平县位于河北省东北部，属承德市。东部和东南部与双滦区、承德县为邻，西部、西南部与北京市怀柔区、密云区接壤，北部与丰宁、隆化毗邻。

滦平县地理坐标为东经116°40′—117°46′，北纬40°39′—41°12′。东西最长95.7公里，南北最宽67公里，总面积共2993平方公里。全县森林覆盖率达60%以上，属于"八山一水一分田"的浅山区。

滦平县辖10个镇、10个乡（其中8个满族乡）、1个街道办事处、200个行政村。到2020年全县总人口32.8万人。少数民族有34个，共占总人口的64.17%，以满族为主。少数民族说本地汉语方言。滦平方言属北京官话的京承片。

二 发音人概况

老男发音人：白凤然，1941年5月出生，滦平县职教中心退休教师。1941年出生至1949年在金沟屯村生活，1949年至1953年在金沟屯小学读书，1953年至1956年在滦平一中读初中，1956年至1959年在承德师专中专班学习，1959年至1999年先后在金沟屯中学、张石德中学、滦平一中、红旗中学工作，1999年6月退休。

青男发音人：孙海军，1974年2月出生，滦平县教体局职工。1974年出生至1982年在偏道子村生活，1982年至1988年在偏道子小学读书，1988年至1991年在周营子中学读书，1991年至1994年在滦平一中读书，1994年至1996年在承德民族师专读书，1996年至1998年任周营子中学教师，1998年至2010年任金沟屯中学教师，2010年至调查时在滦平县教体局工作。

贰 声韵调

一 声母

滦平方言有 24 个声母，包括零声母。

p 八兵病别　　pʰ 派片爬劈　　m 马门明麦　　f 飞凤饭副

t 多端东毒　　tʰ 讨天甜踢　　n 脑奴熬又安又　　　　　　　　　　l 老蓝连路

ts 资早坐贼竹又　　tsʰ 刺草寸祠　　　　　　　　　s 丝三酸缩

tʂ 张柱争纸竹又　　tʂʰ 抽茶初车　　　　　　　　　ʂ 事山顺十　　ʐ 软荣热日

tɕ 酒九绝菊　　tɕʰ 清全轻权　　ȵ 年牛泥女　　ɕ 想谢响县

k 哥高共谷　　kʰ 开口宽阔　　ŋ 熬又安又　　x 好很灰活

ø 问云药熬又安又

说明：

（1）声母 n 只出现在开口呼和合口呼韵母前，ȵ 只出现在齐齿呼和撮口呼韵母前，二者无音位对立。

（2）声母 ʐ 的摩擦性不强，实际音值为 [ɻ]。

（3）零声母中，齐齿呼和撮口呼韵母开头有轻微的唇舌同部位摩擦，开口呼有喉头闭塞成分，合口呼除 u、uo 外，介音 u 的实际音值是 [ʋ]。u 韵母的实际音值是 [ʋu]，其中 [ʋ] 是主要的。uo 韵母的实际音值是 [ʋuo]。

二　韵母

滦平方言有 38 个韵母。

ɿ 资祠丝字　　　　　i 弟米戏一　　　　　u 苦五猪出　　　　　y 雨橘绿局

ʅ 知试十尺

ər 儿耳二

a 大马茶八　　　　　ia 家俩牙鸭　　　　　ua 抓花瓦刮

　　　　　　　　　　iɛ 街写接贴　　　　　　　　　　　　　　yɛ 靴月雪学文

ə 歌车盒热文

o 拨破磨佛　　　　　　　　　　　　　　uo 坐过活国热文

ai 开排买白　　　　　　　　　　　　　　uai 怪快坏外

ei 赔飞北黑　　　　　　　　　　　　　　uei 对水鬼胃

ɑu 包曹老勺　　　　　iɑu 表桥笑学白

ou 豆走口肉　　　　　iou 牛九油六

an 南占山半　　　　　ian 减盐片年　　　　　uan 短官关穿　　　　　yan 权院元悬

ən 针沉肯认　　　　　in 心今新斤　　　　　uən 寸滚春顺　　　　　yn 均群熏云

ɑŋ 糖唱方绑　　　　　iɑŋ 响样讲腔　　　　　uɑŋ 床光王双

əŋ 灯升争横　　　　　iŋ 冰病星硬　　　　　uəŋ 翁瓮

　　　　　　　　　　　　　　　　　　　uŋ 东红农共　　　　　yŋ 兄永熊用

说明：

（1）韵母 ə 的实际音值是 [ɤ]。o 的实际音值大多存在明显的 u 介音，整体接近 [uo]。

（2）韵母 ər 在去声音节中实际音值为 [ɐr]。

三　声调

滦平方言有 4 个单字调。

阴平 55　东该灯风通开天春　搭哭拍切

阳平 35　门龙牛油铜皮糖红　急节文　毒白盒罚

上声 214　懂古鬼九统苦讨草　买老五有　谷百塔节文

去声 51　冻怪半四痛快寸去　卖路硬乱洞地饭树　动罪近后　刻六麦叶月

叁 连读变调

单字调在语流中会发生有规律的变化。这里分析两字组的连读变调规律。先看后字为非轻声的两字组连调情况，见表1：

表1 滦平方言后字为非轻声的两字组连调表

前字 \ 后字	阴平 55	阳平 35	上声 214	去声 51
阴平 55	55-55 相亲　香菇 中秋　发烧	55-35 葱头　吹牛 高粱　香油	55-214 撒谎　莴笋 山谷　钢笔	55-51 冬至　天亮 松树　干净
阳平 35	35-55 台风　郎猫 围巾　毛衣	35-35 油条　厨房 蝴蝶　划拳	35-214 凉水　没有 白果　洋火	35-51 狐臭　怀孕 油菜　肥皂
上声 214	21-55 火烟　母猪 雪糕　打针	21-35 早晨　鲤鱼 母牛　往年	35-214 老虎　晌午 马桶　洗澡	21-51 柏树　扫地 喜鹊　米饭
去声 51	51-55 后天　旱烟 订婚　豆浆	51-35 日食　放牛 盖房　酱油	51-214 傍晚　木耳 代表　中暑	51-51 旱地　绿豆 庙会　现在

再看后字为轻声的两字组连调情况，见表2：

表2 滦平方言后字为轻声的两字组连调表

前字＼后字本调	阴平 55	阳平 35	上声 214	去声 51	不明确
阴平 55	55-0 星星　丝瓜 东西　妈妈	55-0 出来　芝麻 清明　苍蝇	55-0 家里　沙子 鸽子　闺女	55-0 窗户　生日 天气　阴历	55-0 衣裳　黑间 胳膊　哆嗦
阳平 35	35-0 南瓜　王八 邻居　寻思	35-0 长虫　核桃 爷爷　回来	35-0 寒碜　柴火 雹子　朋友	35-0 容易　鼻涕 皇历　名字	35-0 萝卜　馄饨 芫荽　荸荠
上声 214	21-0 老鸹　眼睛 手巾　点心	21-0 里头　起来 姥爷　女儿	**21-0** 姐姐　耳朵 晌午　李子 35-0 等等　水里	21-0 买卖　脑袋 扁担　哪个	21-0 女的　尾巴 怎么　姐们儿
去声 51	51-0 嫁妆　月经 地方　舅妈	51-0 木头　大爷 算盘　砚台	51-0 露水　豆腐 跳蚤　戒指	51-0 寿器　月亮 爸爸　木匠	51-0 钥匙　下巴 病了　簸箕

说明：一些字组的连调不符合上述规律，如：多少 35-0 ｜ 多会儿 35-0 ｜ 蛛蛛 35-0。

肆 异读

一 新老异读

老男和青男在音类和音值及异读等方面，都较为一致。

二 文白异读

2.1 声母

中古部分庄组入声字，白读为 [tʂ] 类，文读为 [ts] 类，同普通话，如：侧 tʂai⁵⁵/tsʰə⁵¹｜择 tʂai³⁵/tsə³⁵｜色 ʂai²¹⁴/sə⁵¹。

个别中古日母和泥母字，白读为 [l] 声母，文读分别为 [z] 和 [n] 声母，同普通话类别：扔 ləŋ⁵⁵/zəŋ⁵⁵｜嫩 lən⁵¹/nən⁵¹。

2.2 韵母

韵母的文白异读主要见于宕江曾梗通五摄的部分入声字。

宕江摄入声字韵母白读 [au iau] 类，文读 [o uo yɛ] 类，如：剥 pau⁵⁵/po⁵⁵｜落 lau⁵¹/luo⁵¹｜雀 tɕʰiau²¹⁴/tɕʰyɛ⁵¹｜学 ɕiau³⁵/ɕyɛ³⁵｜削 ɕiau⁵⁵/ɕyɛ⁵⁵｜约 iau⁵⁵/yɛ⁵⁵。

曾摄开口三等庄组入声字韵母白读 [ai]，文读 [ə]，如：侧 tʂai⁵⁵/tsʰə⁵¹｜择 tʂai³⁵/tsə³⁵｜色 ʂai²¹⁴/sə⁵¹。

梗摄开口二等入声字韵母白读 [iɛ]，文读 [ə]，如：客 tɕʰiɛ²¹⁴/kʰə⁵¹。

通摄合口三等入声字韵母白读 [y ou] 类，文读 [u]，如：宿 ɕy²¹⁴/su⁵¹｜熟 ʂou³⁵/ʂu³⁵。

还有一些不太成规律的文白异读，如：含 xən³⁵/xan³⁵｜俊 tsuən⁵¹/tɕyn⁵¹｜闰 zən⁵¹/zuən⁵¹｜热 zuo⁵¹/zɤ⁵¹。

2.3 声调

声调存在异读的，一般是中古清声母入声字。白读一般是阴平或上声，以上声居多，文读一般同普通话调类，如：侧 tsai⁵⁵/tsʰə⁵¹｜节 tɕiɛ²¹⁴/tɕiɛ³⁵｜福 fu²¹⁴/fu³⁵｜宿 ɕy²¹⁴/su⁵¹｜雀 tɕʰiɑu²¹⁴/tɕʰyɛ⁵¹｜色 ʂai²¹⁴/sə⁵¹｜霍 xuo²¹⁴/xuo⁵¹。

伍 儿化韵

韵母 ər 没有相应的儿化韵。其他基本韵母的儿化规律及例词见表3：

表3 滦平方言儿化韵与基本韵母对应关系表

儿化韵	基本韵母	例词	儿化韵	基本韵母	例词
ər	ɿ	瓜子儿 汤匙儿	uɑr	uɑ	花儿
	ei	擦黑儿	iɛr	iɛ	老爷儿
	ən	年根儿	yɛr	yɛ	丑角儿
iər	i	饭粒儿	ɤr	ɤ	唱歌儿
	in	背心儿	or	o	巫婆儿
uər	uei	墨水儿	uor	uo	水果儿
	uən	打盹儿	ɑur	ɑu	灯泡儿
yər	y	有趣儿	iɑur	iɑu	鸟儿
	yn	合群儿	our	ou	扣儿
ur	u	眼珠儿	iour	iou	衣袖儿
ɐr	ai	猪崽儿	ãr	ɑŋ	前响儿
	an	小盘儿	iãr	iɑŋ	花样儿
iɐr	ian	对面儿	uãr	uɑŋ	天窗儿
uɐr	uai	一块儿	ɤ̃r	əŋ	缝儿
	uan	玩儿	ĩr	iŋ	杏儿
yɐr	yan	圆圈儿	uẽr	uəŋ	嗡儿
ar	a	把儿	uõr	uŋ	胡同儿
iar	ia	豆芽儿	yõr	yŋ	小熊儿

第二十五节　廊坊方音

壹　概况

一　廊坊（广阳区）概况

广阳区位于廊坊市区北部，东与天津市武清区接壤，南与安次区、永清县相连，西、北与北京市大兴区毗邻。广阳区是廊坊市的政治、经济、文化的中心。

广阳区地理坐标为东经116°23′—116°48′，北纬39°27′—39°37′。辖域东西宽34.66公里，南北长16公里，面积464.73平方公里。广阳区地处永定河冲积平原，地形以平原和洼地为主，自西北向东南倾斜，地势平缓。

广阳区下辖4个镇、5个街道办事处、1个开发区和1个管理委员会、149个行政村。到2020年全区总人口54.07万，其中绝大部分是汉族。少数民族人口共14362人，其中主要是回族，常住人口有8176人，少数民族均使用汉语。广阳区方言属于北京官话的京承片。

二　发音人概况

老男发音人：王宝丰，1956年10月出生，廊坊市广阳区南尖塔镇尖塔中学退休教师。2018年调查时居住在广阳区某小区。出生于南尖塔镇北尖塔村，1966年至1970年在北尖塔小学上学，1970年至1972年在尖塔中学读书，1972年至1974年在廊坊二中读书，毕业后到北尖塔村生产队工作，1976年至1978年在北尖塔小学工作，之后在尖塔中学工作，2016年至调查时退休在家。

青男发音人：董家更，1991年5月出生，廊坊市某汽车租赁公司工人。2018年调查时居住在廊坊市广阳区南尖塔镇。出生于南尖塔镇北甸村，1997年至2003年在北甸小学读小学，2003年至2006年在尖塔中学读初中，2006年至2009年在廊坊十一中读高中，2009年至2012年在石家庄外国语职业学院上学，2012年至调查时在廊坊市某汽车租赁公司工作。

贰 声韵调

一 声母

廊坊方言有 23 个声母，包括零声母。

p 八兵病别　　pʰ 派片爬劈　　m 马门明麦　　f 飞风饭副

t 多端东毒　　tʰ 讨天甜踢　　　　　　　　　　　　　　　l 老蓝连路

ts 资早坐贼　　tsʰ 刺草寸祠　　　　　　　　s 丝三酸宿

tʂ 张柱争纸　　tʂʰ 抽茶初车　　ɳ 脑奴熬又安又　　ʂ 事山顺十　　ʐ 软荣热日

tɕ 酒九绝菊　　tɕʰ 清全轻权　　ȵ 年牛泥女　　ɕ 想谢响县

k 哥高共谷　　kʰ 开口宽阔　　　　　　　　　x 好很灰活

ø 问云药
　　熬又安又

说明：

（1）声母 ts、tsʰ、s 实际发音时被动发音部位靠前，有齿间音色彩。

（2）声母 ɳ 只出现在开口呼和合口呼韵母前，ȵ 只出现在齿齿呼和撮口呼韵母前，二者无音位对立。声母 ɳ 个别情况下卷舌程度较弱，主动发音部位靠后，接近舌面前音。

（3）声母 ʐ 的摩擦性不强，实际音值为 [ɻ]。

（4）零声母中，齐齿呼、合口呼和撮口呼韵母开头有轻微的唇舌同部位摩擦，开口呼有喉头闭塞成分。

二　韵母

廊坊方言有 37 个韵母。

ɿ 资祠丝字　　　　　i 弟米戏一　　　　　u 苦五猪出　　　　　y 雨橘绿局

ʅ 知试十尺

ər 儿耳二

a 大马茶八　　　　　ia 家俩牙鸭　　　　　ua 抓花瓦刮

　　　　　　　　　　iɛ 街写接贴　　　　　　　　　　　　　　yɛ 靴月雪学_文

ɤ 歌车盒热破佛

　　　　　　　　　　　　　　　　　　　uo 坐过活国

ai 开排买白　　　　　　　　　　　　　uai 怪快坏外

ei 赔飞北黑　　　　　　　　　　　　　uei 对水鬼胃

ɑu 包曹老勺　　　　　iɑu 表桥笑学_白

ou 豆走口肉　　　　　iou 牛九油六

an 南占山半　　　　　iɛn 减盐片年　　　　uan 短官关穿　　　　yan 权院元悬

ən 针沉肯认　　　　　in 心今新斤　　　　　uən 寸滚春顺　　　　yn 均群熏云

ɑŋ 糖唱方绑　　　　　iɑŋ 响样讲腔　　　　uɑŋ 床光王双

əŋ 灯升争横　　　　　iŋ 冰病星硬　　　　　uəŋ 翁

　　　　　　　　　　　　　　　　　　　uŋ 东红农共　　　　　yŋ 兄永熊用

说明：

（1）元音 a 在 a、ia、ua 中为 [A]。

（2）韵母 ər 在去声时实际音值为 [ɐr]。

（3）元音 i 在作韵尾时舌位偏低，实际音值为 [ɪ]。韵母 ɑu、iɑu 中的 u 舌位偏低，实际音值为 [ʊ]。

（4）韵母 iɛ、yɛ 中的 ɛ 舌位偏高，实际音值为 [E]。

三　声调

廊坊方言有 4 个单字调。

阴平 55   东该灯风通开天春   搭哭拍

阳平 35   门龙牛油铜皮糖红   急节   毒白盒罚

上声 214   懂古鬼九统苦讨草   买老五有   谷百塔

去声 51   冻怪半四痛快寸去   卖路硬乱洞地饭树   动罪近后   刻切   六麦叶月

说明：

（1）阴平 55 调值有时偏低，但低不到 1 度。

（2）上声 214 调值以上升为主，少数情况下实际音值为 212 或 213。

（3）去声 51 动程略短，有时实际音值为 52。

(叁) 连读变调

单字调在语流中会发生有规律的变化。这里分析两字组的连读变调规律。先看后字为非轻声的两字组连调情况,见表1:

表1 廊坊方言后字为非轻声的两字组连调表

前字＼后字	阴平 55	阳平 35	上声 214	去声 51
阴平 55	55-55 相亲 香菇 中秋 发烧	55-35 葱头 清明 高粱 香油	55-214 撒谎 莴笋 山谷 钢笔	55-51 冬至 天亮 松树 春麦
阳平 35	35-55 台风 黄瓜 围巾 洋葱	35-35 来牌 厨房 蝴蝶 划拳	35-214 凉水 牙狗 尘土 白薯	35-51 瞧病 怀孕 油菜 肥皂
上声 214	21-55 老家 母猪 女猫 改锥	21-35 彩虹 鲤鱼 乳牛 往年	35-214 老虎 数九 马桶 洗澡	21-51 柏树 扫地 喜鹊 米饭
去声 51	53-55 地蛆 旱烟 订婚 豆浆	53-35 日食 放牛 盖房 酱油	53-214 傍晚 木耳 稻谷 中暑	53-51 旱地 绿豆 庙会 现在

说明:

(1) "阴平+去声"有极个别例外,如:菠菜 35-51 | 珠算 35-51。

(2) "阳平+阴平"有极个别例外,如:郎猫 55-55。

（3）"阳平 + 阳平"有极个别例外，如：闲聊儿35-55。

（4）上声居于后字时，极少数读为21，如：没有、不好。少部分读音为212或213，仍记为214，如：开水、下雨、不懂、可以。

（5）"去声 + 上声"有极个别例外，如：不好55-21｜末了儿53-55。

再看后字为轻声的两字组连调情况，见表2：

表2　廊坊方言后字为轻声的两字组连调表

前字＼后字本调	阴平 55	阳平 35	上声 214	去声 51	不明确
阴平 55	55-0 星星　丝瓜 东西　妈妈	55-0 出来　芝麻 清明　衣服	55-0 家里　沙子 烧纸　宽敞	55-0 窗户　生日 黑夜　出去	55-0 衣裳　甘蔗 胳膊　亲戚
阳平 35	35-0 南瓜　王八 蘑菇　寻思	35-0 长虫　核桃 爷爷　回来	35-0 云彩　柴火 竹子　朋友	35-0 茶叶　白菜 黄历　蚊帐	35-0 萝卜　石榴 芫荽　馄饨
上声 214	21-0 老鸹　眼睛 手巾　姐夫	21-0 里头　起来 姥爷　老实	21-0 耳朵　奶奶 晌午　谷子	21-0 长相　脑袋 爽快　哪个	21-0 尾巴　暖和 我们　怎么
去声 51	51-0 嫁妆　弟兄 蜜蜂　父亲	51-0 砚台　大爷 下来　算盘	51-0 露水　戒指 叶子　豆腐	51-0 运气　腊月 月亮　爸爸	51-0 钥匙　病了 簸箕　记得

肆 异读

一 新老异读

1.1 声母和韵母

老男的合口呼零声母字，除 u、uo 韵母字外，青男都变为 v 声母开口呼，如：问 uən⁵¹-vən⁵¹ ｜ uaŋ³⁵-vaŋ³⁵。

在音值层面，老男的 ŋ 声母在青男口中为 [n]。

1.2 声调

老男和青男在声调上的差异主要是调值上的，老男上声为 214 调，青男则为 212，上升部分的幅度比老男小。

二 文白异读

2.1 声母

中古见组部分二等字声母白读 [tɕ] 组，文读 [k] 组，如：隔 tɕiɛ⁵⁵/kɤ³⁵ ｜ 客 tɕʰiɛ²¹⁴/kʰɤ⁵¹ ｜ 耕 tɕiŋ⁵⁵/kəŋ⁵⁵。这里韵母也相应不同，下文不赘。

中古部分庄组入声字，白读为 [tʂ] 类，文读为 [ts] 类，如：侧 tʂai⁵⁵ ~ 歪 /tsʰɤ⁵¹ ｜ 择 tʂai⁵³/tsɤ⁵³ ｜ 色 ʂai²¹⁴/sɤ⁵¹。

个别中古日母和泥母字，白读为 [l] 声母，文读分别为 [z] 或 [n] 声母，如：闰 lin⁵¹/zuən⁵¹ ｜ lən⁵¹/nən⁵¹。

个别中古疑母三等字，白读为零声母，文读为 [ɲ] 声母，如：牛 iou³⁵ 点 ~ 眼 /ɲiou³⁵。

2.2 韵母

韵母的文白异读主要见于宕江曾梗通五摄入声字。

宕江摄入声字韵母白读 [au iau] 类，文读 [ɤ uo yɛ] 类，如：剥 pau⁵⁵/pɤ⁵⁵ ｜ 落 lau⁵¹ ~ 钱 /lɤ⁵¹ ~ 叶 /luo⁵¹ 潮起潮~ ｜ 雀 tɕʰiau²¹⁴/tɕʰyɛ⁴¹ ｜ 学 ɕiau³⁵/ɕyɛ³⁵ ｜ 削 ɕiau⁵⁵/ɕyɛ⁵⁵ ｜ 约 iau⁵⁵/yɛ⁵⁵。

曾摄开口三等庄组入声字韵母白读 [ai]，文读 [ɤ]，如：侧 tʂai⁵⁵ ~ 歪 /tʂʰɤ⁵¹ ｜ 择 tʂai³⁵/tsɤ³⁵ ｜ 色 ʂai²¹⁴/sɤ⁵¹。

梗摄开口二等入声字韵母白读 [iɛ]，文读 [ɤ]，如：客 tɕʰiɛ²¹⁴/kʰɤ⁵¹ ｜ 隔 tɕiɛ⁵⁵/kɤ³⁵。

通摄合口三等入声字韵母白读 [ou]，文读 [u]，如：叔 ʂou⁵⁵/ʂu⁵⁵ ｜ 熟 ʂou³⁵/ʂu³⁵。

还有一些不太规律的文白异读，如：壁 pai⁵⁵/pi⁵¹ ｜ 尾 i²¹⁴/uei²¹⁴。

2.3 声调

声调存在异读的，一般是中古清声母入声字，白读一般是阴平或上声，文读一般同普通话调类，如：隔 tɕiɛ⁵⁵/kɤ³⁵ ｜ 侧 tsai⁵⁵ ~ 歪 /tsʰɤ⁵¹ ｜ 壁 pai⁵⁵/pi⁵¹ ｜ 角 tɕiau²¹⁴/tɕyɛ³⁵ ｜ 色 ʂai²¹⁴/sɤ⁵¹ ｜ 客 tɕʰiɛ²¹⁴/kʰɤ⁵¹。

伍 儿化韵

韵母 ər 没有相应的儿化韵。其他基本韵母的儿化规律及例词见表 3：

表 3　廊坊方言儿化韵与基本韵母对应关系表

儿化韵	基本韵母	例词	儿化韵	基本韵母	例词
ar	a	把儿　戏法儿	iɛr	iɛ	老爷儿　窑姐儿
iar	ia	一下儿　公母俩儿	yɛr	yɛ	主角儿　正月儿
uar	ua	水洼儿　梅花儿	ɤr	ɤ	小推车儿　围脖儿
ɐr	ai	盖儿　小孩儿	uor	uo	水果儿　干活儿
	an	床单儿　猪肝儿	ur	u	小猪儿　里屋儿
iɐr	iɛn	一边儿　天儿	ɑur	ɑu	道儿　桃儿
uɐr	uai	凉快儿　一块儿	iɑur	iɑu	末了儿　家雀儿
	uan	多早晚儿	our	ou	水沟儿　抽斗儿
yɐr	yan	手绢儿　烟卷儿	iour	iou	洋油儿
ər	ei	傍黑儿　眼泪儿	ãr	ɑŋ	早晌儿　地方儿
	ən	年根儿　脸盆儿		əŋ（部分）	蜜蜂儿
	ɿ	刺儿　鸡子儿	ə̃r	əŋ（部分）	一条缝儿　埂儿
	ʅ	没事儿　侄儿	iãr	iɑŋ	小姑娘儿
iər	in	今儿　背心儿		iŋ（部分）	钉儿
	i	后尾儿　肚脐儿	iə̃r	iŋ（部分）	打鸣儿　明儿

（续表）

儿化韵	基本韵母	例词	儿化韵	基本韵母	例词
uər	uei	裤腿儿 味儿	uãr	uaŋ	双儿
	uən	打盹儿 冰棍儿		uŋ	胡同儿 有空儿
yər	yn	小裙儿	yə̃r	yŋ	小熊儿 苦穷儿
	y	闺女儿	uə̃r	uəŋ	小瓮儿

说明：

（1）一些字音的儿化不符合上述规律，如：猜谜儿 tsʰai⁵⁵mər⁵¹ ｜ 藏迷儿迷儿 tsʰɑŋ³⁵mər⁵⁵mər⁰

（2）韵腹鼻化的儿化韵，有时鼻音色彩比较淡。

第二十六节 魏县方音

壹 概况

一 魏县概况

魏县位于河北省最南部，隶属于邯郸市。北与广平县接壤，西与成安县、临漳县毗邻，东与大名县相连，南与河南省内黄县、清丰县、南乐县相接。

魏县地理坐标为东经114°43′—115°07′，北纬36°03′—36°26′，总面积864平方公里。魏县地势平缓，地处漳河和黄河水系改道冲淤而成的平原上。

魏县辖7个镇、14个乡、1个街道办事处、561个行政村。到2020年全县总人口106万，其中绝大部分是汉族。魏县城关方言属中原官话郑开片。

二 发音人概况

老男发音人：冯立学，1953年6月出生，魏县第一中学教师。调查时居住在魏县县城某小区。1975年至1977年在河北大名师范学习，毕业后参加工作，1978年至1984年在河北师大政教系函授班学习，1985年至2016年在魏县一中、三中工作。

青男发音人：关雷雷，1983年9月出生，个体经营者。调查时居住在魏县县城某小区。1991年至1999年先后于魏县栗辛寨村和县城春晖中学读小学、初中，2000年至2001年在外打工、学习电脑技术，2002年至2016年在本地从事个体经营。

贰 声韵调

一 声母

魏县方言有 20 个声母,包括零声母。

p 八兵病别	pʰ 派片爬劈	m 马门明麦	f 飞风饭副	
t 多端东毒	tʰ 讨天甜趟	n 脑南能奴		l 老连路驴
tʂ 资早坐贼 张装竹择	tʂʰ 刺草寸祠 抽春吃茶		ʂ 丝三酸缩 山手双十	ʐ 软荣热日
tɕ 酒九绝菊	tɕʰ 清全轻权	ȵ 年牛泥女	ɕ 想谢响县	
k 哥高共谷	kʰ 开口宽阔		x 好很灰活	
∅ 儿安问云药				

说明:

(1)声母 n、ȵ 呈互补分布,n 拼开口呼、合口呼韵母,ȵ 拼齐齿呼、撮口呼韵母。

(2)除 u 单独成音节的情况外,其他合口呼零声母音节开头有较为明显的唇齿浊擦成分 [v]。

(3)开口呼零声母音节开头有舌根浊擦成分 [ɣ]。

二 韵母

魏县方言有 41 个韵母。

ɿ 资次丝知试十尺　　　i 弟米戏七　　　　u 苦五出骨文出文谷文　　y 雨橘绿局

ɚ 儿耳二

a 大马茶法文塔文辣文八文　　ia 家牙瞎文鸭文　　　ua 爪划瓦袜

ɛ 车热黑色　　　　　　　　iɛ 写鞋接贴一　　　 uɛ 骨白出白国白谷白　　yɛ 靴月雪绝

ɤ 歌盒塔辣白

ə 脖破磨法白八白　　　　　iə 压瞎白鸭白　　　　uə 坐过刮勺国文　　　yə 药学

ai 开排买白

əi 赔飞贼北　　　　　　　　　　　　　　　　　uai 怪快坏外

　　　　　　　　　　　　　　　　　　　　　　　uei 对水鬼味

ɑu 宝老烧高　　　　　　　iɑu 表桥笑要

əu 豆走口藕　　　　　　　iəu 牛九油六

an 南站山半　　　　　　　ian 减盐片年　　　 uan 短官关穿　　　yan 权院元悬

ən 深根身恩　　　　　　　in 心今新斤　　　　uən 寸滚春顺　　　yn 均群熏云

ɑŋ 糖唱方绑　　　　　　　iɑŋ 响样讲腔　　　 uɑŋ 床光王双

əŋ 灯升争横文　　　　　　 iŋ 冰病星硬　　　　uəŋ 翁嗡

　　　　　　　　　　　　　　　　　　　　　　 uŋ 东红农横白　　　 yŋ 兄用

说明：

（1）ə 作单韵母时，只出现在唇音声母后，音值为 [ə]；出现于复韵母时，实际音值是 [e]。ə 和 ɤ 呈互补分布，ɤ 只出现在非唇音声母后作单韵母。

（2）零声母音节中的韵母 ɚ，其中的 ə 听觉上不明显。整个音节的音值实际上近乎自成音节的舌尖后浊边音 [ɭ]。

（3）a 在 a、ia 中实际音值为 [A]，在 ian 中实际音值为 [ɛ]。a 与 ɑ 位置互补，ɑ 只出现在 ɑŋ、iɑŋ、uɑŋ、ɑu、iɑu、uɑ 中。

三　声调

魏县方言有 4 个单字调。

阴平 33　　东该灯风通开天春　搭哭节谷塔拍切百刻急又　麦叶月

阳平 53　　门龙牛油铜皮糖红　毒白盒罚　急又

上声 55　　懂古鬼九统苦讨草　买老五有

去声 312　冻怪半四痛快寸去　卖路硬乱洞地饭树　动罪近后　六

说明：

（1）上声时长较短。

（2）去声调的下降部分是主要的。

叁 连读变调

单字调在语流中会发生有规律的变化。这里分析两字组的连读变调规律。先看后字为非轻声的两字组连调情况，见表1：

表1　魏县方言后字为非轻声的两字组连调表

前字＼后字	阴平 33	阳平 53	上声 55	去声 312
阴平 33	33-33 香菇　乌龟 公猪　喝汤 53-312 妈妈_{乳房}	33-53 葱头　香油 说媒　爹娘	33-55 闺女　不管 木耳　吃奶	33-312 菠菜　猪圈 清酱　出殡 53-312 得劲　月亮 鸡蛋　说话_儿
阳平 53	53-33 台风　洋灰 成天　云鸡 53-**312** 蘑菇　黄瓜 红薯　王八	53-53 洋油　明年 围裙　眉毛 53-**312** 寒食　石头 回来　核桃	53-55 着火　凉水 前晌　白酒 53-**312** 云彩　年景_儿	53-312 瞧病　成殓 白面　狐臭 徒弟　白菜 萝卜　和尚

（续表）

前字＼后字	阴平 33	阳平 53	上声 55	去声 312
上声 55	55-33 品脉　打针 改锥　小心 **53**-**312** 牡丹	55-53 响雷　老人 本钱　赶集	55-55 打闪　母狗 小产　旅馆 **53**-**312** 蚂蚁　嘴水 火纸 53-33 早早儿	55-312 韭菜　手电 炒菜　跑肚
去声 312	312-33 见天　大麦 喂猪　豆浆	312-53 放牛　肚疼 溃脓　断怀	312-55 下雨　大水 顺手　断奶 312-**33** 玉黍　这会儿 **53**-312 露水	**31**-312 救命　地动 孬蛋　坐便 **53**-312 对住

说明：

（1）去声 312 的上升部分的变化幅度在语流中一般不明显，整体调值大多接近 31 或 311。

（2）连调式"53-312"对应多种单字调组合，其所辖字组在普通话和其他方言中，大多后字为轻声。这说明该连调式可能是魏县话两字组中后字声调中和后产生的一种词调模式，这种模式的调值恰好和由"阳平＋去声"的单字调组成的连调式同值，而和表 2 中后字为轻声的连调式的调值不同。这里仍将其列入后字为非轻声的两字组连调规律中。"53-312"所辖的字组，有一部分前字读音轻短，以中古入声字"圪"为前字的词出现的频率最高，如圪堆、圪抓、圪台、圪摇等，也有其他中古入声字今读阴平的，如：出溜、吃劲、骨头、活络、轱辘、速度等，还有少数是中古舒声的，如：荷包、蒲草、伙计、货郎、嘟噜、蛤蟆等。由于这一类变调情况总体数量较少，而且以带有固定标志"圪"的字组为主，所以仍归入"53-312"连调式。

（3）"上声＋上声"对应的"53-33"连调式，所辖字组为单音节词的重叠形式（后字儿化）。

（4）少数字组不符合上述规律，如：左手 312-55。

再看后字为轻声的两字组连调情况，见表 2：

表 2　魏县方言后字为轻声的两字组连调表

前字＼后字本调	阴平 33	阳平 53	上声 55	去声 312	不明确
阴平 33	33-0 星星　蛛蛛 麦秸　正月	33-0 高粱　冰凌 芝麻　客人	33-0 热水　开水 清早　家里	33-0 阴历　松树 干净　窗户 53-0 柏树　木匠	33-0 沙子　衣裳 铺的　钥匙
阳平 53	53-0 葵花　南瓜 头发	53-0 围脖　男人	53-0 头里　苹果 柴火　勤谨	53-0 阳历　皮戏ᵣ	53-0 茄子　糊涂 男哩　便宜
上声 55	55-0 草鸡　姐夫	55-0 鲤鱼　海棠 暖壶　老实	55-0 痒痒　姥姥 晌午　耳朵 53-0 烤烤　想想 把把ᵣ	55-0 柳树　女婿 小气　反正	55-0 冷子　尾巴 老了　女哩
去声 312	312-0 嫁妆　大方 妹夫ᵣ	312-0 过年　进来 丈人　大爷	312-0 后晌　稻草 菜籽　翅膀	312-0 爸爸　妹妹 雾气　上去	312-0 稻子　盖的 病了　认得

说明：

（1）"上声＋轻声"的"53-0"连调式，所辖字组为单音节词的重叠形式。

（2）一些字组不符合上述规律，如：姑姑 55-0｜高兴 55-0｜木头 53-0｜小叔ᵣ 53-0。

肆 异读

一 新老异读

1.1 声母

老男和青男在声母上只有个别字存在差异，如：宿 ɕy³³-ʂu³³。有的字，老男存在异读，而青男只有与普通话同类的形式，如：比 pʰi³¹²/pi⁵⁵-pi⁵⁵ ｜ 耕 tɕiŋ³³/kəŋ³³-kəŋ³³。

1.2 韵母

老男和青男在韵母上的差异，主要集中在中古入声字中。有的字，青男的韵类和音值与普通话更接近，如：法 fə³³/fa³³-fa³³ ｜ 列 lɛ³³-liɛ³³ ｜ 测 tʂʰe³³-tʂʰɤ³³。但有的字相反，老男的韵类和音值与普通话更接近，如：尺、吃 tʂʰʅ³³-tʂʰe³³ ｜ 虱 ʂʅ³³-sɛ³³ ｜ 栗 li³³-liɛ³³ ｜ 各 kɤ³³-kɛ³³。在老男有异读的字中，有的字青男没有异读，且其韵类与普通话一致，如：耕 tɕiŋ³³/kəŋ³³-kəŋ³³。但是也有一些字，老男的文读比青男的韵类更接近普通话，如：骨 kuɛ³³/ku³³-kɛ³³。

总的来看，老男的韵母类别与青男之间的差异，并不显示青男与普通话更接近。

1.3 声调

老男和青男在声调上只有个别字存在差别，青男的调类与普通话一致，如：恶 ɤ³³-ɤ³¹²。

二 文白异读

老男的文白异读主要分布在中古入声字中。存在异读的音类主要是韵母。

咸摄字，白读为 [ə ɤ] 类，文读为 [a]，如：拉 lɤ³³/la³³ ｜ 夹 tɕiə³³/tɕia³³ ｜ 插 tʂʰɤ³³/

tʂʰa³³ ｜ 法 fə³³/fa³³。

山摄一二等字，白读为 [ə ɤ] 类，文读为 [a]，如：八 pə³³/pa³³ ｜ 辣 lɤ³³/la³³。三等字章组，白读为 [ɛ]，文读为 [ɤ]，如：折 tʂɛ³³/tʂɤ³³。

臻摄字，白读为 [uɛ ə] 类，文读为 [u a] 类，如：出 tʂʰuɛ³³/tʂʰu³³ ｜ 发 fə³³/fa³³。

宕江摄字，白读为 [iə yə] 类，文读为 [yɛ iɑu] 类，如：雀 tɕʰiə³³/tɕʰyɛ³³ ｜ 削 ɕyə³³/ɕyɛ³³ ｜ 角 tɕyə³³/tɕiɑu³³。

曾摄字，白读为 [ɛ uɛ əi] 类，文读为 [ə əu ɤ] 类，如：国 kuɛ³³/kuə³³ ｜ 墨 məi³¹²/mə³¹² ｜ 刻 kʰɛ³³/kʰɤ³³。

梗摄字中，白读较整齐地读为 [ɛ]，而文读分为不同类，分别与相应的普通话韵类一致，如：策 tʂʰɛ³³/tʂʰɤ³³ ｜ 拆 tʂʰɛ³³/tʂʰai³³。

通摄字中，一等字白读为 [uɛ]，三等帮组为 [ɛ]，精组为 [y]。文读则整齐地读为 [u] 类，与普通话的归类方式一致，如：屋 uɛ³³/u³³ ｜ 福 fɛ³³/fu³³ ｜ 足 tɕy³³/tʂu³³。

伍 儿化韵

韵母 ɚ 没有相应的儿化韵。其他基本韵母的儿化规律及例词见表3：

表3 魏县方言儿化韵与基本韵母对应关系表

儿化韵	基本韵母	例词	儿化韵	基本韵母	例词
ər	ən	婶儿	yɚr	yan	圈儿 卷儿
	əi	笔儿	ɣr	ɛ	色儿
	ʅ	事儿		ɣ	歌儿
iər	i	集儿		ə	脖儿
	in	音儿		əŋ	风儿
uər	uəi	鬼儿	iɣr	ei	夹儿
	uən	文儿		iɛ	节儿
yər	y	驴儿		iŋ	星儿
	yn	君儿	uɣr	uə	过儿
ɑr	a	把儿		uɛ	国儿
	ɑŋ	棒儿		uəŋ	瓮儿
iɑr	ia	芽儿	uɣr	uŋ	洞儿
	iɑŋ	羊儿	yɣr	yɛ	雪儿
uɑr	ua	瓜儿		yə	药儿
	uɑŋ	光儿		yŋ	穷儿
ɐr	ai	带儿	ur	u	屋儿 土儿
	an	胆儿	ɑur	ɑu	袄儿 桃儿
iɐr	ian	烟儿 尖儿	iɑur	iɑu	窑儿 条儿
uɐr	uai	块儿	əur	əu	扣儿 猴儿
	uan	环儿	iəur	iəu	酒儿 油儿

第二十七节　张北方音

壹　概况

一　张北概况

张北县位于河北省西北部、内蒙古高原南缘的坝上地区，属张家口市。东南部与崇礼县交界，北部与沽源县、康保县接壤，西部与尚义县毗邻。

张北县地理坐标为东经114°10′—115°27′，北纬40°57′—41°34′。境域东西长109公里，南北宽67公里，总面积4185平方公里，地形大致可分为东南坝头区、西部丘陵区、中部平原区三个类型。

张北县辖7个镇、11个乡、366个行政村。到2020年全县总人口35.6万。居民以汉族为主，占总人口的98%。少数民族有蒙古族、回族、满族等。少数民族使用汉语。张北方言属晋语张呼片。东路二人台和张北大鼓是使用方言说唱的艺术形式。

二　发音人概况

老男发音人：程满峰，1956年3月出生，张北县五金公司退休职员。1956年生于张北县城，出生后至1963年在张北生活，1963年至1968年在张北镇教育街小学读书，1968年至1971年在张北一中读初中，1971年至1976年在本地打工，1976年至2016年在张北县五金公司工作，调查时退休在家。

青男发音人：张利彪，1987年8月出生，公司职员。1987年生于张北县城，出生后至1993年在张北生活，1993年至1999年在张北镇树儿湾小学读书，1999年至2002年在张北二中读初中，2002年至2005年在张家口市职业高中读书，毕业后至调查时在张北县移动公司工作。

贰 声韵调

一 声母

张北方言有22个声母，包括零声母。

p 八兵病别	pʰ 派片爬劈	m 马门明麦	f 飞风饭副	v 味温王袜
t 多端东毒	tʰ 讨天甜踢	n 脑南能奴		l 老连路驴
ts 资早坐贼 张装竹择	tsʰ 刺草寸祠 抽春茶吃		s 丝三酸缩 山手双十	ʐ 软荣热日
tɕ 酒九绝菊	tɕʰ 清全轻权	ȵ 年泥牛女	ɕ 想谢响县	
k 哥高共谷	kʰ 开口宽阔	ŋ 熬安矮恶	x 好很灰活	
ø 儿药云五				

说明：

（1）声母 tɕ、tɕʰ、ɕ 的主被动发音部位均较靠前，有舌尖音色彩，在有的音节中十分接近 ts 组声母，如：酒、九。

（2）声母 v 的实际音值是 [ʋ]，ʐ 的实际音值是 [ɻ]。

二 韵母

张北方言有36个韵母。

ɿ 资次丝师	i 西米弟戏	u 苦五猪布	y 雨驴橘文 局文

ʅ 日

ər 儿耳二

a 大马茶瓦　　　　ia 家虾俩牙　　　　ua 抓瓜花划

　　　　　　　　　ie 姐写鞋爷　　　　　　　　　　　　　　ye 靴倔

ə 破歌车盒　　　　　　　　　　　　　uə 多过火索

ai 开排外白　　　　　　　　　　　　　uai 怀拐快坏

ei 赔埋嘴卫　　　　　　　　　　　　　uei 吹鬼碎对

au 宝饱烧勺　　　　iau 表桥笑药 文

əu 豆走路肉　　　　iəu 牛九油六

æ̃ 南站山碗　　　　iæ̃ 减盐片年　　　　uæ̃ 短官关穿　　　yæ̃ 圈权院元

ɔ̃ 糖唱方王　　　　iɔ̃ 响样讲腔　　　　uɔ̃ 撞床光双

əŋ 深根灯升争瓮　　iŋ 心今冰病星硬　　uŋ 寸滚东红农共　yŋ 均云兄永熊用

əʔ 塔十辣色尺　　　iəʔ 鸭节一药 白 北　uəʔ 活骨托国绿　　yəʔ 月学橘 白 局 白

说明：

（1）韵母 ai、uai 中 a 的实际读音为 [ɛ]；韵母 ə、uə 的实际音值是 [ɤ][uɤ]。

（2）韵母 au、iau 中，韵腹到韵尾的动程很短，整体音值接近 [ɔ][iɔ]。

（3）韵母 ɔ̃、iɔ̃、uɔ̃ 的鼻音色彩较弱，韵腹舌位偏低。

（4）əʔ 类韵母，韵腹元音舌位偏低，接近 [a]，喉塞音韵尾在说单字时不明显。

三　声调

张北方言有 4 个单字调。

平声 42　　东该灯风通开天春门龙牛油铜皮糖红　拍白盒

上声 55　　懂古鬼九统苦讨草　买老五有

去声 213　　冻怪半四痛快寸去　卖路硬乱洞地饭树　动罪近后

入声 32　　谷百塔搭哭急节切刻　毒罚　六麦叶

说明：

（1）去声的上升段是主要的，下降部分幅度较小，整体调值接近 113。

（2）入声调值 32，有时起点和终点均较低，实际调值为 21。

叁 连读变调

单字调在语流中会发生有规律的变化。这里分析两字组的连读变调规律。先看后字为非轻声的两字组连调情况，见表1：

表1 张北方言后字为非轻声的两字组连调表

前字＼后字	平声 42	上声 55	去声 213	入声 32
平声 42	42-42 洋灰 咸盐 白天 相人 44-42 煤油 吹牛 划拳 祠堂	42-55 尘土 苹果 红薯 锣鼓	42-213 天亮 松树 猪圈 家具	42-32 将黑 铅笔 猪血 收拾
上声 55	55-42 土尘 水渠 鲤鱼 养猪	42-55 小产 早起 母狗 滚水	55-213 韭菜 往后 脑袋 保佑	55-32 小麦 粉笔 小月 满月
去声 213	23-42 肉猪 叫鸣 后年 大风	23-55 稻草 玉米 中暑 饭馆儿	23-213 地震 旱地 电棒 半夜	23-32 大麦 号脉 稻谷 教室
入声 32	3-42 出灵 扎针 发愁 舌头	3-55 木耳 没有 不懂 说谎	3-213 绿豆 没气 月亮 做饭	3-32 麦秸 熟悉 胳膊 圪膝

说明：

（1）"平声+平声"的两类连调式，"42-42"是主要的。"44-42"式所辖的字组，以后字为中古浊平的为主。个别例外有"42-55"式，如：蝴蝶ㄦ。

（2）"平声+上声"和"上声+上声"的两种组合的连调都是"42-55"，但两类都存在个别读为"42-42"的例外，"平声+上声"有"着火""前晌"，"上声+上声"有"冷水"。

（3）"去声+上声"的连调有个别例外，如：道古 42-55｜后晌 23-42。

（4）"上声+上声"字组"扫帚"的连调较特殊，按单字调组合，应为"42-55"，实际是"23-42"，与"去声+上声"的例外"后晌"同类。

（5）入声作为前字时，均读短促调。实际调值根据后字调类不同略有区别，平声、上声前为3，去声前为2，入声前为5，这里统一记为3。有个别例外，如：客人3-213｜辣椒ㄦ3-55。

再看后字为轻声的两字组连调情况，见表2：

表2 张北方言后字为轻声的两字组连调表

前字＼后字本调	平声 42	上声 55	去声 213	入声 32	不明确
平声 42	42-0 东西 邻居 明天 媒人	42-0 闺女 沙子 红火 砖头	42-0 时候 菩萨 亲戚 天气	42-0 正月 头发 舒服 王八	42-0 冰溜 妯娌 芫荽 萝卜
上声 55	55-0 姐夫 枕头 牡丹	55-0 晌午 耳朵 奶奶 姥姥	55-0 买卖	55-0 老实	55-0 有了 我们 尾巴 女的
去声 213	**23**-0（A） 妹夫 上头 算盘 大方	**23**-0（A） 屁股 柜子 右手 兔子	**23**-0（A） 叫唤 运气 **23**-0（B） 舅舅 妹妹 大大 翅翅 **21**-0 弟弟 爸爸 谢谢	——	**23**-0（A） 记得 忘了
入声 32	**32**-0 出来	**32**-0 竹子 叶子 谷子 鸭子	——	**32**-0 腊月 角角 歇歇ㄦ	**32**-0 这么 吃的

说明：

（1）"去声＋去声"的"23-0（A）"连调式实际调值是"23-2"，"23-0（B）"的实际调值是"23-55"。"21-0"的实际调值是"21-55"。"23-0（B）"和"21-0"两种连调，后字不轻不短，但因失去本调，也统一处理为轻声，它们所辖字组都是重叠式的。其他组合中的重叠式字组都和非重叠式字组连调一致。

（2）"23-0（B）"和"21-0"两种连调的前字，调值变化幅度实际均较小，有时接近平调33。

（3）入声作前字的连调有个别例外，如：木头 3-213 ｜疙瘩 33-0。

肆 异读

一 新老异读

老男和青男的差异主要在入声字上。中古入声字在二人口中都有韵母变为阴声韵、声调改为非入声的情况，但涉及的汉字有差别：

老男入声，青男阴声：舌 səʔ³²-sə⁴² ｜ 各 kəʔ³²-kə²¹³ ｜ 鹤 xəʔ³²-xə²¹³ ｜ 握 vəʔ³²-və²¹³ ｜ 式 səʔ³²-sʅ²¹³ ｜ 业 iəʔ³²-iɛ²¹³。

老男阴声，青男入声：盒 xə⁴²-səʔ³² ｜ 闸 tsa⁵⁵-tsəʔ³² ｜ 夹 tɕia⁴²-tɕiəʔ³² ｜ 物 uəʔ³²-u²¹³ ｜ 弱 zuəʔ³²-zau²¹³ ｜ 叔 suəʔ³²-su⁴²。

在音值层面，青男的入声韵母 əʔ、iəʔ、uəʔ、yəʔ 的韵腹元音舌位实际较低，整体音值接近 [aʔ][iaʔ][uaʔ][yaʔ]。

二 文白异读

老男的文白异读主要见于中古曾梗通摄的部分入声字。存在异读的音类主要是韵母和声调。白读韵母为入声韵 əʔ、iəʔ、uəʔ、yəʔ，声调为入声，文读韵母和声调一般都同普通话的音类，如：窄 tsəʔ³²/tsai⁵⁵ ｜ 百 piəʔ³²/pai⁵⁵ ｜ 鹿 luəʔ³²/lu²¹³ ｜ 局 tɕyəʔ³²/tɕy⁴²。

伍 儿化韵

韵母 ər、ʅ、iəu、yɛ 及来源于中古曾通摄的 yŋ、uŋ 没有相应的儿化韵。其他基本韵母的儿化规律及例词见表 3：

表 3　张北方言儿化韵与基本韵母对应关系表

儿化韵	基本韵母	例词	儿化韵	基本韵母	例词
ɛr	a	裤衩儿　把儿	yɛr	yæ	烟卷儿　手绢儿
	ə（舌根音声母）	年时个儿　唱歌儿			
	u（f 声母）	媳妇儿　夜蝙蝠儿		yəʔ	雀儿
	ai	小孩儿	ɿe	ʅ	戒指儿　刺儿
	ei	味儿			
	æ	猪肝儿　床单儿		əŋ（深臻摄非舌根声母）	眼睛仁儿　本儿
	əŋ（曾梗摄）	蜂儿　水坑儿	iər	i	后末尾儿　马蹄儿
	əʔ	变戏法儿　蛋壳儿		iŋ（深臻摄）	背心儿

（续表）

儿化韵	基本韵母	例词	儿化韵	基本韵母	例词
iɛr	ia	下ᵣ	uər	uŋ（深臻摄非舌根音声母）	村ᵣ　单轮ᵣ车
	iɛ	老爷ᵣ　蝴蝶ᵣ	yər	y	闺女ᵣ
				yŋ（深臻摄）	小军ᵣ
	iæ̃	当间ᵣ　零钱ᵣ	uor	ɤr	自行车ᵣ　媒婆ᵣ
	iŋ（曾梗摄）	押小定ᵣ　名ᵣ		ə（非舌根音声母）	
	iəʔ	歇歇ᵣ		uə（非舌根音声母）	花骨朵ᵣ
uɛr				uəʔ	手镯ᵣ
	ua	荷花ᵣ　松花ᵣ蛋	ɔr	au	枣ᵣ　淖ᵣ
	u（舌根音声母）	把故ᵣ		ɔ̃	地方ᵣ
	əu	指头ᵣ　路ᵣ	iɔr	iau	面条ᵣ　辣椒ᵣ
	uə（舌根音声母）	干活ᵣ　水果ᵣ		iɔ̃	花样ᵣ
	uai	一块ᵣ	uɔr	uɔ̃	蛋黄ᵣ
	uei	裤腿ᵣ　亲嘴ᵣ			
	uæ̃	饭馆ᵣ			
	uŋ（深臻摄舌根音声母）	冰棍ᵣ			

第二十八节 万全方音

壹 概况

一 万全概况

万全区在河北省西北部，隶属于张家口市。西、北以明长城为界与尚义、张北两县接壤，南隔洋河与怀安县相望，东临张家口市桥西区。

万全区地理坐标为东经114°20′—114°50′，北纬40°41′—41°15′。区域东西长37公里，南北宽35公里，面积1162平方公里。全区地势北高南低，由北向南，丘陵、沟壑纵向伸延，形成北部低中山区、中部低山区、南部河川区三个自然区域。

万全区下辖4镇7乡、171个行政村、1个街道办事处、11个社区。到2020年全区总人口21.6万，其中城区常住人口6.2万。人口以汉族为主，占99.99%以上。万全区方言属晋语张呼片。

二 发音人概况

老男发音人：原巨纲，1956年12月出生，张家口市城关小学退休教师。2018年调查时居住在万全区城关小学。出生于万全区万全镇西南街，1964年至1967年在城关小学上初小，1967年至1969年在盆窑小学上高小，1969年至1971年在沙家庄中学读初中，1971年至1974年在万全中学读高中，1974年至2016年在城关小学任教，2016年退休在家。

青男发音人：孙虎，1988年6月出生，张家口市万全镇西北街农民。2018年调查时居住在万全区万全镇。出生于万全区万全镇西北街，1995年至2001年在城关小学读小学，2001年至2004年在川流中学读初中，2004年至2007年在张家口卫生学校读中专，2007年毕业后在万全镇西北街务农。

贰 声韵调

一 声母

万全方言有 22 个声母，包括零声母。

p 八兵病别	pʰ 派片爬劈	m 马门明麦	f 飞风饭副	v 味温王袜
t 多端东毒	tʰ 讨天甜踢	n 脑南能奴		l 老连路驴
ts 资早坐贼 张装竹择	tsʰ 刺草寸祠 抽春茶吃		s 丝三酸缩 山手双	z 软荣热日
tɕ 酒九绝菊	tɕʰ 清全轻权	ȵ 年泥牛女	ɕ 想谢响县	
k 哥高共谷	kʰ 开口宽阔	ŋ 爱安恶额	x 好很灰活	
∅ 儿药云五熬				

说明：

（1）声母 n 只与开口呼和合口呼韵母相拼，声母 ȵ 只与齐齿呼和撮口呼韵母相拼，二者无音位对立。

（2）声母 ts、tsʰ、s、z 有时分别有 [tʂ][tʂʰ][ʂ][ʐ] 的变体。

二 韵母

万全方言有 39 个韵母。

ɿ 资次知师	i 西米弟戏	u 苦五猪布	y 句渠驴雨
ər 儿耳二			
a 大马茶瓦	ia 家虾俩牙	ua 抓瓜花滑	
ə 多破歌车		uə 拖过火坐	yə 靴
ɔ 包桃早靠	iɔ 表桥腰钓		
ɛi 开排外白		uɛi 怀拐快坏	
ei 赔埋嘴卫	iei 街姐鞋借	uei 吹鬼碎对	
ou 偷走路肉	iou 牛九油六		
an 南占山碗	ian 减盐片年	uan 短官关穿	yan 圈权院元
aŋ 糖唱方王	iaŋ 响样讲腔	uaŋ 撞床光双	
əŋ 深根灯升争翁	iəŋ 心今冰病星硬	uəŋ 寸滚东红农共	yəŋ 均云兄永熊用
ʌʔ 盒辣壳客文	iʌʔ 鸭贴灭客白	uʌʔ 活刮托国	yʌʔ 月越
əʔ 福刻窄十	iəʔ 接一北药	uəʔ 骨出郭绿	yəʔ 学橘雀律

说明：

（1）韵母 a、ia、ua 的韵腹实际音值是 [ᴀ]。

（2）韵母 ə、uə 的韵腹实际发音时，舌位略高略后，接近 [ɤ]。"ə"与唇音声母拼合时，有少数字，其前有短暂的过渡音 [u]，如"婆"。

（3）韵母 iei 的主元音发音时舌位实际比 e 略高，介于 i 与 e 之间。

（4）韵母 ou、iou 的韵腹有展唇色彩。

（5）韵母 aŋ、iaŋ、uaŋ 的发音极不稳定，读单字时音值一般是 [ɑŋ][iɑŋ][uɑŋ]，在词汇或语流中，有时是 [ã][iã][uã]，甚至是 [a][ia][ua]，如"刚、想、慌"；aŋ、uaŋ 有时还有读成 [əŋ][uəŋ] 的情况（与韵母 ə、uə 的实际发音略有不同），如"房、霜、忘"等。在音系和单字中，统一记为 aŋ、iaŋ、uaŋ，在词汇和语法部分则按实际音值进行记录。

（6）韵母 əŋ、iəŋ、uəŋ、yəŋ 中，uəŋ、yəŋ 的非零声母音节，ə 有圆唇色彩，而且非常短暂。在字组中，有个别字发音近于 [ən][iən][uən][yən]，均统一记作 əŋ、iəŋ、uəŋ、yəŋ。

（7）韵母 ʌʔ、iʌʔ、uʌʔ、yʌʔ 的韵腹 ʌ，实际音值舌位略靠前。

（8）阴入字有的喉塞尾弱化。

三　声调

万全方言有 5 个单字调。

平声 41　东该灯风通开天春门龙牛油铜皮糖红　百拍~节~　白

上声 55　懂古鬼九统苦讨草　买老五有

去声 213　冻怪半四痛快寸去　卖路硬乱洞地饭树　动罪近后　六麦~子

阴入 22　谷塔搭哭急节切刻拍~手　叶月麦~小~

阳入 4　毒盒罚十习学　摘橘菊

说明：

（1）平声的起点和落点略高，调值实际介于 52 和 41 之间。

（2）上声在实际发音时，起点和落点略低，调值近于 454。

（3）去声在实际发音时，起点略低，降幅较小，落点略高，调值近于 114。

（4）阴入的实际调值多为 23，阳入的实际调值有时是 43。

叁 连读变调

单字调在语流中会发生有规律的变化。这里分析两字组的连读变调规律。先看后字为非轻声的两字组连调情况，见表1：

表1 万全方言后字为非轻声的两字组连调表

前字＼后字	平声 41	上声 55	去声 213	阴入 22	阳入 4
平声 41	41-41 今年 匙匙 洋灰 煤油	44-55 中指 亲嘴 锣鼓 窑姐 54-55 开水 家里 苹果 红火	41-213 公历 松树 闲在 油菜	41-22 猪血 中药 洋蜡 茶叶	41-4 生活 同学
上声 55	44-41 草鸡 手巾 打鸣 伙房	44-55 可以 经理 54-55 左手 两本 水果 典礼	44-213 以后 礼拜 柳树 韭菜	44-22 喜鹊 满月 打折 指掐	44-4 死活 五十
去声 213	24-41 豆浆 订婚 过年 算盘	45-55 玉米 下雨 害口 父母	24-213 路费 味道 种菜 庙会	24-22 稻谷 大麦 教室 第一	44-4 中毒 上学

(续表)

前字＼后字	平声41	上声55	去声213	阴入22	阳入4
阴入22	**44-41** 铁锅 墨汁 落山 麦秸	22-55 木耳 发痒 一起 眨眼	22-213 黑夜 掰断 入殓 一万	22-22 腊月 答复	**44-4** 发达 七十
阳入4	4-41 核桃 石灰	**22-55** 直爽 石板 十五	4-213 实在 十六 **22-213** 集市 活动 学校	4-22 及格	4-4 学习

说明："44-55"连调式中，前字的44实际略有下降。

再看后字为轻声的两字组连调情况，见表2：

表2 万全方言后字为轻声的两字组连调表

前字＼后字本调	平声41	上声55	去声213	阴入22	阳入4	不明确
平声41	41-13 高粱 天天 芝麻 东西 41-21 回来 爹爹 姑姑 桃儿	41-13 坛子 瓶子 聋子 钉子 41-21 窗子 蝇子 梯子 孙子	41-21 螃蟹 家具 蚊帐	41-13 正月 王八 吆喝 41-21 前日	41-21 三十	41-13 萝卜 咱们 男的 赔了 41-21 芫荽 菩萨 便宜
上声55	55-43 左边 响儿 里头 起来	55-43 檩子 耳朵 姐姐 奶奶	55-43 手艺 哪下	55-43 鬼节 五月	55-43 老实	55-43 尾巴 抖擞 有了 女的
去声213	213-32 后天 地方 路儿 缝缝 **24-55** 后头 上头 下头 外头	213-32 灶火 豆腐 柿子 跳蚤 **24-55** 夜里	213-32 运气 道士 谢谢 俅货 **24-55** 妹妹 巷巷 馅馅 要是	213-32 信息 记得 **24-55** 正式	213-32 技术 大学 **24-55** 事实	213-32 亮了 馄饨 簸箕 **24-55** 这么

（续表）

前字＼后字本调	平声41	上声55	去声213	阴入22	阳入4	不明确
阴入22	22-23 木头　客人	22-23 栗子　竹子 叶子　麦子	22-23 月份　折摞	22-23 窟窟　钵钵 角角　八月	22-23 结实	——
阳入4	4-43 石头　石榴	4-43 席子　橘子	——	4-43 熟悉　拾掇	4-43 泊泊	——

说明："24-55"连调式中的轻声55并不轻短，但因为失去本调，这里仍处理为轻声。其他轻声音节虽较轻短，但同一种单字调组合下的实际调值又常有所不同，如平声和上声做前字时的各种情况，这里均记出实际调值。

肆 异读

一 新老异读

1.1 声母

普通话中的开口呼零声母，老男有的为零声母，有的为 ŋ 声母。青男与之相比，读 ŋ 声母的情况更多一些，如：熬 ɔ⁴¹-ŋɔ⁴¹ ｜ 矮 ɛi⁵⁵-ŋei⁵⁵。

1.2 韵母

与老男相比，青男韵母 aŋ、iaŋ、uaŋ 发音时，ŋ 尾丢失的情况更为常见，多发成 [a ia ua] 或 [ə iə uə]，在音系描述层面我们仍统一处理成 aŋ、iaŋ、uaŋ，但在词汇和语法记音中则按实际音值记录。

青男 əŋ、iəŋ、uəŋ、yəŋ 这一组韵母，与老男相比，部分音节发音时 ŋ 尾发音部位靠前，近于 n，我们将其记作 ən、iən、uən、yən，后鼻音尾韵母只有 uŋ。

青男 ʌʔ、iʌʔ、uʌʔ 这一组韵母，与老男比，有部分混入了 əʔ、iəʔ、uəʔ 组。

1.3 声调

青男的上声 55 调，实际调值有时略降，接近 54。

青男的阴入 22，单念时实际调值为 21，且时长较短，与老男单念时的 23 调值不同。

青男的阳入 4，单念时即为 4，与老男阳入实际调值为不短的 43 调值不同。

老男的入声字，青男有一些读为非入声韵母，调类改为与普通话的归类一致，如：佛 fəʔ²²-fə⁴¹ ｜ 墨 məʔ²²-mə²¹³ ｜ 鹤 xʌʔ⁴-xə²¹³。

二 文白异读

有文白异读的字不多，以白读为入声韵、文读为非入声韵的情况为主，如：角 tɕiəʔ²²/tɕiɔ⁵⁵ ｜ 拍 pʰiəʔ²²/pɛi⁴¹。

伍 儿化韵

词缀"-儿"具有小称功能,在语音上因所附词根音节的韵母不同而具有不同的语音表现形式:儿尾型,"-儿"的语音为保持独立的轻声音节;儿化型,"-儿"与所附音节合并为一个音节,韵母为儿化韵。对应儿尾型的词根音节韵母是:i、u、y、ʅ、iei、ɔ、iɔ、ou、iou、a、ia、ua、uə、əʔ、iəʔ、uəʔ、yəʔ、uʌʔ。儿化型中基本韵母和儿化韵的对应关系见表3。

韵母 ə 兼有两种语音类型,多数情况下对应儿化韵 ɐr,如表3中所举例证,个别情况对应儿尾型,如:大花蛾儿 ta^{24}xua^{41}ŋə^{41}ər^{0};韵母 iaŋ 较为特殊,处于儿化型和儿尾型的中间状态,如"这样儿",实际音值是 tsəʔ^{22}ia^{213}ər^{0},"儿"虽仍保持独立音节,但使前字丢掉了鼻音韵尾。类似情况也见于韵母 əŋ,该韵母除对应不同儿化韵外,还在个别词中存在过渡形式,如"整整儿一天"中,实际音值是 tsəŋ^{55}tsə^{0}ər^{0}iə^{44}tʰian^{41},"儿"的前字鼻音尾也失落。不过,考虑到 iaŋ 韵母有 [ia] 的变读,əŋ 韵母有 [ən] 的变读,这类中间状态的音值也可能是 ŋ 尾先行脱落形成的。

韵母 əŋ、iəŋ、uəŋ 分别对应 ɐr、iɐr、uɐr 和 ər、iər、uər 两种儿化韵。从"-儿"缀所附前字的中古韵母类型看,əŋ、iəŋ 韵母所辖字中来自中古深臻摄的一般对应 ɐr、iɐr 类,来自曾梗摄的字一般对应 ər、iər 类。韵母 uəŋ 的分化根据现有材料还看不出明显的条件。

另外,韵母 ɐr、yə、iʌʔ、yʌʔ、yəŋ 未发现有附加"儿"缀的用例。

表3 万全方言儿化韵与基本韵母对应关系表

儿化韵	基本韵母	例词	儿化韵	基本韵母	例词
ɐr	ʌʔ	变戏法儿	uɛr	uei	块儿
	ə	大马哥儿 水滋婆儿 打扑克儿 自个儿		uan	饭馆儿
	ei	小孩儿		uaŋ	网儿
	an	面板儿		uəŋ	丢盹儿 村儿
	aŋ	地方儿	yɛr	yan	烟卷儿 手绢儿
	əŋ	蜜蜂儿	ɚ	ei	刀背儿
iɛr	ian	左边儿 零钱儿		əŋ	专门儿 年根儿底 本儿
	iəŋ	杏儿 明儿 大名儿 打鸣儿 背心儿	iər	iəŋ	今儿
			uər	uei	这会儿
				uəŋ	冰棍儿

第二十九节 涿鹿方音

壹 概况

一 涿鹿概况

涿鹿县位于河北省西北部,隶属于张家口市。北与下花园区交界,西北隔黄羊山与宣化区相望,西南与蔚县毗邻,东南与北京市门头沟区和保定市涞水县接壤,东北与怀来县相邻。

涿鹿县地理坐标为东经114°55′—115°31′,北纬39°40′—40°39′。县境南北长90公里,东西宽43公里,总面积2802平方公里。涿鹿县总的地势为南北低、中间高,由西南向东北逐渐倾斜,大部分为丘陵山区。

涿鹿县辖13个镇、3个乡、1个区、373个行政村。到2020年全县总人口35.1万,其中绝大部分为汉族。涿鹿方言属晋语张呼片。用方言演唱的地方剧种有秧歌角戏、岔河梆子等。

二 发音人概况

老男发音人:桂永海,1959年5月出生,个体经营者。1959年出生于涿鹿镇教场村,1959年至1966年在本村长大,1966年至1971年在本村上小学,1972年至1973年在柳苍学校读初中,1974年至1975年在涿鹿中学读高中,1976年至1986年在涿鹿镇兽医站上班,1987年至调查时,在涿鹿镇工作生活。

青男发音人:王伟,1987年4月出生,涿鹿县职教中心教师。1987年出生于涿鹿镇西关村,1987年至1994年在本村长大,1994年至2000年在西关小学读书,2000年至2003年在涿鹿读初中,2003年至2006年在涿鹿中学读高中,2006年至2008年在唐山科技职业技术学院读书,2008年至调查时,在涿鹿工作生活。

贰 声韵调

一 声母

涿鹿方言有 24 个声母，包括零声母。

p 八兵病别	pʰ 派片爬劈	m 马门明麦	f 飞风饭副
t 多端东毒	tʰ 讨天甜踢	n 脑南能奴	l 老蓝连路
ts 资早坐贼 　竹争装纸	tsʰ 刺草寸祠 　　拆茶抄床		s 丝三酸事 　山双虱缩
tʂ 张柱主粥	tʂʰ 抽车船城		ʂ 顺手书十　ʐ 软荣热日生~
tɕ 酒九绝菊	tɕʰ 清全轻权	ȵ 年泥鸟女	ɕ 想谢响县
k 哥高共谷	kʰ 开口宽阔	ŋ 熬安矮恶	x 好很灰活
ø 儿药味云月日~头			

说明：

（1）声母 tɕ、tɕʰ、ɕ、ȵ 的被动发音部位较靠前。n 出现在开口呼和合口呼韵母前，ȵ 出现在齐齿呼和撮口呼韵母前，二者无音位对立。

（2）除单韵母 u 外，合口呼零声母音节中的 u，实际音值是 [ʋ]。

二 韵母

涿鹿方言有 37 个韵母。

ɿ 资刺师丝　　　　　i 鸡米戏急　　　　u 苦五猪布　　　　y 鱼雨女局

ʅ 知迟世日~生~

ər 儿耳二日~头~

a 大马茶辣　　　　 ia 家俩牙鸭　　　　ua 抓瓜瓦刮~文~

ɛ 盖排白百　　　　 iɛ 姐写鞋爷　　　　uɛ 拐快怀外　　　　yɛ 靴学~文~

ə 歌车盒热~文~　　　　　　　　　　　　uə 破多过活

ei 赔埋李北　　　　　　　　　　　　　 uei 嘴吹对驴

ɔ 宝烧勺薄　　　　 iɔ 表桥笑药

ou 豆走路肉　　　　iou 牛九油六

æ̃ 山南反占　　　　 iæ̃ 尖盐减片　　　　uæ̃ 官船短万　　　　yæ̃ 圈权选院

ɑ̃ 方糖绑唱　　　　 iɑ̃ 江羊响样　　　　uɑ̃ 光床双旺

əŋ 深根灯升争横　　 iŋ 心今冰病星硬　　uŋ 寸滚东红农共　　yŋ 均云兄永用
　　　　　　　　　　　　　　　　　　　uəŋ 翁

ʌʔ 塔十热~白~色尺　　 iʌʔ 贴节一锡灭　　　uʌʔ 骨托国谷刮~白~　　yʌʔ 月绿橘学~白~

说明：

（1）韵母 ɛ、uɛ 的实际音值是 [æ uæ]；韵母 ə 在与 tʂ 组声母相拼时，实际音值一般是 [ɻə]，即存在由声母到韵腹的过渡音 [ɻ]，但在明确强调单字音的语境下（如本次语言资源保护工程"单字"部分录音时），也会发成 [ɤ]。韵母 ə 在与其他声母相拼时，实际音值是 [ɤ]。

（2）韵母 ər 独立成音节时 ə 实际发音开口度较大，接近 [ɐ]。

（3）韵母 ʌʔ、iʌʔ、uʌʔ、yʌʔ 中 ʌ 有时接近 [a] 或 [ɤ]，语流中喉塞音 ʔ 常脱落。

（4）韵母 iɔ 的元音之间存在过渡音 ə，整体音值与 [iəu] 接近。

三　声调

涿鹿方言有 5 个单字调。

阴平 44　东该灯风通开天春　　急拍~手~

阳平 42　门龙牛油铜皮糖红　　白盒罚毒~新~拍~片~

上声 45　懂古鬼九统苦讨草　　买老五有　　百

去声 31　冻怪半四痛快寸去　卖路硬乱洞地饭树　动罪近后　六麦叶

入声 43　谷搭节哭塔切刻　月　毒旧

说明：

阴平的实际调值是降调，接近 42，与阳平和入声都很相近。其主要区别是：阴平的开头有较平的时段，形成以降为主的 442 调值；阳平的起点较高，且开头一般无较平的时段，可记为 52；入声的时长相对较短，记为 43。

叁 连读变调

单字调在语流中会发生有规律的变化。这里分析两字组的连读变调规律。先看后字为非轻声的两字组连调情况，见表1：

表 1　涿鹿方言后字为非轻声的两字组连调表

前字＼后字	阴平 44	阳平 42	上声 45	去声 31	入声 43
阴平 44	**42-42** 拉稀　猪肝 相亲　山沟ㄦ **44-42** 花生　应该 **42-44** 公猪　臊猪 当中ㄦ	**44-52** 葱头　街门 丢人　梳头 **42-52** 公牛　爹娘 **42-44** 心疼　媒婆ㄦ	**42-45** 开水　鸡子 丢脸　亲嘴ㄦ **42-42** 肩膀	**44-31** 天亮　冬至 山药　听话 **42-31** 松树　干菜 鸡蛋　知道	**44-43** 猪血　初一 三十　铅笔 **42-43** 钢笔
阳平 42	**52-42** 台风　洋灰 成天　年轻	**113-52** 煤油　着凉 从前　毛驴	**52-45** 洪水　着火 锣鼓　年底	**52-31** 皮蛋　芹菜 茶叶　瞧病 **113-31** 门限 **45-31** 泥匠　相信	**113-43** 油笔　毛笔

（续表）

前字＼后字	阴平 44	阳平 42	上声 45	去声 31	入声 43
上声 45	**42-42** 母猪　水蜻 我爹　土ᵣ蜂ᵣ 45-42 女猫ᵣ	45-52 奶牛　眼红 有钱　草房	**42-45** 打闪　母狗 左手　旅馆	45-31 水地　韭菜 柳树　扫地	45-43 屎褯
去声 31	**23-42** 大街　订婚 豆浆　唱歌ᵣ 31-42 后爹	**23-52** 大油　放牛 盖房　酱油 31-52 肚疼	31-45 下雨　衬袄 废土　中暑	**23-31** 做梦　地动 放屁　最后 31-31 旱地	**23-43** 自杀　教室
入声 43	43-42 发烧　扎针 结婚　一千	43-**52** 说媒　刷牙 发愁　不行	43-45 屹挤　屹眨 不懂　一百	43-31 柏树　折扣 黑夜　吃药	43-43 隔壁　瞎说 擦黑ᵣ

说明：

（1）阴平字在单念时实际调值是42，表中连调式中的42均为与阴平字单念时的42相同的调值，而不是与阳平的单字调42相同的调值。阳平字单念时的实际调值是52，表中的52均为阳平单字调的实际调值。

（2）个别字组的连调不符合上述规则，如"取灯ᵣ"，前字"取"单念时为 tɕʰy⁴⁵，但在该字组中音值为 tɕʰyʌʔ⁴³，这里归为例外，不处理为单独的一类连调式。

再看后字为轻声的两字组连调情况，见表2：

表2　涿鹿方言后字为轻声的两字组连调表

前字＼后字本调	阴平 44	阳平 42	上声 45	去声 31	入声 43	不明确
阴平 44	**42-0** 丝瓜　公鸡 星星　天天	**42-0** 高粱　跟前 清明　今年	**42-0** 虾米　家里 端午　烧酒	**42-0** 干净　窗户 天气　阴历	**42-0** 正月　舒服	**42-0** 姑子　抽屉
阳平 42	42-0 葵花　棉花 元宵　黄瓜	42-0 年成　核桃 明年　前头	42-0 城里　苹果 云彩　笤帚	42-0 油菜　螃蟹 皇历　难受	42-0 王八　芫荽	42-0 雹子　萝卜

（续表）

前字＼后字本调	阴平 44	阳平 42	上声 45	去声 31	入声 43	不明确
上声 45	**55-0** 手巾　牡丹 草鸡　点心	**55-0** 起来　枕头 往年　姥爷	**55-0** 奶奶　晌午 耳朵　老虎	**55-0** 板凳　早上 姊妹　闯荡	**55-0** 老实　满月	**55-0** 李子　尾巴
去声 31	31-0 地方　看瓜 见天　嫁妆	31-0 日头　算盘 后年　外头	31-0 露水　豆腐 稻米　翅膀	31-0 上去　叫唤 半夜　大麦	31-0 盖服	31-0 柿子　钥匙
入声 43	——	43-0 石头　木头 出来　石榴	——	43-0 咳嗽　出去 月亮　媳妇儿	43-0 七月	43-0 竹子　窟窿

肆 异读

一 新老异读

老男和青男的差异主要在入声字上。二人均有中古入声字韵母今读阴声韵、声调为非入声调的情况，但涉及的汉字有差别，如：

老男入声，青男阴声：鼻 piʌʔ⁴³-pi⁴² ｜蘖 ȵiʌʔ⁴³-ȵiɛ³¹。

老男阴声，青男入声：鸭 ia⁴²-iʌʔ⁴³。

第一种情况更多见一些，并且，不少入声字，青男有了阴声韵的新读，如：汁 tʂʌʔ⁴³-tʂʌʔ⁴³/tʂʅ⁴⁴ ｜协 ɕiʌʔ⁴³-ɕiʌʔ⁴³/ɕiɛ⁴² ｜竹 tsuʌʔ⁴³-tsuʌʔ⁴³/tsuʌʔ⁴² ｜育 yʌʔ⁴³-yʌʔ⁴³/y³¹。

此外，在声调上，青男去声 31 的实际调值为 33，与老男的实际调值 31 差别较大。

二 文白异读

有文白异读的字不多，以白读为入声韵、文读为非入声韵的情况为主，如：习 ɕiʌʔ⁴³/ɕi⁴² ｜刮 kuʌʔ⁴³/kua⁴² ｜热 zʌʔ⁴³/zə³¹。值得注意的是，有些字的文读类别和周边官话方言的白读一致，如：摸 mʌʔ⁴³/mɔ⁴⁴ ｜学 ɕyʌʔ⁴³/ɕiɔ⁴²。

伍 儿化韵

韵母 ər、ɿ、yɛ、iʌʔ、uʌʔ、yʌʔ、uəŋ、yŋ 没有相应的儿化韵。其他基本韵母的儿化规律及例词见表3：

表3 涿鹿方言儿化韵与基本韵母对应关系表

儿化韵	基本韵母	例词	儿化韵	基本韵母	例词
ar	a	把儿	ɤr	ə	唱歌儿
	ʌʔ	擦黑儿	iɤr	iɛ	叶儿
iar	ia	豆芽儿	uɤr	uə	水果儿
uar	ua	花儿	ur	u	股儿
ɛr	ɛ	盖儿	ɔr	ɔ	桃儿
	æ̃	甜秆儿	iɔr	iɔ	雀儿 面条儿
iɛr	iæ̃	河边儿	əur	əu	水沟儿
uɐr	uɛ	块儿	iəur	iəu	吹牛儿
	uæ̃	饭馆儿	ãr	ã	电棒儿
yɐr	yæ̃	烟卷儿	iãr	iã	模样儿
ər	ɿ	刺儿	uãr	uã	蛋黄儿
	ei	梨儿	ɔ̃r	əŋ（中古曾梗摄字）	地埂儿 土蜂儿
	əŋ（中古深臻摄字）	本儿	iɔ̃r	iŋ	杏儿 水蜻儿 音儿 信儿

（续表）

儿化韵	基本韵母	例词	儿化韵	基本韵母	例词
iər	i	鸡儿	ɔ̃r	uŋ	冰棍儿　门洞儿
uər	uei	裤腿儿			
yər	y	鱼儿			

说明：

（1）儿化韵母 uɤr 的实际音值是 [uor]，ɔ̃r 的实际音值是 [uõr]。

（2）个别词语的儿化韵音值不符合上述规则，如"媳妇儿"中的"妇"，其单字音韵母为 u，但儿化韵母为 ər。

第三十节　平山方音

壹　概况

一　平山概况

平山县隶属于河北省石家庄市，位于河北省西部，东临鹿泉市，南接井陉县，北靠灵寿县、保定市阜平县，西临山西省阳泉市。

平山县地理坐标为东经 113°31′—114°51′，北纬 38°09′—38°45′。辖区面积 2648 平方公里，地势自东向西北逐渐增高，地貌有山地、丘陵、平原等。

平山县下辖 12 镇、11 乡、717 个行政村。到 2020 年全县总人口 42.3 万，绝大部分为汉族。平山方言属于晋语张呼片。

二　发音人概况

老男发音人：王文海，1953 年 9 月出生，平山县平山镇东关村农民。2016 年调查时居住在平山镇东关村。出生于平山县城，1970 年于东关村初中毕业，1972 年于平山城关高中毕业，1973 年至 1994 年在平山东关小学任民办教师，1995 年至调查时在平山工作生活。

青男发音人：崔小雷，1985 年 11 月出生，平山县平山镇北街村农民。2016 年调查时居住在平山镇北街村。出生于平山镇北街村，2003 年至 2008 年当兵，其余时间都在平山工作生活。

贰 声韵调

一 声母

平山方言有 24 个声母,包括零声母。

p 八兵病别　　pʰ 派片爬劈　　m 马门明麦　　f 飞风饭副

t 多端东毒　　tʰ 讨天甜踢　　n 脑南能奴　　　　　　　　l 老蓝连路

ts 资早坐酒绝　tsʰ 刺草寸清全　　　　　　　　s 丝三酸谢徐

tʂ 张竹柱主　　tʂʰ 抽抄车吃　　　　　　　　ʂ 顺手书十　　ʐ 软荣热日
　争装纸直　　　　拆茶初床　　　　　　　　　事山双顺

tɕ 鸡九军橘　　tɕʰ 气桥坑缺　　ȵ 年牛泥女　　ɕ 戏咸熏瞎

k 哥高共谷　　kʰ 开口宽阔　　ŋ 鹅矮熬安　　x 好很灰活

ø 儿问云药

说明:

(1)声母 n 只出现在开口呼和合口呼韵母前,ȵ 只出现在齐齿呼和撮口呼韵母前,二者无音位对立。

(2)ts 组声母在与齐齿呼、撮口呼韵母相拼时,有很强的腭化色彩,与 tɕ 组音值接近。

(3)声母 ʐ 的实际音值为 [ɻ]。

(4)零声母中,齐齿呼韵母和撮口呼韵母开头有轻微的唇舌同部位摩擦,开口呼有喉头闭塞成分,合口呼除 u 外,音节开头的 u 实际音值是 [ʋ]。

二　韵母

平山方言有 33 个韵母。

ɿ 资字祠丝　　　　　　i 米一雨绿驴　　　　　u 苦五猪布骨木宿文

ʅ 知迟世日

ər 儿耳二

a 大马茶八　　　　　　ia 家俩牙鸭　　　　　　ua 爪瓜瓦刮

ɛ 盖排白百色　　　　　　　　　　　　　　　　　uɛ 拐快怀外

ə 拨婆磨佛　　　　　　eɪ 写节血白薄白表白笑白　　uə 坐活托国

ɔ 宝烧弱桌薄文　　　　iɔ 学角表文笑文

ɤ 歌车舌勺热　　　　　　　　　　　　　　　　　　　　　　　yɤ 靴缺月血文

æi 赔对嘴吹飞类北　　　　　　　　　　　　　uæi 鬼亏灰或胃

ɐu 豆走口叔肉褥　　　iɐu 牛九油六宿白

æ̃ 南山反占　　　　　　iæ̃ 尖盐减片　　　　　uæ̃ 官船短选万　　　yæ̃ 圈权原院

ɑŋ 方糖绑唱　　　　　iɑŋ 江羊响样　　　　　uɑŋ 光床双旺

əŋ 深根灯升争横　　　iŋ 心今冰坑星硬　　　uəŋ 温文问翁　　　yŋ 均云兄永龙白

oŋ 寸滚东红农龙文

说明：

（1）韵母 a、ia、ua 中的 a，实际音值是 [ɑ]。

（2）韵母 ər 的实际音值是带有卷舌特征的 [ɨ]。

（3）韵母 ə 只与唇音声母相拼，其实际音值存在短暂的 u 介音，整体音值与 uə 接近。韵母 iə 的韵腹的实际音值是 [ɛ]。

（4）韵母 ɑŋ、iɑŋ、uɑŋ 在平声条件下，有时在语流中韵腹鼻化、韵尾弱化。

三　声调

平山方言有 4 个单字调。

平声 31　东该灯风通开天春　门龙牛油铜皮糖红　急着～　白盒罚毒

上声 55　懂古鬼九统苦讨草　买老五有　哭

去声 42　冻怪半四痛快寸去　卖路硬乱洞地饭树　动罪近后

入声 24　谷搭节拍塔切刻急～诊　六麦叶月

叁 连读变调

单字调在语流中会发生有规律的变化。这里分析两字组的连读变调规律。先看后字为非轻声的两字组连调情况，见表1：

表1　平山方言后字为非轻声的两字组连调表

前字＼后字	平声 31	上声 55	去声 42	入声 24
平声 31	**53-31** 油条　山沟 哥哥　姑姑 **42-31** 白天　香油	**53-55** 白酒　寻死 锣鼓　亲嘴	**53-42** 松树　银杏 猪圈　街道	**42-24** 听说　猪血 输液
上声 55	55-31 响雷　水坑 以先　牡丹	55-55 洗澡　嚷嘴 打闪　也敢	55-42 也是　水地 柳树　米饭	55-24 水笔
去声 42	**24-31** 订婚　剃头 豆浆　酱油	42-55 断奶　妓女 后悔　下雨	**24-42** 旱地　地动 大豆　尿尿	42-24 半宿　裤衩ㄦ 教室
入声 24	24-31 一千　杀猪 扎针　插秧ㄦ	**31-55** 热水　拉屎 虼蚤	24-42 柏树　入殓 绿豆　做饭	**31-24** 一百　吃药

说明：

（1）"平声＋平声"的两种连调式中，"53-31"是主要的，所对应字组数量较多。"42-31"

只对应少数字组。平声作前字时的变调值 53，其实际调值较平，与上声作前字时的变调值 55 十分接近。

（2）一些字组的连调不符合上述规则，如：把脉 42-24 ｜刷牙 55-31 ｜一天 55-31 ｜不懂 24-55。

再看后字为轻声的两字组连调情况，见表 2：

表 2　平山方言后字为轻声的两字组连调表

前字＼后字本调	平声 31	上声 55	去声 42	入声 24	不明确
平声 31	42-0 清明　长虫 围腰　爷爷	42-0 沙子　开水 红火　云彩	42-0 天气　阴历 凉快　杉树	42-0 星宿　正月 　　　王八	42-0 今儿啦　吆喝 芫荽　萝卜
上声 55	55-0 草鸡　姐夫 扁皮　暖和	55-0 母狗　姐姐 奶奶　婶婶	55-0 小气　反正 左面　韭菜	55-0 小月　满月 讨吃　草麦	55-0 有了　哑巴 想着　怎么
去声 42	55-0 丈人　大娘 算盘　后年	55-0 砚瓦　屁股 妹子　店里	55-0 垫布　怨怅 痛快　叫唤	55-0 柱脚　大伯 对说　戒指儿	55-0 汉们　意着 记得　忘了
入声 24	21-0 历头　木头 出来　北瓜	21-0 竹子　虱子 鸭子　屋子	21-0 出去　媳妇儿	21-0 腊月　叔叔 窄狭	21-0 钥匙　咳嗽 疙瘩　没了

说明：个别字组的连调不符合上述规则，如：舅舅 42-0 ｜上面、下面、右面 21-0 ｜老虎 42-0 ｜哥哥 55-0 ｜俺们、你们、他们 21-0。

肆 异读

一　新老异读

1.1 声母

中古见组二等字，平山方言韵母一般同三四等，声母为 [tɕ] 组，或白读 [tɕ] 组、文读 [k] 组。与老男相比，青男有 [k] 组文读的字更多，如"坑"，老男为 tɕʰiŋ31，青男为 tɕʰiŋ³¹/kʰəŋ³¹。

中古庄组部分入声字，老男白读为 [tʂ] 组，文读为 [ts] 组，而青男则只有文读音，如"侧"，老男为 tʂɛ⁵⁵/tsʰɤ²⁴，青男为 tsʰɤ²⁴。

1.2 韵母

中古通摄三等入声字，平山方言一般为 [ɐu]，或白读为 [ɐu]、文读为 [u]。与老男相比，青男该类字有文读音的更多，如"褥"，老男为 zɐu²⁴，青男为 zɐu²⁴/zu²⁴。

1.3 声调

老男和青男在声调上较为一致。

二　文白异读

2.1 声母

中古见组二等字，白读为 [tɕ] 组，文读为 [k] 组，如：耕 tɕiŋ³¹/kəŋ³¹ ｜ 隔 tɕiə²⁴/kɤ²⁴ ｜ 客 tɕʰiə²⁴/kʰɤ²⁴。这里韵母也相应不同，下文不赘。

中古庄组部分入声字，白读为 [tʂ] 组，文读为 [ts] 组，如：侧 tʂɛ⁵⁵/tsʰɤ²⁴ ｜ 测 tsʰɛ²⁴/tsʰɤ²⁴ ｜ 策 tʂʰɛ²⁴/tsʰɤ²⁴。

2.2 韵母

中古效摄一等字，白读为 [u]，文读为 [ɔ]，如：抱 pu^{42}/pɔ^{42}。但这一类字有文白异读的数量较少。

中古效摄三四等字，知系字白读为 [ɤ]，文读为 [ɔ]，如：照 tʂɤ^{42}/tʂɔ^{42}｜烧 ʂɤ^{31}/ʂɔ^{31}｜绕 zɤ^{42}/zɔ^{42}；非知系字白读为 [iə]，文读为 [iɔ]，如：票 pʰiə^{42}/pʰiɔ^{42}｜庙 miə^{42}/miɔ^{42}｜钓 tiə^{42}/tiɔ^{42}｜叫 tɕiə^{42}/tɕiɔ^{42}｜腰 iə^{31}/iɔ^{31}。宕摄一等入声字的异读与效摄相类，但其文读为开口呼，如：薄 piə^{31}/pɔ^{31}。

通摄三等入声字，白读为 [ɐu iɐu]，文读为 [u]，如：宿 siɐu^{24}/su^{24}｜熟 ʂɐu^{31}/ʂu^{31}。

通摄三等字，白读为 [yŋ]，文读为 [uŋ]，如：龙 lyŋ^{31}/luŋ^{31}。

2.3 声调

在有文白异读的字中，声调在文读和白读中一般是一致的。

伍 儿化韵

韵母 ər 没有相应的儿化韵。其他基本韵母的儿化规律及例词见表3：

表3　平山方言儿化韵与基本韵母对应关系表

儿化韵	基本韵母	例词	儿化韵	基本韵母	例词
ɚ	ɿ	小小子儿	uɤr	uə	干活儿
	ʅ	纸儿	yɤr	yɤ	满月儿
	ə	山坡儿	ɑr	a	把儿
	əŋ（中古深臻摄）	本儿		ɑŋ	电棒儿
	uə	猴儿	iɑr	ia	下儿
	ɛ（部分）	锅盖儿		iɑŋ	稻秧儿

（续表）

儿化韵	基本韵母	例词	儿化韵	基本韵母	例词
ər	ɤ	唱歌儿	uɐr	ua	花儿
	æi	一辈儿		uɑŋ	蛋黄儿
iɐr	i	鸡儿 小闺女儿		ue	块儿
	eə	叶儿 面条儿	ær	æ̃	上班儿
	uɐi	牛牛儿	iær	iæ̃	零钱儿
	u	黑布儿	uær	uæ̃	当官儿
	ɛ（部分）	吃奶儿	yær	yæ̃	圆圈儿
	iŋ（中古深臻摄）	背心儿	ɔr	ɔ	桃儿
uɐr	uæi	味儿		oŋ（中古通摄）	窟窿儿
	oŋ（中古深臻摄）	木棍儿		əŋ（中古曾梗摄）	取灯儿
	uəŋ	花纹儿	iɔr	io	角儿、
yər	i（中古合口部分）	鱼儿		iŋ（中古曾梗摄）	叫明儿
	yŋ	裙儿			

说明：

（1）ər 类儿化韵的韵腹实际音值是有卷舌特征的 [ɨ]，ɐr 类儿化韵的韵腹实际音值是 [ɤə]，ær 类儿化韵的实际音值与 ɐr 类非常接近。

（2）儿化韵母 ɔr、iɔr 的实际音值是 [ɔəɹ][iɔəɹ]，"儿"音节还未完全与所附音节韵母化合。

㊅ 其他音变

口语中"家"[tɕia³¹]出现在词中或词尾时，容易丢失声母 tɕ 和介音 i，变调为轻声，如：石家庄 ʂʅ⁵³a⁰tʂuaŋ³¹ ｜ 谁家 ʂæi⁵³a⁰/ʂæi⁵³ia⁰。

口语中"上"作为方位性词缀时，有时丢失声母 ʂ，有时声母变为 l，声调变为轻声；如果前面还有"子"尾，韵母 aŋ 与"子"的声母 ts 合成一个音节，如：墙上 tsʰiaŋ⁵³aŋ⁰ ｜ 桌子上 tʂɔ²⁴tsaŋ⁰。

第三十一节　鹿泉方音

壹　概况

一　鹿泉概况

鹿泉区位于河北省石家庄市西部，东与正定县、栾城区接壤，北与灵寿县、平山县为界，南接元氏县，西临井陉县。

鹿泉区地理坐标为东经114°10′—114°31′，北纬37°53′—38°17′。区域南北长，东西窄，面积603平方公里。地形总趋势为西高东低，西部属太行山余脉，为低山丘陵区，东部为洪积冲积平原，地势平缓。

鹿泉区下辖9镇、3乡、2个省级园区、208个行政村。到2020年全区总人口50万，绝大部分为汉族。鹿泉区方言属于晋语张呼片。

二　发音人概况

老男发音人：韩家桐，1958年8月出生，鹿泉区旅游局职员。2017年调查时居住在鹿泉区单位宿舍。出生于鹿泉区获鹿镇五街村，1967年至1971年在获鹿县城关镇五六街小学读书，1971年毕业后加入获鹿县剧团，1984年至2007年在获鹿剧场工作，2007年至调查时在鹿泉区旅游局工作，未长期离开本地。

青男发音人：刘岩，1988年6月出生，个体经营者。2017年调查时居住在鹿泉区获鹿镇三街村。出生于鹿泉区获鹿镇三街村，1996年至2001年在获鹿镇三四街小学读书，2001年至2004年在获鹿镇中学读书，2004年至2007年在石家庄铁路运输学校读书，毕业后一直在鹿泉区工作生活。

贰 声韵调

一 声母

鹿泉方言有 24 个声母，包括零声母。

p 八兵病别	pʰ 派片爬劈	m 马门明麦	f 飞风饭副
t 多端东毒	tʰ 讨天甜踢	n 脑南能奴	l 老蓝连路
ts 资早坐酒绝	tsʰ 刺草寸清全		s 丝三酸谢徐
tʂ 张竹柱主 争装纸直	tʂʰ 抽抄车吃 拆茶初床		ʂ 顺手书十 事山双顺	ʐ 软荣热日
tɕ 鸡九军橘	tɕʰ 气桥坑缺	ȵ 年牛泥女	ɕ 戏咸熏瞎
k 哥高共谷	kʰ 开口宽阔	ŋ 鹅矮熬安	x 好很灰活
ø 儿问云药			

说明：

（1）声母 n 只出现在开口呼和合口呼韵母前，ȵ 只出现在齐齿呼和撮口呼韵母前，二者无音位对立。

（2）声母 ʐ 的实际音值是 [ɹ]。

（3）零声母中，齐齿呼韵母和撮口呼韵母开头有轻微的唇舌同部位摩擦，开口呼有喉头闭塞成分，合口呼除 u 外，音节开头的 u 实际音值是 [v]。

二 韵母

鹿泉方言有 41 个韵母。

ɿ 资祠丝字　　　　　　i 弟米戏一文　　　　　　u 苦五猪骨文出文叔文宿文　　　y 雨女绿局

ʅ 师试直尺文

ər 儿耳二

a 大马茶辣　　　　　　ia 家牙俩夏　　　　　　ua 抓化瓦滑刮文

ɛ 开排白色白塞文　　　　　　　　　　　　　　　uɛ 怪快坏外

ʌ 塔法八壳拨白　　　　iʌ 鸭贴接白节白　　　　uʌ 托桌刷霍

ɔ 宝烧勺鹤白　　　　　ɕi 表桥薄药脚文学白

ɤ 歌车色文鹤白尺白　　　iɤ 写接文节文一白　　　　　　　　　　　　yɤ 靴月橘脚白学文

o 破磨佛拨文

ei 赔飞对水北　　　　　　　　　　　　　　　uei 碎吹鬼胃塞白

ou 豆走口肉叔白　　　　iou 牛九油六宿白

æ̃ 南占山半　　　　　　iæ̃ 减盐片年　　　　　　uæ̃ 断官选完　　　yæ̃ 卷权冤院

ə̃ 深根盆嫩　　　　　　iə̃ 心今林引　　　　　　uə̃ 温寸滚问　　　yə̃ 均云裙熏

ɑŋ 糖唱方绑　　　　　　iɑŋ 响样讲腔　　　　　uɑŋ 床光王双

əŋ 灯升争蒙　　　　　　iŋ 冰病星硬　　　　　　uŋ 东红横农共　　　yŋ 穷熊兄用

　　　　　　　　　　　　　　　　　　　　　　uəŋ 翁瓮

说明：

（1）韵母 a、ia、ua 的韵腹舌位偏央。

（2）ʌ 组韵母所辖均为中古入声字，其音值较不稳定，很多时候与 a 组韵母音值非常相近。

（3）韵母 iɤ、yɤ 的韵腹，在入声调中实际音值多为 [ə]，在非入声调中多为 [ɛ]。

（4）韵母 o 实际存在介音 u，整体音值与 uo 接近。

（5）韵母 ɑŋ、iɑŋ、uɑŋ 的韵腹鼻化，鼻尾减弱。

三 声调

鹿泉方言有 4 个单字调。

平声 55　东该灯风通开天春　门龙牛油铜皮糖红　急　拍　毒白盒罚

上声 35　懂古鬼九统苦讨草　买老五有

去声 312　冻怪半四痛快寸去　卖路硬乱洞地饭树　动罪近后　六麦叶月

入声 13　谷百塔搭哭节切刻

说明：

（1）平声 55 实际大多略降，接近 54。

（2）上声和入声的实际调值都接近 24：上声发音起点略低于 3 且稍平，终点略低于 5；入声发音起点略高于 1，发音终点略高于 3，入声一般调长较短（尤其是在语流中，与上声差别明显）。有些字实际已混同，如：百＝摆、指＝纸、做＝左。这里从系统性考虑，仍记出独立的入声调。

叁 连读变调

单字调在语流中会发生有规律的变化。这里分析两字组的连读变调规律。先看后字为非轻声的两字组连调情况，见表1：

表1 鹿泉方言后字为非轻声的两字组连调表

后字 前字	平声 55	上声 35	去声 312	入声 13
平声 55	55-55 台风　清明 山沟　洋灰	55-35 着火　亲嘴 年底　烧纸	55-31 冬至　相信 油菜　蚕豆	55-13 猪血
上声 35	35-55 以前　整天 水坑　往年	**55**-35 左手　洗澡 旅馆　水果儿	35-31 闪电　以后 柳树　扫地	**55**-13 宝塔
去声 312	31-55 放牛　下棋 大河　蜜蜂	31-35 下雨　稻草 裤腿　右手	35-31 看病　孕妇 算卦　笨蛋	31-13 稻谷　教室 大伯　日食
入声 13	13-55 杀猪　刷牙 鲫鱼　扎针	21-35 吃奶　谷雨 不懂　圪捻	13-31 柏树　吃药 出嫁　入殓	**21**-13 作恶　扎脚

说明：

（1）连调中的 55 调与单字阴平调 55 的调值一致，一般都是略降的 54 调。

（2）入声作前字时，调长一般较短，与上声区别明显。

(3)个别字组不符合上述规则,如"旱地",应为35-31,实际为312-31。

再看后字为轻声的两字组连调情况,见表2:

表2 鹿泉方言后字为轻声的两字组连调表

前字＼后字本调	平声55	上声35	去声312	入声13	不明确
平声55	55-0 星星儿 棉花 冰凌 石头	55-0 云彩 塘土 凉水 晌午	55-0 家具 天气 皇历 松树	55-0 乡习 正月	55-0 雹子 芫荽
上声35	35-0 老婆 牡丹 起来 手巾	35-0 奶奶 耳朵 老鼠 姐姐 55-0 晌午 老虎	35-0 女婿 小气	35-0 脸色	35-0 椅子 尾巴
去声312	31-0 日头 算盘 弟兄 外甥	31-0 豆腐 露水 个把 后午	31-0 绿豆 舅舅 担杖 谢谢	31-0 腊八儿	31-0 柿子 记得
入声13	13-0 指头	21-0 屋里	13-0 福气 瞌睡 黑夜 媳妇儿	21-0 指甲	13-0 竹子 咳嗽

说明:

(1)连调式"55-0"中的前字调值,与平声的单字调和非轻声后字连调式中的55调值(略降)不同。

(2)"上声+上声"组合对应的"35-0"和"55-0"两种连调式,前者所辖字组数量较多。

(3)个别字组不符合上述规则,如"运气",应为31-0,实际为35-0。

肆 异读

一 新老异读

老男和青男在语音上没有系统性的差别。

老男有文白异读的字,青男有的只有与普通话类别一致的音,如:十 ʂɤ⁵⁵/ʂʅ⁵⁵-ʂʅ⁵⁵ | 黑 xei¹³/xɤ¹³-xei¹³。

声调为入声的字的数量,青男比老男有所减少,减少的字一般改读为与普通话一致的调类,如:决 tɕyɤ¹³-tɕyɤ⁵⁵ | 索 suo¹³-suo³⁵ | 入 zu¹³-zu³¹²。

二 文白异读

2.1 声母

中古见组二等字,白读为 [tɕ] 组,文读为 [k] 组,如:耕 tɕiŋ⁵⁵/kəŋ⁵⁵ | 坑 tɕʰiŋ⁵⁵/kʰəŋ⁵⁵ | 客 tɕʰiʌ¹³/kʰɤ³¹²。这里韵母也相应不同,下文不赘。

中古知系部分入声字,白读为 [tʂ] 组,文读为 [ts] 组,如:侧 tʂe¹³/tsʰɤ³¹² | 择 tʂe⁵⁵/tsɤ¹³ | 策 tʂʰɛ¹³/tsʰɤ¹³ | 色 ʂe¹³/sɤ¹³。

2.2 韵母

韵母存在文白异读的,主要是中古入声字。

曾摄开口一等字,白读为 [ei],文读为 [ɤ],如:得 tei¹³/tɤ¹³ | 刻 kʰei¹³/kʰɤ¹³ | 黑 xei¹³/xɤ¹³。"塞"字较特殊,白读为 suei¹³,文读为 sɛ¹³。

曾摄开口三等庄组、梗摄开口二等庄组,白读为 [ɛ],文读为 [ɤ],如:侧 tʂe¹³/tsʰɤ³¹² | 色 ʂe¹³/sɤ¹³ | 择 tʂe⁵⁵/tsɤ¹³ | 策 tʂʰɛ¹³/tsʰɤ¹³。

曾摄开口三等章组、梗摄开口三等章组、深摄开口三等章组，白读为 [ɤ]，文读为 [ʅ]，如：织 tsɤ¹³/tʂʅ¹³ ｜ 食 ʂɤ¹³/ʂʅ¹³ ｜ 尺 tsʰɤ¹³/tʂʰʅ¹³ ｜ 十 ʂɤ⁵⁵/ʂʅ⁵⁵。梗摄开口四等溪母字"吃"也属此类：tʂʰɤ¹³/tʂʰʅ¹³。

梗摄开口三等精组、深摄开口三等精组见组、臻摄开口三等影母，白读为 [iɤ]，文读为 [i]，如：积 tsiɤ¹³/tsi¹³ ｜ 吸 ɕiɤ¹³/ɕi¹³ ｜ 习 siɤ¹³/si³⁵ ｜ 一 iɤ¹³/i⁵⁵。

山摄开口四等、梗摄开口四等、臻摄开口三等见组，白读为 [iʌ]，文读为 [iɤ] 或 [i]，如：跌 tiʌ¹³/tiɤ¹³ ｜ 节 tsiʌ¹³/tsiɤ¹³ ｜ 切 tsʰiʌ¹³/tsʰiɤ¹³ ｜ 结 tɕiʌ¹³/tɕiɤ¹³ ｜ 歇 ɕiʌ¹³/ɕiɤ¹³ ｜ 吉 tɕiʌ¹³/tɕi¹³ ｜ 踢 tʰiʌ¹³/tʰi¹³。

江摄入声字白读为 [iɔ]，文读为 [yɤ]：角 tɕiɔ¹³/tɕyɤ¹³ ｜ 学 ɕiɔ⁵⁵/ɕyɤ⁵⁵。

宕摄开口三等入声字白读一般为 [yɤ uo] 类，文读一般为 [iɔ] 类，与江摄正相反，如：脚 tɕyɤ¹³/tɕiɔ¹³ ｜ 约 yɤ⁵⁵/iɔ¹³ ｜ 弱 ʐuo⁵⁵/ʐɔ¹³。个别字较特殊，如"鹤"，白读 xɔ³¹²，文读 xɤ³¹²，与江摄类型相同；再如"恶"，白读为 ŋʌ¹³，文读为 ŋɤ³¹²，独成一类。

通摄一等和非组三等入声字、臻摄合口入声字，白读为 [uo o] 类，文读为 [u]：谷 kuo¹³/ku¹³ ｜ 屋 uo¹³/u¹³ ｜ 福 fo¹³/fu¹³ ｜ 服 fo¹³/fu⁵⁵ ｜ 出 tʂʰuo¹³/tʂʰu¹³ ｜ 骨 kuo¹³/ku¹³；通摄知系三等入声字白读为 [ou]，文读为 [u]：叔 ʂou⁵⁵/ʂu⁵⁵ ｜ 熟 ʂou⁵⁵/ʂu⁵⁵；通摄精组三等入声字白读为 [iou]，文读为 [u]：宿 siou¹³/su¹³；通摄见组三等入声字白读为 [yɤ]，文读为 [y]：菊 tɕyɤ¹³/tɕy¹³ ｜ 曲 tɕʰyɤ¹³/tɕʰy¹³。

2.3 声调

声调存在文白异读的，一般是中古入声字。白读一般是入声，文读一般同普通话调类，如：一 iɤ¹³/i⁵⁵ ｜ 侧 tʂɛ¹³/tsʰɤ³¹² ｜ 客 tɕʰiʌ¹³/kʰɤ³¹²。也有相反的情况，如：择 tʂɛ⁵⁵/tsɤ¹³。

伍 儿化韵

韵母 ər、yŋ 没有相应的儿化韵。其他基本韵母的儿化规律及例词见表3：

表3 鹿泉方言儿化韵与基本韵母对应关系表

儿化韵	基本韵母	例词	儿化韵	基本韵母	例词
ɑr	a	把儿	yər	y	鱼儿
	ʌ	腊八儿		yẽ	花裙儿
iɑr	ia	下儿	ɤr	ɤ	唱歌儿
	iʌ	一掐儿	iɤr	iɤ	树叶儿
uɑr	ua	梅花儿	yɤr	yɤ	小月儿
ɐr	uʌ	托儿	ur	u	小猪儿
	ɛ	布袋儿	uor	o	山坡儿
iɐr	æ	床单儿		ou	水果儿
	iæ	里边儿	ɔr	ɔ	枣儿
uɐr	uɛ	小块儿	iɔr	iɔ	面条儿
uɐr	uæ	当官儿	our	ou	猴儿
yɐr	yæ	手绢儿	iour	iou	打球儿
ər	ɿ	刺儿	ãr	ɑŋ	电棒儿
	ʅ	好事儿	iãr	iɑŋ	月亮儿
	ei	擦黑儿	uãr	uɑŋ	蛋黄儿
	ẽ	大门儿	ə̃r	əŋ	缝儿
iər	i	鸡儿	iə̃r	iŋ	杏儿
	iẽ	对劲儿	uə̃r	uəŋ	小瓮儿
uər	uei	有味儿	ũr	uŋ	小葱儿
	uẽ	嘴唇儿			

第三十二节　赞皇方音

壹　概况

一　赞皇概况

赞皇县位于河北省石家庄市西南部，东临高邑县，北与元氏县、井陉县毗邻，南与邢台市的临城县、内丘县接壤，西临山西省晋中市。

赞皇县地理坐标为东经114°02′—114°31′，北纬37°26′—37°46′。县境东西长44.8公里，南北宽37公里，总面积1210平方公里。地势西高东低，地貌格局大体是"七山二滩一分田"。

赞皇县下辖4个镇、7个乡、212个行政村。到2020年全县总人口24.25万，绝大部分为汉族。赞皇方言属晋语张呼片。

二　发音人概况

老男发音人：韩进国，1954年1月出生，赞皇县住建局退休职员。2018年调查时居住在赞皇县赞皇镇南街村。出生于赞皇县赞皇镇南街村，1962年至1966年在赞皇城关小学读书，1966年至1969年在赞皇城关中学读书，1969年至1975年在本村务农，1976年至1990年在赞皇县化肥厂工作，1991年至2015年在赞皇县住建局工作，2015年退休后在本地生活。

青男发音人：李慧渊，1987年12月出生，某生物科技公司职员。2018年调查时居住在赞皇县赞皇镇北街村。出生于赞皇县赞皇镇北街村，1994年至2000年在赞皇镇北街小学读小学，2000年至2003年在赞皇县张楞乡中读初中，2003年至2006年在赞皇县实验中学读高中，2009年于东北农业大学毕业后到赞皇某公司任职，2014年至调查时在本地某公司工作。

贰 声韵调

一 声母

赞皇方言有24个声母，包括零声母。

p 八兵病别　　pʰ 派片爬劈　　m 马门明麦　　f 飞风饭副

t 多端东毒　　tʰ 讨天甜踢　　n 脑南能奴　　　　　　　　　l 老蓝连路

ts 资早坐酒绝　tsʰ 刺草寸清全　　　　　　　　s 丝三酸谢徐

tʂ 张竹柱主　　tʂʰ 抽抄车吃　　　　　　　　　ʂ 顺手书十　　ʐ 软荣热日
　　争装纸直　　　　拆茶初床　　　　　　　　　　事山双顺

tɕ 鸡九军橘　　tɕʰ 气桥坑缺　　ȵ 年牛泥女　　ɕ 戏咸熏瞎

k 哥高共谷　　kʰ 开口宽阔　　ŋ 鹅矮熬安　　x 好很灰活

ø 儿问云药

说明：

（1）声母 n 只出现在开口呼和合口呼韵母前，ȵ 只出现在齐齿呼和撮口呼韵母前，二者无音位对立。

（2）ts 组声母在与齐齿呼和撮口呼韵母相拼时，有很强的腭化色彩。

（3）零声母中，齐齿呼韵母和撮口呼韵母开头有轻微的唇舌同部位摩擦，开口呼有喉头闭塞成分，合口呼除 u 外，音节开头的 u 实际音值是 [ʋ]。

二 韵母

赞皇方言有 37 个韵母。

ɿ 资祠丝字　　　　　i 弟米戏一　　　　　u 五猪骨出叔₂　　　　y 雨女绿局

ʅ 师试直尺

ər 儿耳二

a 大马茶辣　　　　　ia 家牙俩鸭　　　　　ua 抓化瓦刮

ɛ 开排白色白　　　　iɛ 写鞋贴节　　　　　uɛ 怪快坏外　　　　　yɛ 靴月约学文

ɔ 宝烧熬勺　　　　　iɔ 表桥药脚学白

ə 歌车盒热色文　　　　　　　　　　　　　uə 坐活国破磨佛

ei 赔飞雷北　　　　　　　　　　　　　　ueⅰ 碎对吹鬼胃

əu 豆走口肉叔白　　　iəu 牛九油六

æ̃ 南占山半　　　　　iæ̃ 减盐片年　　　　　uæ̃ 断官选完　　　　　yæ̃ 卷权冤院

ən 深根盆煤眉　　　　in 心今林引　　　　　uən 温寸滚嫩问　　　　yn 均云裙熏

ɑŋ 糖唱方绑　　　　　iɑŋ 响样讲腔　　　　　uɑŋ 床光王双

əŋ 灯升争横　　　　　iŋ 冰病星硬　　　　　uŋ 东红农共　　　　　yŋ 穷熊兄用

　　　　　　　　　　　　　　　　　　　　uəŋ 翁瓮

说明：

（1）韵母 ər 所辖字在念单字时音值为 [ɹə]，在语流中有时为自成音节的 [l]。

（2）韵母 iɛ、yɛ 的韵腹实际音值是 [e]。

（3）韵母 ə 的实际音值是 [ɤ]。

三 声调

赞皇方言有 4 个单字调。

平声 54　　东该灯风通开天春　门龙牛油铜皮糖红　急~着　拍~片　毒白盒罚

上声 45　　懂古鬼九统苦讨草　买老五有

去声 312　冻怪半四痛快寸去　卖路硬乱洞地饭树　动罪近后　六麦叶月

入声 24　　谷百塔搭哭节切刻急~诊　拍~打

说明：

（1）平声54的实际调值是554，前半段较平，但听感上其下降部分是主要的。

（2）上声45的实际调值多为35，入声24的实际调值为224。去声312的终点实际较高，整体调值接近313甚至314，但在语流中作尾字时，上升部分幅度较小。

(叁) 连读变调

单字调在语流中会发生有规律的变化。这里分析两字组的连读变调规律。先看后字为非轻声的两字组连调情况，见表1：

表1　赞皇方言后字为非轻声的两字组连调表

后字 前字	平声 54	上声 45	去声 312	入声 24
平声 54	54-54 台风　清明 洋灰　白天	54-45 白酒　烧纸 锣鼓　年底	54-31 冬至　松树 灵位　黄豆	54-24 猪血　中指 铅笔　毛笔
上声 45	45-54 水坑　小河 嘴唇　打针	**54**-45 洗澡　左手 旅馆　打闪	45-31 柳树　水库 以后　韭菜	45-24 米粥　满月 水笔
去声 312	312-54 放牛　玉茭 饭锅　菜刀	312-45 下雨　稻草 右手　中暑	**24**-31 旱地　木炭 看病　号脉	312-24 递说　教室 第一　唠嗑儿
入声 24	**21**-54 发河　杀猪 一天　扎针	**21**-45 圪挤　吃奶	24-31 柏树　做饭 湿布　吃药	**21**-24 食指　一百 吃月儿　擦黑儿

说明：

（1）前字中的312调，上升部分大多幅度很小，整体调值一般是311。前字中的21调，大多起点较高，接近31，其与312调（实际为311）的主要区别在于没有下降后的上升段或平段。

（2）个别字组不符合上述规则，如"考试"，应为45-31，实际为45-24。

再看后字为轻声的两字组连调情况，见表2：

表2　赞皇方言后字为轻声的两字组连调表

前字 \ 后字本调		平声54	上声45	去声312	入声24	不明确
平声54	古清声母	54-0 东西　心疼 星星　胡胡儿 45-0 公鸡　抽抽 公公　姑姑 哥哥　蛛蛛 收拾　冬凌	54-0 闺女　家里 村儿里 45-0 知了儿	54-0 家具　天气 窗户　生日 45-0 山药　姑父 兄弟　干净	54-0 正月　宽绰	54-0 梯子　他们 45-0 衣裳
	古浊声母	51-0 棉花　黄瓜 甜甜　回来	51-0 云彩　柴火 城里　黄酒	51-0 和尚　白面 油菜　蚕豆	51-0 蝴蝶　头发 茶叶　啼哭	51-0 萝卜　芫荽
上声45		45-0 早生　起来 姥爷　姐夫	45-0 晌午　老鼠 耳朵　奶奶	45-0 女婿　底下 脑袋　买卖	45-0 老鸹	45-0 椅子　哑巴
去声312		51-0 外甥　后头 蜜蜂　妹夫	51-0 豆腐　露水 后晌　翅膀	51-0 夜个　叫唤 绿豆　大大	51-0 记得　刺剥 戒指儿	51-0 柿子　上哩 钥匙　砚巴
入声24		21-0 指头　出来 脊梁	21-0 虼蚤	21-0 黑夜　媳妇儿	21-0 胳膊　腊月 结实　歇歇儿	21-0 鸭子　屋子 窟窿　疙瘩

说明：

（1）平声字作前字时，按中古声母的清浊分为两种连调式：古浊声母为"51-0"，古清声母为"54-0"或"45-0"。古清声母的两种连调，根据目前的材料，还不能确定哪一种是主要的。

（2）个别字组不符合上述规则，如：温水、开水51-0｜地方21-0｜咳嗽、叔叔45-0。

肆 异读

一 新老异读

老男和青男在语音上的差异主要在音值层面。

声母方面，ts 组声母在和齐齿呼和撮口呼相拼时，老男有腭化色彩，青男无。

声调方面，平声调值老男为降调 54，青男为平调 55，且实际调值略低；去声调值老男为 312，青男为 31；上声调值老男为 45，青男的起点和终点都较低，与入声 24 非常接近。

此外，中古止摄合口三等和蟹摄合口一等明母部分字"眉、煤"，老男发音为 mən^{54}，青男为 mei^{55}。

二 文白异读

2.1 声母

中古见组二等字，白读为 [tɕ] 组，文读为 [k] 组，如：耕 tɕiŋ^{54}/kəŋ^{54} ｜ 坑 tɕʰiŋ^{54}/kʰəŋ^{54} ｜ 客 tɕʰiɛ^{24}/kʰə^{24}。这里韵母也相应不同，下文不赘。

中古知系部分入声字，白读为 [tʂ] 组，文读为 [ts] 组，如：侧 tʂɛ^{24}/tsʰə^{312} ｜ 择 tʂɛ^{24}/tsə^{24} ｜ 色 ʂɛ^{24}/sə^{312}。

2.2 韵母

文白异读表现为韵母差异的，主要是中古入声字。

曾摄开口一等字，白读为 [ei]，文读为 [ɤ]，如：刻 kʰei^{24}/kʰə^{24}。"塞"字较特殊，白读为 suei^{24}，文读为 sɛ^{24}。

曾摄开口三等庄组、梗摄开口二等庄组，白读为 [ɛ]，文读为 [ɤ]，如：侧 tʂɛ^{24}/tsʰə^{312} ｜

择 tʂɛ²⁴/tsə²⁴ ｜色 ʂɛ²⁴/sə³¹²。

宕江摄入声字白读为 [ɔ iɔ] 类，文读为 [uə yɛ] 类，如：落 lɔ³¹²/luə³¹² ｜弱 zɔ³¹²/zuə³¹² ｜角 tɕiɔ²⁴/tɕyɛ²⁴ ｜学 ɕiɔ⁵⁴/ɕyɛ⁵⁴。

通摄三等入声字白读为 [ou]，文读为 [u]，如：叔 ʂou²⁴/ʂu²⁴ ｜熟 ʂou⁵⁴/ʂu⁵⁴ ｜褥 zou³¹²/zu³¹²。

其他摄有一些系统性较弱的文白异读，如效摄字"抱"，白读为 pu⁵⁴，文读为 pɔ³¹²。

2.3 声调

文白差异体现在声调上的，文读一般同普通话调类。如：雀 tɕʰiɔ⁵⁴/tɕʰyɛ³¹² ｜侧 tʂɛ²⁴/tsʰə³¹² ｜色 ʂɛ²⁴/sə³¹² ｜抱 pu⁵⁴/pɔ³¹²。

伍 儿化韵

韵母 ər 没有相应的儿化韵，但因"-儿"所附词根音节的声母和韵母的不同而具有不同的类型。

"-儿"所附音节声母为 tʂ、tʂʰ、ʂ、ʐ、l 时，声母与儿化韵母之间增加一个舌尖中边音成分 [l]，韵母主元音增加卷舌特征，形成 15 个特殊的嵌 [l] 式儿化韵，其与基本韵母的对应关系见表 3：

表 3　赞皇方言嵌 [l] 式儿化韵与基本韵母对应关系表

儿化韵	基本韵母	例词	儿化韵	基本韵母	例词
lɚr	ʅ	桃汁儿　惹事儿	lɛr	ɛ	一册儿　掉色儿
	ən	顶针儿　果仁儿		æ	铁铲儿　栅栏儿
lur	u	小猪儿　碗橱儿	luær	uæ	瓷砖儿　小船儿
lar	a	马扎儿　找茬儿	luər	uei	木锤儿　墨水儿
luar	ua	鸡爪儿　木刷儿		uən	没准儿　飞轮儿
luɤr	uɤ	小说儿　一撮儿	lɔ̃r	əŋ	麻绳儿　窗棱儿
lɤr	ə	打折儿　小车儿	lɑ̃r	ɑŋ	腊肠儿　瓜瓢儿
lɔr	ɔ	灯罩儿　树梢儿	luɑ̃r	uɑŋ	木桩儿　小床儿
ləur	əu	小丑儿　小手儿	lũr	uŋ	小虫儿　鸟笼儿

"-儿"所附词根音节的声母为 tʂ、tʂʰ、ʂ、ʐ、l 外的类别时，所附词根音节的韵母增

加卷舌特征，形成 26 个普通型儿化韵，其与基本韵母的对应关系见表 4：

表 4　赞皇方言普通型儿化韵与基本韵母对应关系表

儿化韵	基本韵母	例词	儿化韵	基本韵母	例词
ar	a	刀把儿　戏法儿	yɚr	y	鱼儿　毛驴儿
iar	ia	豆芽儿　一下儿		yn	裙儿
uar	ua	红花儿	ɤr	ə	唱歌儿　上坡儿
ɛr	ɛ	壶盖儿　小孩儿	iɤr	ie	台阶儿　树叶儿
	æ	床单儿　花篮儿	uɤr	uə	水果儿
iɛr	iæ	一边儿　照片儿	yɤr	yɛ	木橛儿
uɛr	uɛ	凉快儿　一块儿	əur	əu	小偷儿　袖口儿
	uæ	拐弯儿　饭馆儿	iəur	iəu	长袖儿　皮球儿
yɛr	yæ	手绢儿　花圈儿	ɔr	ɔ	小猫儿　大枣儿
ər	ʅ	鱼刺儿　菜籽儿	iɔr	iɔ	树苗儿　面条儿
	i（部分）	东西儿	ɑ̃r	ɑŋ	药方儿
	u	花布儿	iɑ̃r	iɑŋ	鞋样儿
	ei	书背儿	uɑ̃r	uɑŋ	蛋黄儿
	ən	书本儿	ə̃r	əŋ	门缝儿
iər	i（部分）	眼皮儿　小鸡儿	iə̃r	iŋ	打鸣儿
	in	背心儿　鞋印儿	uə̃r	uəŋ	小瓮儿
uər	u	兔儿	ũr	uŋ	小葱儿　门洞儿
	uei	裤腿儿　烟嘴儿			
	uən	打盹儿　拐棍儿			

说明：标注"部分"的基本韵母，表示该韵母对应多个儿化韵。不同的儿化韵对应不同例词，目前尚未发现具体的语音分化条件。

第三十三节 沙河方音

壹 概况

一 沙河概况

沙河市位于河北省南部，北与邢台市、邢台县相连，东与南和县相邻，南与邯郸武安市、永年区接壤，西与山西省毗邻。

沙河市地理坐标为东经113°52′—114°40′，北纬36°50′—37°03′。面积858平方公里，位于太行山东麓，河北平原西缘，地势西高东低，山区、丘陵、平原各占三分之一。

沙河市下辖4个镇、4个乡、5个街道办事处、242个行政村。到2020年全市总人口46.36万，绝大部分为汉族。本县方言主要分为两大片，白塔镇以西多为山地，当地人称为山地话；白塔镇以东为平原地区，口音与山区方言有明显的差异。沙河城关方言属晋语邯新片。

二 发音人概况

老男发音人：马社民，1956年8月出生，沙河市赵泗水村农民。1963年至1969年在赵泗水小学读小学，1969年至1971年在赵泗水中学读初中，1971年至1973年在赵泗水中学（后称褡裢中学）读高中，1973年至1976年在赵泗水村委会工作，1976年至调查时在赵泗水村务农。

青男发音人：石建波，1983年9月出生，沙河市某保安公司职工。1990年至1996年在正招小学读小学，1996年至1999年在正招学校读初中，1999年至2002年在沙河一中读高中，2002年至2004年在辽宁省服兵役，2005年至调查时一直在沙河市褡裢办事处工作。

贰 声韵调

一 声母

沙河方言有 23 个声母，包括零声母。

p 八兵病别　　pʰ 派片爬劈　　m 马门明麦　　f 飞风饭副

t 多端东毒　　tʰ 讨天甜踢　　n 脑奴年女　　　　　　　　l 老连路软荣

ts 资早坐酒积　　tsʰ 刺草寸清全　　　　　　s 丝三酸谢徐

tʂ 张竹柱主　　tʂʰ 抽抄车吃　　　　　　ʂ 顺手书十　　ʐ 绕人热日
　争装纸直　　　　拆茶初床　　　　　　　　事山双顺

tɕ 鸡九军橘绝　　tɕʰ 气桥庆缺　　　　　　ɕ 戏咸熏瞎

k 哥高共谷　　kʰ 开口宽阔　　ŋ 鹅爱熬安　　x 好很灰活

ø 儿问药云

说明：

（1）声母 ts、tsʰ、s 逢齐齿呼和撮口呼韵母时，音值与 [tɕ tɕʰ ɕ] 相近。

（2）声母 tʂ、tʂʰ、ʂ、ʐ 的被动发音部位为齿龈桥，翘舌色彩较弱。

（3）零声母逢齐齿呼和撮口呼韵母时，音值为半元音 [j]；逢合口呼单韵母 u 时，音值为 [ʔ]，逢其他的合口呼韵母时，音值为 [ʋ]。

二 韵母

沙河方言有 41 个韵母。

ɿ 资刺丝字	i 弟米戏席	u 猪苦五物	y 雨驴女律
ʅ 知迟试汁日			
ɔ 大马茶抓罚	iɔ 家下俩牙	uɔ 瓜瓦滑挖	
ɤ 歌车蛇盒			
		uo 坐过婆磨活镯	
	ie 街姐鞋截劈		ye 靴绝雀
ai 开排买白		uai 怪拐怀外	
ei 赔飞贼眉		uei 碎对吹鬼雷	
au 宝烧熬勺	iau 表桥叫学		
əu 头走抽肉	iəu 牛九油六		
ã 南占山半	iã 减盐片年	uã 船官乱完	yã 卷权冤选
ən 深根盆恩	iən 心金林引	uən 寸滚嫩问	yən 均云裙熏
aŋ 糖唱方绑	iaŋ 响样讲腔	uaŋ 床光双王	
əŋ 灯升争风	iəŋ 冰病星硬	uəŋ 翁	
oŋ 东红农荣	ioŋ 穷熊兄用龙		
əʔ 辣渴窄黑虱福	iəʔ 鸭接笔一脚墨	uəʔ 入脱刷袜骨国	yəʔ 决月雪缺绿
ɚ 儿耳二			

说明：

（1）韵母 ai、uai 的实际音值是 [æi][uæi]。

（2）韵母 iəu 逢 21 调时韵腹开口度较大，逢其他声调时，韵腹开口度较小。

（3）韵母 ã、iã、uã 鼻化较弱，iã 的实际音值是 [iæ̃]。

（4）韵母 iən 与 yən 的实际音值是 [in][yn]。韵母 iəŋ 逢零声母音值为 [iəŋ]，非零声母后音值为 [iŋ]。

（5）韵母 iəʔ 与 yəʔ 韵腹开口度比 [ə] 小，实际音值为 [iəʔ][yəʔ]，读得较快时，音值为 [ieʔ][yeʔ]。

（6）声化韵 ɿ 发音时被动发音部位较靠后，舌尖抵在软硬腭的交接处。

三　声调

沙河方言有 5 个单字调。

阴平 41　东该灯风通开天春

阳平 51　门龙牛油铜皮糖红　毒白盒罚

上声 33　懂古鬼九统苦讨草　买老五有

去声 21　冻怪半四痛快寸去　卖路硬乱洞地饭树　动罪近后　六

入声 2　谷百塔搭哭节切刻急　麦叶月

说明：

（1）入声调值不稳定，有时调值可以高到 3，有时调值可以低到 1。这里统一记作 2。

（2）合音词中会出现单字音中没有的 24 调，如：[后晌]xuaŋ^{24} ｜ [没有]miəu^{24} ｜ [豆腐]təu^{24} ｜ [簸箕]puei^{24}，这里不将其处理为单独的一类单字调。

（叁）连读变调

单字调在语流中会发生有规律的变化。这里分析两字组的连读变调规律。先看后字为非轻声的两字组连调情况，见表1：

表1　沙河方言后字为非轻声的两字组连调表

前字＼后字	阴平 41	阳平 51	上声 33	去声 21	入声 2
阴平 41	41-21 公鸡　冰糕 观音　书包	41-51 梳头　丢人 猪油　香油	41-33 公狗　莴笋 猪种　烟卷儿	41-21 冬至　松树 青菜　猪圈	41-2 初一　铅笔 山药　蜂蜜
阳平 51	54-31 洋葱　毛衣 台风　棉花	54-51 鱼鳞　油条 洋油　拳头	51-33 年底　锣鼓 洪水　牙狗	51-21 蚊帐　茶叶 白面　和尚	51-2 毛笔
上声 33	33-41 草鸡　种猪 米汤　打针	33-51 鲤鱼　赶集 耿直　可能	31-33 洗脸　滚水 母狗　雨伞	33-21 闪电　米饭 炒菜　长相	33-2 九月　满月
去声 21	24-41 电灯　嫁妆 后爹　大家	21-51 太阳　日食 下来　放牛	21-33 下雨　中暑 断奶　闭嘴	21-21 旱地　大气 要是　地震	21-4 四月　稻谷 大麦　寿木
入声 2	4-21 杀猪　一千 发烧	2-51 一年　说媒 吃怀　客人	2-33 木耳　不懂 立陡　失火	4-21 木炭　不在 说话　一共	4-2 一百

说明：个别字组的连调不符合上述规则，如：道士 24-41｜虼蚤 4-24。

再看后字为轻声的两字组连调情况，见表2：

表2　沙河方言后字为轻声的两字组连调表

前字＼后字本调	阴平 41	阳平 51	上声 33	去声 21	入声 2	不明确
阴平 41	41-0 天天　中间 香菇　蛛蛛	41-0 今年　清明 跟前　高粱	41-0 水果　虾米 键子　中指	41-0 阴历　亲戚 师傅　兄弟	41-0 正月	41-0 家嘞　铺的
阳平 51	51-0 白天　前边 蘑菇　葵花	51-0 核桃　石榴 荸荠　眉毛	51-0 苹果　茄子 红薯　柴火	51-0 阳历　盛殓 菩萨　徒弟	51-0 王八	51-0 芫荽　萝卜
上声 33	33-0 牡丹　养猪 手巾　点心	33-0 里头　眼红 鲤鱼　暖壶	33-0 奶奶　姥姥 老鼠　爪子	33-0 女婿　哪个	——	33-0 尾巴　有啦
去声 21	21-0 弟兄　上边	21-0 外头	21-0 个把　市里 稻子　右手	21-0 笨蛋　舅舅 愿意　上去	——	21-0 记得　认嘞
入声 2	4-0 北瓜　蜜蜂 木梳	4-0 石头　脊梁 2-0 木头	4-0 竹子　橘子 2-0 鸭子　月子	4-0 出去	——	4-0 蛤蟆　咳嗽 2-0 窟窿　黑唠

说明：

（1）沙河话的轻声连调有时与非轻声连调模式相同。比如，前字为阴平的轻声词调型模式与"阴平＋阴平""阴平＋去声"的非轻声连调相同。另外，入声作后字时调值与轻声的常见调值 21 也相近。综合这些因素，判断一个词是否属于轻声词有时比较困难。

（2）沙河话合音词中会出现声调为 24 的音节，多是去声为前字的轻声词、儿化词，如：[后晌]xuaŋ^{24}｜凳儿 tər^{24}。其调值 24 显然是"去声＋轻声"连调值"21-4"失去曲折特征缩减为升调的结果。

（3）个别字组的连调不符合上述规则，如上声字作前字的"水果 ʂuei^{41}kuo^{0}"，其连调模式同阴平前字。

肆 异读

一 新老异读

老男和青男的差异较小。老男的 ŋ 声母所辖字，青男有的出现了零声母的文读音，如：爱 ŋai²¹-ŋai²¹/ai²¹。此外，老男的 l 声母可以与 uei 韵母相拼，辖有"雷、类"两字，但青男的"雷"字改读为 ei 韵母。

二 文白异读

沙河方言的文白异读现象较少，系统性不强，其中较常见的类型是白读为入声韵母，文读为非入声韵母，如：药 iəʔ²/iau²¹ ｜ 力 liəʔ²/li²¹ ｜ 刮 kuəʔ²/kuɔ⁴¹ ｜ 麦 miəʔ²/mai²¹，但也有相反的情况，如：择 tʂai⁵¹/tʂəʔ²。

伍 儿化韵

韵母 ɭ、ye、uəŋ、uaʔ、oŋ、ioŋ 没有相应的儿化韵。其他基本韵母的儿化规律及例词见表3：

表3 沙河方言儿化韵与基本韵母对应关系表

儿化韵	基本韵母	例词	儿化韵	基本韵母	例词
ər	ɿ	丝儿	ar	ɔ	把儿
	ʅ	事儿		ai	牌儿
	ɤ	个儿		ã	盘儿
	ei	辈儿		aŋ	肠儿
	ən	盆儿	iar	iɔ	豆芽儿
	əŋ	棚儿		iã	眼儿
	əʔ	壳儿		iaŋ	羊儿
iər	i	鸡儿	uar	uɔ	花儿
	ie	爷儿们		uai	块儿
	iən	印儿		uã	官儿
	iəŋ	瓶儿		uaŋ	庄儿
	iəʔ	叶儿	yar	yã	院儿

(续表)

儿化韵	基本韵母	例词	儿化韵	基本韵母	例词
uər	uo	锁儿	əur	əu	猴儿
	uei	柜儿	iəur	iəu	球儿
	uən	滚儿	aur	au	桃儿
yər	y	鱼儿	iaur	iau	票儿
	yən	围裙儿	ur	u	壶儿
	yəʔ	月儿			

说明：

（1）əur、iəur、aur、iaur 四个儿化韵母，从韵腹部分开始即有卷舌动作，直至音节结束。

（2）ar、iar、uar、yar、aur、iaur 这些儿化韵的主元音实际音值是 [ɐ]。

（3）元音 ɤ 做韵腹时，对应的儿化韵有的不符合上述规则，如：歌儿 kar[41] 和肝儿 kar[41] 同音。

第三十四节　邯郸方音

壹　概况

一　邯郸（邯山区）概况

邯山区是邯郸市主城区之一，位于南部。东跨滏阳河与邯郸县为邻，西与复兴区接壤，北接丛台区，南临磁县、成安。

邯郸市邯山区地理坐标为东经114°22′—114°32′，北纬36°31′—36°36′。全区208.92平方公里，地处太行山前冲积洪积平原。

邯山区辖5个乡镇、12个街道办事处、118个行政村。到2020年全区总人口50.6万，绝大部分为汉族。邯山区方言属晋语邯新片。

二　发音人概况

老男发音人：王海勤，1951年5月出生。邯山区北张庄镇人。1959年至1964年在邯山区张庄桥小学读小学，1964年至1968年在邯山区北张庄镇中学读初中，1968年至调查时在家务农。

青男发音人：贺世广，1985年6月出生。邯山区罗城头村人。1992年至1998年在邯郸市育德路小学读小学，1998年至2001年在邯郸市第二十八中学读初中，2001年至2004年在邯郸师范专科学校读师范，2004年至2006年在家待业，2006年至2010年在邯郸市邯山区教育局工作，2010年至2012年在辽宁某大学函授班学习，2012年至调查时在邯郸市邯山区教育局工作。

贰 声韵调

一 声母

邯郸方言有24个声母,包括零声母。

p 八兵病别	pʰ 派片爬劈	m 马门明麦	f 飞风饭副	v 味问温王
t 多端东毒	tʰ 讨天甜踢	n 脑奴年女		l 老连路软荣
ts 资早坐酒绝	tsʰ 刺草寸清全		s 丝三酸谢徐	
tʂ 张竹柱主 争装纸直	tʂʰ 抽抄车吃 拆茶初床		ʂ 顺手书十 事山双学	ʐ 绕人热日
tɕ 鸡九军橘	tɕʰ 气桥庆缺		ɕ 戏咸熏瞎	
k 哥高共谷	kʰ 开口宽阔	ŋ 鹅矮熬安	x 好很灰活	
ø 儿云药五				

说明:

(1)声母 m、n、ŋ 和 l 在与入声韵母相拼时,音长较长,如"辣 lʌʔ⁴³",声母与韵母的时长几乎相等。

(2)ts 组声母在与齐齿呼和撮口呼韵母相拼时,有很强的腭化色彩。

二 韵母

邯郸方言有45个韵母。

ɿ 资祠丝字　　　i 弟米戏急_文_　　　u 猪苦五物　　　y 雨驴裕移_白_

ʅ 知迟试汁日_文_

ɔ 大马茶抓瓦刮_文_　　ciɔ 家下俩牙

ɤ 歌车蛇盒

ə 他　　　　　　　　　　　　　　　　uə 坐过婆磨活学

　　　　　　　　　iɛ 街姐鞋截白_白_　　　　　　　　　　yɛ 靴绝

ai 开排带海外白_文_　　　　　　　　　uai 怪拐怀坏

əi 赔飞贼胃　　　　　　　　　　　　　uəi 碎对吹鬼雷

ɑu 宝烧熬道　　　iɑu 表桥叫腰

əu 头走肉粥　　　iəu 牛九油六

æ̃ 南占山半完　　　iæ̃ 减盐片年　　　uæ̃ 船官乱软　　yæ̃ 卷权冤选

ən 深根盆恩问　　in 心金林引　　　　un 寸滚嫩村　　　yn 均云裙熏

ɑŋ 糖唱方绑王　　iɑŋ 响样讲腔　　　uɑŋ 床光黄双

əŋ 灯升争翁横_文_　iŋ 冰病星硬　　　uŋ 东红农龙_文_横　yŋ 穷熊兄用龙

ʌʔ 扎法辣壳色　　iʌʔ 百接贴节药　　uʌʔ 桌托郭国刮　yʌʔ 决月雪缺

əʔ 织木虱直尺日_白_　　　　　　　　uəʔ 竹骨哭褥缩叔

　　　　　　　　　ieʔ 北吸墨一笔急_白_　　　　　　　　yeʔ 橘绿宿菊足

l̩ 儿耳二

n̩ 恁

说明：

（1）韵母 ɔ、iɔ 的韵腹，实际舌位偏低，唇形偏展。

（2）入声韵中，ʌʔ 类和 əʔ 类的时长较短，喉塞尾比较清晰；eʔ 类时长较长，喉塞尾不太清晰，这里统一记出喉塞尾 [ʔ]。

（3）韵母 l̩ 和 n̩ 均为自成音节的声化韵，只分别辖有"儿耳二"和"恁"这几个字。

三　声调

邯郸方言有 5 个单字调。

阴平 31　　东该灯风通开天春
阳平 53　　门龙牛油铜皮糖红　　急_文　　毒白盒罚
上声 55　　懂古鬼九统苦讨草　　买老五有
去声 213　　冻怪半四痛快寸去　　卖路硬乱洞地饭树　　动罪近后　　六
入声 43　　谷百塔搭哭节切刻急_白　　麦叶月

说明：

（1）阴平 31 有时起点和终点都较高，与阳平 53 非常接近。

（2）去声 213 的上升部分是主要的，下降部分有时不明显。

（3）入声 43 较短促，有时起点和终点都较低。

叁 连读变调

单字调在语流中会发生有规律的变化。这里分析两字组的连读变调规律。先看后字为非轻声的两字组连调情况,见表1:

表1 邯郸方言后字为非轻声的两字组连调表

前字＼后字	阴平 31	阳平 53	上声 55	去声 213	入声 43
阴平 31	31-31 山沟 香菇 公鸡 观音	55-53 天明 梳头 经常 空调	33-55 莴笋 厕屎 浇水 工厂 33-53 亲嘴ㄦ 亏本ㄦ 三本ㄦ 三点ㄦ	55-21 天气 冬至 豌豆 松树	31-21 正月 阴历 猪血 汤药
阳平 53	24-31 台风 洋灰 洋葱 围巾 53-31 南京 牙膏 人心 毛衣	24-53 流氓 划枚 洋油 厨房 53-53 赔本ㄦ 平常 篮球 轮船	53-55 甜杆 白酒 年底 牛奶 53-53 门口ㄦ 年底ㄦ 留底ㄦ 羊肚ㄦ	53-21 黄豆 芹菜 瞧病 徒弟	53-43 皇历 阳历 农业 严格
上声 55	55-31 水坑 俺爹 火车 手枪	55-53 女猫 本钱 可能 请人	53-55 马桶 洗澡 扯谎 保准 24-53 水果ㄦ 小米ㄦ 手表ㄦ 打滚ㄦ	55-21 水地 柳树 炒菜 女婿	55-43 老鳖 请客 粉笔 打铁

(续表)

前字＼后字	阴平 31	阳平 53	上声 55	去声 213	入声 43
去声 213	**24-31** 豆浆　菜刀 喂猪　害羞 **213-31** 饭锅　菜锅 大锅　赖锅	**24-53** 溃脓　后娘 上坟　戏台 **213-53** 放牛　放羊 上学　下学	**13-55** 二两　下雨 宁可　政府 **21-55** 大水　地主 电影　饭碗 **24-53** 倒水儿　信纸儿 战友儿　送礼儿	**53-21** 旱地　地动 面相　运气	**24-43** 自杀　二十 号脉　第一
入声 43	**4-31** 一千　杀猪 出租　热心	**4-53** 说媒　客人 磕头　黑糖	**2-55** 一满　失火 吃奶　不管 **4-53** 铁板儿　一点儿 出丑儿　没脸儿	**5-21** 月亮　柏树 一共　出嫁	**4-32** 一百　腊月 吃药　疙瘩

说明：

（1）后字是上声且韵母为儿化韵时，不管前字是哪一种调类，后字一律由 55 变为 53。

（2）"阴平＋阳平"的连调式，前字实际音高有差异，有的是 55 或 44，有的是 33。

（3）"阳平＋阴平""阳平＋阳平"两种组合对应的前字为 24 的连调式中，调值 24 的实际升幅有差异，有的仅为 23，有的接近 25，前者如"厨房"中的前字，后者如"流氓"中的前字。有的在调前和调中位置略有曲折，实际是先降后升，如"划枚""毛衣"两词的前字，这里统一处理为升调。

（4）"阳平＋去声"中还有一种连调形式"55-21"，这种形式所辖字组目前只发现"蚕豆"。

（5）"上声＋阳平"的连调，前字实际音高通常是 44，有时是 33，如"纸钱儿"。

（6）"上声＋上声"的连调"53-55"，53 的实际降幅在不同字组中有差异，如"保准"前字的实际音值为 43。

（7）"去声＋阴平""去声＋阳平""去声＋入声"三类连调，前字记为中升调 24 的，有的在调头略有凹降，如"喂猪""后娘""号脉"，统一处理为升调。"去声＋阴平""去声＋阳平"中前字记为 213 的，曲折靠近调中，一般用于对比强调，类似"重轻式"，但后字仍保持原调，读得不轻短。

（8）"去声+阳平"中还有一种连调"24-31"，目前只发现有"二胡"。

（9）"去声+上声"中的"13-55""21-55"连调，有些前字平伸后微升或微降，实际调值是113（223）或221，前者如"二两"，后者如"露水"；有些前字起升前略有下降，如"下雨"。

再看后字为轻声的两字组连调情况，见表2：

表2 邯郸方言后字为轻声的两字组连调表

后字本调 前字	阴平 31	阳平 53	上声 55	去声 213	入声 43	不明确
阴平 31	31-1 新鲜 星星 亲亲 公公 **55-4** 风筝 哥哥 姑姑	31-1 工钱 今年 芝麻 高粱 **55-4** 冬凌	31-1 宽敞 家里 中指 开水 **55-4** 抽斗	31-1 窗户 家具 师傅 姑父	31-1 听说 山药 傍黑儿	31-1 包子 轻了 铺的 衣裳
阳平 53	53-3 成天 邻家 条几 年轻	53-3 媒人 长虫 围裙 麻糖	53-3 年景 云彩 塘土 头里	53-3 年个儿 神道 白日	53-3 头发 茶叶	53-3 芫荽 骡子 咋的 来了
上声 55	53-4 俺都 每天 牡丹 草鸡 **55-4** 手巾 姐夫 里边儿	55-4 暖和 姥爷 老爷儿	55-4 姥姥 奶奶 老鼠 耳朵 **53-3** 冷水 母狗 想想 老虎	55-4 寡妇 本事 哪个	53-3 满月	55-4 小子 哑巴 我哩 有了
去声 213	21-3 见天 嫁妆 下边儿 地方儿 **13-3** 右边儿 上边儿	13-3 太阳 过年 大人 大门 **21-3** 砚台 下来 状元 匠人	13-3 个把 稻草 翅膀 豆腐 **21-3** 露水 戒指 下水 顺手	13-3 过道 碓臼 谢谢 **21-3** 舅舅 扫帚	—	13-3 稻子 筷子 汉们 记得 **21-1** 妗子 柱子 盖的 病了
入声 43	2-3 麦秸 北瓜 辣椒 木梳	5-2 核桃 石榴 **2-3** 脊梁 石头	2-3 热水 十五 木耳	2-3 糊弄	—	4-3 谷子 桌子 **2-3** 钥匙

说明：轻声的调型多为短降，比如连调形式是"31-1、53-3、55-4"的，后字轻声音节的调值实际是 21、32、43。前字为去声、后字音高为 3 的，轻声音节的调型多为短暂平伸后的降调，调值实际为 332 或 331。

肆 异读

一 新老异读

1.1 声母

老男 ts 组声母与齐齿呼、撮口呼韵母相拼的字，青男有的改为 tɕ 组声母，如：绝 tsyɛ^{53}-tɕyɛ^{53}｜雀 tsʰiʌʔ^{43}-tɕʰyɛ^{213}｜息 siɛʔ^{43}-ɕieʔ^{43}。但是，有的中古见组开口三四等字，老男为 [tɕ] 组，而青男为 [ts] 组，如：肩 tɕiæ̃^{31}-tsiæ̃^{31}｜溪 ɕi^{31}-si^{31}。

中古日母合口字和部分喻母合口字，老男为 [l] 声母，青男则为 [z] 声母，如：如 lu^{53}-zu^{53}｜入 luəʔ^{43}-zuəʔ^{43}｜荣、容 luŋ^{53}-zuŋ^{53}。

1.2 韵母

老男有三组入声韵母，青男只有两组，合并方式是：ʌʔ、iʌʔ、uʌʔ、yʌʔ 组与 əʔ、uəʔ 组合并为 əʔ、iəʔ、uəʔ、yəʔ 组，ieʔ、yeʔ 组保持不变。在音值层面，在念单字时，青男的喉塞尾已经消失或接近消失。

1.3 声调

老男的阴平 31 和阳平 53 实际调值比较接近，有相混的趋势，但青男口中二者的区别则相对清晰。入声 43，青男的实际调值不像老男那样短促。

二 文白异读

2.1 声母

中古见组二等字，白读为 [tɕ] 组，文读为 [k] 组，如：耕 tɕiŋ^{31}/kəŋ^{31}｜更 tɕiŋ^{31}/kəŋ^{31}。这里韵母也相应不同，下文不赘。

一些字在普通话中的声母为音变例外，但邯郸白读声母符合中古声类的演变规则，文读则与普通话一致，如：谱 pu⁵⁵/pʰu⁵⁵（中古帮母）｜侧 tʂʰʌʔ⁴³/tsʰʌʔ⁴³（中古庄母）｜所 ʂuə⁵⁵/suə⁵⁵（中古生母）｜缩 ʂuəʔ⁴³/suəʔ⁴³（中古生母）。

2.2 韵母

文白异读表现为韵母差异的，主要是中古入声字。白读为入声韵，文读为非入声韵的如：拉 lʌʔ⁴³/lɔ³¹｜刮 kuʌʔ⁴³/kɔ³¹｜择 tʂʌʔ⁴³/tʂɤ⁵³｜直 tʂəʔ⁴³/tʂʅ⁵³｜目 məʔ⁴³/mu²¹³｜叔 ʂuəʔ⁴³/ʂu⁵⁵｜集 tsieʔ⁴³/tsi⁵⁵，这些字相应地在声调调类上存在差异；有些字，文读也为入声韵，但文白在介音上不同，如：得 tiʌʔ⁴³/təʔ⁴³｜约 iʌʔ⁴³/yʌʔ⁴³。个别字"弱"，白读为 zɑŋ⁵³，文读为 zuəʔ⁴³。

非中古入声字中，部分合口三等来母字，白读为撮口呼，文读为合口呼，如：轮 lyn⁵³/lun⁵³｜龙 lyŋ⁵³/luŋ⁵³。另外，效摄字"抱"，白读为 pu³¹，文读为 pɑu²¹³。

2.3 声调

文白差异体现在声调上的，文读一般同普通话调类，主要见于上文所举白读为入声韵、文读为非入声韵的"拉 lʌʔ⁴³/lɔ³¹"等字。

伍 儿化韵

韵母 ə 和自成音节的 l̩、n̩ 没有相应的儿化韵。其他基本韵母的儿化规律及例词见表 3：

表 3　邯郸方言儿化韵与基本韵母对应关系表

儿化韵	基本韵母	例词	儿化韵	基本韵母	例词
ɑr	ɔ（中古开口字）	疤儿　渣儿	uɚr	uəi	会儿　腿儿
iɑr	iɔ	芽儿　一下儿		un	村儿　棍儿
uɑr	ɔ（中古合口字）	花儿　瓜儿		uŋ	虫儿　酒盅儿
ɚr	æ̃	篮儿　盘儿		y	小鱼儿　毛驴儿
	ai	盖儿　买卖儿	yɚr	yn	群儿　小俊儿
	ɑŋ	房儿　地场儿		yŋ	小龙儿　哭穷儿
iɚr	iæ̃	钱儿　一边儿		yeʔ	被点屈儿
	iɑŋ	样儿　烧香儿	ɤr	ɤ	歌儿　小车儿
uɚr	uæ̃	官儿　揭短儿	uɤr	uə	坡儿　朵儿
	uai	块儿	ur	u	珠儿　路儿
	uɑŋ	筐儿　沾光儿	aur	au	桃儿　枣儿
yɚr	yæ̃	圈儿　手绢儿	iaur	iau	鸟儿　票儿
iɚr	iɛ	蝴蝶儿　小街儿	əur	əu	猴儿　头儿
yɚr	yɛ	靴儿　木橛儿	iəur	iəu	球儿　小刘儿

(续表)

儿化韵	基本韵母	例词	儿化韵	基本韵母	例词
ɚ	ɿ	字儿 刺儿	ʌr	ʌʔ	法儿 腊八儿
	ʅ	枝儿 事儿		əʔ	一只儿 小吃儿
	əi	辈儿 牌位儿	iʌr	iʌʔ	小脚儿 墙角儿
	ən	阵儿 份儿	uʌr	uʌʔ	方桌儿 牙刷儿
	əŋ	蜂儿 生儿		uəʔ	筋骨儿
iɚ	i	梨儿 皮儿	yʌr	yʌʔ	月儿 小雪儿
	in	今儿 劲儿			
	iŋ	杏儿 明儿			
	ieʔ	十月一儿			

第三十五节 涉县方音

壹 概况

一 涉县概况

涉县位于邯郸市西部，东与武安市、磁县毗邻；西与山西省黎城、平顺县相连；南与河南省安阳市隔漳河相望；北与山西省左权县接壤。

涉县地理坐标为东经 113°26′—114°，北纬 36°17′—36°55′。县境东西宽 37.5 公里，南北长 64.5 公里，县域面积 1509 平方公里。位于河北省西南部、冀晋豫三省交界处。属深山区，太行余脉盘桓全境，地势自西北向东南缓慢倾斜。

涉县下辖 9 个镇、8 个乡、1 个街道办事处、308 个行政村。到 2020 年全县总人口 37.96 万，绝大部分为汉族。涉县方言属晋语邯新片。

二 发音人概况

老男发音人：王晓平，1953 年 9 月出生在涉县。1961 年至 1965 年在涉县南关完小读至四年级，1965 年至 1980 年在家务农，1980 年至调查时在当地做机电维修、建筑施工等工作。

青男发音人：程广玉，1988 年 2 月出生在涉县。1995 年至 2001 年在涉县实验小学读书，2001 年至 2004 年在涉县龙山中学读书，2004 年至 2005 年在当地做个体经营，2005 年至 2008 年在当地保安公司工作，2008 年至 2017 年在当地做个体经营，2017 年至 2018 年在江苏常州打工。2018 年 2 月至调查时在涉县做司机工作。

贰 声韵调

一 声母

涉县方言有 21 个声母，包括零声母。

p 八兵病别　　pʰ 派片爬劈　　m 马门明麦　　f 飞风饭副　　v 味问温王

t 多端东毒　　tʰ 讨天甜踢　　n 脑南能奴　　　　　　　　l 老连驴如荣

ts 资早坐竹　　tsʰ 刺草寸抽　　　　　　　　s 丝三酸顺
　主争装直　　　抄车茶初床　　　　　　　　　手书十山双

tɕ 酒九绝橘　　tɕʰ 清全轻权　　ȵ 泥年鸟女　　ɕ 想谢响县

k 哥高共谷　　kʰ 开口宽阔　　ŋ 鹅矮熬安　　x 好很灰活

ø 儿云药五我

说明：

（1）ts 组声母发音时，被动发音部位较靠后。

（2）声母 v 的实际音值是 [ʋ]。

二 韵母

涉县方言有 39 个韵母。

ɿ 资丝知迟试　　　i 弟米戏日　　　u 猪苦五褥　　　y 雨驴女句绿

ɑ 大马茶辣瓦挖　　iɑ 家下俩牙　　uɑ 抓瓜挂滑

ə 歌河车蛇　　　　iə 街茄蟹叶　　uə 坐火破摸　　yə 靴药月_文

ai 开排海外　　　　　　　　　　　uai 怪快怀坏

əi 赔飞贼胃　　　　　　　　　　　uəi 碎对鬼雷

au 宝烧熬道　　　　iau 表桥叫腰娘

ou 头走厚粥　　　　iou 牛九油六肉

æ̃ 南占山半完　　　iæ̃ 减盐片年　　uæ̃ 船官短乱　　yæ̃ 卷权冤选软

ã 糖唱方绑王　　　iã 响样讲腔　　uã 床光黄双

əŋ 深根灯升问翁　　iəŋ 心金病星引硬　uəŋ 东红寸滚嫩龙_文　yəŋ 穷熊云裙兄龙_白

ɐʔ 法辣壳色白墨　　iɐʔ 脚鸭接贴节　uɐʔ 桌托郭国刮　yɐʔ 决雪缺弱月_白

əʔ 织木虱直尺做　　iəʔ 北吸一笔鼻　uəʔ 竹骨哭缩熟　yəʔ 入橘宿菊足

ɿ 儿耳二

说明：

（1）韵母 ə 在与 ts 组声母相拼时，实际音值为 [ɿə]。

（2）ã 组韵母实际带有微弱的韵尾 ŋ，实际音值为 [ãⁿ]。

（3）韵母 ɿ 为自成音节的声化韵，只辖有"儿耳二"等少量字。

三　声调

涉县方言有 5 个单字调。

阴平 41　　东该灯风通开天春

阳平 412　　门龙牛油铜皮糖红

上声 53　　懂古鬼九统苦讨草　买老五有

去声 55　　冻怪半四痛快寸去　卖路硬乱　洞地饭树　动罪近后　六叶麦_文月_文

入声 32　　谷百塔搭哭节切刻急　毒白盒罚　麦_白月_白

说明：

（1）阴平 41 的起点实际略低于 4。

（2）阳平 412 的上升部分有时不明显，调值接近 411。

（3）去声 55 前段略升，主体为高平，实际调值接近 455。

(叁) 连读变调

单字调在语流中会发生有规律的变化。这里分析两字组的连读变调规律。先看后字为非轻声的两字组连调情况，见表1：

表1 涉县方言后字为非轻声的两字组连调表

前字＼后字	阴平 41	阳平 412	上声 53	去声 55	入声 32
阴平 41	41-41 冰糕 猪肝ㄦ 开春 天天ㄦ	**41-41** 梳头 偷藏 天明 猜谜 **41-24** 爹娘 汤匙ㄦ 吹牛ㄦ	—	41-24 松树 乡下 阴历 家具	41-32 猪血 垃圾
阳平 412	**41-31** 提亲 洋葱 河边ㄦ **41-24** 旁边ㄦ	**41-24** 前头 麻糖 拳头 零钱ㄦ	412-53 年底 甜杆 寻短 黄酒 44-53 红薯 白酒 赔本ㄦ	**41-24** 蚊帐 农历 油菜 蚕豆 412-24 芹菜	**41-24** 材木
上声 53	53-41 草鸡 里间 打针 种猪 53-24 左边ㄦ	53-41 炒瓢 母牛 女猫 53-24 小姨 老婆	412-53 老虎 水果 左手 小产 44-53 洗澡	53-24 闪电 扫地 以后 肯定	53-24 满月 女婿 53-32 老鳖

（续表）

前字＼后字	阴平 41	阳平 412	上声 53	去声 55	入声 32
去声 55	55-41 订婚　害羞 豆浆　旱烟	**55-41** 下棋　肚疼 放牛　化脓 55-24 日头ル　串门ル 算盘ル 55-412 酱油ル	55-53 中暑　断奶 裤腿　饭馆ル 55-**55** 稻草	**53-24** 半夜　种菜 地动　见面ル 55-**53** 地震	55-32 第一
入声 32	32-41 发烧　结婚 发丧　一千	32-41 着凉　刷牙 发愁　不行	32-53 不管　擦脸	32-55 做饭　做寿 入殓　出殡	32-32 疙瘩

说明：个别字组的连调不符合上述规则，如：再见 53-31。

再看后字为轻声的两字组连调情况，见表2：

表2　涉县方言后字为轻声的两字组连调表

前字＼后字本调	阴平 41	阳平 412	上声 53	去声 55	入声 32
阴平 41	41-0（A） 山沟　青蛙 花生　公猪 55-0（A） 丝瓜　东西 星星　公鸡	41-0（A） 清明　经常 高粱　公牛 55-0（A） 今年　锅台 冰凌　芝麻	41-0（A） 端午　秧子 家里　肩膀 55-0（A） 清早　开水 莴笋　公狗	41-0（B） 杉树　师傅 冬至　高兴 55-0（A） 青菜　干菜 生日　姑父	41-0（A） 钢笔　三十 初一　亲戚 55-0（A） 正月
阳平 412	41-0（C） 洋灰　台风 邻家　棉花	41-0（C） 明年　农民 前头　回来 412-0 裁缝　爷爷 流氓	41-0（C） 前晌　领水 412-0 凉水　城里 房子　年景	41-0（D） 难受　螃蟹 41-0（B） 模样ル	41-0（A） 毛笔

（续表）

前字＼后字本调	阴平 41	阳平 412	上声 53	去声 55	入声 32
上声 53	53-0 小心　晚夕 米汤　母猪	53-0 里头　眼红 以前　往年	53-0 奶奶　姥姥 晌午　老鼠	53-0 柳树　米饭	——
去声 55	55-0（B） 喂猪　嫁妆 饭锅　衬衣 55-0（A） 弟兄　地方儿 大方　外边儿 **53-0** 电灯　画儿书	55-0（B） 木头　记得 后年　砚台 55-0（A） 上头　犍牛 后头　大门 **53-0** 鲫鱼　后娘 为啥　这才	55-0（B） 翅膀　右手 妓女　套袄儿 55-0（A） 柜子　豆腐 **53-0** 下雨　大水	55-0（B） 旱地　木炭 月亮　热闹 55-0（A） 运气　路费 大大　碓臼 **53-0** 笨蛋　费气 绿豆　庙会	55-0（B） 日食　二十 蜡烛　教室 55-0（A） 大麦　卧室 上学
入声 32	32-0 郭家　杀猪	32-0 木头　核桃 客人　黑来 **55-0（C）** 窟窿儿　后头 指头 **33-0** 脊梁	32-0 说给　十五 **55-0（D）** 失火　木耳 虼蚤　吃奶 **33-0** 竹子　席子 鸽子　笛子	**55-0（D）** 狐臭　白菜 柏树　得劲儿 **33-0** 脚气　力气	32-0 月食　腊月 蜡烛　胳膊 **55-0（D）** 吸铁　拾掇 馍馍　圪眨

说明：

（1）"41-0（A）"连调式的实际调值为"41-1"，"41-0（B）"的实际调值为"41-5"，"41-0（C）"的实际调值为"41-2"，"41-0（D）"的实际调为"41-4"。"55-0（A）"的实际调值接近"44-4"，其所辖字组中的前字多为中古浊声母字。"55-0（B）"和"55-0（C）"的实际调值为"55-3"，但"55-0（C）"的前字较为短促。"55-0（D）"的实际调值为"55-5"，前字也较短促。

（2）个别字组的连调不符合上述规则，如：梯子 55-0（B）｜姨父 55-0（A）｜夜来 41-0（A）｜哥哥 53-0｜也许 412-0。

（3）个别字在词尾发生轻声促化，如：芝麻 tsɿ⁵⁵meʔ⁰｜姑父 ku⁵⁵fəʔ⁰｜姨父 i⁵⁵fəʔ⁰｜道士 tau⁵⁵səʔ⁰｜年时 ȵiæ̃⁴¹səʔ⁰；也有在前字位置发生促化的，如：这个 tsəʔ³²kəʔ²⁴｜那个 nəʔ³²kəʔ²⁴｜闺女 kuəʔ³²ny⁰｜后头 xəʔ⁵⁵tʰou⁰。前字位置促化形成的连调类型，这里未作为规则列入表中。

肆 异读

一 新老异读

1.1 声母

中古日母字，老男今为零声母或 [l] 声母。青男大部分字与老男相同，但有部分字读为 [z] 声母，如：染 iæ⁵³-zæ⁵³ ｜ 弱 yɐʔ³²-zuɐʔ³²。

1.2 韵母

入声韵母的辖字，老男和青男较为一致，但也有部分字存在参差，如：足 tɕyəʔ³²-tsuəʔ³² ｜ 闸 tsɒ⁵⁵-tsɐʔ³²/tsɒ⁵⁵ ｜ 麦 mɐʔ³²/miə⁵⁵-miə³⁵/mai⁵⁵。

在音值层面，老男的韵母 au、iau，青男相应为 ɔ、iɔ；老男的韵母 ə，青男为 ɤ。

1.3 声调

老男和青男在上声和去声的调值上有差异。老男上声为 55，青年为 53；老男去声为 55，青男为 35。在调类辖字上，老男和青男较为一致。

二 文白异读

2.1 声母

中古见组二等字，白读为 [tɕ] 组，文读为 [k] 组，如：耕 tɕiəŋ⁴¹/kəŋ⁴¹ ｜ 更 tɕiəŋ⁴¹/kəŋ⁴¹。这里韵母也相应不同，下文不赘。此外，通摄精组三等字"松"，白读为 ɕyəŋ⁴¹，文读为 suəŋ⁴¹。喻母字"容"白读为零声母，文读为 l 声母。

2.2 韵母

文白异读表现为韵母差异的，主要是中古入声字。白读为入声韵，文读为非入声韵，如：

蜡 lɐʔ³²/lɒ⁵⁵ ｜白 pɐʔ³²/pai⁴¹² ｜拆 tsʰɔʔ³²/tsʰai⁴¹ ｜式 səʔ³²/sʅ⁵⁵ ｜麦 mɐʔ³²/miə⁵⁵。

中古通摄部分三等字，白读为 yəŋ，文读为 uəŋ，如：容 yəŋ⁴¹²/luəŋ⁴¹² ｜松 ɕyəŋ⁴¹/suəŋ⁴¹ ｜龙 lyəŋ⁴¹²/luəŋ⁴¹²。

另外，效摄字"抱"，白读为 pu⁵⁵，文读为 pau⁵⁵。

2.3 声调

文白差异体现在声调上的，文读一般同普通话调类，主要见于上文所举白读为入声韵、文读为非入声韵的"蜡 lɐʔ³²/lɒ⁵⁵"等字。

伍 儿化韵

韵母ɿ、yə、iəʔ、yəʔ没有相应的儿化韵。其他基本韵母的儿化规律及例词见表3：

表3 涉县方言儿化韵与基本韵母对应关系表

儿化韵	基本韵母	例词	儿化韵	基本韵母	例词
ər	ɿ	东西儿 事儿	ɐr	ɒ	裤衩儿 把儿
	əi	辈儿 刀背儿		ə	蛾儿 唱歌儿
	əŋ（部分）	赔本儿 钢镚儿		eu（唇音声母）	围脖儿 上坡儿
	əʔ	果汁儿		ai	口袋儿 盖儿
iər	i	走亲戚儿 咽气儿		au	套袄儿 小刀儿
	iəŋ（部分）	围巾儿 背心儿		æ̃	岸儿 龙蛋儿
uər	uəi	亲嘴儿 捣鬼儿		ã	地方儿 汤儿
	uəŋ（部分）	村儿 冰棍儿		ɐʔ	傍黑儿 脸色儿
yər	y	鱼儿 孙女儿	iɐr	iɑ	下儿 涨价儿
	yəŋ	合群儿 哭穷儿		iə	茶叶儿 爷儿俩
ur	u	屋儿 二胡儿		iau	条儿 鸟儿
	əŋ（部分）	缝儿 梦梦儿		iæ̃	钱儿 饭店儿
	uəŋ（部分）	窟窿儿 当中儿		iã	模样儿 娘儿们
	uəʔ	主心骨儿		iɐʔ	锅贴儿 半截儿

（续表）

儿化韵	基本韵母	例词	儿化韵	基本韵母	例词
əʴ	ou	日头儿 小偷儿	uɐʴ	uɑ	梅花儿 话儿
	əŋ（部分）	跳绳儿 小灯儿		uə（非唇音声母）	火锅儿 发火儿
iəʴ	iou	吹牛儿 酱油儿		uai	一块儿 动筷儿
	iəŋ（部分）	打鸣儿 名儿		uæ̃	饭馆儿 一段儿
yɐʴ	yæ	旋儿 小银元儿		uã	双儿 眼光儿
	yɐʔ	角儿 木橛儿		uɐʔ	干活儿 圆桌儿

说明：

（1）əʴ、ɚ、uɐʴ、yɐʴ 的发音末尾，舌位保持在1的位置不除阻，实际音值接近 ər¹、iər¹、uər¹、yər¹。

（2）部分字儿化后，声母产生卷舌色彩，如"枣 tsau- 枣儿 tʂɚ" "花生 səŋ- 落花生儿 ʂɚ"。

陆 其他音变

一些词缀虚词在语流中会受之前音节的影响而发生和前音节韵尾的合音变化,这里列出"子""着""了""的"的变化情况,见表4:

表4 涉县部分词缀虚词受之前音节影响发生的语音变化

虚词	前字音节形式	语音形式	例词
子	ɿ	ᶽə	柿子 铁丝子
	i 及 i 尾韵母	ⁱə	李子 锤子
	u 及 u 尾韵母	ᵘə	斧子 稻子
	ŋ 尾韵母	ᵑə ᵑə̣	秧子 冷子 蝇子
	其他	lə	叶子 竹子
着	ɿ	ᶽə	撕着 指着
	i y 及 i 尾韵母	ⁱə	记着 举着 背着
	u 及 u 尾韵母	ᵘə	跑着 瞧着
	ŋ 尾韵母	ᵑə	放着 躺着
	其他	lə	贴着 弯着

（续表）

虚词	前字音节形式	语音形式	例词
了	ɿ	au	死了　治了
	i 及 i 尾韵母	ⁱæ ⁱau æ	迷了　买了　洗了
	y	ⁱau	娶了　锯了
	u 及 u 尾韵母	au ᵘæ	住了　输了　钓了
	ŋ 尾韵母	ᵑau ᵑæ	扔了　醒了
	其他	lau læ	吃了　坐了
的	ɿ	ᵊie	孩子的　他指的
	i y	ie	你的　去的
	i 尾韵母	i	买的票　妹妹的
	u 及 u 尾韵母	ᵘe ie	租的　很厚的
	ŋ 尾韵母	ᵑie ᵑe	胖墩墩的　穷的
	其他	ləi le	买药的　写的

说明：表中所列过渡音，以角标形式表示。过渡音在自然语流中大部分情况下都存在，在本项目其他卷册的词汇和语法等语料记音中，过渡音不再记出。

第二章
字音对照

	0001 多 果开一 平歌端	0002 拖 果开一 平歌透	0003 大~小 果开一 去歌定	0004 锣 果开一 平歌来	0005 左 果开一 上歌精	0006 歌 果开一 平歌见	0007 个 果开一 去歌见	0008 可 果开一 上歌溪
兴隆	tuo³⁵	tʰuo³⁵	ta⁵¹	luo⁵⁵	tsuo²¹³	kə³⁵	kə⁵¹	kʰə²¹³
北戴河	tuo⁴⁴	tʰuo⁴⁴	ta⁵¹	luo³⁵	tʃuo²¹⁴	kɤ⁴⁴	kɤ⁵¹	kʰɤ²¹⁴
昌黎	tuo⁴²	tʰuo⁴²	ta²⁴① ta⁴⁵³②	luo²⁴	tsuo²¹³	kɤ⁴²	kɤ⁴⁵³	kʰɤ²¹³
乐亭	tuə³¹	tʰuə³¹	ta⁵²	luə²¹²	tsuə³⁴	kə³¹	kə⁵²	kʰə³⁴
蔚县	tuɤ⁵³	tʰuɤ⁵³	tɑ³¹²	luɤ⁴¹	tsuɤ⁴⁴	kɤ⁵³	kɤ³¹²	kʰɤ⁴⁴③ kʰɤ³¹²④
涞水	tuo³¹	tʰuo³¹	ta³¹⁴	luo⁴⁵	tsuo²⁴	kɤ³¹	kɤ³¹⁴	kʰɤ²⁴
霸州	tuo⁴⁵	tʰuo⁴⁵	ta⁴¹	luo⁵³	tsuo²¹⁴	kɤ⁴⁵	kɤ⁴¹	kʰɤ²¹⁴⑤ kɤ²¹⁴⑥
容城	tuo⁴³	tʰuo⁴³	ta⁵¹³	luo³⁵	tsuo²¹³	kɤ⁴³	kɤ⁵¹³	kʰɤ²¹³
雄县	tuo⁴⁵	tʰuo⁴⁵	ta⁴¹	luo⁵³	tsuo²¹⁴	kɤ⁴⁵	kɤ⁴¹	kʰɤ²¹⁴⑦ kʰɤ⁴⁵⑧ kɤ²¹⁴⑨
安新	tuo⁴⁵	tʰuo⁴⁵	ta⁵¹	luo³¹	tsuo²¹⁴	kɤ⁴⁵	kɤ⁵¹	kʰɤ²¹⁴
满城	tuo⁴⁵	tʰuo⁴⁵	ta⁵¹²	luo²²	tsuo²¹³	kɤ⁴⁵	kɤ⁵¹²	kʰɤ²¹³
阜平	tuɤ³¹	tʰuɤ³¹	ta⁵³	luɤ²⁴	tsuɤ⁵⁵	kɤ³¹	kɤ⁵³	kʰɤ⁵⁵
定州	tuo³³	tʰuo³³	ta⁵¹	luo²⁴	tsuo²⁴	kɤ³³	kɤ⁵¹	kʰɤ²⁴
无极	tuɤ³¹	tʰuɤ³¹	tɑ⁴⁵¹	luɤ²¹³	tsuɤ³⁵	kɤ³¹	kɤ⁵¹	kʰɤ³⁵
辛集	tuə³³	tʰuə³³	tɑ⁴¹	luə³⁵⁴	tsuə³²⁴	kə³³	kə⁴¹	kʰə³²⁴
衡水	tuo²⁴	tʰuo²⁴	ta³¹	luo⁵³	tsuo⁵⁵	kɤ²⁴	kɤ⁵³	kʰɤ⁵⁵
故城	tuɤ²⁴	tʰuɤ²⁴	ta³¹	luɤ⁵³	tsuɤ³¹	kɤ²⁴	kɤ⁵³	kʰɤ⁵⁵
巨鹿	tuo³³	tʰuo³³	ta²¹	luo⁴¹	tsuo⁵⁵	kɤ³³	kɤ²¹	kʰɤ⁵⁵
邢台	tuo³⁴	tʰuo³⁴	ta³¹	luo⁵³	tsuo⁵⁵	kə³⁴	kə³¹	kʰə⁵⁵
馆陶	tuo²⁴	tʰuo²⁴	ta²¹³	luo⁵²	tsuo⁴⁴	kɤ²⁴	kɤ²¹³	kʰɤ⁴⁴
沧县	tuo²³	tʰuo²³	tɑ⁴¹	luo⁵³	tsuo⁵⁵	kɤ²³	kɤ⁴¹	kʰɤ⁵⁵
献县	tuo³³	tʰuo³³	ta³¹	luo⁵³	tsuo²¹⁴	kɤ³³	kɤ³¹	kʰɤ²¹⁴
平泉	tuo⁵⁵	tʰuo⁵⁵	ta⁵¹	luo³⁵	tsuo²¹⁴	kə⁵⁵	kə⁵¹	kʰə²¹⁴

（续表）

	0001 多 果开一 平歌端	0002 拖 果开一 平歌透	0003 大~小 果开一 去歌定	0004 锣 果开一 平歌来	0005 左 果开一 上歌精	0006 歌 果开一 平歌见	0007 个 果开一 去歌见	0008 可 果开一 上歌溪
滦平	tuo⁵⁵	tʰuo⁵⁵	ta⁵¹	luo³⁵	tsuo²¹⁴	kə⁵⁵	kə⁵¹	kʰə²¹⁴
廊坊	tuo⁵⁵	tʰuo⁵⁵	ta⁵¹	luo³⁵	tsuo²¹⁴	kɤ⁵⁵	kɤ⁵¹	kʰɤ²¹⁴
魏县	tuə³³ 又 tuə⁵³ 又	tʰuə³³	ta³¹²	luə⁵³	tʂuə⁵⁵	kɤ³³	kɤ³¹²	kʰɤ⁵⁵
张北	tuə⁴²	tʰuə⁴²	ta²¹³	luə⁴²	tsuə⁵⁵	kə⁴²	kə²¹³	kʰə⁵⁵
万全	tə⁴¹	tʰuə⁴¹	ta²¹³	lə⁴¹	tsuə⁵⁵	kə⁴¹	kə²¹³	kʰə⁵⁵
涿鹿	tuə⁴⁴	tʰuə⁴⁴	ta³¹	luə⁴²	tsuə⁴⁵	kə⁴⁴	kə³¹	kʰə⁴⁵
平山	tuə³¹	tʰuə³¹	ta⁴²	luə³¹	tsuə⁵⁵	kɤ³¹	kɤ⁵⁵ 又 kɤ⁴² 又	kɤ⁵⁵
鹿泉	tuo⁵⁵	tʰuo⁵⁵	ta³¹²	luo⁵⁵	tsuo³⁵	kɤ⁵⁵	kɤ³¹²	kʰɤ⁵⁵⑩ kʰɤ³⁵⑪
赞皇	tuə⁵⁴	tʰuə⁵⁴	ta³¹²	luə⁵⁴	tsuə⁴⁵	kə⁵⁴	kə³¹²	kʰə⁴⁵
沙河	tuo⁴¹	tʰuo⁴¹	tɔ²¹	luo⁵¹	tsuo³³	kɤ⁴¹	kɤ²¹	kʰɤ³³⑫ kʰəʔ⑬
邯郸	tuə³¹	tʰuə³¹	tɔ²¹³	luə⁵³	tsuə⁵⁵	kɤ³¹	kɤ²¹³	kʰɤ⁵⁵
涉县	tuə⁴¹	tʰuə⁴¹	tɒ⁵⁵	luə⁴¹	tsuə⁵³	kə⁴¹	kə⁵⁵	kʰə⁵³

---

① ~麦、~坑、苹果~。
② ~风、~伯。
③ ~以。
④ 程度副词。
⑤ ~以。
⑥ 程度副词。
⑦ ~以。
⑧ 副词，表强调。
⑨ 程度副词。
⑩ ~以。
⑪ 许~。
⑫ ~能。
⑬ ~不能去。

	0009 鹅 果开一 平歌疑	0010 饿 果开一 去歌疑	0011 河 果开一 平歌匣	0012 茄 果开三 平戈群	0013 破 果合一 去戈滂	0014 婆 果合一 平戈并	0015 磨动 果合一 平戈明	0016 磨名 果合一 去戈明
兴隆	nə⁵⁵ 又 ə⁵⁵ 又	nə⁵¹ 又 ə⁵¹ 又	xə⁵⁵	tɕiɛ⁵⁵① tɕia³⁵②	pʰo⁵¹	pʰo⁵⁵	mo⁵⁵ ~刀 mo⁵¹ ~豆腐	mo⁵¹
北戴河	nɤ³⁵	uo⁵¹	xɤ³⁵	tɕʰiɛ³⁵	pʰɤ⁵¹	pʰɤ³⁵	mɤ³⁵	mɤ⁵¹
昌黎	nɤ²⁴	nɤ²⁴	xɤ²⁴	tɕʰiɛ²⁴	pʰɤ⁴⁵³	pʰɤ²⁴	mɤ²⁴	mɤ²⁴
乐亭	ŋə²¹²	ŋə⁵²	xə²¹²	tɕʰiɛ²¹²	pʰə⁵²	pʰə²¹²	mə²¹²	mə⁵²
蔚县	nɤ⁴¹	vɤ³¹² 旧 nɤ³¹² 新	xuɤ⁴¹ 旧 xɤ⁴¹ 新	tɕʰiɑ⁴¹	pʰɤ³¹²	pʰɤ⁴¹	mɤ⁴¹ ~刀 mɤ³¹² ~面	mɤ³¹²
涞水	ŋɤ⁴⁵	ŋɤ³¹⁴	xɤ⁴⁵	tɕʰiɛ⁴⁵	pʰuo³¹⁴	pʰuo⁴⁵	muo⁴⁵ ~刀 muo³¹⁴ ~面	muo³¹⁴
霸州	nɤ⁵³	uo⁴¹	xɤ⁵³	tɕʰiɛ⁵³	pʰo⁴¹	pʰo⁵³	mo⁵³ ~刀 mo⁴¹ ~面	mo⁴¹
容城	nuo³⁵	uo⁵¹³	xɤ³⁵	tɕʰiɛ³⁵	pʰo⁵¹³	pʰo³⁵	mo³⁵	mo⁵¹³
雄县	nɤ⁵³	uo⁴¹	xɤ⁵³	tɕʰiɛ⁵³	pʰo⁴¹	pʰo⁵³	mo⁵³ ~刀 mo⁴¹ ~面	mo⁴¹
安新	nɤ³¹	uo⁵¹	xɤ³¹	tɕʰiɛ³¹	pʰo⁵¹	pʰo³¹	mo³¹ ~刀 mo⁵¹ ~面	mo⁵¹
满城	nuo²²	nuo⁵¹²	xɤ²²	tɕʰiɛ²²	pʰo⁵¹²	pʰo²²	mo²²	mo⁵¹² mo²²
阜平	ŋɤ²⁴	ŋɤ⁵³	xɤ²⁴	tɕʰiɛ²⁴	pʰuɤ⁵³	pʰuɤ²⁴	muɤ²⁴ ~刀 muɤ⁵³ ~面	muɤ⁵³
定州	ŋɤ²¹³	ŋɤ⁵¹	xɤ²¹³	tɕʰiɛ²¹³	pʰo⁵¹	pʰo²¹³	mo⁵¹ ~面 mo²¹³ ~刀	mo⁵¹
无极	ŋɤ²¹³	ŋɤ⁵¹	xɤ²¹³	tɕʰiɛ²¹³	pʰuɤ⁵¹	pʰuɤ²¹³	muɤ⁴⁵¹	muɤ⁴⁵¹
辛集	ŋə³⁵⁴	ŋə⁴¹	xə³⁵⁴	tɕʰiɛ³⁵⁴	pʰə⁴¹	pʰə³⁵⁴	mə³⁵⁴ ~刀 mə⁴¹ ~面	mə⁴¹
衡水	ŋɤ⁵³ 旧 ɤ⁵³ 新	uo³¹ 旧 ŋɤ³¹ 旧 ɤ³¹ 新	xɤ⁵³	tɕʰiɛ⁵³	pʰo³¹	pʰo⁵³	mo⁵³ ~刀 mo³¹ ~豆腐	mo³¹
故城	ŋə⁵³	ŋɤ³¹	xɤ⁵³	tɕʰiɛ⁵³	pʰɤ³¹	pʰɤ⁵³	mɤ⁵³ ~刀 mɤ³¹ ~面	mɤ³¹
巨鹿	ŋɤ⁴¹	ŋɤ²¹	xɤ⁴¹	tɕʰiɛ⁴¹	pʰo²¹	pʰo⁴¹	mo³³ ~刀 mo²¹ ~面	mo²¹
邢台	ŋə⁵³ 又 ə⁵³ 又	ŋə³¹ 又 ə³¹ 又	xə⁵³	tɕʰiɛ⁵³	pʰə³¹	pʰə⁵³	mə⁵³ ~刀 mə³¹ ~面	mə³¹
馆陶	ɤ⁵²	ɤ²¹³	xɤ⁵²	tɕʰiɛ⁵²③ tɕia²⁴④	pʰo²¹³	pʰo⁵²	mo⁵² ~刀 mo²¹³ ~面	mo²¹³
沧县	ŋɤ⁵³	uo⁴¹	xɤ⁵³	tɕʰiɛ⁵³	pʰɤ⁴¹	pʰɤ⁵³	mɤ⁵³ ~刀 mɤ⁴¹ ~豆腐	mɤ⁴¹

（续表）

	0009 鹅	0010 饿	0011 河	0012 茄	0013 破	0014 婆	0015 磨动	0016 磨名
	果开一 平歌疑	果开一 去歌疑	果开一 平歌匣	果开三 平戈群	果合一 去戈滂	果合一 平戈並	果合一 平戈明	果合一 去戈明
献县	nɤ⁵³ 多 uo⁵³ 少	uo³¹	xɤ⁵³	tɕʰie⁵³	pʰuo³¹	pʰuo⁵³	muo⁵³ ~刀 muo³¹ ~豆腐	muo³¹
平泉	nə³⁵ 又 ə³⁵ 又	nə⁵¹ 又 ə⁵¹	xə³⁵	tɕʰie³⁵ 又 tɕia⁵⁵ 又	pʰo⁵¹	pʰo³⁵	mo³⁵ mo⁵¹ 又	mo⁵¹
滦平	nə³⁵ 又 ŋə³⁵ 又 ə³⁵ 又	nə⁵¹ 又 ŋə⁵¹ 又 ə⁵¹ 又	xə³⁵	tɕʰie³⁵⑤ tɕia⁵⁵⑥	pʰo⁵¹	pʰo³⁵	mo³⁵ ~刀 mo⁵¹ ~豆腐	mo⁵¹
廊坊	ŋɤ³⁵ 又 ɤ³⁵ 又	ŋɤ⁵¹ 又 uo⁵¹ 又 ɤ⁵¹ 又	xɤ³⁵	tɕʰiɛ³⁵	pʰɤ⁵¹	pʰɤ³⁵	mɤ³⁵	mɤ⁵¹
魏县	ɤ⁵³	ɤ³¹²	xɤ⁵³	tɕʰiɛ⁵³	pʰə³¹²	pʰə⁵³	mə³¹² 又 mə⁵³ 又	mə³¹²
张北	ŋə⁴²	ŋə²¹³	xə⁴²	tɕʰiɛ⁴²	pʰə²¹³	pʰə⁴²	mə²¹³	mə²¹³
万全	ə⁴¹	ə²¹³	xə⁴¹	tɕʰiei⁴¹	pʰə²¹³	pʰə⁴¹	mə⁴¹ ~刀 mə²¹³ ~面	mə²¹³
涿鹿	ŋə⁴²	ŋə³¹	xə⁴²	tɕʰiɛ⁴²	pʰuə³¹	pʰuə⁴²	muə⁴² ~刀 muə³¹ ~面	muə³¹
平山	ŋɤ³¹	ŋɤ⁴²	xuə³¹ 白 xɤ³¹ 文	tɕʰiə³¹	pʰə⁴²	pʰə³¹	mə³¹	mə⁴²
鹿泉	ŋɤ⁵⁵	ŋɤ³¹²	xɤ⁵⁵	tɕʰiɤ⁵⁵	pʰo³¹²	pʰo⁵⁵	mo⁵⁵ ~刀 mo³¹² ~面	mo³¹²
赞皇	ŋə⁵⁴	ŋə³¹²	xə⁵⁴	tɕʰiɛ⁵⁴	pʰuə³¹²	pʰuə⁵⁴	muə⁵⁴ ~刀 muə³¹² ~面	muə³¹²
沙河	ŋɤ⁵¹	ŋɤ²¹	xɤ⁵¹	tɕʰie⁵¹	pʰuo²¹	pʰuo⁵¹	muo⁵¹ ~剪子 muo²¹ ~面	muo²¹
邯郸	ŋɤ⁵³	ŋɤ²¹³	xɤ⁵³	tɕʰie⁵³	pʰuə²¹³	pʰuə⁵³	muə⁵³ ~剪子 muə²¹³ ~面	muə²¹³
涉县	ŋə⁴¹²	ŋə⁵⁵	xə⁴¹²	tɕʰiə⁴¹²	pʰuə⁵⁵	pʰuə⁴¹²	muə⁴¹²	muə⁵⁵

---

① ~子。
② 雪~。
③ ~子。
④ 雪~。
⑤ ~子。
⑥ 雪~。

	0017 躲	0018 螺	0019 坐	0020 锁	0021 果	0022 过~来	0023 课	0024 火
	果合一上戈端	果合一平戈来	果合一上戈从	果合一上戈心	果合一上戈见	果合一去戈见	果合一去戈溪	果合一上戈晓
兴隆	tuo²¹³	luo⁵⁵	tsuo⁵¹	suo²¹³	kuo²¹³	kuo⁵¹	kʰɤ⁵¹	xuo²¹³
北戴河	tuo²¹⁴	luo³⁵	tʃuo⁵¹	ʃuo²¹⁴	kuo²¹⁴	kuo⁵¹	kʰɤ⁵¹	xuo²¹⁴
昌黎	tuo²¹³	luo²⁴	tsuo²⁴① tsuo⁴⁵³②	suo²¹³	kuo²¹³	kuo⁴⁵³	kʰɤ⁴⁵³	xuo²¹³
乐亭	tuə³⁴	luə²¹²	tsuə⁵²	suə³⁴	kuə³⁴	kuə⁵²	kʰə⁵²	xuə³⁴
蔚县	tuɤ⁴⁴	luɤ⁴¹	tsuɤ³¹²	suɤ⁴⁴	kuɤ⁴⁴	kuɤ³¹²	kʰɤ³¹²	xuɤ⁴⁴
涞水	tuo²⁴	luo⁴⁵	tsuo³¹⁴	suo²⁴	kuo²⁴	kuo³¹⁴	kʰɤ³¹⁴	xuo²⁴
霸州	tuo²¹⁴	luo⁵³	tsuo⁴¹	suo²¹⁴	kuo²¹⁴	kuo⁴¹	kʰɤ⁴¹	xuo²¹⁴
容城	tuo²¹³	luo³⁵	tsuo⁵¹³	suo²¹³	kuo²¹³	kuo⁵¹³	kʰɤ⁵¹³	xuo²¹³
雄县	tuo²¹⁴	luo⁵³	tsuo⁴¹	suo²¹⁴	kuo²¹⁴	kuo⁴¹	kʰɤ⁴¹	xuo²¹⁴
安新	tuo²¹⁴	luo³¹	tsuo⁵¹	suo²¹⁴	kuo²¹⁴	kuo⁵¹	kʰɤ⁵¹	xuo²¹⁴
满城	tuo²¹³	luo²²	tsuo⁵¹²	suo²¹³	kuo²¹³	kuo⁵¹²	kʰɤ⁵¹²	xuo²¹³
阜平	tuɤ⁵⁵	luɤ²⁴	tsuɤ⁵³	suɤ⁵⁵	kuɤ⁵⁵	kuɤ⁵³	kʰɤ⁵³	xuɤ⁵⁵
定州	tuo²⁴	luo²¹³	tsuo⁵¹	suo²⁴	kuo²⁴	kuo⁵¹	kʰɤ⁵¹	xuo²⁴
无极	tuɤ³⁵		tsuɤ⁴⁵¹	suɤ³⁵	kuɤ³⁵	kuɤ⁵¹	kʰɤ⁵¹	xuɤ³⁵
辛集	tuə³²⁴	luə³⁵⁴	tsuə⁴¹	suə³²⁴	kuə³²⁴	kuə⁴¹	kʰə⁴¹	xuə³²⁴
衡水	tuo⁵⁵	luo⁵³	tsuo³¹	suo⁵⁵	kuo⁵⁵	kuo³¹	kʰɤ³¹	xuo⁵⁵
故城	tuɤ⁵⁵	luɤ⁵³	tsuɤ³¹	suɤ⁵⁵	kuɤ⁵⁵	kuɤ³¹	kʰɤ³¹	xuɤ⁵⁵
巨鹿	tuo⁵⁵	luo⁴¹	tsuo²¹	suo⁵⁵	kuo⁵⁵	kuo²¹	kʰɤ²¹	xuo⁵⁵
邢台	tuo⁵⁵	luo⁵³	tsuo³¹	suo⁵⁵	kuo⁵⁵	kuo⁵⁵	kʰə³¹	xuo⁵⁵
馆陶	tuo⁴⁴	luo⁵²	tsuo²¹³	suo⁴⁴	kuo⁴⁴	kuo²¹³	kʰɤ²¹³	xuo⁴⁴
沧县	tuo⁵⁵	luo⁵³	tsuo⁴¹	suo⁵⁵	kuo⁵⁵	kuo⁴¹	kʰɤ⁴¹	xuo⁵⁵
献县	tuo²¹⁴	luo⁵³	tsuo³¹	suo²¹⁴	kuo²¹⁴	kuo³¹	kʰɤ³¹	xuo²¹⁴
平泉	tuo²¹⁴	luo³⁵	tsuo⁵¹	suo²¹⁴	kuo²¹⁴	kuo⁵¹	kʰə⁵¹	xuo²¹⁴
滦平	tuo²¹⁴	luo³⁵	tsuo⁵¹	suo²¹⁴	kuo²¹⁴	kuo⁵¹	kʰə⁵¹	xuo²¹⁴
廊坊	tuo²¹⁴	luo³⁵	tsuo⁵¹	suo²¹⁴	kuo²¹⁴	kuo⁵¹	kʰɤ⁵¹	xuo²¹⁴

（续表）

	0017 躲	0018 螺	0019 坐	0020 锁	0021 果	0022 过~来	0023 课	0024 火
	果合一上戈端	果合一平戈来	果合一上戈从	果合一上戈心	果合一上戈见	果合一去戈见	果合一去戈溪	果合一上戈晓
魏县	tuə⁵⁵	luə⁵³	tʂuə³¹²	ʂuə⁵⁵	kuə⁵⁵	kuə³¹²	kʰɤ³¹²	xuə⁵⁵
张北	tuə⁵⁵	luə⁴²	tsuə²¹³	suə⁵⁵	kuə⁵⁵	kuə²¹³	kʰɤ²¹³	xuə⁵⁵
万全	tuə⁵⁵	lə⁴¹	tsuə²¹³	suə⁵⁵	kuə⁵⁵	kuə²¹³	kʰɤ²¹³	xuə⁵⁵
涿鹿	tuə⁴⁵	luə⁴²	tsuə³¹	suə⁴⁵	kuə⁴⁵	kuə³¹	kʰə³¹	xuə⁴⁵
平山	tuə⁵⁵	luə³¹	tsuə⁴²	suə⁵⁵	kuə⁵⁵	kuə⁴²	kʰɤ⁴²	xuə⁵⁵
鹿泉	tuo³⁵	luo⁵⁵	tsuo³¹²	suo³⁵	kuo³⁵	kuo³¹²	kʰɤ³¹²	xuo³⁵
赞皇	tuə⁴⁵	luə⁵⁴	tsuə³¹²	suə⁴⁵	kuə⁴⁵	kuə³¹²	kʰə³¹²	xuə⁴⁵
沙河	tuo³³	luo⁵¹③	tsuo²¹	suo³³	kuo³³	kuo²¹	kʰɤ²¹	xuo³³
邯郸	tuə⁵⁵	luə⁵³	tsuə²¹³	suə⁵⁵	kuə⁵⁵	kuə²¹³	kʰɤ²¹³	xuə⁵⁵
涉县	tuə⁵³	luə⁴¹²	tsuə⁵⁵	suə⁵³	kuə⁵³	kuə⁵⁵	kʰə⁵⁵	xuə⁵³

---

① ~那ㄦ。
② ~下、请~。
③ ~丝。

	0025 货	0026 祸	0027 靴	0028 把量	0029 爬	0030 马	0031 骂	0032 茶
	果合一去戈晓	果合一上戈匣	果合三平戈晓	假开二上麻帮	假开二平麻並	假开二上麻明	假开二去麻明	假开二平麻澄
兴隆	xuo⁵¹	xuo⁵¹	ɕyɛ³⁵	pa²¹³	pʰa⁵⁵	ma²¹³	ma⁵¹	tʂʰa⁵⁵
北戴河	xuo⁵¹	xuo⁵¹	ɕyɛ⁴⁴	pa²¹⁴	pʰa³⁵	ma²¹⁴	ma⁵¹	tʃʰa³⁵
昌黎	xuo⁴⁵³	xuo²⁴① xuo⁴⁵³②	ɕyɛ⁴²	pa²¹³	pʰa²⁴	ma²¹³	ma⁴⁵³	tʂʰa²⁴
乐亭	xuə⁵²	xuə⁵²	ɕyɛ³¹	pa³⁴	pʰa²¹²	ma³⁴	ma⁵²	tʂʰa²¹²
蔚县	xuɤ³¹²	xuɤ³¹²	ɕyə⁵³	pa⁴⁴	pʰa⁴¹	ma⁴⁴	ma³¹²	tʂʰɑ⁴¹
涞水	xuo³¹⁴	xuo³¹⁴	ɕyɛ³¹	pa²⁴	pʰa⁴⁵	ma²⁴	ma³¹⁴	tʂʰa⁴⁵
霸州	xuo⁴¹	xuo⁴¹	ɕyɛ⁴⁵	pa²¹⁴	pʰa⁵³	ma²¹⁴	ma⁴¹	tʂʰa⁵³
容城	xuo⁵¹³	xuo⁵¹³	ɕyɛ⁴³	pa²¹³	pʰa³⁵	ma²¹³	ma⁵¹³	tʂʰa³⁵
雄县	xuo⁴¹	xuo⁴¹	ɕyɛ⁴⁵	pa²¹⁴	pʰa⁵³	ma²¹⁴	ma⁴¹	tʂʰa⁵³
安新	xuo⁵¹	xuo⁵¹	ɕyɛ⁴⁵	pa²¹⁴	pʰa³¹	ma²¹⁴	ma⁵¹	tʂʰa³¹
满城	xuo⁵¹²	xuo⁵¹²	ɕyɛ⁴⁵	pa²¹³	pʰa²²	ma²¹³	ma⁵¹²	tʂʰa²²
阜平	xuɤ⁵³	xuɤ⁵³	ɕyɛ³¹	pa⁵⁵	pʰa²⁴	ma⁵⁵	ma⁵³	tʂʰa²⁴
定州	xuo⁵¹	xuo⁵¹	ɕyɛ³³	pa²⁴	pʰa²⁴	ma²⁴	ma⁵¹	tʂʰa²¹³
无极	xuɤ⁵¹	xuɤ⁴⁵¹	ɕyɛ³¹	pa³⁵	pʰɑ²¹³	mɑ³⁵	mɑ⁴⁵¹	tʂʰɑ²¹³
辛集	xuə⁴¹	xuə⁴¹	ɕyɛ³³	pɑ³²⁴	pʰɑ³⁵⁴	mɑ³²⁴	mɑ⁴¹	tʂʰɑ³⁵⁴
衡水	xuo³¹	xuo³¹	ɕyɛ²⁴	pa⁵⁵	pʰa⁵³	ma⁵⁵	ma³¹	tʂʰɑ⁵³
故城	xuɤ³¹	xuɤ³¹	ɕyɛ²⁴	pa⁵⁵	pʰa⁵³	ma⁵⁵	ma³¹	tʂʰa⁵³
巨鹿	xuo²¹	xuo²¹	ɕyɛ³³	pa⁵⁵	pʰa⁴¹	ma⁵⁵	ma²¹	tʂʰa⁴¹
邢台	xuo³¹	xuo³¹	ɕyɛ³⁴	pa⁵⁵	pʰa⁵³	ma⁵⁵	ma³¹	tʂʰa⁵³
馆陶	xuo²¹³	xuo²¹³	ɕyE²⁴	pa⁴⁴	pʰa⁵²	ma⁴⁴	ma²¹³	tʂʰa⁵²
沧县	xuo⁴¹	xuo⁴¹	ɕyɛ²³	pa⁵⁵	pʰa⁵³	mɑ⁵⁵	mɑ⁴¹	tʂʰɑ⁵³
献县	xuo³¹	xuo³¹	ɕyɛ³³	pa²¹⁴	pʰa⁵³	ma²¹⁴	ma³¹	tʂʰa⁵³
平泉	xuo⁵¹	xuo⁵¹	ɕyɛ⁵⁵	pa²¹⁴	pʰa³⁵	ma²¹⁴	ma⁵¹	tʂʰa³⁵
滦平	xuo⁵¹	xuo⁵¹	ɕyɛ⁵⁵	pa²¹⁴	pʰa³⁵	ma²¹⁴	ma⁵¹	tʂʰa³⁵
廊坊	xuo⁵¹	xuo⁵¹	ɕyɛ⁵⁵	pa²¹⁴	pʰa³⁵	ma²¹⁴	ma⁵¹	tʂʰa³⁵

(续表)

	0025 货	0026 祸	0027 靴	0028 把量	0029 爬	0030 马	0031 骂	0032 茶
	果合一 去戈晓	果合一 上戈匣	果合三 平戈晓	假开二 上麻帮	假开二 平麻並	假开二 上麻明	假开二 去麻明	假开二 平麻澄
魏县	xuə³¹²	xuə³¹²	ɕyɛ³³	pa⁵⁵	pʰa⁵³	ma⁵⁵	ma³¹²	tʂʰa⁵³
张北	xuə²¹³	xuə²¹³	ɕyɛ⁴²	pa⁵⁵	pʰa⁴²	ma⁵⁵	ma²¹³	tʂʰa⁴²
万全	xuə²¹³	xuə²¹³	ɕyɛ⁴¹	pa⁵⁵	pʰa⁴¹	ma⁵⁵	ma²¹³	tʂʰa⁴¹
涿鹿	xuə³¹	xuə³¹	ɕyɛ⁴⁴	pa⁴⁵	pʰa⁴²	ma⁴⁵	ma³¹	tʂʰa⁴⁴
平山	xuə⁴²	xuə⁴²	ɕyɤ³¹	pa⁵⁵	pʰa³¹	ma⁵⁵	ma⁴²	tʂʰa³¹
鹿泉	xuo³¹²	xuo³¹²	ɕyɤ⁵⁵	pa³⁵	pʰa⁵⁵	ma³⁵	ma³¹²	tʂʰa⁵⁵
赞皇	xuə³¹²	xuə³¹²	ɕyɛ⁵⁴	pa⁴⁵	pʰa⁵⁴	ma⁴⁵	ma³¹²	tʂʰa⁵⁴
沙河	xuo²¹	xuo²¹	ɕyɛ⁴¹	pɔ³³	pʰɔ⁵¹	mɔ³³	mɔ²¹	tʂʰɔ⁵¹
邯郸	xuə²¹³	xuə²¹³	ɕyɛ³¹	pɔ⁵⁵	pʰɔ⁵³	mɔ⁵⁵	mɔ²¹³	tʂʰɔ⁵³
涉县	xuə⁵⁵	xuə⁵⁵	ɕyə⁴¹	pɒ⁵³	pʰɒ⁴¹²	mɒ⁵³	mɒ⁵⁵	tsʰɒ⁴¹²

① 车~¹、惹~。
② 车~²、~害、天灾人~。

	0033 沙	0034 假真~	0035 嫁	0036 牙	0037 虾	0038 下方位	0039 夏春~	0040 哑
	假开二平麻生	假开二上麻见	假开二去麻见	假开二平麻疑	假开二平麻晓	假开二上麻匣	假开二去麻匣	假开二上麻影
兴隆	ʂa^{35}	tɕia^{213}	tɕia^{51}	ia^{55}	ɕia^{35}	ɕia^{51}	ɕia^{51}	ia^{213}
北戴河	ʃa^{44}	tɕia^{214}	tɕia^{51}	ia^{35}	ɕia^{44}	ɕia^{51}	ɕia^{51}	ia^{214}
昌黎	sa^{42}	tɕia^{213}	tɕia^{453}	ia^{24}	ɕia^{42}	ɕia^{453}	ɕia^{453}	ia^{213}
乐亭	ʂa^{31}	tɕia^{34}	tɕia^{52}	ia^{212}	ɕia^{31}	ɕia^{52}	ɕia^{52}	ia^{34}
蔚县	sɑ^{53}	tɕia^{44}	tɕiɑ^{312}	iɑ^{41}	ɕia^{53}	ɕiɑ^{312}	ɕiɑ^{312}	ia^{44}
涞水	ʂa^{31}	tɕia^{24}	tɕia^{314}	ia^{45}	ɕia^{31}	ɕia^{314}	ɕia^{314}	ia^{24}
霸州	ʂa^{45}	tɕia^{214}	tɕia^{41}	ia^{53}	ɕia^{45}	ɕia^{41}	ɕia^{41}	ia^{214}
容城	ʂa^{43}	tɕia^{213}	tɕia^{513}	ia^{35}	ɕia^{43}	ɕia^{513}	ɕia^{513}	ia^{213}
雄县	sa^{45}① ʂa^{45}②	tɕia^{214}	tɕia^{41}	ia^{53}	ɕia^{45}	ɕia^{41}	ɕia^{41}	ia^{214}
安新	sa^{45}	tɕia^{214}	tɕia^{51}	ia^{31}	ɕia^{45}	ɕia^{51}	ɕia^{51}	ia^{214}
满城	ʂa^{45}	tɕia^{213}	tɕia^{512}	ia^{22}	ɕia^{45}	ɕia^{512}	ɕia^{512}	ia^{213}
阜平	ʂa^{31}	tɕia^{55}	tɕia^{53}	ia^{24}	ɕia^{31}	ɕia^{53}	ɕia^{53}	ia^{55}
定州	ʂa^{33}	tɕia^{24}	tɕia^{51}	ia^{213}	ɕia^{33}	ɕia^{51}	ɕia^{51}	ia^{24}
无极	ʂɑ^{31}	tɕia^{35}	tɕiɑ^{51}	iɑ^{213}	ɕia^{31}	ɕiɑ^{451}	ɕiɑ^{451}	iɑ^{35}
辛集	ʂɑ^{33}	tɕiɑ^{324}	tɕia^{41}	iɑ^{354}	ɕia^{33}	ɕia^{41}	ɕia^{41}	iɑ^{324}
衡水	sa^{24}	tɕia^{55}	tɕia^{31}	iɑ^{53}	ɕia^{24}	ɕia^{31}	ɕia^{31}	iɑ^{55}
故城	sa^{24}	tɕia^{55}	tɕia^{31}	ia^{53}	ɕia^{24}	ɕia^{31}	ɕia^{31}	ia^{55}
巨鹿	ʂa^{33}	tɕia^{55}	tɕia^{21}	ia^{41}	ɕia^{33}	ɕia^{21}	ɕia^{21}	ia^{55}
邢台	ʂa^{34}	tɕia^{55}	tɕia^{31}	ia^{53}	ɕia^{34}	ɕia^{31}	ɕia^{31}	ia^{55}
馆陶	ʂa^{24}	tɕia^{44}	tɕia^{213}	ia^{52}	ɕia^{24}	ɕia^{213}	ɕia^{213}	ia^{44}
沧县	sɑ^{23}	tɕiɑ^{55}	tɕiɑ^{41}	iɑ^{53}	ɕia^{23}	ɕia^{41}	ɕia^{41}	iɑ^{55}
献县	ʂa^{33}	tɕia^{214}	tɕia^{31}	ia^{53}	ɕia^{33}	ɕia^{31}	ɕia^{31}	ia^{214}
平泉	ʂa^{55}	tɕia^{214}	tɕia^{51}	ia^{35}	ɕia^{55}	ɕia^{51}	ɕia^{51}	ia^{214}
滦平	ʂa^{55}	tɕia^{214}	tɕia^{51}	ia^{35}	ɕia^{55}	ɕia^{51}	ɕia^{51}	ia^{214}
廊坊	ʂa^{55}	tɕia^{214}	tɕia^{51}	ia^{35}	ɕia^{55}	ɕia^{51}	ɕia^{51}	ia^{214}

(续表)

	0033 沙	0034 假真~	0035 嫁	0036 牙	0037 虾	0038 下方位	0039 夏春~	0040 哑
	假开二平麻生	假开二上麻见	假开二去麻见	假开二平麻疑	假开二平麻晓	假开二上麻匣	假开二去麻匣	假开二上麻影
魏县	ʂa^{33}	tɕia^{55}	tɕia^{312}	ia^{53}	ɕia^{33}	ɕia^{312}	ɕia^{312}	ia^{55}
张北	sa^{42}	tɕia^{55}	tɕia^{213}	ia^{42}	ɕia^{42}	ɕia^{213}	ɕia^{213}	ia^{55}
万全	sa^{41}	tɕia^{55}	tɕia^{213}	ia^{41}	ɕia^{41}	ɕia^{213}	ɕia^{213}	ia^{55}
涿鹿	sa^{44}	tɕia^{45}	tɕia^{31}	ia^{42}	ɕia^{42}	ɕia^{31}	ɕia^{31}	ia^{45}
平山	ʂa^{31}	tɕia^{55}	tɕia^{42}	ia^{31}	ɕia^{31}	ɕia^{42}	ɕia^{42}	ia^{55}
鹿泉	ʂa^{55}	tɕia^{35}	tɕia^{312}	ia^{55}	ɕia^{55}	ɕia^{312}	ɕia^{312}	ia^{35}
赞皇	ʂa^{54}	tɕia^{45}	tɕia^{312}	ia^{54}	ɕia^{54}	ɕia^{312}	ɕia^{312}	ia^{45}
沙河	ʂɔ^{41}	tɕiɔ^{33}	tɕiɔ^{21}	iɔ^{51}	ɕiɔ^{41}	ɕiɔ^{21}	ɕiɔ^{21}	iɔ^{33}
邯郸	ʂɔ^{31}	tɕiɔ^{55}	tɕiɔ^{213}	iɔ^{53}	ɕiɔ^{31}	ɕiɔ^{213}	ɕiɔ^{213}	iɔ^{55}
涉县	sɒ^{41}	tɕiɒ^{53}	tɕiɒ^{55}	iɒ^{412}	ɕiɒ^{41}	ɕiɒ^{55}	ɕiɒ^{55}	iɒ^{53}

① ~子。
② ~发。

	0041 姐	0042 借	0043 写	0044 斜	0045 谢	0046 车~辆	0047 蛇	0048 射
	假开三上麻精	假开三去麻精	假开三上麻心	假开三平麻邪	假开三去麻邪	假开三平麻昌	假开三平麻船	假开三去麻船
兴隆	tɕie²¹³	tɕie⁵¹	ɕie²¹³	ɕie⁵⁵	ɕie⁵¹	tʂʰə³⁵	ʂə⁵⁵	ʂə⁵¹
北戴河	tɕie²¹⁴	tɕie⁵¹	ɕie²¹⁴	ɕie³⁵	ɕie⁵¹	tʃʰɤ⁴⁴	ʃɤ³⁵	ʃɤ⁵¹
昌黎	tɕie²¹³	tɕie⁴⁵³	ɕie²¹³	ɕie²⁴	ɕie⁴⁵³	tʂʰɤ⁴²	ʂɤ²⁴	ʂɤ⁴⁵³
乐亭	tɕie³⁴	tɕie⁵²	ɕie³⁴	ɕie²¹²	ɕie⁵²	tʂʰə³¹	ʂə²¹²	ʂə⁵²
蔚县	tɕiə⁴⁴	tɕie³¹²	ɕiə⁴⁴	ɕiə⁴¹	ɕiə³¹²	tʂʰɤ⁵³	ʂɤ⁴¹	ʂɤ³¹²
涞水	tɕie²⁴	tɕie³¹⁴	ɕie²⁴	ɕie⁴⁵	ɕie³¹⁴	tʂʰɤ³¹	ʂɤ⁴⁵	ʂɤ³¹⁴
霸州	tɕie²¹⁴	tɕie⁴¹	ɕie²¹⁴	ɕie⁵³	ɕie⁴¹	tʂʰɤ⁴⁵	ʂɤ⁵³ 新 ʂa⁵³ 旧	ʂɤ⁴¹
容城	tɕie²¹³	tɕie⁵¹³	ɕie²¹³	ɕie³⁵	ɕie⁵¹³	tʂʰɤ⁴³	ʂɤ³⁵	ʂɤ⁵¹³
雄县	tɕie²¹⁴	tɕie⁴¹	ɕie²¹⁴	ɕie⁵³	ɕie⁴¹	tʂʰɤ⁴⁵	ʂɤ⁵³ 新 ʂa⁵³ 旧	ʂɤ⁴¹
安新	tɕie²¹⁴	tɕie⁵¹	ɕie²¹⁴	ɕie³¹	ɕie⁵¹	tʂʰɤ⁴⁵	ʂɤ³¹	ʂɤ⁵¹
满城	tɕie²¹³	tɕie⁵¹²	ɕie²¹³	ɕie²²	ɕie⁵¹²	tʂʰɤ⁴⁵	ʂɤ²²	ʂɤ⁵¹²
阜平	tɕie⁵⁵	tɕie⁵³	ɕie⁵⁵	ɕie²⁴	ɕie⁵³	tʂʰɤ³¹	ʂɤ²⁴	ʂɤ⁵³
定州	tsie²⁴	tɕie⁵¹	sie²⁴	sie²¹³	sie⁵¹	tʂʰɤ³³	ʂɤ²¹³	ʂɤ⁵¹
无极	tsie³⁵	tsie⁵¹	sie³⁵	sie²¹³	sie⁵¹	tʂʰɤ³¹	ʂɤ²¹³	ʂɤ⁵¹
辛集	tsiɛ³²⁴	tsiɛ⁴¹	siɛ³²⁴	siɛ³⁵⁴	siɛ⁴¹	tʂʰə³³	ʂə³⁵⁴	ʂə⁴¹
衡水	tɕie⁵⁵	tɕie³¹	ɕie⁵⁵	ɕie⁵³	ɕie³¹	tɕʰie²⁴ 旧 tsʰɤ²⁴ 新	ʂɤ⁵³	ɕie³¹ 旧 ʂɤ³¹ 新
故城	tɕie⁵⁵	tɕie³¹	ɕie⁵⁵	ɕie⁵³	ɕie³¹	tʂʰɤ²⁴	ʂɤ⁵³① ʂa⁵³②	ʂɤ³¹
巨鹿	tɕie⁵⁵	tɕie²¹	ɕie⁵⁵	ɕie⁴¹	ɕie²¹	tɕʰie³³	ʂa⁴¹	ɕie²¹
邢台	tsie⁵⁵	tsie³¹	sie⁵⁵	ɕie⁵³	sie³¹	tʂʰə³⁴	ʂə⁵³	ʂə³¹
馆陶	tsiᴇ⁴⁴	tsiᴇ²¹³	siᴇ⁴⁴	siᴇ⁵²	siᴇ²¹³	tʂʰᴇ²⁴	ʂɤ⁵²	ʂɤ²¹³
沧县	tɕie⁵⁵	tɕie⁴¹	ɕie⁵⁵	ɕie⁵³	ɕie⁴¹	tʂʰɤ²³	ʂɤ⁵³	ʂɤ⁴¹
献县	tɕie²¹⁴	tɕie³¹	ɕie²¹⁴	ɕie⁵³	ɕie³¹	tʂʰə⁵³	ʂʅə⁵³	ʂʅə³¹
平泉	tɕie²¹⁴	tɕie⁵¹	ɕie²¹⁴	ɕie³⁵	ɕie⁵¹	tʂʰə⁵⁵	ʂə³⁵	ʂə⁵¹

（续表）

	0041 姐	0042 借	0043 写	0044 斜	0045 谢	0046 车~辆	0047 蛇	0048 射
	假开三上麻精	假开三去麻精	假开三上麻心	假开三平麻邪	假开三去麻邪	假开三平麻昌	假开三平麻船	假开三去麻船
滦平	tɕie²¹⁴	tɕie⁵¹	ɕie²¹⁴	ɕie³⁵	ɕie⁵¹	tʂʰə⁵⁵	ʂə³⁵	ʂə⁵¹
廊坊	tɕie²¹⁴	tɕie⁵¹	ɕie²¹⁴	ɕie³⁵	ɕie⁵¹	tʂʰɤ⁵⁵	ʂɤ³⁵	ʂɤ⁵¹
魏县	tɕie⁵⁵	tɕie³¹²	ɕie⁵⁵	ɕie⁵³	ɕie³¹²	tʂʰɛ³³	ʂɛ⁵³	ʂɛ³¹²
张北	tsie²¹³	tsie²¹³	ɕie⁵⁵	ɕie⁴²	ɕie²¹³	tʂʰə⁴²	ʂə⁴²	ʂə²¹³
万全	tɕiei⁵⁵	tɕiei²¹³	ɕiei⁵⁵	ɕiei⁴¹	ɕiei²¹³	tʂʰə⁴¹	ʂə⁴¹又 tʂʰə⁴¹又	ʂə²¹³
涿鹿	tɕie⁴⁵	tɕie³¹	ɕie⁴⁵	ɕie⁴²	ɕie³¹	tʂʰə⁴⁴	ʂə⁴²	ʂə³¹
平山	tsiə⁵⁵	tsiə⁴²	siə⁵⁵	siə³¹	siə⁴²	tʂʰɤ³¹	ʂɤ³¹	ʂɤ⁴²
鹿泉	tsiɤ³⁵	tsiɤ³¹²	siɤ³⁵	siɤ⁵⁵	siɤ³¹²	tʂʰɤ⁵⁵	ʂɤ⁵⁵	ʂɤ³¹²
赞皇	tsie⁴⁵	tsie³¹²	sie⁴⁵	sie⁵⁴	sie³¹²	tʂʰə⁵⁴	ʂə⁵⁴	ʂə³¹²
沙河	tsie³³	tsie²¹	sie³³	sie⁵¹	sie²¹	tʂʰɤ⁴¹	ʂɤ⁵¹	ʂɤ²¹
邯郸	tsie⁵⁵	tsie²¹³	sie⁵⁵	sie⁵³	sie²¹³	tʂʰɤ³¹	ʂɤ⁵³	ʂɤ²¹³
涉县	tɕiə⁵³	tɕiə⁵⁵	ɕiə⁵³	ɕiə⁴¹²	ɕiə⁵⁵	tʂʰə⁴¹	ʂə⁴¹²	ʂə⁵⁵

① 毒~。
② 白~。

	0049 爷	0050 野	0051 夜	0052 瓜	0053 瓦名	0054 花	0055 化	0056 华中~
	假开三平麻以	假开三上麻以	假开三去麻以	假合二平麻见	假合二上麻疑	假合二平麻晓	假合二去麻晓	假合二平麻匣
兴隆	iɛ⁵⁵	iɛ²¹³	iɛ⁵¹	kuɑ³⁵	uɑ²¹³	xuɑ³⁵	xuɑ⁵¹	xuɑ⁵⁵
北戴河	iɛ³⁵	iɛ²¹⁴	iɛ⁵¹	kuɑ⁴⁴	uɑ²¹⁴	xuɑ⁴⁴	xuɑ⁵¹	xuɑ³⁵
昌黎	iɛ²⁴	iɛ²¹³	iɛ²⁴① iɛ⁴⁵³②	kuɑ⁴²	uɑ²¹³	xuɑ⁴²	xuɑ⁴⁵³	xuɑ²⁴
乐亭	iɛ²¹²	iɛ³⁴	iɛ⁵²	kuɑ³¹	uɑ³⁴	xuɑ³¹	xuɑ⁵²	xuɑ²¹²
蔚县	iə⁴¹	iə⁴⁴	iə³¹²	kuɑ⁵³	vɑ⁴⁴	xuɑ⁵³	xuɑ³¹²	xuɑ⁴¹
涞水	iɛ⁴⁵	iɛ²⁴	iɛ³¹⁴	kuɑ³¹	uɑ²⁴	xuɑ³¹	xuɑ³¹⁴	xuɑ⁴⁵
霸州	iɛ⁵³	iɛ²¹⁴	iɛ⁴¹	kuɑ⁴⁵	uɑ²¹⁴	xuɑ⁴⁵	xuɑ⁴¹	xuɑ⁵³
容城	iɛ³⁵	iɛ²¹³	iɛ⁵¹³	kuɑ⁴³	uɑ²¹³	xuɑ⁴³	xuɑ⁵¹³	xuɑ³⁵
雄县	iɛ⁵³	iɛ²¹⁴	iɛ⁴¹	kuɑ⁴⁵	uɑ²¹⁴	xuɑ⁴⁵	xuɑ⁴¹	xuɑ⁵³
安新	iɛ³¹	iɛ²¹⁴	iɛ⁵¹	kuɑ⁴⁵	uɑ²¹⁴	xuɑ⁴⁵	xuɑ⁵¹	xuɑ³¹
满城	iɛ²²	iɛ²¹³	iɛ⁵¹²	kuɑ⁴⁵	uɑ²¹³	xuɑ⁴⁵	xuɑ⁵¹²	xuɑ²²
阜平	iɛ²⁴	iɛ⁵⁵	iɛ⁵³	kuɑ³¹	uɑ⁵⁵	xuɑ³¹	xuɑ⁵³	xuɑ³¹
定州	iɛ²¹³	iɛ²⁴	iɛ⁵¹	kuɑ³³	uɑ²⁴	xuɑ³³	xuɑ⁵¹	xuɑ²⁴
无极	iɛ²¹³	iɛ³⁵	iɛ⁵¹	kuɑ³¹	uɑ³⁵	xuɑ³¹	xuɑ⁵¹	xuɑ³¹
辛集	iɛ³⁵⁴	iɛ³²⁴	iɛ⁴¹	kɑ³³	uɑ³²⁴	xɑ³³	xɑ⁴¹	xɑ³⁵⁴
衡水	iɛ⁵³	iɛ⁵⁵	iɛ³¹	kuɑ²⁴	vɑ⁵⁵	xuɑ²⁴	xuɑ³¹	xuɑ⁵³
故城	iɛ⁵³	iɛ⁵⁵	iɛ³¹	kuɑ²⁴	vɑ⁵⁵	xuɑ²⁴	xuɑ³¹	xuɑ⁵³
巨鹿	iɛ⁴¹	iɛ⁵⁵	iɛ²¹	kuɑ³³	uɑ⁵⁵	xuɑ³³	xuɑ²¹	xuɑ⁴¹
邢台	iɛ⁵³	iɛ⁵⁵	iɛ³¹	kuɑ³⁴	vɑ⁵⁵	xuɑ³⁴	xuɑ³¹	xuɑ⁵³
馆陶	iɛ⁵²	iɛ⁴⁴	iɛ²¹³	kuɑ²⁴	uɑ⁴⁴	xuɑ²⁴	xuɑ²¹³	xuɑ⁵²
沧县	iɛ⁵³	iɛ⁵⁵	iɛ⁴¹	kuɑ²³	uɑ⁵⁵	xuɑ²³	xuɑ⁴¹	xuɑ⁵³
献县	iɛ⁵³	iɛ²¹⁴	iɛ³¹	kuɑ³³	uɑ²¹⁴	xuɑ³³	xuɑ³¹	xuɑ⁵³
平泉	iɛ³⁵	iɛ²¹⁴	iɛ⁵¹	kuɑ⁵⁵	uɑ²¹⁴	xuɑ⁵⁵	xuɑ⁵¹	xuɑ³⁵
滦平	iɛ³⁵	iɛ²¹⁴	iɛ⁵¹	kuɑ⁵⁵	uɑ²¹⁴	xuɑ⁵⁵	xuɑ⁵¹	xuɑ³⁵
廊坊	iɛ³⁵	iɛ²¹⁴	iɛ⁵¹	kuɑ⁵⁵	uɑ²¹⁴	xuɑ⁵⁵	xuɑ⁵¹	xuɑ³⁵

（续表）

	0049 爷	0050 野	0051 夜	0052 瓜	0053 瓦名	0054 花	0055 化	0056 华中~
	假开三平麻以	假开三上麻以	假开三去麻以	假合二平麻见	假合二上麻疑	假合二平麻晓	假合二去麻晓	假合二平麻匣
魏县	iɛ⁵³	iɛ⁵⁵	iɛ³¹²	kuɑ³³	uɑ⁵⁵	xuɑ³³	xuɑ³¹²	xuɑ³³
张北	iɛ⁴²	iɛ⁵⁵	iɛ²¹³	kua⁴²	va⁵⁵	xua⁴²	xua²¹³	xua⁴²
万全	iei⁴¹	iei⁵⁵	iei²¹³	kua⁴¹	va⁵⁵	xua⁴¹	xua²¹³	xua⁴¹
涿鹿	iɛ⁴²	iɛ⁴⁵	iɛ³¹	kua⁴⁴	ua⁴⁵	xua⁴⁴	xua³¹	xua⁴²
平山	iə³¹	iə⁵⁵	iə⁴²	kua³¹	ua⁵⁵	xua³¹	xua⁴²	xua³¹
鹿泉	iɤ⁵⁵	iɤ³⁵	iɤ³¹²	kua⁵⁵	ua³⁵	xua⁵⁵	xua³¹²	xua⁵⁵
赞皇	iɛ⁵⁴	iɛ⁴⁵	iɛ³¹²	kua⁵⁴	ua⁴⁵	xua⁵⁴	xua³¹²	xua⁵⁴
沙河	ie⁵¹	ie³³	ie²¹	kuɔ⁴¹	uɔ³³	xuɔ⁴¹	xuɔ²¹	xuɔ⁵¹
邯郸	iɛ⁵³	iɛ⁵⁵	iɛ²¹³	kɔ³¹③ kuʌʔ⁴³④	vɔ⁵⁵	xɔ³¹	xɔ²¹³	xɔ³¹
涉县	iə⁴¹²	iə⁵³	iə⁵⁵	kuɒ⁴¹	vɒ⁵³	xuɒ⁴¹	xuɒ⁵⁵	xuɒ⁴¹

① 半~儿、~儿个儿。
② ~班、宵~。
③ 北~。
④ 丝~子。

	0057 谱家~ 遇合一上模帮	0058 布 遇合一去模帮	0059 铺动 遇合一平模滂	0060 簿 遇合一上模並	0061 步 遇合一去模並	0062 赌 遇合一上模端	0063 土 遇合一上模透	0064 图 遇合一平模定
兴隆	pʰu²¹³	pu⁵¹	pʰu³⁵	pu⁵¹	pu⁵¹	tu²¹³	tʰu²¹³	tʰu⁵⁵
北戴河	pʰu²¹⁴	pu⁵¹	pʰu⁴⁴	pu⁵¹	pu⁵¹	tu²¹⁴	tʰu²¹⁴	tʰu³⁵
昌黎	pʰu²¹³	pu⁴⁵³	pʰu⁴²	pɤ⁴⁵³	pu⁴⁵³	tu²¹³	tʰu²¹³	tʰu²⁴
乐亭	pʰu³⁴	pu⁵²	pʰu³¹	pu⁵²	pu⁵²	tu³⁴	tʰu³⁴	tʰu²¹²
蔚县	pʰu⁴⁴	pu³¹²	pʰu⁵³	pu³¹²	pu³¹²	tu⁴⁴	tʰu⁴⁴	tʰu⁴¹
涞水	pu²⁴白 pʰu²⁴文	pu³¹⁴	pʰu³¹	pu³¹⁴	pu³¹⁴	tu²⁴		tʰu⁴⁵
霸州	pʰu²¹⁴	pu⁴¹	pʰu⁴⁵	pu⁴¹又 po⁵³又	pu⁴¹	tu²¹⁴	tʰu²¹⁴	tʰu⁵³
容城	pʰu²¹³	pu⁵¹³	pʰu⁴³	pu⁵¹³	pu⁵¹³	tu²¹³	tʰu²¹³	tʰu³⁵
雄县	pʰu²¹⁴	pu⁴¹	pʰu⁴⁵	po⁵³	pu⁴¹	tu²¹⁴	tʰu²¹⁴	tʰu⁵³
安新	pʰu²¹⁴	pu⁵¹	pʰu⁴⁵	pu⁵¹	pu⁵¹	tu²¹⁴	tʰu²¹⁴	tʰu³¹
满城	pʰu²¹³	pu⁵¹²	pʰu⁴⁵	pu⁵¹²	pu⁵¹²	tu²¹³	tʰu²¹³	tʰu²²
阜平	pu⁵⁵旧 pʰu⁵⁵新	pu⁵³	pʰu³¹	pu⁵³	pu⁵³	tu⁵⁵	tʰu⁵⁵	tʰu²⁴
定州	pʰu²⁴	pu⁵¹	pʰu³³	pu⁵¹	pu⁵¹	tu²⁴	tʰu²⁴	tʰu²¹³
无极	pu³⁵	pu⁴⁵¹	pʰu³¹	pu⁴⁵¹	pu⁴⁵¹	tu³⁵	tʰu³⁵	tʰu²¹³
辛集	pʰu³²⁴	pu⁴¹	pʰu³³	pu⁴¹	pu⁴¹	tu³²⁴	tʰu³²⁴	tʰu³⁵⁴
衡水	pʰu⁵⁵	pu³¹	pʰu²⁴	pu³¹	pu³¹	tu⁵⁵	tʰu⁵⁵	tʰu⁵³
故城	pʰu⁵⁵	pu³¹	pʰu²⁴	pu³¹	pu³¹	tu⁵⁵	tʰu⁵⁵	tʰu⁵³
巨鹿	pʰu⁵⁵	pu²¹	pʰu³³	pu²¹	pu²¹	tu⁵⁵	tʰu⁵⁵	tʰu⁴¹
邢台	pʰu⁵⁵	pu³¹	pʰu³⁴	pu³¹	pu³¹	tu⁵⁵	tʰu⁵⁵	tʰu⁵³
馆陶	pu⁴⁴白 pʰu⁴⁴文	pu²¹³	pʰu²⁴	po⁵²	pu²¹³	tu⁴⁴	tʰu⁴⁴	tʰu⁵²
沧县	pʰu⁵⁵	pu⁴¹	pʰu²³	pu⁴¹	pu⁴¹	tu⁵⁵	tʰu⁵⁵	tʰu⁵³
献县	pʰu²¹⁴	pu³¹	pʰu³³	po⁵³白 pu³¹文	pu³¹	tu²¹⁴	tʰu²¹⁴	tʰu⁵³

(续表)

	0057 谱_{家~} 遇合一上模帮	0058 布 遇合一去模帮	0059 铺_动 遇合一平模滂	0060 簿 遇合一上模并	0061 步 遇合一去模并	0062 赌 遇合一上模端	0063 土 遇合一上模透	0064 图 遇合一平模定
平泉	p^hu^{214}	pu^{51}	p^hu^{55}	pu^{51}	pu^{51}	tu^{214}	t^hu^{214}	t^hu^{35}
滦平	p^hu^{214}	pu^{51}	p^hu^{55}	pu^{51}	pu^{51}	tu^{214}	t^hu^{214}	t^hu^{35}
廊坊	p^hu^{214}	pu^{51}	p^hu^{55}	pu^{51}	pu^{51}	tu^{214}	t^hu^{214}	t^hu^{35}
魏县	p^hu^{55}	pu^{312}	p^hu^{33}	pu^{55}	pu^{312}	tu^{55}	t^hu^{55}	t^hu^{53}
张北	p^hu^{55}	pu^{213}	p^hu^{213}	pu^{213}	pu^{213}	tu^{55}	t^hu^{55}	t^hu^{42}
万全	p^hu^{55}	pu^{213}	p^hu^{41}	pu^{213}	pu^{213}	tu^{55}	t^hu^{55}	t^hu^{41}
涿鹿	p^hu^{45}	pu^{31}	p^hu^{44}	pu^{31}	pu^{31}	tu^{45}	t^hu^{45}	t^hu^{44}
平山	p^hu^{55}	pu^{42}	p^hu^{31}	pu^{42}	pu^{42}	tu^{55}	t^hu^{55}	t^hu^{31}
鹿泉	p^hu^{35}	pu^{312}	p^hu^{55}	pu^{312}	pu^{312}	tu^{35}	t^hu^{35}	t^hu^{55}
赞皇	p^hu^{45}	pu^{312}	p^hu^{54}	pu^{312}	pu^{312}	tu^{45}	t^hu^{45}	t^hu^{54}
沙河	p^hu^{33}	pu^{21}	p^hu^{41}	pu^{33}	pu^{21}	tu^{33}	t^hu^{33}	t^hu^{51}
邯郸	pu^{55}_白 p^hu^{55}_文	pu^{213}	p^hu^{31}	$puə^{55}$	pu^{213}	tu^{55}	t^hu^{55}	t^hu^{53}
涉县	p^hu^{53}	pu^{55}	p^hu^{41}	pu^{55}	pu^{55}	tu^{53}	t^hu^{53}	t^hu^{41}

	0065 杜 遇合一 上模定	0066 奴 遇合一 平模泥	0067 路 遇合一 去模来	0068 租 遇合一 平模精	0069 做 遇合一 去模精	0070 错对~ 遇合一 去模清	0071 箍~桶 遇合一 平模见	0072 古 遇合一 上模见
兴隆	tu⁵¹	nu⁵⁵	lu⁵¹	tsu³⁵	tsou⁵¹ 又 / tsuo⁵¹ 又	tsʰuo⁵¹	ku³⁵	ku²¹³
北戴河	tu⁵¹	nu³⁵	lu⁵¹	tʃu⁴⁴	tʃuo⁵¹	tʃʰuo⁵¹	ku⁴⁴	ku²¹⁴
昌黎	tu⁴⁵³	nu²⁴	lu⁴⁵³	tʂu⁴²	tsuo⁴⁵³	tsʰuo⁴⁵³	ku⁴²	ku²¹³
乐亭	tu⁵²	nu²¹²	lu⁵²	tsu³¹	tsuə⁵²	tsʰuə⁵²	ku³¹	ku³⁴
蔚县	tu³¹²	nu⁴¹	lu³¹²	tsu⁵³	tsu³¹² 旧 / tsuɤ³¹² 新	tsʰuɤ³¹²	ku⁵³	ku⁴⁴
涞水	tu³¹⁴	nu⁴⁵	lu³¹⁴	tsu³¹	tsuo³¹⁴	tsʰuo³¹⁴	ku³¹	ku²⁴
霸州	tu⁴¹	nu⁵³	lu⁴¹	tsu⁴⁵	tsou⁴¹① / tsuo⁴¹②	tsʰuo⁴¹	ku⁴⁵	ku²¹⁴
容城	tu⁵¹³	nu³⁵	lu⁵¹³	tsu⁴³	tsuo⁵¹³	tsʰuo⁵¹³	ku⁴³	ku²¹³
雄县	tu⁴¹	nu⁵³	lu⁴¹	tsu⁴⁵	tsou⁴¹ 旧 / tsuo⁴¹ 新	tsʰuo⁴¹	ku⁴⁵	ku²¹⁴
安新	tu⁵¹	nu³¹	lu⁵¹	tsu⁴⁵	tsuo⁵¹	tsʰuo⁵¹	ku⁴⁵	ku²¹⁴
满城	tu⁵¹²	nu²²	lu⁵¹²	tsu⁴⁵	tsuo⁵¹²	tsʰuo⁵¹²	ku⁴⁵	ku²¹³
阜平	tu⁵³	nu²⁴	lu⁵³	tsu³¹	tsuɤ⁵³	tsʰuɤ⁵³	ku³¹	ku⁵⁵
定州	tu⁵¹	nu²¹³	lu⁵¹	tsu³³	tsou⁵¹③ / tsuo⁵¹④	tsʰuo⁵¹	ku³³	ku²⁴
无极	tu⁴⁵¹	nu²¹³	lu⁴⁵¹	tsu²¹³	tsəu⁵¹	tsʰuɤ⁵¹		ku³⁵
辛集	tu⁴¹	nu³⁵⁴	lu⁴¹	tsu³³	tsou⁴¹ 白 / tsəu⁴¹ 文	tsʰuə⁴¹	ku³³	ku³²⁴
衡水	tu³¹	nu⁵³	lu³¹	tsu²⁴	tsəu³¹⑤ / tsuo³¹⑥	tsʰuo³¹	ku²⁴	ku⁵⁵
故城	tu³¹	nu⁵³	lu³¹	tsu²⁴	tsou³¹⑦ / tsuɤ³¹⑧	tsʰuɤ³¹	ku²⁴	ku⁵⁵
巨鹿	tu²¹	nu⁵⁵	lu²¹	tsu³³	tsou²¹	tsʰuo²¹	ku³³	ku⁵⁵
邢台	tu³¹	nu⁵³	lu³¹	tsu³⁴	tsu³¹ 又 / tsuo³¹ 又	tsʰuo³¹	ku³⁴	ku⁵⁵
馆陶	tu²¹³	nu⁵²	lu²¹³	tsu²⁴	tsəu²¹³⑨ / tsuo²⁴⑩	tsʰuo²¹³	ku²⁴	ku⁴⁴
沧县	tu⁴¹	nu⁵³	lu⁴¹	tsu²³	tsou⁴¹⑪ / tsuo⁴¹⑫	tsʰuo⁴¹	ku²³	ku⁵⁵
献县	tu³¹	nu⁵³	lu³¹	tsu³³	tsuo³¹	tsʰuo³¹	ku³³	ku²¹⁴
平泉	tu⁵¹	nu³⁵	lu⁵¹	tsu⁵⁵	tsuə⁵¹	tsʰuə⁵¹	ku⁵⁵	ku²¹⁴
滦平	tu⁵¹	nu³⁵	lu⁵¹	tsu⁵⁵	tsuo⁵¹	tsʰuo⁵¹	ku⁵⁵	ku²¹⁴
廊坊	tu⁵¹	ȵu³⁵	lu⁵¹	tsu⁵⁵	tsuo⁵¹ 又 / tsou⁵¹ 又	tsʰuo⁵¹	ku⁵⁵	ku²¹⁴

（续表）

	0065 杜 遇合一 上模定	0066 奴 遇合一 平模泥	0067 路 遇合一 去模来	0068 租 遇合一 平模精	0069 做 遇合一 去模精	0070 错_{对~} 遇合一 去模清	0071 箍_{~桶} 遇合一 平模见	0072 古 遇合一 上模见
魏县	tu³¹²	nu⁵³	lu³¹²	tʂu³³	tʂuɛ³³ 白 tʂuə³³ 文	tʂʰuə³¹²	ku³³	ku⁵⁵
张北	tu²¹³	nu⁴²	ləu²¹³	tsu⁴²	tsuʔ³²	tsʰuə²¹³	ku⁴²	ku⁵⁵
万全	tu²¹³	nu⁴¹	lou²¹³	tsu⁴¹	tsuə²¹³	tsʰuə²¹³	ku⁴¹	ku⁵⁵
涿鹿	tu³¹	nu⁴²	ləu³¹ 又 lu³¹ 又	tsu⁴⁴	tsuʌʔ⁴³	tsʰuə³¹	ku⁴⁴	ku⁴⁵
平山	tu⁴²	nu³¹	lu⁴²	tsu³¹	tsu²⁴ 白 tsuə²⁴ 文	tsʰuə⁴²	ku⁵⁵	ku⁵⁵
鹿泉	tu³¹²	nu⁵⁵	lu³¹²	tsu⁵⁵	tsuo³⁵⑬ tsuo³¹²⑭	tsʰuo³¹²	ku⁵⁵	ku³⁵
赞皇	tu³¹²	nu⁵⁴	lu³¹²	tsu⁵⁴	tsu²⁴⑮ tsuə³¹²⑯	tsʰuə³¹²	ku⁵⁴	ku⁴⁵
沙河	tu²¹	nu⁵¹	lu²¹	tsu⁴¹	tsuəʔ²	tsʰu²¹	ku⁴¹	ku³³
邯郸	tu²¹³	nu⁵³	lu²¹³	tsu³¹	tsuʌʔ⁴³	tsʰuə²¹³	ku³¹	ku⁵⁵
涉县	tu⁵⁵	nu⁴¹²	lu⁵⁵	tsu⁴¹	tsəʔ³² tsuəʔ³²	tsʰuə⁵⁵	ku⁴¹	ku⁵³

---

① ~饭、~活_儿。
② ~工作。
③ ~饭。
④ ~事_儿。
⑤ ~饭。
⑥ ~题。
⑦ ~饭。
⑧ ~作业。
⑨ ~饭。
⑩ ~人。
⑪ ~饭。
⑫ ~作业。
⑬ ~事。
⑭ ~作业。
⑮ ~饭。
⑯ ~作业。

	0073 苦	0074 裤	0075 吴	0076 五	0077 虎	0078 壶	0079 户	0080 乌
	遇合一上模溪	遇合一去模溪	遇合一平模疑	遇合一上模疑	遇合一上模晓	遇合一平模匣	遇合一上模匣	遇合一平模影
兴隆	k^hu^{213}	k^hu^{51}	u^{55}	u^{213}	xu^{213}	xu^{55}	xu^{51}	u^{35}
北戴河	k^hu^{214}	k^hu^{51}	u^{35}	u^{214}	xu^{214}	xu^{35}	xu^{51}	u^{44}
昌黎	k^hu^{213}	k^hu^{453}	u^{24}	u^{213}	xu^{213}	xu^{24}	xu^{453}	u^{42}
乐亭	k^hu^{34}	k^hu^{52}	u^{212}	u^{34}	xu^{34}	xu^{212}	xu^{52}	u^{31}
蔚县	k^hu^{44}	k^hu^{312}	vu^{41}	vu^{44}	xu^{44}	xu^{41}	xu^{312}	vu^{53}
涞水	k^hu^{24}	k^hu^{314}	u^{45}	u^{24}	xu^{24}	xu^{45}	xu^{314}	u^{31}
霸州	k^hu^{214}	k^hu^{41}	u^{53}	u^{214}	xu^{214}	xu^{53}	xu^{41}	u^{45}
容城	k^hu^{213}	k^hu^{513}	u^{35}	u^{213}	xu^{213}	xu^{35}	xu^{513}	u^{43}
雄县	k^hu^{214}	k^hu^{41}	u^{53}	u^{214}	xu^{214}	xu^{53}	xu^{41}	u^{45}
安新	k^hu^{214}	k^hu^{51}	u^{31}	u^{214}	xu^{214}	xu^{31}	xu^{51}	u^{45}
满城	k^hu^{213}	k^hu^{512}	u^{22}	u^{213}	xu^{213}	xu^{22}	xu^{512}	u^{45}
阜平	k^hu^{55}	k^hu^{53}	u^{24}	u^{55}	xu^{55}	xu^{24}	xu^{53}	u^{31}
定州	k^hu^{24}	k^hu^{51}	u^{213}	u^{24}	xu^{24}	xu^{213}	xu^{51}	u^{33}
无极	k^hu^{35}	k^hu^{51}	u^{213}	u^{35}	xu^{35}	xu^{213}	xu^{451}	u^{31}
辛集	k^hu^{324}	k^hu^{41}	u^{354}	u^{324}	xu^{324}	xu^{354}	xu^{41}	u^{33}
衡水	k^hu^{55}	k^hu^{31}	u^{53}	u^{55}	xu^{55}	xu^{53}	xu^{31}	u^{24}
故城	k^hu^{55}	k^hu^{31}	vu^{53}	vu^{55}	xu^{55}	xu^{53}	xu^{31}	vu^{24}
巨鹿	k^hu^{55}	k^hu^{21}	u^{55}	u^{55}	xu^{55}	xu^{41}	xu^{21}	u^{33}
邢台	k^hu^{55}	k^hu^{31}	u^{53}	u^{55}	xu^{55}	xu^{53}	xu^{31}	u^{34}
馆陶	k^hu^{44}	k^hu^{213}	u^{52}	u^{44}	xu^{44}	xu^{52}	xu^{213}	u^{24}
沧县	k^hu^{55}	k^hu^{41}	u^{53}	u^{55}	xu^{55}	xu^{53}	xu^{41}	u^{23}
献县	k^hu^{214}	k^hu^{31}	u^{53}	u^{214}	xu^{214}	xu^{53}	xu^{31}	u^{33}
平泉	k^hu^{214}	k^hu^{51}	u^{35}	u^{214}	xu^{214}	xu^{35}	xu^{51}	u^{55}
滦平	k^hu^{214}	k^hu^{51}	u^{35}	u^{214}	xu^{214}	xu^{35}	xu^{51}	u^{55}
廊坊	k^hu^{214}	k^hu^{51}	u^{35}	u^{214}	xu^{214}	xu^{35}	xu^{51}	u^{55}
魏县	k^hu^{55}	k^hu^{312}	u^{53}	u^{55}	xu^{55}	xu^{53}	xu^{312}	u^{33}

(续表)

	0073 苦	0074 裤	0075 吴	0076 五	0077 虎	0078 壶	0079 户	0080 乌
	遇合一上模溪	遇合一去模溪	遇合一平模疑	遇合一上模疑	遇合一上模晓	遇合一平模匣	遇合一上模匣	遇合一平模影
张北	k^hu^{55}	k^hu^{213}	u^{55}	u^{55}	xu^{55}	xu^{42}	xu^{213}	u^{42}
万全	k^hu^{55}	k^hu^{213}	vu^{41}	vu^{55}	xu^{55}	xu^{41}	xu^{213}	vu^{41}
涿鹿	k^hu^{45}	k^hu^{31}	u^{45}	u^{45}	xu^{45}	xu^{42}	xu^{31}	u^{44}
平山	k^hu^{55}	k^hu^{42}	u^{31}	u^{55}	xu^{55}	xu^{31}	xu^{42}	u^{31}
鹿泉	k^hu^{35}	k^hu^{312}	u^{35}	u^{35}	xu^{35}	xu^{55}	xu^{312}	u^{55}
赞皇	k^hu^{45}	k^hu^{312}	u^{54}	u^{45}	xu^{45}	xu^{54}	xu^{312}	u^{54}
沙河	k^hu^{33}	k^hu^{21}	u^{51}	u^{33}	xu^{33}	xu^{51}	xu^{21}	u^{41}
邯郸	k^hu^{55}	k^hu^{213}	u^{53}	u^{55}	xu^{55}	xu^{53}	xu^{213}	u^{31}
涉县	k^hu^{53}	k^hu^{55}	u^{412}	u^{53}	xu^{53}	xu^{412}	xu^{55}	u^{41}

	0081 女	0082 吕	0083 徐	0084 猪	0085 除	0086 初	0087 锄	0088 所
	遇合三上鱼泥	遇合三上鱼来	遇合三平鱼邪	遇合三平鱼知	遇合三平鱼澄	遇合三平鱼初	遇合三平鱼崇	遇合三上鱼生
兴隆	n̠y²¹³	luei²¹³ 又 ly²¹³ 又	ɕy⁵⁵	tʂu³⁵	tʂʰu⁵⁵	tʂʰu³⁵	tʂʰu⁵⁵	suo²¹³
北戴河	n̠y²¹⁴	ly²¹⁴	ɕy³⁵	tʃu⁴⁴	tʃʰu³⁵	tʃʰu⁴⁴	tʃʰu³⁵	ʃuo²¹⁴
昌黎	n̠y²¹³	ly²¹³	ɕy²⁴	tsu⁴²	tsʰu²⁴	tsʰu⁴²	tsʰu²⁴	suo²¹³
乐亭	ny³⁴	ly³⁴	ɕy²¹²	tʂu³¹	tʂʰu²¹²	tʂʰu³¹	tʂʰu²¹²	suə³⁴
蔚县	n̠y⁴⁴	ly⁴⁴	ɕy⁴¹	tsu⁵³	tsʰu⁴¹	tsʰu⁵³	tsʰu⁴¹	suɤ⁴⁴
涞水	n̠y²⁴	ly²⁴	ɕy⁴⁵	tʂu³¹	tʂʰu⁴⁵	tʂʰu³¹	tʂʰu⁴⁵	suo²⁴
霸州	n̠y²¹⁴	ly²¹⁴	ɕy⁵³	tʂu⁴⁵	tʂʰu⁵³	tʂʰu⁴⁵	tʂʰu⁵³	ʂuo²¹⁴ 旧 suo²¹⁴ 新
容城	n̠y²¹³	ly²¹³	ɕy³⁵	tʂu⁴³	tʂʰu³⁵	tʂʰu⁴³	tʂʰu³⁵	suo²¹³
雄县	n̠y²¹⁴	ly²¹⁴	ɕy⁵³	tsu⁴⁵	tsʰu⁵³	tsʰu⁴⁵	tsʰu⁵³	ʂuo²¹⁴ 旧 suo²¹⁴ 新
安新	n̠y²¹⁴	ly²¹⁴	ɕy³¹	tʂu⁴⁵	tʂʰu³¹	tʂʰu⁴⁵	tʂʰu³¹	suo²¹⁴
满城	n̠y²¹³	ly²¹³	ɕy²²	tʂu⁴⁵	tʂʰu²²	tʂʰu⁴⁵	tʂʰu²²	suo²¹³
阜平	n̠y⁵⁵	ly⁵⁵	ɕy²⁴	tʂu³¹	tʂʰu²⁴	tʂʰu³¹	tʂʰu²⁴	suɤ⁵⁵
定州	n̠y²⁴	ly²⁴	sy²⁴	tʂu³³	tʂʰu²¹³	tʂʰu³³	tʂʰu²¹³	suo²⁴
无极	n̠y³⁵	ly³⁵	sy²¹³	tʂu³¹	tʂʰu²¹³	tʂʰu³¹	tʂʰu²¹³	ʂuɤ³⁵
辛集	n̠y³²⁴	ly³²⁴	sy³⁵⁴	tʂu³³	tʂʰu³⁵⁴	tʂʰu³³	tʂʰu³⁵⁴	suə³²⁴
衡水	n̠y⁵⁵	ly⁵⁵	ɕy⁵³	tɕy²⁴ 旧 tsu²⁴ 新	tɕʰy⁵³ 旧 tsʰu⁵³ 新	tsʰu²⁴	tsʰu⁵³	suo⁵⁵
故城	n̠y⁵⁵	ly⁵⁵	ɕy⁵³	tʂʅ²⁴	tʂʰʅ⁵³	tʂʰʅ²⁴	tʂʰʅ⁵³	suɤ⁵⁵
巨鹿	n̠y⁵⁵	ly⁵⁵	ɕy⁴¹	tɕy³³	tɕʰy⁴¹	tʂʰu³³	tʂʰu⁴¹	suo⁵⁵
邢台	ny⁵⁵	ly⁵⁵	sy⁵³	tʂu³⁴	tʂʰu⁵³	tʂʰu³⁴	tʂʰu⁵³	suo⁵⁵
馆陶	n̠y⁴⁴	ly⁴⁴	sy⁵²	tʂu²⁴	tʂʰu⁵²	tʂʰu²⁴	tʂʰu⁵²	ʂuo⁴⁴
沧县	n̠y⁵⁵	ly⁵⁵	ɕy⁵³	tʂu²³	tʂʰu⁵³	tʂʰu²³	tʂʰu⁵³	suo⁵⁵
献县	n̠y²¹⁴	ly²¹⁴	ɕy⁵³	tʂu³³	tʂʰu⁵³	tʂʰu³³	tʂʰu⁵³	ʂuo²¹⁴ 白 suo²¹⁴ 文

(续表)

	0081 女	0082 吕	0083 徐	0084 猪	0085 除	0086 初	0087 锄	0088 所
	遇合三上鱼泥	遇合三上鱼来	遇合三平鱼邪	遇合三平鱼知	遇合三平鱼澄	遇合三平鱼初	遇合三平鱼崇	遇合三上鱼生
平泉	ny²¹⁴	ly²¹⁴	çy³⁵	tʂu⁵⁵	tʂʰu³⁵	tʂʰu⁵⁵	tʂʰu³⁵	suo²¹⁴
滦平	ȵy²¹⁴	ly²¹⁴	çy³⁵	tʂu⁵⁵	tʂʰu³⁵	tʂʰu⁵⁵	tʂʰu³⁵	suo²¹⁴
廊坊	ȵy²¹⁴	ly²¹⁴	çy³⁵	tʂu⁵⁵	tʂʰu³⁵	tʂʰu⁵⁵	tʂʰu³⁵	suo²¹⁴
魏县	ȵy⁵⁵	ly⁵⁵	çy⁵³	tʂu³³	tʂʰu⁵³	tʂʰu³³	tʂʰu⁵³	ʂuə⁵⁵
张北	ȵy⁵⁵	ly⁵⁵	çy⁵⁵	tsu⁴²	tsʰu⁴²	tsʰu⁴²	tsʰu⁴²	suə⁵⁵
万全	ȵy⁵⁵	ly⁵⁵	çy⁵⁵	tsu⁴¹	tsʰu⁴¹	tsʰu⁴¹	tsʰu⁴¹	suə⁵⁵
涿鹿	ny⁴⁵	luei⁴⁵	çy⁴⁵	tʂu⁴⁴	tʂʰu⁴²	tʂʰu⁴⁴	tʂʰu⁴²	suə⁴⁵
平山	ȵi⁵⁵	li⁵⁵	si³¹	tʂu³¹	tʂʰu³¹	tʂʰu³¹	tʂʰu³¹	ʂuə²⁴
鹿泉	ȵy³⁵	ly³⁵	sy⁵⁵	tʂu⁵⁵	tʂʰu⁵⁵	tʂʰu⁵⁵	tʂʰu⁵⁵	suo³⁵
赞皇	ȵy⁴⁵	ly⁴⁵	sy⁵⁴	tʂu⁵⁴	tʂʰu⁵⁴	tʂʰu⁵⁴	tʂʰu⁵⁴	ʂuə⁴⁵
沙河	ny³³	ly³³	sy⁵¹	tʂu⁴¹	tʂʰu⁵¹	tʂʰu⁴¹	tʂʰu⁵¹	ʂuo³³
邯郸	ny⁵⁵	ly⁵⁵	sy⁵³	tʂu³¹	tʂʰu⁵³	tʂʰu³¹	tʂʰu⁵³	ʂuə⁵⁵ 白 / suə⁵⁵ 文
涉县	ȵy⁵³	ly⁵³	çy⁴¹²	tsu⁴¹	tsʰu⁴¹²	tsʰu⁴¹	tsʰu⁴¹²	suə⁵³

	0089 书	0090 鼠	0091 如	0092 举	0093 锯_名	0094 去	0095 渠~道	0096 鱼
	遇合三平鱼书	遇合三上鱼书	遇合三平鱼日	遇合三上鱼见	遇合三去鱼见	遇合三去鱼溪	遇合三平鱼群	遇合三平鱼疑
兴隆	ʂu^{35}	ʂu^{213}	ʐu^{55}	tɕy^{213}	tɕy^{51}	tɕʰy^{51}	tɕʰy^{55}	y^{55}
北戴河	ʃu^{44}	ʃu^{214}	ʐu^{35}	tɕy^{214}	tɕy^{51}	tɕʰy^{51}	tɕʰy^{35}	y^{35}
昌黎	su^{42}	su^{213}	zu^{24}	tɕy^{213}	tɕy^{453}	tɕʰy^{453}	tɕʰy^{24}	y^{24}
乐亭	ʂu^{31}	ʂu^{34}	ʐu^{52}	tɕy^{34}	tɕy^{52}	tɕʰy^{52}	tɕʰy^{212}	y^{212}
蔚县	su^{53}	su^{44}	zu^{312}	tɕy^{44}	tɕy^{312}	tɕʰy^{312}	tɕʰy^{41}	y^{41}
涞水	ʂu^{31}	ʂu^{24}	ʐu^{45}	tɕy^{24}	tɕy^{314}	tɕʰy^{314}	tɕʰy^{45}	y^{45}
霸州	ʂu^{45}	ʂu^{214}	ʐu^{53}	tɕy^{214}	tɕy^{41}	tɕʰy^{41}	tɕʰy^{53}	y^{53}
容城	ʂu^{43}	ʂu^{213}	ʐu^{35}	tɕy^{213}	tɕy^{513}	tɕʰy^{513}	tɕʰy^{35}	y^{35}
雄县	ʂu^{45}	ʂu^{214}	ʐu^{53}	tɕy^{214}	tɕy^{41}	tɕʰy^{41}	tɕʰy^{53}	y^{53}
安新	ʂu^{45}	ʂu^{214}	ʐu^{31}	tɕy^{214}	tɕy^{51}	tɕʰi^{51}_白 tɕʰy^{51}_文	tɕʰy^{31}	y^{31}
满城	ʂu^{45}	ʂu^{213}	ʐu^{22}	tɕy^{213}	tɕy^{512}	tɕʰy^{512}	tɕʰy^{22}	y^{22}
阜平	ʂu^{31}	ʂu^{55}	ʐu^{24}	tɕy^{55}	tɕy^{53}	tɕʰi^{53}_白 tɕʰy^{53}_文	tɕʰy^{24}	y^{24}
定州	ʂu^{33}	ʂu^{24}	ʐu^{51}	tɕy^{24}	tɕy^{51}	tɕʰi^{51}	tɕʰy^{33}	y^{213}
无极	ʂu^{31}		ʐu^{213}	tɕy^{35}	tɕy^{51}	tɕʰi^{51}	tɕʰy^{213}	y^{213}
辛集	ʂu^{33}	ʂu^{324}	lu^{354}	tɕy^{324}	tɕy^{41}	tɕʰy^{41}	tɕʰy^{354}	y^{354}
衡水	ɕy^{24}_旧 ʂu^{24}_新	ɕy^{55}_旧 ʂu^{55}_新	y^{53}_旧 ʐu^{53}_新	tɕy^{55}	tɕy^{31}	tɕʰy^{31}	tɕʰy^{53}	y^{53}
故城	ʂʅ^{24}	ʂʅ^{55}	ʐʅ^{53}	tɕy^{55}	tɕy^{31}	tɕʰi^{31}_又 tɕʰy^{31}_又	tɕʰy^{53}	y^{53}
巨鹿	ɕy^{33}	ɕy^{55}	lu^{41}	tɕy^{55}	tɕy^{21}	tɕʰy^{21}	tɕʰy^{41}	y^{41}
邢台	ʂu^{34}	ʂu^{55}	lu^{53}	tɕy^{55}	tɕy^{31}	tɕʰi^{31}_又 tɕʰy^{31}_又	tɕʰy^{53}	y^{53}
馆陶	ʂu^{24}	ʂu^{44}	lu^{52}	tɕy^{44}	tɕy^{213}	tɕʰy^{213}	tɕʰy^{52}	y^{52}
沧县	ʂu^{23}	ʂu^{55}	ʐu^{53}	tɕy^{55}	tɕy^{41}	tɕʰi^{41}① tɕʰy^{41}②	tɕʰy^{53}	y^{53}
献县	ʂu^{33}	ʂu^{214}	ʐu^{53}	tɕy^{214}	tɕy^{31}	tɕʰi^{31}	tɕʰy^{53}	y^{53}

（续表）

	0089 书	0090 鼠	0091 如	0092 举	0093 锯名	0094 去	0095 渠~道	0096 鱼
	遇合三平鱼书	遇合三上鱼书	遇合三平鱼日	遇合三上鱼见	遇合三去鱼见	遇合三去鱼溪	遇合三平鱼群	遇合三平鱼疑
平泉	ʂu⁵⁵	ʂu²¹⁴	ʐu³⁵	tɕy²¹⁴	tɕy⁵¹	tɕʰy⁵¹	tɕʰy³⁵	y³⁵
滦平	ʂu⁵⁵	ʂu²¹⁴	ʐu³⁵	tɕy²¹⁴	tɕy⁵¹	tɕʰy⁵¹	tɕʰy³⁵	y³⁵
廊坊	ʂu⁵⁵	ʂu²¹⁴	ʐu³⁵	tɕy²¹⁴	tɕy⁵¹	tɕʰy⁵¹	tɕʰy³⁵	y³⁵
魏县	ʂu³³	ʂu⁵⁵	ʐu⁵³	tɕy⁵⁵	tɕy³¹²	tɕʰy³¹²	tɕʰy⁵³	y⁵³
张北	su⁴²	su⁵⁵	zu⁴²	tɕy⁵⁵	tɕy²¹³	tɕʰy²¹³	tɕʰy⁴²	y⁴²
万全	su⁴¹	su⁵⁵	zu⁴¹	tɕy⁵⁵	tɕy²¹³	tɕʰy²¹³	tɕʰy⁴¹	y⁴¹
涿鹿	ʂu⁴⁴	ʂu⁴⁵	ʐu⁴²	tɕy⁴⁵	tɕy³¹	tɕʰy³¹	tɕʰy⁴²	y⁴²
平山	ʂu³¹	ʂu⁵⁵	ʐu²⁴	tɕi⁵⁵	tɕi⁴²	tɕʰi²⁴	tɕʰi³¹	i³¹
鹿泉	ʂu⁵⁵	ʂuo¹³	ʐu⁵⁵	tɕy³⁵	tɕy³¹²	tɕʰy³¹²	tɕʰy⁵⁵	y⁵⁵
赞皇	ʂu⁵⁴	ʂu⁴⁵	ʐu⁵⁴	tɕy⁴⁵	tɕy³¹²	tɕʰy³¹²	tɕʰy⁵⁴	y⁵⁴
沙河	ʂu⁴¹	ʂu³³	lu⁵¹	tɕy³³	tɕy²¹	tɕʰi²¹③ / tɕʰy²¹④	tɕʰy⁵¹	y⁵¹
邯郸	ʂu³¹	ʂu⁵⁵	lu⁵³	tɕy⁵⁵	tɕy²¹³	tɕʰi²¹³⑤ / tɕʰy²¹³⑥	tɕʰy⁵³	y⁵³
涉县	su⁴¹	su⁵³	lu⁴¹²	tɕy⁵³	tɕy⁵⁵	tɕʰy⁵⁵	tɕʰy⁴¹²	y⁴¹²

---

① 不~。
② ~年。
③ ~不~。
④ ~掉。
⑤ 回~。
⑥ ~掉。

	0097 许	0098 余 剩~，多~	0099 府	0100 付	0101 父	0102 武	0103 雾	0104 取
	遇合三上鱼晓	遇合三平鱼以	遇合三上虞非	遇合三去虞非	遇合三上虞奉	遇合三上虞微	遇合三去虞微	遇合三上虞清
兴隆	ɕy²¹³	y⁵⁵	fu²¹³	fu⁵¹	fu⁵¹	u²¹³	u⁵¹	tɕʰiou²¹³ 又 tɕʰy²¹³ 又
北戴河	ɕy²¹⁴	y³⁵	fu²¹⁴	fu⁵¹	fu⁵¹	u²¹⁴	u⁵¹	tɕʰiou²¹⁴ 白 tɕʰy²¹⁴ 文
昌黎	ɕy²¹³	y²⁴	fu²¹³	fu⁴⁵³	fu⁴⁵³	u²¹³	u⁴⁵³	tɕʰiou²¹³
乐亭	ɕy²¹²	y²¹²	fu³⁴	fu⁵²	fu⁵²	u³⁴	u⁵²	tɕʰy³⁴
蔚县	ɕy⁴⁴	y⁴¹	fu⁴⁴	fu³¹²	fu³¹²	vu⁴⁴	vu³¹²	tɕʰy⁴⁴
涞水	ɕy²⁴	y⁴⁵	fu²⁴	fu³¹⁴	fu³¹⁴	u²⁴	u³¹⁴	tɕʰy²⁴
霸州	ɕy²¹⁴	y⁵³	fu²¹⁴	fu⁴¹	fu⁴¹	u²¹⁴	u⁴¹	tɕʰy²¹⁴
容城	ɕy²¹³	y³⁵	fu²¹³	fu⁵¹³	fu⁵¹³	u²¹³	u⁵¹³	tɕʰy²¹³
雄县	ɕy²¹⁴	y⁵³	fu²¹⁴	fu⁴¹	fu⁴¹	u²¹⁴	u⁴¹	tɕʰy²¹⁴
安新	ɕy²¹⁴	y³¹	fu²¹⁴	fu⁵¹	fu⁵¹	u²¹⁴	u⁵¹	tɕʰy²¹⁴
满城	ɕy²¹³	y²²	fu²¹³	fu⁵¹²	fu⁵¹²	u²¹³	u⁵¹²	tɕʰy²¹³
阜平	ɕy⁵⁵	y²⁴	fu⁵⁵	fu⁵³	fu⁵³	u⁵⁵	u⁵³	tɕʰy⁵⁵
定州	ɕy²⁴	y²¹³	fu²⁴	fu⁵¹	fu⁵¹	u²⁴	u⁵¹	tsʰy²⁴
无极	ɕy³⁵	y²¹³	fu³⁵	fu⁵¹	fu⁵¹	u³⁵	u⁴⁵¹	tsʰy³⁵
辛集	ɕy³²⁴	y³⁵⁴	fu³²⁴	fu⁴¹	fu⁴¹	u³²⁴	u⁴¹	tsʰy³²⁴
衡水	ɕy⁵⁵	y⁵³	fu⁵⁵	fu³¹	fu³¹	u⁵⁵	u³¹	tɕʰy⁵⁵
故城	ɕy⁵⁵	y⁵³	fu⁵⁵	fu³¹	fu³¹	vu⁵⁵	vu³¹	tɕʰy⁵⁵
巨鹿	ɕy⁴¹	y⁴¹	fu⁵⁵	fu²¹	fu²¹	u⁵⁵	u²¹	tɕʰy⁵⁵
邢台	ɕy⁵⁵	y⁵³	fu⁵⁵	fu³¹	fu³¹	u⁵⁵	u³¹	tsʰy⁵⁵
馆陶	ɕy⁴⁴	y⁵²	fu⁴⁴	fu²¹³① fu⁵²②	fu²¹³	u⁴⁴③ u⁵²④	u²¹³	tsʰy⁴⁴
沧县	ɕy⁵³	y⁵³	fu⁵⁵	fu⁴¹	fu⁴¹	u⁵⁵	u⁴¹	tɕʰy⁵⁵
献县	ɕy²¹⁴	y⁵³	fu²¹⁴	fu³¹	fu³¹	u²¹⁴	u³¹	tɕʰy²¹⁴
平泉	ɕy²¹⁴	y³⁵	fu²¹⁴	fu⁵¹	fu⁵¹	u²¹⁴	u⁵¹	tɕʰy²¹⁴
滦平	ɕy²¹⁴	y³⁵	fu²¹⁴	fu⁵¹	fu⁵¹	u²¹⁴	u⁵¹	tɕʰy²¹⁴

(续表)

	0097 许	0098 余剩~,多~	0099 府	0100 付	0101 父	0102 武	0103 雾	0104 取
	遇合三上鱼晓	遇合三平鱼以	遇合三上虞非	遇合三去虞非	遇合三上虞奉	遇合三上虞微	遇合三去虞微	遇合三上虞清
廊坊	ɕy²¹⁴	y³⁵	fu²¹⁴	fu⁵¹	fu⁵¹	u²¹⁴	u⁵¹	tɕʰy²¹⁴
魏县	ɕy⁵⁵	y⁵³	fu⁵⁵	fu³¹²	fu³¹²	u⁵⁵	u³¹²	tɕʰy⁵⁵
张北	ɕy⁵⁵	y⁴²	fu⁵⁵	fu²¹³	fu²¹³	u⁵⁵	u²¹³	tɕʰy⁵⁵
万全	ɕy⁵⁵	y⁴¹	fu⁵⁵	fu²¹³	fu²¹³	vu⁵⁵	vu²¹³	tɕʰy⁵⁵
涿鹿	ɕy⁴⁵	y⁴²	fu⁴⁵	fu³¹	fu³¹	u⁴⁵	u³¹	tɕʰy⁴⁵
平山	ɕi⁵⁵	i³¹	fu⁵⁵	fu⁴²	fu⁴²	u⁵⁵	u⁴²	tsʰi⁵⁵
鹿泉	ɕy³⁵	y⁵⁵	fu³⁵	fu³¹²	fu³¹²	u³⁵	u³¹²	tsʰy³⁵
赞皇	ɕy⁴⁵	y⁵⁴	fu⁴⁵	fu³¹²	fu³¹²	u⁴⁵	u³¹²	tsʰy⁴⁵
沙河	ɕy³³	y⁵¹	fu³³	fu²¹	fu²¹	u³³	u²¹	tsʰy³³⑤ tɕʰi³³⑥
邯郸	ɕy⁵⁵	y⁵³	fu⁵⁵	fu²¹³	fu²¹³	u⁵⁵	u²¹³	tsʰy⁵⁵
涉县	ɕy⁵³	y⁴¹²	fu⁵³	fu⁵⁵	fu⁵⁵	u⁵³	u⁵⁵	tɕʰy⁵³

---

① 姓~。
② ~款。
③ 文~。
④ 姓~。
⑤ ~信。
⑥ ~灯ㄦ：火柴。

	0105 柱	0106 住	0107 数动	0108 数名	0109 主	0110 输	0111 竖	0112 树
	遇合三上虞澄	遇合三去虞澄	遇合三上虞生	遇合三去虞生	遇合三上虞章	遇合三平虞书	遇合三上虞禅	遇合三去虞禅
兴隆	tʂu⁵¹	tʂu⁵¹	ʂu²¹³	ʂu⁵¹	tʂu²¹³	ʂu³⁵	ʂu⁵¹	ʂu⁵¹
北戴河	tʃu⁵¹	tʃu⁵¹	ʃu²¹⁴	ʃu⁵¹	tʃu²¹⁴	ʃu⁴⁴	ʃu⁵¹	ʃu⁵¹
昌黎	tʂu²⁴① tʂu⁴⁵³②	tʂu⁴⁵³	ʂu²¹³	ʂu⁴⁵³	tʂu²¹³	ʂu⁴²	ʂu⁴⁵³	ʂu²⁴③ ʂu⁴⁵³④
乐亭	tʂu⁵²	tʂu⁵²	ʂu³⁴	ʂu⁵²	tʂu³⁴	ʂu³¹	ʂu⁵²	ʂu⁵²
蔚县	tsu³¹²	tsu³¹²	su⁴⁴	su³¹²	tsu⁴⁴	su⁵³	su³¹²	su³¹²
涞水	tʂu³¹⁴	tʂu³¹⁴	ʂu²⁴	ʂu³¹⁴	tʂu²⁴	ʂu³¹	ʂu³¹⁴	ʂu³¹⁴
霸州	tʂu⁴¹	tʂu⁴¹	ʂu²¹⁴	ʂu⁴¹	tʂu²¹⁴	ʂu⁴⁵⑤ ʂu⁴¹⑥	ʂu⁴¹	ʂu⁴¹
容城	tʂu⁵¹³	tʂu⁵¹³	ʂu²¹³	ʂu⁵¹³	tʂu²¹³	ʂu⁴³	ʂu⁵¹³	ʂu⁵¹³
雄县	tʂu⁴¹	tʂu⁴¹	ʂu²¹⁴	ʂu⁴¹	tʂu²¹⁴	ʂu⁴⁵	ʂu⁴¹	ʂu⁴¹
安新	tʂu⁵¹	tʂu⁵¹	ʂu²¹⁴	ʂu⁵¹	tʂu²¹⁴	ʂu⁴⁵	ʂu⁵¹	ʂu⁵¹
满城	tʂu⁵¹²	tʂu⁵¹²	ʂu²¹³	ʂu⁵¹²	tʂu²¹³	ʂu⁴⁵	ʂu⁵¹²	ʂu⁵¹²
阜平	tʂu⁵³	tʂu⁵³	ʂu⁵⁵	ʂu⁵³	tʂu⁵⁵	ʂu³¹	ʂu⁵³	ʂu⁵³
定州	tʂu⁵¹	tʂu⁵¹	ʂu²⁴	ʂu⁵¹	tʂu²⁴	ʂu³³	ʂu⁵¹	ʂu⁵¹
无极	tʂu⁴⁵¹	tʂu⁴⁵¹	ʂu³⁵	ʂu⁵¹	tʂu³⁵	ʂu³¹	ʂu⁴⁵¹	ʂu⁴⁵¹
辛集	tʂu⁴¹	tʂu⁴¹	ʂu³²⁴	ʂu⁴¹	tʂu³²⁴	ʂu³³	ʂu⁴¹	ʂu⁴¹
衡水	tɕy³¹ 旧 tsu³¹ 新	tɕy³¹ 旧 tsu³¹ 新	su⁵⁵	su³¹	tɕy⁵⁵ 旧 tsu⁵⁵ 新	tɕʰy²⁴ 旧 su²⁴ 新 ɕy⁵⁵⑦	ɕy³¹ 旧 su³¹ 新	ɕy³¹ 旧 su³¹ 新
故城	tʂʯ³¹	tʂʯ³¹	su⁵⁵	su³¹	tʂʯ⁵⁵	ʂʯ²⁴	ʂʯ³¹	ʂʯ³¹
巨鹿	tɕy²¹	tɕy²¹	ʂu⁵⁵	ʂu²¹	tɕy⁵⁵	ɕy³³⑧ tɕʰy³³⑨	ɕy²¹	ɕy²¹
邢台	tʂu³¹	tʂu³¹	ʂu⁵⁵	ʂu³¹	tʂu⁵⁵	ʂu³⁴	ʂu³¹	ʂu³¹
馆陶	tʂu²¹³	tʂu²¹³	ʂu⁴⁴	ʂu²¹³	tʂu⁴⁴	lu²⁴ 白 su²⁴ 文	ʂu²¹³	ʂu²¹³
沧县	tʂu⁴¹	tʂu⁴¹	ʂu⁵⁵	su⁴¹	tʂu⁵⁵	ʂu²³	ʂu⁴¹	ʂu⁴¹
献县	tʂu³¹	tʂu³¹	ʂu²¹⁴	ʂu³¹	tʂu²¹⁴	tʂʰu³³ 白 ʂu³³ 文	ʂu³¹	ʂu³¹
平泉	tʂu⁵¹	tʂu⁵¹	ʂu²¹⁴	ʂu⁵¹	tʂu²¹⁴	ʂu⁵⁵	ʂu⁵¹	ʂu⁵¹
滦平	tʂu⁵¹	tʂu⁵¹	ʂu²¹⁴	ʂu⁵¹	tʂu²¹⁴	ʂu⁵⁵	ʂu⁵¹	ʂu⁵¹
廊坊	tʂu⁵¹	tʂu⁵¹	ʂu²¹⁴	ʂu⁵¹	tʂu²¹⁴	ʂu⁵⁵	ʂu⁵¹	ʂu⁵¹

(续表)

	0105 柱	0106 住	0107 数动	0108 数名	0109 主	0110 输	0111 竖	0112 树
	遇合三上虞澄	遇合三去虞澄	遇合三上虞生	遇合三去虞生	遇合三上虞章	遇合三平虞书	遇合三上虞禅	遇合三去虞禅
魏县	tʂu³¹²	tʂu³¹²	ʂu⁵⁵	ʂu³¹²	tʂu⁵⁵	ʐu³³ 白 / ʂu³³ 文	ʂu³¹²	ʂu³¹²
张北	tsu²¹³	tsu²¹³	su²¹³	su²¹³	tsu⁵⁵	su⁴²	su²¹³	su²¹³
万全	tsu²¹³	tsu²¹³	su⁵⁵	su²¹³	tsu⁵⁵	su⁴¹	su²¹³	su²¹³
涿鹿	tʂu³¹	tʂu³¹	ʂu⁴⁵	ʂu³¹	tʂu⁴⁵	ʂu⁴⁴	ʂu³¹	ʂu³¹
平山	tʂu⁴²	tʂu⁴²	ʂu⁵⁵	ʂu⁴²	tʂu⁵⁵	ʂu³¹⑩ / ʂu⁴²⑪	ʂu⁴²	ʂu⁴²
鹿泉	tʂu³¹²	tʂu³¹²	ʂu³⁵	ʂu³¹²	tʂu³⁵	ʂu³¹²⑫ / ʂu⁵⁵⑬	ʂu³¹²	ʂu³¹²
赞皇	tʂu³¹²	tʂu³¹²	ʂu⁴⁵	ʂu³¹²	tʂu⁴⁵	ʂu⁵⁴	ʂu³¹²	ʂu³¹²
沙河	tʂu²¹	tʂu²¹	ʂu³³	ʂu²¹	tʂu³³	ʂu⁴¹	ʂu²¹	ʂu²¹
邯郸	tʂu²¹³	tʂu²¹³	ʂu⁵⁵	ʂu²¹³	tʂu⁵⁵	lu³¹⑭ / ʂu³¹⑮	ʂu²¹³	ʂu²¹³
涉县	tsu⁵⁵	tsu⁵⁵	su⁵³	su⁵⁵	tsu⁵³	su⁴¹	su⁵⁵	su⁵⁵

---

① 三根~儿。
② ~脚、铁~儿。
③ 大~。
④ 杨~、~个榜样。
⑤ ~赢、运~。
⑥ ~液。
⑦ 运~。
⑧ 运~。
⑨ ~赢。
⑩ ~赢。
⑪ 运~。
⑫ 运~。
⑬ ~液。
⑭ ~赢。
⑮ 运~。

	0113 句	0114 区地~	0115 遇	0116 雨	0117 芋	0118 裕	0119 胎	0120 台戏~
	遇合三去虞见	遇合三平虞溪	遇合三去虞疑	遇合三上虞云	遇合三去虞云	遇合三去虞以	蟹开一平哈透	蟹开一平哈定
兴隆	tɕy⁵¹	tɕʰy³⁵	y⁵¹	y²¹³	y⁵¹	y⁵¹	tʰai³⁵	tʰai⁵⁵
北戴河	tɕy⁵¹	tɕʰy⁴⁴	y⁵¹	y²¹⁴	y⁵¹	y⁵¹	tʰai⁴⁴	tʰai³⁵
昌黎	tɕy⁴⁵³	tɕʰy⁴²	y⁴⁵³	y²¹³	y⁴⁵³	y⁴⁵³	tʰai⁴²	tʰai²⁴
乐亭	tɕy⁵²	tɕʰy³¹	y⁵²	y³⁴	y⁵²	y⁵²	tʰai³¹	tʰai²¹²
蔚县	tɕy³¹²	tɕʰy⁵³	y³¹²	y⁴⁴	y⁵³	y³¹²	tʰɛi⁵³	tʰɛi⁴¹
涞水	tɕy³¹⁴	tɕʰy³¹	y³¹⁴	y²⁴	y³¹⁴	y³¹⁴	tʰai³¹	tʰai⁴⁵
霸州	tɕy⁴¹	tɕʰy⁴⁵	y⁴¹	y²¹⁴	y⁴¹	y⁴¹	tʰai⁴⁵	tʰai⁵³
容城	tɕy⁵¹³	tɕʰy⁴³	y⁵¹³	y²¹³	y⁵¹³	y⁵¹³	tʰai⁴³	tʰai³⁵
雄县	tɕy⁴¹	tɕʰy⁴⁵	y⁴¹	y²¹⁴	y⁴¹	y⁴¹	tʰai⁴⁵	tʰai⁵³
安新	tɕy⁵¹	tɕʰy⁴⁵	y⁵¹	y²¹⁴	y⁵¹	y⁵¹	tʰai⁴⁵	tʰai³¹
满城	tɕy⁵¹²	tɕʰy⁴⁵	y⁵¹²	y²¹³	y²²	y⁵¹²	tʰai⁴⁵	tʰai²²
阜平	tɕy⁵³	tɕʰy³¹	y⁵³	y⁵⁵	y⁵³	y²⁴	tʰæ³¹	tʰæ²⁴
定州	tɕy⁵¹	tɕʰy³³	y⁵¹	y²⁴	y²¹³	y⁵¹	tʰai³³	tʰai²¹³
无极	tɕy⁵¹	tɕʰy²¹³	y⁵¹	y³⁵		y⁵¹	tʰæ³¹	tʰæ²¹³
辛集	tɕy⁴¹	tɕʰy³³	y⁴¹	y³²⁴	y³⁵⁴	y³⁵⁴	tʰai³³	tʰai³⁵⁴
衡水	tɕy³¹	tɕʰy²⁴	y³¹	y⁵⁵	y⁵³	y³¹	tʰɑi²⁴	tʰɑi⁵³
故城	tɕy³¹	tɕʰy²⁴	y³¹	y⁵⁵	y³¹	y³¹	tʰæ²⁴	tʰæ⁵³
巨鹿	tɕy²¹	tɕʰy³³	y²¹	y⁵⁵	y⁴¹	y²¹	tʰai³³	tʰai⁴¹
邢台	tɕy³¹	tɕʰy³⁴	y³¹	y⁵⁵	y³¹	y³¹	tʰai³⁴	tʰai⁵³
馆陶	tɕy²¹³	tɕʰy²⁴	y²¹³	y⁴⁴	y⁵²	y⁵²	tai²¹³白 tʰai²⁴文	tʰai⁵²
沧县	tɕy⁴¹	tɕʰy²³	y⁴¹	y⁵⁵	y⁴¹	y⁴¹	tʰai²³	tʰai⁵³
献县	tɕy³¹	tɕʰy³³	y³¹	y²¹⁴	y³¹	y³¹	tʰɛ³³	tʰɛ⁵³
平泉	tɕy⁵¹	tɕʰy⁵⁵	y⁵¹	y²¹⁴	y⁵¹	y⁵¹	tʰai⁵⁵	tʰai³⁵
滦平	tɕy⁵¹	tɕʰy⁵⁵	y⁵¹	y²¹⁴	y⁵¹	y⁵¹	tʰai⁵⁵	tʰai³⁵
廊坊	tɕy⁵¹	tɕʰy⁵⁵	y⁵¹	y²¹⁴	y⁵¹	y⁵¹	tʰai⁵⁵	tʰai³⁵

(续表)

	0113 句	0114 区地~	0115 遇	0116 雨	0117 芋	0118 裕	0119 胎	0120 台戏~
	遇合三去虞见	遇合三平虞溪	遇合三去虞疑	遇合三上虞云	遇合三去虞云	遇合三去虞以	蟹开一平咍透	蟹开一平咍定
魏县	tɕy³¹²	tɕʰy³³	y³¹²	y⁵⁵	y⁵³	y³¹²	tʰai³³	tʰai⁵³
张北	tɕy²¹³	tɕʰy⁴²	y²¹³	y⁵⁵	y⁴²	y²¹³	tʰai⁴²	tʰai⁴²
万全	tɕy²¹³	tɕʰy⁴¹	y²¹³	y⁵⁵	y⁴¹	y²¹³	tʰɛi⁴¹	tʰɛi⁴¹
涿鹿	tɕy³¹	tɕʰy⁴²	y³¹	y⁴⁵	y⁴²	y³¹	tʰɛ⁴⁴	tʰɛ⁴²
平山	tɕi⁴²	tɕʰi³¹	i⁴²	i⁵⁵	i³¹	i⁴²	tʰɛ³¹	tʰɛ³¹
鹿泉	tɕy³¹²	tɕʰy⁵⁵	y³¹²	y³⁵	y³¹²	y³¹²	tʰɛ⁵⁵	tʰɛ⁵⁵
赞皇	tɕy³¹²	tɕʰy⁵⁴	y³¹²	y⁴⁵	y⁵⁴	y³¹²	tʰɛ⁵⁴	tʰɛ⁵⁴
沙河	tɕy²¹	tɕʰy⁴¹	y²¹	y³³		y²¹	tʰai⁴¹	tʰai⁵¹
邯郸	tɕy²¹³	tɕʰy³¹	y²¹³	y⁵⁵	y⁵³	y²¹³	tʰai³¹	tʰai⁵³
涉县	tɕy⁵⁵	tɕʰy⁴¹	y⁵⁵	y⁵³	y⁴¹	y⁵⁵	tai⁵⁵白 tʰai⁴¹文	tʰai⁴¹²

	0121 袋 蟹开一去哈定	0122 来 蟹开一平哈来	0123 菜 蟹开一去哈清	0124 财 蟹开一平哈从	0125 该 蟹开一平哈见	0126 改 蟹开一上哈见	0127 开 蟹开一平哈溪	0128 海 蟹开一上哈晓
兴隆	tai⁵¹	lai⁵⁵	tsʰai⁵¹	tsʰai⁵⁵	kai³⁵	kai²¹³	kʰai³⁵	xai²¹³
北戴河	tai⁵¹	lai³⁵	tʃʰai⁵¹	tʃʰai³⁵	kai⁴⁴	kai²¹⁴	kʰai⁴⁴	xai²¹⁴
昌黎	tai⁴⁵³	lai²⁴	tsʰai⁴⁵³	tsʰai²⁴	kai⁴²	kai²¹³	kʰai⁴²	xai²¹³
乐亭	tai⁵²	lai²¹²	tsʰai⁵²	tsʰai²¹²	kai³¹	kai³⁴	kʰai³¹	xai³⁴
蔚县	tei³¹²	lei⁴¹	tsʰei³¹²	tsʰei⁴¹	kɛi⁵³	kɛi⁴⁴	kʰɛi⁵³	xɛi⁴⁴
涞水	tai³¹⁴	lai⁴⁵	tsʰai³¹⁴	tsʰai⁴⁵	kai³¹	kai²⁴	kʰai³¹	xai²⁴
霸州	tai⁴¹	lai⁵³	tsʰai⁴¹	tsʰai⁵³	kai⁴⁵	kai²¹⁴	kʰai⁴⁵	xai²¹⁴
容城	tai⁵¹³	lai³⁵	tsʰai⁵¹³	tsʰai³⁵	kai⁴³	kai²¹³	kʰai⁴³	xai²¹³
雄县	tai⁴¹	lai⁵³	tsʰai⁴¹	tsʰai⁵³	kai⁴⁵	kai²¹⁴	kʰai⁴⁵	xai²¹⁴
安新	tai⁵¹	lai³¹	tsʰai⁵¹	tsʰai³¹	kai⁴⁵	kai²¹⁴	kʰai⁴⁵	xai²¹⁴
满城	tai⁵¹²	lai²²	tsʰai⁵¹²	tsʰai²²	kai⁴⁵	kai²¹³	kʰai⁴⁵	xai²¹³
阜平	tæ⁵³	læ²⁴	tsʰæ⁵³	tsʰæ²⁴	kæ³¹	kæ⁵⁵	kʰæ³¹	xæ⁵⁵
定州	tai⁵¹	lai²¹³	tsʰai⁵¹	tsʰai²¹³	kai³³	kai²⁴	kʰai³³	xai²⁴
无极	tæ⁵¹	læ²¹³	tsʰæ⁵¹	tsʰæ²¹³	kæ³¹	kæ³⁵	kʰæ³¹	xæ³⁵
辛集	tai⁴¹	lai³⁵⁴	tsʰai⁴¹	tsʰai³⁵⁴	kai³³	kai³²⁴	kʰai³³	xai³²⁴
衡水	tɑi³¹	lɑi⁵³	tsʰɑi³¹	tsʰɑi⁵³	kɑi²⁴	kɑi⁵⁵	kʰɑi²⁴	xɑi⁵⁵
故城	tæ³¹	læ⁵³	tsʰæ³¹	tsʰæ⁵³	kæ²⁴	kæ⁵⁵	kʰæ²⁴	xæ⁵⁵
巨鹿	tai²¹	lai⁴¹	tsʰai²¹	tsʰai⁴¹	kai³³	kai⁵⁵	kʰai³³	xai⁵⁵
邢台	tai³¹	lai⁵³	tsʰai³¹	tsʰai⁵³	kai³⁴	kai⁵⁵	kʰai³⁴	xai⁵⁵
馆陶	tai²¹³	lai⁵²	tsʰai²¹³	tsʰai⁵²	kai²⁴	kai⁴⁴	kʰai²⁴	xai⁴⁴
沧县	tai⁴¹	lai⁵³	tsʰai⁴¹	tsʰai⁵³	kai²³	kai⁵⁵	kʰai²³	xai⁵⁵
献县	tɛ³¹	lɛ⁵³	tsʰɛ³¹	tsʰɛ⁵³	kɛ³³	kɛ²¹⁴	kʰɛ³³	xɛ²¹⁴
平泉	tai⁵¹	lai³⁵	tsʰai⁵¹	tsʰai³⁵	kai⁵⁵	kai²¹⁴	kʰai⁵⁵	xai²¹⁴
滦平	tai⁵¹	lai³⁵	tsʰai⁵¹	tsʰai³⁵	kai⁵⁵	kai²¹⁴	kʰai⁵⁵	xai²¹⁴
廊坊	tai⁵¹	lai³⁵	tsʰai⁵¹	tsʰai³⁵	kai⁵⁵	kai²¹⁴	kʰai⁵⁵	xai²¹⁴
魏县	tai³¹²	lai⁵³	tʂʰai³¹²	tʂʰai⁵³	kai³³	kai⁵⁵	kʰai³³	xai⁵⁵

（续表）

	0121 袋	0122 来	0123 菜	0124 财	0125 该	0126 改	0127 开	0128 海
	蟹开一去咍定	蟹开一平咍来	蟹开一去咍清	蟹开一平咍从	蟹开一平咍见	蟹开一上咍见	蟹开一平咍溪	蟹开一上咍晓
张北	tai^{213}	lai^{42}	ts^{h}ai^{213}	ts^{h}ai^{42}	kai^{42}	kai^{55}	k^{h}ai^{42}	xai^{55}
万全	tɛi^{213}	lɛi^{41}	ts^{h}ɛi^{213}	ts^{h}ɛi^{41}	kɛi^{41}	kɛi^{55}	k^{h}ɛi^{41}	xɛi^{55}
涿鹿	tɛ^{31}	lɛ^{42}	ts^{h}ɛ^{31}	ts^{h}ɛ^{42}	kɛ^{44}	kɛ^{45}	k^{h}ɛ^{44}	xɛ^{45}
平山	tɛ^{42}	lɛ^{31}	ts^{h}ɛ^{42}	ts^{h}ɛ^{31}	kɛ^{31}	kɛ^{55}	k^{h}ɛ^{31}	xɛ^{55}
鹿泉	tɛ^{312}	lɛ^{55}	ts^{h}ɛ^{312}	ts^{h}ɛ^{55}	kɛ^{55}	kɛ^{35}	k^{h}ɛ^{55}	xɛ^{35}
赞皇	tɛ^{312}	lɛ^{54}	ts^{h}ɛ^{312}	ts^{h}ɛ^{54}	kɛ^{54}	kɛ^{45}	k^{h}ɛ^{54}	xɛ^{45}
沙河	tai^{21}	lai^{51}	ts^{h}ai^{21}	ts^{h}ai^{51}	kai^{41}	kai^{33}	k^{h}ai^{41}	xai^{33}
邯郸	tai^{213}① tai^{55}②	lai^{53}	ts^{h}ai^{213}	ts^{h}ai^{53}	kai^{31}	kai^{55}	k^{h}ai^{31}	xai^{55}
涉县	tai^{55}	lai^{412}	ts^{h}ai^{55}	ts^{h}ai^{412}	kai^{41}	kai^{53}	k^{h}ai^{41}	xai^{53}

---

① 麻~。
② 布~子。

	0129 爱 蟹开一 去哈影	0130 贝 蟹开一 去泰帮	0131 带动 蟹开一 去泰端	0132 盖动 蟹开一 去泰见	0133 害 蟹开一 去泰匣	0134 拜 蟹开二 去皆帮	0135 排 蟹开二 平皆并	0136 埋 蟹开二 平皆明
兴隆	nai⁵¹ 又 ai⁵¹ 又	pei⁵¹	tai⁵¹	kai⁵¹	xai⁵¹	pai⁵¹	pʰai⁵⁵	mai⁵⁵ ~藏 man⁵⁵ ~怨
北戴河	ai⁵¹	pei⁵¹	tai⁵¹	kai⁵¹	xai⁵¹	pai⁵¹	pʰai³⁵	mai³⁵
昌黎	nai⁴⁵³ ŋai⁴⁵³ ai⁴⁵³	pei⁴⁵³	tai⁴⁵³	kai⁴⁵³	xai²⁴① xai⁴⁵³②	pai⁴⁵³	pʰai²⁴	mai²⁴
乐亭	ŋai⁵²	pei⁵²	tai⁵²	kai⁵²	xai⁵²	pai⁵²	pʰai²¹²	mai²¹²
蔚县	nɛi³¹²	pei³¹²	tɛi³¹²	kɛi³¹²	xɛi³¹²	pei³¹²	pʰɛi⁴¹	mei⁴¹ ~起来 mã⁴¹ ~怨
涞水	nai³¹⁴	pei³¹⁴	tai³¹⁴	kai³¹⁴	xai³¹⁴	pai³¹⁴	pʰai⁴⁵	mei⁴⁵ 白 mai⁴⁵ 文
霸州	nai⁴¹	pei⁴¹	tai⁴¹	kai⁴¹	xai⁴¹	pai⁴¹	pʰai⁵³	mei⁵³ ~起来 man⁵³ ~怨
容城	nai⁵¹³	pei⁵¹³	tai⁵¹³	kai⁵¹³	xai⁵¹³	pai⁵¹³	pʰai³⁵	mei³⁵
雄县	nai⁴¹③ ai⁴¹④	pei⁴¹	tai⁴¹	kai⁴¹	xai⁴¹	pai⁴¹	pʰai⁵³	mei⁵³ ~起来 mãn⁵³ ~怨
安新	nai⁵¹	pei⁵¹	tai⁵¹	kai⁵¹	xai⁵¹	pai⁵¹	pʰai³¹	mei³¹ 白 mai³¹ 文 man³¹ ~怨
满城	nai⁵¹² ai⁵¹²	pei⁵¹²	tai⁵¹²	kai⁵¹²	xai⁵¹²	pai⁵¹²	pʰai²²	mai²²
阜平	ŋæ⁵³	pei⁵³	tæ⁵³	kæ⁵³	xæ⁵³	pæ⁵³	pʰæ²⁴	mei²⁴ 白 mæ²⁴ 文
定州	ŋai⁵¹	pei⁵¹	tai⁵¹	kai⁵¹	xai⁵¹	pai⁵¹	pʰai²¹³	mai²¹³
无极	ŋæ⁵¹	pəi⁵¹	tæ⁵¹	kæ⁵¹	xæ⁵¹	pæ⁵¹	pʰæ²¹³	mæ²¹³
辛集	ŋai⁴¹	pei⁴¹	tai⁴¹	kai⁴¹	xai⁴¹	pai⁴¹	pʰai³⁵⁴	mai³⁵⁴
衡水	ŋɑi³¹ 旧 ɑi³¹ 新	pɑi³¹	tɑi³¹	kɑi³¹	xɑi³¹	pɑi³¹	pʰɑi⁵³	mɑi⁵³
故城	ŋæ³¹	pei³¹	tæ³¹	kæ³¹	xæ³¹	pæ³¹	pʰæ⁵³	mæ⁵³ ~起来 mæ̃⁵³ ~怨
巨鹿	ŋai²¹	pei²¹	tai²¹	kai²¹	xai²¹	pai²¹	pʰai⁴¹	mai⁴¹

（续表）

	0129 爱 蟹开一去咍影	0130 贝 蟹开一去泰帮	0131 带[动] 蟹开一去泰端	0132 盖[动] 蟹开一去泰见	0133 害 蟹开一去泰匣	0134 拜 蟹开二去皆帮	0135 排 蟹开二平皆並	0136 埋 蟹开二平皆明
邢台	ŋai³¹ 又 ai³¹ 又	pei³¹	tai³¹	kai³¹	xai³¹	pai³¹	pʰai⁵³	mai⁵³
馆陶	ɣai²¹³	pei²¹³	tai²¹³	kai²¹³	xai²¹³	pai²¹³	pʰai⁵²	mai⁵²
沧县	ai⁴¹	pei⁴¹	tai⁴¹	kai⁴¹	xai⁴¹	pai⁴¹	pʰai⁵³	mai⁵³ ~起来 man⁵³ ~怨
献县	nɛ³¹ 白 ɛ³¹ 文	pei³¹	tɛ³¹	kɛ³¹	xɛ³¹	pɛ³¹	pʰɛ⁵³	mɛ⁵³
平泉	ai⁵¹	pei⁵¹	tai⁵¹	kai⁵¹	xai⁵¹	pai⁵¹	pʰai³⁵	mai³⁵ 又 man³⁵ 又
滦平	nai⁵¹ 又 ŋai⁵¹ 又 ai⁵¹ 又	pei⁵¹	tai⁵¹	kai⁵¹	xai⁵¹	pai⁵¹	pʰai³⁵	mai³⁵ ~藏 man³⁵ ~怨
廊坊	ŋai⁵¹ 又 ai⁵¹ 又	pei⁵¹	tai⁵¹	kai⁵¹	xai⁵¹	pai⁵¹	pʰai³⁵	mai³⁵ ~葬 man³⁵ ~怨
魏县	ai³¹²	pəi³¹²	tai³¹²	kai³¹²	xai³¹²	pai³¹²	pʰai⁵³	mai⁵³
张北	ŋai²¹³	pei²¹³	tai²¹³	kai²¹³	xai²¹³	pai²¹³	pʰai⁴²	mei⁴²
万全	ŋei²¹³	pei²¹³	tei²¹³	kei²¹³	xei²¹³	pei²¹³	pʰɛi⁴¹	mei⁴¹
涿鹿	ŋɛ³¹	pei³¹	tɛ³¹	kɛ³¹	xɛ³¹	pɛ³¹	pʰɛ⁴²	mei⁴²
平山	ŋɛ⁴²	pæi⁴²	tɛ⁴²	kɛ⁴²	xɛ⁴²	pɛ⁴²	pʰɛ³¹	mɛ³¹
鹿泉	ŋɛ³¹²	pei³¹²	tɛ³¹²	kɛ³¹²	xɛ³¹²	pɛ³¹²	pʰɛ⁵⁵	mɛ⁵⁵
赞皇	ŋɛ³¹²	pei³¹²	tɛ³¹²	kɛ³¹²	xɛ³¹²	pɛ³¹²	pʰɛ⁵⁴	mɛ⁵⁴
沙河	ŋai²¹	pei²¹	tai²¹	kai²¹	xai²¹	pai²¹	pʰai⁵¹	mai⁵¹
邯郸	ŋai²¹³	pəi²¹³	tai²¹³	kai²¹³	xai²¹³	pai²¹³	pʰai⁵³	mai⁵³
涉县	ŋai⁵⁵	pəi⁵⁵	tai⁵⁵	kai⁵⁵	xai⁵⁵	pai⁵⁵	pʰai⁴¹²	mai⁴¹²

① 把人~咧。
② ~虫、伤~、~人不浅。
③ ~人[儿]：可爱。
④ 热~。

	0137 戒	0138 摆	0139 派	0140 牌	0141 买	0142 卖	0143 柴	0144 晒
	蟹开二去皆见	蟹开二上佳帮	蟹开二去佳滂	蟹开二平佳並	蟹开二上佳明	蟹开二去佳明	蟹开二平佳崇	蟹开二去佳生
兴隆	tɕie⁵¹	pai²¹³	pʰai⁵¹	pʰai⁵⁵	mai²¹³	mai⁵¹	tʂʰai⁵⁵	ʂai⁵¹
北戴河	tɕie⁵¹	pai²¹⁴	pʰai⁵¹	pʰai³⁵	mai²¹⁴	mai⁵¹	tʃʰai³⁵	ʃai⁵¹
昌黎	tɕi⁴⁵³ 白 tɕie⁴⁵³ 文	pai²¹³	pʰai⁴⁵³	pʰai²⁴	mai²¹³	mai²⁴① mai⁴⁵³②	tsʰai²⁴	sai⁴⁵³
乐亭	tɕie⁵²	pai³⁴	pʰai⁵²	pʰai²¹²	mai³⁴	mai⁵²	tʂʰai²¹²	ʂai⁵²
蔚县	tɕiə³¹²	pei⁴⁴	pʰɛi³¹²	pʰɛi⁴¹	mei⁴⁴	mei³¹²	tsʰɛi⁴¹	sei³¹²
涞水	tɕie³¹⁴	pai²⁴	pʰai³¹⁴	pʰai⁴⁵	mai²⁴	mai³¹⁴	tʂʰai⁴⁵	ʂai³¹⁴
霸州	tɕie⁴¹	pai²¹⁴	pʰai⁴¹	pʰai⁵³	mai²¹⁴	mai⁴¹	tʂʰai⁵³	ʂai⁴¹
容城	tɕie⁵¹³	pai²¹³	pʰai⁵¹³	pʰai³⁵	mai²¹³	mai⁵¹³	tʂʰai³⁵	ʂai⁵¹³
雄县	tɕie⁴¹	pai²¹⁴	pʰai⁴¹	pʰai⁵³	mai²¹⁴	mai⁴¹	tʂʰai⁵³	sai⁴¹
安新	tɕie⁵¹	pai²¹⁴	pʰai⁵¹	pʰai³¹	mai²¹⁴	mai⁵¹	tʂʰai³¹	sai⁵¹
满城	tɕie⁵¹²	pai²¹³	pʰai⁵¹²	pʰai²²	mai²¹³	mai⁵¹²	tʂʰai²²	ʂai⁵¹²
阜平	tɕie⁵³	pæ⁵⁵	pʰæ⁵³	pʰæ²⁴	mæ⁵⁵	mæ⁵³	tʂʰæ²⁴	ʂæ⁵³
定州	tɕie⁵¹	pai²⁴	pʰai⁵¹	pʰai²¹³	mai²⁴	mai⁵¹	tʂʰai²¹³	ʂai⁵¹
无极	tɕie⁵¹	pæ³⁵	pʰæ⁵¹	pʰæ²¹³	mæ³⁵	mæ⁴⁵¹	tʂʰæ²¹³	ʂæ⁵¹
辛集	tɕie⁴¹	pai³²⁴	pʰai⁴¹	pʰai³⁵⁴	mai³²⁴	mai⁴¹	tʂʰai³⁵⁴	ʂai⁴¹
衡水	tɕie³¹	pɑi⁵⁵	pʰɑi³¹	pʰɑi⁵³	mɑi⁵⁵	mɑi³¹	tʂʰɑi⁵³	sɑi³¹
故城	tɕiæ³¹	pæ⁵⁵	pʰæ³¹	pʰæ⁵³	mæ⁵⁵	mæ³¹	tʂʰæ⁵³	sæ³¹
巨鹿	tɕie²¹	pai⁵⁵	pʰai²¹	pʰai⁴¹	mai⁵⁵	mai²¹	tʂʰai⁴¹	ʂai²¹
邢台	tɕie³¹	pai⁵⁵	pʰai³¹	pʰai⁵⁵	mai⁵⁵	mai³¹	tʂʰai⁵³	ʂai³¹
馆陶	tɕiai²¹³	pai⁴⁴	pʰai²¹³	pʰai⁵²	mai⁴⁴	mai²¹³	tʂʰai⁵²	ʂai²¹³
沧县	tɕie⁴¹	pai⁵⁵	pʰai⁴¹	pʰai⁵³	mai⁵⁵	mai⁴¹	tʂʰai⁵³	sai⁴¹
献县	tɕie³¹	pe²¹⁴	pʰe³¹	pʰe⁵³	me²¹⁴	me³¹	tʂʰe⁵³	ʂe³¹
平泉	tɕie⁵¹	pai²¹⁴	pʰai⁵¹	pʰai³⁵	mai²¹⁴	mai⁵¹	tʂʰai³⁵	ʂai⁵¹
滦平	tɕie⁵¹	pai²¹⁴	pʰai⁵¹	pʰai³⁵	mai²¹⁴	mai⁵¹	tʂʰai³⁵	ʂai⁵¹
廊坊	tɕie⁵¹	pai²¹⁴	pʰai⁵¹	pʰai³⁵	mai²¹⁴	mai⁵¹	tʂʰai³⁵	ʂai⁵¹

(续表)

	0137 戒	0138 摆	0139 派	0140 牌	0141 买	0142 卖	0143 柴	0144 晒
	蟹开二 去皆见	蟹开二 上佳帮	蟹开二 去佳滂	蟹开二 平佳並	蟹开二 上佳明	蟹开二 去佳明	蟹开二 平佳崇	蟹开二 去佳生
魏县	tɕie³¹²	pai⁵⁵	pʰai³¹²	pʰai⁵³	mai⁵⁵	mai³¹²	tʂʰai⁵³	ʂai³¹²
张北	tɕiɛ²¹³	pai⁵⁵	pʰai²¹³	pʰai⁴²	mai⁵⁵	mai²¹³	tʂʰai⁴²	sai²¹³
万全	tɕiei²¹³	pei⁵⁵	pʰɛi²¹³	pʰɛi⁴¹	mei⁵⁵	mei²¹³	tʂʰɛi⁴¹	sɛi²¹³
涿鹿	tɕie³¹	pe⁴⁵	pʰe³¹	pʰe⁴²	me⁴⁵	me³¹	tʂʰe⁴²	se³¹
平山	tɕiə⁴²	pe⁵⁵	pʰe⁴²	pʰe³¹	mɛ⁵⁵	mɛ⁴²	tʂʰɛ³¹	ʂɛ⁴²
鹿泉	tɕiɤ³¹²	pe³⁵	pʰe³¹²	pʰe⁵⁵	me³⁵	me³¹²	tʂʰe⁵⁵	ʂe³¹²
赞皇	tɕie³¹²	pe⁴⁵	pʰe³¹²	pʰe⁵⁴	me⁴⁵	me³¹²	tʂʰe⁵⁴	ʂe³¹²
沙河	tɕie²¹	pai³³	pʰai²¹	pʰai⁵¹	mai³³	mai²¹	tʂʰai⁵¹	ʂai²¹
邯郸	tɕi²¹³ 白 tɕie²¹³ 文	pai⁵⁵	pʰai²¹³	pʰai⁵³	mai⁵⁵	mai²¹³	tʂʰai⁵³	ʂai²¹³
涉县	tɕiə⁵⁵	pai⁵³	pʰai⁵⁵	pʰai⁴¹²	mai⁵³	mai⁵⁵	tʂʰai⁴¹²	sai⁵⁵

① ~咧、咋~的、~不。
② ~菜、买~。

	0145 街	0146 解~开	0147 鞋	0148 蟹	0149 矮	0150 败	0151 币	0152 制~造
	蟹开二平佳见	蟹开二上佳见	蟹开二平佳匣	蟹开二上佳匣	蟹开二上佳影	蟹开二去夬並	蟹开三去祭並	蟹开三去祭章
兴隆	tɕie³⁵	tɕie²¹³	ɕie⁵⁵	ɕie⁵¹	nai²¹³ 又 ai²¹³ 又	pai⁵¹	pi⁵¹	tʂʅ⁵¹
北戴河	kai⁴⁴ 白 tɕie⁴⁴ 文	tɕie²¹⁴	ɕie³⁵	ɕie⁵¹	ai²¹⁴	pai⁵¹	pi⁵¹	tʃʅ⁵¹
昌黎	kai⁴² 白 tɕie⁴² 文	tɕie²¹³	ɕie²⁴	ɕie⁴⁵³	nai²¹³ ŋai²¹³ ai²¹³	pai²⁴① pai⁴⁵³②	pi⁴⁵³	tʂʅ⁴⁵³
乐亭	kai³¹	kai³⁴	ɕie²¹²	ɕie⁵²	ŋai³⁴	pai⁵²	pi⁵²	tʂʅ⁵²
蔚县	tɕiə⁵³	tɕiə⁴⁴	ɕie⁴¹	ɕiə³¹²	ɛi⁵³	pei³¹²	pi³¹²	tʂʅ³¹²
涞水	tɕie³¹	tɕie²⁴	ɕie⁴⁵	ɕie³¹⁴	nai²⁴ 白 ai²⁴ 文	pai³¹⁴	pi³¹⁴	tʂʅ³¹⁴
霸州	tɕie⁴⁵	tɕie²¹⁴	ɕie⁵³	ɕie⁴¹	nai²¹⁴	pai⁴¹	pi⁴¹	tʂʅ⁴¹
容城	tɕie⁴³	tɕie²¹³	ɕie³⁵	ɕie⁵¹³	ai²¹³	pai⁵¹³	pi⁵¹³	tʂʅ⁵¹³
雄县	tɕie⁴⁵	tɕie²¹⁴	ɕie⁵³	ɕie⁴¹	nai²¹⁴ 旧 ai²¹⁴ 新	pai⁴¹	pi⁴¹	tʂʅ⁴¹
安新	tɕie⁴⁵	tɕie²¹⁴	ɕie³¹	ɕie⁵¹	nai²¹⁴	pai⁵¹	pi⁵¹	tʂʅ⁵¹
满城	tɕie⁴⁵	tɕie²¹³	ɕie²²	ɕie⁵¹²	nai²¹³ ai²¹³	pai⁵¹²	pi⁵¹²	tʂʅ⁵¹²
阜平	tɕie³¹	tɕie⁵⁵	ɕie²⁴	ɕie⁵³	ŋæ⁵⁵	pæ⁵³	pi⁵³	tʂʅ⁵³
定州	tɕie³³	tɕie²⁴	ɕie²¹³	ɕie⁵¹	ŋai²⁴	pai⁵¹	pi⁵¹	tʂʅ⁵¹
无极	tɕie³¹	tɕie³⁵	ɕie²¹³			pæ⁴⁵¹	pi⁵¹	tʂʅ⁵¹
辛集	tɕie³³	tɕie³²⁴	ɕie³⁵⁴	ɕie⁴¹	ŋai³²⁴	pai⁴¹	pi⁴¹	tʂʅ⁴¹
衡水	tɕie²⁴	tɕie⁵⁵	ɕie⁵³	ɕie³¹	ŋɑi⁵⁵ 旧 ɑi⁵⁵ 新	pai³¹	pi³¹	tʂʅ³¹
故城	tɕiæ²⁴	tɕiæ⁵⁵	ɕiæ⁵³	ɕiæ³¹	iæ⁵⁵ 白 ŋæ⁵⁵ 文	pæ³¹	pi³¹	tʂʅ³¹
巨鹿	tɕie³³	tɕie⁵⁵	ɕie⁴¹	ɕie²¹	ŋai⁵⁵	pai²¹	pi²¹	tɕi²¹
邢台	tɕie³⁴	tɕie⁵⁵	ɕie⁵³	ɕie³¹	ɑi⁵⁵	pai³¹	pi³¹	tʂʅ³¹

（续表）

	0145 街	0146 解~开	0147 鞋	0148 蟹	0149 矮	0150 败	0151 币	0152 制~造
	蟹开二平佳见	蟹开二上佳见	蟹开二平佳匣	蟹开二上佳匣	蟹开二上佳影	蟹开二去夬並	蟹开三去祭並	蟹开三去祭章
馆陶	tɕiɛ²⁴	tɕiɛ⁴⁴	ɕiai⁵²	ɕiai²¹³	iai⁴⁴	pai²¹³	pi²¹³	tʂʅ²¹³
沧县	tɕiai²³	tɕie⁵⁵	ɕiai⁵³	ɕiai⁴¹	ŋai⁵⁵	pai⁴¹	pi⁴¹	tʂʅ⁴¹
献县	tɕie³³	tɕie²¹⁴	ɕie⁵³	ɕie³¹		pe³¹	pi³¹	tʂʅ³¹
平泉	tɕie⁵⁵	tɕie²¹⁴	ɕie³⁵	ɕie⁵¹	nai²¹⁴ 又 / ai²¹⁴ 又	pai⁵¹	pi⁵¹	tʂʅ⁵¹
滦平	tɕie⁵⁵	tɕie²¹⁴	ɕie³⁵	ɕie⁵¹	nai²¹⁴ 又 / ŋai²¹⁴ 又 / ai²¹⁴ 又	pai⁵¹	pi⁵¹	tʂʅ⁵¹
廊坊	tɕie⁵⁵	tɕie²¹⁴	ɕie³⁵	ɕie⁵¹	ŋai²¹⁴ 又 / ai²¹⁴ 又	pai⁵¹	pi⁵¹	tʂʅ⁵¹
魏县	tɕie³³	tɕie⁵⁵	ɕie⁵³	ɕie³¹²	ai³³	pai³¹²	pi³¹²	tʂʅ³¹²
张北	tɕie⁴²	tɕie⁵⁵	ɕie⁴²	ɕie²¹³	ŋai⁵⁵	pai²¹³	pi²¹³	tʂʅ²¹³
万全	tɕiei⁴¹	tɕiei⁵⁵	ɕiei⁴¹	ɕiei²¹³	ɛi⁵⁵	pei²¹³	pi²¹³	tʂʅ²¹³
涿鹿	tɕie⁴⁴	tɕie⁴⁵	ɕie⁴²	ɕie³¹	ŋe⁴⁵	pe³¹	pi³¹	tʂʅ³¹
平山	tɕiə³¹	tɕiə⁵⁵	ɕiə³¹	tɕʰiə³¹	ŋe³¹	pe⁴²	pi⁴²	tʂʅ²⁴ 又 tʂʅ⁴² 又
鹿泉	tɕiɤ⁵⁵	tɕiɤ³⁵	ɕiɤ⁵⁵	ɕiɤ³¹²	ŋe³⁵	pe³¹²	pi³¹²	tʂʅ³¹²
赞皇	tɕie⁵⁴	tɕie⁴⁵	ɕie⁵⁴	ɕie³¹²	ŋe⁵⁴	pe³¹²	pi³¹²	tʂʅ³¹²
沙河	tɕie⁴¹	tɕie³³	ɕie⁵¹	ɕie²¹		pai²¹	pi²¹	tʂʅ²¹
邯郸	tɕie³¹	tɕie⁵⁵	ɕie⁵³	ɕie²¹³	ŋai³¹	pai²¹³	pi²¹³	tʂʅ²¹³
涉县	tɕiə⁴¹	tɕiə⁵³	ɕiə⁴¹²	ɕiə⁵⁵	ŋai⁵³	pai⁵⁵	pi⁵⁵	tʂʅ⁵⁵

---

① 打~咧。
② ~家、吃~仗。

	0153 世	0154 艺	0155 米	0156 低	0157 梯	0158 剃	0159 弟	0160 递
	蟹开三去祭书	蟹开三去祭疑	蟹开四上齐明	蟹开四平齐端	蟹开四平齐透	蟹开四去齐透	蟹开四上齐定	蟹开四去齐定
兴隆	ʂʅ⁵¹	i⁵¹	mi²¹³	ti³⁵	tʰi³⁵	tʰi⁵¹	ti⁵¹	ti⁵¹
北戴河	ʂʅ⁵¹	i⁵¹	mi²¹⁴	ti⁴⁴	tʰi⁴⁴	tʰi⁵¹	ti⁵¹	ti⁵¹
昌黎	ʂʅ⁴⁵³	i⁴⁵³	mi²¹³	ti⁴²	tʰi⁴²	tʰi⁴⁵³	ti⁴⁵³	ti²⁴① / ti⁴⁵³②
乐亭	ʂʅ⁵²	i⁵²	mi³⁴	ti³¹	tʰi³¹	tʰi⁵²	ti⁵²	ti⁵²
蔚县	ʂʅ³¹²	i³¹²	mi⁴⁴	ti⁵³	tʰi⁵³	tʰi³¹²	ti³¹²	ti³¹²
涞水	ʂʅ³¹⁴	i³¹⁴	mi²⁴	ti³¹	tʰi³¹	tʰi³¹⁴	ti³¹⁴	ti³¹⁴
霸州	ʂʅ⁴¹	i⁴¹	mi²¹⁴	ti⁴⁵	tʰi⁴⁵	tʰi⁴¹	ti⁴¹	ti⁴¹
容城	ʂʅ⁵¹³	i⁵¹³	mi²¹³	ti⁴³	tʰi⁴³	tʰi⁵¹³	ti⁵¹³	ti⁵¹³
雄县	ʂʅ⁴¹	i⁴¹	mi²¹⁴	ti⁴⁵	tʰi⁴⁵	tʰi⁴¹	ti⁴¹	ti⁴¹
安新	ʂʅ⁵¹	i⁵¹	mi²¹⁴	ti⁴⁵	tʰi⁴⁵	tʰi⁵¹	ti⁵¹	ti⁵¹
满城	ʂʅ⁵¹²	i⁵¹²	mi²¹³	ti⁴⁵	tʰi⁴⁵	tʰi⁵¹²	ti⁵¹²	ti⁵¹²
阜平	ʂʅ⁵³	i⁵³	mi⁵⁵	ti³¹	tʰi³¹	tʰi⁵³	ti⁵³	ti⁵³
定州	ʂʅ⁵¹	i⁵¹	mi²⁴	ti³³	tʰi³³	tʰi⁵¹	ti⁵¹	ti⁵¹
无极	ʂʅ⁴⁵¹	i⁴⁵¹	mi³⁵	ti³¹	tʰi³¹	tʰi⁵¹	ti⁵¹	ti⁴⁵¹
辛集	ʂʅ⁴¹	i⁴¹	mi³²⁴	ti³³	tʰi³³	tʰi⁴¹	ti⁴¹	ti⁴¹
衡水	ʂʅ³¹	i³¹	mi⁵⁵	ti²⁴	tʰi²⁴	tʰi³¹	ti³¹	ti³¹
故城	ʂʅ³¹	i³¹	mi⁵⁵	ti²⁴	tʰi²⁴	tʰi³¹	ti³¹	ti³¹
巨鹿	ɕi²¹	i²¹	mi⁵⁵	ti³³	tʰi³³	tʰi²¹	ti²¹	ti²¹
邢台	ʂʅ³¹	i³¹	mi⁵⁵	ti³⁴	tʰi³⁴	tʰi³¹	ti³¹	ti³¹
馆陶	ʂʅ²¹³	i²¹³	mi⁴⁴	ti²⁴	tʰi²⁴	tʰi²¹³	ti²¹³	ti²¹³
沧县	ʂʅ⁴¹	i⁴¹	mi⁵⁵	ti²³	tʰi²³	tʰi⁴¹	ti⁴¹	ti⁴¹
献县	ʂʅ³¹	i³¹	mi²¹⁴	ti³³	tʰi³³	tʰi³¹	ti³¹	ti³¹
平泉	ʂʅ⁵¹	i⁵¹	mi²¹⁴	ti⁵⁵	tʰi⁵⁵	tʰi⁵¹	ti⁵¹	ti⁵¹
滦平	ʂʅ⁵¹	i⁵¹	mi²¹⁴	ti⁵⁵	tʰi⁵⁵	tʰi⁵¹	ti⁵¹	ti⁵¹
廊坊	ʂʅ⁵¹	i⁵¹	mi²¹⁴	ti⁵⁵	tʰi⁵⁵	tʰi⁵¹	ti⁵¹	ti⁵¹

（续表）

	0153 世	0154 艺	0155 米	0156 低	0157 梯	0158 剃	0159 弟	0160 递
	蟹开三去祭书	蟹开三去祭疑	蟹开四上齐明	蟹开四平齐端	蟹开四平齐透	蟹开四去齐透	蟹开四上齐定	蟹开四去齐定
魏县	ʂʅ³¹²	i³¹²	mi⁵⁵	ti³³	tʰi³³	tʰi³¹²	ti³¹²	ti³¹²
张北	ʂʅ²¹³	i²¹³	mi⁵⁵	ti⁴²	tʰi⁴²	tʰi²¹³	ti²¹³	ti²¹³
万全	ʂʅ²¹³	i²¹³	mi⁵⁵	ti⁴¹	tʰi⁴¹	tʰi²¹³	ti²¹³	ti²¹³
涿鹿	ʂʅ³¹	i³¹	mi⁴⁵	ti⁴⁴	tʰi⁴²	tʰi³¹	ti³¹	ti³¹
平山	ʂʅ⁴²	i⁴²	mi⁵⁵	ti³¹	tʰi³¹	tʰi⁴²	ti⁴²	ti⁴²
鹿泉	ʂʅ³¹²	i³¹²	mi³⁵	ti⁵⁵	tʰi⁵⁵	tʰi³¹²	ti³¹²	ti³¹²
赞皇	ʂʅ³¹²	i³¹²	mi⁴⁵	ti⁵⁴	tʰi⁵⁴	tʰi³¹²	ti³¹²	ti³¹²
沙河	ʂʅ²¹	i²¹	mi³³	ti⁴¹	tʰi⁴¹	tʰi²¹	ti²¹	ti²¹
邯郸	ʂʅ²¹³	i²¹³	mi⁵⁵	ti³¹	tʰi³¹	tʰi²¹³	ti²¹³	ti²¹³
涉县	ʂʅ⁵⁵	i⁵⁵	mi⁵³	ti⁴¹	tʰi⁴¹	tʰi⁵⁵	ti⁵⁵	ti⁵⁵

---

① ~给我。
② 快~。

	0161 泥 蟹开四平齐泥	0162 犁 蟹开四平齐来	0163 西 蟹开四平齐心	0164 洗 蟹开四上齐心	0165 鸡 蟹开四平齐见	0166 溪 蟹开四平齐溪	0167 契 蟹开四去齐溪	0168 系联~ 蟹开四去齐匣
兴隆	ȵi⁵⁵	li⁵⁵	ɕi³⁵	ɕi²¹³	tɕi³⁵	ɕi³⁵	tɕʰi²¹³又 tɕʰi⁵¹又	ɕi⁵¹
北戴河	ȵi³⁵	li³⁵	ɕi⁴⁴	ɕi²¹⁴	tɕi⁴⁴	ɕi⁴⁴	tɕʰi⁵¹	ɕi⁵¹
昌黎	ȵi²⁴	li²⁴	ɕi⁴²	ɕi²¹³	tɕi⁴²	ɕi⁴²	tɕʰi⁴⁵³	ɕi⁴⁵³
乐亭	ni²¹²	li²¹²	ɕi³¹	ɕi³⁴	tɕi³¹	ɕi³¹	tɕʰi⁵²	ɕi⁵²
蔚县	ȵi⁴¹	li⁴¹	ɕi⁵³	ɕi⁴⁴	tɕi⁵³	ɕi⁵³	tɕʰi³¹²	ɕi³¹²
涞水	ȵi⁴⁵	li⁴⁵	ɕi³¹	ɕi²⁴	tɕi³¹	ɕi³¹	tɕʰi³¹⁴	ɕi³¹⁴
霸州	ȵi⁵³	li⁵³	ɕi⁴⁵	ɕi²¹⁴	tɕi⁴⁵	ɕi⁴⁵	tɕʰi⁴¹	ɕi⁴¹
容城	ni³⁵	li³⁵	ɕi⁴³	ɕi²¹³	tɕi⁴³	ɕi⁴³	tɕʰi⁵¹³	ɕi⁵¹³
雄县	ȵi⁵³	li⁵³	ɕi⁴⁵	ɕi²¹⁴	tɕi⁴⁵	ɕi⁴⁵	tɕʰi⁴¹	ɕi⁴¹
安新	ni³¹	li³¹	ɕi⁴⁵	ɕi²¹⁴	tɕi⁴⁵	ɕi⁴⁵	tɕʰi⁵¹	ɕi⁵¹
满城	ȵi²²	li²²	ɕi⁴⁵	ɕi²¹³	tɕi⁴⁵	ɕi⁴⁵	tɕʰi⁵¹²	ɕi⁵¹²
阜平	ȵi²⁴	li²⁴	ɕi³¹	ɕi⁵⁵	tɕi³¹	ɕi³¹	tɕʰi⁵³	ɕi⁵³
定州	ȵi²¹³	li²¹³	si³³	si²⁴	tɕi³³	ɕi³³①	tɕʰi⁵¹	ɕi⁵¹
无极	ȵi²¹³	li²¹³	si³¹	si³⁵	tɕi³¹		tɕʰi⁵¹	ɕi⁴⁵¹
辛集	ȵi³⁵⁴	li³⁵⁴	si³³	si³²⁴	tɕi³³	ɕi³³	tɕʰi⁴¹	ɕi⁴¹
衡水	ȵi⁵³	li⁵³	ɕi²⁴	ɕi⁵⁵	tɕi²⁴	ɕi²⁴	tɕʰi³¹	ɕi³¹
故城	ȵi⁵³	li⁵³	ɕi²⁴	ɕi⁵⁵	tɕi²⁴	ɕi²⁴	tɕʰi³¹	ɕi³¹
巨鹿	ȵi⁴¹	li⁴¹	ɕi³³	ɕi⁵⁵	tɕi³³	ɕi³³	tɕʰi²¹	ɕi²¹
邢台	ni⁵³	li⁵³	si³⁴	si⁵⁵	tɕi³⁴	ɕi³⁴	tɕʰi²¹	ɕi²¹
馆陶	ȵi⁵²	li⁵²	si²⁴	si⁴⁴	tɕi²⁴	ɕi²⁴	tɕʰi²¹³	ɕi²¹³
沧县	ȵi⁵³	li⁵³	ɕi²³	ɕi⁵⁵	tɕi²³	ɕi²³	tɕʰi⁴¹	ɕi⁴¹
献县	ȵi⁵³	li⁵³	ɕi³³	ɕi²¹⁴	tɕi³³	ɕi³³	tɕʰi³¹	ɕi³¹
平泉	ni³⁵	li³⁵	ɕi⁵⁵	ɕi²¹⁴	tɕi⁵⁵	ɕi⁵⁵	tɕʰi⁵¹	ɕi⁵¹
滦平	ȵi³⁵	li³⁵	ɕi⁵⁵	ɕi²¹⁴	tɕi⁵⁵	ɕi⁵⁵	tɕʰi⁵¹	ɕi⁵¹
廊坊	ȵi³⁵	li³⁵	ɕi⁵⁵	ɕi²¹⁴	tɕi⁵⁵	ɕi⁵⁵	tɕʰi⁵¹	ɕi⁵¹

(续表)

	0161 泥	0162 犁	0163 西	0164 洗	0165 鸡	0166 溪	0167 契	0168 系联~
	蟹开四平齐泥	蟹开四平齐来	蟹开四平齐心	蟹开四上齐心	蟹开四平齐见	蟹开四平齐溪	蟹开四去齐溪	蟹开四去齐匣
魏县	ȵi^{53}	li^{53}	ɕi^{33}	ɕi^{55}	tɕi^{33}	ɕi^{33}	tɕʰi^{312}	ɕi^{312}
张北	ȵi^{42}	li^{42}	ɕi^{42}	ɕi^{55}	tɕi^{42}	ɕi^{42}	tɕʰi^{213}	ɕi^{213}
万全	ȵi^{41}	li^{41}	ɕi^{41}	ɕi^{55}	tɕi^{41}	ɕi^{41}	tɕʰi^{213}	ɕi^{213}
涿鹿	ȵi^{42}	lei^{42}	ɕi^{44}	ɕi^{45}	tɕi^{44}	ɕi^{44}	tɕʰi^{31}	ɕi^{31}
平山	ȵi^{31}	li^{31}	si^{31}	si^{55}	tɕi^{31}	ɕi^{31}	tɕʰi^{42}	ɕi^{31}
鹿泉	ȵi^{55}	li^{55}	si^{55}	si^{35}	tɕi^{55}	ɕi^{55}	tɕʰi^{312}	ɕi^{312}
赞皇	ȵi^{54}	li^{54}	si^{54}	si^{45}	tɕi^{54}	ɕi^{54}	tɕʰi^{312}	ɕi^{312}
沙河	ni^{51}	li^{51}	si^{41}	si^{33}	tɕi^{41}		tɕʰi^{21}	ɕi^{21}
邯郸	ni^{53}	li^{53}	si^{31}	si^{55}	tɕi^{31}	ɕi^{31}	tɕʰi^{31}	ɕi^{213}
涉县	ȵi^{412}	li^{412}	ɕi^{41}	ɕi^{53}	tɕi^{41}	ɕi^{41}	tɕʰi^{55}	ɕi^{55}

① 一般不说。

	0169 杯	0170 配	0171 赔	0172 背~诵	0173 煤	0174 妹	0175 对	0176 雷
	蟹合一平灰帮	蟹合一去灰滂	蟹合一平灰並	蟹合一去灰並	蟹合一平灰明	蟹合一去灰明	蟹合一去灰端	蟹合一平灰来
兴隆	pei³⁵	pʰei⁵¹	pʰei⁵⁵	pei⁵¹	mei⁵⁵	mei⁵¹	tuei⁵¹	lei⁵⁵
北戴河	pei⁴⁴	pʰei⁵¹	pʰei³⁵	pei⁵¹	mei³⁵	mei⁵¹	tuei⁵¹	lei³⁵
昌黎	pei⁴²	pʰei⁴⁵³	pʰei²⁴	pei²⁴① pei⁴⁵³②	mei²⁴	mei²⁴③ mei⁴⁵³④	tuei⁴⁵³	lei²⁴
乐亭	pei³¹	pʰei⁵²	pʰei²¹²	pei⁵²	mei²¹²	mei⁵²	tuei⁵²	lei²¹²
蔚县	pei⁵³	pʰei³¹²	pʰei⁴¹	pei³¹²	mei⁴¹	mei³¹²	tuei³¹²	lei⁴¹
涞水	pei³¹	pʰei³¹⁴	pʰei⁴⁵	pei³¹⁴	mei⁴⁵	mei³¹⁴	tuei³¹⁴	lei⁴⁵
霸州	pei⁴⁵	pʰei⁴¹	pʰei⁵³	pei⁴¹	mei⁵³	mei⁴¹	tuei⁴¹	lei⁵³
容城	pei⁴³	pʰei⁵¹³	pʰei³⁵	pei⁵¹³	mei³⁵	mei⁵¹³	tuei⁵¹³	lei³⁵
雄县	pei⁴⁵	pʰei⁴¹	pʰei⁵³	pei⁴¹	mei⁵³	mei⁴¹	tuei⁴¹	lei⁵³
安新	pei⁴⁵	pʰei⁵¹	pʰei³¹	pei⁵¹	mei³¹	mei⁵¹	tuei⁵¹	lei³¹
满城	pei⁴⁵	pʰei⁵¹²	pʰei²²	pei⁵¹²	mei²²	mei⁵¹²	tei⁵¹²	lei²²
阜平	pei³¹	pʰei⁵³	pʰei²⁴	pei⁵³	mei²⁴	mei⁵³	tei⁵³ 白 tuei⁵³ 文	lei²⁴
定州	pei³³	pʰei⁵¹	pʰei²¹³	pei⁵¹	mei²¹³	mei⁵¹	tei⁵¹ 白 tuei⁵¹ 文	lei²¹³
无极	pəi³¹	pʰəi⁵¹	pʰəi²¹³	pəi⁴⁵¹	məi²¹³	məi⁵¹	təi⁴⁵¹	ləi²¹³
辛集	pei³³	pʰei⁴¹	pʰei³⁵⁴	pei⁴¹	mei³⁵⁴	mei⁴¹	tei⁴¹	lei³⁵⁴
衡水	pei²⁴	pʰei³¹	pʰei⁵³	pei³¹	mei⁵³	mei³¹	tuei³¹	luei⁵³
故城	pei²⁴	pʰei³¹	pʰei⁵³	pei³¹	mei⁵³	mei³¹	tuei³¹	lei⁵³
巨鹿	pei³³	pʰei²¹	pʰei⁴¹	pei²¹	mei⁴¹	mei²¹	tuei²¹	luei⁴¹
邢台	pei³⁴	pʰei²¹	pʰei⁵³	pei³¹	mei⁵³	mei³¹	tuei³¹	lei⁵³
馆陶	pei²⁴	pʰei²¹³	pʰei⁵²	pei²¹³	mei⁵²	mei²¹³	tei²¹³ 白 tuei²¹³ 文	luei⁵² 白 lei⁵² 文
沧县	pei²³	pʰei⁴¹	pʰei⁵³	pei⁴¹	mei⁵³	mei⁴¹	tuei⁴¹	lei⁵³
献县	pei³³	pʰei³¹	pʰei⁵³	pei³¹	mei⁵³	mei³¹	tuei³¹	lei⁵³
平泉	pei⁵⁵	pʰei⁵¹	pʰei³⁵	pei⁵¹	mei³⁵	mei⁵¹	tuei⁵¹	lei³⁵

(续表)

	0169 杯	0170 配	0171 赔	0172 背~诵	0173 煤	0174 妹	0175 对	0176 雷
	蟹合一平灰帮	蟹合一去灰滂	蟹合一平灰並	蟹合一去灰並	蟹合一平灰明	蟹合一去灰明	蟹合一去灰端	蟹合一平灰来
滦平	pei^{55}	pʰei^{51}	pʰei^{35}	pei^{51}	mei^{35}	mei^{51}	tuei^{51}	lei^{35}
廊坊	pei^{55}	pʰei^{51}	pʰei^{35}	pei^{51}	mei^{35}	mei^{51}	tuei^{51}	lei^{35}
魏县	pəi^{33}	pʰəi^{312}	pʰəi^{53}	pəi^{312}	məi^{53}	məi^{312}	tuəi^{312}	luəi^{53}
张北	pei^{42}	pʰei^{213}	pʰei^{42}	pei^{213}	mei^{42}	mei^{213}	tuei^{213}	lei^{42}
万全	pei^{41}	pʰei^{213}	pʰei^{41}	pei^{213}	mei^{41}	mei^{213}	tuei^{213}	lei^{41}
涿鹿	pei^{44}	pʰei^{31}	pʰei^{44}	pei^{31}	mei^{42}	mei^{31}	tuei^{31}	lei^{42}
平山	pæi^{31}	pʰæi^{42}	pʰæi^{31}	pæi^{42}	mæi^{31}	mæi^{42}	tæi^{42}	læi^{31}
鹿泉	pei^{55}	pʰei^{312}	pʰei^{55}	pei^{312}	mei^{55}	mei^{312}	tei^{312}	lei^{55}
赞皇	pei^{54}	pʰei^{312}	pʰei^{54}	pei^{312}	mən^{54}	mei^{312}	tuei^{312}	lei^{54}
沙河	pei^{41}	pʰei^{21}	pʰei^{51}	pei^{21}	mei^{51}	mei^{21}	tuei^{21}	luei^{51}
邯郸	pəi^{31}	pʰəi^{213}	pʰəi^{53}	pəi^{213}	məi^{53}	məi^{213}	tuəi^{213}	luəi^{53}
涉县	pəi^{41}	pʰəi^{55}	pʰəi^{412}	pəi^{55}	məi^{412}	məi^{55}	tuəi^{55}	luəi^{412}

---

① ~咧、~下来。
② ~课文。
③ ~子。
④ 表~、小~、~夫。

	0177 罪	0178 碎	0179 灰	0180 回	0181 外	0182 会开~	0183 怪	0184 块
	蟹合一上灰从	蟹合一去灰心	蟹合一平灰晓	蟹合一平灰匣	蟹合一去泰疑	蟹合一去泰匣	蟹合二去皆见	蟹合一去皆溪
兴隆	tsuei^{51}	suei^{51}	xuei^{35}	xuei^{55}	uai^{51}	xuei^{51}	kuai^{51}	kʰuai^{51}
北戴河	tʃuei^{44}	ʃuei^{51}	xuei^{44}	xuei^{35}	uai^{51}	xuei^{51}	kuai^{51}	kʰuai^{51}
昌黎	tsuei^{24}① tsuei^{453}②	suei^{453}	xuei^{42}	xuei^{24}	uai^{24}③ uai^{453}④	xuei^{24}⑤ xuei^{453}⑥	kuai^{453}	kʰuai^{453}
乐亭	tsuei^{52}	suei^{52}	xuei^{31}	xuei^{212}	uai^{52}	xuei^{52}	kuai^{52}	kʰuai^{52}
蔚县	tsuei^{312}	suei^{312}	xuei^{53}	xuei^{41}	vei^{312}	xuei^{312}	kuei^{312}	kʰuɛi^{312}
涞水	tsuei^{314}	suei^{314}	xuei^{31}	xuei^{45}	uai^{314}	xuei^{314}	kuai^{314}	kʰuai^{314}
霸州	tsuei^{41}	suei^{41}	xuei^{45}	xuei^{53}	uai^{41}	xuei^{41}	kuai^{41}	kʰuai^{41}
容城	tsuei^{513}	suei^{513}	xuei^{43}	xuei^{35}	uai^{513}	xuei^{513}	kuai^{513}	kʰuai^{513}
雄县	tsuei^{41}	suei^{41}	xuei^{45}	xuei^{53}	uai^{41}	xuei^{41}	kuai^{41}	kʰuai^{41}
安新	tsuei^{51}	suei^{51}	xuei^{45}	xuei^{31}	uai^{51}	xuei^{51}	kuai^{51}	kʰuai^{51}
满城	tsuei^{512}	suei^{512}	xuei^{45}	xuei^{22}	uai^{512}	xuei^{512}	kuai^{512}	kʰuai^{512}
阜平	tsei^{53}	suei^{53}	xuei^{31}	xuei^{24}	uæ^{53}	xuei^{53}	kuæ^{53}	kʰuæ^{53}
定州	tsuei^{51}	suei^{51}	xuei^{33}	xuei^{213}	uai^{51}	xuei^{51}	kuai^{51}	kʰuai^{51}
无极	tsuəi^{451}	suəi^{51}	xuəi^{31}	xuəi^{213}	uæ^{51}	xuəi^{451}	kuæ^{451}	kʰuæ^{51}
辛集	tsuei^{41}	suei^{41}	xuei^{33}	xuei^{354}	uai^{41}	xuei^{41}	kuai^{41}	kʰuai^{41}
衡水	tsuei^{31}	suei^{31}	xuei^{24}	xuei^{53}	vɑi^{31}	xuei^{31}	kuɑi^{31}	kʰuɑi^{31}
故城	tsuei^{31}	suei^{31}	xuei^{24}	xuei^{53}	væ^{31}	xuei^{31}	kuæ^{31}	kʰuæ^{31}
巨鹿	tsuei^{21}	suei^{21}	xuei^{33}	xuei^{41}	uai^{21}	xuei^{21}	kuai^{21}	kʰuai^{21}
邢台	tsuei^{31}	suei^{31}	xuei^{34}	xuei^{53}	vai^{31}	xuei^{31}	kuai^{31}	kʰuai^{31}
馆陶	tsuei^{213}	suei^{213}	xuei^{24}	xuei^{52}	uai^{213}	xuei^{213}	kuai^{213}	kʰuai^{213}
沧县	tsuei^{41}	suei^{41}	xuei^{23}	xuei^{53}	uai^{41}	xuei^{41}	kuai^{41}	kʰuai^{41}
献县	tsuei^{31}	suei^{31}	xuei^{33}	xuei^{53}	uɛ^{31}	xuei^{31}	kuɛ^{31}	kʰuɛ^{31}
平泉	tsuei^{51}	suei^{51}	xuei^{55}	xuei^{35}	uai^{51}	xuei^{51}	kuai^{51}	kʰuai^{51}
滦平	tsuei^{51}	suei^{51}	xuei^{55}	xuei^{35}	uai^{51}	xuei^{51}	kuai^{51}	kʰuai^{51}
廊坊	tsuei^{51}	suei^{51}	xuei^{55}	xuei^{35}	uai^{51}	xuei^{51}	kuai^{51}	kʰuai^{51}

(续表)

	0177 罪	0178 碎	0179 灰	0180 回	0181 外	0182 会开~	0183 怪	0184 块
	蟹合一上灰从	蟹合一去灰心	蟹合一平灰晓	蟹合一平灰匣	蟹合一去泰疑	蟹合一去泰匣	蟹合二去皆见	蟹合一去皆溪
魏县	tʂuəi³¹²	ʂuəi³¹²	xuəi³³	xuəi⁵³	uai³¹²	xuəi³¹²	kuai³¹²	kʰuai³¹²
张北	tsuei²¹³	suei²¹³	xuei⁴²	xuei⁴²	vai²¹³	xuei²¹³	kuai²¹³	kʰuai²¹³
万全	tsuei²¹³	suei²¹³	xuei⁴¹	xuei⁴¹	vɛi²¹³	xuei²¹³	kuɛi²¹³	kʰuɛi²¹³
涿鹿	tsuei³¹	suei³¹	xuei⁴⁴	xuei⁴²	uɛ³¹	xuei³¹	kuɛ³¹	kʰuɛ³¹
平山	tsæi⁴²	sæi⁴²	xuæi³¹	xuæi³¹	uɛ⁴²	xuæi⁴²	kuɛ⁴²	kʰuɛ⁴²
鹿泉	tsuei³¹²	suei³¹²	xuei⁵⁵	xuei⁵⁵	uɛ³¹²	xuei³¹²	kuɛ³¹²	kʰuɛ³¹²
赞皇	tsuei³¹²	suei³¹²	xuei⁵⁴	xuei⁵⁴	uɛ³¹²	xuei³¹²	kuɛ³¹²	kʰuɛ³¹²
沙河	tsuei²¹	suei²¹	xuei⁴¹	xuei⁵¹	uai²¹	xuei²¹	kuai²¹	kʰuai²¹
邯郸	tsuəi²¹³	suəi²¹³	xuəi³¹	xuəi⁵³	vai²¹³	xuəi²¹³	kuai²¹³	kʰuai²¹³
涉县	tsuəi⁵⁵	suəi⁵⁵	xuəi⁴¹	xuəi⁴¹	vai⁵⁵	xuəi⁵⁵	kuai⁵⁵	kʰuai⁵⁵

---

① 受~。
② 犯~。
③ ~头、~孙。
④ 国~、城~。
⑤ 开~。
⑥ ~场。

	0185 怀	0186 坏	0187 拐	0188 挂	0189 歪	0190 画	0191 快	0192 话
	蟹合二平皆匣	蟹合二去皆匣	蟹合二上佳见	蟹合二去佳见	蟹合二平佳晓	蟹合二去佳匣	蟹合二去夬溪	蟹合二去夬匣
兴隆	xuai^{55}	xuai^{51}	kuai^{213}	kuɑ^{51}	uai^{35}	xuɑ^{51}	k^{h}uai^{51}	xuɑ^{51}
北戴河	xuai^{35}	xuai^{51}	kuai^{214}	kuɑ^{51}	uai^{44}	xuɑ^{51}	k^{h}uai^{51}	xuɑ^{51}
昌黎	xuai^{24}	xuai^{24}① xuai^{453}②	kuai^{213}	kuɑ^{453}	uai^{42}	xuɑ^{24}③ xuɑ^{453}④	k^{h}uai^{453}	xuɑ^{24}⑤ xuɑ^{453}⑥
乐亭	xuai^{212}	xuai^{52}	kuai^{34}	kuɑ^{52}	uai^{31}	xuɑ^{52}	k^{h}uai^{52}	xuɑ^{52}
蔚县	xuɛi^{41}	xuɛi^{312}	kuei^{44}	kuɑ^{312}	vei^{53}	xuɑ^{312}	k^{h}uei^{312}	xuɑ^{312}
涞水	xuai^{45}	xuai^{314}	kuai^{24}	kuɑ^{314}	uai^{31}	xuɑ^{314}	k^{h}uai^{314}	xuɑ^{314}
霸州	xuai^{53}	xuai^{41}	kuai^{214}	kuɑ^{41}	uai^{45}	xuɑ^{41}	k^{h}uai^{41}	xuɑ^{41}
容城	xuai^{35}	xuai^{513}	kuai^{213}	kuɑ^{513}	uai^{43}	xuɑ^{513}	k^{h}uai^{513}	xuɑ^{513}
雄县	xuai^{53}	xuai^{41}	kuai^{214}	kuɑ^{41}	uai^{45}	xuɑ^{41}	k^{h}uai^{41}	xuɑ^{41}
安新	xuai^{31}	xuai^{51}	kuai^{214}	kuɑ^{51}	uai^{45}	xuɑ^{51}	k^{h}uai^{51}	xuɑ^{51}
满城	xuai^{22}	xuai^{512}	kuai^{213}	kuɑ^{512}	uai^{45}	xuɑ^{512}	k^{h}uai^{512}	xuɑ^{512}
阜平	xuæ^{24}	xuæ^{53}	kuæ^{55}	kuɑ^{53}	uæ^{31}	xuɑ^{53}	k^{h}uæ^{53}	xuɑ^{53}
定州	xuai^{213}	xuai^{51}	kuai^{24}	kuɑ^{51}	uai^{33}	xuɑ^{51}	k^{h}uai^{51}	xuɑ^{51}
无极	xuæ^{213}	xuæ^{451}	kuæ^{35}	kuɑ^{451}	uæ^{31}	xuɑ^{451}	k^{h}uæ^{51}	xuɑ^{51}
辛集	xuai^{354}	xuai^{41}	kuai^{324}	kɑ^{41}	uai^{33}	xɑ^{41}	k^{h}uai^{41}	xɑ^{41}
衡水	xuɑi^{53}	xuɑi^{31}	kuɑi^{55}	kuɑ^{31}	vɑi^{24}	xuɑ^{31}	k^{h}uɑi^{31}	xuɑ^{31}
故城	xuæ^{53}	xuæ^{31}	kuæ^{55}	kuɑ^{31}	væ^{24}	xuɑ^{31}	k^{h}uæ^{31}	xuɑ^{31}
巨鹿	xuai^{41}	xuai^{21}	kuai^{55}	kuɑ^{21}	uai^{33}	xuɑ^{21}	k^{h}uai^{21}	xuɑ^{21}
邢台	xuai^{53}	xuai^{31}	kuai^{55}	kuɑ^{31}	vai^{34}	xuɑ^{31}	k^{h}uai^{31}	xuɑ^{31}
馆陶	xuai^{52}	xuai^{213}	kuai^{44}	kuɑ^{213}	uai^{24}	xuɑ^{213}	k^{h}uai^{213}	xuɑ^{213}
沧县	xuai^{53}	xuai^{41}	kuai^{55}	kuɑ^{41}	uai^{23}	xuɑ^{41}	k^{h}uai^{41}	xuɑ^{41}
献县	xuɛ^{53}	xuɛ^{31}	kuɛ^{214}	kuɑ^{31}	uɛ^{33}	xuɑ^{31}	k^{h}uɛ^{31}	xuɑ^{31}
平泉	xuai^{35}	xuai^{51}	kuai^{214}	kuɑ^{51}	uai^{55}	xuɑ^{51}	k^{h}uai^{51}	xuɑ^{51}
滦平	xuai^{35}	xuai^{51}	kuai^{214}	kuɑ^{51}	uai^{55}	xuɑ^{51}	k^{h}uai^{51}	xuɑ^{51}
廊坊	xuai^{35}	xuai^{51}	kuai^{214}	kuɑ^{51}	uai^{55}	xuɑ^{51}	k^{h}uai^{51}	xuɑ^{51}

（续表）

	0185 怀	0186 坏	0187 拐	0188 挂	0189 歪	0190 画	0191 快	0192 话
	蟹合二平皆匣	蟹合二去皆匣	蟹合二上佳见	蟹合二去佳见	蟹合二平佳晓	蟹合二去佳匣	蟹合二去夬溪	蟹合二去夬匣
魏县	xuai⁵³	xuai³¹²	kuai⁵⁵	kuɑ³¹²	uai³³	xuɑ³¹²	kʰuai³¹²	xuɑ³¹²
张北	xuai⁴²	xuai²¹³	kuai⁵⁵	kua²¹³	vai⁴²	xua²¹³	kʰuai²¹³	xua²¹³
万全	xuɛi⁴¹	xuɛi²¹³	kuɛi⁵⁵	kua²¹³	vɛi⁴¹	xua²¹³	kʰuɛi²¹³	xua²¹³
涿鹿	xuɛ⁴²	xuɛ³¹	kuɛ⁴⁵	kua³¹	uɛ⁴⁴	xua³¹	kʰuɛ³¹	xua³¹
平山	xuɛ³¹	xuɛ⁴²	kuɛ⁵⁵	kua⁴²	uɛ³¹	xua⁴²	kʰuɛ⁴²	xua⁴²
鹿泉	xuɛ⁵⁵	xuɛ³¹²	kuɛ³⁵	kua³¹²	uɛ⁵⁵	xua³¹²	kʰuɛ³¹²	xua³¹²
赞皇	xuɛ⁵⁴	xuɛ³¹²	kuɛ⁴⁵	kua³¹²	uɛ⁵⁴	xua³¹²	kʰuɛ³¹²	xua³¹²
沙河	xuai⁵¹	xuai²¹	kuai³³	kuɔ²¹	uai⁴¹	xuɔ²¹	kʰuai²¹	xuɔ²¹
邯郸	xuai⁵³	xuai²¹³	kuai⁵⁵	kɔ²¹³	vai³¹	xɔ²¹³	kʰuai²¹³	xɔ²¹³
涉县	xuai⁴¹²	xuai⁵⁵	kuai⁵³	kuɒ⁵⁵	vai⁴¹	xuɒ⁵⁵	kʰuai⁵⁵	xuɒ⁵⁵

---

① 忒~。
② ~人。
③ ~的是啥。
④ ~图。
⑤ 说~。
⑥ ~费。

	0193 岁	0194 卫	0195 肺	0196 桂	0197 碑	0198 皮	0199 被~子	0200 紫
	蟹合三去祭心	蟹合三去祭云	蟹合三去废敷	蟹合四去齐见	止开三平支帮	止开三平支並	止开三上支並	止开三上支精
兴隆	suei⁵¹	uei⁵¹	fei⁵¹	kuei⁵¹	pei³⁵	pʰi⁵⁵	pei⁵¹	tsɿ²¹³
北戴河	ʃuei⁵¹	uei⁵¹	fei⁵¹	kuei⁵¹	pei⁴⁴	pʰi³⁵	pei⁵¹	tʃʅ²¹⁴
昌黎	suei⁴⁵³	uei⁴⁵³	fei⁴⁵³	kuei⁴⁵³	pei⁴²	pʰi²⁴	pei²⁴	tsɿ²¹³
乐亭	suei⁵²	uei⁵²	fei⁵²	kuei⁵²	pei³¹	pʰi²¹²	pei⁵²	tsɿ³⁴
蔚县	suei³¹²	vei³¹²	fei³¹²	kuei³¹²	pei⁵³	pʰi⁴¹	pei³¹²	tsɿ⁴⁴
涞水	suei³¹⁴	uei³¹⁴	fei³¹⁴	kuei³¹⁴	pei³¹	pʰi⁴⁵	pei³¹⁴	tsɿ²⁴
霸州	suei⁴¹	uei⁴¹	fei⁴¹	kuei⁴¹	pei⁴⁵	pʰi⁵³	pei⁴¹	tsɿ²¹⁴
容城	suei⁵¹³	uei⁵¹³	fei⁵¹³	kuei⁵¹³	pei⁴³	pʰi³⁵	pei⁵¹³	tsɿ²¹³
雄县	suei⁴¹	uei⁴¹	fei⁴¹	kuei⁴¹	pei⁴⁵	pʰi⁵³	pei⁴¹	tsɿ²¹⁴
安新	suei⁵¹	uei⁵¹	fei⁵¹	kuei⁵¹	pei⁴⁵	pʰi⁵³	pei⁵¹	tsɿ²¹⁴
满城	suei⁵¹²	uei⁵¹²	fei⁵¹²	kuei⁵¹²	pei⁴⁵	pʰi²²	pei⁵¹²	tsɿ²¹³
阜平	sei⁵³	uei⁵³	fei⁵³	kuei⁵³	pei³¹	pʰi²⁴	pei⁵³	tsɿ⁵⁵
定州	suei⁵¹	uei⁵¹	fei⁵¹	kuei⁵¹	pei³³	pʰi²¹³	pei⁵¹	tsɿ²⁴
无极	suəi⁵¹	uəi³⁵	fəi⁵¹	kuəi⁵¹	pəi³¹	pʰi²¹³	pəi⁴⁵¹	tsɿ³⁵
辛集	suei⁴¹	uei⁴¹	fei⁴¹	kuei⁴¹	pei³³	pʰi³⁵⁴	pei⁴¹	tsɿ³²⁴
衡水	suei³¹	vei³¹	fei³¹	kuei³¹	pei²⁴	pʰi⁵³	pei³¹	tsɿ⁵⁵
故城	suei³¹	vei³¹	fei³¹	kuei³¹	pei²⁴	pʰi⁵³	pei³¹	tsɿ⁵⁵
巨鹿	suei²¹	uei²¹	fei²¹	kuei²¹	pei³³	pʰi⁴¹	pei²¹	tsɿ⁵⁵
邢台	suei³¹	vei³¹	fei³¹	kuei³¹	pei³⁴	pʰi⁵³	pei³¹	tsɿ⁵⁵
馆陶	suei²¹³	uei²¹³	fei²¹³	kuei²¹³	pei²⁴	pʰi⁵²	pei²¹³	tsɿ⁴⁴
沧县	suei⁴¹	uei⁴¹	fei⁴¹	kuei⁴¹	pei²³	pʰi⁵³	pei⁴¹	tsɿ⁵⁵
献县	suei³¹	uei³¹	fei³¹	kuei³¹	pei³³	pʰi⁵³	pei³¹	tsɿ²¹⁴
平泉	suei⁵¹	uei⁵¹	fei⁵¹	kuei⁵¹	pei⁵⁵	pʰi³⁵	pei⁵¹	tsɿ²¹⁴
滦平	suei⁵¹	uei⁵¹	fei⁵¹	kuei⁵¹	pei⁵⁵	pʰi³⁵	pei⁵¹	tsɿ²¹⁴
廊坊	suei⁵¹	uei⁵¹	fei⁵¹	kuei⁵¹	pei⁵⁵	pʰi³⁵	pei⁵¹	tsɿ²¹⁴
魏县	ʂuəi³¹²	uəi³¹²	fəi³¹²	kuəi³¹²	pəi³³	pʰi⁵³	pəi³¹²	tsʅ⁵⁵

(续表)

	0193 岁	0194 卫	0195 肺	0196 桂	0197 碑	0198 皮	0199 被~子	0200 紫
	蟹合三去祭心	蟹合三去祭云	蟹合三去废敷	蟹合四去齐见	止开三平支帮	止开三平支並	止开三上支並	止开三上支精
张北	suei^{213}	vei^{213}	fei^{213}	kuei^{213}	pei^{42}	p^{h}i^{42}	pei^{213}	ts$ɿ^{55}$
万全	suei^{213}	vei^{213}	fei^{213}	kuei^{213}	pei^{41}	p^{h}i^{41}	pei^{213}	ts$ɿ^{55}$
涿鹿	suei^{31}	uei^{31}	fei^{31}	kuei^{31}	pei^{44}	p^{h}i^{42}	pei^{31}	ts$ɿ^{45}$
平山	sæi^{42}	uæi^{42}	fæi^{42}	kuæi^{42}	pæi^{31}	p^{h}i^{31}	pæi^{42}	ts$ɿ^{55}$
鹿泉	suei^{312}	uei^{312}	fei^{312}	kuei^{312}	pei^{55}	p^{h}i^{55}	pei^{312}	ts$ɿ^{35}$
赞皇	suei^{312}	uei^{312}	fei^{312}	kuei^{312}	pei^{54}	p^{h}i^{54}	pei^{312}	ts$ɿ^{45}$
沙河	suei^{21}	uei^{21}	fei^{21}	kuei^{21}	pei^{41}	p^{h}i^{51}	pei^{21}	ts$ɿ^{33}$
邯郸	suəi^{213}	vəi^{213}	fəi^{213}	kuəi^{213}	pəi^{31}	p^{h}i^{53}	pəi^{213}	ts$ɿ^{55}$
涉县	suəi^{55}	vəi^{55}	fəi^{55}	kuəi^{55}	pəi^{41}	p^{h}i^{41}	pəi^{55}	ts$ɿ^{53}$

	0201 刺	0202 知	0203 池	0204 纸	0205 儿	0206 寄	0207 骑	0208 蚁
	止开三去支清	止开三平支知	止开三平支澄	止开三上支章	止开三平支日	止开三去支见	止开三平支群	止开三上支疑
兴隆	tsʰʅ⁵¹	tʂʅ³⁵	tʂʰʅ⁵⁵	tʂʅ²¹³	ər⁵⁵	tɕi⁵¹	tɕʰi⁵⁵① tɕi⁵¹②	i²¹³
北戴河	tʃʰʅ⁵¹	tʃʅ⁴⁴	tʃʰʅ³⁵	tʃʅ²¹⁴	ər³⁵	tɕi⁵¹	tɕʰi³⁵	i²¹⁴
昌黎	tsʰʅ⁴⁵³	tʂʅ⁴²	tʂʰʅ²⁴	tʂʅ²¹³	ər⁴⁵³	tɕi⁴⁵³	tɕʰi²⁴	i²¹³
乐亭	tsʰʅ⁵²	tʂʅ³¹	tʂʰʅ²¹²	tʂʅ³⁴	ər²¹²	tɕi⁵²	tɕʰi²¹²	i³⁴
蔚县	tsʰʅ³¹²	tsʅ⁵³	tsʰʅ⁴¹	tsʅ⁴⁴	ər⁴¹	tɕi³¹²	tɕʰi⁴¹	i⁴⁴
涞水	tsʰʅ³¹⁴	tʂʅ³¹	tʂʰʅ⁴⁵	tʂʅ²⁴	ər⁴⁵	tɕi³¹⁴	tɕʰy⁴⁵ 白 tɕʰi⁴⁵ 文	i²⁴
霸州	tsʰʅ⁴¹	tʂʅ⁴⁵	tʂʰʅ⁵³	tʂʅ²¹⁴	ər⁵³	tɕi⁴¹	tɕʰi⁵³	i²¹⁴
容城	tsʰʅ⁵¹³	tʂʅ⁴³	tʂʰʅ³⁵	tʂʅ²¹³	ər³⁵	tɕi⁵¹³	tɕʰi³⁵	i²¹³
雄县	tsʰʅ⁴¹	tʂʅ⁴⁵	tʂʰʅ⁵³	tʂʅ²¹⁴	ər⁵³	tɕi⁴¹	tɕʰi⁵³	i²¹⁴
安新	tsʰʅ⁵¹	tʂʅ⁴⁵	tʂʰʅ³¹	tʂʅ²¹⁴	ər³¹	tɕi⁵¹	tɕʰi³¹	i²¹⁴
满城	tsʰʅ⁵¹²	tʂʅ⁴⁵	tʂʰʅ²²	tʂʅ²¹³	ər²²	tɕi⁵¹²	tɕʰi²²	i²¹³
阜平	tsʰʅ⁵³	tʂʅ³¹	tʂʰʅ²⁴	tʂʅ⁵⁵	ər²⁴	tɕi⁵³	tɕʰi²⁴	i⁵⁵
定州	tsʰʅ⁵¹	tʂʅ³³	tʂʰʅ²¹³	tʂʅ²⁴	ər²⁴	tɕi⁵¹	tɕʰi²¹³	i³³
无极	tsʰʅ⁵¹	tʂʅ³¹	tʂʰʅ²¹³	tʂʅ³⁵	ər²¹³	tɕi⁵¹	tɕʰi²¹³	
辛集	tsʰʅ⁴¹	tʂʅ³⁵⁴	tʂʰʅ³⁵⁴	tʂʅ³²⁴	lə³⁵⁴	tɕi⁴¹	tɕʰi³⁵⁴	i³²⁴
衡水	tsʰʅ³¹	tɕi²⁴ 旧 tsʅ²⁴ 新	tɕʰi⁵³ 旧 tsʰʅ⁵³ 新	tsʅ⁵⁵	l̩⁵³ 旧 ər⁵³ 新	tɕi³¹	tɕʰi⁵³	i⁵⁵
故城	tsʰʅ³¹	tʂʅ²⁴	tʂʰʅ⁵³	tʂʅ⁵⁵	ər⁵³	tɕi²⁴	tɕʰi⁵³	i⁵⁵
巨鹿	tsʰʅ²¹	tɕi³³	tɕʰi⁴¹	tʂʅ⁵⁵	əl̩⁴¹	tɕi²¹	tɕʰi⁴¹	i²¹
邢台	tsʰʅ³¹	tʂʅ³⁴	tʂʰʅ⁵³	tʂʅ⁵⁵	ər⁵³	tɕi³¹	tɕʰi⁵³	i⁵⁵
馆陶	tsʰʅ²¹³	tʂʅ²⁴	tʂʰʅ⁵²	tʂʅ⁴⁴	ər⁵²	tɕi²¹³	tɕʰi⁵²	i⁴⁴
沧县	tsʰʅ⁴¹	tʂʅ²³	tʂʰʅ⁵³	tʂʅ⁵⁵	ər⁵³	tɕi²³	tɕʰi⁵³	i⁵⁵
献县	tsʰʅ³¹	tʂʅ³³	tʂʰʅ⁵³	tʂʅ²¹⁴	əz̩⁵³	tɕi³¹	tɕʰi⁵³	i²¹⁴
平泉	tsʰʅ⁵¹	tʂʅ⁵⁵	tʂʰʅ³⁵	tʂʅ²¹⁴	ər³⁵	tɕi⁵¹	tɕʰi³⁵	i²¹⁴

（续表）

	0201 刺	0202 知	0203 池	0204 纸	0205 儿	0206 寄	0207 骑	0208 蚁
	止开三 去支清	止开三 平支知	止开三 平支澄	止开三 上支章	止开三 平支日	止开三 去支见	止开三 平支群	止开三 上支疑
滦平	tsʰɿ⁵¹	tʂʅ⁵⁵	tʂʰʅ³⁵	tʂʅ²¹⁴	ər³⁵	tɕi⁵¹	tɕʰi³⁵③ tɕi⁵¹④	i²¹⁴
廊坊	tsʰɿ⁵¹	tʂʅ⁵⁵	tʂʰʅ³⁵	tʂʅ²¹⁴	ər³⁵	tɕi⁵¹	tɕʰi³⁵	i²¹⁴
魏县	tsʰɿ³¹²	tʂʅ³³	tʂʰʅ⁵³	tʂʅ⁵⁵	əɻ⁵³	tɕi³¹²	tɕʰi⁵³	i³¹²
张北	tsʰɿ²¹³	tʂʅ⁴²	tʂʰʅ⁴²	tʂʅ⁵⁵	ər⁴²	tɕi²¹³	tɕʰi⁴²	i⁵⁵
万全	tsʰɿ²¹³	tʂʅ⁴¹	tʂʰʅ⁴¹	tʂʅ⁵⁵	ər⁴¹	tɕi²¹³	tɕʰi⁴¹	i²¹³
涿鹿	tsʰɿ³¹	tʂʅ⁴⁴	tʂʰʅ⁴⁴	tʂʅ⁴⁵	ər⁴²	tɕi³¹	tɕʰi⁴²	i⁴⁵
平山	tsʰɿ⁴²	tʂʅ⁵⁵	tʂʰʅ³¹	tʂʅ⁵⁵	ər³¹	tɕi²⁴	tɕʰi³¹	i³¹
鹿泉	tsʰɿ³¹²	tʂʅ³⁵	tʂʰʅ⁵⁵	tʂʅ³⁵	ər⁵⁵	tɕi³¹²	tɕʰi⁵⁵	i³¹²
赞皇	tsʰɿ³¹²	tʂʅ⁵⁴	tʂʰʅ⁵⁴	tʂʅ⁴⁵	ər⁵⁴	tɕi³¹²	tɕʰi⁵⁴	i⁴⁵
沙河	tsʰɿ²¹	tʂʅ⁴¹	tʂʰʅ⁵¹	tʂʅ³³	ɭ⁵¹	tɕi²¹	tɕʰi⁵¹	
邯郸	tsʰɿ²¹³	tʂʅ³¹	tʂʰʅ⁵³	tʂʅ⁵⁵	ɭ⁵³	tɕi²¹³	tɕʰi⁵³	i²¹³
涉县	tsʰɿ⁵⁵	tʂʅ⁴¹	tʂʰʅ⁴¹²	tʂʅ⁵³	ɭ⁴¹	tɕi⁵⁵	tɕʰi⁴¹	i⁴¹²

① ~马。
② 车~。
③ ~马。
④ 车~。

		0209 义	0210 戏	0211 移	0212 比	0213 屁	0214 鼻	0215 眉	0216 地
		止开三去支疑	止开三去支晓	止开三平支以	止开三上脂帮	止开三去脂滂	止开三去脂並	止开三平脂明	止开三去脂定
兴隆		i⁵¹	ɕi⁵¹	i⁵⁵	pi²¹³	pʰi⁵¹	pi⁵⁵	mei⁵⁵	ti⁵¹
北戴河		i⁵¹	ɕi⁵¹	i³⁵	pi²¹⁴	pʰi⁵¹	pi³⁵	mei³⁵	ti⁵¹
昌黎		i⁴⁵³	ɕi⁴⁵³	i²⁴	pi²¹³	pʰi⁴⁵³	pi²⁴	mei²⁴	ti²⁴① / ti⁴⁵³②
乐亭		i⁵²	ɕi⁵²	i²¹²	pi³⁴	pʰi⁵²	pi²¹²	mei²¹²	ti⁵²
蔚县		i³¹²	ɕi³¹²	i⁴¹	pi⁴⁴	pʰi³¹²	pi⁴¹	mi⁴¹	ti³¹²
涞水		i³¹⁴	ɕi³¹⁴	i⁴⁵	pi²⁴	pʰi³¹⁴	pi⁴⁵	mei⁴⁵	ti³¹⁴
霸州		i⁴¹	ɕi⁴¹	i⁵³	pi²¹⁴	pʰi⁴¹	pi⁵³	mei⁵³	ti⁴¹
容城		i⁵¹³	ɕi⁵¹³	i³⁵	pi²¹³	pʰi⁵¹³	pi³⁵	mei³⁵	ti⁵¹³
雄县		i⁴¹	ɕi⁴¹	i⁵³	pi²¹⁴	pʰi⁴¹	pi⁵³	mei⁵³	ti⁴¹
安新		i⁵¹	ɕi⁵¹	i³¹	pi²¹⁴	pʰi⁵¹	pi³¹	mei³¹	ti⁵¹
满城		i⁵¹²	ɕi⁵¹²	i²²	pi²¹³	pʰi⁵¹²	pi²²	mei²²	ti⁵¹²
阜平		i⁵³	ɕi⁵³	i²⁴	pi⁵⁵	pʰi⁵³	pi²⁴	mei²⁴	ti⁵³
定州		i⁵¹	ɕi⁵¹	i²¹³	pi²⁴	pʰi⁵¹	pi²¹³	mei²⁴	ti⁵¹
无极		i⁵¹	ɕi⁵¹	i²¹³	pi³⁵	pʰi⁵¹	pi²¹³	məi²¹³	ti⁴⁵¹
辛集		i⁴¹	ɕi⁴¹	i³⁵⁴	pi³²⁴	pʰi⁴¹	pi³⁵⁴	mei³⁵⁴	ti⁴¹
衡水		i³¹	ɕi³¹	i⁵³	pi⁵⁵	pʰi³¹	pi⁵³	mei⁵³	ti³¹
故城		i³¹	ɕi³¹	i⁵³	pi⁵⁵	pʰi³¹	pi⁵³	mei⁵³	ti³¹
巨鹿		i²¹	ɕi²¹	i³³	pi⁵⁵	pʰi²¹	pi⁴¹	mei⁴¹	ti²¹
邢台		i³¹	ɕi³¹	i⁵³	pʰi⁵⁵又 / pi⁵⁵又	pʰi³¹	pi⁵³	mei⁵³	ti³¹
馆陶		i²¹³	ɕi²¹³	i⁴⁴	pi⁴⁴	pʰi²¹³	pi⁵²	mei⁵²	ti²¹³
沧县		i⁴¹	ɕi⁴¹	i⁵³	pi⁵⁵	pʰi⁴¹	pi⁵³	mei⁵³	ti⁴¹
献县		i³¹	ɕi³¹	i⁵³	pi²¹⁴	pʰi³¹	pi⁵³	mei⁵³	ti³¹
平泉		i⁵¹	ɕi⁵¹	i³⁵	pi²¹⁴	pʰi⁵¹	pi³⁵	mei³⁵	ti⁵¹
滦平		i⁵¹	ɕi⁵¹	i³⁵	pi²¹⁴	pʰi⁵¹	pi³⁵	mei³⁵	ti⁵¹
廊坊		i⁵¹	ɕi⁵¹	i³⁵	pi²¹⁴	pʰi⁵¹	pi³⁵	mei³⁵	ti⁵¹

（续表）

	0209 义	0210 戏	0211 移	0212 比	0213 屁	0214 鼻	0215 眉	0216 地
	止开三 去支疑	止开三 去支晓	止开三 平支以	止开三 上脂帮	止开三 去脂滂	止开三 去脂並	止开三 平脂明	止开三 去脂定
魏县	i³¹²	ɕi³¹²	i⁵³	pʰi³¹² 又 pi⁵⁵ 又	pʰi³¹²	pi⁵³	məi⁵³	ti³¹²
张北	i²¹³	ɕi²¹³	i⁴²	pi⁵⁵	pʰi²¹³	piəʔ³²	mi⁴²	ti²¹³
万全	i²¹³	ɕi²¹³	i⁴¹	pi⁵⁵	pʰi²¹³	piəʔ²²	mi⁴¹	ti²¹³
涿鹿	i³¹	ɕi³¹	i⁴²	pi⁴⁵	pʰi³¹	piʌʔ⁴³	mei⁴²	ti³¹
平山	i⁴²	ɕi⁴²	i³¹	pi⁵⁵ 又 pʰi⁵⁵ 又	pʰi⁴²	pi³¹	mæi³¹	ti⁴²
鹿泉	i³¹²	ɕi³¹²	i⁵⁵	pi³⁵ 又 pʰi³⁵ 又	pʰi³¹²	pi⁵⁵	mei⁵⁵	ti³¹²
赞皇	i³¹²	ɕi³¹²	i⁵⁴	pi⁴⁵ 又 pʰi⁴⁵ 又	pʰi³¹²	pi⁵⁴	mən⁵⁴	ti³¹²
沙河	i²¹	ɕi²¹	i⁵¹	pi³³	pʰi²¹	pi⁵¹	mei⁵¹	ti²¹
邯郸	i²¹³	ɕi²¹³	y⁵³ 白 i⁵³ 文	pi⁵⁵	pʰi²¹³	pi⁵³	məi⁵³	ti²¹³
涉县	i⁵⁵	ɕi⁵⁵	i⁴¹²	pi⁵³	pʰi⁵⁵	piəʔ³²	məi⁴¹²	ti⁵⁵

① 下~、洋灰~。
② ~面ᵣ、土~、本~。

	0217 梨	0218 资	0219 死	0220 四	0221 迟	0222 师	0223 指	0224 二
	止开三平脂来	止开三平脂精	止开三上脂心	止开三去脂心	止开三平脂澄	止开三平脂生	止开三上脂章	止开三去脂日
兴隆	li⁵⁵	tsɿ³⁵	sɿ²¹³	sɿ⁵¹	tsʰʅ⁵⁵	ʂʅ³⁵	tʂʅ²¹³	ər⁵¹
北戴河	li³⁵	tʃʅ⁴⁴	ʃʅ²¹⁴	ʃʅ⁵¹	tʃʰʅ³⁵	ʃʅ⁴⁴	tʃʅ²¹⁴	ər⁵¹
昌黎	li²⁴	tsɿ⁴²	sɿ²¹³	sɿ⁴⁵³	tsʰʅ²⁴	ʂʅ⁴²	tʂʅ²¹³	ər⁴⁵³
乐亭	li²¹²	tsɿ³¹	sɿ³⁴	sɿ⁵²	tsʰʅ²¹²	ʂʅ³¹	tʂʅ³⁴	ər⁵²
蔚县	li⁴¹	tsɿ⁵³	sɿ⁴⁴	sɿ³¹²	tsʰʅ⁴¹	ʂʅ⁵³	tʂʅ⁴⁴	ər³¹²
涞水	li⁴⁵	tsɿ³¹	sɿ²⁴	sɿ³¹⁴	tsʰʅ⁴⁵	ʂʅ³¹	tʂʅ²⁴	ər³¹⁴
霸州	li⁵³	tsɿ⁴⁵	sɿ²¹⁴	sɿ⁴¹	tsʰʅ⁵³	ʂʅ⁴⁵	tʂʅ²¹⁴	ər⁴¹
容城	li³⁵	tsɿ⁴³	sɿ²¹³	sɿ⁵¹³	tsʰʅ³⁵	ʂʅ⁴³	tʂʅ²¹³	ər⁵¹³
雄县	li⁵³	tsɿ⁴⁵	sɿ²¹⁴	sɿ⁴¹	tsʰʅ⁵³	sɿ⁴⁵① ʂʅ⁴⁵②	tʂʅ²¹⁴③ tʂʅ²¹⁴④	ər⁴¹
安新	li³¹	tsɿ⁴⁵	sɿ²¹⁴	sɿ⁵¹	tsʰʅ³¹	ʂʅ⁴⁵	tʂʅ²¹⁴	ər⁵¹
满城	li²²	tsɿ⁴⁵	sɿ²¹³	sɿ⁵¹²	tsʰʅ²²	ʂʅ⁴⁵	tʂʅ²¹³	ər⁵¹²
阜平	li²⁴	tsɿ³¹	sɿ⁵⁵	sɿ⁵³	tsʰʅ²⁴	ʂʅ³¹	tʂʅ⁵⁵	ər⁵³
定州	li²⁴	tsɿ³³	sɿ²⁴	sɿ⁵¹	tsʰʅ²¹³	ʂʅ³³	tʂʅ³³	ər⁵¹
无极	li²¹³	tsɿ³¹	sɿ³⁵	sɿ⁴⁵¹	tsʰʅ³¹	ʂʅ³¹	tʂʅ²¹³	ər⁴⁵¹
辛集	li³⁵⁴	tsɿ³³	sɿ³²⁴	sɿ⁴¹	tsʰʅ³⁵⁴	ʂʅ³³	tʂʅ³²⁴	lə⁴¹
衡水	li⁵³	tsɿ²⁴	sɿ⁵⁵	sɿ³¹	tɕʰi⁵³旧 tsʰʅ⁵³新	ʂʅ²⁴	tʂʅ⁵⁵	lʅ³¹旧 ər³¹新
故城	li⁵³	tsɿ²⁴	sɿ⁵⁵	sɿ³¹	tsʰʅ⁵³	ʂʅ²⁴	tʂʅ⁵⁵	ər³¹
巨鹿	li⁴¹	tsɿ³³	sɿ⁵⁵	sɿ²¹	tsʰʅ⁴¹	ʂʅ³³	tʂʅ⁵⁵	əʅ²¹
邢台	li⁵³	tsɿ³⁴	sɿ⁵⁵	sɿ³¹	tsʰʅ⁵³	ʂʅ³⁴	tʂʅ⁵⁵	ər³¹
馆陶	li⁵²	tsɿ²⁴	sɿ⁴⁴	sɿ²¹³	tsʰʅ⁵²	ʂʅ²⁴	tʂʅ²⁴⑤ tʂʅ⁴⁴⑥	ər²¹³
沧县	li⁵³	tsɿ²³	sɿ⁵⁵	sɿ⁴¹	tsʰʅ⁵³	ʂʅ²³	tʂʅ⁵⁵	ər⁴¹
献县	li⁵³	tsɿ³³	sɿ²¹⁴	sɿ³¹	tsʰʅ⁵³	ʂʅ³³	tʂʅ²¹⁴	əz³¹
平泉	li³⁵	tsɿ⁵⁵	sɿ²¹⁴	sɿ⁵¹	tsʰʅ³⁵	ʂʅ⁵⁵	tʂʅ²¹⁴	ər⁵¹

（续表）

	0217 梨	0218 资	0219 死	0220 四	0221 迟	0222 师	0223 指	0224 二
	止开三平脂来	止开三平脂精	止开三上脂心	止开三去脂心	止开三平脂澄	止开三平脂生	止开三上脂章	止开三去脂日
滦平	li³⁵	tsɿ⁵⁵	sɿ²¹⁴	sɿ⁵¹	tʂʰʅ³⁵	ʂʅ⁵⁵	tʂʅ²¹⁴	ər⁵¹
廊坊	li³⁵	tsɿ⁵⁵	sɿ²¹⁴	sɿ⁵¹	tʂʰʅ³⁵	ʂʅ⁵⁵	tʂʅ²¹⁴	ər⁵¹
魏县	li⁵³	tsɿ³³	sɿ⁵⁵	sɿ³¹²	tʂʰʅ⁵³	ʂʅ³³	tʂʅ⁵⁵	əl³¹²
张北	li⁴²	tsɿ⁴²	sɿ⁵⁵	sɿ²¹³	tʂʰʅ⁴²	ʂʅ⁴²	tʂʅ⁵⁵	ər²¹³
万全	li⁴¹	tsɿ⁴¹	sɿ⁵⁵	sɿ²¹³	tʂʰʅ⁴¹	ʂʅ⁴¹	tʂʅ⁵⁵	ər²¹³
涿鹿	lei⁴²	tsɿ⁴⁴	sɿ⁴⁵	sɿ³¹	tʂʰʅ⁴⁴	ʂʅ⁴⁴	tʂʅ⁴⁵	ər³¹
平山	li³¹	tsɿ³¹	sɿ⁵⁵	sɿ⁴²	tʂʰʅ³¹	ʂʅ³¹	tʂʅ²⁴⑦ / tʂʅ⁵⁵⑧	ər⁴²
鹿泉	li⁵⁵	tsɿ⁵⁵	sɿ³⁵	sɿ³¹²	tʂʰʅ⁵⁵	ʂʅ⁵⁵	tʂɤ¹³白 / tʂʅ³⁵文	ər³¹²
赞皇	li⁵⁴	tsɿ⁵⁴	sɿ⁴⁵	sɿ³¹²	tʂʰʅ⁵⁴	ʂʅ⁵⁴	tʂʅ²⁴	ər³¹²
沙河	li⁵¹	tsɿ⁴¹	sɿ³³	sɿ²¹	tʂʰʅ⁵¹	ʂʅ⁴¹	tʂʅ³³	l̩²¹
邯郸	li⁵³	tsɿ³¹	sɿ⁵⁵	sɿ²¹³	tʂʰʅ⁵³	ʂʅ³¹	tʂʅ⁵⁵	l̩²¹³
涉县	li⁴¹²	tsɿ⁴¹	sɿ⁵³	sɿ⁵⁵	tʂʰʅ⁴¹	ʂʅ⁴¹	tʂʅ⁵³	l̩⁵⁵

---

① ～傅。
② 老～。
③ 手～头。
④ 大拇～。
⑤ 手～。
⑥ ～导。
⑦ ～头。
⑧ ～挥。

	0225 饥~饿	0226 器	0227 姨	0228 李	0229 子	0230 字	0231 丝	0232 祠
	止开三平脂见	止开三去脂溪	止开三平脂以	止开三上之来	止开三上之精	止开三去之从	止开三平之心	止开三平之邪
兴隆	tɕi³⁵	tɕʰi⁵¹	i⁵⁵	li²¹³	tsɿ²¹³	tsɿ⁵¹	sɿ³⁵	tsʰɿ⁵⁵
北戴河	tɕi⁴⁴	tɕʰi⁵¹	i³⁵	li²¹⁴	tʂʅ²¹⁴	tʂʅ⁵¹	ʂʅ⁴⁴	tʂʰʅ³⁵
昌黎	tɕi⁴²	tɕʰi⁴⁵³	i²⁴	li²¹³	tsɿ²¹³	tsɿ⁴⁵³	sɿ⁴²	tsʰɿ²⁴
乐亭	tɕi³¹	tɕʰi⁵²	i²¹²	li³⁴	tsɿ³⁴	tsɿ⁵²	sɿ³¹	tsʰɿ²¹²
蔚县	tɕi⁵³	tɕʰi³¹²	i⁴¹	li⁴⁴	tsɿ⁴⁴	tsɿ³¹²	sɿ⁵³	tsʰɿ⁴¹
涞水	tɕi³¹	tɕʰi³¹⁴	i⁴⁵	li²⁴	tsɿ²⁴	tsɿ³¹⁴	sɿ³¹	tsʰɿ⁴⁵
霸州	tɕi⁴⁵	tɕʰi⁴¹	i⁵³	li²¹⁴	tsɿ²¹⁴	tsɿ⁴¹	sɿ⁴⁵	tsʰɿ⁵³
容城	tɕi⁴³	tɕʰi⁵¹³	i³⁵	li²¹³	tsɿ²¹³	tsɿ⁵¹³	sɿ⁴³	tsʰɿ³⁵
雄县	tɕi⁴⁵	tɕʰi⁴¹	i⁵³	li²¹⁴	tsɿ²¹⁴	tsɿ⁴¹	sɿ⁴⁵	tsʰɿ⁵³
安新	tɕi⁴⁵	tɕʰi⁵¹	i³¹	li²¹⁴	tsɿ²¹⁴	tsɿ⁵¹	sɿ⁴⁵	tsʰɿ³¹
满城	tɕi⁴⁵	tɕʰi⁵¹²	i²²	li²¹³	tsɿ²¹³	tsɿ⁵¹²	sɿ⁴⁵	tsʰɿ²²
阜平	tɕi³¹	tɕʰi⁵³	i²⁴	li⁵⁵	tsɿ⁵⁵	tsɿ⁵³	sɿ³¹	tsʰɿ²⁴
定州	tɕi³³	tɕʰi⁵¹	i²¹³	li²⁴	tsɿ²⁴	tsɿ⁵¹	sɿ³³	tsʰɿ²¹³
无极	tɕi³¹	tɕʰi⁵¹	i²¹³	li³⁵	tsɿ³⁵	tsɿ⁴⁵¹	sɿ³¹	tsʰɿ²¹³
辛集	tɕi³³	tɕʰi⁴¹	i³⁵⁴	li³²⁴	tsɿ³²⁴	tsɿ⁴¹	sɿ³³	tsʰɿ³⁵⁴
衡水	tɕi²⁴	tɕʰi³¹	i⁵³	li⁵⁵	tsɿ⁵⁵	tsɿ³¹	sɿ²⁴	tsʰɿ⁵³
故城	tɕi²⁴	tɕʰi³¹	i⁵³	li⁵⁵	tsɿ⁵⁵	tsɿ³¹	sɿ²⁴	tsʰɿ⁵³
巨鹿	tɕi³³	tɕʰi²¹	i⁴¹	li⁵⁵	tsɿ⁵⁵	tsɿ²¹	sɿ³³	tsʰɿ⁴¹
邢台	tɕi³⁴	tɕʰi³¹	i⁵³	li⁵⁵	tsɿ⁵⁵	tsɿ³¹	sɿ³⁴	sɿ³¹①
馆陶	tɕi²⁴	tɕʰi²¹³	i⁵²	li⁴⁴	tsɿ⁴⁴	tsɿ²¹³	sɿ²⁴	tsʰɿ⁵²
沧县	tɕi²³	tɕʰi⁴¹	i⁵³	li⁵⁵	tsɿ⁵⁵	tsɿ⁴¹	sɿ²³	tsʰɿ⁵³
献县	tɕi³³	tɕʰi³¹	i⁵³	li²¹⁴	tsɿ²¹⁴	tsɿ³¹	sɿ³³	tsʰɿ⁵³
平泉	tɕi⁵⁵	tɕʰi⁵¹	i³⁵	li²¹⁴	tsɿ²¹⁴	tsɿ⁵¹	sɿ⁵⁵	tsʰɿ³⁵
滦平	tɕi⁵⁵	tɕʰi⁵¹	i³⁵	li²¹⁴	tsɿ²¹⁴	tsɿ⁵¹	sɿ⁵⁵	tsʰɿ³⁵
廊坊	tɕi⁵⁵	tɕʰi⁵¹	i³⁵	li²¹⁴	tsɿ²¹⁴	tsɿ⁵¹	sɿ⁵⁵	tsʰɿ³⁵
魏县	tɕi³³	tɕʰi³¹²	i⁵³	li⁵⁵	tʂʅ⁵⁵	tʂʅ³¹²	ʂʅ³³	tʂʰʅ⁵³

（续表）

	0225 饥~饿	0226 器	0227 姨	0228 李	0229 子	0230 字	0231 丝	0232 祠
	止开三平脂见	止开三去脂溪	止开三平脂以	止开三上之来	止开三上之精	止开三去之从	止开三平之心	止开三平之邪
张北	tɕi⁴²	tɕʰi²¹³	i⁴²	li⁵⁵	tsɿ⁵⁵	tsɿ²¹³	sɿ⁴²	tsʰɿ⁴²
万全	tɕi⁴¹	tɕʰi²¹³	i⁴¹	li⁵⁵	tsɿ⁵⁵	tsɿ²¹³	sɿ⁴¹	tsʰɿ⁴¹
涿鹿	tɕi⁴⁴	tɕʰi³¹	i⁴²	lei⁴⁵	tsɿ⁴⁵	tsɿ³¹	sɿ⁴⁴	tsʰɿ⁴⁴
平山	tɕi³¹	tɕʰi⁴²	i³¹	li⁵⁵	tsɿ⁵⁵	tsɿ⁴²	sɿ³¹	tsʰɿ³¹
鹿泉	tɕi⁵⁵	tɕʰi³¹²	i⁵⁵	li³⁵	tsɿ³⁵	tsɿ³¹²	sɿ⁵⁵	tsʰɿ⁵⁵
赞皇	tɕi⁵⁴	tɕʰi³¹²	i⁵⁴	li⁴⁵	tsɿ⁴⁵	tsɿ³¹²	sɿ⁵⁴	tsʰɿ⁵⁴
沙河	tɕi⁴¹	tɕʰi²¹	i⁵¹	li³³	tsɿ³³	tsɿ²¹	sɿ⁴¹	
邯郸	tɕi³¹	tɕʰi²¹³	i⁵³	li⁵⁵	tsɿ⁵⁵	tsɿ²¹³	sɿ³¹	tsʰɿ⁵³
涉县	tɕi⁴¹	tɕʰi⁵⁵	i⁵⁵	li⁵³	tsɿ⁵³	tsɿ⁵⁵	sɿ⁴¹	tsʰɿ⁴¹

① 用于邢台地名：前晋祠。

| | 0233 寺 | 0234 治 | 0235 柿 | 0236 事 | 0237 使 | 0238 试 | 0239 时 | 0240 市 |
	止开三 去之邪	止开三 去之澄	止开三 上之崇	止开三 去之崇	止开三 上之生	止开三 去之书	止开三 平之禅	止开三 上之禅
兴隆	sɿ⁵¹	tsɿ⁵¹	ʂʅ⁵¹	ʂʅ⁵¹	ʂʅ²¹³	ʂʅ⁵¹	ʂʅ⁵⁵	ʂʅ⁵¹
北戴河	sɿ⁵¹	tsɿ⁵¹	ʂʅ⁵¹	ʂʅ⁵¹	ʂʅ²¹⁴	ʂʅ⁵¹	ʂʅ³⁵	ʂʅ⁵¹
昌黎	sɿ⁴⁵³	tsɿ⁴⁵³	tsʰɿ⁴⁵³白 sɿ⁴⁵³文	ʂʅ⁴⁵³	ʂʅ²¹³	ʂʅ⁴⁵³	ʂʅ²⁴	ʂʅ⁴⁵³
乐亭	sɿ⁵²	tsɿ⁵²	ʂʅ⁵²	ʂʅ⁵²	ʂʅ³⁴	ʂʅ⁵²	ʂʅ²¹²	ʂʅ⁵²
蔚县	sɿ³¹²	tsɿ³¹²	sɿ³¹²	sɿ³¹²	sɿ⁴⁴	sɿ³¹²	sɿ⁴¹	sɿ³¹²
涞水	sɿ³¹⁴	tsɿ³¹⁴	ʂʅ³¹⁴	ʂʅ³¹⁴	ʂʅ²⁴	ʂʅ³¹⁴	ʂʅ⁴⁵	ʂʅ³¹⁴
霸州	sɿ⁴¹	tsɿ⁴¹	ʂʅ⁴¹	ʂʅ⁴¹	ʂʅ²¹⁴	ʂʅ⁴¹	ʂʅ⁵³	ʂʅ⁴¹
容城	sɿ⁵¹³	tsɿ⁵¹³	ʂʅ⁵¹³	ʂʅ⁵¹³	ʂʅ²¹³	ʂʅ⁵¹³	ʂʅ³⁵	ʂʅ⁵¹³
雄县	sɿ⁴¹	tsɿ⁴¹	sɿ⁴¹① ʂʅ⁴¹②	ʂʅ⁴¹	ʂʅ²¹⁴	ʂʅ⁴¹	sɿ⁵³又 ʂʅ⁵³又	ʂʅ⁴¹
安新	sɿ⁵¹	tsɿ⁵¹	ʂʅ⁵¹	ʂʅ⁵¹	ʂʅ²¹⁴	ʂʅ⁵¹	ʂʅ³¹	ʂʅ⁵¹
满城	sɿ⁵¹²	tsɿ⁵¹²	ʂʅ⁵¹²	ʂʅ⁵¹²	ʂʅ²¹³	ʂʅ⁵¹²	ʂʅ²²	ʂʅ⁵¹²
阜平	sɿ⁵³	tsɿ⁵³	ʂʅ⁵³	ʂʅ⁵³	ʂʅ⁵⁵	ʂʅ⁵³	ʂʅ²⁴	ʂʅ⁵³
定州	sɿ⁵¹	tsɿ⁵¹	ʂʅ⁵¹	ʂʅ⁵¹	ʂʅ²⁴	ʂʅ⁵¹	ʂʅ²¹³	ʂʅ⁵¹
无极	sɿ⁴⁵¹	tsɿ⁴⁵¹	ʂʅ⁴⁵¹	ʂʅ⁴⁵¹	ʂʅ³⁵	ʂʅ⁴⁵¹	ʂʅ²¹³	ʂʅ⁴⁵¹
辛集	sɿ⁴¹	tsɿ⁴¹	ʂʅ⁴¹	ʂʅ⁴¹	ʂʅ³²⁴	ʂʅ⁴¹	ʂʅ³⁵⁴	ʂʅ⁴¹
衡水	sɿ³¹	tɕi³¹旧 tsɿ³¹新	ʂʅ³¹	ʂʅ³¹	ʂʅ⁵⁵	ʂʅ³¹	ʂʅ⁵³	ʂʅ³¹
故城	sɿ³¹	tsɿ³¹	ʂʅ³¹	sɿ³¹又 ʂʅ³¹又	ʂʅ⁵⁵	ʂʅ³¹	ʂʅ⁵³	ʂʅ³¹
巨鹿	sɿ²¹	tɕi²¹	ʂʅ²¹	ʂʅ²¹	ʂʅ⁵⁵	ʂʅ²¹	ʂʅ⁴¹	ʂʅ²¹
邢台	sɿ³¹	tsɿ³¹	ʂʅ³¹	ʂʅ³¹	ʂʅ⁵⁵	ʂʅ³¹	ʂʅ⁵³	ʂʅ³¹
馆陶	sɿ²¹³	tsɿ²¹³	ʂʅ²¹³	ʂʅ²¹³	ʂʅ⁴⁴	ʂʅ²¹³	ʂʅ⁵²	ʂʅ²¹³
沧县	sɿ⁴¹	tsɿ⁴¹	ʂʅ⁴¹	ʂʅ⁴¹	ʂʅ⁵⁵	ʂʅ⁴¹	ʂʅ⁵³	ʂʅ⁴¹
献县	sɿ³¹	tsɿ³¹	ʂʅ³¹	ʂʅ³¹	ʂʅ²¹⁴	ʂʅ³¹	ʂʅ⁵³	ʂʅ³¹
平泉	sɿ⁵¹	tsɿ⁵¹	ʂʅ⁵¹	ʂʅ⁵¹	ʂʅ²¹⁴	ʂʅ⁵¹	ʂʅ³⁵	ʂʅ⁵¹

(续表)

	0233 寺 止开三 去之邪	0234 治 止开三 去之澄	0235 柿 止开三 上之崇	0236 事 止开三 去之崇	0237 使 止开三 上之生	0238 试 止开三 去之书	0239 时 止开三 平之禅	0240 市 止开三 上之禅
滦平	sɿ⁵¹	tsɿ⁵¹	sɿ⁵¹	sɿ⁵¹	sɿ²¹⁴	sɿ⁵¹	sɿ³⁵	sɿ⁵¹
廊坊	sɿ⁵¹	tsɿ⁵¹	sɿ⁵¹	sɿ⁵¹	sɿ²¹⁴	sɿ⁵¹	sɿ³⁵	sɿ⁵¹
魏县	sɿ³¹²	tsɿ³¹²	sɿ³¹²	sɿ³¹²	sɿ⁵⁵	sɿ³¹²	sɿ⁵³	sɿ³¹²
张北	sɿ²¹³	tsɿ²¹³	sɿ²¹³	sɿ²¹³	sɿ⁵⁵	sɿ²¹³	sɿ⁴²	sɿ²¹³
万全	sɿ²¹³	tsɿ²¹³	sɿ²¹³	sɿ²¹³	sɿ⁵⁵	sɿ²¹³	sɿ⁴¹	sɿ²¹³
涿鹿	sɿ³¹	tsɿ³¹	sɿ³¹	sɿ³¹	sɿ⁴⁵	sɿ³¹	sɿ⁴²	sɿ³¹
平山	sɿ⁴²	tsɿ⁴²	sɿ⁴²	sɿ⁴²	sɿ⁵⁵	sɿ⁴²	sɿ³¹	sɿ⁴²
鹿泉	sɿ³¹²	tsɿ³¹²	sɿ³¹²	sɿ³¹²	sɿ³⁵	sɿ³¹²	sɿ⁵⁵	sɿ³¹²
赞皇	sɿ³¹²	tsɿ³¹²	sɿ³¹²	sɿ³¹²	sɿ⁴⁵	sɿ³¹²	sɿ⁵⁴	sɿ³¹²
沙河	sɿ²¹	tsɿ²¹	sɿ²¹	sɿ²¹	sɿ³³	sɿ²¹	sɿ⁵¹	sɿ²¹
邯郸	sɿ²¹³	tsɿ²¹³	sɿ²¹³	sɿ²¹³	sɿ⁵⁵	sɿ²¹³	sɿ⁵³	sɿ²¹³
涉县	sɿ⁵⁵	tsɿ⁵⁵	sɿ⁵⁵	sɿ⁵⁵	sɿ⁵³	sɿ⁵⁵	sɿ⁴¹²	sɿ⁵⁵

---

① ~子。
② 西红~。

	0241 耳 止开三 上之日	0242 记 止开三 去之见	0243 棋 止开三 平之群	0244 喜 止开三 上之晓	0245 意 止开三 去之影	0246 几~个 止开三 上微见	0247 气 止开三 去微溪	0248 希 止开三 平微晓
兴隆	ər²¹³	tɕi⁵¹	tɕʰi⁵⁵	ɕi²¹³	i⁵¹	tɕi²¹³	tɕʰi⁵¹	ɕi³⁵
北戴河	ər²¹⁴	tɕi⁵¹	tɕʰi³⁵	ɕi²¹⁴	i⁵¹	tɕi²¹⁴	tɕʰi⁵¹	ɕi⁴⁴
昌黎	ər²¹³	tɕi⁴⁵³	tɕʰi²⁴	ɕi²¹³	i⁴⁵³	tɕi²¹³	tɕʰi⁴⁵³	ɕi⁴²
乐亭	ər³⁴	tɕi⁵²	tɕʰi²¹²	ɕi³⁴	i⁵²	tɕi³⁴	tɕʰi⁵²	ɕi³¹
蔚县	ər⁴⁴	tɕi³¹²	tɕʰi⁴¹	ɕi⁴⁴	i³¹²	tɕi⁴⁴	tɕʰi³¹²	ɕi⁵³
涞水	ər²⁴	tɕi³¹⁴	tɕʰi⁴⁵	ɕi²⁴	i³¹⁴	tɕi²⁴	tɕʰi³¹⁴	ɕi³¹
霸州	ər²¹⁴	tɕi⁴¹	tɕʰi⁵³	ɕi²¹⁴	i⁴¹	tɕi²¹⁴	tɕʰi⁴¹	ɕi⁴⁵
容城	ər²¹³	tɕi⁵¹³	tɕʰi³⁵	ɕi²¹³	i⁵¹³	tɕi²¹³	tɕʰi⁵¹³	ɕi⁴³
雄县	ər²¹⁴	tɕi⁴¹	tɕʰi⁵³	ɕi²¹⁴	i⁴¹	tɕi²¹⁴	tɕʰi⁴¹	ɕi⁴⁵
安新	ər²¹⁴	tɕi⁵¹	tɕʰi³¹	ɕi²¹⁴	i⁵¹	tɕi²¹⁴	tɕʰi⁵¹	ɕi⁴⁵
满城	ər²¹³	tɕi⁵¹²	tɕʰi²²	ɕi²¹³	i⁵¹²	tɕi²¹³	tɕʰi⁵¹²	ɕi⁴⁵
阜平	ər⁵⁵	tɕi⁵³	tɕʰi²⁴	ɕi⁵⁵	i⁵³	tɕi⁵⁵	tɕʰi⁵³	ɕi³¹
定州	ər²⁴	tɕi⁵¹	tɕʰi²¹³	ɕi²⁴	i⁵¹	tɕi²⁴	tɕʰi⁵¹	ɕi³³
无极	ər³⁵	tɕi⁴⁵¹	tɕʰi²¹³	ɕi³⁵	i⁴⁵¹	tɕi³⁵	tɕʰi⁵¹	ɕi³¹
辛集	lə³²⁴	tɕi⁴¹	tɕʰi³⁵⁴	ɕi³²⁴	i⁴¹	tɕi³²⁴	tɕʰi⁴¹	ɕi³³
衡水	l̩⁵⁵旧 ər⁵⁵新	tɕi³¹	tɕʰi⁵³	ɕi⁵⁵	i³¹	tɕi⁵⁵	tɕʰi³¹	ɕi²⁴
故城	ər⁵⁵	tɕi³¹	tɕʰi⁵³	ɕi⁵⁵	i³¹	tɕi⁵⁵	tɕʰi³¹	ɕi²⁴
巨鹿	əl̩⁵⁵	tɕi²¹	tɕʰi⁴¹	ɕi⁵⁵	i²¹	tɕi⁵⁵	tɕʰi²¹	ɕi³³
邢台	ər⁵⁵	tɕi³¹	tɕʰi⁵³	ɕi⁵⁵	i³¹	tɕi⁵⁵	tɕʰi³¹	ɕi³⁴
馆陶	ər⁴⁴	tɕi²¹³	tɕʰi⁵²	ɕi⁴⁴	i²¹³	tɕi⁴⁴	tɕʰi²¹³	ɕi⁴⁴
沧县	ər⁵⁵	tɕi⁴¹	tɕʰi⁵³	ɕi⁵⁵	i⁴¹	tɕi⁵⁵	tɕʰi⁴¹	ɕi²³
献县	əʐ̩²¹⁴	tɕi³¹	tɕʰi⁵³	ɕi²¹⁴	i³¹	tɕi²¹⁴	tɕʰi³¹	ɕi³³
平泉	ər²¹⁴	tɕi⁵¹	tɕʰi³⁵	ɕi²¹⁴	i⁵¹	tɕi²¹⁴	tɕʰi⁵¹	ɕi⁵⁵
滦平	ər²¹⁴	tɕi⁵¹	tɕʰi³⁵	ɕi²¹⁴	i⁵¹	tɕi²¹⁴	tɕʰi⁵¹	ɕi⁵⁵
廊坊	ər²¹⁴	tɕi⁵¹	tɕʰi³⁵	ɕi²¹⁴	i⁵¹	tɕi²¹⁴	tɕʰi⁵¹	ɕi⁵⁵

（续表）

	0241 耳	0242 记	0243 棋	0244 喜	0245 意	0246 几_一个	0247 气	0248 希
	止开三 上之日	止开三 去之见	止开三 平之群	止开三 上之晓	止开三 去之影	止开三 上微见	止开三 去微溪	止开三 平微晓
魏县	əɿ⁵⁵	tɕi³¹²	tɕʰi⁵³	ɕi⁵⁵	i³¹²	tɕi⁵⁵	tɕʰi³¹²	ɕi³³
张北	ər⁵⁵	tɕi²¹³	tɕʰi⁴²	ɕi⁵⁵	i²¹³	tɕi⁵⁵	tɕʰi²¹³	ɕi⁴²
万全	ər⁵⁵	tɕi²¹³	tɕʰi⁴¹	ɕi⁵⁵	i²¹³	tɕi⁵⁵	tɕʰi²¹³	ɕi⁴¹
涿鹿	ər⁴⁵	tɕi³¹	tɕʰi⁴²	ɕi⁴⁵	i³¹	tɕi⁴⁵	tɕʰi³¹	ɕi⁴⁴
平山	ər⁵⁵	tɕi⁴²	tɕʰi³¹	ɕi⁵⁵	i⁴²	tɕi⁵⁵	tɕʰi⁴²	ɕi³¹
鹿泉	ər³⁵	tɕi³¹²	tɕʰi⁵⁵	ɕi³⁵	i³¹²	tɕi³⁵	tɕʰi³¹²	ɕi³⁵
赞皇	ər⁴⁵	tɕi³¹²	tɕʰi⁵⁴	ɕi⁴⁵	i³¹²	tɕi⁴⁵	tɕʰi³¹²	ɕi⁵⁴
沙河	ɿ³³	tɕi²¹	tɕʰi⁵¹	ɕi³³	i²¹	tɕi³³	tɕʰi²¹	ɕi⁴¹
邯郸	ɿ⁵⁵	tɕi²¹³	tɕʰi⁵³	ɕi⁵⁵	i²¹³	tɕi⁵⁵	tɕʰi²¹³	ɕi³¹
涉县	ɿ⁵³	tɕi⁵⁵	tɕʰi⁴¹	ɕi⁵³	i⁵⁵	tɕi⁵³	tɕʰi⁵⁵	ɕi⁴¹

	0249 衣	0250 嘴	0251 随	0252 吹	0253 垂	0254 规	0255 亏	0256 跪
	止开三平微影	止合三上支精	止合三平支邪	止合三平支昌	止合三平支禅	止合三平支见	止合三平支溪	止合三上支群
兴隆	i^{35}	tsuei^{213}	suei^{55}	tʂʰuei^{35}	tʂʰuei^{55}	kuei^{35}	kʰuei^{35}	kuei^{51}
北戴河	i^{44}	tʃuei^{214}	ʃuei^{35}	tʃʰuei^{44}	tʃʰuei^{35}	kuei^{44}	kʰuei^{44}	kuei^{51}
昌黎	i^{42}	tsuei^{213}	suei^{24}	tʂʰuei^{42}	tʂʰuei^{24}	kuei^{42}	kʰuei^{42}	kuei^{24}
乐亭	i^{31}	tsuei^{34}	suei^{212}	tʂʰuei^{31}	tʂʰuei^{212}	kuei^{31}	kʰuei^{31}	kuei^{52}
蔚县	i^{53}	tsuei^{44}	suei^{41}	tʂʰuei^{53}	tʂʰuei^{41}	kuei^{53}	kʰuei^{53①} kʰuei^{41②}	kʰuei^{312}
涞水	i^{31}	tsuei^{24}	suei^{45}	tʂʰuei^{31}	tʂʰuei^{45}	kuei^{31}	kʰuei^{31}	kuei^{314}
霸州	i^{45}	tsuei^{214}	suei^{53}	tʂʰuei^{45}	tʂʰuei^{53}	kuei^{45}	kʰuei^{45}	kuei^{41}
容城	i^{43}	tsuei^{213}	suei^{35}	tʂʰuei^{43}	tʂʰuei^{35}	kuei^{43}	kʰuei^{43}	kuei^{513}
雄县	i^{45}	tsuei^{214}	suei^{53}	tʂʰuei^{45}	tʂʰuei^{53}	kuei^{45}	kʰuei^{45}	kuei^{41}
安新	i^{45}	tsuei^{214}	suei^{31}	tʂʰuei^{45}	tʂʰuei^{31}	kuei^{45}	kʰuei^{45}	kuei^{51}
满城	i^{45}	tsuei^{213}	suei^{22}	tʂʰuei^{45}	tʂʰuei^{22}	kuei^{45}	kʰuei^{45}	kuei^{512}
阜平	i^{31}	tsei^{55}	sei^{24}	tʂʰuei^{31}	tʂʰuei^{24}	kuei^{31}	kʰuei^{31}	kʰuei^{53}
定州	i^{33}	tsuei^{24}	suei^{213}	tʂʰuei^{33}	tʂʰuei^{24}	kuei^{33}	kʰuei^{33}	kuei^{51}
无极	i^{31}	tsuəi^{35}	suəi^{213}	tʂʰuəi^{31}	tʂʰuəi^{213}	kuəi^{31}	kʰuəi^{31}	kuəi^{451}
辛集	i^{33}	tsuei^{324}	suei^{354}	tʂʰuei^{33}	tʂʰuei^{354}	kuei^{33}	kʰuei^{33}	kuei^{41}
衡水	i^{24}	tsuei^{55}	suei^{53}	tʂʰuei^{24}	tʂʰuei^{53}	kuei^{24}	kʰuei^{24}	kuei^{31}
故城	i^{24}	tsuei^{55}	suei^{53}	tʂʰuei^{24}	tʂʰuei^{53}	kuei^{24}	kʰuei^{24}	kuei^{31}
巨鹿	i^{33}	tsuei^{55}	suei^{41}	tʂʰuei^{33}	tʂʰuei^{41}	kuei^{33}	kʰuei^{33}	kʰuei^{21}
邢台	i^{34}	tsuei^{55}	suei^{53}	tʂʰuei^{34}	tʂʰuei^{53}	kuei^{34}	kʰuei^{34}	kʰuei^{31}又 kuei^{31}又
馆陶	i^{24}	tsuei^{44}	suei^{52}	tʂʰuei^{24}	tʂʰuei^{52}	kuei^{24}	kʰuei^{24}	kuei^{213}
沧县	i^{23}	tsuei^{55}	suei^{53}	tʂʰuei^{23}	tʂʰuei^{53}	kuei^{23}	kʰuei^{23}	kuei^{41}
献县	i^{33}	tsuei^{214}	suei^{53}	tʂʰuei^{33}	tʂʰuei^{53}	kuei^{33}	kʰuei^{33}	kuei^{31}
平泉	i^{55}	tsuei^{214}	suei^{35}	tʂʰuei^{55}	tʂʰuei^{35}	kuei^{55}	kʰuei^{55}	kuei^{51}
滦平	i^{55}	tsuei^{214}	suei^{35}	tʂʰuei^{55}	tʂʰuei^{35}	kuei^{55}	kʰuei^{55}	kuei^{51}
廊坊	i^{55}	tsuei^{214}	suei^{35}	tʂʰuei^{55}	tʂʰuei^{35}	kuei^{55}	kʰuei^{55}	kuei^{51}

(续表)

	0249 衣	0250 嘴	0251 随	0252 吹	0253 垂	0254 规	0255 亏	0256 跪
	止开三平微影	止合三上支精	止合三平支邪	止合三平支昌	止合三平支禅	止合三平支见	止合三平支溪	止合三上支群
魏县	i³³	tʂuəi⁵⁵	ʂuəi⁵³	tʂʰuəi³³	tʂʰuəi⁵³	kuəi³³	kʰuəi³³	kuəi³¹²
张北	i⁴²	tsuei⁵⁵	suei⁴²	tsʰuei⁴²	tsʰuei⁴²	kuei⁴²	kʰuei⁴²	kʰuei²¹³
万全	i⁴¹	tsuei⁵⁵	suei⁴¹	tsʰuei⁴¹	tsʰuei⁴¹	kuei⁴¹	kʰuei⁴¹	kʰuei²¹³
涿鹿	i⁴⁴	tsuei⁴⁵	suei⁴²	tsʰuei⁴⁴	tsʰuei⁴²	kuei⁴⁴	kʰuei⁴²	kʰuei³¹
平山	i³¹	tsæi⁵⁵	sæi³¹	tʂʰæi³¹	tʂʰæi³¹	kuæi³¹	kʰuæi³¹	kuæi⁴²
鹿泉	i⁵⁵	tsuei³⁵	suei⁵⁵	tʂʰuei⁵⁵	tʂʰuei⁵⁵	kuei⁵⁵	kʰuei⁵⁵	kuei³¹²
赞皇	i⁵⁴	tsuei⁴⁵	suei⁵⁴	tʂʰuei⁵⁴	tʂʰuei⁵⁴	kuei⁵⁴	kʰuei⁵⁴	kʰuei³¹²
沙河	i⁴¹	tsuei³³	suei⁵¹	tʂʰuei⁴¹	tʂʰuei⁵¹	kuei⁴¹	kʰuei⁴¹	kʰuei²¹
邯郸	i³¹	tsuəi⁵⁵	suəi⁵³	tʂʰuəi³¹	tʂʰuəi⁵³	kuəi³¹	kʰuəi³¹	kʰuəi²¹³
涉县	i⁴¹	tsuəi⁵³	suəi⁴¹	tʂʰuəi⁴¹	tʂʰuəi⁴¹²	kuəi⁴¹	kʰuəi⁴¹	kuəi⁵⁵

① 吃～。
② 日、月食。

	0257 危	0258 类	0259 醉	0260 追	0261 锤	0262 水	0263 龟	0264 季
	止合三平支疑	止合三去脂来	止合三去脂精	止合三平脂知	止合三平脂澄	止合三上脂书	止合三平脂见	止合三去脂见
兴隆	uei³⁵	lei⁵¹	tsuei⁵¹	tʂuei³⁵	tʂʰuei⁵⁵	ʂuei²¹³	kuei³⁵	tɕi⁵¹
北戴河	uei⁴⁴	lei⁵¹	tʃuei⁵¹	tʃuei⁴⁴	tʃʰuei³⁵	ʃuei²¹⁴	kuei⁴⁴	tɕi⁵¹
昌黎	uei⁴²	lei⁴⁵³	tsuei⁴⁵³	tsuei⁴²	tsʰuei²⁴	suei²¹³	kuei⁴²	tɕi⁴⁵³
乐亭	uei³¹	lei⁵²	tsuei⁵²	tʂuei³¹	tʂʰuei²¹²	ʂuei³⁴	kuei³¹	tɕi⁵²
蔚县	vei⁵³	lei³¹²	tsuei³¹²	tsuei⁵³	tsʰuei⁴¹	suei⁴⁴	kuei⁵³	tɕi³¹²
涞水	uei³¹	lei³¹⁴	tsuei³¹⁴	tʂuei³¹	tʂʰuei⁴⁵	ʂuei²⁴	kuei³¹	tɕi³¹⁴
霸州	uei⁴⁵	lei⁴¹	tsuei⁴¹	tʂuei⁴⁵	tʂʰuei⁵³	ʂuei²¹⁴	kuei⁴⁵	tɕi⁴¹
容城	uei⁴³	lei⁵¹³	tsuei⁵¹³	tʂuei⁴³	tʂʰuei³⁵	ʂuei²¹³	kuei⁴³	tɕi⁵¹³
雄县	uei⁴⁵	lei⁴¹	tsuei⁴¹	tʂuei⁴⁵	tʂʰuei⁵³	suei²¹⁴	kuei⁴⁵	tɕi⁴¹
安新	uei⁴⁵	lei⁵¹	tsuei⁵¹	tʂuei⁴⁵	tʂʰuei³¹	ʂuei²¹⁴	kuei⁴⁵	tɕi⁵¹
满城	uei⁴⁵	lei⁵¹²	tsuei⁵¹²	tʂuei⁴⁵	tʂʰuei²²	ʂuei²¹³	kuei⁴⁵	tɕi⁵¹²
阜平	uei³¹	lei⁵³	tsuei⁵³	tʂuei³¹	tʂʰuei²⁴	ʂei⁵⁵	kuei³¹	tɕi⁵³
定州	uei³³	lei⁵¹	tsuei⁵¹	tʂuei³³	tʂʰuei²¹³	ʂuei²⁴	kuei³³	tɕi⁵¹
无极	uəi³¹	ləi⁵¹	tsuəi⁴⁵¹	tʂuəi³¹	tʂʰuəi²¹³	ʂuəi³⁵	kuəi³¹	tɕi⁴⁵¹
辛集	uei³³	lei⁴¹	tsuei⁴¹	tʂuei³³	tʂʰuei³⁵⁴	ʂuei³²⁴	kuei³³	tɕi⁴¹
衡水	vei²⁴	luei³¹	tsuei³¹	tsuei²⁴	tsʰuei⁵³	suei⁵⁵	kuei²⁴	tɕi³¹
故城	vei²⁴	lei³¹	tsuei³¹	tsuei²⁴	tsʰuei⁵³	suei⁵⁵	kuei²⁴	tɕi³¹
巨鹿	uei³³	lei²¹	tsuei²¹	tʂuei³³	tʂʰuei⁴¹	ʂuei⁵⁵	kuei³³	tɕi²¹
邢台	vei³⁴	lei³¹	tsuei³¹	tsuei³⁴	tsʰuei⁵³	suei⁵⁵	kuei³⁴	tɕi³¹
馆陶	uei⁴⁴	luei²¹³	tsuei²¹³	tsuei²⁴	tsʰuei⁵²	suei⁴⁴	kuei²⁴	tɕi²¹³
沧县	uei⁵³	lei⁴¹	tsuei⁴¹	tsuei²³	tsʰuei⁵³	suei⁵⁵	kuei²³	tɕi⁴¹
献县	uei³³	lei³¹	tsuei³¹	tʂuei³³	tʂʰuei⁵³	ʂuei²¹⁴	kuei³³	tɕi³¹
平泉	uei⁵⁵	lei⁵¹	tsuei⁵¹	tʂuei⁵⁵	tʂʰuei⁵³	ʂuei²¹⁴	kuei⁵⁵	tɕi⁵¹
滦平	uei⁵⁵	lei⁵¹	tsuei⁵¹	tʂuei⁵⁵	tʂʰuei³⁵	ʂuei²¹⁴	kuei⁵⁵	tɕi⁵¹
廊坊	uei⁵⁵	lei⁵¹	tsuei⁵¹	tʂuei⁵⁵	tʂʰuei³⁵	ʂuei²¹⁴	kuei⁵⁵	tɕi⁵¹
魏县	uəi³³	luəi³¹²	tʂuəi³¹²	tʂuəi³³	tʂʰuəi⁵³	ʂuəi⁵⁵	kuəi³³	tɕi³¹²

（续表）

	0257 危	0258 类	0259 醉	0260 追	0261 锤	0262 水	0263 龟	0264 季
	止合三 平支疑	止合三 去脂来	止合三 去脂精	止合三 平脂知	止合三 平脂澄	止合三 上脂书	止合三 平脂见	止合三 去脂见
张北	vei^{42}	lei^{213}	tsuei^{213}	tsuei^{42}	tsʰuei^{42}	suei^{55}	kuei^{42}	tɕi^{213}
万全	vei^{41}	lei^{213}	tsuei^{213}	tsuei^{41}	tsʰuei^{41}	suei^{55}	kuei^{41}	tɕi^{213}
涿鹿	uei^{44}	lei^{31}	tsuei^{31}	tsuei^{44}	tsʰuei^{42}	suei^{45}	kuei^{44}	tɕi^{31}
平山	uæi^{31}	læi^{42}	tsæi^{42}	tʂæi^{31}	tʂʰæi^{31}	ʂæi^{55}	kuæi^{31}	tɕi^{42}
鹿泉	uei^{55}	lei^{312}	tsuei^{312}	tʂuei^{55}	tʂʰuei^{55}	ʂei^{35}	kuei^{55}	tɕi^{312}
赞皇	uei^{54}	lei^{312}	tsuei^{312}	tʂuei^{54}	tʂʰuei^{54}	ʂuei^{45}	kuei^{54}	tɕi^{312}
沙河	uei^{41}	luei^{21}	tsuei^{21}	tʂuei^{41}	tʂʰuei^{51}	ʂuei^{33}	kuei^{41}	tɕi^{21}
邯郸	vəi^{31}	luəi^{213}	tsuəi^{213}	tʂuəi^{31}	tʂʰuəi^{53}	ʂuəi^{55}	kuəi^{31}	tɕi^{213}
涉县	vəi^{41}	luəi^{55}	tsuəi^{55}	tsuəi^{41}	tsʰuəi^{412}	suəi^{53}	kuəi^{41}	tɕi^{55}

	0265 柜	0266 位	0267 飞	0268 费	0269 肥	0270 尾	0271 味	0272 鬼
	止合三 去脂群	止合三 去脂云	止合三 平微非	止合三 去微敷	止合三 平微奉	止合三 上微微	止合三 去微微	止合三 上微见
兴隆	kuei^{51}	uei^{51}	fei^{35}	fei^{51}	fei^{55}	uei^{213} 又 / i^{213} 又	uei^{51}	kuei^{213}
北戴河	kuei^{51}	uei^{51}	fei^{44}	fei^{51}	fei^{35}	uei^{214}	uei^{51}	kuei^{214}
昌黎	kuei^{24}	uei^{453}	fei^{42}	fei^{453}	fei^{24}	i^{213} 白 / uei^{213} 文	uei^{24}① / uei^{453}②	kuei^{213}
乐亭	kuei^{52}	uei^{52}	fei^{31}	fei^{52}	fei^{212}	i^{34} 白 / uei^{34} 文	uei^{52}	kuei^{34}
蔚县	kuei^{312}	vei^{312}	fei^{53}	fei^{312}	fei^{41}	i^{44} 白 / vei^{44} 文	vei^{312}	kuei^{44}
涞水	kuei^{314}	uei^{314}	fei^{31}	fei^{314}	fei^{45}	i^{24} 白 / uei^{24} 文	uei^{314}	kuei^{24}
霸州	kuei^{41}	uei^{41}	fei^{45}	fei^{41}	fei^{53}	i^{214} 白 / uei^{214} 文	uei^{41}	kuei^{214}
容城	kuei^{513}	uei^{513}	fei^{43}	fei^{513}	fei^{35}	i^{213} 白 / uei^{213} 文	uei^{513}	kuei^{213}
雄县	kuei^{41}	uei^{41}	fei^{45}	fei^{41}	fei^{53}	i^{214} 白 / uei^{214} 文	uei^{41}	kuei^{214}
安新	kuei^{51}	uei^{51}	fei^{45}	fei^{51}	fei^{31}	i^{214} 白 / uei^{214} 文	uei^{51}	kuei^{214}
满城	kuei^{512}	uei^{512}	fei^{45}	fei^{512}	fei^{22}	i^{213} 白 / uei^{213} 文	uei^{512}	kuei^{213}
阜平	kuei^{53}	uei^{53}	fei^{31}	fei^{53}	fei^{24}	i^{55} 白 / uei^{55} 文	uei^{53}	kuei^{55}
定州	kuei^{51}	uei^{51}	fei^{33}	fei^{51}	fei^{213}	i^{24} 白 / uei^{24} 文	uei^{51}	kuei^{24}
无极	kuəi^{451}	uəi^{51}	fəi^{31}	fəi^{451}	fəi^{213}	i^{35}	uəi^{451}	kuəi^{35}
辛集	kuei^{41}	uei^{41}	fei^{33}	fei^{41}	fei^{354}	i^{324} 白 / uei^{324} 文	uei^{41}	kuei^{324}
衡水	kuei^{31}	vei^{31}	fei^{24}	fei^{31}	fei^{53}	i^{55} 旧 / vei^{55} 新	vei^{31}	kuei^{55}
故城	kuei^{31}	vei^{31}	fei^{24}	fei^{31}	fei^{53}	i^{24} 白 / vei^{55} 文	vei^{31}	kuei^{55}
巨鹿	kuei^{21}	uei^{21}	fei^{33}	fei^{21}	fei^{41}	uei^{55}	uei^{21}	kuei^{55}
邢台	kuei^{31}	vei^{31}	fei^{34}	fei^{31}	fei^{53}	i^{55} 白 / vei^{55} 文	vei^{31}	kuei^{55}

（续表）

	0265 柜	0266 位	0267 飞	0268 费	0269 肥	0270 尾	0271 味	0272 鬼
	止合三 去脂群	止合三 去脂云	止合三 平微非	止合三 去微敷	止合三 平微奉	止合三 上微微	止合三 去微微	止合三 上微见
馆陶	kuei²¹³	uei²¹³	fei²⁴	fei²¹³	fei⁵²	i⁴⁴ 白 / uei⁴⁴ 文	uei²¹³	kuei⁴⁴
沧县	kuei⁴¹	uei⁴¹	fei²³	fei⁴¹	fei⁵³	i⁵⁵ 白 / uei⁵⁵ 文	uei⁴¹	kuei⁵⁵
献县	kuei³¹	uei³¹	fei³³	fei³¹	fei⁵³	uei²¹⁴	uei³¹	kuei²¹⁴
平泉	kuei⁵¹	uei⁵¹	fei⁵⁵	fei⁵¹	fei³⁵	uei²¹⁴	uei⁵¹	kuei²¹⁴
滦平	kuei⁵¹	uei⁵¹	fei⁵⁵	fei⁵¹	fei³⁵	uei²¹⁴	uei⁵¹	kuei²¹⁴
廊坊	kuei⁵¹	uei⁵¹	fei⁵⁵	fei⁵¹	fei³⁵	i²¹⁴ 白 / uei²¹⁴ 文	uei⁵¹	kuei²¹⁴
魏县	kuəi³¹²	uəi³¹²	fəi³³	fəi³¹²	fəi⁵³	i⁵⁵ 白 / uəi⁵⁵ 文	uəi³¹²	kuəi⁵⁵
张北	kuei²¹³	vei²¹³	fei⁴²	fei²¹³	fei⁴²	i⁵⁵ 白 / vei⁵⁵ 文	vei²¹³	kuei⁵⁵
万全	kuei²¹³	vei²¹³	fei⁴¹	fei²¹³	fei⁴¹	i⁵⁵ 白 / vei⁵⁵ 文	vei²¹³	kuei⁵⁵
涿鹿	kuei³¹	uei³¹	fei⁴⁴	fei³¹	fei⁴²	i⁴⁵ 白 / uei⁴⁵ 文	uei³¹	kuei⁴⁵
平山	kuæi⁴²	uæi⁴²	fæi³¹	fæi⁴²	fæi³¹	i⁵⁵ 白 / uæi⁵⁵ 文	uæi⁴²	kuæi⁵⁵
鹿泉	kuei³¹²	uei³¹²	fei⁵⁵	fei³¹²	fei⁵⁵	i³⁵ 白 / uei³⁵ 文	uei³¹²	kuei³⁵
赞皇	kuei³¹²	uei³¹²	fei⁵⁴	fei³¹²	fei⁵⁴	i⁴⁵ 白 / uei⁴⁵ 文	uei³¹²	kuei⁴⁵
沙河	kuei²¹	uei²¹	fei⁴¹	fei²¹	fei⁵¹	i³³ 白 / uei³³ 文	uei²¹	kuei³³
邯郸	kuəi²¹³	vəi²¹³	fəi³¹	fəi²¹³	fəi⁵³	i⁵⁵ 白 / vəi⁵⁵ 文	vəi²¹³	kuəi⁵⁵
涉县	kuəi⁵⁵	vəi⁵⁵	fəi⁴¹	fəi⁵⁵	fəi⁴¹²	i⁵³	vəi⁵⁵	kuəi⁵³

① ~儿。
② ~道、口~儿。

	0273 贵	0274 围	0275 胃	0276 宝	0277 抱	0278 毛	0279 帽	0280 刀
	止合三去微见	止合三平微云	止合三去微云	效开一上豪帮	效开一上豪并	效开一平豪明	效开一去豪明	效开一平豪端
兴隆	kuei^{51}	uei^{55}	uei^{51}	pɑu^{213}	pɑu^{51}	mɑu^{55}	mɑu^{51}	tɑu^{35}
北戴河	kuei^{51}	uei^{35}	uei^{51}	pɑu^{214}	pɑu^{51}	mɑu^{35}	mɑu^{51}	tɑu^{44}
昌黎	kuei^{453}	uei^{24}	uei^{453}	pɑu^{213}	pɑu^{24}① pɑu^{453}②	mɑu^{24}	mɑu^{24}	tɑu^{42}
乐亭	kuei^{52}	uei^{212}	uei^{52}	pɑu^{34}	pɑu^{52}	mɑu^{212}	mɑu^{52}	tɑu^{31}
蔚县	kuei^{312}	vei^{41}	vei^{312}	pʌɯ^{44}	pʌɯ^{312}	mʌɯ^{41}③ mʌɯ^{44}④	mʌɯ^{312}	tʌɯ^{53}
涞水	kuei^{314}	uei^{45}	uei^{314}	pɑu^{24}	pɑu^{314}	mɑu^{45}	mɑu^{314}	tɑu^{31}
霸州	kuei^{41}	uei^{53}	uei^{41}	pɑu^{214}	pɑu^{41}	mɑu^{53}⑤ mɑu^{214}⑥	mɑu^{41}	tɑu^{45}
容城	kuei^{513}	uei^{35}	uei^{513}	pɑu^{213}	pɑu^{513}	mɑu^{35}	mɑu^{513}	tɑu^{43}
雄县	kuei^{41}	uei^{53}	uei^{41}	pɑu^{214}	pɑu^{41}	mɑu^{53}⑦ mɑu^{214}⑧	mɑu^{41}	tɑu^{45}
安新	kuei^{51}	uei^{31}	uei^{51}	pɑu^{214}	pɑu^{51}	mɑu^{31}	mɑu^{51}	tɑu^{45}
满城	kuei^{512}	uei^{22}	uei^{512}	pɑu^{213}	pɑu^{512}	mɑu^{22}	mɑu^{512}	tɑu^{45}
阜平	kuei^{53}	uei^{24}	uei^{53}	pɔ^{55}	pɔ^{53}	mɔ^{24}	mɔ^{53}	tɔ^{31}
定州	kuei^{51}	uei^{24}	uei^{51}	pɑu^{24}	pɑu^{51}	mɑu^{213}	mɑu^{51}	tɑu^{33}
无极	kuəi^{451}	uəi^{213}	uəi^{451}	pɔ^{35}	pɔ^{451}	mɔ^{213}	mɔ^{451}	tɔ^{31}
辛集	kuei^{41}	uei^{354}	uei^{41}	pɑu^{324}	pɑu^{41}	mɑu^{354}	mɑu^{41}	tɑu^{33}
衡水	kuei^{31}	vei^{53}	vei^{31}	pɑu^{55}	pɑu^{31}	mɑu^{53}	mɑu^{31}	tɑu^{24}
故城	kuei^{31}	vei^{53}	vei^{31}	pɔo^{55}	pɔo^{31}	mɔo^{53}	mɔo^{31}	tɔo^{24}
巨鹿	kuei^{21}	uei^{41}	uei^{21}	pɑu^{55}	pɑu^{21}	mɑu^{41}	mɑu^{21}	tɑu^{33}
邢台	kuei^{31}	vei^{53}	vei^{31}	pɑu^{55}	pɑu^{31}	mɑu^{53}	mɑu^{31}	tɑu^{34}
馆陶	kuei^{213}	uei^{52}	uei^{213}	pɑo^{44}	pɑo^{213}	mɑo^{52}	mɑo^{213}	tɑo^{24}
沧县	kuei^{41}	uei^{53}	uei^{41}	pɑu^{55}	pɑu^{41}	mɑu^{53}	mɑu^{41}	tɑu^{23}
献县	kuei^{31}	uei^{53}	uei^{31}	pɔ^{214}	pɔ^{31}	mɔ^{53}	mɔ^{31}	tɔ^{33}
平泉	kuei^{51}	uei^{35}	uei^{51}	pɑu^{214}	pɑu^{51}	mɑu^{35}	mɑu^{51}	tɑu^{55}

（续表）

	0273 贵	0274 围	0275 胃	0276 宝	0277 抱	0278 毛	0279 帽	0280 刀
	止合三去微见	止合三平微云	止合三去微云	效开一上豪帮	效开一上豪並	效开一平豪明	效开一去豪明	效开一平豪端
滦平	kuei⁵¹	uei³⁵	uei⁵¹	pɑu²¹⁴	pɑu⁵¹	mɑu³⁵	mɑu⁵¹	tɑu⁵⁵
廊坊	kuei⁵¹	uei³⁵	uei⁵¹	pɑu²¹⁴	pɑu⁵¹	mɑu³⁵	mɑu⁵¹	tɑu⁵⁵
魏县	kuəi³¹²	uəi⁵³	uəi³¹²	pɑu⁵⁵	pɑu³¹²	mɑu⁵³	mɑu³¹²	tɑu³³
张北	kuei²¹³	vei⁴²	vei²¹³	pau⁵⁵	pau²¹³	mau⁴²	mau²¹³	tau⁴²
万全	kuei²¹³	vei⁴¹	vei²¹³	pɔ⁵⁵	pɔ²¹³	mɔ⁴¹	mɔ²¹³	tɔ⁴¹
涿鹿	kuei³¹	uei⁴⁴	uei³¹	pɔ⁴⁵	pɔ³¹	mɔ⁴²	mɔ³¹	tɔ⁴⁴
平山	kuæi⁴²	uæi³¹	uæi⁴²	pɔ⁵⁵	pu⁴²白 pɔ⁴²文	mɔ³¹	mɔ⁴²	tɔ³¹
鹿泉	kuei³¹²	uei⁵⁵	uei³¹²	pɔ³⁵	pu⁵⁵白 pɔ³¹²文	mɔ⁵⁵	mɔ³¹²	tɔ⁵⁵
赞皇	kuei³¹²	uei⁵⁴	uei³¹²	pɔ⁴⁵	pu⁵⁴白 pɔ³¹²文	mɔ⁵⁴	mɔ³¹²	tɔ⁵⁴
沙河	kuei²¹	uei⁵¹	uei²¹	pau³³	pu⁴¹⑨ pau²¹⑩	mau⁵¹	mau²¹	tau⁴¹
邯郸	kuəi²¹³	vəi⁵³	vəi²¹³	pɑu⁵⁵	pu³¹白 pɑu²¹³文	mɑu⁵³	mɑu²¹³	tɑu³¹
涉县	kuəi⁵⁵	vəi⁴¹²	vəi⁵⁵	pɑu⁵³	pu⁵⁵白 pɑu⁵⁵文	mɑu⁴¹²	mɑu⁵⁵	tɑu⁴¹

① ～着。
② ～小孩ㄦ。
③ ～笔。
④ 一～钱。
⑤ ～笔。
⑥ 一～钱。
⑦ ～笔。
⑧ 一～钱。
⑨ ～一下。
⑩ ～不平。

	0281 讨 效开一上豪透	0282 桃 效开一平豪定	0283 道 效开一上豪定	0284 脑 效开一上豪泥	0285 老 效开一上豪来	0286 早 效开一上豪精	0287 灶 效开一去豪精	0288 草 效开一上豪清
兴隆	tʰau²¹³	tʰau⁵⁵	tau⁵¹	nau²¹³	lau²¹³	tsau²¹³	tsau⁵¹	tsʰau²¹³
北戴河	tʰau²¹⁴	tʰau³⁵	tau⁵¹	nau²¹⁴	lau²¹⁴	tʃau²¹⁴	tʃau⁵¹	tʃʰau²¹⁴
昌黎	tʰau²¹³	tʰau²⁴	tau⁴⁵³	nau²¹³	lau²¹³	tsau²¹³	tʂau²⁴① tsau⁴⁵³②	tsʰau²¹³
乐亭	tʰau³⁴	tʰau²¹²	tau⁵²	nau³⁴	lau³⁴	tsau³⁴	tsau⁵²	tsʰau³⁴
蔚县	tʰʌɯ⁴⁴	tʰʌɯ⁴¹	tʌɯ³¹²	nʌɯ⁴⁴	lʌɯ⁴⁴	tsʌɯ⁴⁴	tsʌɯ³¹²	tsʰʌɯ⁴⁴
涞水	tʰau²⁴	tʰau⁴⁵	tau³¹⁴	nau²⁴	lau²⁴	tsau²⁴	tsau³¹⁴	tsʰau²⁴
霸州	tʰau²¹⁴	tʰau⁵³	tau⁴¹	nau²¹⁴	lau²¹⁴	tsau²¹⁴	tsau⁴¹	tsʰau²¹⁴
容城	tʰau²¹³	tʰau³⁵	tau⁵¹³	nau²¹³	lau²¹³	tsau²¹³	tsau⁵¹³	tsʰau²¹³
雄县	tʰau²¹⁴	tʰau⁵³	tau⁴¹	nau²¹⁴	lau²¹⁴	tsau²¹⁴	tsau⁴¹	tsʰau²¹⁴
安新	tʰau²¹⁴	tʰau³¹	tau⁵¹	nau²¹⁴	lau²¹⁴	tsau²¹⁴	tsau⁵¹	tsʰau²¹⁴
满城	tʰau²¹³	tʰau²²	tau⁵¹²	nau²¹³	lau²¹³	tsau²¹³	tsau⁵¹²	tsʰau²¹³
阜平	tʰɔ⁵⁵	tʰɔ²⁴	tɔ⁵³	nɔ⁵⁵	lɔ⁵⁵	tsɔ⁵⁵	tsɔ⁵³	tsʰɔ⁵⁵
定州	tʰau²⁴	tʰau²¹³	tau⁵¹	nau²⁴	lau²⁴	tsau²⁴	tsau⁵¹	tsʰau²⁴
无极		tʰɔ²¹³	tɔ⁴⁵¹	nɔ³⁵	lɔ³⁵	tsɔ³⁵	tsɔ⁴⁵¹	tsʰɔ³⁵
辛集	tʰau³²⁴	tʰau³⁵⁴	tau⁴¹	nau³²⁴	lau³²⁴	tsau³²⁴	tsau⁴¹	tsʰau³²⁴
衡水	tʰau⁵³	tʰau⁵³	tau³¹	nau⁵⁵	lau⁵⁵	tsau⁵⁵	tsau³¹	tsʰau⁵⁵
故城	tʰɔo⁵³	tʰɔo⁵³	tɔo³¹	nɔo⁵⁵	lɔo⁵⁵	tsɔo⁵⁵	tsɔo³¹	tsʰɔo⁵⁵
巨鹿	tʰau⁴¹	tʰau⁴¹	tau²¹	nau⁵⁵	lau⁵⁵	tsau⁵⁵	tsau²¹	tsʰau⁵⁵
邢台	tʰau⁵³	tʰau⁵³	tau³¹	nau⁵⁵	lau⁵⁵	tsau⁵⁵	tsau³¹	tsʰau⁵⁵
馆陶	tʰao⁵²	tʰao⁵²	tao²¹³	nao⁴⁴	lao⁴⁴	tsao⁴⁴	tsao²¹³	tsʰao⁴⁴
沧县	tʰau⁵⁵	tʰau⁵³	tau⁴¹	nau⁵⁵	lau⁵⁵	tsau⁵⁵	tsau⁴¹	tsʰau⁵⁵
献县	tʰɔ²¹⁴	tʰɔ⁵³	tɔ³¹	nɔ²¹⁴	lɔ²¹⁴	tsɔ²¹⁴	tsɔ³¹	tsʰɔ²¹⁴
平泉	tʰau²¹⁴	tʰau³⁵	tau⁵¹	nau²¹⁴	lau²¹⁴	tsau²¹⁴	tsau⁵¹	tsʰau²¹⁴
滦平	tʰau²¹⁴	tʰau³⁵	tau⁵¹	nau²¹⁴	lau²¹⁴	tsau²¹⁴	tsau⁵¹	tsʰau²¹⁴
廊坊	tʰau²¹⁴	tʰau³⁵	tau⁵¹	ŋau²¹⁴	lau²¹⁴	tsau²¹⁴	tsau⁵¹	tsʰau²¹⁴

（续表）

	0281 讨	0282 桃	0283 道	0284 脑	0285 老	0286 早	0287 灶	0288 草
	效开一上豪透	效开一平豪定	效开一上豪定	效开一上豪泥	效开一上豪来	效开一上豪精	效开一去豪精	效开一上豪清
魏县	tʰɑu⁵³	tʰɑu⁵³	tɑu³¹²	nɑu⁵⁵	lɑu⁵⁵	tʂɑu⁵⁵	tʂɑu³¹²	tʂʰɑu⁵⁵
张北	tʰau⁵⁵	tʰau⁴²	tau²¹³	nau⁵⁵	lau⁵⁵	tsau⁵⁵	tsau²¹³	tsʰau⁵⁵
万全	tʰɔ⁵⁵	tʰɔ⁴¹	tɔ²¹³	nɔ⁵⁵	lɔ⁵⁵	tsɔ⁵⁵	tsɔ²¹³	tsʰɔ⁵⁵
涿鹿	tʰɔ⁴⁵	tʰɔ⁴²	tɔ³¹	nɔ⁴⁵	lɔ⁴⁵	tsɔ⁴⁵	tsɔ³¹	tsʰɔ⁴⁵
平山	tʰɔ⁵⁵	tʰɔ³¹	tɔ⁴²	nɔ⁵⁵	lɔ⁵⁵	tsɔ⁵⁵	tsɔ⁴²	tsʰɔ⁵⁵
鹿泉	tʰɔ³⁵	tʰɔ⁵⁵	tɔ³¹²	nɔ³⁵	lɔ³⁵	tsɔ³⁵	tsɔ³¹²	tsʰɔ³⁵
赞皇	tʰɔ⁴⁵	tʰɔ⁵⁴	tɔ³¹²	nɔ⁴⁵	lɔ⁴⁵	tsɔ⁴⁵	tsɔ³¹²	tsʰɔ⁴⁵
沙河	tʰau³³	tʰau⁵¹	tau²¹	nau³³	lau³³	tsau³³	tsau²¹	tsʰau³³
邯郸	tʰau⁵⁵	tʰau⁵³	tau²¹³	nau⁵⁵	lau⁵⁵	tsau⁵⁵	tsau²¹³	tsʰau⁵⁵
涉县	tʰau⁵³	tʰau⁴¹²	tau⁵⁵	nau⁵³	lau⁵³	tsau⁵³	tsau⁵⁵	tsʰau⁵³

① ~儿上。
② ~王爷。

	0289 糙 效开一 去豪清	0290 造 效开一 上豪从	0291 嫂 效开一 上豪心	0292 高 效开一 平豪见	0293 靠 效开一 去豪溪	0294 熬 效开一 平豪疑	0295 好~坏 效开一 上豪晓	0296 号名 效开一 去豪匣
兴隆	tsʰɑu³⁵	tsɑu⁵¹	sɑu²¹³	kɑu³⁵	kʰɑu⁵¹	nɑu³⁵ 又 / nɑu⁵⁵ 又 / ɑu³⁵ 又 ①	xɑu²¹³	xɑu⁵¹
北戴河	tʃʰɑu⁴⁴	tʃɑu⁵¹	ʃɑu²¹⁴	kɑu⁴⁴	kʰɑu⁵¹	nɑu⁴⁴② / nɑu³⁵③	xɑu²¹⁴	xɑu⁵¹
昌黎	tsʰɑu⁴²	tsɑu⁴⁵³	sɑu²¹³	kɑu⁴²	kʰɑu⁴⁵³	nɑu⁴²	xɑu²¹³	xɑu⁴⁵³
乐亭	tsʰɑu³¹	tsɑu⁵²	sɑu³⁴	kɑu³¹	kʰɑu⁵²	ŋɑu²¹²	xɑu³⁴	xɑu⁵²
蔚县	tsʌɯ⁴⁴	tsʌɯ³¹²	sʌɯ⁴⁴	kʌɯ⁵³	kʰʌɯ³¹²	nʌɯ⁵³④ / nʌɯ⁴¹⑤	xʌɯ⁴⁴	xʌɯ³¹²
涞水	tsʰɑu³¹	tsɑu³¹⁴	sɑu²⁴	kɑu³¹	kʰɑu³¹⁴	nɑu⁴⁵	xɑu²⁴	xɑu³¹⁴
霸州	tsʰɑu⁴⁵	tsɑu⁴¹	sɑu²¹⁴	kɑu⁴⁵	kʰɑu⁴¹	nɑu⁴⁵⑥ / nɑu⁵³⑦	xɑu²¹⁴	xɑu⁴¹
容城	tsʰɑu⁴³	tsɑu⁵¹³	sɑu²¹³	kɑu⁴³	kʰɑu⁵¹³	nɑu³⁵	xɑu²¹³	xɑu⁵¹³
雄县	tsʰɑu⁴⁵	tsɑu⁴¹	sɑu²¹⁴	kɑu⁴⁵	kʰɑu⁴¹	nɑu⁴⁵⑧ / nɑu⁵³⑨	xɑu²¹⁴	xɑu⁴¹
安新	tsɑu⁵¹	tsɑu⁵¹	sɑu²¹⁴	kɑu⁴⁵	kʰɑu⁵¹	nɑu³¹	xɑu²¹⁴	xɑu⁵¹
满城	tsʰɑu⁴⁵	tsɑu⁵¹²	sɑu²¹³	kɑu⁴⁵	kʰɑu⁵¹²	nɑu²²	xɑu²¹³	xɑu⁵¹²
阜平	tsʰɔ³¹	tsɔ⁵³	sɔ⁵⁵	kɔ³¹	kʰɔ⁵³	ŋɔ²⁴	xɔ⁵⁵	xɔ⁵³
定州	tsʰɑu³³	tsɑu⁵¹	sɑu²⁴	kɑu³³	kʰɑu⁵¹	ŋɑu²¹³	xɑu²⁴	xɑu⁵¹
无极	tsʰɔ³¹	tsɔ⁴⁵¹	sɔ³⁵	kɔ³¹	kʰɔ⁴⁵¹	ŋɔ²¹³	xɔ³⁵	xɔ⁵¹
辛集	tsʰɑu³³	tsɑu⁴¹	sɑu³²⁴	kɑu³³	kʰɑu⁴¹	ŋɑu³⁵⁴	xɑu³²⁴	xɑu⁴¹
衡水	tsʰɑu²⁴	tsɑu³¹	sɑu⁵⁵	kɑu²⁴	kʰɑu³¹	ŋɑu⁵³ 旧 / ɑu⁵³ 新	xɑu⁵⁵	xɑu³¹
故城	tsʰɔ³¹⑩ / tsʰɔ²⁴⑪	tsɔ³¹	sɔ⁵⁵	kɔ²⁴	kʰɔ³¹	ɔ⁵³	xɔ⁵⁵	xɔ³¹
巨鹿	tsʰɑu³³	tsɑu²¹	sɑu⁵⁵	kɑu³³	kʰɑu²¹	ŋɑu⁴¹	xɑu⁵⁵	xɑu²¹
邢台	tsʰɑu³⁴	tsɑu³¹	sɑu⁵⁵	kɑu³⁴	kʰɑu³¹	ŋɑu⁵³ 又 / ɑu⁵³ 又	xɑu⁵⁵	xɑu³¹
馆陶	tsʰɑo⁴⁴	tsɑo²¹³	sɑo⁴⁴	kɑo²⁴	kʰɑo²¹³	ɑo⁵²	xɑo⁴⁴	xɑo²¹³
沧县	tsʰɑu⁵⁵	tsɑu⁴¹	sɑu⁵⁵	kɑu²³	kʰɑu⁴¹	ŋɑu⁵³	xɑu⁵⁵	xɑu⁴¹
献县	tsʰɔ³³	tsɔ³¹	sɔ²¹⁴	kɔ³³	kʰɔ³¹	nɔ⁵³	xɔ²¹⁴	xɔ³¹
平泉	tsʰɑu⁵⁵	tsɑu⁵¹	sɑu²¹⁴	kɑu⁵⁵	kʰɑu⁵¹	nɑu³⁵ 又 / ɑu³⁵ 又 / nɑu⁵⁵ 又 ⑫	xɑu²¹⁴	xɑu⁵¹

（续表）

	0289 糙 效开一 去豪清	0290 造 效开一 上豪从	0291 嫂 效开一 上豪心	0292 高 效开一 平豪见	0293 靠 效开一 去豪溪	0294 熬 效开一 平豪疑	0295 好~坏 效开一 上豪晓	0296 号名 效开一 去豪匣
滦平	tsʰɑu⁵⁵	tsɑu⁵¹	sɑu²¹⁴	kɑu⁵⁵	kʰɑu⁵¹	nɑu³⁵ 又 / ŋɑu³⁵ 又 / ɑu³⁵ 又⑬	xɑu²¹⁴	xɑu⁵¹
廊坊	tsʰɑu⁵⁵	tsɑu⁵¹	sɑu²¹⁴	kɑu⁵⁵	kʰɑu⁵¹	ŋɑu³⁵ 又 / ɑu³⁵ 又	xɑu²¹⁴	xɑu⁵¹
魏县	tʂau³³	tʂau³¹²	ʂau⁵⁵	kau³³	kʰau³¹²	au⁵³ 又 / au³³ 又	xau⁵⁵	xau³¹²
张北	tsʰɑu⁴²	tsɑu²¹³	sɑu⁵⁵	kɑu⁴²	kʰɑu²¹³	ŋɑu⁴²	xɑu⁵⁵	xɑu²¹³
万全	tsʰɔ⁴¹	tsɔ²¹³	sɔ⁵⁵	kɔ⁴¹	kʰɔ²¹³	ɔ⁴¹	xɔ⁵⁵	xɔ²¹³
涿鹿	tsɔ³¹	tsɔ³¹	sɔ⁴⁵	kɔ⁴⁴	kʰɔ³¹	ŋɔ⁴²	xɔ⁴⁵	xɔ³¹
平山	tsʰɔ³¹	tsɔ⁴²	sɔ⁵⁵	kɔ³¹	kʰɔ⁴²	ŋɔ³¹	xɔ⁵⁵	xɔ⁴²
鹿泉	tsɔ³¹²	tsɔ³¹²	sɔ³⁵	kɔ⁵⁵	kʰɔ³¹²	ŋɔ⁵⁵	xɔ³⁵	xɔ³¹²
赞皇	tsɔ⁵⁴	tsɔ³¹²	sɔ⁴⁵	kɔ⁵⁴	kʰɔ³¹²	ŋɔ⁵⁴	xɔ⁴⁵	xɔ³¹²
沙河	tsau²¹	tsau²¹	sau⁵¹	kau⁴¹	kʰau²¹	ŋau⁵¹	xau³³	xau²¹
邯郸	tsʰɑu³¹	tsɑu²¹³	sɑu⁵³	kɑu³¹	kʰɑu²¹³	ŋɑu⁵³	xɑu⁵⁵	xɑu²¹³
涉县	tsʰau⁴¹	tsau⁵⁵	sau⁵³	kau⁴¹	kʰau⁵⁵	ŋau⁴¹²	xau⁵³	xau⁵⁵

---

① 还读作 ɑu⁵⁵。
② ~粥。
③ ~白菜。
④ ~肉。
⑤ ~粥、~夜ㄦ。
⑥ ~白菜。
⑦ ~粥、~夜ㄦ。
⑧ ~白菜。
⑨ ~粥、~夜ㄦ。
⑩ 粗~。
⑪ ~米。
⑫ 还读作 ɑu⁵⁵。
⑬ 还读作 nɑu⁵⁵/ŋɑu⁵⁵/ɑu⁵⁵。

	0297 包	0298 饱	0299 炮	0300 猫	0301 闹	0302 罩	0303 抓 用手~牌	0304 找 ~零钱
	效开二 平肴帮	效开二 上肴帮	效开二 去肴滂	效开二 平肴明	效开二 去肴泥	效开二 去肴知	效开二 平肴庄	效开二 上肴庄
兴隆	pɑu³⁵	pɑu²¹³	pʰɑu⁵¹① pʰɑu⁵⁵② pɑu³⁵③	mɑu³⁵	nɑu⁵¹	tʂɑu⁵¹	tʂua³⁵	tʂɑu²¹³
北戴河	pɑu⁴⁴	pɑu²¹⁴	pʰɑu⁵¹	mɑu³⁵	nɑu⁵¹	tʃɑu⁵¹	tʃua⁴⁴	tʃɑu²¹⁴
昌黎	pɑu⁴²	pɑu²¹³	pʰɑu⁴⁵³	mɑu²⁴	nɑu⁴⁵³	tsɑu⁴⁵³	tsua⁴²	tsɑu²¹³
乐亭	pɑu³¹	pɑu³⁴	pʰɑu⁵²	mɑu²¹²	nɑu⁵²	tsɑu⁵²	tsua³¹	tsɑu³⁴
蔚县	pʌɯ⁵³	pʌɯ⁴⁴	pʰʌɯ³¹²	mʌɯ⁴¹	nʌɯ³¹²	tsʌɯ³¹²	tsua⁵³	tsʌɯ⁴⁴
涞水	pɑu³¹	pɑu²⁴	pʰɑu³¹⁴	mɑu³¹	nɑu³¹⁴	tʂɑu³¹⁴	tʂua³¹	tʂɑu²⁴
霸州	pɑu⁴⁵	pɑu²¹⁴	pʰɑu⁴¹	mɑu⁵³	nɑu⁴¹	tʂɑu⁴¹	tʂua⁴⁵	tʂɑu²¹⁴
容城	pɑu⁴³	pɑu²¹³	pʰɑu⁵¹³	mɑu³⁵	nɑu⁵¹³	tsɑu⁵¹³	tsua⁴³	tsɑu²¹³
雄县	pɑu⁴⁵	pɑu²¹⁴	pʰɑu⁴¹	mɑu⁵³	nɑu⁴¹	tsɑu⁴¹	tsua⁴⁵	tsɑu²¹⁴
安新	pɑu⁴⁵	pɑu²¹⁴	pʰɑu⁵¹	mɑu³¹	nɑu⁵¹	tsɑu⁵¹	tsua⁴⁵	tsɑu²¹⁴
满城	pɑu⁴⁵	pɑu²¹³	pʰɑu⁵¹²	mɑu²²	nɑu⁵¹²	tʂɑu⁵¹²	tʂua⁴⁵	tʂɑu²¹³
阜平	pɔ³¹	pɔ⁵⁵	pʰɔ⁵³	mɔ²⁴	nɔ⁵³	tʂɔ⁵³	tʂua³¹	tʂɔ⁵⁵
定州	pɑu³³	pɑu²⁴	pʰɑu⁵¹	mɑu²¹³	nɑu⁵¹	tʂɑu⁵¹	tʂua³³	tʂɑu²⁴
无极	pɔ³¹	pɔ³⁵	pʰɔ⁴⁵¹	mɔ²¹³	nɔ⁵¹	tʂɔ⁵¹	tʂua³¹	tʂɔ³⁵
辛集	pɑu³³	pɑu³²⁴	pʰɑu⁴¹	mɑu³⁵⁴	nɑu⁴¹	tʂɑu⁴¹	tʂa³³	tʂɑu³²⁴
衡水	pɑu²⁴	pɑu⁵⁵	pʰɑu³¹	mɑu⁵³	nɑu³¹	tʂɑu³¹	tsua²⁴	tsɑu⁵⁵
故城	pɔo²⁴	pɔo⁵⁵	pʰɔo³¹	mɔo⁵³④ mɔo²⁴⑤	nɔo³¹	tʂɔo³¹	tʂua²⁴	tʂɔo⁵⁵
巨鹿	pɑu³³	pɑu⁵⁵	pʰɑu²¹	mɑu⁴¹	nɑu²¹	tʂɑu²¹	tʂua³³	tʂɑu⁵⁵
邢台	pɑu³⁴	pɑu⁵⁵	pʰɑu³¹	mɑu⁵³	nɑu³¹	tʂɑu³¹	tʂʰua⁵⁵ 白 tʂua³⁴ 文	tʂɑu⁵⁵
馆陶	pao²⁴	pao⁴⁴	pʰao²¹³	mao⁵²	nao²¹³	tʂao²¹³	tʂua²⁴	tʂao⁴⁴
沧县	pɑu²³	pɑu⁵⁵	pʰɑu⁴¹	mɑu⁵³	nɑu⁴¹	tsɑu⁴¹	tsua²³	tsɑu⁵⁵
献县	pɔ³³	pɔ²¹⁴	pʰɔ³¹	mɔ⁵³	nɔ³¹	tʂɔ³¹	tʂua³³	tʂɔ²¹⁴
平泉	pɑu⁵⁵	pɑu²¹⁴	pʰɑu⁵¹	mɑu⁵⁵	nɑu⁵¹	tʂɑu⁵¹	tʂua⁵⁵	tʂɑu²¹⁴

（续表）

	0297 包	0298 饱	0299 炮	0300 猫	0301 闹	0302 罩	0303 抓用手~牌	0304 找~零钱
	效开二平肴帮	效开二上肴帮	效开二去肴滂	效开二平肴明	效开二去肴泥	效开二去肴知	效开二平肴庄	效开二上肴庄
滦平	pɑu⁵⁵	pɑu²¹⁴	pʰɑu⁵¹⑥ pʰɑu³⁵⑦ pɑu⁵⁵⑧	mɑu⁵⁵	nɑu⁵¹	tʂɑu⁵¹	tʂuɑ⁵⁵	tʂɑu²¹⁴
廊坊	pɑu⁵⁵	pɑu²¹⁴	pʰɑu⁵¹	mɑu⁵⁵	ŋɑu⁵¹	tʂɑu⁵¹	tʂuɑ⁵⁵	tʂɑu²¹⁴
魏县	pɑu³³	pɑu⁵⁵	pʰɑu³¹²	mɑu⁵³	nɑu³¹²	tʂɑu³¹²	tʂuɑ³³	tʂɑu⁵⁵
张北	pau⁴²	pau⁵⁵	pʰau²¹³	mau⁴²	nau²¹³	tsau²¹³	tsua⁴²	tsau⁵⁵
万全	pɔ⁴¹	pɔ⁵⁵	pʰɔ²¹³	mɔ⁴¹	nɔ²¹³	tsɔ²¹³	tsuɑ⁴¹	tsɔ⁵⁵
涿鹿	pɔ⁴⁴	pɔ⁴⁵	pʰɔ³¹	mɔ⁴²	nɔ³¹	tsɔ³¹	tsuɑ⁴⁴	tsɔ⁴⁵
平山	pɔ³¹	pɔ⁵⁵	pʰɔ⁴²	mɔ³¹	nɔ⁴²	tʂɔ⁴²	tʂuɑ³¹	tʂɔ⁵⁵
鹿泉	pɔ⁵⁵	pɔ³⁵	pʰɔ³¹²	mɔ⁵⁵	nɔ³¹²	tʂɔ³¹²	tʂuɑ⁵⁵	tʂɔ³⁵
赞皇	pɔ⁵⁴	pɔ⁴⁵	pʰɔ³¹²	mɔ⁵⁴	nɔ³¹²	tʂɔ³¹²	tʂuɑ⁵⁴	tʂɔ⁴⁵
沙河	pau⁴¹	pau³³	pʰau²¹	mau⁵¹	nau²¹	tsau²¹	tʂɔ⁴¹	tsau³³
邯郸	pau³¹	pau⁵⁵	pʰau²¹³	mau⁵³	nau²¹³	tsau²¹³	tʂɔ³¹	tsau⁵⁵
涉县	pau⁴¹	pau⁵³	pʰau⁵⁵	mau⁴¹²	nau⁵⁵	tsau⁵⁵	tsuɒ⁴¹	tsau⁵³

---

① 大~。
② ~制。
③ ~干。
④ 小~。
⑤ ~腰。
⑥ 大~。
⑦ ~制。
⑧ ~干。

	0305 抄	0306 交	0307 敲	0308 孝	0309 校学~	0310 表手~	0311 票	0312 庙
	效开二平肴初	效开二平肴见	效开二平肴溪	效开二去肴晓	效开二去肴匣	效开三上宵帮	效开三去宵滂	效开三去宵明
兴隆	tʂʰau³⁵	tɕiau³⁵	tɕʰiau³⁵	ɕiau⁵¹	ɕiau⁵¹	piau²¹³	pʰiau⁵¹	miau⁵¹
北戴河	tʃʰau⁴⁴	tɕiau⁴⁴	tɕʰiau⁴⁴	ɕiau⁵¹	ɕiau⁵¹	piau²¹⁴	pʰiau⁵¹	miau⁵¹
昌黎	tʂʰau⁴²	tɕiau⁴²	tɕʰiau⁴²	ɕiau⁴⁵³	ɕiau⁴⁵³	piau²¹³	pʰiau⁴⁵³	miau⁴⁵³
乐亭	tʂʰau³¹	tɕiau³¹	tɕʰiau³¹	ɕiau⁵²	ɕiau⁵²	piau³⁴	pʰiau⁵²	miau⁵²
蔚县	tʂʰʌɯ⁵³	tɕiʌɯ⁵³	tɕʰiʌɯ⁵³	ɕiʌɯ³¹²	ɕiʌɯ³¹²	piʌɯ⁴⁴	pʰiʌɯ³¹²	miʌɯ³¹²
涞水	tʂʰau³¹	tɕiau³¹	tɕʰiau³¹	ɕiau³¹⁴	ɕiau³¹⁴	piau²⁴	pʰiau³¹⁴	miau³¹⁴
霸州	tʂʰau⁴⁵	tɕiau⁴⁵	tɕʰiau⁴⁵	ɕiau⁴¹	ɕiau⁴¹	piau²¹⁴	pʰiau⁴¹	miau⁴¹
容城	tʂʰau⁴³	tɕiau⁴³	tɕʰiau⁴³	ɕiau⁵¹³	ɕiau⁵¹³	piau²¹³	pʰiau⁵¹³	miau⁵¹³
雄县	tʂʰau⁴⁵	tɕiau⁴⁵	tɕʰiau⁴⁵	ɕiau⁴¹	ɕiau⁴¹	piau²¹⁴	pʰiau⁴¹	miau⁴¹
安新	tʂʰau⁴⁵	tɕiau⁴⁵	tɕʰiau⁴⁵	ɕiau⁵¹	ɕiau⁵¹	piau²¹⁴	pʰiau⁵¹	miau⁵¹
满城	tʂʰau⁴⁵	tɕiau⁴⁵	tɕʰiau⁴⁵	ɕiau⁵¹²	ɕiau⁵¹²	piau²¹³	pʰiau⁵¹²	miau⁵¹²
阜平	tʂʰɔ³¹	tɕiɔ³¹	tɕʰiɔ³¹	ɕiɔ⁵³	ɕiɔ⁵³	piɔ⁵⁵	pʰiɔ⁵³	miɔ⁵³
定州	tʂʰau³³	tɕiau³³	tɕʰiau³³	ɕiau⁵¹	ɕiau⁵¹	piau²⁴	pʰiau⁵¹	miau⁵¹
无极	tʂʰɔ³¹	tɕiɔ³¹	tɕʰiɔ³¹	ɕiɔ⁵¹	ɕiɔ⁴⁵¹	piɔ³⁵	pʰiɔ⁴⁵¹	miɔ⁴⁵¹
辛集	tʂʰau³³	tɕiau³³	tɕʰiau³³	ɕiau⁴¹	ɕiau⁴¹	piau³²⁴	pʰiau⁴¹	miau⁴¹
衡水	tʂʰau²⁴	tɕiau²⁴	tɕʰiau²⁴	ɕiau³¹	ɕiau³¹	piau⁵⁵	pʰiau³¹	miau³¹
故城	tʂʰɔ²⁴	tɕiɔ²⁴	tɕʰiɔ²⁴	ɕiɔ³¹	ɕiɔ³¹	piɔ⁵⁵	pʰiɔ³¹	miɔ³¹
巨鹿	tʂʰau³³	tɕiau³³	tɕʰiau³³	ɕiau²¹	ɕiau²¹	piau⁵⁵	pʰiau²¹	miau²¹
邢台	tʂʰau³⁴	tɕiau³⁴	tɕʰiau³⁴	ɕiau³¹	ɕiau³¹	piau⁵⁵	pʰiau³¹	miau³¹
馆陶	tʂʰɑo²⁴	tɕiɑo²⁴	tɕʰiɑo²⁴	ɕiɑo²¹³	ɕiɑo²¹³	piɑo⁴⁴	pʰiɑo²¹³	miɑo²¹³
沧县	tʂʰau²³	tɕiau²³	tɕʰiau²³	ɕiau⁴¹	ɕiau⁴¹	piau⁵⁵	pʰiau⁴¹	miau⁴¹
献县	tʂʰɔ³³	tɕiɔ³³	tɕʰiɔ³³	ɕiɔ³¹	ɕiɔ³¹	piɔ²¹⁴	pʰiɔ³¹	miɔ³¹
平泉	tʂʰau⁵⁵	tɕiau⁵⁵	tɕʰiau⁵⁵	ɕiau⁵¹	ɕiau⁵¹	piau²¹⁴	pʰiau⁵¹	miau⁵¹
滦平	tʂʰau⁵⁵	tɕiau⁵⁵	tɕʰiau⁵⁵	ɕiau⁵¹	ɕiau⁵¹	piau²¹⁴	pʰiau⁵¹	miau⁵¹
廊坊	tʂʰau⁵⁵	tɕiau⁵⁵	tɕʰiau⁵⁵	ɕiau⁵¹	ɕiau⁵¹	piau²¹⁴	pʰiau⁵¹	miau⁵¹
魏县	tʂʰau³³	tɕiau³³	tɕʰiau³³	ɕiau³¹²	ɕiau³¹²	piau⁵⁵	pʰiau³¹²	miau³¹²

(续表)

	0305 抄	0306 交	0307 敲	0308 孝	0309 校学~	0310 表手~	0311 票	0312 庙
	效开二平肴初	效开二平肴见	效开二平肴溪	效开二去肴晓	效开二去肴匣	效开三上宵帮	效开三去宵滂	效开三去宵明
张北	tsʰau⁴²	tɕiau⁴²	tɕʰiau⁴²	ɕiau²¹³	ɕiau²¹³	piau⁵⁵	pʰiau²¹³	miau²¹³
万全	tʂʰɔ⁴¹	tɕiɔ⁴¹	tɕʰiɔ⁴¹	ɕiɔ²¹³	ɕiɔ²¹³	piɔ⁵⁵	pʰiɔ²¹³	miɔ²¹³
涿鹿	tʂʰɔ⁴⁴	tɕiɔ⁴⁴	tɕʰiɔ⁴⁴	ɕiɔ³¹	ɕiɔ³¹	piɔ⁴⁵	pʰiɔ³¹	miɔ³¹
平山	tʂʰɔ³¹	tɕiɔ³¹	tɕʰiɔ³¹	ɕiɔ⁴²	ɕiɔ³¹	piə⁵⁵白 piɔ⁵⁵文	pʰiə⁴²白 pʰiɔ⁴²文	miə⁴²白 miɔ⁴²文
鹿泉	tʂʰɔ⁵⁵	tɕiɔ⁵⁵	tɕʰiɔ⁵⁵	ɕiɔ³¹²	ɕiɔ³¹²	piɔ³⁵	pʰiɔ³¹²	miɔ³¹²
赞皇	tʂʰɔ⁵⁴	tɕiɔ⁵⁴	tɕʰiɔ⁵⁴	ɕiɔ³¹²	ɕiɔ³¹²	piɔ⁴⁵	pʰiɔ³¹²	miɔ³¹²
沙河	tsʰau⁴¹	tɕiau⁴¹	tɕʰiau⁴¹	ɕiau²¹	ɕiau²¹	piau³³	pʰiau²¹	miau²¹
邯郸	tsʰɑu³¹	tɕiɑu³¹	tɕʰiɑu³¹	ɕiɑu²¹³	ɕiɑu²¹³	piɑu⁵⁵	pʰiɑu²¹³	miɑu²¹³
涉县	tsʰau⁴¹	tɕiau⁴¹	tɕʰiau⁴¹	ɕiau⁵⁵	ɕiau⁵⁵	piau⁵³	pʰiau⁵⁵	miau⁵⁵

	0313 焦	0314 小	0315 笑	0316 朝~代	0317 照	0318 烧	0319 绕~线	0320 桥
	效开三平宵精	效开三上宵心	效开三去宵心	效开三平宵澄	效开三去宵章	效开三平宵书	效开三去宵日	效开三平宵群
兴隆	tɕiɑu³⁵	ɕiɑu²¹³	ɕiɑu⁵¹	tʂʰɑu⁵⁵	tʂɑu⁵¹	ʂɑu³⁵	ʐɑu⁵¹	tɕʰiɑu⁵⁵
北戴河	tɕiɑu⁴⁴	ɕiɑu²¹⁴	ɕiɑu⁵¹	tʃʰɑu³⁵	tʃɑu⁵¹	ʃɑu⁴⁴	ʐɑu⁵¹	tɕʰiɑu³⁵
昌黎	tɕiɑu⁴²	ɕiɑu²¹³	ɕiɑu⁴⁵³	tʂʰɑu²⁴	tsɑu⁴⁵³	sɑu⁴²	ʐɑu²⁴① / ʐɑu⁴⁵³②	tɕʰiɑu²⁴
乐亭	tɕiɑu³¹	ɕiɑu³⁴	ɕiɑu⁵²	tʂʰɑu²¹²	tʂɑu⁵²	ʂɑu³¹	ʐɑu⁵²	tɕʰiɑu²¹²
蔚县	tɕiʌɯ⁵³	ɕiʌɯ⁴⁴	ɕiʌɯ³¹²	tsʰʌɯ⁴¹	tsʌɯ³¹²	sʌɯ⁵³	zʌɯ³¹²	tɕʰiʌɯ⁴¹
涞水	tɕiɑu³¹	ɕiɑu²⁴	ɕiɑu³¹⁴	tʂʰɑu⁴⁵	tʂɑu³¹⁴	ʂɑu³¹	ʐɑu³¹⁴	tɕʰiɑu⁴⁵
霸州	tɕiɑu⁴⁵	ɕiɑu²¹⁴	ɕiɑu⁴¹	tʂʰɑu⁵³	tʂɑu⁴¹	ʂɑu⁴⁵	ʐɑu⁴¹	tɕʰiɑu⁵³
容城	tɕiɑu⁴³	ɕiɑu²¹³	ɕiɑu⁵¹³	tʂʰɑu³⁵	tʂɑu⁵¹³	ʂɑu⁴³	ʐɑu⁵¹³	tɕʰiɑu³⁵
雄县	tɕiɑu⁴⁵	ɕiɑu²¹⁴	ɕiɑu⁴¹	tʂʰɑu⁵³	tʂɑu⁴¹	ʂɑu⁴⁵	ʐɑu⁴¹	tɕʰiɑu⁵³
安新	tɕiɑu⁴⁵	ɕiɑu²¹⁴	ɕiɑu⁵¹	tʂʰɑu³¹	tʂɑu⁵¹	ʂɑu⁴⁵	ʐɑu⁵¹	tɕʰiɑu³¹
满城	tɕiɑu⁴⁵	ɕiɑu²¹³	ɕiɑu⁵¹²	tʂʰɑu²²	tʂɑu⁵¹²	ʂɑu⁴⁵	ʐɑu⁵¹²	tɕʰiɑu²²
阜平	tɕiɔ³¹	ɕiɔ⁵⁵	ɕiɔ⁵³	tʂʰɔ²⁴	tʂɔ⁵³	ʂɔ³¹	ʐɔ⁵³	tɕʰiɔ²⁴
定州	tsiɑu³³	siɑu²⁴	siɑu⁵¹	tʂʰɑu²⁴	tʂɑu⁵¹	ʂɑu³³	ʐɑu⁵¹	tɕʰiɑu²⁴
无极	tsiɔ³¹	siɔ³⁵	siɔ⁵¹	tʂʰɔ²¹³	tʂɔ⁵¹	ʂɔ³¹	ʐɔ⁵¹	tɕʰiɔ²¹³
辛集	tsiɑu³³	siɑu³²⁴	siɑu⁴¹	tʂʰɑu³⁵⁴	tʂɑu⁴¹	ʂɑu³³	ʐɑu⁴¹	tɕʰiɑu³⁵⁴
衡水	tɕiɑu²⁴	ɕiɑu⁵⁵	ɕiɑu³¹	tʂʰɑu⁵³	tsɑu³¹	sɑu²⁴	iɑu³¹旧 / ʐɑu³¹新	tɕʰiɑu⁵³
故城	tɕiɔo²⁴	ɕiɔo⁵⁵	ɕiɔo³¹	tʂʰɔo⁵³	tʂɔo³¹	ʂɔo²⁴	ʐɔo³¹	tɕʰiɔo⁵³
巨鹿	tɕiɑu³³	ɕiɑu⁵⁵	ɕiɑu²¹	tʂʰɑu⁴¹	tʂɑu²¹	ʂɑu³³	iɑu²¹	tɕʰiɑu⁴¹
邢台	tsiɑu³⁴	siɑu⁵⁵	siɑu³¹	tʂʰɑu⁵³	tʂɑu³¹	ʂɑu³⁴	ʐɑu³¹又 / iɑu³¹又	tɕʰiɑu⁵³
馆陶	tsiɑo²⁴	siɑo⁴⁴	siɑo²¹³	tʂʰɑo⁵²	tʂɑo²¹³	ʂɑo²⁴	ʐɑo⁵²	tɕʰiɑo⁵²
沧县	tɕiɑu²³	ɕiɑu⁵⁵	ɕiɑu⁴¹	tʂʰɑu⁵³	tʂɑu⁴¹	ʂɑu²³	ʐɑu⁴¹	tɕʰiɑu⁵³
献县	tɕiɔ³³	ɕiɔ²¹⁴	ɕiɔ³¹	tʂʰɔ⁵³	tʂɔ³¹	ʂɔ³³	ʐɔ³¹	tɕʰiɔ⁵³
平泉	tɕiɑu⁵⁵	ɕiɑu²¹⁴	ɕiɑu⁵¹	tʂʰɑu³⁵	tʂɑu⁵¹	ʂɑu⁵⁵	ʐɑu⁵¹	tɕʰiɑu³⁵
滦平	tɕiɑu⁵⁵	ɕiɑu²¹⁴	ɕiɑu⁵¹	tʂʰɑu³⁵	tʂɑu⁵¹	ʂɑu⁵⁵	ʐɑu⁵¹	tɕʰiɑu³⁵

（续表）

	0313 焦	0314 小	0315 笑	0316 朝~代	0317 照	0318 烧	0319 绕~线	0320 桥
	效开三平宵精	效开三上宵心	效开三去宵心	效开三平宵澄	效开三去宵章	效开三平宵书	效开三去宵日	效开三平宵群
廊坊	tɕiɑu⁵⁵	ɕiɑu²¹⁴	ɕiɑu⁵¹	tʂʰɑu³⁵	tʂɑu⁵¹	ʂɑu⁵⁵	ʐɑu⁵¹	tɕʰiɑu³⁵
魏县	tɕiɑu³³	ɕiɑu⁵⁵	ɕiɑu³¹²	tʂʰɑu⁵³	tʂɑu³¹²	ʂɑu³³	ʐɑu³³	tɕʰiɑu⁵³
张北	tɕiɑu⁴²	ɕiɑu⁵⁵	ɕiɑu²¹³	tʂʰɑu⁴²	tʂɑu²¹³	ʂɑu⁴²	ʐɑu²¹³	tɕʰiɑu⁴²
万全	tɕiɔ⁴¹	ɕiɔ⁵⁵	ɕiɔ²¹³	tʂʰɔ⁴¹	tʂɔ²¹³	ʂɔ⁴¹	ʐɔ²¹³	tɕʰiɔ⁴¹
涿鹿	tɕiɔ⁴⁴	ɕiɔ⁴⁵	ɕiɔ³¹	tʂʰɔ⁴²	tʂɔ³¹	ʂɔ⁴⁴	ʐɔ³¹	tɕʰiɔ⁴²
平山	tsiə³¹ 白 tsiɔ³¹ 文	siə⁵⁵ 白 siɔ⁵⁵ 文	siə⁴² 白 siɔ⁴² 文	tʂʰɔ³¹	tʂɤ⁴² 白 tʂɔ⁴² 文	ʂɤ³¹ 白 ʂɔ³¹ 文	ʐɤ⁴² 白 ʐɔ⁴² 文	tɕʰiə³¹ 白 tɕʰiɔ³¹ 文
鹿泉	tsiɔ⁵⁵	siɔ³⁵	siɔ³¹²	tʂʰɔ⁵⁵	tʂɔ³¹²	ʂɔ⁵⁵	ʐɔ³¹²	tɕʰiɔ⁵⁵
赞皇	tsiɔ⁵⁴	siɔ⁴⁵ 又 siɛ⁴⁵ 又	siɔ³¹²	tʂʰɔ⁵⁴	tʂɔ³¹²	ʂɔ⁵⁴	ʐɔ³¹²	tɕʰiɔ⁵⁴
沙河	tsiɑu⁴¹	siɑu³³	siɑu²¹	tʂʰɑu⁵¹	tʂɑu²¹	ʂɑu⁴¹	ʐɑu⁵¹	tɕʰiɑu⁵¹
邯郸	tsiɑu³¹	siɑu⁵⁵	siɑu²¹³	tʂʰɑu⁵³	tʂɑu²¹³	ʂɑu³¹	ʐɑu⁵³	tɕʰiɑu⁵³
涉县	tɕiɑu⁴¹	ɕiɑu⁵³	ɕiɑu⁵⁵	tʂʰau⁴¹²	tʂau⁵⁵	ʂau⁴¹	iau⁵⁵	tɕʰiɑu⁴¹²

① ~弯儿。
② ~过去。

	0321 轿	0322 腰	0323 要重~	0324 摇	0325 鸟	0326 钓	0327 条	0328 料
	效开三去宵群	效开三平宵影	效开三去宵影	效开三平宵以	效开四上萧端	效开四去萧端	效开四平萧定	效开四去萧来
兴隆	tɕiau⁵¹	iau³⁵	iau⁵¹	iau⁵⁵	ɲiau²¹³	tiau⁵¹	tʰiau⁵⁵	liau⁵¹
北戴河	tɕiau³⁵	iau⁴⁴	iau⁵¹	iau³⁵	ɲiau²¹⁴	tiau⁵¹	tʰiau³⁵	liau⁵¹
昌黎	tɕiau²⁴① tɕiau⁴⁵³②	iau⁴²	iau⁴⁵³	iau²⁴	ɲiau²¹³	tiau²⁴③ tiau⁴⁵³④	tʰiau²⁴	liau⁴⁵³
乐亭	tɕiau⁵²	iau³¹	iau⁵²	iau²¹²	niau³⁴	tiau⁵²	tʰiau²¹²	liau⁵²
蔚县	tɕiʌɯ³¹²	iʌɯ⁵³	iʌɯ³¹²	iʌɯ⁴¹	ɲiʌɯ⁴⁴	tiʌɯ³¹²	tʰiʌɯ⁴¹	liʌɯ³¹²
涞水	tɕiau³¹⁴	iau³¹	iau³¹⁴	iau⁴⁵	ɲiau²⁴	tiau³¹⁴	tʰiau⁴⁵	liau³¹⁴
霸州	tɕiau⁴¹	iau⁴⁵	iau⁴¹	iau⁵³	ɲiau²¹⁴	tiau⁴¹	tʰiau⁵³	liau⁴¹
容城	tɕiau⁵¹³	iau⁴³	iau⁵¹³	iau³⁵	niau²¹³	tiau⁵¹³	tʰiau³⁵	liau⁵¹³
雄县	tɕiau⁴¹	iau⁴⁵	iau⁴¹	iau⁵³	ɲiau²¹⁴	tiau⁴¹	tʰiau⁵³	liau⁴¹
安新	tɕiau⁵¹	iau⁴⁵	iau⁵¹	iau³¹	niau²¹⁴	tiau⁵¹	tʰiau³¹	liau⁵¹
满城	tɕiau⁵¹²	iau⁴⁵	iau⁵¹²	iau²²	ɲiau²¹³	tiau⁵¹²	tʰiau²²	liau⁵¹²
阜平	tɕiɔ⁵³	iɔ³¹	iɔ⁵³	iɔ²⁴	ɲiɔ⁵⁵	tiɔ⁵³	tʰiɔ²⁴	liɔ⁵³
定州	tɕiau⁵¹	iau³³	iau⁵¹	iau²¹³	ɲiau²⁴	tiau⁵¹	tʰiau²¹³	liau⁵¹
无极	tɕiɔ⁴⁵¹	iɔ³¹	iɔ⁵¹	iɔ²¹³	ɲiɔ³⁵	tiɔ⁵¹	tʰiɔ²¹³	liɔ⁵¹
辛集	tɕiau⁴¹	iau³³	iau⁴¹	iau³⁵⁴	ɲiau³²⁴	tiau⁴¹	tʰiau³⁵⁴	liau⁴¹
衡水	tɕiau³¹	iau²⁴	iau³¹	iau⁵³	ɲiau⁵⁵	tiau³¹	tʰiau⁵³	liau³¹
故城	tɕiɔo³¹	iɔo²⁴	iɔo³¹	iɔo⁵³	ɲiɔo⁵⁵	tiɔo³¹	tʰiɔo⁵³	liɔo³¹
巨鹿	tɕiau²¹	iau³³	iau³³	iau⁴¹	ɲiau⁵⁵	tiau²¹	tʰiau⁴¹	liau²¹
邢台	tɕiau³¹	iau³⁴	iau³¹	iau⁵³	niau⁵⁵	tiau³¹	tʰiau⁵³	liau³¹
馆陶	tɕiao²¹³	iao²⁴	iao²¹³	iao⁵²	ɲiao⁴⁴	tiao²¹³	tʰiao⁵²	liao²¹³
沧县	tɕiau⁴¹	iau²³	iau⁴¹	iau⁵³	ɲiau⁵⁵	tiau⁴¹	tʰiau⁵³	liau⁴¹
献县	tɕiɔ³¹	iɔ³³	iɔ³¹	iɔ⁵³	ɲiɔ²¹⁴	tiɔ³¹	tʰiɔ⁵³	liɔ³¹
平泉	tɕiau⁵¹	iau⁵⁵	iau⁵¹	iau³⁵	niau²¹⁴	tiau⁵¹	tʰiau³⁵	liau⁵¹
滦平	tɕiau⁵¹	iau⁵⁵	iau⁵¹	iau³⁵	ɲiau²¹⁴	tiau⁵¹	tʰiau³⁵	liau⁵¹
廊坊	tɕiau⁵¹	iau⁵⁵	iau⁵¹	iau³⁵	ɲiau²¹⁴	tiau⁵¹	tʰiau³⁵	liau⁵¹

（续表）

	0321 轿	0322 腰	0323 要重~	0324 摇	0325 鸟	0326 钓	0327 条	0328 料
	效开三去宵群	效开三平宵影	效开三去宵影	效开三平宵以	效开四上萧端	效开四去萧端	效开四平萧定	效开四去萧来
魏县	tɕiɑu³¹²	iɑu³³	iɑu³¹²	iɑu⁵³	ȵiɑu⁵⁵	tiɑu³¹²	tʰiɑu⁵³	liɑu³¹²
张北	tɕiɑu²¹³	iɑu⁴²	iɑu²¹³	iɑu⁴²	ȵiɑu⁵⁵	tiɑu²¹³	tʰiɑu⁴²	liɑu²¹³
万全	tɕiɔ²¹³	iɔ⁴¹	iɔ²¹³	iɔ⁴¹	ȵiɔ⁵⁵	tiɔ²¹³	tʰiɔ⁴¹	liɔ²¹³
涿鹿	tɕiɔ³¹	iɔ⁴⁴	iɔ³¹	iɔ⁴²	ȵiɔ⁴⁵	tiɔ³¹	tʰiɔ⁴²	liɔ³¹
平山	tɕiə⁴²白 tɕiɔ⁴²文	iə³¹白 iɔ³¹文	iə⁴²白 iɔ⁴²文	iə³¹白 iɔ³¹文	ȵiɔ⁵⁵	tiə⁴²白 tiɔ⁴²文	tʰiə³¹白 tʰiɔ³¹文	liə⁴²白 liɔ⁴²文
鹿泉	tɕiɔ³¹²	iɔ⁵⁵	iɔ³¹²	iɔ⁵⁵	ȵiɔ³⁵	tiɔ³¹²	tʰiɔ⁵⁵	liɔ³¹²
赞皇	tɕiɔ³¹²	iɔ⁵⁴	iɔ³¹²	iɔ⁵⁴	ȵiɔ⁴⁵	tiɔ³¹²	tʰiɔ⁵⁴	liɔ³¹²
沙河	tɕiɑu²¹	iɑu⁴¹	iɑu²¹	iɑu⁵¹	niɑu³³	tiɑu²¹	tʰiɑu⁵¹	liɑu²¹
邯郸	tɕiɑu²¹³	iɑu³¹	iɑu²¹³	iɑu⁵³	niɑu⁵⁵	tiɑu²¹³	tʰiɑu⁵³	liɑu²¹³
涉县	tɕiɑu⁵⁵	iɑu⁴¹	iɑu⁵⁵	iɑu⁴¹²	ȵiɑu⁵³	tiɑu⁵⁵	tʰiɑu⁴¹²	liɑu⁵⁵

① 抬~。
② 花~、~车。
③ ~上来、~着¹。
④ ~着²、~鱼。

	0329 箫 效开四平萧心	0330 叫 效开四去萧见	0331 母 丈~,男~ 流开一上侯明	0332 抖 流开一上侯端	0333 偷 流开一平侯透	0334 头 流开一平侯定	0335 豆 流开一去侯定	0336 楼 流开一平侯来
兴隆	ɕiau³⁵	tɕiau⁵¹	mu²¹³	tou²¹³	tʰou³⁵	tʰou⁵⁵	tou⁵¹	lou⁵⁵
北戴河	ɕiau⁴⁴	tɕiau⁵¹	mu²¹⁴	tou²¹⁴	tʰou⁴⁴	tʰou³⁵	tou⁵¹	lou³⁵
昌黎	ɕiau⁴²	tɕiau⁴⁵³	mu²¹³	tou²¹³	tʰou⁴²	tʰou²⁴	tou²⁴① tou⁴⁵³②	lou²⁴
乐亭	ɕiau³¹	tɕiau⁵²	mu³⁴	tou³⁴	tʰou³¹	tʰou²¹²	tou⁵²	lou²¹²
蔚县	ɕiʌɯ⁵³	tɕiʌɯ³¹²	mu⁴⁴	təu⁴⁴	tʰəu⁵³	tʰəu⁴¹	təu³¹²	ləu⁴¹
涞水	ɕiau³¹	tɕiau³¹⁴	mu²⁴	tou²⁴	tʰou³¹	tʰou⁴⁵	tou³¹⁴	lou⁴⁵
霸州	ɕiau⁴⁵	tɕiau⁴¹	mu²¹⁴	tou²¹⁴	tʰou⁴⁵	tʰou⁵³	tou⁴¹	lou⁵³
容城	ɕiau⁴³	tɕiau⁵¹³	mu²¹³	tou²¹³	tʰou⁴³	tʰou³⁵	tou⁵¹³	lou³⁵
雄县	ɕiau⁴⁵	tɕiau⁴¹	mu²¹⁴	tou²¹⁴	tʰou⁴⁵	tʰou⁵³	tou⁴¹	lou⁵³
安新	ɕiau⁴⁵	tɕiau⁵¹	mu²¹⁴	tou²¹⁴	tʰou⁴⁵	tʰou³¹	tou⁵¹	lou³¹
满城	ɕiau⁴⁵	tɕiau⁵¹²	mu²¹³	tou²¹³	tʰou⁴⁵	tʰou²²	tou⁵¹²	lou²²
阜平	ɕiɔ³¹	tɕiɔ⁵³	mu⁵⁵	tou⁵⁵	tʰou³¹	tʰou²⁴	tou⁵³	lou²⁴
定州	siau³³	tɕiau⁵¹	mu²⁴	tou²⁴	tʰou³³	tʰou²⁴	tou⁵¹	lou²¹³
无极	siɔ³¹	tɕiɔ⁵¹	mu³⁵	təu³⁵	tʰəu³¹	tʰəu²¹³	təu⁴⁵¹	ləu²¹³
辛集	siau³³	tɕiau⁴¹	mu³²⁴	tou³²⁴	tʰou³³	tʰou³⁵⁴	tou⁴¹	lou³⁵⁴
衡水	ɕiau²⁴	tɕiau³¹	mu⁵⁵	təu⁵⁵	tʰəu²⁴	tʰəu⁵³	təu³¹	ləu⁵³
故城	ɕiɔɔ²⁴	tɕiɔɔ³¹	mu⁵⁵	tou⁵⁵	tʰou²⁴	tʰou⁵³	tou³¹	lou⁵³
巨鹿	ɕiau³³	tɕiau²¹	mu⁵⁵	tou⁵⁵	tʰou³³	tʰou⁴¹	tou²¹	lou⁴¹
邢台	siau³⁴	tɕiau³¹	mu⁵⁵	tou⁵⁵	tʰou³⁴	tʰou²⁴	tou³¹	lou⁵³
馆陶	siao²⁴	tɕiao²¹³	mu⁴⁴	təu⁴⁴	tʰəu²⁴	tʰəu⁵²	təu²¹³	ləu⁵²
沧县	ɕiau²³	tɕiau⁴¹	mu⁵⁵	tou⁵⁵	tʰou²³	tʰou⁵³	tou⁴¹	lou⁵³
献县	ɕiɔ³³	tɕiɔ³¹	mu²¹⁴	tou²¹⁴	tʰou³³	tʰou⁵³	tou³¹	lou⁵³
平泉	ɕiau⁵⁵	tɕiau⁵¹	mu²¹⁴	tou²¹⁴	tʰou⁵⁵	tʰou³⁵	tou⁵¹	lou³⁵
滦平	ɕiau⁵⁵	tɕiau⁵¹	mu²¹⁴	tou²¹⁴	tʰou⁵⁵	tʰou³⁵	tou⁵¹	lou³⁵
廊坊	ɕiau⁵⁵	tɕiau⁵¹	mu²¹⁴	tou²¹⁴	tʰou⁵⁵	tʰou³⁵	tou⁵¹	lou³⁵

（续表）

	0329 箫	0330 叫	0331 母 丈~，男~	0332 抖	0333 偷	0334 头	0335 豆	0336 楼
	效开四平萧心	效开四去萧见	流开一上侯明	流开一上侯端	流开一平侯透	流开一平侯定	流开一去侯定	流开一平侯来
魏县	ɕiɑu³³	tɕiɑu³¹²	mu⁵⁵	təu⁵⁵	tʰəu³³	tʰəu⁵³	təu³¹²	ləu⁵³
张北	ɕiɑu⁴²	tɕiɑu²¹³	mu⁵⁵	təu⁵⁵	tʰəu⁴²	tʰəu⁴²	təu²¹³	ləu⁴²
万全	ɕiɔ⁴¹	tɕiɔ²¹³	mu⁵⁵	tou⁵⁵	tʰou⁴¹	tʰou⁴¹	tou²¹³	lou⁴¹
涿鹿	ɕiɔ⁴⁴	tɕiɔ³¹	mu⁴⁵	təu⁴⁵	tʰəu⁴⁴	tʰəu⁴²	təu³¹	ləu⁴²
平山	siɔ³¹	tɕiə⁴²白 tɕiɔ⁴²文	mu⁵⁵	tɐu⁵⁵	tʰɐu³¹	tʰɐu³¹	tɐu⁴²	lɐu³¹
鹿泉	siɔ⁵⁵	tɕiɔ³¹²	mu³⁵	tou³⁵	tʰou⁵⁵	tʰou⁵⁵	tou³¹²	lou⁵⁵
赞皇	siɔ⁵⁴	tɕiɔ³¹²	mu⁴⁵	təu⁴⁵	tʰəu⁵⁴	tʰəu⁵⁴	təu³¹²	ləu⁵⁴
沙河	siɑu⁴¹	tɕiɑu²¹	mu³³	təu³³	tʰəu⁴¹	tʰəu⁵¹	təu²¹	ləu⁵¹
邯郸	siɑu³¹	tɕiɑu²¹³	mu⁵⁵	təu⁵⁵	tʰəu³¹	tʰəu⁵³	təu²¹³	ləu⁵³
涉县	ɕiɑu⁴¹	tɕiɑu⁵⁵	mu⁵³	tou⁵³	tʰou⁴¹	tʰou⁴¹²	tou⁵⁵	lou⁴¹²

① ~腐、~儿。
② ~皮儿、红~、~沙。

	0337 走	0338 凑	0339 钩	0340 狗	0341 够	0342 口	0343 藕	0344 后前~
	流开一上侯精	流开一去侯清	流开一平侯见	流开一上侯见	流开一去侯见	流开一上侯溪	流开一上侯疑	流开一上侯匣
兴隆	tsou²¹³	tʃʰou⁵¹	kou³⁵	kou²¹³	kou⁵¹	kʰou²¹³	nou²¹³又 ou²¹³又	xou⁵¹
北戴河	tʃou²¹⁴	tʃʰou⁵¹	kou⁴⁴	kou²¹⁴	kou⁵¹	kʰou²¹⁴	ou²¹⁴	xou⁵¹
昌黎	tsou²¹³	tsʰou⁴⁵³	kou⁴²	kou²¹³	kou⁴⁵³	kʰou²¹³	ou²¹³	xou²⁴① xou⁴⁵³②
乐亭	tsou³⁴	tsʰou⁵²	kou³¹	kou³⁴	kou⁵²	kʰou³⁴	ŋou³⁴	xou⁵²
蔚县	tsəu⁴⁴	tsʰəu³¹²	kəu⁵³	kəu⁴⁴	kəu³¹²	kʰəu⁴⁴	nəu⁴⁴	xəu³¹²
涞水	tsou²⁴	tsʰou³¹⁴	kou³¹	kou²⁴	kou³¹⁴	kʰou²⁴	nou²⁴	xou³¹⁴
霸州	tsou²¹⁴	tsʰou⁴¹	kou⁴⁵	kou²¹⁴	kou⁴¹	kʰou²¹⁴	nou²¹⁴	xou⁴¹
容城	tsou²¹³	tsʰou⁵¹³	kou⁴³	kou²¹³	kou⁵¹³	kʰou²¹³	nou²¹³	xou⁵¹³
雄县	tsou²¹⁴	tsʰou⁴¹	kou⁴⁵	kou²¹⁴	kou⁴¹	kʰou²¹⁴	nou²¹⁴	xou⁴¹
安新	tsou²¹⁴	tsʰou⁵¹	kou⁴⁵	kou²¹⁴	kou⁵¹	kʰou²¹⁴	nou²¹⁴	xou⁵¹
满城	tsou²¹³	tsʰou⁵¹²	kou⁴⁵	kou²¹³	kou⁵¹²	kʰou²¹³	nou²¹³	xou⁵¹²
阜平	tsou⁵⁵	tsʰou⁵³	kou³¹	kou⁵⁵	kou⁵³	kʰou⁵⁵	ŋou⁵⁵	xou⁵³
定州	tsou²⁴	tsʰou⁵¹	kou³³	kou²⁴	kou⁵¹	kʰou²⁴	ŋou²⁴	xou⁵¹
无极	tsəu³⁵	tsʰəu⁵¹	kəu³¹	kəu³⁵	kəu⁵¹	kʰəu³⁵	ŋəu³⁵	xəu⁴⁵¹
辛集	tsou³²⁴	tsʰou⁴¹	kou³³	kou³²⁴	kou⁴¹	kʰou³²⁴	ŋou³²⁴	xou⁴¹
衡水	tsəu⁵⁵	tsʰəu³¹	kəu²⁴	kəu⁵⁵	kəu³¹	kʰəu⁵⁵	ŋəu⁵⁵旧 əu⁵⁵新	xəu³¹
故城	tsou⁵⁵	tsʰou³¹	kou²⁴	kou⁵⁵	kou³¹	kʰou⁵⁵	ŋou⁵⁵	xou³¹
巨鹿	tsou⁵⁵	tsʰou²¹	kou³³	kou⁵⁵	kou²¹	kʰou⁵⁵	ŋou⁵⁵	xou²¹
邢台	tsou⁵⁵	tsʰou³¹	kou³⁴	kou⁵⁵	kou³¹	kʰou⁵⁵	ŋou⁵⁵	xou³¹
馆陶	tsəu⁴⁴	tsʰəu²¹³	kəu²⁴	kəu⁴⁴	kəu²¹³	kʰəu⁴⁴	ɣəu⁴⁴	xəu²¹³
沧县	tsou⁵⁵	tsʰou⁴¹	kou²³	kou⁵⁵	kou⁴¹	kʰou⁵⁵	ŋou⁵⁵	xou⁴¹
献县	tsou²¹⁴	tsʰou³¹	kou³³	kou²¹⁴	kou³¹	kʰou²¹⁴	nou²¹⁴	xou³¹
平泉	tsou²¹⁴	tsʰou⁵¹	kou⁵⁵	kou²¹⁴	kou⁵¹	kʰou²¹⁴	ou²¹⁴	xou⁵¹

（续表）

	0337 走	0338 凑	0339 钩	0340 狗	0341 够	0342 口	0343 藕	0344 后前~
	流开一上侯精	流开一去侯清	流开一平侯见	流开一上侯见	流开一去侯见	流开一上侯溪	流开一上侯疑	流开一上侯匣
滦平	tsou²¹⁴	tsʰou⁵¹	kou⁵⁵	kou²¹⁴	kou⁵¹	kʰou²¹⁴	nou²¹⁴ 又 ŋou²¹⁴ 又 ou²¹⁴ 又	xou⁵¹
廊坊	tsou²¹⁴	tsʰou⁵¹	kou⁵⁵	kou²¹⁴	kou⁵¹	kʰou²¹⁴	ŋou²¹⁴ 又 ou²¹⁴ 又	xou⁵¹
魏县	tʂəu⁵⁵	tʂʰəu³¹²	kəu³³	kəu⁵⁵	kəu³¹²	kʰəu⁵⁵	əu⁵⁵	xəu³¹²
张北	tsəu⁵⁵	tsʰəu²¹³	kəu⁴²	kəu⁵⁵	kəu²¹³	kʰəu⁵⁵	ŋɐu⁵⁵	xəu²¹³
万全	tsou⁵⁵	tsʰou²¹³	kou⁴¹	kou⁵⁵	kou²¹³	kʰou⁵⁵	ou⁵⁵	xou²¹³
涿鹿	tsou⁴⁵	tsʰəu³¹	kəu⁴⁴	kəu⁴⁵	kəu³¹	kʰəu⁴⁵	ŋɐu⁴⁵	xəu³¹
平山	tsɐu⁵⁵	tsʰɐu⁴²	kɐu³¹	kɐu⁵⁵	kɐu⁴²	kʰɐu⁵⁵	ŋɐu⁵⁵	xɐu⁴²
鹿泉	tsou³⁵	tsʰou³¹²	kou⁵⁵	kou³⁵	kou³¹²	kʰou³⁵	ŋou³⁵	xou³¹²
赞皇	tsəu⁴⁵	tsʰəu³¹²	kəu⁵⁴	kəu⁴⁵	kəu³¹²	kʰəu⁴⁵	ŋɐu⁴⁵	xɐu³¹²
沙河	tsəu³³	tsʰəu²¹	kəu⁴¹	kəu³³	kəu²¹	kʰəu³³	ŋəu³³	xəu²¹
邯郸	tsəu⁵⁵	tsʰəu²¹³	kəu³¹	kəu⁵⁵	kəu²¹³	kʰəu⁵⁵	ŋɐu⁵⁵	xɐu²¹³
涉县	tsou⁵³	tsʰou⁵⁵	kou⁴¹	kou⁵³	kou⁵⁵	kʰou⁵³	ŋou⁵³	xou⁵⁵

---

① ~头、~晌、~儿年。
② ~爹、背~。

	0345 厚 流开一 上侯匣	0346 富 流开三 去尤非	0347 副 流开三 去尤敷	0348 浮 流开三 平尤奉	0349 妇 流开三 上尤奉	0350 流 流开三 平尤来	0351 酒 流开三 上尤精	0352 修 流开三 平尤心
兴隆	xou⁵¹	fu⁵¹	fu⁵¹	fu⁵⁵	fu⁵¹	liou⁵⁵	tɕiou²¹³	ɕiou³⁵
北戴河	xou⁵¹	fu⁵¹	fu⁵¹	fu³⁵	fu⁵¹	liou³⁵	tɕiou²¹⁴	ɕiou⁴⁴
昌黎	xou²⁴	fu⁴⁵³	fu⁴⁵³	fu²⁴	fu⁴⁵³	liou²⁴	tɕiou²¹³	ɕiou⁴²
乐亭	xou⁵²	fu⁵²	fu⁵²	fu²¹²	fu⁵²	liou²¹²	tɕiou³⁴	ɕiou³¹
蔚县	xəu³¹²	fu³¹²	fu³¹²	fu⁴¹	fu³¹²	liəu⁴¹	tɕiəu⁴⁴	ɕiəu⁵³
涞水	xou³¹⁴	fu³¹⁴	fu³¹⁴	fu⁴⁵	fu³¹⁴	liou⁴⁵	tɕiou²⁴	ɕiou³¹
霸州	xou⁴¹	fu⁴¹	fu⁴¹	fu⁵³	fu⁴¹	liou⁵³	tɕiou²¹⁴	ɕiou⁴⁵
容城	xou⁵¹³	fu⁵¹³	fu⁵¹³	fu³⁵	fu⁵¹³	liou³⁵	tɕiou²¹³	ɕiou⁴³
雄县	xou⁴¹	fu⁴¹	fu⁴¹	fu⁵³	fu⁴¹	liou⁵³	tɕiou²¹⁴	ɕiou⁴⁵
安新	xou⁵¹	fu⁵¹	fu⁵¹	fu³¹	fu⁵¹	liou³¹	tɕiou²¹⁴	ɕiou⁴⁵
满城	xou⁵¹²	fu⁵¹²	fu⁵¹²	fu²²	fu⁵¹²	liou²²	tɕiou²¹³	ɕiou⁴⁵
阜平	xou⁵³	fu⁵³	fu⁵³	fu²⁴	fu⁵³	liou²⁴	tɕiou⁵⁵	ɕiou³¹
定州	xou⁵¹	fu⁵¹	fu⁵¹	fu²⁴	fu⁵¹	liou²⁴	tsiou²⁴	siou³³
无极	xəu⁴⁵¹	fu⁴⁵¹	fu⁵¹	fu³¹	fu³¹	liəu²¹³	tsiəu³⁵	siəu³¹
辛集	xou⁴¹	fu⁴¹	fu⁴¹	fu³⁵⁴	fu⁴¹	liou³⁵⁴	tsiou³²⁴	siou³³
衡水	xəu³¹	fu³¹	fu³¹	fu⁵³	fu³¹	liəu⁵³	tɕiəu⁵⁵	ɕiəu²⁴
故城	xou³¹	fu³¹	fu³¹	fu⁵³	fu³¹	liou⁵³	tɕiou⁵⁵	ɕiou²⁴
巨鹿	xou²¹	fu²¹	fu²¹	fu⁴¹	fu²¹	liou⁴¹	tɕiou⁵⁵	ɕiou³³
邢台	xou³¹	fu³¹	fu³¹	fu⁵³	fu³¹	liou⁵³	tsiou⁵⁵	siou³⁴
馆陶	xəu²¹³	fu²¹³	fu²¹³	fu⁵²	fu²⁴	liəu⁵²	tsiəu⁴⁴	siəu²⁴
沧县	xou⁴¹	fu⁴¹	fu⁴¹	fu⁵³	fu⁴¹	liou⁵³	tɕiou⁵⁵	ɕiou²³
献县	xou³¹	fu³¹	fu³¹	fu⁵³	fu³¹	liou⁵³	tɕiou²¹⁴	ɕiou³³
平泉	xou⁵¹	fu⁵¹	fu⁵¹	fu³⁵	fu⁵¹	liou³⁵	tɕiou²¹⁴	ɕiou⁵⁵
滦平	xou⁵¹	fu⁵¹	fu⁵¹	fu³⁵	fu⁵¹	liou³⁵	tɕiou²¹⁴	ɕiou⁵⁵
廊坊	xou⁵¹	fu⁵¹	fu⁵¹	fu³⁵	fu⁵¹	liou³⁵	tɕiou²¹⁴	ɕiou⁵⁵
魏县	xəu³¹²	fu³¹²	fu³¹²	fu⁵³	fu³¹²	liəu⁵³	tɕiəu⁵⁵	ɕiəu³³

（续表）

	0345 厚	0346 富	0347 副	0348 浮	0349 妇	0350 流	0351 酒	0352 修
	流开一上侯匣	流开三去尤非	流开三去尤敷	流开三平尤奉	流开三上尤奉	流开三平尤来	流开三上尤精	流开三平尤心
张北	xəu²¹³	fu²¹³	fu²¹³	fu⁴²	fu²¹³	liəu⁴²	tɕiəu⁵⁵	ɕiəu⁴²
万全	xou²¹³	fu²¹³	fu²¹³	fu⁴¹	fu²¹³	liou⁴¹	tɕiou⁵⁵	ɕiou⁴¹
涿鹿	xəu³¹	fu³¹	fu³¹	fu⁴²	fu³¹	liəu⁴²	tɕiəu⁴⁵	ɕiəu⁴⁴
平山	xɐu⁴²	fu⁴²	fu⁴²	fu³¹	fu³¹	liɐu³¹	tsiɐu⁵⁵	siɐu³¹
鹿泉	xou³¹²	fu³¹²	fu³¹²	fu⁵⁵	fu³¹²	liou⁵⁵	tsiou³⁵	siou⁵⁵
赞皇	xəu³¹²	fu³¹²	fu³¹²	fu⁵⁴	fu³¹²	liəu⁵⁴	tsiəu⁴⁵	siəu⁵⁴
沙河	xəu²¹	fu²¹	fu²¹	fu⁵¹	fu²¹	liəu⁵¹	tsiəu³³	siəu⁴¹
邯郸	xəu²¹³	fu²¹³	fu²¹³	fu⁵³① fu²¹³②	fu³¹	liəu⁵³	tsiəu⁵⁵	siəu³¹
涉县	xou⁵⁵	fu⁵⁵	fu⁵⁵	fu⁴¹²	fu⁵⁵	liou⁴¹²	tɕiou⁵³	ɕiou⁴¹

① ～头ㄦ。
② ～水。

	0353 袖	0354 抽	0355 绸	0356 愁	0357 瘦	0358 州	0359 臭香~	0360 手
	流开三 去尤邪	流开三 平尤彻	流开三 平尤澄	流开三 平尤崇	流开三 去尤生	流开三 平尤章	流开三 去尤昌	流开三 上尤书
兴隆	ɕiou⁵¹	tʂʰou³⁵	tʂʰou⁵⁵	tʂʰou⁵⁵	ʂou⁵¹	tʂou³⁵	tʂʰou⁵¹	ʂou²¹³
北戴河	ɕiou⁵¹	tʃʰou⁴⁴	tʃʰou³⁵	tʃʰou³⁵	ʃou⁵¹	tʃou⁴⁴	tʃʰou⁵¹	ʃou²¹⁴
昌黎	ɕiou²⁴① ɕiou⁴⁵³②	tʂʰou⁴²	tʂʰou²⁴	tʂʰou²⁴	sou⁴⁵³	tʂou⁴²	tʂʰou⁴⁵³	sou²¹³
乐亭	ɕiou⁵²	tʂʰou³¹	tʂʰou²¹²	tʂʰou²¹²	ʂou⁵²	tʂou³¹	tʂʰou⁵²	ʂou³⁴
蔚县	ɕiəu³¹²	tsʰəu⁵³	tsʰəu⁴¹	tsʰəu⁴¹	səu³¹²	tsəu⁵³	tsʰəu³¹²	səu⁴⁴
涞水	ɕiou³¹⁴	tʂʰou³¹	tʂʰou⁴⁵	tʂʰou⁴⁵	ʂou³¹⁴	tʂou³¹	tʂʰou³¹⁴	ʂou²⁴
霸州	ɕiou⁴¹	tʂʰou⁴⁵	tʂʰou⁵³	tʂʰou⁵³	ʂou⁴¹	tʂou⁴⁵	tʂʰou⁴¹	ʂou²¹⁴
容城	ɕiou⁵¹³	tʂʰou⁴³	tʂʰou³⁵	tʂʰou³⁵	ʂou⁵¹³	tʂou⁴³	tʂʰou⁵¹³	ʂou²¹³
雄县	ɕiou⁴¹	tʂʰou⁴⁵	tʂʰou⁵³	tʂʰou⁵³	sou⁴¹	tʂou⁴⁵	tʂʰou⁴¹	ʂou²¹⁴
安新	ɕiou⁵¹	tʂʰou⁴⁵③ tʂʰou²¹⁴④	tʂʰou³¹	tʂʰou³¹	sou⁵¹	tʂou⁴⁵	tʂʰou⁵¹	ʂou²¹⁴
满城	ɕiou⁵¹²	tʂʰou⁴⁵	tʂʰou²²	tʂʰou²²	ʂou⁵¹²	tʂou⁴⁵	tʂʰou⁵¹²	ʂou²¹³
阜平	ɕiou⁵³	tʂʰou³¹	tʂʰou²⁴	tʂʰou²⁴	ʂou⁵³	tʂou³¹	tʂʰou⁵³	ʂou⁵⁵
定州	siou⁵¹	tʂʰou³³	tʂʰou²¹³	tʂʰou²¹³	ʂou⁵¹	tʂou³³	tʂʰou⁵¹	ʂou²⁴
无极	siəu⁴⁵¹	tʂʰəu³¹	tʂʰəu²¹³	tʂʰəu²¹³	ʂəu⁵¹	tʂəu³¹	tʂʰəu⁵¹	ʂəu³⁵
辛集	siou⁴¹	tʂʰou³³	tʂʰou³⁵⁴	tʂʰou³⁵⁴	ʂou⁴¹	tʂou³³	tʂʰou⁴¹	ʂou³²⁴
衡水	ɕiəu³¹	tsʰəu²⁴	tsʰəu⁵³	tsʰəu⁵³	səu³¹	tsəu²⁴	tsʰəu³¹	səu⁵⁵
故城	ɕiou³¹	tʂʰou²⁴	tʂʰou⁵³	tʂʰou⁵³	ʂou³¹	tʂou²⁴	tʂʰou³¹	ʂou⁵⁵
巨鹿	ɕiou²¹	tʂʰou³³	tʂʰou⁴¹	tʂʰou⁴¹	ʂou²¹	tʂou³³	tʂʰou²¹	ʂou⁵⁵
邢台	siou³¹	tʂʰou³⁴	tʂʰou⁵³	tʂʰou⁵³	ʂou³¹	tʂou³⁴	tʂʰou³¹	ʂou⁵⁵
馆陶	siəu²¹³	tʂʰəu²⁴	tʂʰəu⁵²	tʂʰəu⁵²	ʂəu²¹³	tʂəu²⁴	tʂʰəu²¹³	ʂəu⁴⁴
沧县	ɕiou⁴¹	tʂʰou²³	tʂʰou⁵³	tʂʰou⁵³	sou⁴¹	tʂou²³	tʂʰou⁴¹	ʂou⁵⁵
献县	ɕiou³¹	tʂʰou³³	tʂʰou⁵³	tʂʰou⁵³	ʂou³¹	tʂou³³	tʂʰou³¹	ʂou²¹⁴
平泉	ɕiou⁵¹	tʂʰou⁵⁵	tʂʰou³⁵	tʂʰou³⁵	ʂou⁵¹	tʂou⁵⁵	tʂʰou⁵¹	ʂou²¹⁴
滦平	ɕiou⁵¹	tʂʰou⁵⁵	tʂʰou³⁵	tʂʰou³⁵	ʂou⁵¹	tʂou⁵⁵	tʂʰou⁵¹	ʂou²¹⁴
廊坊	ɕiou⁵¹	tʂʰou⁵⁵	tʂʰou³⁵	tʂʰou³⁵	ʂou⁵¹	tʂou⁵⁵	tʂʰou⁵¹	ʂou²¹⁴

（续表）

	0353 袖	0354 抽	0355 绸	0356 愁	0357 瘦	0358 州	0359 臭香~	0360 手
	流开三去尤邪	流开三平尤彻	流开三平尤澄	流开三平尤崇	流开三去尤生	流开三平尤章	流开三去尤昌	流开三上尤书
魏县	ɕiəu³¹²	tʂʰəu³³	tʂʰəu⁵³	tʂʰəu⁵³	ʂəu³¹²	tʂəu³³	tʂʰəu³¹²	ʂəu⁵⁵
张北	ɕiəu²¹³	tʂʰəu⁴²	tʂʰəu⁴²	tʂʰəu⁴²	səu²¹³	tsəu⁴²	tʂʰəu²¹³	səu⁵⁵
万全	ɕiou²¹³	tʂʰou⁴¹	tʂʰou⁴¹	tʂʰou⁴¹	sou²¹³	tsou⁴¹	tʂʰou²¹³	sou⁵⁵
涿鹿	ɕiəu³¹	tʂʰəu⁴⁴	tʂʰəu⁴²	tʂʰəu⁴²	səu³¹	tʂəu⁴⁴	tʂʰəu³¹	ʂəu⁴⁵
平山	siɐu⁴²	tʂʰɐu³¹	tʂʰɐu³¹	tʂʰɐu³¹	ʂɐu⁴²	tʂɐu³¹	tʂʰɐu⁴²	ʂɐu⁵⁵
鹿泉	siou³¹²	tʂʰou⁵⁵	tʂʰou⁵⁵	tʂʰou⁵⁵	sou³¹²	tsou⁵⁵	tʂʰou³¹²	sou³⁵
赞皇	siɐu³¹²	tʂʰəu⁵⁴	tʂʰəu⁵⁴	tʂʰəu⁵⁴	səu³¹²	tsəu⁵⁴	tʂʰəu³¹²	ʂəu⁴⁵
沙河	siɐu²¹	tʂʰəu⁴¹	tʂʰəu⁵¹	tʂʰəu⁵¹	səu²¹	tsəu⁴¹	tʂʰəu²¹	səu³³
邯郸	siɐu²¹³	tʂʰəu³¹	tʂʰəu⁵³	tʂʰəu⁵³	səu²¹³	tsəu³¹	tʂʰəu²¹³	ʂəu⁵⁵
涉县	ɕiou⁵⁵	tʂʰou⁴¹	tʂʰou⁴¹²	tʂʰou⁴¹²	sou⁵⁵	tsou⁴¹	tʂʰou⁵⁵	sou⁵³

---

① 短~儿、袄~儿。
② ~子、~口儿。
③ ~人。
④ ~烟（只出现在这一个词中）。

	0361 寿	0362 九	0363 球	0364 舅	0365 旧	0366 牛	0367 休	0368 优
	流开三去尤禅	流开三上尤见	流开三平尤群	流开三上尤群	流开三去尤群	流开三平尤疑	流开三平尤晓	流开三平尤影
兴隆	ʂou⁵¹	tɕiou²¹³	tɕʰiou⁵⁵	tɕiou⁵¹	tɕiou⁵¹	ɲiou⁵⁵	ɕiou³⁵	iou³⁵
北戴河	ʂou⁵¹	tɕiou²¹⁴	tɕʰiou³⁵	tɕiou⁵¹	tɕiou⁵¹	ɲiou³⁵	ɕiou⁴⁴	iou⁴⁴
昌黎	ʂou⁴⁵³	tɕiou²¹³	tɕʰiou²⁴	tɕiou²⁴	tɕiou²⁴① tɕiou⁴⁵³②	ɲiou²⁴	ɕiou⁴²	iou⁴²
乐亭	ʂou⁵²	tɕiou³⁴	tɕʰiou²¹²	tɕiou⁵²	tɕiou⁵²	niou²¹²	ɕiou³¹	iou³¹
蔚县	səu³¹²	tɕiəu⁴⁴	tɕʰiəu⁵³	tɕiəu³¹²	tɕiəu³¹²	ɲiəu⁴¹	ɕiəu⁵³	iəu⁵³
涞水	ʂou³¹⁴	tɕiou²⁴	tɕʰiou⁴⁵	tɕiou³¹⁴	tɕiou³¹⁴	ɲiou⁴⁵	ɕiou³¹	iou³¹
霸州	ʂou⁴¹	tɕiou²¹⁴	tɕʰiou⁵³	tɕiou⁴¹	tɕiou⁴¹	ɲiou⁵³	ɕiou⁴⁵	iou⁴⁵
容城	ʂou⁵¹³	tɕiou²¹³	tɕʰiou³⁵	tɕiou⁵¹³	tɕiou⁵¹³	niou³⁵	ɕiou⁴³	iou⁴³
雄县	ʂou⁴¹	tɕiou²¹⁴	tɕʰiou⁵³	tɕiou⁴¹	tɕiou⁴¹	ɲiou⁵³	ɕiou⁴⁵	iou⁴⁵
安新	ʂou⁵¹	tɕiou²¹⁴	tɕʰiou³¹	tɕiou⁵¹	tɕiou⁵¹	niou³¹	ɕiou⁴⁵	iou⁴⁵
满城	ʂou⁵¹²	tɕiou²¹³	tɕʰiou²²	tɕiou⁵¹²	tɕiou⁵¹²	ɲiou²²	ɕiou⁴⁵	iou⁴⁵
阜平	ʂou⁵³	tɕiou⁵⁵	tɕʰiou²⁴	tɕiou⁵³	tɕiou⁵³	ɲiou²⁴	ɕiou³¹	iou³¹
定州	ʂou⁵¹	tɕiou²⁴	tɕʰiou²⁴	tɕiou⁵¹	tɕiou⁵¹	ɲiou²¹³	ɕiou³³	iou³³
无极	ʂəu⁴⁵¹	tɕiəu³⁵	tɕʰiəu²¹³	tɕiəu⁴⁵¹	tɕiəu⁴⁵¹	ɲiəu²¹³	ɕiəu³¹	iəu³¹
辛集	ʂou⁴¹	tɕiou³²⁴	tɕʰiou³⁵⁴	tɕiou³⁵⁴	tɕiou⁴¹	ɲiou³⁵⁴	ɕiou³³	iou³³
衡水	səu³¹	tɕiəu⁵⁵	tɕʰiəu⁵³	tɕiəu⁵³	tɕiəu³¹	ɲiəu⁵³	ɕiəu²⁴	iəu²⁴
故城	ʂou³¹	tɕiou⁵⁵	tɕʰiou⁵³	tɕiou³¹	tɕiou³¹	ɲiou⁵³	ɕiou²⁴	iou²⁴
巨鹿	ʂou²¹	tɕiou⁵⁵	tɕʰiou⁴¹	tɕiou²¹	tɕiou²¹	ɲiou⁴¹	ɕiou³³	iou³³
邢台	ʂou³¹	tɕiou⁵⁵	tɕʰiou⁵³	tɕiou³¹	tɕiou³¹	niou⁵³	ɕiou³⁴	iou³⁴
馆陶	ʂəu²¹³	tɕiəu⁴⁴	tɕʰiəu⁵²	tɕiəu²¹³	tɕiəu²¹³	ɲiəu⁵²	ɕiəu²⁴	iəu²⁴
沧县	ʂou⁴¹	tɕiou⁵⁵	tɕʰiou⁵³	tɕiou⁴¹	tɕiou⁴¹	ɲiou⁵³	ɕiou²³	iou²³
献县	ʂou³¹	tɕiou²¹⁴	tɕʰiou⁵³	tɕiou³¹	tɕiou³¹	ɲiou⁵³	ɕiou³³	iou³³
平泉	ʂou⁵¹	tɕiou²¹⁴	tɕʰiou³⁵	tɕiou⁵¹	tɕiou⁵¹	niou³⁵	ɕiou⁵⁵	iou⁵⁵
滦平	ʂou⁵¹	tɕiou²¹⁴	tɕʰiou³⁵	tɕiou⁵¹	tɕiou⁵¹	ɲiou³⁵	ɕiou⁵⁵	iou⁵⁵
廊坊	ʂou⁵¹	tɕiou²¹⁴	tɕʰiou³⁵	tɕiou⁵¹	tɕiou⁵¹	iou³⁵白 ɲiou³⁵文	ɕiou⁵⁵	iou⁵⁵

（续表）

	0361 寿 流开三 去尤禅	0362 九 流开三 上尤见	0363 球 流开三 平尤群	0364 舅 流开三 上尤群	0365 旧 流开三 去尤群	0366 牛 流开三 平尤疑	0367 休 流开三 平尤晓	0368 优 流开三 平尤影
魏县	ʂəu³¹²	tɕiəu⁵⁵	tɕʰiəu⁵³	tɕiəu³¹²	tɕiəu³¹²	ȵiəu⁵³	ɕiəu³³	iəu³³
张北	ʂəu²¹³	tɕiəu⁵⁵	tɕʰiəu⁴²	tɕiəu²¹³	tɕiəu²¹³	ȵiəu⁴²	ɕiəu⁴²	iəu⁴²
万全	sou²¹³	tɕiou⁵⁵	tɕʰiou⁴¹	tɕiou²¹³	tɕiou²¹³	ȵiou⁴¹	ɕiou⁴¹	iou⁴¹
涿鹿	ʂəu³¹	tɕiəu⁴⁵	tɕʰiəu⁴²	tɕiəu³¹	tɕiəu³¹	ȵiəu⁴²	ɕiəu⁴²	iəu⁴²
平山	ʂɐu⁴²	tɕiɐu⁵⁵	tɕʰiɐu³¹	tɕiɐu³¹	tɕiɐu⁴²	ȵiɐu³¹	ɕiɐu³¹	iɐu³¹
鹿泉	ʂou³¹²	tɕiou³⁵	tɕʰiou⁵⁵	tɕiou³¹²	tɕiou³¹²	ȵiou⁵⁵	ɕiou⁵⁵	iou⁵⁵
赞皇	ʂəu³¹²	tɕiəu⁴⁵	tɕʰiəu⁵⁴	tɕiəu³¹²	tɕiəu³¹²	ȵiəu⁵⁴	ɕiəu⁵⁴	iəu⁵⁴
沙河	ʂəu²¹	tɕiəu³³	tɕʰiəu⁵¹	tɕiəu²¹	tɕiəu²¹	ȵiəu⁵¹	ɕiəu⁴¹	iəu⁴¹
邯郸	ʂəu²¹³	tɕiəu⁵⁵	tɕʰiəu⁵³	tɕiəu²¹³	tɕiəu²¹³	ȵiəu⁵³	ɕiəu³¹	iəu³¹
涉县	sou⁵⁵	tɕiou⁵³	tɕʰiou⁴¹²	tɕiou⁵⁵	tɕiou⁵⁵	ȵiou⁴¹²	ɕiou⁴¹	iou⁴¹

① ~的、忒~。
② ~书。

	0369 有	0370 右	0371 油	0372 丢	0373 幼	0374 贪	0375 潭	0376 南
	流开三上尤云	流开三去尤云	流开三平尤以	流开三平幽端	流开三去幽影	咸开一平覃透	咸开一平覃定	咸开一平覃泥
兴隆	iou²¹³	iou⁵¹	iou⁵⁵	tiou³⁵	iou⁵¹	tʰan³⁵	tʰan⁵⁵	nan⁵⁵
北戴河	iou²¹⁴	iou⁵¹	iou³⁵	tiou⁴⁴	iou⁵¹	tʰan⁴⁴	tʰan³⁵	nan³⁵
昌黎	iou²¹³	iou⁴⁵³	iou²⁴	tiou⁴²	iou⁴⁵³	tʰan⁴²	tʰan²⁴	nan²⁴
乐亭	iou³⁴	iou⁵²	iou²¹²	tiou³¹	iou⁵²	tʰan³¹	tʰan²¹²	nan²¹²
蔚县	iəu⁴⁴	iəu³¹²	iəu⁴¹	tiəu⁵³	iəu³¹²	tʰã⁵³	tʰã⁴¹	nã⁴¹
涞水	iou²⁴	iou³¹⁴	iou⁴⁵	tiou³¹	iou³¹⁴	tʰan³¹	tʰan⁴⁵	nan⁴⁵
霸州	iou²¹⁴	iou⁴¹	iou⁵³	tiou⁴⁵	iou⁴¹	tʰan⁴⁵	tʰan⁵³	nan⁵³
容城	iou²¹³	iou⁵¹³	iou³⁵	tiou⁴³	iou⁵¹³	tʰan⁴³	tʰan³⁵	nan³⁵
雄县	iou²¹⁴	iou⁴¹	iou⁵³	tiou⁴⁵	iou⁴¹	tʰãn⁴⁵	tʰãn⁵³	nãn⁵³
安新	iou²¹⁴	iou⁵¹	iou³¹	tiou⁴⁵	iou⁵¹	tʰan⁴⁵	tʰan³¹	nan³¹
满城	iou²¹³	iou⁵¹²	iou²²	tiou⁴⁵	iou⁵¹²	tʰan⁴⁵	tʰan²²	nan²²
阜平	iou⁵⁵	iou⁵³	iou²⁴	tiou³¹	iou⁵³	tʰæ³¹	tʰæ²⁴	næ²⁴
定州	iou²⁴	iou⁵¹	iou²¹³	tiou³³	iou⁵¹	tʰan³³	tʰan²¹³	nan²¹³
无极	iəu³⁵	iəu⁴⁵¹	iəu²¹³	tiəu³¹	iəu⁵¹	tʰãn³¹	tʰãn²¹³	nãn²¹³
辛集	iou³²⁴	iou⁴¹	iou³⁵⁴	tiou³³	iou⁴¹	tʰan³³	tʰan³⁵⁴	nan³⁵⁴
衡水	iəu⁵⁵	iəu³¹	iəu⁵³	tiəu²⁴	iəu³¹	tʰɑn²⁴	tʰɑn⁵³	nɑn⁵³
故城	iou⁵⁵	iou³¹	iou⁵³	tiou²⁴	iou³¹	tʰæ²⁴	tʰæ⁵³	næ⁵³
巨鹿	iou⁵⁵	iou²¹	iou⁴¹	tiou³³	iou²¹	tʰan³³	tʰɛ̃²¹	nɛ̃⁴¹
邢台	iou⁵⁵	iou³¹	iou⁵³	tiou³⁴	iou³¹	tʰan³⁴	tʰan⁵³	nan⁵³
馆陶	iəu⁴⁴	iəu²¹³	iəu⁵²	tiəu²⁴	iəu²¹³	tʰæn²⁴	tʰæn⁵²	næn⁵²
沧县	iou⁵⁵	iou⁴¹	iou⁵³	tiou²³	iou⁴¹	tʰan²³	tʰan⁵³	nan⁵³
献县	iou²¹⁴	iou³¹	iou⁵³	tiou³³	iou³¹	tʰæ³³	tʰæ⁵³	næ⁵³
平泉	iou²¹⁴	iou⁵¹	iou³⁵	tiou⁵⁵	iou⁵¹	tʰan⁵⁵	tʰan³⁵	nan³⁵
滦平	iou²¹⁴	iou⁵¹	iou³⁵	tiou⁵⁵	iou⁵¹	tʰan⁵⁵	tʰan³⁵	nan³⁵
廊坊	iou²¹⁴	iou⁵¹	iou³⁵	tiou⁵⁵	iou⁵¹	tʰan⁵⁵	tʰan³⁵	ŋan³⁵
魏县	iəu⁵⁵	iəu³¹²	iəu⁵³	tiəu³³	iəu³¹²	tʰan³³	tʰan⁵³	nan⁵³

(续表)

	0369 有	0370 右	0371 油	0372 丢	0373 幼	0374 贪	0375 潭	0376 南
	流开三 上尤云	流开三 去尤云	流开三 平尤以	流开三 平幽端	流开三 去幽影	咸开一 平覃透	咸开一 平覃定	咸开一 平覃泥
张北	iəu⁵⁵	iəu²¹³	iəu⁴²	tiəu⁴²	iəu²¹³	tʰæ̃⁴²	tʰæ̃⁴²	næ̃⁴²
万全	iou⁵⁵	iou²¹³	iou⁴¹	tiou⁴¹	iou²¹³	tʰan⁴¹	tʰan⁴¹	nan⁴¹
涿鹿	iəu⁴⁵	iəu³¹	iəu⁴²	tiəu⁴⁴	iəu³¹	tʰæ̃⁴⁴	tʰæ̃⁴²	næ̃⁴²
平山	iɐu⁵⁵	iɐu⁴²	iɐu³¹	tiɐu³¹	iɐu⁴²	tʰæ̃³¹	tʰæ̃³¹	næ̃³¹
鹿泉	iou³⁵	iou³¹²	iou⁵⁵	tiou⁵⁵	iou³¹²	tʰæ̃⁵⁵	tʰæ̃⁵⁵	næ̃⁵⁵
赞皇	iəu⁴⁵	iəu³¹²	iəu⁵⁴	tiəu⁵⁴	iəu³¹²	tʰæ̃⁵⁴	tʰæ̃⁵⁴	næ̃⁵⁴
沙河	iəu³³	iəu²¹	iəu⁵¹	tiəu⁴¹	iəu²¹	tʰã⁴¹	tʰã⁵¹	nã⁵¹
邯郸	iəu⁵⁵	iəu²¹³	iəu⁵³	tiəu³¹	iəu²¹³	tʰæ̃³¹	tʰæ̃⁵³	næ̃⁵³
涉县	iou⁵³	iou⁵⁵	iou⁴¹²	tiou⁴¹	iou⁵⁵	tʰæ̃⁴¹	tʰæ̃⁴¹²	næ̃⁴¹²

	0377 蚕 咸开一 平覃从	0378 感 咸开一 上覃见	0379 含~一口水 咸开一 平覃匣	0380 暗 咸开一 去覃影	0381 搭 咸开一 入合端	0382 踏 咸开一 入合透	0383 拉 咸开一 入合来	0384 杂 咸开一 入合从
兴隆	tsʰan⁵⁵	kan²¹³	xən⁵⁵ 又 xan⁵⁵ 又	nan⁵¹ 又 an⁵¹ 又	ta³⁵	tʰa⁵¹	la³⁵	tsa⁵⁵
北戴河	tʃan³⁵	kan²¹⁴	xan³⁵	an⁵¹	ta⁴⁴	tʰa⁵¹	la⁴⁴	tʃa³⁵
昌黎	tsʰan²⁴	kan²¹³	xan²⁴	nan⁴⁵³ ŋan⁴⁵³ an⁴⁵³	ta⁴²	tʰa⁴⁵³	la⁴²	tsa²⁴
乐亭	tsʰan²¹²	kan³⁴	xan²¹²	ŋan⁵²	ta³¹	tʰa⁵²	la³¹	tsa²¹²
蔚县	tsʰã⁴¹	kã⁴⁴	xəŋ⁴¹	nã³¹²	ta⁵³	tʰɑ⁵³ 白 tʰɑ³¹² 文	la⁵³	tsa⁴¹
涞水	tsʰan⁴⁵	kan²⁴	xən⁴⁵ 白 xan⁴⁵ 文	an³¹⁴	ta³¹	tʰa³¹⁴	la³¹	tsa⁴⁵
霸州	tsʰan⁵³	kan²¹⁴	xən⁵³	nan⁴¹	ta⁴⁵	tʰa⁴⁵ 白 tʰa⁴¹ 文	la⁴⁵① la⁵³②	tsa⁵³
容城	tsʰan³⁵	kan²¹³	xan³⁵	nan⁵¹³	ta⁴³	tʰa⁵¹³	la⁴³	tsa³⁵
雄县	tsʰãn⁵³	kãn²¹⁴	xən⁵³	nãn⁴¹	ta⁴⁵	tʰa⁴⁵ 白 tʰa⁴¹ 文	la⁴⁵③ la⁵³④	tsa⁵³
安新	tsʰan³¹	kan²¹⁴	xən³¹ 白 xan³¹ 文	nan⁵¹	ta⁴⁵	tʰa⁵¹	la⁴⁵	tsa³¹
满城	tsʰan²²	kan²¹³	xan²²	nan⁵¹²	ta⁴⁵	tʰa⁵¹²	la⁴⁵	tsa²²
阜平	tsʰæ̃²⁴	kæ̃⁵⁵	xæ̃²⁴	ŋæ̃⁵³	ta²⁴	tʰa²⁴	la³¹	tsa²⁴
定州	tsʰan²¹³	kan²⁴	xan²⁴	ŋan⁵¹	ta³³	tʰa³³ 白 tʰa⁵¹ 文	la³³⑤ la²¹³⑥	tsa²¹³
无极	tsʰãn²¹³	kãn²⁴		ŋãn⁵¹	ta²¹³	tʰɑ²¹³	la³¹	tsɑ²¹³
辛集	tsʰan³⁵⁴	kan³²⁴	xan³⁵⁴	ŋan⁴¹	ta³³	tʰɑ⁴¹	la³³	tsa³⁵⁴
衡水	tsʰɑn⁵³	kɑn⁵⁵	xɑn⁵³	ŋan³¹ 旧 ɑn³¹ 新	ta²⁴	tʰa²⁴	la²⁴	tsa⁵³
故城	tsʰæ̃⁵³	kæ̃⁵⁵	xẽ⁵³	ŋæ̃³¹	ta²⁴	tʰa²⁴ 白 tʰa³¹ 文	la²⁴⑦ la⁵³⑧	tsa⁵³
巨鹿	tsʰẽ⁴¹	kan⁵⁵	xẽ⁴¹	ŋẽ²¹	ta³³	tʰa³³	la³³	tsa⁴¹
邢台	tsʰan⁵³	kan⁵⁵	xan⁵³	ŋan³¹	ta³⁴	tʰa³¹	la³⁴	tsa⁵³
馆陶	tsʰæn⁵²	kæn⁴⁴	xen⁵² 白 xæn⁵² 文	ɣæn²¹³	ta²⁴	tʰa²⁴	la²⁴	tsa⁵²
沧县	tsʰan⁵³	kan⁵⁵	xən⁵³ 白 xan⁵³ 文	ŋan²¹³	tɑ²³	tʰɑ⁴¹	lɑ²³	tsa⁵³
献县	tsʰæ̃⁵³	kæ̃²¹⁴	xən⁵³ 白 xæ̃⁵³ 文	næ̃³¹	ta³³	tʰa³¹	la³³	tsa⁵³
平泉	tsʰan³⁵	kan²¹⁴	xən³⁵ 白 xan³⁵ 又	an⁵¹	ta⁵⁵	tʰa⁵¹	la⁵⁵	tsa³⁵
滦平	tsʰan³⁵	kan²¹⁴	xən³⁵ 又 xan³⁵ 又	nan⁵¹ 又 ŋan⁵¹ 又 an⁵¹ 又	ta⁵⁵	tʰa⁵¹	la⁵⁵	tsa³⁵

（续表）

	0377 蚕 咸开一 平覃从	0378 感 咸开一 上覃见	0379 含~一口水 咸开一 平覃匣	0380 暗 咸开一 去覃影	0381 搭 咸开一 入合端	0382 踏 咸开一 入合透	0383 拉 咸开一 入合来	0384 杂 咸开一 入合从
廊坊	tsʰan³⁵	kan²¹⁴	xən³⁵	ŋan⁵¹ 又 an⁵¹ 又	ta⁵⁵	tʰa⁵¹	la⁵⁵⑨ la³⁵⑩	tsa³⁵
魏县	tsʰan⁵³	kan⁵⁵	xan⁵³	an³¹²	tɤ³³ 白 ta³³ 文	tʰa³³	lɤ³³ 白 la³³ 文	tʂa⁵³
张北	tsʰæ̃⁴²	kæ̃⁵⁵	xæ̃⁴²	ŋæ̃²¹³	təʔ³²	tʰəʔ³²	la⁴²	tsa⁴²
万全	tsʰan⁴¹	kan⁵⁵	xan⁴¹	ŋan²¹³	tʌʔ²²	tʰʌʔ²²	la⁴¹	tsʌʔ⁴
涿鹿	tsʰæ̃⁴²	kæ̃⁴⁵	xæ̃⁴² xəŋ⁴² 又	ŋæ̃³¹	tʌʔ⁴³	tʰʌʔ⁴³	la⁴⁴	tsa⁴⁴
平山	tsʰæ̃³¹	kæ̃⁵⁵	xæ̃³¹	ŋæ̃⁴²	ta²⁴	tʰa²⁴	la³¹⑪ la²⁴⑫	tsa³¹
鹿泉	tsʰæ̃⁵⁵	kæ̃³⁵	xẽ⁵⁵ 白 xæ̃⁵⁵ 文	ŋæ̃³¹²	tʌ¹³	tʰʌ⁵⁵⑬ tʰʌ³¹²⑭	lʌ⁵⁵⑮ lʌ¹³⑯	tsʌ⁵⁵
赞皇	tsʰæ̃⁵⁴	kæ̃⁴⁵	xæ̃⁵⁴ 又 xən⁵⁴ 又	ŋæ̃³¹²	ta²⁴	tʰa²⁴	la⁵⁴⑰ la²⁴⑱	tsa⁵⁴
沙河	tsʰã⁵¹	kã³³		ŋã²¹	təʔ²	tʰəʔ²	lɔ⁴¹	tsɔ⁵¹
邯郸	tsʰæ̃⁵³	kæ̃⁵⁵	xæ̃⁵³	ŋæ̃²¹³	tʌʔ⁴³	tʰʌʔ⁴³	lʌʔ⁴³ 白 lɔ³¹ 文	tsɔ⁵³
涉县	tsʰæ̃⁴¹²	kæ̃⁵³	xæ̃⁴¹²	ŋæ̃⁵⁵	tɐʔ³²	tʰɐʔ³²	lɐ⁴¹	tsɐʔ³²

---

① ~车。
② ~口子。
③ ~车。
④ ~口子。
⑤ ~车。
⑥ ~个口儿。
⑦ ~车。
⑧ ~个口儿。
⑨ ~手。
⑩ ~了一刀。
⑪ ~手。
⑫ ~屎。
⑬ ~步。
⑭ ~青。
⑮ ~手。
⑯ ~粑粑。
⑰ ~手。
⑱ ~粑粑。

	0385 鸽 咸开一入合见	0386 盒 咸开一入合匣	0387 胆 咸开一上谈端	0388 毯 咸开一上谈透	0389 淡 咸开一上谈定	0390 蓝 咸开一平谈来	0391 三 咸开一平谈心	0392 甘 咸开一平谈见
兴隆	kə³⁵	xə⁵⁵	tan²¹³	tʰan²¹³	tan⁵¹	lan⁵⁵	san³⁵	kan³⁵
北戴河	kɤ⁴⁴	xɤ³⁵	tan²¹⁴	tʰan²¹⁴	tan⁵¹	lan³⁵	ʃan⁴⁴	kan⁴⁴
昌黎	kɤ⁴²	xɤ²⁴	tan²¹³	tʰan²¹³	tan²⁴① tan⁴⁵³②	lan²⁴	san⁴²	kan⁴²
乐亭	kə³¹	xə²¹²	tan³⁴	tʰan³⁴	tan⁵²	lan²¹²	san³¹	kan³¹
蔚县	kɤ⁵³	xɤ⁴¹	tã⁴⁴	tʰã⁴⁴	tã³¹²	lã⁴¹	sã⁵³	kã⁵³
涞水	kɤ³¹	xɤ⁴⁵	tan²⁴	tʰan²⁴	tan³¹⁴	lan⁴⁵	san³¹	kan³¹
霸州	kɤ⁴⁵	xɤ⁵³	tan²¹⁴	tʰan²¹⁴	tan⁴¹	lan⁵³	san⁴⁵	kan⁴⁵
容城	kɤ⁴³	xɤ³⁵	tan²¹³	tʰan²¹³	tan⁵¹³	lan³⁵	san⁴³	kan⁴³
雄县	kɤ⁴⁵	xɤ⁵³	tãn²¹⁴	tʰãn²¹⁴	tãn⁴¹	lãn⁵³	sãn⁴⁵	kãn⁴⁵
安新	kɤ⁴⁵	xɤ³¹	tan²¹⁴	tʰan²¹⁴	tan⁵¹	lan³¹	san⁴⁵	kan⁴⁵
满城	kɤ⁴⁵	xɤ²²	tan²¹³	tʰan²¹³	tan⁵¹²	lan²²	san⁴⁵	kan⁴⁵
阜平	kɤ³¹	xɤ²⁴	tæ⁵⁵	tʰæ⁵⁵	tæ⁵³	læ²⁴	sæ³¹	kæ³¹
定州	kɤ³³	xɤ²¹³	tan²⁴	tʰan²⁴	tan⁵¹	lan²¹³	san³³	kan³³
无极	kɤ³¹	xɤ²¹³	tãn³⁵	tʰãn³⁵	tãn⁴⁵¹	lãn²¹³	sãn³¹	kãn³¹
辛集	kə³³	xə³⁵⁴	tan³²⁴	tʰan³²⁴	tan⁴¹	lan³⁵⁴	san³³	kan³³
衡水	kɤ²⁴	xɤ⁵³	tɑn⁵⁵	tʰɑn⁵⁵	tɑn³¹	lɑn⁵³	sɑn²⁴	kɑn²⁴
故城	kɤ²⁴	xɤ⁵³	tæ⁵⁵	tʰæ⁵⁵	tæ³¹	læ⁵³	sæ²⁴	kæ²⁴
巨鹿	kɤ³³	xɤ⁴¹	tan⁵⁵	tʰan⁵⁵	tɛ̃²¹	lɛ̃⁴¹	san³³	kan³³
邢台	kə³⁴	xə⁵³	tan⁵⁵	tʰan⁵⁵	tan³¹	lan⁵³	san³⁴	kan³⁴
馆陶	kɤ²⁴	xɤ⁵²	tæn⁴⁴	tʰæn⁴⁴	tæn²¹³	læn⁵²	sæn²⁴	kæn²⁴
沧县	kɤ²³	xɤ⁵³	tan⁵⁵	tʰan⁵³	tan⁴¹	lan⁵³	san²³	kan²³
献县	kɤ³³	xɤ⁵³	tæ²¹⁴	tʰæ²¹⁴	tæ³¹	læ⁵³	sæ³³	kæ³³
平泉	kə⁵⁵	xə³⁵	tan²¹⁴	tʰan²¹⁴	tan⁵¹	lan³⁵	san⁵⁵	kan⁵⁵
滦平	kə⁵⁵	xə³⁵	tan²¹⁴	tʰan²¹⁴	tan⁵¹	lan³⁵	san⁵⁵	kan⁵⁵
廊坊	kɤ⁵⁵	xɤ³⁵	tan²¹⁴	tʰan²¹⁴	tan⁵¹	lan³⁵	san⁵⁵	kan⁵⁵

（续表）

	0385 鸽	0386 盒	0387 胆	0388 毯	0389 淡	0390 蓝	0391 三	0392 甘
	咸开一入合见	咸开一入合匣	咸开一上谈端	咸开一上谈透	咸开一上谈定	咸开一平谈来	咸开一平谈心	咸开一平谈见
魏县	kɤ³³	xɤ⁵³	tan⁵⁵	tʰan⁵⁵	tan³¹²	lan⁵³	ʂan³³	kan³³
张北	kəʔ³²	xə⁴²	tæ̃⁵⁵	tʰæ̃⁵⁵	tæ̃²¹³	læ̃⁴²	sæ̃⁴²	kæ̃⁴²
万全	kʌʔ²²	xʌʔ⁴	tan⁵⁵	tʰan⁵⁵	tan²¹³	lan⁴¹	san⁴¹	kan⁴¹
涿鹿	kʌʔ⁴³	xə⁴²	tæ̃⁴⁵	tʰæ̃⁴⁵	tæ̃³¹	læ̃⁴²	sæ̃⁴⁴	kæ̃⁴⁴
平山	kɤ²⁴	xuə³¹ 又 xɤ³¹ 又	tæ̃⁵⁵	tʰæ̃⁵⁵	tæ̃⁴²	læ̃³¹	sæ̃³¹	kæ̃³¹
鹿泉	kʌ¹³	xɤ⁵⁵	tæ̃³⁵	tʰæ̃³⁵	tæ̃³¹²	læ̃⁵⁵	sæ̃⁵⁵	kæ̃⁵⁵
赞皇	kə²⁴	xə⁵⁴	tæ̃⁴⁵	tʰæ̃⁴⁵	tæ̃³¹²	læ̃⁵⁴	sæ̃⁵⁴	kæ̃⁵⁴
沙河	kəʔ²	xɤ⁵¹	tã³³	tʰã³³	tã²¹	lã⁵¹	sã⁴¹	kã⁴¹
邯郸	kʌʔ⁴³	xɤ⁵³	tæ̃⁵⁵	tʰæ̃⁵⁵	tæ̃²¹³	læ̃⁵³	sæ̃³¹	kæ̃³¹
涉县	kɐʔ³²	xɐʔ³²	tæ̃⁵³	tʰæ̃⁵³	tæ̃⁵⁵	læ̃⁴¹	sæ̃⁴¹	kæ̃⁴¹

① 有点儿~、咸~¹。
② 咸~²、~水、~的。

	0393 敢 咸开一 上谈见	0394 喊 咸开一 上谈晓	0395 塔 咸开一 入盍透	0396 蜡 咸开一 入盍来	0397 赚 咸开二 去咸澄	0398 杉~木 咸开二 平咸生	0399 减 咸开二 上咸见	0400 咸~淡 咸开二 平咸匣
兴隆	kan²¹³	xan²¹³	tʰa²¹³	la⁵¹	tʂuan⁵¹	ʂan³⁵	tɕian²¹³	ɕian⁵⁵
北戴河	kan²¹⁴	xan²¹⁴	tʰa²¹⁴	la⁵¹	tʃuan⁵¹	ʃan⁴⁴	tɕian²¹⁴	ɕian³⁵
昌黎	kan²¹³	xan²¹³	tʰa²¹³	la⁴⁵³	tʂuan⁴⁵³	san⁴²	tɕian²¹³	ɕian²⁴
乐亭	kan³⁴	xan³⁴	tʰa³⁴	la⁵²	tʂuan⁵²	ʂan³¹	tɕien³⁴	ɕiɛn²¹²
蔚县	kã⁴⁴	xã⁴⁴	tʰɑ⁴⁴	lɑ³¹²	tsuã³¹²	sã⁵³	tɕiã⁴⁴	ɕiã⁴¹
涞水	kan²⁴	xan²⁴	tʰa²⁴	la³¹⁴	tʂuan³¹⁴	ʂan³¹	tɕian²⁴	ɕian⁴⁵
霸州	kan²¹⁴	xan²¹⁴	tʰa²¹⁴	la⁴¹	tʂuan⁴¹① tsuan⁴¹②	ʂa⁴⁵	tɕian²¹⁴	ɕian⁵³
容城	kan²¹³	xan²¹³	tʰa²¹³	la⁵¹³	tʂuan⁵¹³	ʂan⁴³	tɕian²¹³	ɕian³⁵
雄县	kãn²¹⁴	xãn²¹⁴	tʰa²¹⁴	la⁴¹	tʂuãn⁴¹③ tsuãn⁴¹④	ʂãn⁴⁵	tɕiãn²¹⁴	ɕiãn⁵³
安新	kan²¹⁴	xan²¹⁴	tʰa²¹⁴	la⁵¹	tsuan⁵¹白 tʂuan⁵¹文	sa⁴⁵	tɕian²¹⁴	ɕian³¹
满城	kan²¹³	xan²¹³	tʰa²¹³	la⁵¹²	tʂuan⁵¹²	ʂan⁴⁵	tɕian²¹³	ɕian²²
阜平	kæ̃⁵⁵	xæ̃⁵⁵	tʰa²⁴	la⁵³	tʂuæ̃⁵³	ʂæ̃³¹	tɕiæ̃⁵⁵	ɕiæ̃²⁴
定州	kan²⁴	xan²⁴	tʰa²⁴	la⁵¹	tʂuan⁵¹	ʂa³³	tɕian²⁴	ɕian²¹³
无极	kãn³⁵	xãn³⁵	tʰɑ²¹³	lɑ⁴⁵¹	tʂuãn⁴⁵¹		tɕiãn³⁵	ɕiãn²¹³
辛集	kan³²⁴	xan³²⁴	tʰɑ³³	lɑ⁴¹	tʂuan⁴¹	ʂan³³	tɕian³²⁴	ɕian³⁵⁴
衡水	kɑn⁵⁵	xɑn⁵⁵	tʰɑ²⁴	lɑ³¹	tsuan³¹	san²⁴	tɕiɑn⁵⁵	ɕian⁵³
故城	kæ̃⁵⁵	xæ̃⁵⁵	tʰa²⁴	la³¹	tsuæ̃³¹	sæ̃²⁴	tɕiæ̃⁵⁵	ɕiæ̃⁵³
巨鹿	kan⁵⁵	xan⁵⁵	tʰa⁵⁵	la²¹	tʂuẽ²¹	ʂan³³	tɕian⁵⁵	ɕiẽ⁴¹
邢台	kan⁵⁵	xan⁵⁵	tʰa³⁴	la³¹	tʂuan³¹	ʂan³⁴	tɕian⁵⁵	ɕian⁵³
馆陶	kæn⁴⁴	xæn⁴⁴	tʰa²⁴	la²¹³	tʂuæn²¹³	ʂæn²⁴	tɕiæn⁴⁴	ɕiæn⁵²
沧县	kan⁵⁵	xan⁵⁵	tʰa²³	lɑ⁴¹	tʂuan⁴¹⑤ tsuan⁴¹⑥	sɑ²³	tɕian⁵⁵	ɕian⁵³
献县	kæ̃²¹⁴	xæ̃²¹⁴	tʰa³³	la³¹	tʂuæ̃³¹	ʂa³³	tɕiæ̃²¹⁴	ɕiæ̃⁵³
平泉	kan²¹⁴	xan²¹⁴	tʰa²¹⁴	la⁵¹	tʂuan⁵¹	ʂan⁵⁵	tɕian²¹⁴	ɕian³⁵

（续表）

	0393 敢	0394 喊	0395 塔	0396 蜡	0397 赚	0398 杉~木	0399 减	0400 咸~淡
	咸开一上谈见	咸开一上谈晓	咸开一入盍透	咸开一入盍来	咸开二去咸澄	咸开二平咸生	咸开二上咸见	咸开二平咸匣
滦平	kan²¹⁴	xan²¹⁴	tʰa²¹⁴	la⁵¹	tʂuan⁵¹	ʂan⁵⁵	tɕian²¹⁴	ɕian³⁵
廊坊	kan²¹⁴	xan²¹⁴	tʰa²¹⁴	la⁵¹	tʂuan⁵¹	ʂan⁵⁵	tɕiɛn²¹⁴	ɕiɛn³⁵
魏县	kan⁵⁵	xan⁵⁵	tʰɤ³³ 白 / tʰa³³ 文	lɤ³³ 白 / la³³ 文	tʂuan³¹²	ʂan³³	tɕian⁵⁵	ɕian⁵³
张北	kæ̃⁵⁵	xæ̃⁵⁵	tʰəʔ³²	ləʔ³²	tsuæ̃²¹³	sæ̃⁴²	tɕiæ̃⁵⁵	ɕiæ̃⁴²
万全	kan⁵⁵	xan⁵⁵	tʰʌʔ²²	lʌʔ²²	tsuan²¹³	san⁴¹	tɕian⁵⁵	ɕian⁴¹
涿鹿	kæ̃⁴⁵	xæ̃⁴⁵	tʰʌʔ⁴³	lʌʔ⁴³	tʂuæ̃³¹	sæ̃⁴⁴	tɕiæ̃⁴⁵	ɕiæ̃⁴²
平山	kæ̃⁵⁵	xæ̃⁵⁵	tʰa²⁴	la²⁴	tʂuæ̃⁴²	ʂæ̃³¹	tɕiæ̃⁵⁵	ɕiæ̃³¹
鹿泉	kæ̃³⁵	xæ̃³⁵	tʰʌ¹³	la³¹²	tʂuæ̃³¹²	ʂæ̃⁵⁵	tɕiæ̃³⁵	ɕiæ̃⁵⁵
赞皇	kæ̃⁴⁵	xæ̃⁴⁵	tʰa²⁴	la³¹²	tʂuæ̃³¹²	ʂæ̃⁵⁴	tɕiæ̃⁴⁵	ɕiæ̃⁵⁴
沙河	kã³³	xã³³	tʰəʔ²	ləʔ²	tʂuã²¹	ʂɔ⁴¹	tɕiã³³	ɕiã⁵¹
邯郸	kæ̃⁵⁵	xæ̃⁵⁵	tʰʌʔ⁴³	lʌʔ⁴³	tʂuæ̃²¹³	ʂæ̃³¹	tɕiæ̃⁵⁵	ɕiæ̃⁵³
涉县	kæ̃⁵³	xæ̃⁵³	tʰɐʔ³²	lɐʔ³² 白 / lɒ⁵⁵ 文	tsuæ̃⁵⁵	sæ̃⁴¹	tɕiæ̃⁵³	ɕiæ̃⁴¹

---

① ~钱。
② 骗。
③ ~钱。
④ 骗。
⑤ ~钱。
⑥ ~人。

	0401 插	0402 闸	0403 夹~子	0404 衫	0405 监	0406 岩	0407 甲	0408 鸭
	咸开二入洽初	咸开二入洽崇	咸开二入洽见	咸开二平衔生	咸开二平衔见	咸开二平衔疑	咸开二入狎见	咸开二入狎影
兴隆	tʂʰa³⁵	tʂa⁵⁵	tɕia³⁵	ʂan³⁵	tɕian³⁵	ian⁵⁵	tɕia²¹³	ia³⁵
北戴河	tʃʰa⁴⁴	tʃa³⁵	tɕia⁴⁴	ʃan⁴⁴	tɕian⁴⁴	ian³⁵	tɕia²¹⁴	ia⁴⁴
昌黎	tʂʰa²¹³白 tʂʰa⁴²文	tsa²⁴	tɕia⁴²	san⁴²	tɕian⁴²	ian²⁴	tɕia²¹³	ia⁴²
乐亭	tʂʰa²¹²	tʂa²¹²	tɕia³¹	ʂan³¹	tɕien³¹	iɛn²¹²	tɕia³⁴	ia³¹
蔚县	tsʰɑ⁵³	tsɑ⁴¹	tɕia⁵³	sã⁵³	tɕiã⁵³	iã⁴¹	tɕiɑ⁴⁴	iɑ⁵³
涞水	tʂʰa³¹	tʂa⁴⁵	tɕia³¹	ʂan³¹	tɕian³¹	ian⁴⁵	tɕia²⁴	ia³¹
霸州	tʂʰa⁴⁵	tʂa⁵³	tɕia⁴⁵	ʂan⁴⁵	tɕian⁴⁵	ian⁵³	tɕia²¹⁴	ia⁴⁵
容城	tʂʰa⁴³	tʂa³⁵	tɕia⁴³	ʂan⁴³	tɕian⁴³	ian³⁵	tɕia²¹³	ia⁴³
雄县	tʂʰa⁴⁵	tʂa⁵³	tɕia⁴⁵	ʂãn⁴⁵	tɕiãn⁴⁵	iãn⁵³	tɕia²¹⁴	ia⁴⁵
安新	tʂʰa²¹⁴	tsa³¹	tɕia⁴⁵	ʂan⁴⁵	tɕian⁴⁵	ian³¹	tɕia²¹⁴	ia⁴⁵
满城	tʂʰa⁴⁵	tʂa²²	tɕia⁴⁵	ʂan⁴⁵	tɕian⁴⁵	ian²²	tɕia²¹³	ia⁴⁵
阜平	tʂʰa²⁴	tsa²⁴	tɕia²⁴	ʂæ³¹	tɕiæ³¹	iæ²⁴	tɕia⁵⁵	ia²⁴
定州	tʂʰa³³	tsa²¹³	tɕia³³	ʂan³³	tɕian³³	ian²¹³	tɕia²⁴	ia³³
无极	tʂʰɑ²¹³	tsɑ²¹³	tɕiɑ²¹³	ʂãn³¹	tɕiãn³¹	iãn²¹³	tɕia²¹³	iɑ²¹³
辛集	tʂʰɑ³³	tsɑ³⁵⁴	tɕia³³	ʂan³³	tɕian³³	ian³⁵⁴	tɕia³²⁴	iɑ³³
衡水	tsʰɑ²⁴	tsɑ⁵³	tɕia²⁴	sɑn²⁴	tɕiɑn²⁴	iɑn⁵³	tɕiɑ²⁴	iɑ²⁴
故城	tsʰa²⁴	tsa⁵³	tɕia²⁴	sæ²⁴	tɕiæ²⁴	iæ⁵³	tɕia²⁴	ia²⁴
巨鹿	tʂʰa³³	tʂa⁵⁵	tɕia³³	ʂan³³	tɕian³³	iɛ̃⁴¹	tɕia⁵⁵	ia³³
邢台	tʂʰa³⁴	tʂa⁵³	tɕia³⁴	ʂan³⁴	tɕian³⁴	ian⁵³	tɕia³⁴	ia³⁴
馆陶	tʂʰa²⁴	tsa⁴⁴	tɕia²⁴	ʂæn²⁴	tɕiæn²⁴	iæn⁵²	tɕia²⁴	ia²⁴
沧县	tsʰɑ²³	tsa⁵³	tɕia²³	san²³	tɕian²³	ian⁵³	tɕiɑ⁵⁵	iɑ²³
献县	tʂʰa³³	tʂa⁵³	tɕia³³	ʂæ³³	tɕiæ³³	iæ⁵³	tɕia²¹⁴	ia³³
平泉	tʂʰa⁵⁵	tʂa³⁵	tɕia⁵⁵	ʂan⁵⁵	tɕian⁵⁵	ian³⁵	tɕia²¹⁴	ia⁵⁵
滦平	tʂʰa⁵⁵	tʂa³⁵	tɕia³⁵又 tɕia⁵⁵又	ʂan⁵⁵	tɕian⁵⁵	ian³⁵	tɕia²¹⁴	ia⁵⁵
廊坊	tʂʰa⁵⁵	tʂa³⁵	tɕia⁵⁵	ʂan⁵⁵	tɕiɛn⁵⁵	iɛn³⁵	tɕia²¹⁴	ia⁵⁵

（续表）

	0401 插	0402 闸	0403 夹~子	0404 衫	0405 监	0406 岩	0407 甲	0408 鸭
	咸开二入洽初	咸开二入洽崇	咸开二入洽见	咸开二平衔生	咸开二平衔见	咸开二平衔疑	咸开二入狎见	咸开二入狎影
魏县	tʂʰɤ³³ 白 tʂʰa³³ 文	tʂa⁵⁵	tɕiə³³ 白 tɕia³³ 文	ʂan³³	tɕian³³	ian⁵³	tɕia³³	iə³³ 白 ia³³ 文
张北	tsʰəʔ³²	tsa⁵⁵	tɕia⁴²	sæ̃⁴²	tɕiæ̃⁴²	iæ⁴²	tɕia⁵⁵	iəʔ³²
万全	tsʰʌʔ²²	tsʌʔ⁴	tɕia⁴¹	san⁴¹	tɕian⁴¹	ian⁴¹	tɕia²¹³	iʌʔ²²
涿鹿	tsʰʌʔ⁴³	tsa⁴⁴	tɕiʌʔ⁴³	sæ̃⁴⁴	tɕiæ̃⁴⁴	iæ⁴²	tɕia⁴⁵	ia⁴²
平山	tʂʰa²⁴	tʂa⁵⁵	tɕia²⁴	ʂæ̃³¹	tɕiæ̃³¹	iæ³¹	tɕia²⁴	ia²⁴
鹿泉	tʂʰʌ¹³	tʂa⁵⁵	tɕiʌ¹³	ʂæ̃⁵⁵	tɕiæ̃⁵⁵	iæ⁵⁵	tɕiʌ¹³	iʌ¹³
赞皇	tʂʰa²⁴	tʂa²⁴	tɕia²⁴	ʂæ̃⁵⁴	tɕiæ̃⁵⁴	iæ⁵⁴	tɕia²⁴	ia²⁴
沙河	tʂʰəʔ²	tʂɔ⁵¹	tɕiəʔ²		tɕiã⁴¹	iã⁵¹	tɕiəʔ²	iəʔ²
邯郸	tʂʰʌʔ⁴³	tʂɔ⁵⁵ 又 tʂɔ⁵³ 又	tɕiʌʔ⁴³	ʂæ̃³¹	tɕiæ̃³¹	iæ⁵³	tɕiʌʔ⁴³	iɔ³¹
涉县	tsʰɐʔ³²	tsɒ⁵³	tɕiɐʔ³²	sæ⁴¹	tɕiæ̃⁴¹	iæ⁴¹²	tɕiɐʔ³²	iɐʔ³²

	0409 黏~液	0410 尖	0411 签~名	0412 占~领	0413 染	0414 钳	0415 验	0416 险
	咸开三平盐泥	咸开三平盐精	咸开三平盐清	咸开三去盐章	咸开三上盐日	咸开三平盐群	咸开三去盐疑	咸开三上盐晓
兴隆	ȵian⁵⁵	tɕian³⁵	tɕʰian³⁵	tʂan⁵¹	ʐan²¹³	tɕʰian⁵⁵	ian⁵¹	ɕian²¹³
北戴河	nian³⁵	tɕian⁴⁴	tɕʰian⁴⁴	tʃan⁵¹	ʐan²¹⁴	tɕʰian³⁵	ian⁵¹	ɕian²¹⁴
昌黎	ȵian²⁴	tɕian⁴²	tɕʰian⁴²	tsan⁴⁵³	ʐan²¹³	tɕʰian²⁴	ian⁴⁵³	ɕian²¹³
乐亭	niɛn²¹²	tɕiɛn³¹	tɕʰiɛn³¹	tʂan⁵²	ʐan³⁴	tɕʰiɛn²¹²	iɛn⁵²	ɕiɛn³⁴
蔚县	ȵiã⁴¹	tɕiã⁵³	tɕʰiã⁵³	tsã³¹²	zã⁴⁴	tɕʰiã⁴¹	iã³¹²	ɕiã⁴⁴
涞水	ȵian⁴⁵	tɕian³¹	tɕʰian³¹	tsan³¹⁴	zan²⁴	tɕʰian⁴⁵	ian³¹⁴	ɕian²⁴
霸州	ȵian⁵³	tɕian⁴⁵	tɕʰian⁴⁵ 又 tɕʰian⁴¹ 又	tʂan⁴¹	ʐan²¹⁴	tɕʰian⁵³	ian⁴¹	ɕian²¹⁴
容城	nian³⁵	tɕian⁴³	tɕʰian⁴³	tʂan⁵¹³	ʐan²¹³	tɕʰian³⁵	ian⁵¹³	ɕian²¹³
雄县	ȵiã̃n⁵³	tɕiã̃n⁴⁵	tɕʰiã̃n⁴⁵ 又 tɕʰiã̃n⁴¹ 又	tʂã̃n⁴¹	ʐã̃n²¹⁴	tɕʰiã̃n⁵³	iã̃n⁴¹	ɕiã̃n²¹⁴
安新	nian³¹	tɕian⁴⁵	tɕʰian⁴⁵	tʂan⁵¹	ʐan²¹⁴	tɕʰian³¹	ian⁵¹	ɕian²¹⁴
满城	ȵian²²	tɕian⁴⁵	tɕʰian⁴⁵	tʂan⁵¹²	ʐan²¹³	tɕʰian²²	ian⁵¹²	ɕian²¹³
阜平	ȵiã̃ɛ²⁴	tɕiã̃ɛ³¹	tɕʰiã̃ɛ³¹	tʂã̃ɛ⁵³	ʐã̃ɛ⁵⁵	tɕʰiã̃ɛ²⁴	iã̃ɛ⁵³	ɕiã̃ɛ⁵⁵
定州	ȵian²¹³	tsian³³	tsʰian³³	tʂan⁵¹	ʐan²⁴	tɕʰian²¹³	ian⁵¹	ɕian²⁴
无极	ȵiã̃n²¹³	siã̃n³¹	tsʰiã̃n³¹	tʂã̃n⁵¹	ʐã̃n³⁵	tɕʰiã̃n²¹³	iã̃n⁵¹	ɕiã̃n³⁵
辛集	ȵian³⁵⁴	tsian³³	tsʰian³³	tʂan⁴¹	ʐan³²⁴	tɕʰian³⁵⁴	ian⁴¹	ɕian³²⁴
衡水	ȵian⁵³	tɕiɑn²⁴	tɕʰian²⁴ 又 tɕʰian³¹ 又	tsan³¹	ian⁵⁵ 旧 ʐan⁵⁵ 新	tɕʰian⁵³	ian³¹	ɕiɑn⁵⁵
故城	ȵiã̃ɛ⁵³	tɕiã̃ɛ²⁴	tɕʰiã̃ɛ²⁴	tʂã̃ɛ³¹	iã̃ɛ⁵⁵① zã̃ɛ⁵⁵②	tɕʰiã̃ɛ⁵³	iã̃ɛ³¹	ɕiã̃ɛ⁵⁵
巨鹿	ȵiẽ⁴¹	tɕian³³	tɕʰian³³	tʂẽ²¹	ian⁵⁵	tɕʰiẽ⁴¹	iẽ²¹	ɕian⁵⁵
邢台	nian⁵³	tsian³⁴	tsʰian³⁴	tʂan³¹	ʐan⁵⁵	tɕʰian⁵³	ian³¹	ɕian⁵⁵
馆陶	ȵiæn⁵²	tsiæn²⁴	tsʰiæn²⁴	tʂæn²¹³	ʐæn⁴⁴	tɕʰiæn⁵²	iæn²¹³	ɕiæn⁴⁴
沧县	ȵian⁵³	tɕian²³	tɕʰian²³	tʂan⁴¹	ian⁵⁵	tɕʰian⁵³	ian⁴¹	ɕian⁵⁵
献县	ȵiæ̃⁵³	tɕiæ̃³³	tɕʰiæ̃³³	tʂæ̃³¹	zæ̃²¹⁴	tɕʰiæ̃⁵³	iæ̃³¹	ɕiæ̃²¹⁴
平泉	nian³⁵	tɕian⁵⁵	tɕʰian⁵⁵	tʂan⁵¹	ʐan²¹⁴	tɕʰian³⁵	ian⁵¹	ɕian²¹⁴

(续表)

	0409 黏~液	0410 尖	0411 签~名	0412 占~领	0413 染	0414 钳	0415 验	0416 险
	咸开三平盐泥	咸开三平盐精	咸开三平盐清	咸开三去盐章	咸开三上盐日	咸开三平盐群	咸开三去盐疑	咸开三上盐晓
滦平	ȵian³⁵	tɕian⁵⁵	tɕʰian⁵⁵	tʂan⁵¹	ʐan²¹⁴	tɕʰian³⁵	ian⁵¹	ɕian²¹⁴
廊坊	ȵiɛn³⁵	tɕiɛn⁵⁵	tɕʰiɛn⁵⁵	tʂan⁵¹	ʐan²¹⁴	tɕʰiɛn³⁵	iɛn⁵¹	ɕiɛn²¹⁴
魏县	ȵian⁵³	tɕian³³	tɕʰian³³	tʂan³¹²	ʐan⁵⁵	tɕʰian⁵³	ian³¹²	ɕian⁵⁵
张北	ȵiæ̃⁴²	tɕiæ̃⁴²	tɕʰiæ̃⁴²	tsæ̃²¹³	zæ̃⁵⁵	tɕʰiæ̃⁴²	iæ̃²¹³	ɕiæ̃⁵⁵
万全	ȵian⁴¹	tɕian⁴¹	tɕʰian⁴¹	tsan²¹³	zan⁵⁵	tɕʰian⁴¹	ian²¹³	ɕian⁵⁵
涿鹿	ȵiæ̃⁴²	tɕiæ̃⁴⁴	tɕʰiæ̃⁴⁴	tʂæ̃³¹	ʐæ̃⁴⁵	tɕʰiæ̃⁴²	iæ̃³¹	ɕiæ̃⁴⁵
平山	ȵiæ̃³¹	tsiæ̃³¹	tsʰiæ̃³¹	tʂæ̃⁴²	ʐæ̃⁵⁵	tɕʰiæ̃³¹	iæ̃⁴²	ɕiæ̃⁵⁵
鹿泉	ȵiæ̃⁵⁵	tsiæ̃⁵⁵	tsʰiæ̃⁵⁵	tʂæ̃³¹²	ʐæ̃³⁵	tɕʰiæ̃⁵⁵	iæ̃³¹²	ɕiæ̃³⁵
赞皇	ȵiæ̃⁵⁴	tsiæ̃⁵⁴	tsʰiæ̃⁵⁴	tʂæ̃³¹²	ʐæ̃⁴⁵	tɕʰiæ̃⁵⁴	iæ̃³¹²	ɕiæ̃⁴⁵
沙河	ȵiã⁵¹	tsiã⁴¹	tsʰiã⁴¹	tʂã²¹	ʐã³³	tɕʰiã⁵¹	iã²¹	ɕiã³³
邯郸	ȵiæ̃⁵³	tsiæ̃³¹	tɕʰiæ̃³¹	tʂæ̃²¹³	ʐæ̃⁵⁵	tɕʰiæ̃⁵³	iæ̃²¹³	ɕiæ̃⁵⁵
涉县	ȵiæ̃⁴¹²	tɕiæ̃⁴¹	tɕʰiæ̃⁴¹	tsæ̃⁵⁵	iæ̃⁵³	tɕʰiæ̃⁴¹²	iæ̃⁵⁵	ɕiæ̃⁵³

① ~布。
② 传~。

	0417 厌	0418 炎	0419 盐	0420 接	0421 折~叠	0422 叶树~	0423 剑	0424 欠
	咸开三去盐影	咸开三平盐云	咸开三平盐以	咸开三入叶精	山开三入薛章	咸开三入叶以	咸开三去严见	咸开三去严溪
兴隆	ian⁵¹	ian⁵⁵	ian⁵⁵	tɕie³⁵	tʂɤ⁵⁵	ie⁵¹	tɕian⁵¹	tɕʰian⁵¹
北戴河	ian⁵¹	ian³⁵	ian³⁵	tɕie⁴⁴	tʃɤ³⁵	ie⁵¹	tɕian⁵¹	tɕʰian⁵¹
昌黎	ian⁴⁵³	ian²⁴	ian²⁴	tɕie⁴²	tʂɤ²⁴	ie⁴⁵³	tɕian⁴⁵³	tɕʰian⁴⁵³
乐亭	iɛn⁵²	iɛn³¹	iɛn²¹²	tɕie³⁴	tʂə²¹²	ie⁵²	tɕiɛn⁵²	tɕʰiɛn⁵²
蔚县	iã³¹²	iã⁵³	iã⁴¹	tɕiə⁵³	tʂɤ⁵³	iə³¹²	tɕiã³¹²	tɕʰiã³¹²
涞水	ian³¹⁴	ian⁴⁵	ian⁴⁵	tɕie³¹	tʂɤ⁴⁵	ie³¹⁴	tɕian³¹⁴	tɕʰian³¹⁴
霸州	ian⁴¹	ian⁵³	ian⁵³	tɕie⁴⁵	tʂɤ⁵³新 tʂɤ⁴⁵旧	ie⁴¹	tɕian⁴¹	tɕʰian⁴¹
容城	ian⁵¹³	ian³⁵	ian³⁵	tɕie⁴³	tʂɤ³⁵	ie⁵¹³	tɕian⁵¹³	tɕʰian⁵¹³
雄县	iãn⁴¹	iãn⁴⁵	iãn⁵³	tɕie⁴⁵	tʂɤ⁵³	ie⁴¹	tɕiãn⁴¹	tɕʰiãn⁴¹
安新	ian⁵¹	ian³¹	ian³¹	tɕie²¹⁴	tʂɤ³¹	ie⁵¹	tɕian⁵¹	tɕʰian⁵¹
满城	ian⁵¹²	ian⁴⁵	ian²²	tɕie⁴⁵	tʂɤ⁴⁵	ie⁵¹²	tɕian⁵¹²	tɕʰian⁵¹²
阜平	iæ⁵³	iæ²⁴	iæ²⁴	tɕie²⁴	tʂɤ²⁴	ie⁵³	tɕiæ⁵³	tɕʰiæ⁵³
定州	ian⁵¹	ian³³	ian²¹³	tsie³³	tʂɤ³³	ie⁵¹	tsian⁵¹	tɕʰian⁵¹
无极	iãn⁵¹	iãn³¹	iãn²¹³	tsie²¹³		ie⁵¹	tɕiãn⁵¹	tɕʰiãn⁵¹
辛集	ian⁴¹	ian³⁵⁴	ian³⁵⁴	tsiɛ³³	tʂə³³	ie⁴¹	tsia⁴¹	tɕʰia⁴¹
衡水	iɑn³¹	iɑn⁵³	iɑn⁵³	tɕie²⁴	tɕie²⁴旧 tʂɤ²⁴新	ie³¹	tɕiɑn³¹	tɕʰiɑn³¹
故城	iæ³¹	iæ⁵³	iæ⁵³	tɕie²⁴	tʂɤ²⁴	ie³¹	tɕiæ³¹	tɕʰiæ³¹
巨鹿	iẽ²¹	iẽ⁴¹	iẽ⁴¹	tɕie³³	tɕie⁴¹	ie²¹	tɕiẽ²¹	tɕʰiẽ²¹
邢台	ian³¹	ian⁵³	ian⁵³	tsie³⁴	tʂɤ³⁴	ie³¹	tɕian³¹	tɕʰian³¹
馆陶	iæn²¹³	iæn⁵²	iæn⁵²	tsiᴇ²⁴	tʂᴇ²⁴	iᴇ²¹³	tɕiæn²¹³	tɕʰiæn²¹³
沧县	ian⁴¹	ian⁵³	ian⁵³	tɕie²³	tʂɤ⁵³	ie⁴¹	tɕian⁴¹	tɕʰian⁴¹
献县	iæ³¹	iæ⁵³	iæ⁵³	tɕie³³	tʂə³³	ie³¹	tɕiæ³¹	tɕʰiæ³¹
平泉	ian⁵¹	ian³⁵	ian³⁵	tɕie⁵⁵	tʂə³⁵	ie⁵¹	tɕian⁵¹	tɕʰian⁵¹
滦平	ian⁵¹	ian³⁵	ian³⁵	tɕie⁵⁵	tʂə³⁵	iɛ⁵¹	tɕian⁵¹	tɕʰian⁵¹
廊坊	iɛn⁵¹	iɛn³⁵	iɛn³⁵	tɕie⁵⁵	tʂɤ³⁵	ie⁵¹	tɕiɛn⁵¹	tɕʰiɛn⁵¹

（续表）

	0417 厌	0418 炎	0419 盐	0420 接	0421 折~叠	0422 叶树~	0423 剑	0424 欠
	咸开三 去盐影	咸开三 平盐云	咸开三 平盐以	咸开三 入叶精	山开三 入薛章	咸开三 入叶以	咸开三 去严见	咸开三 去严溪
魏县	ian³¹²	ian⁵³	ian⁵³	tɕie³³	tʂɛ³³ 白 tʂɤ³³ 文	ie³³	tɕian³¹²	tɕʰian³¹²
张北	iæ̃²¹³	iæ̃⁴²	iæ̃⁴²	tɕiəʔ³²	tsəʔ³²	iəʔ³²	tɕiæ̃²¹³	tɕʰiæ̃²¹³
万全	ian²¹³	ian⁴¹	ian⁴¹	tɕiəʔ²²	tsʌʔ²²	iʌʔ²²	tɕian²¹³	tɕʰian²¹³
涿鹿	iæ̃³¹	iæ̃⁴²	iæ̃⁴²	tɕiʌʔ⁴³	tʂʌʔ⁴³	ie³¹	tɕiæ̃³¹	tɕʰiæ̃³¹
平山	iæ̃⁴²	iæ̃³¹	iæ̃³¹	tsiə²⁴	tsɤ²⁴	iə²⁴	tɕiæ̃⁴²	tɕʰiæ̃⁴²
鹿泉	iæ̃³¹²	iæ̃⁵⁵	iæ̃⁵⁵	tsiʌ¹³ 白 tsiɤ¹³ 文	tsɤ⁵⁵	iɤ³¹²	tɕiæ̃³¹²	tɕʰiæ̃³¹²
赞皇	iæ̃³¹²	iæ̃⁵⁴	iæ̃⁵⁴	tsie²⁴	tsə²⁴	ie²⁴	tɕiæ̃³¹²	tɕʰiæ̃³¹²
沙河	iã²¹	iã⁵¹	iã⁵¹	tsiəʔ²	tsəʔ²		tɕiã²¹	tɕʰiã²¹
邯郸	iæ̃²¹³	iæ̃⁵³	iæ̃⁵³	tsiʌʔ⁴³	tsʌʔ⁴³	iʌʔ⁴³	tɕiæ̃²¹³	tɕʰiæ̃²¹³
涉县	iæ̃⁵⁵	iæ̃⁴¹²	iæ̃⁴¹²	tɕiɐʔ³²	tsɐʔ³²	iə⁵⁵	tɕiæ̃⁵⁵	tɕʰiæ̃⁵⁵

	0425 严 咸开三平严疑	0426 业 咸开三入业疑	0427 点 咸开四上添端	0428 店 咸开四去添端	0429 添 咸开四平添透	0430 甜 咸开四平添定	0431 念 咸开四去添泥	0432 嫌 咸开四平添匣
兴隆	ian⁵⁵	iɛ⁵¹	tian²¹³	tian⁵¹	tʰian³⁵	tʰian⁵⁵	ȵian⁵¹	ɕian⁵⁵
北戴河	ian³⁵	iɛ⁵¹	tian²¹⁴	tian⁵¹	tʰian⁴⁴	tʰian³⁵	ȵian⁵¹	ɕian³⁵
昌黎	ian²⁴	iɛ⁴⁵³	tian²¹³	tian⁴⁵³	tʰian⁴²	tʰian²⁴	ȵian²⁴① ȵian⁴⁵³②	ɕian²⁴
乐亭	iɛn³¹	iɛ⁵²	tiɛn³⁴	tiɛn⁵²	tʰiɛn³¹	tʰiɛn²¹²	ȵiɛn⁵²	ɕiɛn²¹²
蔚县	iã⁴¹	iə³¹²	tiã⁴⁴	tiã³¹²	tʰiã⁵³	tʰiã⁴¹	ȵiã³¹²	ɕiã⁴¹
涞水	ian⁴⁵	iɛ³¹⁴	tian²⁴	tian³¹⁴	tʰian³¹	tʰian⁴⁵	ȵian³¹⁴	ɕian⁴⁵
霸州	ian⁵³	iɛ⁴¹	tian²¹⁴	tian⁴¹	tʰian⁴⁵	tʰian⁵³	ȵian⁴¹	ɕian⁵³
容城	ian³⁵	iɛ⁵¹³	tian²¹³	tian⁵¹³	tʰian⁴³	tʰian³⁵	nian⁵¹³	ɕian³⁵
雄县	iãn⁵³	iɛ⁴¹	tiãn²¹⁴	tiãn⁴¹	tʰiãn⁴⁵	tʰiãn⁵³	ȵiãn⁴¹	ɕiãn⁵³
安新	ian³¹	iɛ⁵¹	tian²¹⁴	tian⁵¹	tʰian⁴⁵	tʰian³¹	nian⁵¹	ɕian³¹
满城	ian²²	iɛ⁵¹²	tian²¹³	tian⁵¹²	tʰian⁴⁵	tʰian²²	ȵian⁵¹²	ɕian²²
阜平	iæ²⁴	iɛ⁵³	tiæ⁵⁵	tiæ⁵³	tʰiæ³¹	tʰiæ²⁴	ȵiæ⁵³	ɕiæ²⁴
定州	ian³³	iɛ⁵¹	tian²⁴	tian⁵¹	tʰian³³	tʰian²¹³	ȵian⁵¹	ɕian²¹³
无极	iãn³¹	iɛ⁴⁵¹	tiãn³⁵	tiãn⁴⁵¹	tʰiãn³¹	tʰiãn²¹³	ȵiãn⁴⁵¹	ɕiãn³⁵
辛集	ian³⁵⁴	iɛ⁴¹	tian³²⁴	tian⁴¹	tʰian³³	tʰian³⁵⁴	ȵian⁴¹	ɕian³⁵⁴
衡水	iɑn⁵³	iɛ³¹	tiɑn⁵⁵	tiɑn³¹	tʰiɑn²⁴	tʰiɑn⁵³	ȵiɑn³¹	ɕiɑn⁵³
故城	iæ̃⁵³	iɛ³¹	tiæ̃⁵⁵	tiæ̃³¹	tʰiæ̃²⁴	tʰiæ̃⁵³	ȵiæ̃³¹	ɕiæ̃⁵³
巨鹿	iɛ̃⁴¹	iɛ²¹	tiɛ̃⁵⁵	tiɛ̃²¹	tʰiɛ̃³³	tʰiɛ̃⁴¹	ȵiɛ̃²¹	ɕiɛ̃⁴¹
邢台	ian⁵³	iɛ³¹	tian⁵⁵	tian³¹	tʰian³⁴	tʰian⁵³	nian³¹	ɕian⁵³
馆陶	iæn⁵²	iɛ²¹³	tiæn⁴⁴	tiæn²¹³	tʰiæn²⁴	tʰiæn⁵²	ȵiæn²¹³	ɕiæn⁵²
沧县	ian⁵³	iɛ⁴¹	tian⁵⁵	tian⁴¹	tʰian²³	tʰian⁵³	ȵian⁴¹	ɕian⁵³
献县	iæ̃⁵³	iɛ³¹	tiæ̃²¹⁴	tiæ̃³¹	tʰiæ̃³³	tʰiæ̃⁵³	ȵiæ̃³¹	ɕiæ̃⁵³
平泉	ian³⁵	iɛ⁵¹	tian²¹⁴	tian⁵¹	tʰian⁵⁵	tʰian³⁵	nian⁵¹	ɕian³⁵
滦平	ian³⁵	iɛ⁵¹	tian²¹⁴	tian⁵¹	tʰian⁵⁵	tʰian³⁵	ȵian⁵¹	ɕian³⁵
廊坊	iɛn³⁵	iɛ⁵¹	tiɛn²¹⁴	tiɛn⁵¹	tʰiɛn⁵⁵	tʰiɛn³⁵	ȵiɛn⁵¹	ɕiɛn³⁵

(续表)

	0425 严	0426 业	0427 点	0428 店	0429 添	0430 甜	0431 念	0432 嫌
	咸开三平严疑	咸开三入业疑	咸开四上添端	咸开四去添端	咸开四平添透	咸开四平添定	咸开四去添泥	咸开四平添匣
魏县	ian⁵³	iɛ³³	tian⁵⁵	tian³¹²	tʰian³³	tʰian⁵³	ȵian³¹²	ɕian⁵⁵
张北	iæ̃⁴²	iəʔ³²	tiæ̃⁵⁵	tiæ̃²¹³	tʰiæ̃⁴²	tʰiæ̃⁴²	ȵiæ̃²¹³	ɕiæ̃⁴²
万全	ian⁴¹	iʌʔ²²	tian⁵⁵	tian²¹³	tʰian⁴¹	tʰian⁴¹	ȵian²¹³	ɕian⁴¹
涿鹿	iæ̃⁴²	iɛ³¹	tiæ̃⁴⁵	tiæ̃³¹	tʰiæ̃⁴⁴	tʰiæ̃⁴²	ȵiæ̃³¹	ɕiæ̃⁴²
平山	iæ̃³¹	iə²⁴	tiæ̃⁵⁵	tiæ̃⁴²	tʰiæ̃³¹	tʰiæ̃³¹	ȵiæ̃⁴²	ɕiæ̃³¹
鹿泉	iæ̃⁵⁵	iɣ³¹²	tiæ̃³⁵	tiæ̃³¹²	tʰiæ̃⁵⁵	tʰiæ̃⁵⁵	ȵiæ̃³¹²	ɕiæ̃⁵⁵
赞皇	iæ̃⁵⁴	iɛ³¹²	tiæ̃⁴⁵	tiæ̃³¹²	tʰiæ̃⁵⁴	tʰiæ̃⁵⁴	ȵiæ̃³¹²	ɕiæ̃⁵⁴
沙河	iã⁵¹	ie²¹	tiã³³	tiã²¹	tʰiã⁴¹	tʰiã⁵¹	niã²¹	ɕiã⁵¹
邯郸	iæ̃⁵³	iʌʔ⁴³	tiæ̃⁵⁵	tiæ̃²¹³	tʰiæ̃³¹	tʰiæ̃⁵³	niæ̃²¹³	ɕiæ̃⁵³
涉县	iæ̃⁴¹²	ieʔ³²	tiæ̃⁵³	tiæ̃⁵⁵	tʰiæ̃⁴¹	tʰiæ̃⁴¹²	ȵiæ̃⁵⁵	ɕiæ̃⁴¹

---

① ~过咧、~念。

② ~书。

	0433 跌	0434 贴	0435 碟	0436 协	0437 犯	0438 法	0439 品	0440 林
	咸开四入帖端	咸开四入帖透	咸开四入帖定	咸开四入帖匣	咸合三上凡奉	咸合三入乏非	深开三上侵滂	深开三平侵来
兴隆	tie³⁵	tʰie³⁵	tie⁵⁵	ɕie⁵⁵	fan⁵¹	fa²¹³	pʰin²¹³	lin⁵⁵
北戴河	tie⁴⁴	tʰie⁴⁴	tie³⁵	ɕie³⁵	fan⁵¹	fa²¹⁴	pʰin²¹⁴	lin³⁵
昌黎	tie⁴²	tʰie⁴²	tie²⁴	ɕie²⁴	fan⁴⁵³	fa²¹³	pʰin²¹³	lin²⁴
乐亭	tie³¹	tʰie³⁴	tie²¹²	ɕie²¹²	fan⁵²	fa³⁴	pʰiən³⁴	liən²¹²
蔚县	tiə⁵³	tʰiə⁵³	tiə⁴¹	ɕiə⁵³	fã³¹²	fɑ⁵³	pʰiŋ⁴⁴	liŋ⁴¹
涞水	tie³¹	tʰie³¹	tie⁴⁵	ɕie⁴⁵	fan³¹⁴	fa²⁴	pʰin²⁴	lin⁴⁵
霸州	tie⁴⁵	tʰie⁴⁵	tie⁵³	ɕie⁵³	fan⁴¹	fa²¹⁴① / fa⁴⁵②	pʰin²¹⁴	lin⁵³
容城	tie⁴³	tʰie⁴³	tie³⁵	ɕie³⁵	fan⁵¹³	fa²¹³	pʰin²¹³	lin³⁵
雄县	tie⁴⁵	tʰie⁴⁵	tie⁵³	ɕie⁵³	fã⁴¹	fa²¹⁴③ / fa⁴⁵④	pʰin²¹⁴	lin⁵³
安新	tie²¹⁴	tʰie²¹⁴	tie³¹	ɕie³¹	fan⁵¹	fa²¹⁴	pʰin²¹⁴	lin³¹
满城	tie⁴⁵	tʰie⁴⁵	tie²²	ɕie²²	fan⁵¹²	fa²¹³	pʰin²¹³	lin²²
阜平	tie²⁴	tʰie²⁴	tie²⁴	ɕie²⁴	fæ̃⁵³	fa²⁴	pʰiŋ⁵⁵	liŋ²⁴
定州	tie²⁴	tʰie³³	tie²⁴	ɕie²⁴	fan⁵¹	fa³³⑤ / fa²⁴⑥	pʰin²⁴	lin²¹³
无极	tie²¹³	tʰie²¹³	tie²¹³	ɕie²¹³	fã⁴⁵¹	fɑ²¹³	pʰien³⁵	lien²¹³
辛集	tie³³	tʰie³³	tie³⁵⁴	ɕie³⁵⁴	fan⁴¹	fɑ³²⁴	pʰiən³²⁴	liən³⁵⁴
衡水	tie²⁴	tʰie²⁴	tie⁵³	ɕie⁵³	fɑn³¹	fɑ²⁴	pʰin⁵⁵	lin⁵³
故城	tie²⁴	tʰie²⁴	tie⁵³	ɕie⁵³	fæ̃³¹	fa²⁴	pʰiẽ⁵⁵	liẽ⁵³
巨鹿	tie⁴¹	tʰie³³	tie⁴¹	ɕie⁵⁵	fẽ²¹	fa³³	pʰin⁵⁵	lin⁴¹
邢台	tie³⁴	tʰie³⁴	tie⁵³	ɕie⁵³	fan³¹	fa⁵⁵	pʰin⁵⁵	lin⁵³
馆陶	tiᴇ²⁴	tʰiᴇ²⁴	tiᴇ⁵²	ɕiᴇ⁵²	fæn²¹³	fa²⁴	pʰin⁴⁴	lin⁵²
沧县	tie²³	tʰie²³	tie⁵³	ɕie⁵³	fan⁴¹	fɑ²³	pʰiən⁵⁵	liən⁵³
献县	tie³³	tʰie³³	tie⁵³	ɕie⁵³	fæ̃³¹	fa²¹⁴	pʰin²¹⁴	lin⁵³
平泉	tie⁵⁵	tʰie⁵⁵	tie³⁵	ɕie³⁵	fan⁵¹	fa²¹⁴	pʰin²¹⁴	lin³⁵

（续表）

	0433 跌	0434 贴	0435 碟	0436 协	0437 犯	0438 法	0439 品	0440 林
	咸开四入帖端	咸开四入帖透	咸开四入帖定	咸开四入帖匣	咸合三上凡奉	咸合三入乏非	深开三上侵滂	深开三平侵来
滦平	tie³⁵ 又 tiɛ⁵⁵ 又	tʰie⁵⁵	tie³⁵	ɕie³⁵	fan⁵¹	fa²¹⁴	pʰin²¹⁴	lin³⁵
廊坊	tie⁵⁵	tʰie⁵⁵	tie³⁵	ɕie³⁵	fan⁵¹	fa²¹⁴	pʰin²¹⁴	lin³⁵
魏县	tie³³	tʰie³³	tie⁵³	ɕie⁵³	fan³¹²	fɤ³³ 白 fa³³ 文	pʰin⁵⁵	lin⁵³
张北	tiəʔ³²	tʰiəʔ³²	tiəʔ³²	ɕiəʔ³²	fæ̃²¹³	fəʔ³²	pʰiŋ⁵⁵	liŋ⁴²
万全	tiʌʔ²²	tʰiʌʔ²²	tiəʔ⁴	ɕiəʔ⁴	fan²¹³	fʌʔ²²	pʰiəŋ⁵⁵	liəŋ⁴¹
涿鹿	tiʌʔ⁴³	tʰiʌʔ⁴³	tie⁴²	ɕiʌʔ⁴³	fæ̃³¹	fʌʔ⁴³	pʰiŋ⁴⁵	liŋ⁴²
平山	tiə²⁴	tʰiə²⁴	tiə³¹	ɕiə²⁴	fæ̃⁴²	fa²⁴	pʰiŋ⁵⁵	liŋ³¹
鹿泉	tiʌ¹³ 白 tiɤ¹³ 文	tʰiʌ¹³	tiɤ⁵⁵	ɕiɤ⁵⁵	fæ̃³¹²	fʌ¹³	pʰiẽ³⁵	liẽ⁵⁵
赞皇	tie²⁴	tʰie²⁴	tie⁵⁴	ɕie⁵⁴	fæ̃³¹²	fa²⁴	pʰin⁴⁵	lin⁵⁴
沙河	tiəʔ²	tʰiəʔ²	tie⁵¹	ɕie⁵¹	fã²¹	fəʔ²	pʰiən³³	liən⁵¹
邯郸	tiʌʔ⁴³	tʰiʌʔ⁴³	tie⁵³	ɕie⁵³	fæ̃²¹³	fʌʔ⁴³	pʰin⁵⁵	lin⁵³
涉县	tieʔ³²	tʰiəʔ³²	tieʔ³²	ɕiə⁴¹²	fæ̃⁵⁵	fɤʔ³²	pʰiəŋ⁵³	liəŋ⁴¹²

---

① ~规。
② 没~ 儿。
③ ~律。
④ 没~ 儿。
⑤ ~国。
⑥ 犯~。

	0441 浸	0442 心	0443 寻	0444 沉	0445 参人~	0446 针	0447 深	0448 任责~
	深开三 去侵精	深开三 平侵心	深开三 平侵邪	深开三 平侵澄	深开三 平侵生	深开三 平侵章	深开三 平侵书	深开三 去侵日
兴隆	tɕin⁵¹	ɕin³⁵	ɕyn⁵⁵	tʂʰən⁵⁵ ~重 tʂʰən⁵¹ 下~	ʂən³⁵	tʂən³⁵	ʂən³⁵	zən⁵¹
北戴河	tɕʰin²¹⁴① tɕin⁵¹②	ɕin⁴⁴	ɕin³⁵ ~思 ɕyn³⁵ ~找	tʃʰən³⁵	ʃən⁴⁴	tʃən⁴⁴	ʃən⁴⁴	zən⁵¹
昌黎	tɕʰin²¹³③ tɕin⁴⁵³④	ɕin⁴²	ɕyn²⁴	tʂʰən²⁴	ʂən⁴²	tʂən⁴²	ʂən⁴²	zən⁴⁵³
乐亭	tɕiən⁵²	ɕiən³¹	ɕyən²¹²	tʂʰən²¹²	ʂən³¹	tʂən³¹	ʂən³¹	zən⁵²
蔚县	tɕʰiŋ⁵³	ɕiŋ⁵³	ɕiŋ⁴¹ 旧 ɕyŋ⁴¹ 新	tʂʰəŋ⁴¹	səŋ⁵³	tsəŋ⁵³	səŋ⁵³	zəŋ³¹²
涞水	tɕin³¹⁴	ɕin³¹	ɕin⁴⁵ ~媳妇儿 ɕyn⁴⁵ ~找	tʂʰən⁴⁵	ʂən³¹	tʂən³¹	ʂən³¹	zən³¹⁴
霸州	tɕin⁴⁵⑤ tɕin²¹⁴⑥	ɕin⁴⁵	ɕin⁵³ ~媳妇儿 ɕyn⁵³ ~找	tʂʰən⁵³ ~重 tʂʰən⁴¹ ~底儿	ʂən⁴⁵	tʂən⁴⁵	ʂən⁴⁵	zən⁴¹
容城	tɕʰin²¹³	ɕin⁴³	ɕyn³⁵	tʂʰən³⁵	ʂən⁴³	tʂən⁴³	ʂən⁴³	zən⁵¹³
雄县	tɕin⁴¹ 又 tɕʰin⁴¹ 又	ɕin⁴⁵	ɕin⁵³ ~媳妇儿 ɕyn⁵³ ~找	tʂʰən⁵³ ~重 tʂʰən⁴¹ ~底儿	ʂən⁴⁵	tʂən⁴⁵	ʂən⁴⁵	zən⁴¹
安新	tɕin⁵¹	ɕin⁴⁵	ɕin³¹ 白 ɕyn³¹ 文	tʂʰən³¹	ʂən⁴⁵	tʂən⁴⁵	ʂən⁴⁵	zən⁵¹
满城	tɕʰin⁴⁵	ɕin⁴⁵	ɕyn²²	tʂʰən²²	ʂən⁴⁵	tʂən⁴⁵	ʂən⁴⁵	zən⁵¹²
阜平	tɕiŋ⁵³	ɕiŋ³¹	ɕioŋ²⁴	tʂʰəŋ²⁴	ʂəŋ³¹	tʂəŋ³¹	ʂəŋ³¹	zəŋ⁵³
定州	tsin⁵¹	sin³³	sin²¹³ ~媳妇儿 syn²⁴ ~找	tʂʰən²⁴	ʂən³³	tʂən³³	ʂən³³	zən⁵¹
无极		sien³¹	sien²¹³ 娶或嫁	tʂʰen²¹³	ʂen³¹	tʂen³¹	ʂen³¹	zen⁴⁵¹
辛集	tsʰiən⁴¹	siən³³	suən³⁵⁴	tʂʰən³⁵⁴	ʂən³³	tʂən³³	ʂən³³	zən⁴¹
衡水	tɕʰin²⁴	ɕin²⁴	ɕin⁵³ ~媳妇儿 ɕyn⁵³ ~找	tʂʰən⁵³	ʂən²⁴	tʂən²⁴	ʂən²⁴	in³¹ 旧 zən³¹ 新
故城	tɕʰiẽ³¹	ɕiẽ²⁴	ɕiẽ⁵³ ~思 ɕyẽ⁵³ ~找	tʂʰẽ⁵³ ~重 tʂʰẽ³¹ ~底儿	sẽ²⁴	tʂẽ²⁴	tʂʰẽ²⁴⑦ ʂẽ²⁴⑧	zẽ³¹
巨鹿	in³³	ɕin³³	ɕyən⁵⁵	tʂʰən⁴¹	ʂən³³	tʂən³³	ʂən³³	in²¹
邢台	tsʰin³¹	sin³⁴	suən⁵³	tʂʰən⁵³	ʂən³⁴	tʂən³⁴	tʂʰən³⁴ 又 ʂən³⁴ 又	zən³¹ 又 in³¹ 又
馆陶	tsin²⁴	sin²⁴	sun⁴⁴ 白 ɕyn⁴⁴ 文	tʂʰen⁵²	ʂen²⁴	tsen²⁴⑨ tʂen⁴⁴⑩	tʂʰen²⁴ 白 sen²⁴ 文	zen²¹³
沧县		ɕiən²³	ɕiən⁵³ ~思 ɕyən⁵³ ~人	tʂʰən⁵³	ʂən²³	tʂən²³	ʂən²³	zən⁴¹

(续表)

	0441 浸	0442 心	0443 寻	0444 沉	0445 参人~	0446 针	0447 深	0448 任责~
	深开三去侵精	深开三平侵心	深开三平侵邪	深开三平侵澄	深开三平侵生	深开三平侵章	深开三平侵书	深开三去侵日
献县	tɕin³¹	ɕin³³	ɕyən⁵³	tʂʰən⁵³	ʂən³³	tʂən³³	ʂən³³	zən³¹
平泉	tɕin⁵¹	ɕin⁵⁵	ɕyn³⁵	tʂʰən³⁵	ʂən⁵⁵	tʂən⁵⁵	ʂən⁵⁵	zən⁵¹
滦平	tɕin⁵¹	ɕin⁵⁵	ɕyn³⁵	tʂʰən³⁵ ~重 tʂʰən⁵¹ 下~	ʂən⁵⁵	tʂən⁵⁵	ʂən⁵⁵	zən⁵¹
廊坊	tɕin⁵¹	ɕin⁵⁵	ɕin³⁵ ~思 ɕyn³⁵ ~找	tʂʰən³⁵	ʂən⁵⁵	tʂən⁵⁵	ʂən⁵⁵	zən⁵¹
魏县	tɕin³³	ɕin³³	ɕin⁵³ 白 ɕyn⁵³ 文	tʂʰən⁵³	ʂən³³	tʂən³³	tʂʰən³³	zən³¹²
张北	tɕiŋ²¹³	ɕiŋ⁴²	ɕyŋ⁴²	tʂʰəŋ⁴²	ʂəŋ⁴²	tʂəŋ⁴²	ʂəŋ⁴²	zəŋ²¹³
万全	tɕiəŋ²¹³	ɕiəŋ⁴¹	ɕyəŋ⁴¹	tʂʰəŋ⁴¹	ʂəŋ⁴¹	tʂəŋ⁴¹	ʂəŋ⁴¹	zəŋ²¹³
涿鹿	tɕʰiŋ⁴⁴	ɕiŋ⁴⁴	ɕyŋ⁴²	tʂʰəŋ⁴²	ʂəŋ⁴⁴	tʂəŋ⁴⁴	ʂəŋ⁴⁴	zəŋ³¹
平山	tsin⁴²	sin³¹	sin³¹	tʂʰəŋ³¹	ʂəŋ³¹	tʂəŋ³¹	ʂəŋ³¹	zəŋ⁴²
鹿泉	tsʰiẽ⁵⁵	siẽ⁵⁵	ɕyẽ⁵⁵	tʂʰẽ⁵⁵	ʂẽ⁵⁵	tʂẽ⁵⁵	ʂẽ⁵⁵	zẽ³¹²
赞皇	tsin³¹²	sin⁵⁴	ɕin⁵⁴	tʂʰən⁵⁴	ʂən⁵⁴	tʂən⁵⁴	ʂən⁵⁴	zən³¹²
沙河	tsiən²¹	siən⁴¹	siən⁵¹ ~婆子 syən⁵¹ ~短见	tʂʰən⁵¹	ʂən⁴¹	tʂən⁴¹	tʂʰən⁴¹⑪ ʂən⁴¹⑫	zən²¹
邯郸	tsin³¹	sin³¹	sin⁵³ 白 syn⁵⁵ 文	tʂʰən⁵³	ʂən³¹	tʂən³¹	tʂʰən³¹ 白 ʂən³¹ 文	zən²¹³
涉县	tɕʰiəŋ⁵⁵	ɕiəŋ⁴¹	ɕyəŋ⁵⁵	tʂʰəŋ⁴¹²	səŋ⁴¹²	tʂəŋ⁴¹	tʂʰəŋ⁴¹	iəŋ⁵⁵

---

① ~种。
② ~泡。
③ ~种。
④ ~湿。
⑤ ~透。
⑥ ~种。
⑦ 水挺~。
⑧ ~刻。
⑨ ~线。
⑩ ~对。
⑪ ~浅。
⑫ ~圳。

	0449 金 深开三 平侵见	0450 琴 深开三 平侵群	0451 音 深开三 平侵影	0452 立 深开三 入缉来	0453 集 深开三 入缉从	0454 习 深开三 入缉邪	0455 汁 深开三 入缉章	0456 十 深开三 入缉禅
兴隆	tɕin³⁵	tɕʰin⁵⁵	in³⁵	li⁵¹	tɕi⁵⁵	ɕi⁵⁵	tʂʅ³⁵	ʂʅ⁵⁵
北戴河	tɕin⁴⁴	tɕʰin³⁵	in⁴⁴	li⁵¹	tɕi³⁵	ɕi³⁵	tʃʅ⁴⁴	ʃʅ³⁵
昌黎	tɕin⁴²	tɕʰin²⁴	in⁴²	li⁴⁵³	tɕi²⁴	ɕi²⁴	tʂʅ⁴²	ʂʅ²⁴
乐亭	tɕiən³¹	tɕʰiən²¹²	iən³¹	li⁵²	tɕi²¹²	ɕi³⁴	tʂʅ³¹	ʂʅ²¹²
蔚县	tɕiŋ⁵³	tɕʰiŋ⁴¹	iŋ⁵³	li³¹²	tɕi³¹²	ɕi⁴¹	tʂʅ⁵³	ʂʅ⁴¹
涞水	tɕin³¹	tɕʰin⁴⁵	in³¹	li³¹⁴	tɕi⁴⁵	ɕi⁴⁵	tʂʅ³¹	ʂʅ⁴⁵
霸州	tɕin⁴⁵	tɕʰin⁵³	in⁴⁵	li⁴¹	tɕi⁵³ 白 / tɕi⁴¹ 文	ɕi⁵³	tʂʅ⁴⁵	ʂʅ⁵³
容城	tɕin⁴³	tɕʰin³⁵	in⁴³	li⁵¹³	tɕi³⁵	ɕi³⁵	tʂʅ⁴³	ʂʅ³⁵
雄县	tɕin⁴⁵	tɕʰin⁵³	in⁴⁵	li⁴¹	tɕi⁵³	ɕi⁵³	tʂʅ⁴⁵	ʂʅ⁵³
安新	tɕin⁴⁵	tɕʰin³¹	in⁴⁵	li⁵¹	tɕi³¹	ɕi³¹	tʂʅ⁴⁵	ʂʅ³¹
满城	tɕin⁴⁵	tɕʰin²²	in⁴⁵	li⁵¹²	tɕi²²	ɕi²²	tʂʅ⁴⁵	ʂʅ²²
阜平	tɕiŋ³¹	tɕʰiŋ²⁴	iŋ³¹	li⁵³	tɕi²⁴	ɕi²⁴	tʂʅ³¹	ʂʅ²⁴
定州	tɕin³³	tɕʰin²⁴	in³³	li⁵¹	tsi²¹³	si²⁴	tʂʅ³³	ʂʅ²¹³
无极	tɕien³¹	tɕʰien²¹³	ien³¹	li⁵¹	tsi²¹³	si²¹³	tʂʅ³¹	ʂʅ²¹³
辛集	tɕiən³³	tɕʰiən³⁵⁴	iən³³	li⁴¹	tsi³⁵⁴	si³⁵⁴	tʂʅ³³	ʂʅ³⁵⁴
衡水	tɕin²⁴	tɕʰin⁵³	in²⁴	li³¹	tɕi⁵³	ɕi⁵³	tʂʅ²⁴	ɕi⁵³ 旧 / ʂʅ⁵³ 新
故城	tɕiẽ²⁴	tɕʰiẽ⁵³	iẽ²⁴	li³¹	tɕi⁵³	ɕi⁵³	tʂʅ²⁴	ʂʅ⁵³
巨鹿	tɕin³³	tɕʰin⁴¹	in³³	li²¹	tɕi⁴¹	ɕi⁵⁵	tɕi³³	ɕi⁴¹
邢台	tɕin³⁴	tɕʰin⁵³	in³⁴	li³¹	tsi⁵³	si⁵³	tʂʅ³⁴	ʂʅ⁵³
馆陶	tɕin²⁴	tɕʰin⁵²	in²⁴	li²¹³	tsi⁵² 白 / tsi²⁴ 文	si⁴⁴	tʂʅ²⁴	ʂʅ⁵²
沧县	tɕiən²³	tɕʰiən⁵³	iən²³	li⁴¹	tɕi⁵³	ɕi⁵³	tʂʅ²³	ʂʅ⁵³
献县	tɕin³³	tɕʰin⁵³	in³³	li³¹	tɕi⁵³	ɕi⁵³	tʂʅ³³	ʂʅ⁵³
平泉	tɕin⁵⁵	tɕʰin³⁵	in⁵⁵	li⁵¹	tɕi³⁵	ɕi³⁵	tʂʅ⁵⁵	ʂʅ³⁵
滦平	tɕin⁵⁵	tɕʰin³⁵	in⁵⁵	li⁵¹	tɕi³⁵	ɕi³⁵	tʂʅ⁵⁵	ʂʅ³⁵

（续表）

	0449 金	0450 琴	0451 音	0452 立	0453 集	0454 习	0455 汁	0456 十
	深开三平侵见	深开三平侵群	深开三平侵影	深开三入缉来	深开三入缉从	深开三入缉邪	深开三入缉章	深开三入缉禅
廊坊	tɕin^{55}	tɕʰin^{35}	in^{55}	li^{51}	tɕi^{35}	ɕi^{35}	tʂʅ^{55}	ʂʅ^{35}
魏县	tɕin^{33}	tɕʰin^{53}	in^{33}	li^{33}	tɕi^{33} 又 tɕi^{53} 又	ɕi^{53}	tʂʅ^{33}	ʂʅ^{53}
张北	tɕiŋ^{42}	tɕʰiŋ^{42}	iŋ^{42}	liəʔ^{32} li^{213}	tɕiəʔ^{32}	ɕiəʔ^{32}	tʂʅ^{42}	səʔ^{32}
万全	tɕiəŋ^{41}	tɕʰiəŋ^{41}	iəŋ^{41}	liəʔ^{22}	tɕiəʔ^{4}	ɕiəʔ^{4}	tʂʅ^{41}	səʔ^{4}
涿鹿	tɕiŋ^{44}	tɕʰiŋ^{42}	iŋ^{44}	liʌʔ^{43}	tɕiʌʔ^{43}	ɕiʌʔ^{43} 旧 ɕi^{42} 新	tʂʌʔ^{43}	ʂʌʔ^{43}
平山	tɕiŋ^{31}	tɕʰiŋ^{31}	iŋ^{31}	li^{24}	tsi^{24} 白 tsi^{31} 文	si^{24}① si^{31}②	tʂʅ^{24}	ʂʅ^{31}
鹿泉	tɕiẽ^{55}	tɕʰiẽ^{55}	iẽ^{55}	li^{312}	tsi^{55} 白 tsi^{13} 文	siɤ^{13}③ si^{35}④	tʂʅ^{55}	ʂɤ^{55} 白 ʂʅ^{55} 文
赞皇	tɕin^{54}	tɕʰin^{54}	in^{54}	li^{312}	tsi^{54} 白 tsi^{24} 文	si^{24}	tʂʅ^{24}	ʂʅ^{54}
沙河	tɕiən^{41}	tɕʰiən^{51}	iən^{41}	liəʔ^{2}	tsi^{51} 白 tsiəʔ^{2} 文	siəʔ^{2}	tʂʅ^{41}	ʂʅ^{51}
邯郸	tɕin^{31}	tɕʰin^{53}	in^{31}	lieʔ^{43}	tsieʔ^{43} 白 tsi^{53} 文	sieʔ^{43}	tʂʅ^{31}	ʂəʔ^{43} 白 ʂʅ^{53} 文
涉县	tɕiəŋ^{41}	tɕʰiəŋ^{412}	iəŋ^{41}	liəʔ^{32}	tɕiəʔ^{32}	ɕiəʔ^{32}	tsəʔ^{32}	səʔ^{32}

---

① ～惯。
② 学～。
③ ～惯。
④ 学～。

	0457 入	0458 急	0459 及	0460 吸	0461 单~筒~	0462 炭	0463 弹~琴	0464 难~易
	深开三入缉日	深开三入缉见	深开三入缉群	深开三入缉晓	山开一平寒端	山开一去寒透	山开一平寒定	山开一平寒泥
兴隆	zu⁵¹	tɕi⁵⁵	tɕi⁵⁵ 又 tɕi⁵¹ 又	ɕi³⁵	tan³⁵	tʰan⁵¹	tʰan⁵⁵	nan⁵⁵
北戴河	zu⁵¹	tɕi³⁵	tɕi³⁵	ɕi⁴⁴	tan⁴⁴	tʰan⁵¹	tʰan³⁵	nan³⁵
昌黎	zu⁴⁵³	tɕi²⁴	tɕi²⁴	ɕi⁴²	tan⁴²	tʰan⁴⁵³	tʰan²⁴	nan²⁴
乐亭	zu⁵²	tɕi²¹²	tɕi⁵²	ɕi³¹	tan³¹	tʰan⁵²	tʰan²¹²	nan²¹²
蔚县	zu³¹²	tɕi⁴¹	tɕi⁴¹	ɕi⁵³	tã⁵³	tʰã³¹²	tʰã⁴¹	nã⁴¹
涞水	zu³¹⁴	tɕi⁴⁵	tɕi⁴⁵	ɕi³¹	tan³¹	tʰan³¹⁴	tʰan⁴⁵	nan⁴⁵
霸州	zu⁴¹	tɕi⁵³	tɕi⁵³	ɕi⁴⁵	tan⁴⁵	tʰan⁴¹	tʰan⁵³	nan⁵³
容城	zu⁵¹³	tɕi³⁵	tɕi⁵¹³	ɕi⁴³	tan⁴³	tʰan⁵¹³	tʰan³⁵	nan³⁵
雄县	zu⁴¹	tɕi⁵³	tɕi⁵³	ɕi⁴⁵	tãn⁴⁵	tʰãn⁴¹	tʰãn⁵³	nãn⁵³
安新	zu⁵¹	tɕi³¹	tɕi³¹	ɕi⁴⁵	tan⁴⁵	tʰan⁵¹	tʰan³¹	nan³¹
满城	zu⁵¹²	tɕi²²	tɕi²²	ɕi⁴⁵	tan⁴⁵	tʰan⁵¹²	tʰan²²	nan²²
阜平	zu⁵³	tɕi²⁴	tɕi²⁴	ɕi²⁴	tæ̃³¹	tʰæ̃⁵³	tʰæ̃²⁴	næ̃²⁴
定州	zu⁵¹	tɕi²¹³	tɕi²⁴	ɕi³³	tan³³	tʰan⁵¹	tʰan²¹³	nan²¹³
无极	zu⁵¹	tɕi²¹³	tɕi²¹³	ɕi²¹³	tãn³¹	tʰãn⁵¹	tʰãn²¹³	nãn²¹³
辛集	lu⁴¹	tɕi³⁵⁴	tɕi³³	ɕi³³	tan³³	tʰan⁴¹	tʰan³⁵⁴	nan³⁵⁴
衡水	y³¹ 旧 zu³¹ 新	tɕi⁵³	tɕi⁵³	ɕi²⁴	tɑn²⁴	tʰɑn³¹	tʰɑn⁵³	nɑn⁵³
故城	zʅ³¹	tɕi⁵³	tɕi⁵³	ɕi²⁴	tæ̃²⁴	tʰæ̃³¹	tʰæ̃⁵³	næ̃⁵³
巨鹿	lu³³	tɕi⁴¹	tɕi³³	ɕi³³	tan³³	tʰɛ̃²¹	tʰɛ̃⁴¹	nɛ̃⁴¹
邢台	zu³¹ 又 lu³¹ 又	tɕi⁵³	tɕi³⁴	ɕi³⁴	tan³⁴	tʰan³¹	tʰan⁵³	nan⁵³
馆陶	lu²⁴	tɕi⁵²	tɕi²⁴	ɕi²⁴	tæn²⁴	tʰæn²¹³	tʰæn⁵²	næn⁵²
沧县	zu⁴¹	tɕi⁵³	tɕi⁵³	ɕi²³	tan²³	tʰan⁴¹	tʰan⁵³	nan⁵³
献县	zu³¹	tɕi⁵³	tɕi⁵³	ɕi³³	tæ̃³³	tʰæ̃³¹	tʰæ̃⁵³	næ̃⁵³
平泉	zu⁵¹	tɕi³⁵	tɕi³⁵	ɕi⁵⁵	tan⁵⁵	tʰan⁵¹	tʰan³⁵	nan³⁵
滦平	zu⁵¹	tɕi³⁵	tɕi³⁵	ɕi⁵⁵	tan⁵⁵	tʰan⁵¹	tʰan³⁵	nan³⁵

（续表）

	0457 入	0458 急	0459 及	0460 吸	0461 单~筒	0462 炭	0463 弹~琴	0464 难~易
	深开三入缉日	深开三入缉见	深开三入缉群	深开三入缉晓	山开一平寒端	山开一去寒透	山开一平寒定	山开一平寒泥
廊坊	ʐu⁵¹	tɕi³⁵	tɕi³⁵	ɕi⁵⁵	tan⁵⁵	tʰan⁵¹	tʰan³⁵	ŋan³⁵
魏县	ʐu³³	tɕi⁵³ 又 tɕi³³ 又	tɕi³³	ɕi³³	tan³³	tʰan³¹²	tʰan⁵³	nan⁵³
张北	ʐuəʔ³²	tɕiəʔ³²	tɕiəʔ³²	ɕiəʔ³²	tæ̃⁴²	tʰæ̃²¹³	tʰæ̃⁴²	næ̃⁴²
万全	ʐuəʔ²²	tɕiəʔ²²	tɕiəʔ⁴	ɕiəʔ²²	tan⁴¹	tʰan²¹³	tʰan⁴¹	nan⁴¹
涿鹿	ʐuʌʔ⁴³	tɕi⁴⁴	tɕiʌʔ⁴³	ɕiʌʔ⁴³	tæ̃⁴⁴	tʰæ̃³¹	tʰæ̃⁴²	næ̃⁴²
平山	ʐu²⁴	tɕi²⁴ ① tɕi³¹ ②	tɕi²⁴	ɕi²⁴	tæ̃⁴²	tʰæ̃⁴²	tʰæ̃³¹	næ̃³¹
鹿泉	ʐu¹³	tɕi⁵⁵	tɕi¹³	ɕiɤ¹³ 白 ɕi¹³ 文	tæ̃⁵⁵	tʰæ̃³¹²	tʰæ̃⁵⁵	næ̃⁵⁵
赞皇	ʐu²⁴	tɕi⁵⁴ ③ tɕi²⁴ ④	tɕi²⁴	ɕi²⁴	tæ̃⁵⁴	tʰæ̃³¹²	tʰæ̃⁵⁴	næ̃⁵⁴
沙河	luəʔ²	tɕiəʔ²	tɕiəʔ²	ɕiəʔ²	tã⁴¹	tʰã²¹	tʰã⁵¹	nã⁵¹
邯郸	luəʔ⁴³	tɕiəʔ⁴³ 白 tɕi⁵³ 文	tɕieʔ⁴³	ɕieʔ⁴³	tæ̃³¹	tʰæ̃²¹³	tʰæ̃⁵³	næ̃⁵³
涉县	yəʔ³²	tɕiəʔ³²	tɕiəʔ³²	ɕiəʔ³²	tæ̃⁴¹	tʰæ̃⁵⁵	tʰæ̃⁴¹²	næ̃⁴¹²

① ~诊。
② 着~。
③ 着~。
④ ~诊。

	0465 兰	0466 懒	0467 烂	0468 伞	0469 肝	0470 看~见	0471 岸	0472 汉
	山开一平寒来	山开一上寒来	山开一去寒来	山开一上寒心	山开一平寒见	山开一去寒溪	山开一去寒疑	山开一去寒晓
兴隆	lan⁵⁵	lan²¹³	lan⁵¹	san²¹³	kan³⁵	kʰan⁵¹	nan⁵¹ 又 an⁵¹ 又	xan⁵¹
北戴河	lan³⁵	lan²¹⁴	lan⁵¹	ʃan²¹⁴	kan⁴⁴	kʰan⁵¹	an⁵¹	xan⁵¹
昌黎	lan²⁴	lan²¹³	lan²⁴① lan⁴⁵³②	san²¹³	kan⁴²	kʰan⁴⁵³	an⁴⁵³	xan⁴⁵³
乐亭	lan²¹²	lan³⁴	lan⁵²	san³⁴	kan³¹	kʰan⁵²	ŋan⁵²	xan⁵²
蔚县	lã⁴¹	lã⁴⁴	lã³¹²	sã⁴⁴	kã⁵³	kʰã³¹²	nã³¹²	xã³¹²
涞水	lan⁴⁵	lan²⁴	lan³¹⁴	san²⁴	kan³¹	kʰan³¹⁴	nan³¹⁴	xan³¹⁴
霸州	lan⁵³	lan²¹⁴	lan⁴¹	san²¹⁴	kan⁴⁵	kʰan⁴¹	nan⁴¹	xan⁴¹
容城	lan³⁵	lan²¹³	lan⁵¹³	san²¹³	kan⁴³	kʰan⁵¹³	an⁵¹³	xan⁵¹³
雄县	lãn⁵³	lãn²¹⁴	lãn⁴¹	sãn²¹⁴	kãn⁴⁵	kʰãn⁴¹	nãn⁴¹ 旧 ãn⁴¹ 新	xãn⁴¹
安新	lan³¹	lan²¹⁴	lan⁵¹	san²¹⁴	kan⁴⁵	kʰan⁵¹	nan⁵¹	xan⁵¹
满城	lan²²	lan²¹³	lan⁵¹²	san²¹³	kan⁴⁵	kʰan⁵¹²	nan⁵¹²	xan⁵¹²
阜平	læ̃²⁴	læ̃⁵⁵	læ̃⁵³	sæ̃⁵⁵	kæ̃³¹	kʰæ̃⁵³	ŋæ̃⁵³	xæ̃⁵³
定州	lan²¹³	lan²⁴	lan⁵¹	san²⁴	kan³³	kʰan⁵¹	ŋan⁵¹	xan⁵¹
无极	lãn²¹³	lãn³⁵	lãn⁴⁵¹	sãn³⁵	kãn³¹	kʰãn⁵¹	ŋãn⁴⁵¹	xãn⁴⁵¹
辛集	lan³⁵⁴	lan³²⁴	lan⁴¹	san³²⁴	kan³³	kʰan⁵¹	ŋan⁴¹	xan⁴¹
衡水	lɑn⁵³	lɑn⁵⁵	lɑn³¹	sɑn⁵⁵	kɑn²⁴	kʰɑn³¹	ŋɑn³¹ 旧 ɑn³¹ 新	xɑn³¹
故城	læ̃⁵³	læ̃⁵⁵	læ̃³¹	ʂæ̃⁵⁵	kæ̃²⁴	kʰæ̃³¹	ŋæ̃³¹	xæ̃³¹
巨鹿	lɛ̃⁴¹	lan⁵⁵	lɛ̃²¹	san⁵⁵	kan³³	kʰɛ̃²¹	ŋɛ̃²¹	xɛ̃²¹
邢台	lan⁵³	lan⁵⁵	lan³¹	san⁵⁵	kan³⁴	kʰan³¹	ŋan³¹ 又 an³¹ 又	xan³¹
馆陶	læn⁵²	læn⁴⁴	læn²¹³	sæn⁴⁴	kæn²⁴	kʰæn²¹³	ɣæn²¹³	xæn²¹³
沧县	lan⁵³	lan⁵⁵	lan⁴¹	san⁵⁵	kan²³	kʰan⁴¹	ŋan⁴¹	xan⁴¹
献县	læ̃⁵³	læ̃²¹⁴	læ̃³¹	sæ̃²¹⁴	kæ̃³³	kʰæ̃³¹	næ̃³¹	xæ̃³¹

（续表）

	0465 兰	0466 懒	0467 烂	0468 伞	0469 肝	0470 看~见	0471 岸	0472 汉
	山开一平寒来	山开一上寒来	山开一去寒来	山开一上寒心	山开一平寒见	山开一去寒溪	山开一去寒疑	山开一去寒晓
平泉	lan³⁵	lan²¹⁴	lan⁵¹	san²¹⁴	kan⁵⁵	kʰan⁵¹	nan⁵¹ 又 an⁵¹ 又	xan⁵¹
滦平	lan³⁵	lan²¹⁴	lan⁵¹	san²¹⁴	kan⁵⁵	kʰan⁵¹	nan⁵¹ 又 ŋan⁵¹ 又 an⁵¹ 又	xan⁵¹
廊坊	lan³⁵	lan²¹⁴	lan⁵¹	san²¹⁴	kan⁵⁵	kʰan⁵¹	ŋan⁵¹ 又 an⁵¹ 又	xan⁵¹
魏县	lan⁵³	lan⁵⁵	lan³¹²	ʂan⁵⁵	kan³³	kʰan³¹²	an³¹²	xan³¹²
张北	læ̃⁴²	læ̃⁵⁵	læ̃²¹³	sæ̃⁵⁵	kæ̃⁴²	kʰæ̃²¹³	ŋæ̃²¹³	xæ̃²¹³
万全	lan⁴¹	lan⁵⁵	lan²¹³	san⁵⁵	kan⁴¹	kʰan²¹³	ŋan²¹³	xan²¹³
涿鹿	læ̃⁴²	læ̃⁴⁵	læ̃³¹	sæ̃⁴⁵	kæ̃⁴⁴	kʰæ̃³¹	ŋæ̃³¹	xæ̃³¹
平山	læ̃³¹	læ̃⁵⁵	læ̃⁴²	sæ̃⁵⁵	kæ̃³¹	kʰæ̃⁴²	ŋæ̃⁴²	xæ̃⁴²
鹿泉	læ̃⁵⁵	læ̃³⁵	læ̃³¹²	sæ̃³⁵	kæ̃⁵⁵	kʰæ̃³¹²	ŋæ̃³¹²	xæ̃³¹²
赞皇	læ̃⁵⁴	læ̃⁴⁵	læ̃³¹²	sæ̃⁴⁵	kæ̃⁵⁴	kʰæ̃³¹²	ŋæ̃³¹²	xæ̃³¹²
沙河	lã⁵¹	lã³³	lã²¹	sã³³	kã⁴¹	kʰã²¹	ŋã²¹	xã²¹
邯郸	læ̃⁵³	læ̃⁵⁵	læ̃²¹³	sæ̃⁵⁵	kæ̃³¹	kʰæ̃²¹³	ŋæ̃²¹³	xæ̃²¹³
涉县	læ̃⁴¹²	læ̃⁵³	læ̃⁵⁵	sæ̃⁵³	kæ̃⁴¹	kʰæ̃⁵⁵	ŋæ̃⁵⁵	xæ̃⁵⁵

① ~咧、捡破~ₙ。
② 灿~、~人。

	0473 汗 山开一去寒匣	0474 安 山开一平寒影	0475 达 山开一入曷定	0476 辣 山开一入曷来	0477 擦 山开一入曷清	0478 割 山开一入曷见	0479 渴 山开一入曷溪	0480 扮 山开二去山帮
兴隆	xan⁵¹① xan⁵⁵②	nan³⁵ 又 an³⁵ 又	ta⁵⁵	la⁵¹	tsʰa³⁵	kə³⁵	kʰə²¹³	pan⁵¹
北戴河	xan⁵¹	nan⁴⁴ 白 an⁴⁴ 文	ta³⁵	la⁵¹	tʃʰa⁴⁴	kɤ⁴⁴	kʰɤ²¹⁴	pan⁵¹
昌黎	xan²⁴ 出~ xan⁴⁵³ 流~	nan⁴² ŋan⁴² an⁴²	ta²⁴	la⁴⁵³	tsʰa⁴²	kɤ⁴²	kʰɤ²¹³	pan⁴⁵³
乐亭	xan⁵²	ŋan³¹	ta²¹²	la⁵²	tsʰa³¹	kə³⁴	kʰə³⁴	pan⁵²
蔚县	xã³¹²	nã⁵³	tɑ⁴¹	lɑ³¹²	tsʰɑ⁵³	kɤ⁵³	kʰɤ⁵³	pã³¹²
涞水	xan³¹⁴	nan³¹ 白 an³¹ 文	ta⁴⁵	la³¹⁴	tsʰa³¹	kɤ³¹	kʰɤ²⁴	pan³¹⁴
霸州	xan⁴¹	nan⁴⁵	ta⁵³	la⁴¹	tsʰa⁴⁵	kɤ⁴⁵	kʰɤ²¹⁴	pan⁴¹
容城	xan⁵¹³	nan⁴³	ta³⁵	la⁵¹³	tsʰa⁴³	kɤ⁴³	kʰɤ²¹³	pan⁵¹³
雄县	xãn⁴¹	nãn⁴⁵	ta⁵³	la⁴¹	tsʰa⁴⁵	kɤ⁴⁵	kʰɤ²¹⁴	pãn⁴¹
安新	xan⁵¹	nan⁴⁵ 白 an⁴⁵ 文	ta³¹	la⁵¹	tsʰa²¹⁴	kɤ²¹⁴	kʰɤ²¹⁴	pan⁵¹
满城	xan⁵¹²	nan⁴⁵ an⁴⁵	ta²²	la⁵¹²	tsʰa⁴⁵	kɤ⁴⁵	kʰɤ²¹³	pan⁵¹²
阜平	xæ̃⁵³	ŋæ̃³¹	ta²⁴	la⁵³	tsʰa²⁴	kɤ²⁴	kʰɤ²⁴	pæ̃⁵³
定州	xan⁵¹	ŋan³³	ta²⁴	la⁵¹	tsʰa³³	kɤ³³	kʰɤ³³	pan⁵¹
无极	xãn⁴⁵¹	ŋãn³¹	tɑ²¹³	la⁵¹	tsʰɑ²¹³	kɤ²¹³	kʰɤ²¹³	pãn⁴⁵¹
辛集	xan⁴¹	ŋan³³	tɑ³⁵⁴	la⁴¹	tsʰɑ³³	kə³³	kʰə³³	pan⁴¹
衡水	xɑn³¹	ŋɑn²⁴	tɑ⁵³	lɑ³¹	tsʰɑ²⁴	kɤ²⁴	kʰɤ²⁴	pɑn³¹
故城	xæ̃³¹	ŋæ̃²⁴	ta⁵³	la³¹	tsʰa²⁴	kɤ²⁴	kʰɤ²⁴	pæ̃³¹
巨鹿	xɛ̃²¹	ŋan³³	ta⁴¹	la²¹	tsʰa³³	kɤ³³	kʰɤ⁵⁵	pɛ̃²¹
邢台	xan³¹	an³⁴ 又 ŋan³⁴ 又	ta⁵³	la³¹	tsʰa³⁴	kə³⁴	kʰə³⁴	pan³¹
馆陶	xæn²¹³	ɣæn²⁴	ta⁵²	la²¹³	tsʰa²⁴	kɤ²⁴	kʰɤ²⁴	pæn²¹³

（续表）

	0473 汗	0474 安	0475 达	0476 辣	0477 擦	0478 割	0479 渴	0480 扮
	山开一去寒匣	山开一平寒影	山开一入曷定	山开一入曷来	山开一入曷清	山开一入曷见	山开一入曷溪	山开二去山帮
沧县	xan⁴¹	ŋan²³	tɑ⁵³	lɑ⁴¹	tsʰɑ²³	kɤ²³	kʰɤ²³	pan⁴¹
献县	xæ̃³¹	næ̃³³	ta⁵³	la³¹	tsʰa³³	kɤ³³	kʰɤ³³	pæ̃³¹
平泉	xan⁵¹ 又 xan³⁵ 又	nan⁵⁵ 又 an⁵⁵ 又	ta³⁵	la⁵¹	tsʰa⁵⁵	kə⁵⁵	kʰə²¹⁴	pan⁵¹
滦平	xan⁵¹	nan⁵⁵ 又 ŋan⁵⁵ 又 an⁵⁵ 又	ta³⁵	la⁵¹	tsʰa⁵⁵	ka⁵⁵ 又 kə⁵⁵ 又	kʰə²¹⁴	pan⁵¹
廊坊	xan⁵¹	ŋan⁵⁵ 又 an⁵⁵ 又	ta³⁵	la⁵¹	tsʰa⁵⁵	kɤ⁵⁵	kʰɤ²¹⁴	pan⁵¹
魏县	xan³¹²	an³³	ta⁵³	lɤ³³ 白 la³³ 文	tsʰɤ³³ 白 tsʰa³³ 文	kɤ³³	kʰɤ³³	pan³¹²
张北	xæ̃²¹³	ŋæ̃⁴²	təʔ³²	ləʔ³²	tsʰəʔ³²	kəʔ³²	kʰəʔ³²	pæ̃²¹³
万全	xan²¹³	ŋan⁴¹	tʌʔ⁴	lʌʔ²²	tsʰʌʔ²²	kʌʔ²²	kʰʌʔ²²	pan²¹³
涿鹿	xæ̃³¹	ŋæ̃⁴⁴	tʌʔ⁴³	la³¹	tsʰʌʔ⁴³ 又 tɕʰiɛ⁴² 又	kʌʔ⁴³	kʰʌʔ⁴³	pæ̃³¹
平山	xæ̃⁴²	ŋæ̃³¹	ta²⁴	la²⁴	tsʰa²⁴	kɤ²⁴	kʰɤ²⁴	pæ̃⁴²
鹿泉	xæ̃³¹²	ŋæ̃⁵⁵	tʌ¹³	la³¹²	tsʰʌ¹³	kʌ¹³	kʰʌ¹³	pæ̃³¹²
赞皇	xæ̃³¹²	ŋæ̃⁵⁴	ta²⁴	la³¹²	tsʰa²⁴	kə²⁴	kʰə²⁴	pæ̃³¹²
沙河	xã²¹	ŋã⁴¹	tɔ⁵¹	ləʔ²	tsʰəʔ²	kəʔ²	kʰəʔ²	pã²¹
邯郸	xæ̃²¹³	ŋæ̃³¹	tʌʔ⁴³	lʌʔ⁴³	tsʰiɛ³¹ 又 tsʰʌʔ⁴³ 又	kʌʔ⁴³	kʰʌʔ⁴³	pæ̃²¹³
涉县	xæ̃⁵⁵	ŋæ̃⁴¹	tɐʔ³²	lɑ⁵⁵	tsʰɐʔ³²	kɐʔ³²	kʰɐʔ³²	pæ̃⁵⁵

---

① ~水。
② 可~。

	0481 办	0482 铲	0483 山	0484 产~妇	0485 间房~,一~房	0486 眼	0487 限	0488 八
	山开二去山並	山开二上山初	山开二平山生	山开二上山生	山开二平山见	山开二上山疑	山开二上山匣	山开二入黠帮
兴隆	pan⁵¹	tʂʰan²¹³	ʂan³⁵	tʂʰan²¹³	tɕian³⁵	ian²¹³	ɕian⁵¹	pa³⁵
北戴河	pan⁵¹	tʃʰan²¹⁴	ʃan⁴⁴	tʃʰan²¹⁴	tɕian⁴⁴	ian²¹⁴	ɕian⁵¹	pa⁴⁴
昌黎	pan⁴⁵³	tʂʰan²¹³	san⁴²	tʂʰan²¹³	tɕian⁴²	ian²¹³	ɕian⁴⁵³	pa⁴²
乐亭	pan⁵²	tʂʰan³⁴	ʂan³¹	tʂʰan³⁴	tɕiɛn³¹	iɛn³⁴	ɕiɛn⁵²	pa³¹
蔚县	pã³¹²	tsʰã⁴⁴	sã⁵³	tsʰã⁴⁴	tɕiã⁵³	iã⁴⁴	ɕiã³¹²	pɑ⁵³
涞水	pan³¹⁴	tʂʰan²⁴	ʂan³¹	tʂʰan²⁴	tɕian³¹	ian²⁴	ɕian³¹⁴	pa³¹
霸州	pan⁴¹	tʂʰan²¹⁴	ʂan⁴⁵	tʂʰan²¹⁴	tɕian⁴⁵	ian²¹⁴	ɕian⁴¹	pa⁴⁵
容城	pan⁵¹³	tʂʰan²¹³	ʂan⁴³	tʂʰan²¹³	tɕian⁴³	ian²¹³	ɕian⁵¹³	pa⁴³
雄县	pãn⁴¹	tʂʰãn²¹⁴	sãn⁴⁵	tʂʰãn²¹⁴	tɕiãn⁴⁵	iãn²¹⁴	ɕiãn⁴¹	pa⁴⁵
安新	pan⁵¹	tʂʰan²¹⁴	ʂan⁴⁵	tʂʰan²¹⁴	tɕian⁴⁵	ian²¹⁴	ɕian⁵¹	pa⁴⁵
满城	pan⁵¹²	tʂʰan²¹³	ʂan⁴⁵	tʂʰan²¹³	tɕian⁴⁵	ian²¹³	ɕian⁵¹²	pa⁴⁵
阜平	pæ̃⁵³	tʂʰæ̃⁵⁵	ʂæ̃³¹	tʂʰæ̃⁵⁵	tɕiæ̃³¹	iæ̃⁵⁵	ɕiæ̃⁵³	pa²⁴
定州	pan⁵¹	tʂʰan²⁴	ʂan³³	tʂʰan²⁴	tɕian³³	ian²⁴	ɕian⁵¹	pa³³
无极	pãn⁴⁵¹	tʂʰãn³⁵	ʂãn³¹	tʂʰãn³⁵	tɕiãn³¹	iãn³⁵	ɕiãn⁴⁵¹	pɑ²¹³
辛集	pan⁴¹	tʂʰan³²⁴	ʂan³³	tʂʰan³²⁴	tɕian³³	ian³²⁴	ɕian⁴¹	pa³³
衡水	pɑn³¹	tsʰɑn⁵⁵	sɑn²⁴	tsʰɑn⁵⁵	tɕiɑn²⁴	iɑn⁵⁵	ɕiɑn³¹	pɑ²⁴
故城	pæ̃³¹	tsʰæ̃⁵⁵	sæ̃²⁴	tsʰæ̃⁵⁵	tɕiæ̃²⁴	iæ̃⁵⁵	ɕiæ̃³¹	pa²⁴
巨鹿	pẽ²¹	tʂʰan⁵⁵	ʂan³³	tʂʰan⁵⁵	tɕian³³	ian⁵⁵	ɕiẽ²¹	pa³³
邢台	pan³¹	tʂʰan⁵⁵	ʂan³⁴	tʂʰan⁵⁵	tɕian³⁴	ian⁵⁵	ɕian³¹	pa³⁴
馆陶	pæn²¹³	tʂʰæn⁴⁴	ʂæn²⁴	tʂʰæn⁴⁴	tɕiæn²⁴	iæn⁴⁴	ɕiæn²¹³	pa²⁴
沧县	pan⁴¹	tsʰan⁵⁵	san²³	tsʰan⁵⁵	tɕian²³	ian⁵⁵	ɕian⁴¹	pɑ²³
献县	pæ̃³¹	tʂʰæ̃²¹⁴	ʂæ̃³³	tʂʰæ̃²¹⁴	tɕiæ̃³³	iæ̃²¹⁴	ɕiæ̃³¹	pa³³
平泉	pan⁵¹	tʂʰan²¹⁴	ʂan⁵⁵	tʂʰan²¹⁴	tɕian⁵⁵	ian²¹⁴	ɕian⁵¹	pa⁵⁵
滦平	pan⁵¹	tʂʰan²¹⁴	ʂan⁵⁵	tʂʰan²¹⁴	tɕian⁵⁵	ian²¹⁴	ɕian⁵¹	pa⁵⁵
廊坊	pan⁵¹	tʂʰan²¹⁴	ʂan⁵⁵	tʂʰan²¹⁴	tɕiɛn⁵⁵	iɛn²¹⁴	ɕiɛn⁵¹	pa⁵⁵

(续表)

	0481 办	0482 铲	0483 山	0484 产~妇	0485 间房~,一~房	0486 眼	0487 限	0488 八
	山开二 去山並	山开二 上山初	山开二 平山生	山开二 上山生	山开二 平山见	山开二 上山疑	山开二 上山匣	山开二 入黠帮
魏县	pan³¹²	tʂʰan⁵⁵	ʂan³³	tʂʰan⁵⁵	tɕian³³	ian⁵⁵	ɕian³¹²	pə³³ 白 pa³³ 文
张北	pæ̃²¹³	tʂʰæ̃⁵⁵	sæ̃⁴²	tʂʰæ̃⁵⁵	tɕiæ̃⁴²	iæ̃⁵⁵	ɕiæ̃²¹³	pəʔ³²
万全	pan²¹³	tʂʰan⁵⁵	san⁴¹	tʂʰan⁵⁵	tɕian⁴¹	ian⁵⁵	ɕian²¹³	pʌʔ²²
涿鹿	pæ̃³¹	tʂʰæ̃⁴⁵	sæ̃⁴⁴	tʂʰæ̃⁴⁵	tɕiæ̃⁴⁴	iæ̃⁴⁵	ɕiæ̃³¹	pʌʔ⁴³
平山	pæ̃⁴²	tʂʰæ̃⁵⁵	ʂæ̃³¹	tʂʰæ̃⁵⁵	tɕiæ̃³¹	iæ̃⁵⁵	ɕiæ̃⁴²	pa²⁴
鹿泉	pæ̃³¹²	tʂʰæ̃³⁵	ʂæ̃⁵⁵	tʂʰæ̃³⁵	tɕiæ̃⁵⁵	iæ̃³⁵	ɕiæ̃³¹²	pʌ¹³
赞皇	pæ̃³¹²	tʂʰæ̃⁴⁵	ʂæ̃⁵⁴	tʂʰæ̃⁴⁵	tɕiæ̃⁵⁴	iæ̃⁴⁵	ɕiæ̃³¹²	pa²⁴
沙河	pã²¹	tʂʰã³³	ʂã⁴¹	tʂʰã³³	tɕiã⁴¹	iã³³	ɕiã²¹	pəʔ²
邯郸	pæ̃²¹³	tʂʰæ̃⁵⁵	ʂæ̃³¹	tʂʰæ̃⁵⁵	tɕiæ̃³¹	iæ̃⁵⁵	ɕiæ̃²¹³	pʌʔ⁴³
涉县	pæ̃⁵⁵	tʂʰæ̃⁵³	ʂæ̃⁴¹	tʂʰæ̃⁵³	tɕiæ̃⁴¹	iæ̃⁵³	ɕiæ̃⁵⁵	pɐʔ³²

	0489 扎 山开二入黠庄	0490 杀 山开二入黠生	0491 班 山开二平删帮	0492 板 山开二上删帮	0493 慢 山开二去删明	0494 奸 山开二平删见	0495 颜 山开二平删疑	0496 瞎 山开二入鎋晓
兴隆	tʂa³⁵① tsa³⁵②	ʂa³⁵	pan³⁵	pan²¹³	man⁵¹	tɕian³⁵	ian⁵⁵	ɕia³⁵
北戴河	tʃa⁴⁴	ʃa⁴⁴	pan⁴⁴	pan²¹⁴	man⁵¹	tɕian⁴⁴	ian³⁵	ɕian⁴⁴
昌黎	tsa⁴²	sa⁴²	pan⁴²	pan²¹³	man²⁴③ man⁴⁵³④	tɕian⁴²	ian²⁴	ɕia⁴²
乐亭	tʂa³¹	ʂa³¹	pan³¹	pan³⁴	man⁵²	tɕien³¹	ien²¹²	ɕia³¹
蔚县	tsa⁵³	sa⁵³	pã⁵³	pã⁴⁴	mã³¹²	tɕiã⁵³	iã⁴¹	ɕia⁵³
涞水	tʂa³¹	ʂa³¹	pan³¹	pan²⁴	man³¹⁴	tɕian³¹	ian⁴⁵	ɕia³¹
霸州	tʂa⁴⁵⑤ tsa⁴⁵⑥	ʂa⁴⁵	pan⁴⁵	pan²¹⁴	man⁴¹	tɕian⁴⁵	ian⁵³	ɕia⁴⁵
容城	tʂa⁴³	ʂa⁴³	pan⁴³	pan²¹³	man⁵¹³	tɕian⁴³	ian³⁵	ɕia⁴³
雄县	tsa⁴⁵	sa⁴⁵	pãn⁴⁵	pãn²¹⁴	mãn⁴¹	tɕiãn⁴⁵	iãn⁵³	ɕia⁴⁵
安新	tsa²¹⁴	sa⁴⁵	pan⁴⁵	pan²¹⁴	man⁵¹	tɕian⁴⁵	ian³¹	ɕia²¹⁴
满城	tʂa⁴⁵	ʂa⁴⁵	pan⁴⁵	pan²¹³	man⁵¹²	tɕian⁴⁵	ian²²	ɕia⁴⁵
阜平	tʂa²⁴	ʂa²⁴	pæ̃³¹	pæ̃⁵⁵	mæ̃⁵³	tɕiæ̃³¹	iæ̃²⁴	ɕia²⁴
定州	tsa³³⑦ tsa³³⑧	sa³³	pan³³	pan²⁴	man⁵¹	tɕian³³	ian²¹³	ɕia³³
无极	tʂɑ²¹³	ʂɑ²¹³	pãn³¹	pãn³⁵		tɕiãn³¹	iãn²¹³	ɕia²¹³
辛集	tsɑ³³	sɑ³³	pan³³	pan³²⁴	man⁴¹	tɕian³³	ian³⁵⁴	ɕia³³
衡水	tsa²⁴	sa²⁴	pɑn²⁴	pɑn⁵⁵	mɑn³¹	tɕiɑn²⁴	iɑn⁵³	ɕia²⁴
故城	tsa²⁴⑨ tsa⁵³⑩	sa²⁴	pæ̃²⁴	pæ̃⁵⁵	mæ̃³¹	tɕiæ̃²⁴	iæ̃⁵³	ɕia²⁴
巨鹿	tʂa³³	ʂa³³	pan³³	pan⁵⁵	mẽ²¹	tɕian³³	ian⁵⁵	ɕia³³
邢台	tʂa³⁴	ʂa³⁴	pan³⁴	pan⁵⁵	man³¹	tɕian³⁴	ian⁵³	ɕia³⁴
馆陶	tʂa²⁴	ʂa²⁴	pæn²⁴	pæn⁴⁴	mæn²¹³	tɕiæn²⁴	iæn⁵²	ɕia²⁴
沧县	tsa²³	sa²³	pan²³	pan⁵⁵	man⁴¹	tɕian²³	ian⁵³	ɕia²³
献县	tʂa³³	ʂa³³	pæ̃³³	pæ̃²¹⁴	mæ̃³¹	tɕiæ̃³³	iæ̃⁵³	ɕia³³
平泉	tʂa⁵⁵ 又 tʂa³⁵ 又 tsa⁵⁵ 又	sa⁵⁵	pan⁵⁵	pan²¹⁴	man⁵¹	tɕian⁵⁵	ian³⁵	ɕia⁵⁵
滦平	tʂa⁵⁵⑪ tʂa⁵⁵⑫ tʂa³⁵⑬	ʂa⁵⁵	pan⁵⁵	pan²¹⁴	man⁵¹	tɕian⁵⁵	ian³⁵	ɕia⁵⁵

(续表)

	0489 扎	0490 杀	0491 班	0492 板	0493 慢	0494 奸	0495 颜	0496 瞎
	山开二入黠庄	山开二入黠生	山开二平删帮	山开二上删帮	山开二去删明	山开二平删见	山开二平删疑	山开二入鎋晓
廊坊	tʂa⁵⁵	ʂa⁵⁵	pan⁵⁵	pan²¹⁴	man⁵¹	tɕien⁵⁵	ien³⁵	ɕia⁵⁵
魏县	tʂɤ³³ 白 tʂa³³ 文	ʂɤ³³ 白 ʂa³³ 文	pan³³	pan⁵⁵	man³¹²	tɕian³³	ian⁵³	ɕiə³³ 白 ɕia³³ 文
张北	tsəʔ³²	səʔ³²	pæ̃⁴²	pæ̃⁵⁵	mæ̃²¹³	tɕiæ̃⁴²	iæ̃⁴²	ɕia⁴²
万全	tsa⁴¹	sʌʔ²²	pan⁴¹	pan⁵⁵	man²¹³	tɕian⁴¹	ian⁴¹	ɕiʌʔ²²
涿鹿	tsʌʔ⁴³	sʌʔ⁴³	pæ̃⁴⁴	pæ̃⁴⁵	mæ̃³¹	tɕiæ̃⁴⁴	iæ̃⁴²	ɕiʌʔ⁴³
平山	tsa²⁴	sa²⁴	pæ̃³¹	pæ̃⁵⁵	mæ̃⁴²	tɕiæ̃³¹	iæ̃³¹	ɕia²⁴
鹿泉	tʂʌ¹³⑭ tsʌ¹³⑮	ʂʌ¹³	pæ̃⁵⁵	pæ̃³⁵	mæ̃³¹²	tɕiæ̃⁵⁵	iæ̃⁵⁵	ɕiʌ¹³
赞皇	tsa²⁴	sa²⁴	pæ̃⁵⁴	pæ̃⁴⁵	mæ̃³¹²	tɕiæ̃⁵⁴	iæ̃⁵⁴	ɕia²⁴
沙河	tsəʔ²	səʔ²	pã⁴¹	pã³³	mã²¹	tɕiã⁴¹	iã⁵¹	ɕiəʔ²
邯郸	tʂʌʔ⁴³	ʂʌʔ⁴³	pæ̃³¹	pæ̃⁵⁵	mæ̃²¹³	tɕiæ̃³¹	iæ̃⁵³	ɕiʌʔ⁴³
涉县	tsɐʔ³²	sɐʔ³²	pæ̃⁴¹	pæ̃⁵³	mæ̃⁵⁵	tɕiæ̃⁴¹	iæ̃⁴¹²	ɕiɐʔ³²

① ～实。
② ～东西。
③ 忒～。
④ ～点ㄦ、～吞吞、～车。
⑤ ～针。
⑥ ～辫子。
⑦ ～辫子。
⑧ ～针。
⑨ ～辫子。
⑩ 挣～。
⑪ ～东西。
⑫ ～实。
⑬ 马～。
⑭ ～手。
⑮ ～头发。

	0497 变	0498 骗欺~	0499 便方~	0500 棉	0501 面~孔	0502 连	0503 剪	0504 浅
	山开三去仙帮	山开三去仙滂	山开三去仙並	山开三平仙明	山开三去仙明	山开三平仙来	山开三上仙精	山开三上仙清
兴隆	pian⁵¹	pʰian⁵¹	pian⁵¹	mian⁵⁵	mian⁵¹	lian⁵⁵	tɕian²¹³	tɕʰian²¹³
北戴河	pian⁵¹	pʰian⁵¹	pian⁵¹	mian³⁵	mian⁵¹	lian³⁵	tɕian²¹⁴	tɕʰian²¹⁴
昌黎	pian⁴⁵³	pʰian⁴⁵³	pian⁴⁵³	ȵiɑu²⁴ 白 / mian²⁴ 文	mian⁴⁵³	lian²⁴	tɕian²¹³	tɕʰian²¹³
乐亭	piɛn⁵²	pʰiɛn⁵²	piɛn⁵²	miɛn²¹²	miɛn⁵²	liɛn²¹²	tɕiɛn³⁴	tɕʰiɛn³⁴
蔚县	piã³¹²	pʰiã³¹²	piã³¹²	miã⁴¹	miã³¹²	liã⁴¹	tɕiã⁴⁴	tɕʰiã⁴⁴
涞水	pian³¹⁴	pʰian³¹⁴	pian³¹⁴	mian⁴⁵	mian³¹⁴	lian⁴⁵	tɕian²⁴	tɕʰian²⁴
霸州	pian⁴¹	pʰian⁴¹	pian⁴¹	mian⁵³	mian⁴¹	lian⁵³	tɕian²¹⁴	tɕʰian²¹⁴
容城	pian⁵¹³	pʰian⁵¹³	pian⁵¹³	mian³⁵	mian⁵¹³	lian³⁵	tɕian²¹³	tɕʰian²¹³
雄县	piã⁴¹	pʰiã⁴¹	piã⁴¹	miã⁵³	miã⁴¹	liã⁵³	tɕiã²¹⁴	tɕʰiã²¹⁴
安新	pian⁵¹	pʰian⁵¹	pian⁵¹	mian³¹	mian⁵¹	lian³¹	tɕian²¹⁴	tɕʰian²¹⁴
满城	pian⁵¹²	pʰian⁵¹²	pian⁵¹²	mian²²	mian⁵¹²	lian²²	tɕian²¹³	tɕʰian²¹³
阜平	piæ̃⁵³	pʰiæ̃⁵³	piæ̃⁵³	miæ̃²⁴	miæ̃⁵³	liæ̃²⁴	tɕiæ̃⁵⁵	tɕʰiæ̃⁵⁵
定州	pian⁵¹	pʰian⁵¹	pian⁵¹	mian²¹³	mian⁵¹	lian²¹³	tsian²⁴	tsʰian²⁴
无极	piã⁴⁵¹	pʰiã⁴⁵¹	piã⁴⁵¹	miaŋ³¹	miã⁴⁵¹	liã²¹³	tsiã³⁵	tsʰiã³⁵
辛集	pian⁴¹	pʰian⁴¹	pian⁴¹	mian³⁵⁴	mian⁴¹	lian³⁵⁴	tsian³²⁴	tsʰian³²⁴
衡水	pian³¹	pʰian³¹	pian³¹	mian⁵³	mian³¹	lian⁵³	tɕian⁵⁵	tɕʰian⁵⁵
故城	piæ̃³¹	pʰiæ̃³¹	piæ̃³¹	miæ̃⁵³	miæ̃³¹	liæ̃⁵³	tɕiæ̃⁵⁵	tɕʰiæ̃⁵⁵
巨鹿	piɛ̃²¹	pʰiɛ̃²¹	piɛ̃²¹	miɛ̃⁴¹	miɛ̃²¹	liɛ̃⁴¹	tɕian⁵⁵	tɕʰian⁵⁵
邢台	pian³¹	pʰian³¹	pian³¹	mian⁵³	mian³¹	lian⁵³	tsian⁵⁵	tsʰian⁵⁵
馆陶	piæn²¹³	pʰiæn²¹³	piæn²¹³	miæn⁵²	miæn²¹³	liæn⁵²	tsiæn⁴⁴	tsʰiæn⁴⁴
沧县	pian⁴¹	pʰian⁴¹	pian⁴¹	mian⁵³	mian⁴¹	lian⁵³	tɕian⁵⁵	tɕʰian⁵⁵
献县	piæ̃³¹	pʰiæ̃³¹	piæ̃³¹	miæ̃⁵³	miæ̃³¹	liæ̃⁵³	tɕiæ̃²¹⁴	tɕʰiæ̃²¹⁴
平泉	pian⁵¹	pʰian⁵¹	pian⁵¹	mian³⁵	mian⁵¹	lian³⁵	tɕian²¹⁴	tɕʰian²¹⁴
滦平	pian⁵¹	pʰian⁵¹	pian⁵¹	mian³⁵	mian⁵¹	lian³⁵	tɕian²¹⁴	tɕʰian²¹⁴
廊坊	piɛn⁵¹	pʰiɛn⁵¹	piɛn⁵¹	miɛn³⁵	miɛn⁵¹	liɛn³⁵	tɕiɛn²¹⁴	tɕʰiɛn²¹⁴

(续表)

	0497 变	0498 骗欺~	0499 便方~	0500 棉	0501 面~孔	0502 连	0503 剪	0504 浅
	山开三 去仙帮	山开三 去仙滂	山开三 去仙並	山开三 平仙明	山开三 去仙明	山开三 平仙来	山开三 上仙精	山开三 上仙清
魏县	pian³¹²	pʰian³¹²	pian³¹²	mian⁵³	mian³¹²	lian⁵³	tɕian⁵⁵	tɕʰian⁵⁵
张北	piæ̃²¹³	pʰiæ̃²¹³	piæ̃²¹³	miæ̃⁴²	miæ̃²¹³	liæ̃⁴²	tɕiæ̃⁵⁵	tɕʰiæ̃⁵⁵
万全	pian²¹³	pʰian²¹³	pian²¹³	mian⁴¹	mian²¹³	lian⁴¹	tɕian⁵⁵	tɕʰian⁵⁵
涿鹿	piæ̃³¹	pʰiæ̃³¹	piæ̃³¹	miæ̃⁴²	miæ̃³¹	liæ̃⁴²	tɕiæ̃⁴⁵	tɕʰiæ̃⁴⁵
平山	piæ̃⁴²	pʰiæ̃⁴²	piæ̃⁴²	miæ̃³¹	miæ̃⁴²	liæ̃³¹	tsiæ̃⁵⁵	tsʰiæ̃⁵⁵
鹿泉	piæ̃³¹²	pʰiæ̃³¹²	piæ̃³¹²	miæ̃⁵⁵	miæ̃³¹²	liæ̃⁵⁵	tsiæ̃³⁵	tsʰiæ̃³⁵
赞皇	piæ̃³¹²	pʰiæ̃³¹²	piæ̃³¹²	miæ̃⁵⁴	miæ̃³¹²	liæ̃⁵⁴	tsiæ̃⁴⁵	tsʰiæ̃⁴⁵
沙河	piã²¹	pʰiã²¹	piã²¹	miã⁵¹	miã²¹	liã⁵¹	tsiã³³	tsʰiã³³
邯郸	piæ̃²¹³	pʰiæ̃²¹³	piæ̃²¹³	miæ̃⁵³	miæ̃²¹³	liæ̃⁵³	tsiæ̃⁵⁵	tsʰiæ̃⁵⁵
涉县	piæ̃⁵⁵	pʰiæ̃⁵⁵	piæ̃⁵⁵	miæ̃⁴¹²	miæ̃⁵⁵	liæ̃⁴¹²① liæ̃⁴¹②	tɕiæ̃⁵³	tɕʰiæ̃⁵³

① ~长。
② ~住。

	0505 钱	0506 鲜	0507 线	0508 缠	0509 战	0510 扇名	0511 善	0512 件
	山开三平仙从	山开三平仙心	山开三去仙心	山开三平仙澄	山开三去仙章	山开三去仙书	山开三上仙禅	山开三上仙群
兴隆	tɕʰian⁵⁵	ɕian³⁵① ɕian²¹³②	ɕian⁵¹	tʂʰan⁵⁵	tʂan⁵¹	ʂan⁵¹	ʂan⁵¹	tɕian⁵¹
北戴河	tɕʰian³⁵	ɕian⁴⁴	ɕian⁵¹	tʃʰan³⁵	tʃan⁵¹	ʃan⁵¹	ʃan⁵¹	tɕian⁵¹
昌黎	tɕʰian²⁴	ɕian⁴²	ɕian⁴⁵³	tsʰan²⁴	tsan⁴⁵³	san⁴⁵³	san⁴⁵³	tɕian⁴⁵³
乐亭	tɕʰiɛn²¹²	ɕiɛn³¹	ɕiɛn⁵²	tʂʰan²¹²	tʂan⁵²	ʂan⁵²	ʂan⁵²	tɕiɛn⁵²
蔚县	tɕʰiã⁴¹	ɕiã⁵³	ɕiã³¹²	tsʰã⁴¹	tsã³¹²	sã³¹²	sã³¹²	tɕiã³¹²
涞水	tɕʰian⁴⁵	ɕian³¹	ɕian³¹⁴	tʂʰan⁴⁵	tʂan³¹⁴	ʂan³¹⁴	ʂan³¹⁴	tɕian³¹⁴
霸州	tɕʰian⁵³	ɕian⁴⁵	ɕian⁴¹	tʂʰan⁵³	tʂan⁴¹	ʂan⁴¹	ʂan⁴¹	tɕian⁴¹
容城	tɕʰian³⁵	ɕian⁴³	ɕian⁵¹³	tʂʰan³⁵	tʂan⁵¹³	ʂan⁵¹³	ʂan⁵¹³	tɕian⁵¹³
雄县	tɕʰiãn⁵³	ɕiãn⁴⁵	ɕiãn⁴¹	tʂʰãn⁵³	tʂãn⁴¹	ʂãn⁴¹	ʂãn⁴¹	tɕiãn⁴¹
安新	tɕʰian³¹	ɕian⁴⁵	ɕian⁵¹	tʂʰan³¹	tʂan⁵¹	ʂan⁵¹	ʂan⁵¹	tɕian⁵¹
满城	tɕʰian²²	ɕian⁴⁵	ɕian⁵¹²	tʂʰan²²	tʂan⁵¹²	ʂan⁵¹²	ʂan⁵¹²	tɕian⁵¹²
阜平	tɕʰiæ̃²⁴	ɕiæ̃³¹	ɕiæ̃⁵³	tʂʰæ̃²⁴	tʂæ̃⁵³	ʂæ̃⁵³	ʂæ̃⁵³	tɕiæ̃⁵³
定州	tsʰian²¹³	sian³³	sian⁵¹	tʂʰan²¹³	tʂan⁵¹	ʂan⁵¹	ʂan⁵¹	tɕian⁵¹
无极	tsʰiãn²¹³	siãn³¹	siãn⁵¹	tʂʰãn²¹³	tʂãn⁴⁵¹	ʂãn⁵¹	ʂãn⁴⁵¹	tɕiãn⁴⁵¹
辛集	tsʰian³⁵⁴	sian³³	sian⁴¹	tʂʰan³⁵⁴	tʂan⁴¹	ʂan⁴¹	ʂan⁴¹	tɕian⁴¹
衡水	tɕʰiɑn⁵³	ɕiɑn²⁴	ɕiɑn³¹	tʂʰɑn⁵³	tʂɑn³¹	ʂɑn³¹	ʂɑn³¹	tɕiɑn³¹
故城	tɕʰiæ̃⁵³	ɕiæ̃²⁴	ɕiæ̃³¹	tʂʰæ̃⁵³	tʂæ̃³¹	ʂæ̃³¹	ʂæ̃³¹	tɕiæ̃³¹
巨鹿	tɕʰiɛ̃⁴¹	ɕian³³	ɕiɛ̃²¹	tʂʰɛ̃⁴¹	tʂɛ̃²¹	ʂɛ̃²¹	ʂɛ̃²¹	tɕiɛ̃²¹
邢台	tsʰian⁵³	sian³⁴	sian³¹	tʂʰan⁵³	tʂan³¹	ʂan³¹	ʂan³¹	tɕian³¹
馆陶	tsʰiæn⁵²	siæn²⁴	siæn²¹³	tʂʰæn⁵²	tʂæn²¹³	ʂæn²¹³	ʂæn²¹³	tɕiæn²¹³
沧县	tɕʰian⁵³	ɕian²³	ɕian⁴¹	tʂʰan⁵³	tʂan⁴¹	ʂan⁴¹	ʂan⁴¹	tɕian⁴¹
献县	tɕʰiæ̃⁵³	ɕiæ̃³³	ɕiæ̃³¹	tʂʰæ̃⁵³	tʂæ̃³¹	ʂæ̃³¹	ʂæ̃³¹	tɕiæ̃³¹
平泉	tɕʰian³⁵	ɕian²¹⁴又 ɕian⁵⁵又	ɕian⁵¹	tʂʰan³⁵	tʂan⁵¹	ʂan⁵¹	ʂan⁵¹	tɕian⁵¹
滦平	tɕʰian³⁵	ɕian²¹⁴③ ɕian⁵⁵④	ɕian⁵¹	tʂʰan³⁵	tʂan⁵¹	ʂan⁵¹	ʂan⁵¹	tɕian⁵¹

(续表)

	0505 钱	0506 鲜	0507 线	0508 缠	0509 战	0510 扇名	0511 善	0512 件
	山开三平仙从	山开三平仙心	山开三去仙心	山开三平仙澄	山开三去仙章	山开三去仙书	山开三上仙禅	山开三上仙群
廊坊	tɕʰien³⁵	ɕien⁵⁵⑤ ɕien²¹⁴⑥	ɕien⁵¹	tʂʰan³⁵	tʂan⁵¹	ʂan⁵¹	ʂan⁵¹	tɕien⁵¹
魏县	tɕʰian⁵³	ɕian³³	ɕian³¹²	tʂʰan⁵³	tʂan³¹²	ʂan³¹²	ʂan³¹²	tɕian³¹²
张北	tɕʰiæ̃⁴²	ɕiæ̃⁵⁵	ɕiæ̃²¹³	tʂʰæ̃⁴²	tʂæ̃²¹³	ʂæ̃²¹³	ʂæ̃²¹³	tɕiæ̃²¹³
万全	tɕʰian⁴¹	ɕian⁴¹	ɕian²¹³	tʂʰan⁴¹	tsan²¹³	san²¹³	san²¹³	tɕian²¹³
涿鹿	tɕʰiæ̃⁴²	ɕiæ̃⁴⁴	ɕiæ̃³¹	tʂʰæ̃⁴²	tʂæ̃³¹	ʂæ̃³¹	ʂæ̃³¹	tɕiæ̃³¹
平山	tsʰiæ̃³¹	siæ̃³¹	siæ̃⁴²	tʂʰæ̃³¹	tʂæ̃⁴²	ʂæ̃⁴²	ʂæ̃⁴²	tɕiæ̃⁴²
鹿泉	tsʰiæ̃⁵⁵	siæ̃⁵⁵	siæ̃³¹²	tʂʰæ̃⁵⁵	tʂæ̃³¹²	ʂæ̃³¹²	ʂæ̃³¹²	tɕiæ̃³¹²
赞皇	tsʰiæ̃⁵⁴	siæ̃⁵⁴	siæ̃³¹²	tʂʰæ̃⁵⁴	tʂæ̃³¹²	ʂæ̃³¹²	ʂæ̃³¹²	tɕiæ̃³¹²
沙河	tsʰiã⁵¹	siã⁴¹	siã²¹	tʂʰã⁵¹	tʂã²¹	ʂã²¹	ʂã²¹	tɕiã²¹
邯郸	tsʰiæ̃⁵³	siæ̃³¹	siæ̃²¹³	tʂʰæ̃⁵³	tʂæ̃²¹³	ʂæ̃²¹³	ʂæ̃²¹³	tɕiæ̃²¹³
涉县	tɕʰiæ̃⁴¹	ɕiæ̃⁴¹⑦ ɕyæ̃⁵³⑧	ɕiæ̃⁵⁵	tʂʰæ̃⁴¹²	tʂæ̃⁵⁵	ʂæ̃⁵⁵	ʂæ̃⁵⁵	tɕiæ̃⁵⁵

① 新~。
② ~为人知。
③ ~为人知。
④ 新~。
⑤ 新~。
⑥ 朝~。
⑦ 新~。
⑧ 朝~。

	0513 延	0514 别~人	0515 灭	0516 列	0517 撒	0518 舌	0519 设	0520 热
	山开三平仙以	山开三入薛帮	山开三入薛明	山开三入薛来	山开三入薛彻	山开三入薛船	山开三入薛书	山开三入薛日
兴隆	ian⁵⁵	pie⁵⁵	mie⁵¹	lie⁵¹	tʂʰə⁵¹	ʂə⁵⁵	ʂə⁵¹	ʐuo⁵¹ 又 ʐə⁵¹ 又
北戴河	ian³⁵	pie³⁵	mie⁵¹	lie⁵¹	tʃʰə⁵¹	ʃɤ³⁵	ʃɤ⁵¹	ʐɤ⁵¹
昌黎	ian²⁴	pie²⁴	mie⁴⁵³	lie⁴⁵³	tsʰɤ⁴⁵³	sɤ²⁴	sɤ⁴⁵³	zɤ⁴⁵³
乐亭	ien²¹²	pie²¹²	mie⁵²	lie⁵²	tʂʰə⁵²	ʂə²¹²	ʂə⁵²	ʐuo⁵²
蔚县	iã³¹²	piə⁴¹	miã³¹²	liã³¹²	tsʰɤ⁵³	sɤ⁴¹	sɤ⁴⁴	zɤ³¹²
涞水	ian⁴⁵	pie⁴⁵	mie³¹⁴	lie³¹⁴	tʂʰɤ³¹⁴	ʂɤ⁴⁵	ʂɤ³¹⁴	ʐɤ³¹⁴
霸州	ian⁵³	pie⁵³	mie⁴¹	lie⁴¹	tʂʰɤ⁴¹	ʂɤ⁵³	ʂɤ⁴¹	ʐɤ⁴¹
容城	ian³⁵	pie³⁵	mie⁵¹³	lie⁵¹³	tʂʰɤ⁵¹³	ʂɤ³⁵	ʂɤ⁵¹³	ʐɤ⁵¹³
雄县	iãn⁵³	pie⁵³	mie⁴¹	lie⁴¹	tʂʰɤ⁴¹	ʂɤ⁵³	ʂɤ⁴¹	ʐɤ⁴¹
安新	ian³¹	pie³¹	nie⁵¹ 白 mie⁵¹ 文	lie⁵¹	tʂʰɤ⁵¹	ʂɤ³¹	ʂɤ²¹⁴ 又 ʂɤ⁵¹ 又	ʐɤ⁵¹
满城	ian²²	pie²²	mie⁵¹²	lie⁵¹²	tʂʰɤ⁵¹²	ʂɤ²²	ʂɤ⁵¹²	ʐɤ⁵¹²
阜平	iæ̃²⁴	pie²⁴	mie⁵³	lie⁵³	tʂʰɤ⁵³	ʂɤ²⁴	ʂɤ⁵³	ʐɤ⁵³
定州	ian²¹³	pie²¹³	mie⁵¹	lie⁵¹	tʂʰɤ⁵¹	ʂɤ²¹³	ʂɤ⁵¹	ʐɤ⁵¹
无极	iãn³¹	pie²¹³	mie⁵¹	lie⁵¹	tʂʰɤ⁵¹	ʂɤ²¹³	ʂɤ⁴⁵¹	ʐɤ⁵¹
辛集	ian³⁵⁴	pie³⁵⁴	mie⁴¹	lie⁴¹	tʂʰə⁴¹	ʂə³⁵⁴	ʂə⁴¹	ʐə⁴¹
衡水	iɑn³¹	pie⁵³	mie³¹	lie³¹	tɕʰie³¹ 旧 tʂʰɤ³¹ 新	ɕie⁵³ 旧 ʂɤ⁵³ 新	ɕie⁵⁵ 旧 ʂɤ⁵⁵ 新	ie³¹ 旧 ʐɤ³¹ 新
故城	iæ̃⁵³	pie⁵³	mie³¹	lie³¹	tʂʰɤ³¹	ʂɤ⁵³	ʂɤ³¹	ʐɤ³¹ 又 ʐuɤ³¹ 又
巨鹿	iɛ²¹	pie⁴¹	miɛ²¹	liɛ²¹	tɕʰie²¹	ɕie⁴¹	ɕie²¹	ie²¹
邢台	ian⁵³	pie⁵³	mie³¹	lie³¹	tʂʰə⁵³	ʂə⁵³	ʂə³¹	ʐə³¹
馆陶	iæn²¹³	piɛ⁵²	miɛ²¹³	liɛ²¹³	tʂʰɛ²¹³	ʂɛ⁵²	ʂɛ⁴⁴	ʐɛ²¹³
沧县	ian⁵³	pie⁵³	mie⁴¹	lie⁴¹	tʂʰɤ⁴¹	ʂɤ⁵³	ʂɤ⁴¹	ʐɤ⁴¹
献县	iæ̃⁵³	pie⁵³	mie³¹	lie³¹	tʂʰə³¹	ʂə⁵³	ʂə³¹	ʐuo³¹

（续表）

	0513 延	0514 别~人	0515 灭	0516 列	0517 撤	0518 舌	0519 设	0520 热
	山开三平仙以	山开三入薛帮	山开三入薛明	山开三入薛来	山开三入薛彻	山开三入薛船	山开三入薛书	山开三入薛日
平泉	iɛn³⁵	piɛ³⁵	miɛ⁵¹	liɛ⁵¹	tʂʰə⁵¹	ʂə³⁵	ʂə⁵¹	ʐuo⁵¹ 又 ʐə⁵¹ 又
滦平	iɛn³⁵	piɛ³⁵	miɛ⁵¹	liɛ⁵¹	tʂʰə⁵¹	ʂə³⁵	ʂə⁵¹	ʐuo⁵¹ 又 ʐə⁵¹ 又
廊坊	iɛn³⁵	piɛ³⁵	miɛ⁵¹	liɛ⁵¹	tʂʰɤ⁵¹	ʂɤ³⁵	ʂɤ⁵¹	ʐɤ⁵¹
魏县	iæn³¹²	piɛ⁵³	miɛ³³	lɛ³³	tʂʰɛ³¹²	ʂɛ⁵³	ʂɛ⁵⁵	ʐɛ³³
张北	iæ̃⁴²	piəʔ³² piɛ²¹³	miəʔ³²	liəʔ³²	tʂʰə²¹³	ʂəʔ³²	ʂəʔ³²	ʐəʔ³²
万全	iæn⁴¹	piəʔ²²	miʌʔ²²	liʌʔ²²	tʂʰəʔ²²	ʂʌʔ⁴	ʂʌʔ²²	ʐʌʔ²²
涿鹿	iæ̃⁴²	piɛ⁴²	miʌʔ⁴³	liʌʔ⁴³	tʂʰə³¹	ʂə⁴²	ʂʌʔ⁴³	ʐʌʔ⁴³ 旧 ʐə³¹ 新
平山	iæ̃³¹	piə⁵⁵	miə²⁴	liə²⁴	tʂʰɤ⁴²	ʂɤ³¹	ʂɤ⁴²	ʐɤ²⁴
鹿泉	iæ̃⁵⁵	piɤ³¹²	miɤ³¹²	liɤ³¹²	tʂʰɤ³¹²	ʂɤ⁵⁵	ʂɤ³¹²	ʐɤ³¹²
赞皇	iæ̃⁵⁴	piɛ²⁴	miɛ³¹²	liɛ³¹²	tʂʰə³¹²	ʂə⁵⁴	ʂə³¹²	ʐə³¹²
沙河	iã⁵¹	piɛ⁵¹	miəʔ²	liəʔ²	tʂʰəʔ²	ʂɤ⁵¹	ʂəʔ²	ʐəʔ²
邯郸	iæ̃²¹³	piɛ⁵³	miʌʔ⁴³	liʌʔ⁴³	tʂʰɤ²¹³	ʂɤ⁵³	ʂʌʔ⁴³	ʐʌʔ⁴³
涉县	iæ̃⁴¹²	piə⁵³	miɛʔ³²	liɛʔ³²	tʂʰə⁵⁵	ʂæʔ³²	ʂæʔ³²	iə⁵⁵

	0521 杰 山开三 入薛群	0522 孽 山开三 入薛疑	0523 建 山开三 去元见	0524 健 山开三 去元群	0525 言 山开三 平元疑	0526 歇 山开三 入月晓	0527 扁 山开四 上先帮	0528 片 山开四 去先滂
兴隆	tɕie⁵⁵	ȵie⁵¹	tɕian⁵¹	tɕian⁵¹	ian⁵⁵	ɕie³⁵	pian²¹³	pʰian⁵¹① pʰian³⁵②
北戴河	tɕie³⁵	ȵie⁵¹	tɕian⁵¹	tɕian⁵¹	ian³⁵	ɕie⁴⁴	pian²¹⁴	pʰian⁵¹
昌黎	tɕie²⁴	ȵie⁴⁵³	tɕian⁴⁵³	tɕian⁴⁵³	ian²⁴	ɕie⁴²	pian²¹³	pʰian⁴⁵³
乐亭	tɕie²¹²	nie⁵²	tɕiɛn⁵²	tɕiɛn⁵²	iɛn²¹²	ɕie³¹	piɛn³⁴	pʰiɛn⁵²
蔚县	tɕiə⁴¹	ȵiə³¹²	tɕiã³¹²	tɕiã³¹²	iã⁴¹	ɕiə⁵³	pã⁴⁴③ piã⁴⁴④	pʰiã³¹²
涞水	tɕie⁴⁵	ȵie³¹⁴	tɕian³¹⁴	tɕian³¹⁴	ian⁴⁵	ɕie³¹	pian²⁴	pʰian³¹⁴
霸州	tɕie⁵³	ȵie⁴¹	tɕian⁴¹	tɕian⁴¹	ian⁵³	ɕie⁴⁵	pian²¹⁴	pʰian⁴¹
容城	tɕie³⁵	nie⁵¹³	tɕian⁵¹³	tɕian⁵¹³	ian³⁵	ɕie⁴³	pian²¹³	pʰian⁵¹³
雄县	tɕie⁵³	ȵie⁴¹	tɕiã⁴¹	tɕiã⁴¹	iã⁵³	ɕie⁴⁵	piã²¹⁴	pʰiã⁴¹
安新	tɕie³¹	nie⁵¹	tɕian⁵¹	tɕian⁵¹	ian³¹	ɕie²¹⁴	pian²¹⁴	pʰian⁵¹
满城	tɕie²²	ȵie⁵¹²	tɕian⁵¹²	tɕian⁵¹²	ian²²	ɕie⁴⁵	pian²¹³	pʰian⁵¹²
阜平	tɕie²⁴	ȵie⁵³	tɕiæ̃⁵³	tɕiæ̃⁵³	iæ̃²⁴	ɕie²⁴	piæ̃⁵⁵	pʰiæ̃⁵³
定州	tɕie²¹³	ȵie⁵¹	tɕian⁵¹	tɕian⁵¹	ian²¹³	ɕie³³	pian²⁴	pʰian⁵¹⑤ pʰian³³⑥
无极	tɕie²¹³	ȵie⁵¹	tɕiã⁴⁵¹	tɕiã⁴⁵¹	iã²¹³	ɕie²¹³	piã³⁵	pʰiã⁵¹
辛集	tɕie³⁵⁴	ȵie⁴¹	tɕian⁴¹	tɕian⁴¹	ian³⁵⁴	ɕie³³	pian³²⁴	pʰian⁴¹
衡水	tɕie⁵³	ȵie³¹	tɕiɑn³¹	tɕiɑn³¹	iɑn⁵³	ɕie²⁴	piɑn⁵⁵	pʰiɑn³¹
故城	tɕie⁵³	ȵie³¹	tɕiæ̃³¹	tɕiæ̃³¹	iæ̃⁵³	ɕie²⁴	piæ̃⁵⁵	pʰiæ̃³¹⑦ pʰiæ̃²⁴⑧
巨鹿	tɕie⁴¹	ȵie²¹	tɕiẽ²¹	tɕiẽ²¹	iẽ⁴¹	ɕie³³	pian⁵⁵	pʰiẽ²¹
邢台	tɕie⁵³	nie³¹	tɕian³¹	tɕian³¹	ian⁵³	ɕie³⁴	pian⁵⁵	pʰian³¹
馆陶	tɕiɛ⁵²	ȵyɛ²¹³ 白 ȵiɛ²¹³ 文	tɕiæn²¹³	tɕiæn²¹³	iæn⁵²	ɕiɛ²⁴	piæn⁴⁴	pʰiæn²¹³
沧县	tɕie⁵³	ȵie⁴¹	tɕian⁴¹	tɕian⁴¹	ian⁵³	ɕie²³	pian⁵⁵	pʰian⁴¹
献县	tɕie⁵³	ȵie³¹	tɕiæ̃³¹	tɕiæ̃³¹	iæ̃⁵³	ɕie³³	piæ̃²¹⁴	pʰiæ̃³¹

(续表)

	0521 杰	0522 孽	0523 建	0524 健	0525 言	0526 歇	0527 扁	0528 片
	山开三入薛群	山开三入薛疑	山开三去元见	山开三去元群	山开三平元疑	山开三入月晓	山开四上先帮	山开四去先滂
平泉	tɕie³⁵	n̠ie⁵¹	tɕian⁵¹	tɕian⁵¹	ian³⁵	ɕie⁵⁵	pian²¹⁴ 又 pʰian⁵⁵ 又	pʰian⁵¹
滦平	tɕie³⁵	n̠ie⁵¹	tɕian⁵¹	tɕian⁵¹	ian³⁵	ɕie⁵⁵	pʰian⁵⁵⑨ pian²¹⁴⑩	pʰian⁵¹
廊坊	tɕie³⁵	n̠ie⁵¹	tɕiɛn⁵¹	tɕiɛn⁵¹	iɛn³⁵	ɕie⁵⁵	piɛn²¹⁴	pʰiɛn⁵¹
魏县	tɕie⁵³	n̠ie³³	tɕian³¹²	tɕian³¹²	ian⁵³	ɕie³³	pian⁵⁵	pʰian³¹²
张北	tɕieʔ³²	n̠ie⁴²	tɕiæ̃²¹³	tɕiæ̃²¹³	iæ̃⁴²	ɕiəʔ³²	piæ̃⁵⁵ pæ̃⁵⁵	pʰiæ̃²¹³
万全	tɕieʔ⁴	n̠iəʔ²²	tɕian²¹³	tɕian²¹³	ian⁴¹	ɕiəʔ²²	pian⁵⁵	pʰian²¹³
涿鹿	tɕie⁴²	n̠iʌʔ⁴³	tɕiæ̃³¹	tɕiæ̃³¹	iæ̃⁴²	ɕiʌʔ⁴³	piæ̃⁴⁵	pʰiæ̃³¹
平山	tɕiə²⁴	n̠iə²⁴	tɕiæ̃⁴²	tɕiæ̃⁴²	iæ̃³¹	ɕiə²⁴	piæ̃⁵⁵	pʰiæ̃⁴²
鹿泉	tɕiɤ⁵⁵	n̠iɤ³¹²	tɕiæ̃³¹²	tɕiæ̃³¹²	iæ̃⁵⁵	ɕiʌ¹³ 白 ɕiɤ¹³ 文	piæ̃³⁵	pʰiæ̃³¹²
赞皇	tɕie²⁴	n̠ie²⁴	tɕiæ̃³¹²	tɕiæ̃³¹²	iæ̃⁵⁴	ɕie²⁴	piæ̃⁴⁵	pʰiæ̃³¹²
沙河	tɕie⁵¹	niəʔ²	tɕiã²¹	tɕiã²¹	iã⁵¹	ɕiəʔ²	piã³³	pʰiã²¹
邯郸	tɕie⁵³	niʌʔ⁴³	tɕiæ̃²¹³	tɕiæ̃²¹³	iæ̃⁵³	ɕiʌʔ⁴³	piæ̃⁵⁵	pʰiæ̃²¹³
涉县	tɕiɐʔ³²	n̠iɐʔ³²	tɕiæ̃⁵⁵	tɕiæ̃⁵⁵	iæ̃⁴¹²	ɕiəʔ³²	piæ̃⁵³	pʰiæ̃⁵⁵

---

① 卡~。
② 唱~。
③ ~的。
④ ~豆。
⑤ 一~。
⑥ 拍~子。
⑦ 一~。
⑧ 拍~子。
⑨ ~舟。
⑩ ~担。

	0529 面~条	0530 典	0531 天	0532 田	0533 垫	0534 年	0535 莲	0536 前
	山开四 去先明	山开四 上先端	山开四 平先透	山开四 平先定	山开四 去先定	山开四 平先泥	山开四 平先来	山开四 平先从
兴隆	mian⁵¹	tian²¹³	tʰian³⁵	tʰian⁵⁵	tian⁵¹	ȵian⁵⁵	lian⁵⁵	tɕʰian⁵⁵
北戴河	mian⁵¹	tian²¹⁴	tʰian⁴⁴	tʰian³⁵	tian⁵¹	ȵian³⁵	lian³⁵	tɕʰian³⁵
昌黎	mian⁴⁵³	tian²¹³	tʰian⁴²	tʰian²⁴	tian²① tian⁴⁵³②	ȵian²⁴	lian²⁴	tɕʰian²⁴
乐亭	mien⁵²	tien³⁴	tʰien³¹	tʰien²¹²	tien⁵²	nien²¹²	lien²¹²	tɕʰien²¹²
蔚县	miã³¹²	tiã⁴⁴	tʰiã⁵³	tʰiã⁴¹	tiã³¹²	ȵiã⁴¹	liã⁴¹	tɕʰiã⁴¹
涞水	mian³¹⁴	tian²⁴	tʰian³¹	tʰian⁴⁵	tian³¹⁴	ȵian⁴⁵	lian⁴⁵	tɕʰian⁴⁵
霸州	mian⁴¹	tian²¹⁴	tʰian⁴⁵	tʰian⁵³	tian⁴¹	ȵian⁵³	lian⁵³	tɕʰian⁵³
容城	mian⁵¹³	tian²¹³	tʰian⁴³	tʰian³⁵	tian⁵¹³	nian³⁵	lian³⁵	tɕʰian³⁵
雄县	miãn⁴¹	tiãn²¹⁴	tʰiãn⁴⁵	tʰiãn⁵³	tiãn⁴¹	ȵiãn⁵³	liãn⁵³	tɕʰiãn⁵³
安新	mian⁵¹	tian²¹⁴	tʰian⁴⁵	tʰian³¹	tian⁵¹	nian³¹	lian³¹	tɕʰian³¹
满城	mian⁵¹²	tian²¹³	tʰian⁴⁵	tʰian²²	tian⁵¹²	ȵian²²	lian²²	tɕʰian²²
阜平	miæ⁵³	tiæ⁵⁵	tʰiæ³¹	tʰiæ²⁴	tiæ⁵³	ȵiæ²⁴	liæ²⁴	tɕʰiæ²⁴
定州	mian⁵¹	tian²⁴	tʰian²⁴	tʰian²¹³	tian⁵¹	ȵian²¹³	lian²¹³	tsʰian²¹³
无极	miãn⁴⁵¹	tiãn³⁵	tʰiãn³¹	tʰiãn²¹³	tiãn⁴⁵¹	ȵiãn²¹³	liãn²¹³	tsʰiãn²¹³
辛集	mian⁴¹	tian³²⁴	tʰian³³	tʰian³⁵⁴	tian⁴¹	ȵian³⁵⁴	lian³⁵⁴	tsʰian³⁵⁴
衡水	mian³¹	tiɑn⁵⁵	tʰiɑn²⁴	tʰiɑn⁵³	tiɑn³¹	ȵiɑn⁵³	liɑn⁵³	tɕʰiɑn⁵³
故城	miæ³¹	tiæ⁵⁵	tʰiæ²⁴	tʰiæ⁵³	tiæ³¹	ȵiæ⁵³	liæ⁵³	tɕʰiæ⁵³
巨鹿	miẽ²¹	tian⁵⁵	tʰian³³	tʰiẽ⁴¹	tiẽ²¹	ȵiẽ⁴¹	liẽ⁴¹	tɕʰiẽ⁴¹
邢台	mian³¹	tian⁵⁵	tʰian³⁴	tʰian⁵³	tian³¹	nian⁵³	lian⁵³	tsʰian⁵³
馆陶	miæn²¹³	tiæn⁴⁴	tʰiæn²⁴	tʰiæn⁵²	tiæn²¹³	ȵiæn⁵²	liæn⁵²	tɕʰiæn⁵²
沧县	mian⁴¹	tian⁵⁵	tʰian²³	tʰian⁵³	tian⁴¹	ȵian⁵³	lian⁵³	tɕʰian⁵³
献县	miæ³¹	tiæ²¹⁴	tʰiæ³³	tʰiæ⁵³	tiæ³¹	ȵiæ⁵³	liæ⁵³	tɕʰiæ⁵³
平泉	mian⁵¹	tian²¹⁴	tʰian⁵⁵	tʰian³⁵	tian⁵¹	nian³⁵	lian³⁵	tɕʰian³⁵
滦平	mian⁵¹	tian²¹⁴	tʰian⁵⁵	tʰian³⁵	tian⁵¹	ȵian³⁵	lian³⁵	tɕʰian³⁵
廊坊	mien⁵¹	tien²¹⁴	tʰien⁵⁵	tʰien³⁵	tien⁵¹	ȵien³⁵	lien³⁵	tɕʰien³⁵

（续表）

	0529 面~条	0530 典	0531 天	0532 田	0533 垫	0534 年	0535 莲	0536 前
	山开四 去先明	山开四 上先端	山开四 平先透	山开四 平先定	山开四 去先定	山开四 平先泥	山开四 平先来	山开四 平先从
魏县	mian³¹²	tian⁵⁵	tʰian³³	tʰian⁵³	tian³¹²	ȵian⁵³	lian⁵³	tɕʰian⁵³
张北	miæ̃²¹³	tiæ̃⁵⁵	tʰiæ̃⁴²	tʰiæ̃⁴²	tiæ̃²¹³	ȵiæ̃⁴²	liæ̃⁴²	tɕʰiæ̃⁴²
万全	mian²¹³	tian⁵⁵	tʰian⁴¹	tʰian⁴¹	tian²¹³	ȵian⁴¹	lian⁴¹	tɕʰian⁴¹
涿鹿	miæ̃³¹	tiæ̃⁴⁵	tʰiæ̃⁴⁴	tʰiæ̃⁴²	tiæ̃³¹	ȵiæ̃⁴²	liæ̃⁴²	tɕʰiæ̃⁴²
平山	miæ̃⁴²	tiæ̃⁵⁵	tʰiæ̃³¹	tʰiæ̃³¹	tiæ̃⁴²	ȵiæ̃³¹	liæ̃³¹	tsʰiæ̃³¹
鹿泉	miæ̃³¹²	tiæ̃³⁵	tʰiæ̃⁵⁵	tʰiæ̃⁵⁵	tiæ̃³¹²	ȵiæ̃⁵⁵	liæ̃⁵⁵	tsʰiæ̃⁵⁵
赞皇	miæ̃³¹²	tiæ̃⁴⁵	tʰiæ̃⁵⁴	tʰiæ̃⁵⁴	tiæ̃³¹²	ȵiæ̃⁵⁴	liæ̃⁵⁴	tsʰiæ̃⁵⁴
沙河	miã²¹	tiã³³	tʰiã⁴¹	tʰiã⁵¹	tiã²¹	ȵiã⁵¹	liã⁵¹	tsʰiã⁵¹
邯郸	miæ̃²¹³	tiæ̃⁵⁵	tʰiæ̃³¹	tʰiæ̃⁵³	tiæ̃²¹³	ȵiæ̃⁵³	liæ̃⁵³	tsʰiæ̃⁵³
涉县	miæ̃⁵⁵	tiæ̃⁵³	tʰiæ̃⁴¹	tʰiæ̃⁴¹²	tiæ̃⁵⁵	ȵiæ̃⁴¹²	liæ̃⁴¹²	tɕʰiæ̃⁴¹²

① ~着、鞋~ₙ¹。
② 鞋~ₙ²、~子。

	0537 先	0538 肩	0539 见	0540 牵	0541 显	0542 现	0543 烟	0544 憋
	山开四平先心	山开四平先见	山开四去先见	山开四平先溪	山开四上先晓	山开四去先匣	山开四平先影	山开四入屑滂
兴隆	ɕian³⁵	tɕian³⁵	tɕian⁵¹	tɕʰian³⁵	ɕian²¹³	ɕian⁵¹	ian³⁵	piɛ³⁵
北戴河	ɕian⁴⁴	tɕian⁴⁴	tɕian⁵¹	tɕʰian⁴⁴	ɕian²¹⁴	ɕian⁵¹	ian⁴⁴	piɛ⁴⁴
昌黎	ɕian⁴²	tɕian⁴²	tɕian⁴⁵³	tɕʰian⁴²	ɕian²¹³	ɕian⁴⁵³	ian⁴²	piɛ⁴²
乐亭	ɕiɛn³¹	tɕiɛn³¹	tɕiɛn⁵²	tɕʰiɛn³¹	ɕiɛn³⁴	ɕiɛn⁵²	iɛn³¹	piɛ³⁴
蔚县	ɕiã⁵³	tɕiã⁵³	tɕiã³¹²	tɕʰiã⁵³	ɕiã⁴⁴	ɕiã³¹²	iã⁵³	piɛ⁵³
涞水	ɕian³¹	tɕian³¹	tɕian³¹⁴	tɕʰian³¹	ɕian²⁴	ɕian³¹⁴	ian³¹	piɛ³¹
霸州	ɕian⁴⁵	tɕian⁴⁵	tɕian⁴¹	tɕʰian⁴⁵	ɕian²¹⁴	ɕian⁴¹	ian⁴⁵	piɛ⁴⁵
容城	ɕian⁴³	tɕian⁴³	tɕian⁵¹³	tɕʰian⁴³	ɕian²¹³	ɕian⁵¹³	ian⁴³	piɛ⁴³
雄县	ɕiãn⁴⁵	tɕiãn⁴⁵	tɕiãn⁴¹	tɕʰiãn⁴⁵	ɕiãn²¹⁴	ɕiãn⁴¹	iãn⁴⁵	piɛ⁴⁵
安新	ɕian⁴⁵	tɕian⁴⁵	tɕian⁵¹	tɕʰian⁴⁵	ɕian²¹⁴	ɕian⁵¹	ian⁴⁵	piɛ²¹⁴
满城	ɕian⁴⁵	tɕian⁴⁵	tɕian⁵¹²	tɕʰian⁴⁵	ɕian²¹³	ɕian⁵¹²	ian²¹³	piɛ⁴⁵
阜平	ɕiæ̃³¹	tɕiæ̃³¹	tɕiæ̃⁵³	tɕʰiæ̃³¹	ɕiæ̃⁵⁵	ɕiæ̃⁵³	iæ̃³¹	piɛ²⁴
定州	sian³³	tɕian³³	tɕian⁵¹	tɕʰian³³	ɕian²⁴	ɕian⁵¹	ian³³	piɛ³³
无极	siãn³¹	tɕiãn³¹	tɕiãn⁴⁵¹	tɕʰiãn³¹	ɕiãn³⁵	ɕiãn⁴⁵¹	iãn³¹	piɛ²¹³
辛集	sian³³	tɕian³³	tɕian⁴¹	tɕʰian³³	ɕian³²⁴	ɕian⁴¹	ian³³	piɛ³³
衡水	ɕiɑn²⁴	tɕiɑn²⁴	tɕiɑn³¹	tɕʰiɑn²⁴	ɕiɑn⁵⁵	ɕiɑn³¹	iɑn²⁴	piɛ²⁴
故城	ɕiæ̃²⁴	tɕiæ̃²⁴	tɕiæ̃³¹	tɕʰiæ̃²⁴	ɕiæ̃⁵⁵	ɕiæ̃³¹	iæ̃²⁴	piɛ²⁴
巨鹿	ɕian³³	tɕian³³	tɕiẽ²¹	tɕʰian³³	ɕian⁵⁵	ɕiẽ²¹	ian³³	piɛ³³
邢台	sian³⁴	tɕian³⁴	tɕian³¹	tɕʰian³⁴	ɕian⁵⁵	ɕian³¹	ian³⁴	piɛ³⁴
馆陶	siæn²⁴	tsiæn²⁴	tɕiæn²¹³	tɕʰiæn²⁴	ɕiæn⁴⁴	ɕiæn²¹³	iæn²⁴	piɛ²⁴
沧县	ɕian²³	tɕian²³	tɕian⁴¹	tɕʰian²³	ɕian⁵⁵	ɕian⁴¹	ian²³	piɛ²³
献县	ɕiæ̃³³	tɕiæ̃³³	tɕiæ̃³¹	tɕʰiæ̃³³	ɕiæ̃²¹⁴	ɕiæ̃³¹	iæ̃³³	piɛ³³
平泉	ɕian⁵⁵	tɕian⁵⁵	tɕian⁵¹	tɕʰian⁵⁵	ɕian²¹⁴	ɕian⁵¹	ian⁵⁵	piɛ⁵⁵
滦平	ɕian⁵⁵	tɕian⁵⁵	tɕian⁵¹	tɕʰian⁵⁵	ɕian²¹⁴	ɕian⁵¹	ian⁵⁵	piɛ⁵⁵
廊坊	ɕiɛn⁵⁵	tɕiɛn⁵⁵	tɕiɛn⁵¹	tɕʰiɛn⁵⁵	ɕiɛn²¹⁴	ɕiɛn⁵¹	iɛn⁵⁵	piɛ⁵⁵
魏县	ɕian³³	tɕian³³	tɕian³¹²	tɕʰian³³	ɕian⁵⁵	ɕian³¹²	ian³³	piɛ³³

(续表)

	0537 先	0538 肩	0539 见	0540 牵	0541 显	0542 现	0543 烟	0544 憋
	山开四平先心	山开四平先见	山开四去先见	山开四平先溪	山开四上先晓	山开四去先匣	山开四平先影	山开四入屑滂
张北	ɕiæ⁴²	tɕiæ⁴²	tɕiæ²¹³	tɕʰiæ⁴²	ɕiæ⁵⁵	ɕiæ²¹³	iæ⁴²	piəʔ³²
万全	ɕian⁴¹	tɕian⁴¹	tɕian²¹³	tɕʰian⁴¹	ɕian⁵⁵	ɕian²¹³	ian⁴¹	piəʔ²²
涿鹿	ɕiæ⁴⁴	tɕiæ⁴⁴	tɕiæ³¹	tɕʰiæ⁴⁴	ɕiæ⁴⁵	ɕiæ³¹	iæ⁴⁴	piʌʔ⁴³
平山	siæ³¹	tɕiæ³¹	tɕiæ⁴²	tɕʰiæ³¹	ɕiæ⁵⁵	ɕiæ⁴²	iæ³¹	piə²⁴
鹿泉	siæ⁵⁵	tɕiæ⁵⁵	tɕiæ³¹²	tɕʰiæ⁵⁵	ɕiæ³⁵	ɕiæ³¹²	iæ⁵⁵	piʌ¹³
赞皇	siæ⁵⁴	tɕiæ⁵⁴	tɕiæ³¹²	tɕʰiæ⁵⁴	ɕiæ⁴⁵	ɕiæ³¹²	iæ⁵⁴	piɛ²⁴
沙河	siã⁴¹	tɕiã⁴¹	tɕiã²¹	tɕʰiã⁴¹	ɕiã³³	ɕiã²¹	iã⁴¹	piəʔ²
邯郸	siæ³¹	tɕiæ³¹	tɕiæ²¹³	tɕʰiæ³¹	ɕiæ⁵⁵	ɕiæ²¹³	iæ³¹	piʌʔ⁴³
涉县	ɕiæ⁴¹²	tɕiæ⁴¹	tɕiæ⁵⁵	tɕʰiæ⁴¹	ɕiæ⁵³	ɕiæ⁵⁵	iæ⁴¹	piɐʔ³²

	0545 篾 山开四入屑明	0546 铁 山开四入屑透	0547 捏 山开四入屑泥	0548 节 山开四入屑精	0549 切动 山开四入屑清	0550 截 山开四入屑从	0551 结 山开四入屑见	0552 搬 山合一平桓帮
兴隆	mie⁵¹	tʰie²¹³	ȵie³⁵	tɕie²¹³又 tɕie⁵⁵又	tɕʰie³⁵	tɕie⁵⁵	tɕie³⁵又 tɕie²¹³又	pan³⁵
北戴河	mie⁵¹	tʰie²¹⁴	ȵie⁴⁴	tɕie²¹⁴白 tɕie³⁵文	tɕʰie⁴⁴	tɕie³⁵	tɕie³⁵	pan⁴⁴
昌黎		tʰie²¹³	ȵie⁴²	tɕie²¹³白 tɕie²⁴文	tɕʰie²¹³	tɕie²¹³	tɕie²¹³白 tɕie²⁴文	pan⁴²
乐亭	mie⁵²	tʰie³⁴	nie⁵²	tɕie³⁴	tɕʰie³⁴	tɕie²¹²	tɕie³⁴	pan³¹
蔚县		tʰiə⁵³	ȵiə⁵³① ȵiə³¹²②	tɕiə⁵³	tɕʰiə⁵³	tɕiə⁴¹	tɕiə⁵³	pã⁵³
涞水	ȵie³¹⁴	tʰie²⁴	ȵie³¹	tɕie⁴⁵	tɕʰie³¹	tɕie⁴⁵	tɕie⁴⁵	pan³¹
霸州	mie⁴¹	tʰie²¹⁴	ȵie⁴⁵	tɕie²¹⁴	tɕʰie⁴⁵	tɕie⁵³	tɕie⁴⁵③ tɕie⁵³④	pan⁴⁵
容城	mie⁵¹³	tʰie²¹³	nie⁵¹³	tɕie²¹³	tɕʰie⁴³	tɕie³⁵	tɕie⁴³	pan⁴³
雄县	mie⁴¹	tʰie²¹⁴	ȵie⁴¹又 ȵie⁴⁵又	tɕie²¹⁴	tɕʰie⁴⁵	tɕie⁵³	tɕie⁴⁵	pãn⁴⁵
安新	nie⁵¹	tʰie²¹⁴	nie⁵¹	tɕie²¹⁴	tɕʰie²¹⁴	tɕie³¹	tɕie²¹⁴	pan⁴⁵
满城	mi²²	tʰie²¹³	ȵie⁵¹²	tɕie²¹³	tɕʰie⁴⁵	tɕie²²	tɕie⁴⁵	pan⁴⁵
阜平	mie⁵³	tʰie²⁴	nie²⁴	tɕie²⁴	tɕʰie²⁴	tɕie²⁴	tɕie²⁴	pæ³¹
定州	mi²⁴	tʰie³³	ȵie³³⑤ ȵie⁵¹⑥	tsie³³⑦ tsie²⁴⑧	tsʰie³³	tsie³³	tɕie³³	pan³³
无极		tʰie²¹³	ȵie⁵¹	tsie²¹³	tsʰie²¹³	tsie²¹³	tɕie²¹³	pãn³¹
辛集	mie⁴¹	tʰie³³	ȵie³³又 ȵie⁴¹又	tsie³³	tsʰie³³	tsie³⁵⁴	tɕie³²⁴	pan³³
衡水	mie³¹	tʰie²⁴	ȵiɛ²⁴⑨ ȵiɛ³¹⑩	tɕie²⁴	tɕʰie³³	tɕie⁵³	tɕie²⁴	pɑn²⁴
故城	mi³¹	tʰie²⁴	ȵie³¹	tɕie²⁴	tɕʰie³³	tɕie⁵³	tɕie²⁴	pæ²⁴
巨鹿	mi⁴¹	tʰie³³	ȵie³³	tɕie³³	tɕʰie³³	tɕie⁴¹	tɕie³³	pan³³
邢台	mie³¹	tʰie³⁴	nie³⁴	tsie³⁴	tsʰie³⁴	tsie⁵³	tɕie³⁴	pan³⁴
馆陶	ȵiɛ²¹³	tʰiɛ²⁴	ȵiɛ²⁴	tsiɛ²⁴	tsʰiɛ²⁴	tsiɛ⁵²	tɕiɛ²⁴	pæn²⁴
沧县	mie⁵³	tʰie²³	ȵie⁴¹	tɕie²³	tɕʰie²³	tɕie⁵³	tɕie²³	pan²³
献县	mie³¹	tʰie³³	ȵie³³	tɕie³³	tɕʰie³³	tɕie⁵³	tɕie³³	pæ³³
平泉	mie⁵¹	tʰie²¹⁴	nie⁵⁵	tɕie²¹⁴又 tɕie³⁵又	tɕʰie⁵⁵	tɕie³⁵	tɕie³⁵又 tɕie⁵⁵又	pan⁵⁵
滦平	mi⁵⁵又 mie⁵¹又	tʰie²¹⁴	nie⁵⁵	tɕie²¹⁴又 tɕie³⁵又	tɕʰie⁵⁵	tɕie³⁵	tɕie³⁵⑪ tɕie⁵⁵⑫	pan⁵⁵

（续表）

	0545 篾	0546 铁	0547 捏	0548 节	0549 切动	0550 截	0551 结	0552 搬
	山开四入屑明	山开四入屑透	山开四入屑泥	山开四入屑精	山开四入屑清	山开四入屑从	山开四入屑见	山合一平桓帮
廊坊	miɛ⁵¹	tʰiɛ²¹⁴	ȵiɛ⁵⁵	tɕiɛ³⁵	tɕʰiɛ⁵⁵	tɕiɛ³⁵	tɕiɛ⁵⁵⑬ / tɕiɛ³⁵⑭	pan⁵⁵
魏县	mi⁵³	tʰiɛ³³	ȵiɛ³³	tɕiɛ³³	tɕʰiɛ³³	tɕiɛ⁵³	tɕiɛ³³	pan³³
张北	miəʔ³²	tʰiəʔ³²	ȵiəʔ³²	tɕiəʔ³²	tɕʰiəʔ³²	tɕiəʔ³²	tɕiəʔ³²	pæ̃⁴²
万全	miəʔ²²	tʰiəʔ²²	ȵiəʔ²²	tɕiəʔ²²	tɕʰiəʔ²²	tɕiəʔ²²	tɕiəʔ²²	pan⁴¹
涿鹿	miʌʔ⁴³	tʰiʌʔ⁴³	ȵiʌʔ⁴³	tɕiʌʔ⁴³	tɕʰiʌʔ⁴³	tɕiɛ⁴²	tɕiʌʔ⁴³	pæ̃⁴⁴
平山	miə⁴²	tʰiə²⁴	ȵiə²⁴	tsiə²⁴	tsʰiə²⁴	tsiə³¹	tɕiə²⁴⑮ / tɕiə⁵⁵⑯	pæ̃³¹
鹿泉	miɤ³¹²	tʰiʌ¹³	ȵiʌ¹³	tsiʌ¹³ 白 / tsiɤ¹³ 文	tsʰiʌ¹³ 白 / tsʰiɤ¹³ 文	tsiɤ⁵⁵	tɕiʌ¹³ 白 / tɕiɤ¹³ 文	pæ̃⁵⁵
赞皇	miɛ³¹²	tʰiɛ²⁴	ȵiɛ²⁴	tsiɛ²⁴	tsʰiɛ²⁴	tsiɛ⁵⁴	tɕiɛ²⁴	pæ̃⁵⁴
沙河	mi⁵¹	tʰiəʔ²	ȵiəʔ²	tsiəʔ²	tsʰiɛʔ²	tsiɛ⁵¹	tɕiəʔ²	pã⁴¹
邯郸	miʌʔ⁴³ 白 / mi⁵³ 文	tʰiʌʔ⁴³	niʌʔ⁴³	tsiʌʔ⁴³	tsʰiʌʔ⁴³	tsiɛ⁵³	tɕiʌʔ⁴³	pæ̃³¹
涉县	miɤʔ³²	tʰiɐʔ³²	ȵiɤʔ⁵⁵	tɕiɐʔ³²	tɕʰiɐʔ³²	tɕiɐʔ³²	tɕiɐʔ³²	pæ̃⁴¹

---

① 用拇指和其他手指夹住拿起来。
② 用拇指和其他手指用力夹紧。
③ ~婚。
④ ~实。
⑤ ~起来。
⑥ ~饺子。
⑦ 过~。
⑧ ~约。
⑨ 拿~。
⑩ ~住。
⑪ 团~。
⑫ ~实。
⑬ ~苹果、~婚。
⑭ ~婚。
⑮ ~果ɹ。
⑯ 团~。

	0553 半	0554 判	0555 盘	0556 满	0557 端~午	0558 短	0559 断绳~了	0560 暖
	山合一去桓帮	山合一去桓滂	山合一平桓並	山合一上桓明	山合一平桓端	山合一上桓端	山合一上桓定	山合一上桓泥
兴隆	pan^{51}	pʰan^{51}	pʰan^{55}	man^{213}	tuan^{35}	tuan^{213}	tuan^{51}	nuan^{213}
北戴河	pan^{51}	pʰan^{51}	pʰan^{35}	man^{214}	tuan^{44}	tuan^{214}	tuan^{51}	nɑŋ^{214}~和 nan^{214}~气 nuan^{214}~壶
昌黎	pan^{453}	pʰan^{453}	pʰan^{24}	man^{213}	tɑŋ^{42}	tuan^{213}	tuan^{24}① tuan^{453}②	nɑŋ^{213}~和 nuan^{213}~壶
乐亭	pan^{52}	pʰan^{52}	pʰan^{212}	man^{34}	tuan^{31}	tuan^{34}	tuan^{52}	nɑu^{34}
蔚县	pã^{312}	pʰã^{312}	pʰã^{41}	mã^{44}	tã^{53}	tuã^{44}	tuã^{312}	nã^{44}
涞水	pan^{314}	pʰan^{314}	pʰan^{45}	man^{24}	tuan^{31}	tuan^{24}	tuan^{314}	nan^{24}~壶 nuan^{24}温~
霸州	pan^{41}	pʰan^{41}	pʰan^{53}	man^{214}	tan^{45}	tuan^{214}	tuan^{41}	nan^{214}~壶 nuan^{214}~气
容城	pan^{513}	pʰan^{513}	pʰan^{35}	man^{213}	tuan^{43}	tuan^{213}	tuan^{513}	nuan^{213}
雄县	pãn^{41}	pʰãn^{41}	pʰãn^{53}	mãn^{214}	tãn^{45}	tuãn^{214}	tuãn^{41}	nãn^{214}~壶 nuãn^{214}~气
安新	pan^{51}	pʰan^{51}	pʰan^{31}	man^{214}	tuan^{45}	tuan^{214}	tuan^{51}	nan^{214}白 nuan^{214}文
满城	pan^{512}	pʰan^{512}	pʰan^{22}	man^{213}	tuan^{45}	tuan^{213}	tuan^{512}	nuan^{213}
阜平	pæ̃^{53}	pʰæ̃^{53}	pʰæ̃^{24}	mæ̃^{55}	tuæ̃^{31}	tuæ̃^{55}	tuæ̃^{53}	næ̃^{55}~壶 nuæ̃^{55}温~
定州	pan^{51}	pʰan^{51}	pʰan^{213}	man^{24}	tan^{33}	tuan^{24}	tuan^{51}	nuan^{24}
无极	pɑŋ^{451}	pʰãn^{51}	pʰãn^{213}	mãn^{35}	tɑŋ^{31}	tuãn^{35}	tuãn^{451}	nuãn^{35}
辛集	pan^{41}	pʰan^{41}	pʰan^{354}	man^{324}	tuan^{33}	tuan^{324}	tuan^{41}	nuan^{324}
衡水	pan^{31}	pʰan^{31}	pʰan^{53}	man^{55}	tuan^{24}	tuan^{55}	tuan^{31}	nuan^{55}
故城	pæ̃^{31}	pʰæ̃^{31}	pʰæ̃^{53}	mæ̃^{55}	tuæ̃^{24}	tuæ̃^{55}	tuæ̃^{31}	nuæ̃^{55}温~ nɑŋ^{55}~和
巨鹿	pɛ̃^{21}	pʰɛ̃^{21}	pʰɛ̃^{41}	man^{55}	tuan^{33}	tuan^{55}	tuɛ̃^{21}	nuan^{55}
邢台	pan^{31}	pʰan^{31}	pʰan^{53}	man^{55}	tuan^{34}	tuan^{55}	tuan^{31}	nuan^{55}

（续表）

	0553 半	0554 判	0555 盘	0556 满	0557 端~午	0558 短	0559 断绳~了	0560 暖
	山合一去桓帮	山合一去桓滂	山合一平桓並	山合一上桓明	山合一平桓端	山合一上桓端	山合一上桓定	山合一上桓泥
馆陶	pæn²¹³	pʰæn²¹³	pʰæn⁵²	mæn⁴⁴	tuæn²⁴	tuæn⁴⁴	tuæn²¹³	nuæn⁴⁴
沧县	pan⁴¹	pʰan⁴¹	pʰan⁵³	man⁵⁵	tuan²³	tuan⁵⁵	tuan⁴¹	nan⁵⁵
献县	pæ̃³¹	pʰæ̃³¹	pʰæ̃⁵³	mæ̃²¹⁴	tæ̃³³ 白 tuæ̃³³ 文	tuæ̃²¹⁴	tuæ̃³¹	nuæ̃²¹⁴
平泉	pan⁵¹	pʰan⁵¹	pʰan³⁵	man²¹⁴	tuan⁵⁵	tuan²¹⁴	tuan⁵¹	nuan²¹⁴
滦平	pan⁵¹	pʰan⁵¹	pʰan³⁵	man²¹⁴	tuan⁵⁵	tuan²¹⁴	tuan⁵¹	nuan²¹⁴
廊坊	pan⁵¹	pʰan⁵¹	pʰan³⁵	man²¹⁴	tuan⁵⁵	tuan²¹⁴	tuan⁵¹	ŋɑŋ²¹⁴③ ŋan²¹⁴④ ŋuan²¹⁴⑤
魏县	pan³¹²	pʰan³¹²	pʰan⁵³	man⁵⁵	tuan³³	tuan⁵⁵	tuan³¹²	nuan⁵⁵
张北	pæ̃²¹³	pʰæ̃²¹³	pʰæ̃⁴²	mæ̃⁵⁵	tuæ̃⁴²	tuæ̃⁵⁵	tuæ̃²¹³	nuæ̃⁵⁵
万全	pan²¹³	pʰan²¹³	pʰan⁴¹	man⁵⁵	tuan⁴¹	tuan⁵⁵	tuan²¹³	nuan⁵⁵
涿鹿	pæ̃³¹	pʰæ̃³¹	pʰæ̃⁴²	mæ̃⁴⁵	tɑ̃⁴⁴	tuæ̃⁴⁵	tuæ̃³¹	nuæ̃⁴⁵
平山	pæ̃⁴²	pʰæ̃⁴²	pʰæ̃³¹	mæ̃⁵⁵	tuæ̃³¹	tuæ̃⁵⁵	tuæ̃⁴²	nuæ̃⁵⁵
鹿泉	pæ̃³¹²	pʰæ̃³¹²	pʰæ̃⁵⁵	mæ̃³⁵	tuæ̃⁵⁵	tuæ̃³⁵	tuæ̃³¹²	nuæ̃³⁵
赞皇	pæ̃³¹²	pʰæ̃³¹²	pʰæ̃⁵⁴	mæ̃⁴⁵	tuæ̃⁵⁴ 又 tæ̃⁵⁴ 又	tuæ̃⁴⁵	tuæ̃³¹²	nuæ̃⁴⁵
沙河	pɑ̃²¹	pʰɑ̃²¹	pʰɑ̃⁵¹	mɑ̃³³	tuɑ̃⁴¹	tuɑ̃³³	tuɑ̃²¹	nuɑ̃³³
邯郸	pæ̃²¹³	pʰæ̃²¹³	pʰæ̃⁵³	mæ̃⁵⁵	tæ̃³¹	tuæ̃⁵⁵	tuæ̃²¹³	nuæ̃⁵⁵
涉县	pæ̃⁵⁵	pʰæ̃⁵⁵	pʰæ̃⁴¹²	mæ̃⁵³	tuæ̃⁴¹	tuæ̃⁵³	tuæ̃⁵⁵	næ̃⁵³ 白 nuæ̃⁵³ 文

---

① ～咧。
② ～顿儿、～绝。
③ ～和。
④ ～壶。
⑤ 温～、～壶。

	0561 乱	0562 酸	0563 算	0564 官	0565 宽	0566 欢	0567 完	0568 换
	山合一去桓来	山合一平桓心	山合一去桓心	山合一平桓见	山合一平桓溪	山合一平桓晓	山合一平桓匣	山合一去桓匣
兴隆	luan⁵¹	suan³⁵	suan⁵¹	kuan³⁵	kʰuan³⁵	xuan³⁵	uan⁵⁵	xuan⁵¹
北戴河	luan⁵¹	ʃuan⁴⁴	ʃuan⁵¹	kuan⁴⁴	kʰuan⁴⁴	xuan⁴⁴	uan³⁵	xuan⁵¹
昌黎	luan²⁴① luan⁴⁵³②	suan⁴²	suan⁴⁵³	kuan⁴²	kʰuan⁴²	xuan⁴²	uan²⁴	xuan²⁴③ xuan⁴⁵³④
乐亭	lan⁵²	suan³¹	suan⁵²	kuan³¹	kʰuan³¹	xuan³¹	uan²¹²	xuan⁵²
蔚县	lã³¹²	suã⁵³	suã³¹²	kuã⁵³	kʰuã⁵³	xuã⁵³	vã⁴¹	xuã³¹²
涞水	luan³¹⁴	suan³¹	suan³¹⁴	kuan³¹	kʰuan³¹	xuan³¹	uan⁴⁵	xuan³¹⁴
霸州	lan⁴¹⑤ luan⁴¹⑥	suan⁴⁵	suan⁴¹	kuan⁴⁵	kʰuan⁴⁵	xuan⁴⁵	uan⁵³	xuan⁴¹
容城	luan⁵¹³	suan⁴³	suan⁵¹³	kuan⁴³	kʰuan⁴³	xuan⁴³	uan³⁵	xuan⁵¹³
雄县	lãn⁴¹⑦ luãn⁴¹⑧	suãn⁴⁵	suãn⁴¹	kuãn⁴⁵	kʰuãn⁴⁵	xuãn⁴⁵	uãn⁵³	xuãn⁴¹
安新	luan⁵¹	suan⁴⁵	suan⁵¹	kuan⁴⁵	kʰuan⁴⁵	xuan⁴⁵	uan³¹	xuan⁵¹
满城	luan⁵¹²	suan⁴⁵	suan⁵¹²	kuan⁴⁵	kʰuan⁴⁵	xuan⁴⁵	uan²²	xuan⁵¹²
阜平	luæ̃⁵³	suæ̃³¹	suæ̃⁵³	kuæ̃³¹	kʰuæ̃³¹	xuæ̃³¹	uæ̃²⁴	xuæ̃⁵³
定州	luan⁵¹	suan³³	suan⁵¹	kuan³³	kʰuan³³	xuan³³	uan²¹³	xuan⁵¹
无极	luãn⁴⁵¹	suãn³¹	suãn⁴⁵¹	kuãn³¹	kʰuãn³¹	xuãn³¹	uãn²¹³	xuãn⁴⁵¹
辛集	luan⁴¹	suan³³	suan⁴¹	kuan³³	kʰuan³³	xuan³³	uan³⁵⁴	xuan⁴¹
衡水	luɑn³¹	suɑn²⁴	suɑn³¹	kuɑn²⁴	kʰuɑn²⁴	xuɑn²⁴	vɑn⁵³	xuɑn³¹
故城	læ̃³¹ 白 luæ̃³¹ 文	suæ̃²⁴	suæ̃³¹	kuæ̃²⁴	kʰuæ̃²⁴	xuæ̃²⁴	væ̃⁵³	xuæ̃³¹
巨鹿	luẽ²¹	suan³³	suẽ²¹	kuan³³	kʰuan³³	xuan³³	uẽ⁴¹	xuẽ²¹
邢台	luan³¹	suan³⁴	suan³¹	kuan³⁴	kʰuan³⁴	xuan³⁴	van⁵³	xuan³¹
馆陶	luæn²¹³	suæn²⁴	suæn²¹³	kuæn²⁴	kʰuæn²⁴	xuæn²⁴	uæn⁵²	xuæn²¹³
沧县	lan⁴¹	suan²³	suan⁴¹	kuan²³	kʰuan²³	xuan²³	uan⁵³	xuan⁴¹
献县	luæ̃³¹	suæ̃³³	suæ̃³¹	kuæ̃³³	kʰuæ̃³³	xuæ̃³³	uæ̃⁵³	xuæ̃³¹
平泉	luan⁵¹	suan⁵⁵	suan⁵¹	kuan⁵⁵	kʰuan⁵⁵	xuan⁵⁵	uan³⁵	xuan⁵¹

(续表)

	0561 乱	0562 酸	0563 算	0564 官	0565 宽	0566 欢	0567 完	0568 换
	山合一去桓来	山合一平桓心	山合一去桓心	山合一平桓见	山合一平桓溪	山合一平桓晓	山合一平桓匣	山合一去桓匣
滦平	luan⁵¹	suan⁵⁵	suan⁵¹	kuan⁵⁵	kʰuan⁵⁵	xuan⁵⁵	uan³⁵	xuan⁵¹
廊坊	luan⁵¹	suan⁵⁵	suan⁵¹	kuan⁵⁵	kʰuan⁵⁵	xuan⁵⁵	uan³⁵	xuan⁵¹
魏县	luan³¹²	ṣuan³³	ṣuan³¹²	kuan³³	kʰuan³³	xuan³³	uan⁵³	xuan³¹²
张北	laæ̃²¹³	suæ̃⁴²	suæ̃²¹³	kuæ̃⁴²	kʰuæ̃⁴²	xuæ̃⁴²	væ̃⁴²	xuæ̃²¹³
万全	lan²¹³	suan⁴¹	suan²¹³	kuan⁴¹	kʰuan⁴¹	xuan⁴¹	van⁴¹	xuan²¹³
涿鹿	luæ̃³¹	suæ̃⁴⁴	suæ̃³¹	kuæ̃⁴⁴	kʰuæ̃⁴⁴	xuæ̃⁴⁴	uæ̃⁴²	xuæ̃³¹
平山	luæ̃⁴²	suæ̃³¹	suæ̃⁴²	kuæ̃³¹	kʰuæ̃³¹	xuæ̃³¹	uæ̃³¹	xuæ̃⁴²
鹿泉	luæ̃³¹²	suæ̃⁵⁵	suæ̃³¹²	kuæ̃⁵⁵	kʰuæ̃⁵⁵	xuæ̃⁵⁵	uæ̃⁵⁵	xuæ̃³¹²
赞皇	luæ̃³¹²	suæ̃⁵⁴	suæ̃³¹²	kuæ̃⁵⁴	kʰuæ̃⁵⁴	xuæ̃⁵⁴	uæ̃⁵⁴	xuæ̃³¹²
沙河	luã²¹	suã⁴¹	suã²¹	kuã⁴¹	kʰuã⁴¹	xuã⁴¹	uã⁵¹	xuã²¹
邯郸	luæ̃²¹³	suæ̃³¹	suæ̃²¹³	kuæ̃³¹	kʰuæ̃³¹	xuæ̃³¹	væ̃⁵³	xuæ̃²¹³
涉县	luæ̃⁵⁵	suæ̃⁴¹	suæ̃⁵⁵	kuæ̃⁴¹	kʰuæ̃⁴¹	xuæ̃⁴¹	væ̃⁴¹	xuæ̃⁵⁵

① ~咧、捣~。
② ~套。
③ ~来咧。
④ ~米、~油。
⑤ ~七八糟。
⑥ 真~。
⑦ ~七八糟。
⑧ 真~。

	0569 碗	0570 拨	0571 泼	0572 末	0573 脱	0574 夺	0575 阔	0576 活
	山合一上桓影	山合一入末帮	山合一入末滂	山合一入末明	山合一入末透	山合一入末定	山合一入末溪	山合一入末匣
兴隆	uan²¹³	po³⁵	pʰo³⁵	mo⁵¹	tʰuo³⁵	tuo⁵⁵	kʰuo⁵¹	xuo⁵⁵
北戴河	uan²¹⁴	pɤ³⁵又 pɤ⁴⁴又	pʰɤ⁴⁴	mɤ⁵¹	tʰuo⁴⁴	tuo³⁵	kʰuo⁵¹	xuo³⁵
昌黎	uan²¹³	pɤ⁴²	pʰɤ²¹³① pʰɤ⁴²②	mɤ⁴⁵³	tʰuo⁴²	tuo²⁴	kʰuo⁴⁵³	xuo²⁴
乐亭	uan³⁴	pə³¹	pʰə³⁴	mə⁵²	tʰuə³¹	tuə²¹²	kʰuə⁵²	xuə²¹²
蔚县	vã⁴⁴	pɤ⁵³	pʰɤ⁵³	mɤ³¹²	tʰuɤ⁵³	tuɤ⁴¹	kʰuɤ³¹²	xuɤ⁴¹
涞水	uan²⁴	puo³¹	pʰuo³¹	muo³¹⁴	tʰuo³¹	tuo⁴⁵	kʰuo³¹⁴	xuo⁴⁵
霸州	uan²¹⁴	po⁴⁵	pʰo⁴⁵	mo⁴¹	tʰuo⁴⁵	tuo⁵³	kʰuo⁴¹	xuo⁵³
容城	uan²¹³	po⁴³	pʰo⁴³	mo⁵¹³	tʰuo⁴³	tuo³⁵	kʰuo⁵¹³	xuo³⁵
雄县	uã²¹⁴	po⁴⁵	pʰo⁴⁵	mo⁴¹	tʰuo⁴⁵	tuo⁵³	kʰuo⁴¹	xuo⁵³
安新	uan²¹⁴	po⁴⁵	pʰo²¹⁴	mo⁵¹	tʰuo²¹⁴	tuo³¹	kʰuo⁵¹	xuo³¹
满城	uan²¹³	po⁴⁵	pʰo⁴⁵	mo⁵¹²	tʰuo⁴⁵	tuo²²	kʰuo⁵¹²	xuo²²
阜平	uæ⁵⁵	puɤ²⁴	pʰuɤ²⁴	muɤ⁵³	tʰuɤ²⁴	tuɤ²⁴	kʰuɤ⁵³	xuɤ²⁴
定州	uan²⁴	po³³	pʰo³³	mo⁵¹	tʰuo³³	tuo²¹³	kʰuo⁵¹	xuo²¹³
无极	uã³⁵	puɤ²¹³	pʰuɤ²¹³		tʰuɤ²¹³	tuɤ²¹³		xuɤ²¹³
辛集	uan³²⁴	pə³³	pʰə³³	mə⁴¹ miɛ⁴¹③	tʰuə³³	tuə³⁵⁴	kʰuə⁴¹	xuə³⁵⁴
衡水	vɑn⁵⁵	po²⁴	pʰo²⁴	mo³¹	tʰuo²⁴	tuo⁵³	kʰuo³¹	xuo⁵³
故城	væ̃⁵⁵	pɤ²⁴	pʰɤ²⁴	mɤ³¹	tʰuɤ²⁴	tuɤ⁵³	kʰuɤ³¹	xuɤ⁵³
巨鹿	uan⁵⁵	po³³	pʰo³³	mo²¹	tʰuo³³	tuo⁴¹	kʰuo³³	xuo⁴¹
邢台	van⁵⁵	pə³⁴	pʰə³⁴	mə³¹	tʰuo³⁴	tuo⁵³	kʰuo³¹	xuo⁵³
馆陶	uæn⁴⁴	po²⁴	pʰo²⁴	mo²⁴	tʰuo²⁴	tuo⁵²	kʰuo²¹³	xuo⁵²
沧县	uan⁵⁵	pɤ²³	pʰɤ²³	mɤ⁴¹	tʰuo²³	tuo⁵³	kʰuo⁴¹	xuo⁵³
献县	uæ̃²¹⁴	puo³³	pʰuo³³	muo³¹	tʰuo³³	tuo⁵³	kʰuo³¹	xuo⁵³
平泉	uan²¹⁴	po⁵⁵	pʰo⁵⁵	mo⁵¹	tʰuo⁵⁵	tuo³⁵	kʰuo⁵¹	xuo³⁵
滦平	uan²¹⁴	po⁵⁵	pʰo⁵⁵	mo⁵¹	tʰuo⁵⁵	tuo³⁵	kʰuo⁵¹	xuo³⁵

(续表)

	0569 碗	0570 拨	0571 泼	0572 末	0573 脱	0574 夺	0575 阔	0576 活
	山合一上桓影	山合一入末帮	山合一入末滂	山合一入末明	山合一入末透	山合一入末定	山合一入末溪	山合一入末匣
廊坊	uan²¹⁴	pɤ⁵⁵	pʰɤ⁵⁵	mɤ⁵¹	tʰuo⁵⁵	tuo³⁵	kʰuo⁵¹	xuo³⁵
魏县	uan⁵⁵	pə³³	pʰə³³	mə³³	tʰuə³³	tuə⁵³	kʰuə³¹²	xuə⁵³
张北	væ̃⁵⁵	pəʔ³²	pʰəʔ³²	məʔ³²	tʰuəʔ³²	tuəʔ³²	kʰuəʔ³²	xuəʔ³²
万全	van⁵⁵	pʌʔ²²	pʰʌʔ²²	mʌʔ²²	tʰuʌʔ²²	tuʌʔ⁴	kʰuʌʔ²²	xuʌʔ⁴
涿鹿	uæ̃⁴⁵	pʌʔ⁴³	pʰʌʔ⁴³	mʌʔ⁴³	tʰuʌʔ⁴³	tuə⁴²	kʰuʌʔ⁴³	xuə⁴²
平山	uæ̃⁵⁵	pə²⁴	pʰə²⁴	mə²⁴	tʰuə²⁴	tuə³¹	kʰuə²⁴	xuə³¹
鹿泉	uæ̃³⁵	pʌ¹³ 白 / po¹³ 文	pʰʌ¹³	mo³¹²	tʰuʌ¹³	tuo⁵⁵	kʰuo³¹²	xuo⁵⁵
赞皇	uæ̃⁴⁵	puə²⁴	pʰuə²⁴	muə³¹²	tʰuə²⁴	tuə⁵⁴	kʰuə³¹²	xuə⁵⁴
沙河	uã³³	pəʔ²	pʰəʔ²	muo²¹	tʰuəʔ²	tuo⁵¹	kʰuo²¹	xuo⁵¹
邯郸	væ̃⁵⁵	pʌʔ⁴³	pʰʌʔ⁴³	mʌʔ⁴³	tʰuʌʔ⁴³	tuə⁵³	kʰuʌʔ⁴³	xuə⁵³
涉县	væ̃⁵³	pɐʔ³²	pʰɐʔ³²	mɐʔ³²	tʰuɐʔ³²	tuɐʔ³²	kʰuɐʔ³²	xuɐʔ³²

① ~水。
② 发~、~咧。
③ ~尾。

	0577 顽~皮,~固	0578 滑	0579 挖	0580 闩	0581 关~门	0582 惯	0583 还动	0584 还副
	山合二平山疑	山合二入黠匣	山合二入黠影	山合二平删生	山合二平删见	山合二去删见	山合二平删匣	山合二平删匣
兴隆	uan⁵⁵	xuɑ⁵⁵	uɑ³⁵	ʂuan³⁵	kuan³⁵	kuan⁵¹	xuan⁵⁵	xai⁵⁵
北戴河	uan³⁵	xuɑ³⁵	uɑ⁴⁴	ʃuan⁴⁴	kuan⁴⁴	kuan⁵¹	xuan³⁵	xai³⁵
昌黎	uan²⁴	xuɑ²⁴	uɑ²⁴	suan⁴²	kuan⁴²	kuan⁴⁵³	xuan²⁴	xai²⁴
乐亭	uan²¹²	xuɑ²¹²	uɑ²¹²	ʂuan³¹	kuan³¹	kuan⁵²	xuan²¹²	xai³⁴
蔚县	vã⁴¹	xuɑ⁴¹	vɑ⁵³	suã⁵³	kuã⁵³	kuã³¹²	xuã⁴¹	xã⁴¹
涞水	uan⁴⁵	xuɑ⁴⁵	uɑ³¹	ʂuan³¹	kuan³¹	kuan³¹⁴	xuan⁴⁵	xai⁴⁵
霸州	uan⁵³	xuɑ⁵³	uɑ⁴⁵	ʂuan⁴⁵	kuan⁴⁵	kuan⁴¹	xuan⁵³	xai⁵³
容城	uan³⁵	xuɑ³⁵	uɑ⁴³	ʂuan⁴³	kuan⁴³	kuan⁵¹³	xuan³⁵	xai³⁵
雄县	uãn⁵³	xuɑ⁵³	uɑ⁴⁵	ʂuãn⁴⁵	kuãn⁴⁵	kuãn⁴¹	xuãn⁵³	xai⁵³
安新	uan³¹	xuɑ³¹	uɑ⁴⁵	ʂuan⁴⁵	kuan⁴⁵	kuan⁵¹	xuan³¹	xai⁴⁵
满城	uan²²	xuɑ²²	uɑ⁴⁵	ʂuan⁴⁵	kuan⁴⁵	kuan⁵¹²	xuan²²	xai²²
阜平	uæ̃²⁴	xuɑ²⁴	uɑ³¹	ʂuæ̃³¹	kuæ̃³¹	kuæ̃⁵³	xuæ̃²⁴	xæ²⁴
定州	uan²¹³	xuɑ²¹³	uɑ³³	ʂuan³³	kuan³³	kuan⁵¹	xuan²¹³	xai²¹³
无极	uãn²¹³	xuɑ²¹³	uɑ³¹		kuãn³¹	kuãn⁴⁵¹	xuãn²¹³	xæ²¹³
辛集	uan³⁵⁴	xɑ³⁵⁴	uɑ³³	ʂuan³³	kuan³³	kuan⁴¹	xuan³⁵⁴	xan³⁵⁴
衡水	vɑn⁵³	xuɑ⁵³	vɑ²⁴	suɑn²⁴	kuɑn²⁴	kuɑn³¹	xuɑn⁵³	xɑn⁵³
故城	væ̃⁵³	xuɑ⁵³	vɑ²⁴	suæ̃²⁴	kuæ̃²⁴	kuæ̃³¹	xuæ̃⁵³	xæ̃⁵³
巨鹿	uɛ̃⁴¹	xuɑ⁴¹	uɑ³³	ʂuan³³	kuan³³	kuɛ̃²¹	xuɛ̃⁴¹	xai⁴¹
邢台	vɑn⁵³	xuɑ⁵³	vɑ³⁴	ʂuan³⁴	kuan³⁴	kuan³¹	xuan⁵³	xan⁵³
馆陶	uæn⁵²	xuɑ⁵²	uɑ²⁴	ʂuæn²⁴	kuæn²⁴	kuæn²¹³	xuæn⁵²	xai⁵²
沧县	uan⁵³	xuɑ⁵³	uɑ²³	suan²³	kuan²³	kuan⁴¹	xuan⁵³	xai⁵³
献县	uæ̃⁵³	xuɑ⁵³	uɑ³³	ʂuæ̃³³	kuæ̃³³	kuæ̃³¹	xuæ̃⁵³	xæ̃³¹
平泉	uan³⁵	xuɑ³⁵	uɑ³⁵又 uɑ⁵⁵又	ʂuan⁵⁵	kuan⁵⁵	kuan⁵¹	xuan³⁵	xai³⁵
滦平	uan³⁵	xuɑ³⁵	uɑ⁵⁵	ʂuan⁵⁵	kuan⁵⁵	kuan⁵¹	xuan³⁵	xai³⁵
廊坊	uan³⁵	xuɑ³⁵	uɑ⁵⁵	ʂuan⁵⁵	kuan⁵⁵	kuan⁵¹	xuan³⁵	xai³⁵

(续表)

	0577 顽~皮,~固	0578 滑	0579 挖	0580 闩	0581 关~门	0582 惯	0583 还动	0584 还副
	山合二 平山疑	山合二 入黠匣	山合二 入黠影	山合二 平删生	山合二 平删见	山合二 去删见	山合二 平删匣	山合二 平删匣
魏县	uan⁵³	xuɑ⁵³	uan³³ 白 uɑ³³ 文	ʂuan³³	kuan³³	kuan³¹²	xuan⁵³	xan⁵³
张北	væ̃⁴²	xua⁴²	væ̃⁴²	suæ̃⁴²	kuæ̃⁴²	kuæ̃²¹³	xuæ̃⁴²	xai⁴²
万全	van⁴¹	xua⁴¹	va⁴¹	suan⁴¹	kuan⁴¹	kuan²¹³	xuan⁴¹	xan⁴¹
涿鹿	uæ̃⁴²	xua⁴²	ua⁴⁴	suæ̃⁴⁴	kuæ̃⁴⁴	kuæ̃³¹	xuæ̃⁴²	xæ̃⁴²
平山	uæ̃³¹	xua³¹	ua³¹	ʂuæ̃³¹	kuæ̃³¹	kuæ̃⁴²	xuæ̃³¹	xæ̃⁴²
鹿泉	uæ̃⁵⁵	xua⁵⁵	ua⁵⁵	ʂuæ̃⁵⁵	kuæ̃⁵⁵	kuæ̃³¹²	xuæ̃⁵⁵	xæ̃⁵⁵
赞皇	uæ̃⁵⁴	xua⁵⁴	ua⁵⁴	ʂuæ̃⁵⁴	kuæ̃⁵⁴	kuæ̃³¹²	xuæ̃⁵⁴	xæ̃⁵⁴
沙河	uã⁵¹	xuɔ⁵¹	uɔ⁴¹	ʂuã⁴¹	kuã⁴¹	kuã²¹	xuã⁵¹	xã⁵¹
邯郸	væ̃⁵³	xɔ⁵³	væ̃³¹ 白 vɔ³¹ 文	ʂuæ̃³¹	kuæ̃³¹	kuæ̃²¹³	xuæ̃⁵³	xæ̃⁵³
涉县	væ̃⁴¹²	xuɒ⁴¹²	vɒ⁴¹	suæ̃⁴¹	kuæ̃⁴¹	kuæ̃⁵⁵	xuæ̃⁴¹	xæ̃⁴¹

	0585 弯 山合二 平删影	0586 刷 山合二 入鎋生	0587 刮 山合二 入鎋见	0588 全 山合三 平仙从	0589 选 山合三 上仙心	0590 转~眼,~送 山合三 上仙知	0591 传~下来 山合三 平仙澄	0592 传~记 山合三 去仙澄
兴隆	uan³⁵	ʂuɑ³⁵	kuɑ³⁵	tɕʰyan⁵⁵	ɕyan²¹³	tʂuan²¹³	tʂʰuan⁵⁵	tʂuan⁵¹
北戴河	uan⁴⁴	ʃua⁴⁴	kua²¹⁴ 又 kua⁴⁴ 又	tɕʰyan³⁵	ɕyan²¹⁴	tʃuan²¹⁴	tʃʰuan³⁵	tʃuan⁵¹
昌黎	uan⁴²	sua⁴²	kua²¹³ 白 kua⁴² 文	tɕʰyan²⁴	ɕyan²¹³	tʂuan²¹³	tʂʰuan²⁴	tʂuan⁴⁵³
乐亭	uan³¹	ʂua³¹	kua³¹	tɕʰyɛn²¹²	ɕyɛn³⁴	tsuan³⁴	tʂʰuan²¹²	tʂuan⁵²
蔚县	vã⁵³	sua⁵³① suɑ³¹²②	kuɑ⁵³	tɕʰyã⁴¹	ɕyã⁴⁴	tsuã⁴⁴	tsʰuã⁴¹	tsuã³¹²
涞水	uan³¹	ʂua³¹	kua³¹	tɕʰyan⁴⁵	ɕyan²⁴	tʂuan²⁴	tʂʰuan⁴⁵	tʂuan³¹⁴
霸州	uan⁴⁵	ʂua⁴⁵③ ʂua⁵³④ ʂua⁴¹⑤	kua⁴⁵	tɕʰyan⁵³	ɕyan²¹⁴	tʂuan²¹⁴	tʂʰuan⁵³	tʂuan⁴¹
容城	uan⁴³	ʂua⁴³	kua²¹³	tɕʰyan³⁵	ɕyan²¹³	tʂuan²¹³	tʂʰuan³⁵	tʂuan⁵¹³
雄县	uãn⁴⁵	sua⁴⁵⑥ sua⁵³⑦ sua⁴¹⑧	kua⁴⁵	tɕʰyãn⁵³	ɕyãn²¹⁴	tʂuãn²¹⁴	tʂʰuãn⁵³	tʂuãn⁴¹
安新	uan⁴⁵	ʂua²¹⁴	kua⁴⁵	tɕʰyan³¹	ɕyan²¹⁴	tʂuan²¹⁴	tʂʰuan³¹	tʂuan⁵¹
满城	uan⁴⁵	ʂua⁴⁵	kua⁴⁵	tɕʰyan²²	ɕyan²¹³	tʂuan²¹³	tʂʰuan²²	tʂuan⁵¹²
阜平	uæ̃³¹	ʂua²⁴	kua³¹	tsʰuæ̃²⁴	ɕyæ̃⁵⁵	tʂuæ̃⁵⁵	tʂʰuæ̃²⁴	tʂuæ̃⁵³
定州	uan³³	ʂua³³	kua³³	tsʰuan²¹³	suan²¹³	tʂuan²⁴	tʂʰuan²¹³	tʂuan⁵¹
无极	uãn³¹	ʂua²¹³	kuɑ²¹³	tsʰuãn²¹³	suãn³⁵	tʂuãn³⁵	tʂʰuãn²¹³	tʂuãn⁴⁵¹
辛集	uan³³	ʂɑ³³	kɑ³³	tsʰuan³⁵⁴	suan³²⁴	tʂuan³²⁴	tʂʰuan³⁵⁴	tʂuan⁴¹
衡水	vɑn²⁴	sua²⁴	kuɑ²⁴	tɕʰyan⁵³	ɕyan⁵⁵	tsuɑn⁵⁵	tsʰuɑn⁵³	tsuan³¹
故城	væ̃²⁴	sua²⁴	kua²⁴⑨ kʰua²⁴⑩	tɕʰyæ̃⁵³	ɕyæ̃⁵⁵	tsuæ̃⁵⁵	tsʰuæ̃⁵³	tsuæ̃³¹
巨鹿	uan³³	ʂua³³	kua³³	tsʰuan⁴¹	suan⁵⁵	tʂuan⁵⁵	tʂʰuɛ̃⁴¹	tʂuɛ̃²¹
邢台	van³⁴	ʂua³⁴	kua³⁴	tɕʰyan⁵³ 又 tsʰuan⁵³ 又	suan⁵⁵	tsuan⁵⁵	tsʰuan⁵³	tsuan³¹
馆陶	uæn²⁴	ʂua²⁴	kua²⁴⑪ kua⁴⁴⑫	tsʰuæn⁵²	suæn⁴⁴	tʂuæn⁴⁴	tʂʰuæn⁵²	tʂuæn²¹³
沧县	uan²³	ʂua²³	kuɑ²³	tɕʰyan⁵³	ɕyan⁵⁵	tsuan⁵⁵	tsʰuan⁵³	tʃuan⁴¹
献县	uæ̃³³	ʂua³³	kua³³	tɕʰyæ̃⁵³	ɕyæ̃²¹⁴	tʂuæ̃²¹⁴	tʂʰuæ̃⁵³	tʂuæ̃³¹
平泉	uan⁵⁵	ʂua⁵⁵	kua⁵⁵	tɕʰyan³⁵	ɕyan²¹⁴	tʂuan²¹⁴	tʂʰuan³⁵	tʂuan⁵¹
滦平	uan⁵⁵	ʂua⁵⁵	kua⁵⁵	tɕʰyan³⁵	ɕyan²¹⁴	tʂuan²¹⁴	tʂʰuan³⁵	tʂuan⁵¹
廊坊	uan⁵⁵	ʂua⁵⁵	kua⁵⁵	tɕʰyan³⁵	ɕyan²¹⁴	tʂuan²¹⁴	tʂʰuan³⁵	tʂuan⁵¹
魏县	uan³³	ʂua³³	kua³³	tɕʰyan⁵³	ɕyan⁵⁵	tsuan⁵⁵	tsʰuan⁵³	tsuan³¹²

（续表）

	0585 弯	0586 刷	0587 刮	0588 全	0589 选	0590 转~眼,~送	0591 传~下来	0592 传~记
	山合二平删影	山合二入鎋生	山合二入鎋见	山合三平仙从	山合三上仙心	山合三上仙知	山合三平仙澄	山合三去仙澄
张北	væ⁴²	suəʔ³²	kuəʔ³²	tɕʰyæ⁴²	ɕyæ⁵⁵	tsuæ²¹³	tsʰuæ⁴²	tsuæ²¹³
万全	van⁴¹	suʌʔ²²	kuʌʔ²²	tɕʰyan⁴¹	ɕyan⁵⁵	tsuan⁵⁵	tsʰuan⁴¹	tsuan²¹³
涿鹿	uæ⁴⁴	suʌʔ⁴³	kuʌʔ⁴³旧 / kua⁴⁴新	tɕʰyæ⁴²	ɕyæ⁴⁵	tʂuæ⁴⁵	tʂʰuæ⁴²	tʂuæ³¹
平山	uæ³¹	ʂua²⁴	kua³¹⑬ / kua²⁴⑭	tsʰuæ³¹	suæ⁵⁵	tʂuæ⁵⁵	tʂʰuæ³¹	tʂuæ⁴²
鹿泉	uæ⁵⁵	ʂuʌ¹³	kua⁵⁵⑮ / kuo¹³⑯	tsʰuæ⁵⁵	suæ³⁵	tʂuæ³⁵	tʂʰuæ⁵⁵	tʂuæ³¹²
赞皇	uæ⁵⁴	ʂua²⁴	kua⁵⁴⑰ / kua²⁴⑱	tsʰuæ⁵⁴	suæ⁴⁵	tʂuæ⁴⁵	tʂʰuæ⁵⁴	tʂuæ³¹²
沙河	uã⁴¹	ʂuə²ʔ	kuəʔ⑲ / kuɔ⁴¹⑳	tsʰyã⁵¹	syã³³	tʂuã³³	tʂʰuã⁵¹	tʂuã²¹
邯郸	væ³¹	ʂuʌʔ⁴³	kuʌʔ⁴³白 / kɔ³¹文	tsʰyæ⁵³	syæ⁵⁵	tʂuæ⁵⁵	tʂʰuæ⁵³	tʂuæ²¹³
涉县	væ⁴¹	suɐʔ³²	kuɐʔ³²	tɕʰyæ⁴¹	ɕyæ⁵³	tsuæ⁵³	tsʰuæ⁴¹	tsuæ⁵⁵

---

①③ ~子。
②④ 淘汰。
⑤ ~白。
⑥ ~子。
⑦ 淘汰。
⑧ ~白。
⑨ ~风。
⑩ 用硬物在物体表面摩擦。
⑪ ~风。
⑫ ~胡子。
⑬ ~风。
⑭ ~蹭。
⑮ ~墙。
⑯ ~风。
⑰ ~风。
⑱ ~墙。
⑲ ~风。
⑳ ~脸。

	0593 砖	0594 船	0595 软	0596 卷~起	0597 圈圆~	0598 权	0599 圆	0600 院
	山合三平仙章	山合三平仙船	山合三上仙日	山合三上仙见	山合三平仙溪	山合三平仙群	山合三平仙云	山合三去仙云
兴隆	tʂuan³⁵	tʃʰuan⁵⁵	ʐuan²¹³	tɕyan²¹³	tɕʰyan³⁵	tɕʰyan⁵⁵	yan⁵⁵	yan⁵¹
北戴河	tʂuan⁴⁴	tʃʰuan³⁵	ʐuan²¹⁴	tɕyan²¹⁴	tɕʰyan⁴⁴	tɕʰyan³⁵	yan³⁵	yan⁵¹
昌黎	tʂuan⁴²	tʃʰuan²⁴	ʐuan²¹³	tɕyan²¹³	tɕʰyan⁴²	tɕʰyan²⁴	yan²⁴	yan²⁴① / yan⁴⁵³②
乐亭	tʂuan³¹	tʃʰuan²¹²	ʐuan³⁴	tɕyɛn³⁴	tɕʰyɛn³¹	tɕʰyɛn²¹²	yɛn²¹²	yɛn⁵²
蔚县	tsuã⁵³	tsʰuã⁴¹	zuã⁴⁴	tɕyã⁴⁴	tɕʰyã⁵³	tɕʰyã⁴¹	yã⁴¹	yã³¹²
涞水	tʂuan³¹	tʃʰuan⁴⁵	ʐuan²⁴	tɕyan²⁴	tɕʰyan³¹	tɕʰyan⁴⁵	yan⁴⁵	yan³¹⁴
霸州	tʂuan⁴⁵	tʃʰuan⁵³	ʐuan²¹⁴	tɕyan²¹⁴	tɕʰyan⁴⁵	tɕʰyan⁵³	yan⁵³	yan⁴¹
容城	tʂuan⁴³	tʃʰuan³⁵	ʐuan²¹³	tɕyan²¹³	tɕʰyan⁴³	tɕʰyan³⁵	yan³⁵	yan⁵¹³
雄县	tʂuãn⁴⁵	tʃʰuãn⁵³	ʐuãn²¹⁴	tɕyãn²¹⁴	tɕʰyãn⁴⁵	tɕʰyãn⁵³	yãn⁵³	yãn⁴¹
安新	tʂuan⁴⁵	tʃʰuan³¹	ʐuan²¹⁴	tɕyan²¹⁴	tɕʰyan⁴⁵	tɕʰyan³¹	yan³¹	yan⁵¹
满城	tʂuan⁴⁵	tʃʰuan²²	ʐuan²¹³	tɕyan²¹³	tɕʰyan⁴⁵	tɕʰyan²²	yan²²	yan⁵¹²
阜平	tʂuæ̃³¹	tʃʰuæ̃²⁴	ʐuæ̃⁵⁵	tɕyæ̃⁵⁵	tɕʰyæ̃³¹	tɕʰyæ̃²⁴	yæ̃²⁴	yæ̃⁵³
定州	tʂuan³³	tʃʰuan²¹³	ʐuan²⁴	tɕyan²⁴	tɕʰyan³³	tɕʰyan²¹³	yan²¹³	yan⁵¹
无极	tʂuãn³¹	tʃʰuãn²¹³	ʐuãn³⁵	tɕyãn³⁵	tɕʰyãn³¹	tɕʰyãn²¹³	yãn²¹³	yãn⁴⁵¹
辛集	tʂuan³³	tʃʰuan³⁵⁴	ʐuan³²⁴	tɕyan³²⁴	tɕʰyan³³	tɕʰyan³⁵⁴	yan³⁵⁴	yan⁴¹
衡水	tsuan²⁴	tsʰuɑn⁵³	yan⁵⁵旧 / ʐuan⁵⁵新	tɕyan⁵⁵	tɕʰyan²⁴	tɕʰyɑn⁵³	yɑn⁵³	yɑn³¹
故城	tsuæ̃²⁴	tsʰuæ̃³¹	ʐuæ̃⁵⁵	tɕyæ̃⁵⁵	tɕʰyæ̃²⁴	tɕʰyæ̃⁵³	yæ̃⁵³	yæ̃³¹
巨鹿	tʂuan³³	tʃʰuɛ⁴¹	yan⁵⁵	tɕyan⁵⁵	tɕʰyan³³	tɕʰyɛ⁴¹	yɛ⁴¹	yɛ²¹
邢台	tʂuan³⁴	tʃʰuan⁵³	ʐuan⁵⁵	tɕyan⁵⁵	tɕʰyan³⁴	tɕʰyan⁵³	yan⁵³	yan³¹
馆陶	tʂuæn²⁴	tʃʰuæn⁵²	luæn⁴⁴白 / ʐuæn⁴⁴文	tɕyæn⁴⁴	tɕʰyæn²⁴	tɕʰyæn⁴⁴	yæn⁵²	yæn²¹³
沧县	tʂuan²³	tʃʰuan⁵³	yan⁵⁵	tɕyan⁵⁵	tɕʰyan²³	tɕʰyan⁵³	yan⁵³	yan⁴¹
献县	tʂuæ̃³³	tʃʰuæ̃⁵³	yæ̃²¹⁴多 / ʐuæ̃²¹⁴少	tɕyæ̃²¹⁴	tɕʰyæ̃³³	tɕʰyæ̃⁵³	yæ̃⁵³	yæ̃³¹
平泉	tʂuan⁵⁵	tʃʰuan³⁵	ʐuan²¹⁴	tɕyan²¹⁴	tɕʰyan⁵⁵	tɕʰyan³⁵	yan³⁵	yan⁵¹

（续表）

	0593 砖	0594 船	0595 软	0596 卷~起	0597 圈圆~	0598 权	0599 圆	0600 院
	山合三 平仙章	山合三 平仙船	山合三 上仙日	山合三 上仙见	山合三 平仙溪	山合三 平仙群	山合三 平仙云	山合三 去仙云
滦平	tʂuan⁵⁵	tʂʰuan³⁵	ʐuan²¹⁴	tɕyan²¹⁴	tɕʰyan⁵⁵	tɕʰyan³⁵	yan³⁵	yan⁵¹
廊坊	tʂuan⁵⁵	tʂʰuan³⁵	ʐuan²¹⁴	tɕyan²¹⁴	tɕʰyan⁵⁵	tɕʰyan³⁵	yan³⁵	yan⁵¹
魏县	tʂuan³³	tʂʰuan⁵³	ʐuan⁵⁵	tɕyan⁵⁵	tɕʰyan³³	tɕʰyan⁵⁵	yan⁵³	yan³¹²
张北	tʂuæ̃⁴²	tʂʰuæ̃⁴²	ʐuæ̃⁵⁵	tɕyæ̃⁵⁵	tɕʰyæ̃⁴²	tɕʰyæ̃⁴²	yæ̃⁴²	yæ̃²¹³
万全	tʂuan⁴¹	tʂʰuan⁴¹	ʐuan⁵⁵	tɕyan⁵⁵	tɕʰyan⁴¹	tɕʰyan⁴¹	yan⁴¹	yan²¹³
涿鹿	tʂuæ̃⁴⁴	tʂʰuæ̃⁴²	ʐuæ̃⁴⁵	tɕyæ̃⁴⁵	tɕʰyæ̃⁴²	tɕʰyæ̃⁴²	yæ̃⁴²	yæ̃³¹
平山	tʂuæ̃³¹	tʂʰuæ̃³¹	ʐuæ̃⁵⁵	tɕyæ̃⁵⁵	tɕʰyæ̃³¹	tɕʰyæ̃³¹	yæ̃³¹	yæ̃⁴²
鹿泉	tʂuæ̃⁵⁵	tʂʰuæ̃⁵⁵	ʐuæ̃³⁵	tɕyæ̃³⁵	tɕʰyæ̃⁵⁵	tɕʰyæ̃⁵⁵	yæ̃⁵⁵	yæ̃³¹²
赞皇	tʂuæ̃⁵⁴	tʂʰuæ̃⁵⁴	ʐuæ̃⁴⁵	tɕyæ̃⁴⁵	tɕʰyæ̃⁵⁴	tɕʰyæ̃⁵⁴	yæ̃⁵⁴	yæ̃³¹²
沙河	tʂuã⁴¹	tʂʰuã⁵¹	luã³³	tɕyã³³	tɕʰyã⁴¹	tɕʰyã³³	yã⁵¹	yã²¹
邯郸	tʂuæ̃³¹	tʂʰuæ̃⁵³	luæ̃⁵⁵	tɕyæ̃⁵⁵	tɕʰyæ̃³¹	tɕʰyæ̃⁵⁵	yæ̃⁵³	yæ̃²¹³
涉县	tsuæ̃⁴¹	tsʰuæ̃⁴¹²	yæ̃⁵³	tɕyæ̃⁵³	tɕʰyæ̃⁴¹	tɕʰyæ̃⁵³	yæ̃⁴¹²	yæ̃⁵⁵

---

① 当~儿。
② 医~、戏~。

	0601 铅~笔	0602 绝	0603 雪	0604 反	0605 翻	0606 饭	0607 晚	0608 万 麻将牌
	山合三平仙以	山合三入薛从	山合三入薛心	山合三上元非	山合三平元敷	山合三去元奉	山合三上元微	山合三去元微
兴隆	tɕʰian³⁵	tɕye⁵⁵	ɕye²¹³	fan²¹³	fan³⁵	fan⁵¹	uan²¹³	uan⁵¹
北戴河	tɕʰian⁴⁴	tɕye³⁵	ɕye²¹⁴	fan²¹⁴	fan⁴⁴	fan⁵¹	uan²¹⁴	uan⁵¹
昌黎	tɕʰian⁴²	tɕye²⁴	ɕye²¹³	fan²¹³	fan⁴²	fan²⁴① fan⁴⁵³②	uan²¹³	uan⁴⁵³
乐亭	tɕʰiɛn³¹	tɕye²¹²	ɕye³⁴	fan³⁴	fan³¹	fan⁵²	uan³⁴	uan⁵²
蔚县	tɕʰiã⁵³	tɕyə⁴¹	ɕyə⁵³	fã⁴⁴	fã⁵³	fã³¹²	vã⁴⁴	vã³¹²
涞水	tɕʰian³¹	tɕye⁴⁵	ɕye²⁴	fan²⁴	fan³¹	fan³¹⁴	uan²⁴	uan³¹⁴
霸州	tɕʰian⁴⁵	tɕye⁵³	ɕye²¹⁴	fan²¹⁴	fan⁴⁵	fan⁴¹	uan²¹⁴	kuan⁴¹
容城	tɕʰian⁴³	tɕye³⁵	ɕye²¹³	fan²¹³	fan⁴³	fan⁵¹³	uan²¹³	uan⁵¹³
雄县	tɕʰiãn⁴⁵	tɕye⁵³	ɕye²¹⁴	fãn²¹⁴	fãn⁴⁵	fãn⁴¹	uãn²¹⁴	kuãn⁴¹ 又 / uãn⁴¹ 又
安新	tɕʰian⁴⁵	tɕye³¹	ɕye²¹⁴	fan²¹⁴	fan⁴⁵	fan⁵¹	uan²¹⁴	uan⁵¹
满城	tɕʰian⁴⁵	tɕye²²	ɕye²¹³	fan²¹³	fan⁴⁵	fan⁵¹²	uan²¹³	uan⁵¹²
阜平	tɕʰiæ³¹	tɕye²⁴	ɕye²⁴	fæ̃⁵⁵	fæ̃³¹	fæ̃⁵³	uæ̃⁵⁵	uæ̃⁵³
定州	tɕʰian³³	tsye²¹³	sye³³	fan²⁴	fan³³	fan⁵¹	uan²⁴	uan⁵¹
无极	tɕʰiãn³¹	tsye²¹³	sye²¹³	fãn³⁵	fãn³¹	fãn⁴⁵¹	uãn³⁵	uãn⁴⁵¹
辛集	tɕʰian³³	tsye³⁵⁴	sye³³	fan³²⁴	fan³³	fan⁴¹	uan³²⁴	uan⁴¹
衡水	tɕʰiɑn²⁴	tɕye⁵³	ɕye²⁴	fan²⁴③ fɑn⁵⁵④	fɑn²⁴	fɑn³¹	vɑn⁵⁵	vɑn³¹
故城	tɕʰiæ²⁴	tɕye⁵³	ɕye²⁴	fæ̃⁵⁵	fæ̃²⁴	fæ̃³¹	væ̃⁵⁵	væ̃³¹
巨鹿	tɕʰian³³	tɕye⁴¹	ɕye³³	fan⁵⁵	fan³³	fɛ̃²¹	uan⁵⁵	uɛ̃²¹
邢台	tɕʰian³⁴	tsye⁵³	sye³⁴	fan⁵⁵	fan³⁴	fan³¹	van⁵⁵	van³¹
馆陶	tɕʰiæn²⁴	tsyɛ⁵²	syɛ²⁴	fæn⁴⁴	fæn²⁴	fæn²¹³	uæn⁴⁴	uæn²¹³
沧县	tɕʰian²³	tɕye⁵³	ɕye²³	fan²³	fan²³	fan⁴¹	uan⁵⁵	uan⁴¹
献县	tɕʰiæ³³	tɕye⁵³	ɕye³³	fæ̃²¹⁴	fæ̃³³	fæ̃³¹	uæ̃²¹⁴	uæ̃³¹
平泉	tɕʰian⁵⁵	tɕye³⁵	ɕye²¹⁴	fan²¹⁴	fan⁵⁵	fan⁵¹	uan²¹⁴	uan⁵¹
滦平	tɕʰian⁵⁵	tɕye³⁵	ɕye²¹⁴	fan²¹⁴	fan⁵⁵	fan⁵¹	uan²¹⁴	uan⁵¹

（续表）

	0601 铅~笔	0602 绝	0603 雪	0604 反	0605 翻	0606 饭	0607 晚	0608 万麻将牌
	山合三平仙以	山合三入薛从	山合三入薛心	山合三上元非	山合三平元敷	山合三去元奉	山合三上元微	山合三去元微
廊坊	tɕʰiɛn⁵⁵	tɕyɛ³⁵	ɕyɛ²¹⁴	fan²¹⁴	fan⁵⁵	fan⁵¹	uan²¹⁴	uan⁵¹
魏县	tɕʰian³³	tɕyɛ⁵³	ɕyɛ³³	fan⁵⁵	fan³³	fan³¹²	uan⁵⁵	uan³¹²
张北	tɕʰiæ⁴²	tɕyəʔ³²	ɕyəʔ³²	fæ̃⁵⁵	fæ̃⁴²	fæ̃²¹³	væ̃⁵⁵	væ̃²¹³
万全	tɕʰian⁴¹	tɕyəʔ⁴	ɕyəʔ²²	fan⁵⁵	fan⁴¹	fan²¹³	van⁵⁵	van²¹³
涿鹿	tɕʰiæ⁴²	tɕyʌʔ⁴³	ɕyʌʔ⁴³	fæ̃⁴⁵	fæ̃⁴²	fæ̃³¹	uæ̃⁴⁵	uæ̃³¹
平山	tɕʰiæ³¹	tsiə³¹⑤ / tsiə²⁴⑥	siə²⁴	fæ̃⁵⁵	fæ̃³¹	fæ̃⁴²	uæ̃⁵⁵	uæ̃⁴²
鹿泉	tɕʰiæ⁵⁵	tsyɤ⁵⁵	syɤ¹³	fæ̃³⁵	fæ̃⁵⁵	fæ̃³¹²	uæ̃³⁵	uæ̃³¹²
赞皇	tɕʰiæ⁵⁴	tsyɛ⁵⁴	syɛ²⁴	fæ̃⁴⁵	fæ̃⁵⁴	fæ̃³¹²	uæ̃⁴⁵	uæ̃³¹²
沙河	tɕʰiã⁴¹	tɕyɛ⁵¹	syəʔ²	fã³³	fã⁴¹	fã²¹	uã³³	uã²¹
邯郸	tɕʰiæ³¹	tsyɛ⁵³	syʌʔ⁴³	fæ̃⁵⁵	fæ̃³¹	fæ̃²¹³	væ̃⁵⁵	væ̃²¹³
涉县	tɕʰiæ⁴¹	tɕyɐʔ³²	ɕyɐʔ³²	fæ̃⁵³	fæ̃⁴¹	fæ̃⁵⁵	væ̃⁵³	væ̃⁵⁵

---

① 吃~、做~。
② ~店、~馆ㄦ。
③ ~面。
④ 造~。
⑤ 做~。
⑥ ~对。

	0609 劝	0610 原	0611 冤	0612 园	0613 远	0614 发头~	0615 罚	0616 袜
	山合三 去元溪	山合三 平元疑	山合三 平元影	山合三 平元云	山合三 上元云	山合三 入月非	山合三 入月奉	山合三 入月微
兴隆	tɕʰyan⁵¹	yan⁵⁵	yan³⁵	yan⁵⁵	yan²¹³	fa⁵¹	fa⁵⁵	ua⁵¹
北戴河	tɕʰyan⁵¹	yan³⁵	yan⁴⁴	yan³⁵	yan²¹⁴	fa⁵¹	fa³⁵	ua⁵¹
昌黎	tɕʰyan⁴⁵³	yan²⁴	yan⁴²	yan²⁴	yan²¹³	fa⁴⁵³	fa²⁴	ua⁴⁵³
乐亭	tɕʰyɛn⁵²	yɛn²¹²	yɛn³¹	yɛn²¹²	yɛn³⁴	fa³⁴	fa²¹²	ua⁵²
蔚县	tɕʰyã³¹²	yã⁴¹	yã⁵³	yã⁴¹	yã⁴⁴	fɑ⁴⁴	fɑ⁴¹	vɑ³¹²
涞水	tɕʰyan³¹⁴	yan⁴⁵	yan³¹	yan⁴⁵	yan²⁴	fa³¹⁴	fa⁴⁵	ua³¹⁴
霸州	tɕʰyan⁴¹	yan⁵³	yan⁴⁵	yan⁵³	yan²¹⁴	fa²¹⁴	fa⁵³	ua⁴¹
容城	tɕʰyan⁵¹³	yan³⁵	yan⁴³	yan³⁵	yan²¹³	fa⁵¹³	fa³⁵	ua⁵¹³
雄县	tɕʰyãn⁴¹	yãn⁵³	yãn⁴⁵	yãn⁵³	yãn²¹⁴	fa²¹⁴	fa⁵³	ua⁴¹
安新	tɕʰyan⁵¹	yan³¹	yan⁴⁵	yan³¹	yan²¹⁴	fa²¹⁴	fa³¹	ua⁵¹
满城	tɕʰyan⁵¹²	yan²²	yan⁴⁵	yan²²	yan²¹³	fa⁵¹²	fa²²	ua⁵¹²
阜平	tɕʰyæ⁵³	yæ²⁴	yæ³¹	yæ²⁴	yæ⁵⁵	fa²⁴	fa²⁴	ua⁵³
定州	tɕʰyan⁵¹	yan²¹³	yan³³	yan²¹³	yan²⁴	fa³³	fa²¹³	ua⁵¹
无极	tɕʰyãn⁵¹	yãn²¹³	yãn³¹	yãn²¹³	yãn³⁵	fɑ²¹³	fɑ²¹³	uɑ⁵¹
辛集	tɕʰyan⁴¹	yan³⁵⁴	yan³³	yan³⁵⁴	yan³²⁴	fɑ³³	fɑ³⁵⁴	uɑ⁴¹
衡水	tɕʰyɑn³¹	yɑn⁵³	yɑn²⁴	yɑn⁵³	yɑn⁵⁵	fɑ²⁴	fɑ⁵³	vɑ³¹
故城	tɕʰyæ³¹	yæ⁵³	yæ²⁴	yæ⁵³	yæ⁵⁵	fa²⁴	fa⁵³	va³¹
巨鹿	tɕʰyɛ̃²¹	yɛ̃⁴¹	yan³³	yɛ̃⁴¹	yan⁵⁵	fa²¹	fa⁴¹	ua²¹
邢台	tɕʰyan³¹	yan⁵³	yan³⁴	yan⁵³	yan⁵⁵	fa³⁴	fa⁵³	va³¹
馆陶	tɕʰyæn²¹³	yæn⁵²	yæn²⁴	yæn⁵²	yæn⁴⁴	fa²⁴	fa⁵²	ua²¹³
沧县	tɕʰyan⁴¹	yan⁵³	yan²³	yan⁵³	yan⁵⁵	fɑ²³	fa⁵³	uɑ⁴¹
献县	tɕʰyæ³¹	yæ⁵³	yæ³³	yæ⁵³	yæ²¹⁴	fa³³ 又 fa³¹ 又	fa⁵³	ua³¹
平泉	tɕʰyan⁵¹	yan³⁵	yan⁵⁵	yan³⁵	yan²¹⁴	fa⁵¹	fa³⁵	uɑ⁵¹
滦平	tɕʰyan⁵¹	yan³⁵	yan⁵⁵	yan³⁵	yan²¹⁴	fa⁵¹	fa³⁵	uɑ⁵¹
廊坊	tɕʰyan⁵¹	yan³⁵	yan⁵⁵	yan³⁵	yan²¹⁴	fa⁵¹	fa³⁵	ua⁵¹

(续表)

	0609 劝	0610 原	0611 冤	0612 园	0613 远	0614 发头~	0615 罚	0616 袜
	山合三 去元溪	山合三 平元疑	山合三 平元影	山合三 平元云	山合三 上元云	山合三 入月非	山合三 入月奉	山合三 入月微
魏县	tɕʰyan³¹²	yan⁵³	yan³³	yan⁵³	yan⁵⁵	uə³³ 白 fa³³ 文	fa⁵³	ua³¹²
张北	tɕʰyæ²¹³	yæ⁴²	yæ⁴²	yæ⁴²	yæ⁵⁵	fəʔ³²	fəʔ³²	va⁴²
万全	tɕʰyan²¹³	yan⁴¹	yan⁴¹	yan⁴¹	yan⁵⁵	fʌʔ²²	fʌʔ⁴	vʌʔ²²
涿鹿	tɕʰyæ³¹	yæ⁴²	yæ⁴⁴	yæ⁴²	yæ⁴⁵	fʌʔ⁴³	fa⁴²	ua³¹
平山	tɕʰyæ⁴²	yæ³¹	yæ³¹	yæ³¹	yæ⁵⁵	fa²⁴	fa³¹	ua²⁴
鹿泉	tɕʰyæ³¹²	yæ⁵⁵	yæ⁵⁵	yæ⁵⁵	yæ³⁵	fʌ¹³	fa⁵⁵	ua³¹²
赞皇	tɕʰyæ³¹²	yæ⁵⁴	yæ⁵⁴	yæ⁵⁴	yæ⁴⁵	fa²⁴	fa⁵⁴	ua³¹²
沙河	tɕʰyã²¹	yã⁵¹	yã⁴¹	yã⁵¹	yã³³	fəʔ²	fɔ⁵¹	uəʔ²
邯郸	tɕʰyæ²¹³	yæ⁵³	yæ³¹	yæ⁵³	yæ⁵⁵	məʔ⁴³	fɔ⁵³	vʌʔ⁴³
涉县	tɕʰyæ⁵⁵	yæ⁴¹²	yæ⁴¹	yæ⁴¹²	yæ⁵³	feʔ³²	feʔ³²	vɒ⁵⁵

	0617 月	0618 越	0619 县	0620 决	0621 缺	0622 血	0623 吞	0624 根
	山合三入月疑	山合三入月云	山合四去先匣	山合四入屑见	山合四入屑溪	山合四入屑晓	臻开一平痕透	臻开一平痕见
兴隆	ye⁵¹	ye⁵¹	ɕian⁵¹	tɕye⁵⁵	tɕʰye³⁵	ɕie²¹³① ɕye²¹³又 ɕye⁵¹又	tʰuən³⁵	kən³⁵
北戴河	ye⁵¹	ye⁵¹	ɕian⁵¹	tɕye³⁵	tɕʰye⁴⁴	ɕye²¹⁴	tʰuən⁴⁴	kən⁴⁴
昌黎	ye⁴⁵³	ye⁴⁵³	ɕian²⁴② ɕian⁴⁵³③	tɕye²⁴	tɕʰye⁴²	ɕye²¹³	tʰuən⁴²	kən⁴²
乐亭	ye⁵²	ye⁵²	ɕiɛn⁵²	tɕye²¹²	tɕʰye³¹	ɕye³⁴	tʰuən³¹	kən³¹
蔚县	yə³¹²	yə³¹²	ɕiã³¹²	tɕyə⁴¹	tɕʰyə⁵³	ɕyə⁵³	tʰəŋ⁵³	kəŋ⁵³
涞水	ye³¹⁴	ye³¹⁴	ɕian³¹⁴	tɕye⁴⁵	tɕʰye³¹	ɕie²⁴白 ɕye³¹⁴文	tʰuən³¹	kən³¹
霸州	ye⁴¹	ye⁴¹	ɕian⁴¹	tɕye⁵³	tɕʰye⁴⁵	ɕie²¹⁴④ ɕye²¹⁴⑤	tʰuən⁴⁵	kən⁴⁵
容城	ye⁵¹³	ye⁵¹³	ɕian⁵¹³	tɕye³⁵	tɕʰye⁴³	ɕie²¹³	tʰuən⁴³	kən⁴³
雄县	ye⁴¹	ye⁴¹	ɕiãn⁴¹	tɕye⁵³	tɕʰye⁴⁵	ɕie²¹⁴⑥ ɕye²¹⁴⑦	tʰuən⁴⁵	kən⁴⁵
安新	ye⁵¹	ye⁵¹	ɕian⁵¹	tɕye³¹	tɕʰye²¹⁴	ɕie²¹⁴白 ɕye⁵¹文	tʰuən⁴⁵	kən⁴⁵
满城	ye⁵¹²	ye⁵¹²	ɕian⁵¹²	tɕye²²	tɕʰye⁴⁵	ɕie²¹³	tʰuən⁴⁵	kən⁴⁵
阜平	ye⁵³	ye⁵³	ɕiæ̃⁵³	tɕye²⁴	tɕʰye²⁴	ɕie²⁴白 ɕye²⁴文	tʰoŋ³¹	kəŋ³¹
定州	ye⁵¹	ye⁵¹	ɕian⁵¹	tɕye²⁴	tɕʰye³³	ɕie³³	tʰuən³³常用 tʰən³³少	kən³³
无极	ye⁵¹	ye⁵¹	ɕiãn⁴⁵¹	tɕye²¹³	tɕʰye²¹³	ɕie²¹³	tʰuen³¹	ken³¹
辛集	ye⁴¹	ye⁴¹	ɕian⁴¹	tɕye³⁵⁴	tɕʰye³³	ɕie³³	tʰuən³³	kən³³
衡水	ye³¹	ye³¹	ɕiɑn³¹	tɕye²⁴	tɕʰye²⁴	ɕie²⁴白 ɕye²⁴文	tʰən²⁴旧 tʰun²⁴新	kən²⁴
故城	ye³¹	ye³¹	ɕiæ̃³¹	tɕye²⁴	tɕʰye²⁴	ɕie²⁴白 ɕye²⁴文	tʰuẽ²⁴	kẽ²⁴
巨鹿	ye²¹	ye²¹	ɕiẽ²¹	tɕye³³	tɕʰye³³	ɕie³³	tʰən³³	kən³³
邢台	ye³¹	ye³¹	ɕian³¹	tɕye²⁴	tɕʰye³⁴	ɕie⁵⁵白 ɕye⁵⁵文	tʰən³⁴又 tʰuən³⁴又	kən³⁴
馆陶	yɛ²¹³	yɛ²¹³	ɕiæn²¹³	tɕyɛ²⁴	tɕʰyɛ²⁴	ɕiɛ²⁴	tʰun²⁴	ken²⁴
沧县	yɛ⁴¹	yɛ⁴¹	ɕian⁴¹	tɕye²³	tɕʰye²³	ɕie²³	tʰuən²³	kən²³
献县	ye³¹	ye³¹	ɕiæ̃³¹	tɕye⁵³	tɕʰye³³	ɕie³³白 ɕye³¹文	tʰuən³³	kən³³

(续表)

	0617 月	0618 越	0619 县	0620 决	0621 缺	0622 血	0623 吞	0624 根
	山合三 入月疑	山合三 入月云	山合四 去先匣	山合四 入屑见	山合四 入屑溪	山合四 入屑晓	臻开一 平痕透	臻开一 平痕见
平泉	yɛ⁵¹	yɛ⁵¹	ɕian⁵¹	tɕyɛ³⁵	tɕʰyɛ⁵⁵	ɕie²¹⁴ 又 ɕyɛ²¹⁴ 又 ɕyɛ⁵¹ 又	tʰuan⁵⁵	kən⁵⁵
滦平	yɛ⁵¹	yɛ⁵¹	ɕian⁵¹	tɕyɛ³⁵	tɕʰyɛ⁵⁵	ɕie²¹⁴⑧ ɕyɛ²¹⁴⑨ ɕyɛ⁵¹⑩	tʰuan⁵⁵	kən⁵⁵
廊坊	yɛ⁵¹	yɛ⁵¹	ɕien⁵¹	tɕyɛ³⁵	tɕʰyɛ⁵⁵	ɕie²¹⁴ 白 ɕyɛ²¹⁴ 文	tʰuan⁵⁵	kən⁵⁵
魏县	yɛ³³	yɛ³³	ɕian³¹²	tɕyɛ³³	tɕʰyɛ³³	ɕie³³	tʰən³³	kən³³
张北	yəʔ³²	yəʔ³²	ɕiæ̃²¹³	tɕyəʔ³²	tɕʰyəʔ³²	ɕyəʔ³²	tʰəŋ⁴²	kəŋ⁴²
万全	yʌʔ²²	yʌʔ²²	ɕian²¹³	tɕyəʔ⁴	tɕʰyəʔ²²	ɕyəʔ²²	tʰəŋ⁴¹	kəŋ⁴¹
涿鹿	yʌʔ⁴³	yʌʔ⁴³	ɕiæ̃³¹	tɕyʌʔ⁴³	tɕʰyʌʔ⁴³	ɕyʌʔ⁴³	tʰəŋ⁴⁴	kəŋ⁴⁴
平山	yɤ²⁴	yɤ²⁴	ɕiæ̃⁴²	tɕyɤ²⁴	tɕʰyɤ²⁴	ɕiə²⁴ 白 ɕyɤ²⁴ 文	tʰoŋ⁵⁵	kəŋ³¹
鹿泉	yɤ³¹²	yɤ³¹²	ɕiæ̃³¹²	tɕyɤ¹³	tɕʰyɤ¹³	ɕiʌ¹³ 白 ɕyɤ¹³ 文	tʰuẽ⁵⁵	kẽ⁵⁵
赞皇	yɛ²⁴	yɛ³¹²	ɕiæ̃³¹²	tɕyɛ²⁴	tɕʰyɛ²⁴	ɕie²⁴ 白 ɕyɛ²⁴ 文	tʰuan⁵⁴	kən⁵⁴
沙河	yəʔ²	yəʔ²	ɕiã²¹	tɕyəʔ²	tɕʰyəʔ²	ɕiəʔ²	tʰuan⁴¹	kən⁴¹
邯郸	yʌʔ⁴³	yʌʔ⁴³	ɕiæ̃²¹³	tɕyʌʔ⁴³	tɕʰyʌʔ⁴³	ɕiʌʔ⁴³	tʰun³¹	kən³¹
涉县	yɐʔ³² 白 yə⁵⁵ 文	yɐʔ³²	ɕiæ̃⁵⁵	tɕyɐʔ³²	tɕʰyɐʔ³²	ɕiəʔ³²	tʰəŋ⁴¹	kəŋ⁴¹

---

① 流~。
② 昌黎~。
③ 滦~、~城。
④ 流~。
⑤ ~压。
⑥ 流~。
⑦ ~压。
⑧ 流~。
⑨ 鲜~。
⑩ 鲜~。

	0625 恨	0626 恩	0627 贫	0628 民	0629 邻	0630 进	0631 亲~人	0632 新
	臻开一去痕匣	臻开一平痕影	臻开三平真並	臻开三平真明	臻开三平真来	臻开三去真精	臻开三平真清	臻开三平真心
兴隆	xən⁵¹	nən³⁵ 又 / ən³⁵ 又	pʰin⁵⁵	min⁵⁵	lin⁵⁵	tɕin⁵¹	tɕʰin³⁵	ɕin³⁵
北戴河	xən⁵¹	nən⁴⁴ 白 / ən⁴⁴ 文	pʰin³⁵	min³⁵	lin³⁵	tɕin⁵¹	tɕʰin⁴⁴	ɕin⁴⁴
昌黎	xən²⁴① / xən⁴⁵³②	nən⁴²	pʰin²⁴	min²⁴	lin²⁴	tɕin⁴⁵³	tɕʰin⁴²	ɕin⁴²
乐亭	xən⁵²	ŋən³¹	pʰiən²¹²	miən²¹²	liən²¹²	tɕiən⁵²	tɕʰiən³¹	ɕiən³¹
蔚县	xəŋ³¹²	nəŋ⁵³	pʰiŋ⁴¹	miŋ⁴¹	liŋ⁴¹	tɕiŋ³¹²	tɕʰiŋ⁵³	ɕiŋ⁵³
涞水	xən³¹⁴	ən³¹	pʰin⁴⁵	min⁴⁵	lin⁴⁵	tɕin³¹⁴	tɕʰin³¹	ɕin³¹
霸州	xən⁴¹	nən⁴⁵	pʰin⁵³	min⁵³	lin⁵³	tɕin⁴¹	tɕʰin⁴⁵	ɕin⁴⁵
容城	xən⁵¹³	nən⁴³	pʰin³⁵	min³⁵	lin³⁵	tɕin⁵¹³	tɕʰin⁴³	ɕin⁴³
雄县	xən⁴¹	nən⁴⁵	pʰin⁵³	min⁵³	lin⁵³	tɕin⁴¹	tɕʰin⁴⁵	ɕin⁴⁵
安新	xən⁵¹	ən⁴⁵	pʰin³¹	min³¹	lin³¹	tɕin⁵¹	tɕʰin⁴⁵	ɕin⁴⁵
满城	xən⁵¹²	nən⁴⁵ / ən⁴⁵	pʰin²²	min²²	lin²²	tɕin⁵¹²	tɕʰin⁴⁵	ɕin⁴⁵
阜平	xəŋ⁵³	əŋ³¹	pʰiŋ²⁴	miŋ²⁴	liŋ²⁴	tɕiŋ⁵³	tɕʰiŋ³¹	ɕiŋ³¹
定州	xən⁵¹	ŋən³³	pʰin²⁴	min²¹³	lin²⁴	tsin⁵¹	tsʰin³³	sin³³
无极	xen⁴⁵¹	ŋen³¹	pʰien²¹³	mien²¹³	lien²¹³	tsien⁵¹	tsʰien³¹	sien³¹
辛集	xən⁴¹	ŋən³³	pʰiən³⁵⁴	miən³⁵⁴	liən³⁵⁴	tsiən⁴¹	tsʰiən³³	siən³³
衡水	xən³¹	ŋən²⁴ 旧 / ən²⁴ 新	pʰin⁵³	min⁵³	lin⁵³	tɕin³¹	tɕʰin²⁴	ɕin²⁴
故城	xẽ³¹	ẽ²⁴	pʰiẽ⁵³	miẽ⁵³	liẽ⁵³	tɕiẽ³¹	tɕʰiẽ²⁴	ɕiẽ²⁴
巨鹿	xən²¹	ŋən³³	pʰin⁴¹	min⁴¹	lin⁴¹	tɕin²¹	tɕʰin³³	ɕin³³
邢台	xən³¹	ŋən³⁴	pʰin⁵³	min⁵³	lin⁵³	tsin³¹	tsʰin³⁴	sin³⁴
馆陶	xen²¹³	ɣen²⁴	pʰin⁵²	min⁵²	lin⁵²	tsin²¹³	tsʰin²⁴	sin²⁴
沧县	xən⁴¹	ŋən²³	pʰiən⁵³	miən⁵³	liən⁵³	tɕiən⁴¹	tɕʰiən²³	ɕiən²³
献县	xən³¹	nən³³	pʰin⁵³	min⁵³	lin⁵³	tɕin³¹	tɕʰin³³	ɕin³³

（续表）

	0625 恨	0626 恩	0627 贫	0628 民	0629 邻	0630 进	0631 亲~人	0632 新
	臻开一 去痕匣	臻开一 平痕影	臻开三 平真並	臻开三 平真明	臻开三 平真来	臻开三 去真精	臻开三 平真清	臻开三 平真心
平泉	xən⁵¹	ən⁵⁵	pʰin³⁵	min³⁵	lin³⁵	tɕin⁵¹	tɕʰin⁵⁵	ɕin⁵⁵
滦平	xən⁵¹	nən⁵⁵ 又 ŋən⁵⁵ 又 ən⁵⁵ 又	pʰin³⁵	min³⁵	lin³⁵	tɕin⁵¹	tɕʰin⁵⁵	ɕin⁵⁵
廊坊	xən⁵¹	ŋən⁵⁵ 又 ən⁵⁵ 又	pʰin³⁵	min³⁵	lin³⁵	tɕin⁵¹	tɕʰin⁵⁵	ɕin⁵⁵
魏县	xən³¹²	ən³³	pʰin⁵³	min⁵³	lin⁵³	tɕin³¹²	tɕʰin³³	ɕin³³
张北	xəŋ²¹³	ŋəŋ⁴²	pʰiŋ⁴²	miŋ⁴²	liŋ⁴²	tɕiŋ²¹³	tɕʰiŋ⁴²	ɕiŋ⁴²
万全	xəŋ²¹³	əŋ⁴¹	pʰiəŋ⁴¹	miəŋ⁴¹	liəŋ⁴¹	tɕiəŋ²¹³	tɕʰiəŋ⁴¹	ɕiəŋ⁴¹
涿鹿	xəŋ³¹	ŋəŋ⁴⁴	pʰiŋ⁴²	miŋ⁴²	liŋ⁴²	tɕiŋ³¹	tɕʰiŋ⁴⁴	ɕiŋ⁴⁴
平山	xəŋ⁴²	ŋəŋ³¹	pʰiŋ³¹	miŋ³¹	liŋ³¹	tsiŋ⁴²	tsʰiŋ³¹	siŋ³¹
鹿泉	xẽ³¹²	ŋẽ⁵⁵	pʰiẽ⁵⁵	miẽ⁵⁵	liẽ⁵⁵	tsiẽ³¹²	tsʰiẽ⁵⁵	siẽ⁵⁵
赞皇	xən³¹²	ŋən⁵⁴	pʰin⁵⁴	min⁵⁴	lin⁵⁴	tsin³¹²	tsʰin⁵⁴	sin⁵⁴
沙河	xən²¹	ŋən⁴¹	pʰiən⁵¹	miən⁵¹	liən⁵¹	tsiən²¹	tsʰiən⁴¹	siən⁴¹
邯郸	xən²¹³	ŋən³¹	pʰin⁵³	min⁵³	lin⁵³	tsin²¹³	tsʰin³¹	sin³¹
涉县	xəŋ⁵⁵	ŋəŋ⁴¹	pʰiəŋ⁴¹²	miəŋ⁴¹²	liəŋ⁴¹²	tɕiəŋ⁵⁵	tɕʰiəŋ⁴¹	ɕiəŋ⁴¹

---

① ~他。
② ~透了。

	0633 镇	0634 陈	0635 震	0636 神	0637 身	0638 辰	0639 人	0640 认
	臻开三去真知	臻开三平真澄	臻开三去真章	臻开三平真船	臻开三平真书	臻开三平真禅	臻开三平真日	臻开三去真日
兴隆	tʂən⁵¹	tʂʰən⁵⁵	tʂən⁵¹	ʂən⁵⁵	ʂən³⁵	tʂʰən⁵⁵	ʐən⁵⁵	ʐən⁵¹
北戴河	tʃən⁵¹	tʃʰən³⁵	tʃən⁵¹	ʃən³⁵	ʃən⁴⁴	tʃʰən³⁵	ʒən³⁵	ʒən⁵¹
昌黎	tsən⁴⁵³	tsʰən²⁴	tsən⁴⁵³	sən²⁴	sən⁴²	tsʰən²⁴	zən²⁴	zən²⁴① zən⁴⁵³②
乐亭	tʂən⁵²	tʂʰən²¹²	tʂən⁵²	ʂən²¹²	ʂən³¹	tʂʰən²¹²	ʐən²¹²	ʐən⁵²
蔚县	tsəŋ³¹²	tsʰəŋ⁴¹	tsəŋ⁴⁴	səŋ⁴¹	səŋ⁵³	tsʰəŋ⁴¹	zəŋ⁴¹	zəŋ³¹²
涞水	tʂən³¹⁴	tʂʰən⁴⁵	tʂən³¹⁴	ʂən⁴⁵	ʂən³¹	tʂʰən⁴⁵	ʐən⁴⁵	ʐən³¹⁴
霸州	tʂən⁴¹	tʂʰən⁵³	tʂən⁴¹	ʂən⁵³	ʂən⁴⁵	tʂʰən⁵³	ʐən⁵³	ʐən⁴¹
容城	tʂən⁵¹³	tʂʰən³⁵	tʂən⁵¹³	ʂən³⁵	ʂən⁴³	tʂʰən³⁵	ʐən³⁵	ʐən⁵¹³
雄县	tʂən⁴¹	tʂʰən⁵³	tʂən⁴¹	ʂən⁵³	ʂən⁴⁵	tʂʰən⁵³	ʐən⁵³	ʐən⁴¹
安新	tʂən⁵¹	tʂʰən³¹	tʂən⁵¹	ʂən³¹	ʂən⁴⁵	tʂʰən³¹	ʐən³¹	ʐən⁵¹
满城	tʂən⁵¹²	tʂʰən²²	tʂən⁵¹²	ʂən²²	ʂən⁴⁵	tʂʰən²²	ʐən²²	ʐən⁵¹²
阜平	tʂəŋ⁵³	tʂʰəŋ²⁴	tʂəŋ⁵³	ʂəŋ²⁴	ʂəŋ³¹	tʂʰəŋ²⁴	ʐəŋ²⁴	ʐəŋ⁵³
定州	tʂən⁵¹	tʂʰən²¹³	tʂən⁵¹	ʂən²¹³	ʂən³³	tʂʰən²¹³	ʐən²¹³	ʐən⁵¹
无极	tʂen⁴⁵¹	tʂʰen²¹³	tʂen⁴⁵¹	ʂen²¹³	ʂen³¹	tʂʰen²¹³	ʐen²¹³	ʐen⁴⁵¹
辛集	tʂən⁴¹	tʂʰən³⁵⁴	tʂən⁴¹	ʂən³⁵⁴	ʂən³³	tʂʰən³⁵⁴	ʐən³⁵⁴	ʐən⁴¹
衡水	tsən³¹	tsʰən⁵³	tsən³¹	sən⁵³	sən²⁴	tsʰən⁵³	in⁵³旧 zən⁵³新	in³¹旧 zən³¹新
故城	tʂẽ³¹	tʂʰẽ⁵³	tʂẽ³¹	ʂẽ⁵³	ʂẽ²⁴	tʂʰẽ⁵³	zẽ⁵³	zẽ³¹
巨鹿	tʂən²¹	tʂʰən⁴¹	tʂən²¹	ʂən⁴¹	ʂən³³	tʂʰən⁴¹	in⁴¹	in²¹
邢台	tʂən³¹	tʂʰən⁵³	tʂən³¹	ʂən⁵³	ʂən³⁴	tʂʰən⁵³	in⁵³又 ʐən⁵³又	in³¹又 ʐən³¹又
馆陶	tʂen²¹³	tʂʰen⁵²	tʂen²¹³	ʂen⁵²	ʂen²⁴	tʂʰen⁵²	zen⁵²	zen²¹³
沧县	tʂən⁴¹	tʂʰən⁵³	tʂən⁴¹	ʂən⁵³	ʂən²³	tʂʰən⁵³	ʐən⁵³	ʐən⁴¹
献县	tʂən³¹	tʂʰən⁵³	tʂən³¹	ʂən⁵³	ʂən³³	tʂʰən⁵³	ʐən⁵³	ʐən³¹
平泉	tʂən⁵¹	tʂʰən³⁵	tʂən⁵¹	ʂən³⁵	ʂən⁵⁵	tʂʰən³⁵	ʐən³⁵	ʐən⁵¹
滦平	tʂən⁵¹	tʂʰən³⁵	tʂən⁵¹	ʂən³⁵	ʂən⁵⁵	tʂʰən³⁵	ʐən³⁵	ʐən⁵¹

(续表)

	0633 镇	0634 陈	0635 震	0636 神	0637 身	0638 辰	0639 人	0640 认
	臻开三去真知	臻开三平真澄	臻开三去真章	臻开三平真船	臻开三平真书	臻开三平真禅	臻开三平真日	臻开三去真日
廊坊	tʂən⁵¹	tʂʰən³⁵	tʂən⁵¹	ʂən³⁵	ʂən⁵⁵	tʂʰən³⁵	zən³⁵	zən⁵¹
魏县	tʂən³¹²	tʂʰən⁵³	tʂən³¹²	ʂən⁵³	ʂən³³	tʂʰən⁵³	zən⁵³	zən³¹²
张北	tʂəŋ²¹³	tʂʰəŋ⁴²	tʂəŋ²¹³	ʂəŋ⁴²	ʂəŋ⁴²	tʂʰəŋ⁴²	zəŋ⁴²	zəŋ²¹³
万全	tʂəŋ²¹³	tʂʰəŋ⁴¹	tʂəŋ²¹³	ʂəŋ⁴¹	ʂəŋ⁴¹	tʂʰəŋ⁴¹	zəŋ⁴¹	zəŋ²¹³
涿鹿	tʂəŋ³¹	tʂʰəŋ⁴²	tʂəŋ³¹	ʂəŋ⁴²	ʂəŋ⁴⁴	tʂʰəŋ⁴²	zəŋ⁴²	zəŋ³¹
平山	tʂəŋ⁴²	tʂʰəŋ³¹	tʂəŋ⁴²	ʂəŋ³¹	ʂəŋ³¹	tʂʰəŋ³¹	zəŋ³¹	zəŋ⁴²
鹿泉	tʂẽ³¹²	tʂʰẽ⁵⁵	tʂẽ³¹²	ʂẽ⁵⁵	ʂẽ⁵⁵	tʂʰẽ⁵⁵	zẽ⁵⁵	zẽ³¹²
赞皇	tʂən³¹²	tʂʰən⁵⁴	tʂən³¹²	ʂən⁵⁴	ʂən⁵⁴	tʂʰən⁵⁴	zən⁵⁴	zən³¹²
沙河	tʂən²¹	tʂʰən⁵¹	tʂən²¹	ʂən⁵¹	ʂən⁴¹	tʂʰən⁵¹	zən⁵¹	zən²¹
邯郸	tʂən²¹³	tʂʰən⁵³	tʂən²¹³	ʂən⁵³	ʂən³¹	tʂʰən⁵³	zən⁵³	zən²¹³
涉县	tsəŋ⁵⁵	tsʰəŋ⁴¹²	tsəŋ⁵⁵	səŋ⁴¹²	səŋ⁴¹	tsʰəŋ⁴¹²	iəŋ⁴¹²	iəŋ⁵⁵

① ~得。
② ~真。

	0641 紧	0642 银	0643 印	0644 引	0645 笔	0646 匹	0647 密	0648 栗
	臻开三上真见	臻开三平真疑	臻开三去真影	臻开三上真以	臻开三入质帮	臻开三入质滂	臻开三入质明	臻开三入质来
兴隆	tɕin²¹³	in⁵⁵	in⁵¹	in²¹³	pi²¹³	pʰi²¹³	mi⁵¹	li⁵¹
北戴河	tɕin²¹⁴	in³⁵	in⁵¹	in²¹⁴	pi²¹⁴	pʰi²¹⁴	mi⁵¹	li⁵¹
昌黎	tɕin²¹³	in²⁴	in⁴⁵³	in²¹³	pi²¹³	pʰi²¹³	mi⁴⁵³	li⁴⁵³
乐亭	tɕiən³⁴	iən²¹²	iən⁵²	iən³⁴	pi³⁴	pʰi³¹	mi⁵²	li⁵²
蔚县	tɕiŋ⁴⁴	iŋ⁴¹	iŋ³¹²	iŋ⁴⁴	pei⁴⁴	pʰi⁵³	mi³¹²	li³¹²
涞水	tɕin²⁴	in⁴⁵	in³¹⁴	in²⁴	pi²⁴	pʰi²⁴	mi³¹⁴	li³¹⁴
霸州	tɕin²¹⁴	in⁵³	in⁴¹	in²¹⁴	pi²¹⁴	pʰi²¹⁴	mei⁴¹① mi⁴¹②	li⁴¹
容城	tɕin²¹³	in³⁵	in⁵¹³	in²¹³	pi²¹³	pʰi²¹³	mi⁵¹³	li⁵¹³
雄县	tɕin²¹⁴	in⁵³	in⁴¹	in²¹⁴	pei²¹⁴	pʰi⁴⁵③ pʰi²¹⁴④	mei⁴¹⑤ mi⁴¹⑥	li⁴¹
安新	tɕin²¹⁴	in³¹	in⁵¹	in²¹⁴	pei²¹⁴白 pi²¹⁴文	pʰi²¹⁴	mei⁵¹白 mi⁵¹文	li⁵¹
满城	tɕin²¹³	in²²	in⁵¹²	in²¹³	pei²¹³ pi²¹³	pʰi⁴⁵	mi⁵¹²	li⁵¹²
阜平	tɕiŋ⁵⁵	iŋ²⁴	iŋ⁵³	iŋ⁵⁵	pei²⁴白 pi²⁴文	pʰi⁵⁵	mi⁵³	li⁵³
定州	tɕin²⁴	in²¹³	in⁵¹	in²⁴	pei³³	pʰi³³	mi⁵¹	li⁵¹
无极	tɕien³⁵	ien²¹³	ien⁵¹	ien³⁵	pəi²¹³	pʰi³⁵	mi⁵¹	li⁵¹
辛集	tɕiən³²⁴	iən³⁵⁴	iən⁴¹	iən³²⁴	pei³³	pʰi³³	mi⁴¹	li⁴¹
衡水	tɕin⁵⁵	in⁵³	in³¹	in⁵⁵	pei²⁴白 pi²⁴文	pʰi⁵³	mei³¹白 mi³¹文	li³¹
故城	tɕiẽ⁵⁵	iẽ⁵³	iẽ³¹	iẽ⁵⁵	pei²⁴	pʰi⁵³	mei³¹白 mi³¹文	li³¹
巨鹿	tɕin⁵⁵	in⁴¹	in²¹	in⁵⁵	pei⁵⁵	pʰi⁴¹	mi²¹	li²¹
邢台	tɕin⁵⁵	in⁵³	in³¹	in⁵⁵	pei³⁴白 pi³¹文	pʰi⁵⁵	mi³¹	li³¹
馆陶	tɕin⁴⁴	in⁵²	in²¹³	in⁴⁴	pei²⁴	pʰi⁵²	mi²¹³	li²¹³

(续表)

	0641 紧	0642 银	0643 印	0644 引	0645 笔	0646 匹	0647 密	0648 栗
	臻开三上真见	臻开三平真疑	臻开三去真影	臻开三上真以	臻开三入质帮	臻开三入质滂	臻开三入质明	臻开三入质来
沧县	tɕiən⁵⁵	iən⁵³	iən⁴¹	iən⁵⁵	pei²³	pʰi⁵³	mei⁴¹ 白 / mi⁴¹ 文	li⁴¹
献县	tɕin²¹⁴	in⁵³	in³¹	in²¹⁴	pei³³	pʰi³³	mei³¹	li³¹
平泉	tɕin²¹⁴	in³⁵	in⁵¹	in²¹⁴	pi²¹⁴	pʰi²¹⁴	mi⁵¹	li⁵¹
滦平	tɕin²¹⁴	in³⁵	in⁵¹	in²¹⁴	pi²¹⁴	pʰi²¹⁴	mi⁵¹	li⁵¹
廊坊	tɕin²¹⁴	in³⁵	in⁵¹	in²¹⁴	pi²¹⁴	pʰi²¹⁴	mi⁵¹	li⁵¹
魏县	tɕin⁵⁵	in⁵³	in³¹²	in⁵⁵	pəi³³	pʰi³³	mi³³	li³³
张北	tɕiŋ⁵⁵	iŋ⁴²	iŋ²¹³	iŋ⁵⁵	piəʔ³²	pʰiəʔ³²	miəʔ³²	liəʔ³²
万全	tɕiəŋ⁵⁵	iəŋ⁴¹	iəŋ²¹³	iəŋ⁵⁵	piəʔ²²	pʰiəʔ²²	miəʔ²²	liəʔ²²
涿鹿	tɕiŋ⁴⁵	iŋ⁴²	iŋ³¹	iŋ⁴⁵	piʌʔ⁴³	pʰi⁴²	miʌʔ⁴³	lei³¹
平山	tɕiŋ⁵⁵	iŋ³¹	iŋ⁴²	iŋ⁵⁵	pæi²⁴	pʰi³¹	mi⁴²	li⁵⁵
鹿泉	tɕiẽ³⁵	iẽ⁵⁵	iẽ³¹²	iẽ³⁵	pei¹³	pʰi⁵⁵	mi³¹²	li³¹²
赞皇	tɕin⁴⁵	in⁵⁴	in³¹²	in⁴⁵	pei²⁴ 白 / pi²⁴ 文	pʰi⁵⁴	mi³¹²	li³¹²
沙河	tɕiən³³	iən⁵¹	iən²¹	iən³³	piəʔ²	pʰi⁴¹	miəʔ²⑦ / mi²¹⑧	liəʔ²
邯郸	tɕin⁵⁵	in⁵³	in²¹³	in⁵⁵	pieʔ⁴³	pʰi⁵³	mieʔ⁴³	lieʔ⁴³
涉县	tɕiən⁵³	iəŋ⁴¹²	iəŋ⁵⁵	iən⁵³	piəʔ³²	pʰi⁴¹	miəʔ³²	liəʔ³²

---

① ~实。
② 秘~。
③ 一~马。
④ 一~布。
⑤ ~实。
⑥ 秘~。
⑦ 很~。
⑧ 保~。

	0649 七 臻开三入质清	0650 侄 臻开三入质澄	0651 虱 臻开三入质生	0652 实 臻开三入质船	0653 失 臻开三入质书	0654 日 臻开三入质日	0655 吉 臻开三入质见	0656 一 臻开三入质影
兴隆	tɕʰi³⁵	tʂʅ⁵⁵	ʂʅ³⁵	ʂʅ⁵⁵	ʂʅ³⁵	ʐʅ⁵¹	tɕi⁵⁵	i³⁵
北戴河	tɕʰi⁴⁴	tʃʅ³⁵	ʃʅ⁴⁴	ʃʅ³⁵	ʃʅ⁴⁴	ʐʅ⁵¹	tɕi³⁵	i⁴⁴
昌黎	tɕʰi⁴²	tʂʅ²⁴	ʂʅ⁴²	ʂʅ²⁴	ʂʅ⁴²	ʐʅ⁴⁵³	tɕi²⁴	i⁴²
乐亭	tɕʰi³¹	tʂʅ²¹²	ʂʅ³¹	ʂʅ²¹²	ʂʅ³¹	ʐʅ⁵²	tɕi³¹	i³¹
蔚县	tɕʰi⁵³	tʂʅ⁴¹	ʂʅ⁵³	ʂʅ⁴¹	ʂʅ⁵³	ʐʅ³¹²	tɕi⁵³	i⁵³
涞水	tɕʰi³¹	tʂʅ⁴⁵	ʂʅ³¹	ʂʅ⁴⁵	ʂʅ³¹	ʐʅ³¹⁴	tɕi²⁴	i³¹
霸州	tɕʰi⁴⁵	tʂʅ⁵³	ʂʅ⁴⁵	ʂʅ⁵³	ʂʅ⁴⁵	ʐʅ⁴¹	tɕi²¹⁴	i⁴⁵
容城	tɕʰi⁴³	tʂʅ³⁵	ʂʅ⁴³	ʂʅ³⁵	ʂʅ⁴³	ʐʅ⁵¹³	tɕi³⁵	i⁴³
雄县	tɕʰi⁴⁵	tʂʅ⁵³	ʂʅ⁴⁵	ʂʅ⁵³	ʂʅ⁴⁵	ʐʅ⁴¹	tɕi²¹⁴	i⁴⁵
安新	tɕʰi⁴⁵	tʂʅ³¹	ʂʅ²¹⁴	ʂʅ³¹	ʂʅ⁴⁵	ʐʅ⁵¹	tɕi²¹⁴	i⁴⁵
满城	tɕʰi⁴⁵	tʂʅ²²	ʂʅ⁴⁵	ʂʅ²²	ʂʅ⁴⁵	ʐʅ⁵¹²	tɕi²²	i⁴⁵
阜平	tɕʰi²⁴	tʂʅ²⁴	ʂʅ²⁴	ʂʅ²⁴	ʂʅ²⁴	ʐʅ⁵³	tɕi²⁴	i²⁴
定州	tsʰi³³	tʂʅ²⁴	ʂʅ³³	ʂʅ²¹³	ʂʅ³³	ʐʅ⁵¹	tɕi³³	i³³
无极	tsʰi²¹³	tʂʅ²¹³	ʂʅ²¹³	ʂʅ²¹³	ʂʅ³⁵	ʐʅ⁵¹	tɕi²¹³	i²¹³
辛集	tsʰi³³	tʂʅ³⁵⁴	ʂʅ³³	ʂʅ³⁵⁴	ʂʅ³³	ʐʅ⁴¹	tɕi³³	i³³
衡水	tɕʰi²⁴	tɕi⁵³ 旧 / tsʰʅ⁵³ 新	ʂʅ²⁴	ɕi⁵³ 旧 / ʂʅ⁵³ 新	ʂʅ²⁴	i³¹ 旧 / ʐʅ³¹ 新	tɕi²⁴	i²⁴
故城	tɕʰi²⁴	tʂʅ⁵³	ʂʅ²⁴	ʂʅ⁵³	ʂʅ²⁴	ʐʅ³¹	tɕi²⁴	i²⁴
巨鹿	tɕʰi³³	tɕi⁴¹	ʂʅ³³	ɕi⁴¹	ʂʅ⁵⁵	i²¹	tɕi³³	i³³
邢台	tsʰi³⁴	tʂʅ⁵³	ʂʅ³⁴	ʂʅ⁵³	ʂʅ³⁴	ʐʅ³¹	tɕi⁵³	i³⁴
馆陶	tsʰi²⁴	tʂʅ⁵²	ʂʅ²⁴	ʂʅ⁵²	ʂʅ²⁴	ʐʅ²¹³	tɕi²⁴	i²⁴
沧县	tɕʰi²³	tʂʅ⁵³	ʂʅ²³	ʂʅ⁵³	ʂʅ²³	ʐʅ⁴¹	tɕi²³	i²³
献县	tɕʰi³³	tʂʅ⁵³	ʂʅ³³	ʂʅ⁵³	ʂʅ³³	ʐʅ³¹	tɕi³³ 白 / tɕi⁵³ 文	i³³
平泉	tɕʰi⁵⁵	tʂʅ³⁵	ʂʅ⁵⁵	ʂʅ³⁵	ʂʅ⁵⁵	ʐʅ⁵¹	tɕi³⁵	i⁵⁵
滦平	tɕʰi⁵⁵	tʂʅ³⁵	ʂʅ⁵⁵	ʂʅ³⁵	ʂʅ⁵⁵	ʐʅ⁵¹	tɕi³⁵	i⁵⁵
廊坊	tɕʰi⁵⁵	tʂʅ³⁵	ʂʅ⁵⁵	ʂʅ³⁵	ʂʅ⁵⁵	ʐʅ⁵¹	tɕi³⁵	i⁵⁵

(续表)

	0649 七	0650 侄	0651 虱	0652 实	0653 失	0654 日	0655 吉	0656 一
	臻开三 入质清	臻开三 入质澄	臻开三 入质生	臻开三 入质船	臻开三 入质书	臻开三 入质日	臻开三 入质见	臻开三 入质影
魏县	tɕʰi³³	tʂʅ⁵³	ʂʅ³³	ʂʅ⁵³	ʂʅ³³	zʅ³¹²	tɕi³³	iɛ³³
张北	tɕʰiəʔ³²	tsəʔ³²	səʔ³²	səʔ³²	səʔ³²	zʅ²¹³	tɕiəʔ³²	iəʔ³²
万全	tɕʰiəʔ²²	tsəʔ²²	səʔ²²	səʔ⁴	səʔ⁴	zəʔ²²	tɕiəʔ²²	iəʔ²²
涿鹿	tɕʰiʌʔ⁴³	tʂʅ⁴²	sʌʔ⁴³	ʂʌʔ⁴³	ʂʌʔ⁴³	zʅ³¹① ər³¹②	tɕiʌʔ⁴³	iʌʔ⁴³
平山	tsʰi²⁴	tʂʅ³¹	ʂʅ²⁴	ʂʅ³¹	ʂʅ²⁴	zʅ⁴²	tɕi²⁴	i²⁴
鹿泉	tsʰiɤ¹³	tʂʅ⁵⁵	ʂɤ¹³	ʂɤ⁵⁵ 白 ʂʅ⁵⁵	ʂɤ¹³③ ʂʅ¹³④	zʅ³¹²	tɕiʌ¹³ 白 tɕi¹³ 文	iɤ¹³ 白 i⁵⁵ 文
赞皇	tsʰi²⁴	tʂʅ⁵⁴	ʂʅ²⁴	ʂʅ⁵⁴	ʂʅ²⁴	zʅ³¹²	tɕi²⁴	i²⁴
沙河	tsʰiəʔ²	tʂʅ⁵¹	ʂəʔ²	ʂʅ⁵¹	ʂəʔ²	zʅ²¹	tɕiəʔ²	iəʔ²
邯郸	tsʰieʔ⁴³	tʂəʔ⁴³⑤ tʂʅ⁵³⑥	ʂəʔ⁴³	ʂəʔ⁴³ 白 ʂʅ⁵³ 文	ʂəʔ⁴³	zəʔ⁴³ 白 zʅ²¹³ 文	tɕieʔ⁴³	ieʔ⁴³
涉县	tɕʰiəʔ³²	tsəʔ³²	səʔ³²	səʔ³²	səʔ³²	i⁵⁵	tɕiəʔ³²	iəʔ³²

① 生~。
② ~头。
③ ~败。
④ 损~。
⑤ ~儿子。
⑥ ~女子。

	0657 筋	0658 劲有~	0659 勤	0660 近	0661 隐	0662 本	0663 盆	0664 门
	臻开三平殷见	臻开三去殷见	臻开三平殷群	臻开三上殷群	臻开三上殷影	臻合一上魂帮	臻合一平魂	臻合一平魂明
兴隆	tɕin³⁵	tɕin⁵¹	tɕʰin⁵⁵	tɕin⁵¹	in²¹³	pən²¹³	pʰən⁵⁵	mən⁵⁵
北戴河	tɕin⁴⁴	tɕin⁵¹	tɕʰin³⁵	tɕin⁵¹	in²¹⁴	pən²¹⁴	pʰən³⁵	mən³⁵
昌黎	tɕin⁴²	tɕin⁴⁵³	tɕʰin²⁴	tɕin²⁴① tɕin⁴⁵³②	in²¹³	pən²¹³	pʰən²⁴	mən²⁴
乐亭	tɕiən³¹	tɕiən⁵²	tɕʰiən²¹²	tɕiən⁵²	iən³⁴	pən³⁴	pʰən²¹²	mən²¹²
蔚县	tɕiŋ⁵³	tɕiŋ³¹²	tɕʰiŋ⁴¹	tɕiŋ³¹²	iŋ⁴⁴	pəŋ⁴⁴	pʰəŋ⁴¹	məŋ⁴¹
涞水	tɕin³¹	tɕin³¹⁴	tɕʰin⁴⁵	tɕin³¹⁴	in²⁴	pən²⁴	pʰən⁴⁵	mən⁴⁵
霸州	tɕin⁴⁵	tɕin⁴¹	tɕʰin⁵³	tɕin⁴¹	in²¹⁴	pən²¹⁴	pʰən⁵³	mən⁵³
容城	tɕin⁴³	tɕin⁵¹³	tɕʰin³⁵	tɕin⁵¹³	in²¹³	pən²¹³	pʰən³⁵	mən³⁵
雄县	tɕin⁴⁵	tɕin⁴¹	tɕʰin⁵³	tɕin⁴¹	in²¹⁴	pən²¹⁴	pʰən⁵³	mən⁵³
安新	tɕin⁴⁵	tɕin⁵¹	tɕʰin³¹	tɕin⁵¹	in²¹⁴	pən²¹⁴	pʰən³¹	mən³¹
满城	tɕin⁴⁵	tɕin⁵¹²	tɕʰin²²	tɕin⁵¹²	in²¹³	pən²¹³	pʰən²²	mən²²
阜平	tɕiŋ³¹	tɕiŋ⁵³	tɕʰiŋ²⁴	tɕiŋ⁵³	iŋ⁵⁵	pəŋ⁵⁵	pʰəŋ²⁴	məŋ²⁴
定州	tɕin³³	tɕin⁵¹	tɕʰin²¹³	tɕin⁵¹	in²⁴	pən²⁴	pʰən²⁴	mən²⁴
无极	tɕien³¹	tɕien⁴⁵¹	tɕʰien²¹³	tɕien⁴⁵¹	ien³⁵	pen³⁵	pʰen²¹³	men²¹³
辛集	tɕiən³³	tɕiən⁴¹	tɕʰiən³⁵⁴	tɕiən⁴¹	iən³²⁴	pən³²⁴	pʰən³⁵⁴	mən³⁵⁴
衡水	tɕin²⁴	tɕin³¹	tɕʰin⁵³	tɕin³¹	in⁵⁵	pən⁵⁵	pʰən⁵³	mən⁵³
故城	tɕiẽ²⁴	tɕiẽ³¹	tɕʰiẽ⁵³	tɕiẽ³¹	iẽ⁵⁵	pẽ⁵⁵	pʰẽ⁵³	mẽ⁵³
巨鹿	tɕin³³	tɕin²¹	tɕʰin⁴¹	tɕin²¹	in⁵⁵	pən⁵⁵	pʰən⁴¹	mən⁴¹
邢台	tɕin³⁴	tɕin³¹	tɕʰin⁵³	tɕin³¹	in⁵⁵	pən⁵⁵	pʰən⁵³	mən⁵³
馆陶	tɕin²⁴	tɕin²¹³	tɕʰin⁵²	tɕin²¹³	in⁴⁴	pen⁴⁴	pʰen⁵²	men⁵²
沧县	tɕiən²³	tɕiən⁴¹	tɕʰiən⁵³	tɕiən⁴¹	iən⁵⁵	pən⁵⁵	pʰən⁵³	mən⁵³
献县	tɕin³³	tɕin³¹	tɕʰin⁵³	tɕin³¹	in²¹⁴	pən²¹⁴	pʰən⁵³	mən⁵³
平泉	tɕin⁵⁵	tɕin⁵¹	tɕʰin³⁵	tɕin⁵¹	in²¹⁴	pən²¹⁴	pʰən³⁵	mən³⁵
滦平	tɕin⁵⁵	tɕin⁵¹	tɕʰin³⁵	tɕin⁵¹	in²¹⁴	pən²¹⁴	pʰən³⁵	mən³⁵
廊坊	tɕin⁵⁵	tɕin⁵¹	tɕʰin³⁵	tɕin⁵¹	in²¹⁴	pən²¹⁴	pʰən³⁵	mən³⁵

（续表）

	0657 筋	0658 劲[有]~	0659 勤	0660 近	0661 隐	0662 本	0663 盆	0664 门
	臻开三平殷见	臻开三去殷见	臻开三平殷群	臻开三上殷群	臻开三上殷影	臻合一上魂帮	臻合一平魂并	臻合一平魂明
魏县	tɕin^{33}	tɕin^{312}	tɕʰin^{53}	tɕin^{312}	in^{55}	pən^{55}	pʰən^{53}	mən^{53}
张北	tɕiŋ^{42}	tɕiŋ^{213}	tɕʰiŋ^{42}	tɕiŋ^{213}	iŋ^{55}	pəŋ^{55}	pʰəŋ^{42}	məŋ^{42}
万全	tɕiəŋ^{41}	tɕiəŋ^{213}	tɕʰiəŋ^{41}	tɕiəŋ^{213}	iəŋ^{55}	pəŋ^{55}	pʰəŋ^{41}	məŋ^{41}
涿鹿	tɕin^{44}	tɕin^{31}	tɕʰin^{44}	tɕin^{31}	in^{45}	pəŋ^{45}	pʰəŋ^{42}	məŋ^{42}
平山	tɕin^{31}	tɕin^{42}	tɕʰin^{31}	tɕin^{42}	in^{55}	pən^{55}	pʰən^{31}	mən^{31}
鹿泉	tɕiẽ^{55}	tɕiẽ^{312}	tɕʰiẽ^{55}	tɕiẽ^{312}	iẽ^{35}	pẽ^{35}	pʰẽ^{55}	mẽ^{55}
赞皇	tɕin^{54}	tɕin^{312}	tɕʰin^{54}	tɕin^{312}	in^{45}	pən^{45}	pʰən^{54}	mən^{54}
沙河	tɕiən^{41}	tɕiən^{21}	tɕʰiən^{51}	tɕiən^{21}	iən^{33}	pən^{33}	pʰən^{51}	mən^{51}
邯郸	tɕin^{31}	tɕin^{213}	tɕʰin^{53}	tɕin^{213}	in^{55}	pən^{55}	pʰən^{53}	mən^{53}
涉县	tɕiəŋ^{41}	tɕiəŋ^{55}	tɕʰiəŋ^{412}	tɕiəŋ^{55}	iəŋ^{53}	pəŋ^{53}	pʰəŋ^{412}	məŋ^{412}

① 忒~。
② ~道[儿]。

	0665 墩	0666 嫩	0667 村	0668 寸	0669 蹲	0670 孙~子	0671 滚	0672 困
	臻合一平魂端	臻合一去魂泥	臻合一平魂清	臻合一去魂清	臻合一平魂从	臻合一平魂心	臻合一上魂见	臻合一去魂溪
兴隆	tuən³⁵	lən⁵¹ 又 nən⁵¹ 又	tsʰuən³⁵	tsʰuən⁵¹	tuən³⁵	suən³⁵	kuən²¹³	kʰuən⁵¹
北戴河	tuən⁴⁴	nən⁵¹	tʃʰuən⁴⁴	tʃʰuən⁵¹	tuən⁴⁴	ʃuən⁴⁴	kuən²¹⁴	kʰuən⁵¹
昌黎	tuən⁴²	nən²⁴① nən⁴⁵³②	tsʰuən⁴²	tsʰuən⁴⁵³	tuən⁴²	suən⁴²	kuən²¹³	kʰuən⁴⁵³
乐亭	tuən³¹	nən⁵²	tsʰuən²¹²	tsʰuən⁵²	tuən³¹	suən³¹	kuən³⁴	kʰuən⁵²
蔚县	tuŋ⁵³	nəŋ³¹²	tsʰuŋ⁵³	tsʰuŋ³¹²	tuŋ⁵³	suŋ⁵³	kuŋ⁴⁴	kʰuŋ³¹²
涞水	tuən³¹	nən³¹⁴	tsʰuən³¹	tsʰuən³¹⁴	tuən³¹	suən³¹	kuən²⁴	kʰuən³¹⁴
霸州	tuən⁴⁵	nən⁴¹	tsʰuən⁴⁵	tsʰuən⁴¹	tuən⁴⁵③ tsʰuən⁵³④	suən⁴⁵	kuən²¹⁴	kʰuən⁴¹
容城	tuən⁴³	nən⁵¹³	tsʰuən⁴³	tsʰuən⁵¹³	tuən⁴³	suən⁴³	kuən²¹³	kʰuən⁵¹³
雄县	tuən⁴⁵	nən⁴¹	tsʰuən⁴⁵	tsʰuən⁴¹	tuən⁴⁵⑤ tsʰuən⁵³⑥	suən⁴⁵	kuən²¹⁴	kʰuən⁴¹
安新	tuən⁴⁵	nən⁵¹	tsʰuən⁴⁵	tsʰuən⁵¹	tuən⁴⁵	suən⁴⁵	kuən²¹⁴	kʰuən⁵¹
满城	tuən⁴⁵	nən⁵¹²	tsʰuən⁴⁵	tsʰuən⁵¹²	tuən⁴⁵	suən⁴⁵	kuən²¹³	kʰuən⁵¹²
阜平	toŋ³¹	noŋ⁵³ 白 ŋəŋ⁵³ 文	tsʰoŋ³¹	tsʰoŋ⁵³	toŋ³¹	soŋ³¹	koŋ⁵⁵	kʰoŋ⁵³
定州	tuən³³	nən⁵¹	tsʰuən³³	tsʰuən⁵¹	tuən³³	suən³³	kuən²⁴	kʰuən⁵¹
无极	tuen³¹	nuen⁴⁵¹	tsʰuen³¹	tsʰuen⁵¹		suen³¹	kuen³⁵	kʰuen⁵¹
辛集	tuən³³	nuən⁴¹	tsʰuən³³	tsʰuən⁴¹	tuən³³	suən³³	kuən³²⁴	kʰuən⁴¹
衡水	tun²⁴	lun³¹ 旧 nən³¹ 新	tsʰun²⁴	tsʰun³¹	tun²⁴	sun²⁴	kun⁵⁵	kʰun³¹
故城	tuẽ²⁴	lẽ³¹	tsʰuẽ²⁴	tsʰuẽ³¹	tuẽ²⁴	suẽ²⁴	kuẽ⁵⁵	kʰuẽ³¹
巨鹿	tuən³³	nuən²¹	tsʰuən³³	tsʰuən²¹	tuən³³	suən³³	kuən⁵⁵	kʰuən²¹
邢台	tuən³⁴	nuən³¹	tsʰuən³⁴	tsʰuən³¹	tuən³⁴	suən³⁴	kuən⁵⁵	kʰuən³¹
馆陶	tun²⁴	lun²¹³ 白 nen²¹³ 文	tsʰun²⁴	tsʰun²¹³	tun²⁴	sun²⁴	kun⁴⁴	kʰun²¹³

（续表）

	0665 墩	0666 嫩	0667 村	0668 寸	0669 蹲	0670 孙~子	0671 滚	0672 困
	臻合一平魂端	臻合一去魂泥	臻合一平魂清	臻合一去魂清	臻合一平魂从	臻合一平魂心	臻合一上魂见	臻合一去魂溪
沧县	tuən²³	lən⁴¹	tsʰuən²³	tsʰuən⁴¹	tuən²³	suən²³	kuən⁵⁵	kʰuən⁴¹
献县	tuən³³	lən³¹ 白 nuən³¹ 文	tsʰuən³³	tsʰuən³¹	tuən³³	suən³³	kuən²¹⁴	kʰuən³¹
平泉	tuən⁵⁵	lən⁵¹ 又 nən⁵¹ 又	tsʰuən⁵⁵	tsʰuən⁵¹	tuən⁵⁵	suən⁵⁵	kuən²¹⁴	kʰuən⁵¹
滦平	tuən⁵⁵	lən⁵¹ 又 nən⁵¹ 又	tsʰuən⁵⁵	tsʰuən⁵¹	tuən⁵⁵	suən⁵⁵	kuən²¹⁴	kʰuən⁵¹
廊坊	tuən⁵⁵	lən⁵¹⑦ ŋən⁵¹⑧	tsʰuən⁵⁵	tsʰuən⁵¹	tuən⁵⁵	suən⁵⁵	kuən²¹⁴	kʰuən⁵¹
魏县	tuən³³	luən³¹²	tʂʰuən³³	tʂʰuən³¹²	tuən³³	ʂuən³³	kuən⁵⁵	kʰuən³¹²
张北	tuŋ⁴²	nəŋ²¹³	tsʰuŋ⁴²	tsʰuŋ²¹³	tuŋ⁴²	suŋ⁴²	kuŋ⁵⁵	kʰuŋ²¹³
万全	tuən⁴¹	nəŋ²¹³	tsʰuən⁴¹	tsʰuən²¹³	tuən⁴¹	suən⁴¹	kuən⁵⁵	kʰuən²¹³
涿鹿	tuŋ⁴⁴	nəŋ³¹	tsʰuŋ⁴⁴	tsʰuŋ³¹	tuŋ⁴⁴	suŋ⁴⁴	kuŋ⁴⁵	kʰuŋ³¹
平山	toŋ³¹	noŋ⁴²	tsʰoŋ³¹	tsʰoŋ⁴²	toŋ³¹	soŋ³¹	koŋ⁵⁵	kʰoŋ⁴²
鹿泉	tuẽ⁵⁵	nẽ³¹²	tsʰuẽ⁵⁵	tsʰuẽ³¹²	tuẽ⁵⁵	suẽ⁵⁵	kuẽ³⁵	kʰuẽ³¹²
赞皇	tuən⁵⁴	nuən³¹²	tsʰuən⁵⁴	tsʰuən³¹²	tuən⁵⁴	suən⁵⁴	kuən⁴⁵	kʰuən³¹²
沙河	tuən⁴¹	nuən²¹	tsʰuən⁴¹	tsʰuən²¹	tuən⁴¹	suən⁴¹	kuən³³	kʰuən²¹
邯郸	tun³¹	lun²¹³	tsʰun³¹	tsʰun²¹³	tun³¹	sun³¹	kun⁵⁵	kʰun²¹³
涉县	tuəŋ⁴¹	nuəŋ⁵⁵	tsʰuəŋ⁴¹	tsʰuəŋ⁵⁵	tuəŋ⁴¹	suəŋ⁴¹	kuəŋ⁵³	kʰuəŋ⁵⁵

① ~抽。
② 菜~。
③ ~下。
④ ~了腿。
⑤ ~下。
⑥ ~了腿。
⑦ 很~。
⑧ ~绿。

	0673 婚	0674 魂	0675 温	0676 卒棋子	0677 骨	0678 轮	0679 俊	0680 笋
	臻合一平魂晓	臻合一平魂匣	臻合一平魂影	臻合一入没精	臻合一入没见	臻合三平谆来	臻合三去谆精	臻合三上谆心
兴隆	xuən³⁵	xuən⁵⁵	uən³⁵	tsu⁵⁵	ku²¹³① ku³⁵②	luən⁵⁵	tsuən⁵¹ 又 tɕyn⁵¹ 又	suən²¹³
北戴河	xuən⁴⁴	xuən³⁵	uən⁴⁴	tʃu³⁵	ku²¹⁴	luən³⁵	tʃuən⁵¹	ʃuən²¹⁴
昌黎	xuən⁴²	xuən²⁴	uən⁴²	tsu²⁴	ku²¹³	luən²⁴	tsuən⁴⁵³	suən²¹³
乐亭	xuən³¹	xuən²¹²	uən³¹	tsu²¹²	ku³⁴	lyən²¹²	tsuən⁵²	suən³⁴
蔚县	xuŋ⁵³	xuŋ⁴¹	vəŋ⁵³	tsu⁴¹	ku⁵³	luŋ⁴¹	tsuŋ³¹²	suŋ⁴⁴
涞水	xuən³¹	xuən⁴⁵	uən³¹	tsu⁴⁵	ku²⁴	luən⁴⁵	tsuən³¹⁴	suən²⁴
霸州	xuən⁴⁵	xuən⁵³	uən⁴⁵	tsu⁵³	ku²¹⁴	luən⁵³	tsuən⁴¹	suən²¹⁴
容城	xuən⁴³	xuən³⁵	uən⁴³	tsu³⁵	ku²¹³	luən³⁵	tsuən⁵¹³	suən²¹³
雄县	xuən⁴⁵	xuən⁵³	uən⁴⁵	tsu⁵³	ku²¹⁴	luən⁵³	tsuən⁴¹	suən²¹⁴
安新	xuən⁴⁵	xuən³¹	uən⁴⁵	tsu³¹	ku²¹⁴	luən³¹	tsuən⁵¹	suən²¹⁴
满城	xuən⁴⁵	xuən²²	uən⁴⁵	tsu²²	ku²¹³	luən²²	tsuən⁵¹²	suən²¹³
阜平	xoŋ³¹	xoŋ²⁴	uəŋ³¹	tsu²⁴	ku²⁴	loŋ²⁴	tsoŋ⁵³	soŋ⁵⁵
定州	xuən³³	xuən²¹³	uən³³	tsu²¹³	ku²⁴	luən²¹³	tsuən⁵¹	suən²⁴
无极	xuen³¹	xuen²¹³	uen³¹	tsu²¹³	ku²¹³	luen²¹³	tsuen⁵¹	suen³⁵
辛集	xuən³³	xuən³⁵⁴	uən³³	tsu³⁵⁴	ku³³	luən³⁵⁴	tsuən⁴¹	suən³²⁴
衡水	xun²⁴	xun⁵³	vən²⁴	tsu⁵³	ku²⁴	lun⁵³	tsun³¹ 旧 tɕyn³¹ 新	ɕyn⁵⁵ 旧 sun⁵⁵ 新
故城	xuẽ²⁴	xuẽ⁵³	vẽ²⁴	tsu⁵³	ku²⁴	luẽ⁵³	tsuẽ³¹	ɕyẽ⁵⁵
巨鹿	xuən³³	xuən⁴¹	uən³³	tsu⁴¹	ku³³	luən⁴¹	tsuən²¹	suən⁵⁵
邢台	xuən³⁴	xuən⁵³	vən³⁴	tsu⁵³	ku⁵⁵	luən⁵³	tsuən³¹ 又 tɕyn³¹ 又	suən⁵⁵
馆陶	xun²⁴	xun⁵²	un²⁴	tsu⁵²	ku²⁴	lun⁵²	tsun²¹³	sun⁴⁴
沧县	xuən²³	xuən⁵³	uən²³	tsu⁵³	ku²³	luən⁵³	tsuən⁴¹	suən⁵⁵
献县	xuən³³	xuən⁵³	uən³³	tsu⁵³	ku²¹⁴	luən⁵³	tsuən³¹	ɕyən²¹⁴ 白 suən²¹⁴ 文

（续表）

	0673 婚	0674 魂	0675 温	0676 卒棋子	0677 骨	0678 轮	0679 俊	0680 笋
	臻合一 平魂晓	臻合一 平魂匣	臻合一 平魂影	臻合一 入没精	臻合一 入没见	臻合三 平谆来	臻合三 去谆精	臻合三 上谆心
平泉	xuən⁵⁵	xuən³⁵	uən⁵⁵	tsu³⁵	ku²¹⁴	luən³⁵	tsuən⁵¹ 又 tɕyn⁵¹ 又	suən²¹⁴
滦平	xuən⁵⁵	xuən³⁵	uən⁵⁵	tsu³⁵	ku³⁵ 又 ku²¹⁴ 又	luən³⁵	tsuən⁵¹ 又 tɕyn⁵¹ 又	suən²¹⁴
廊坊	xuən⁵⁵	xuən³⁵	uən⁵⁵	tsu³⁵	ku²¹⁴	luən³⁵	tsuən⁵¹ 又 tɕyn⁵¹ 又	suən²¹⁴
魏县	xuən³³	xuən⁵³	uən³³	tʂu⁵³	kuɛ³³ 白 ku³³ 文	luən⁵³	tɕyn³¹²	ɕyn⁵⁵
张北	xuŋ⁴²	xuŋ⁴²	vəŋ⁴²	tsuəʔ³²	kuəʔ³²	luŋ⁴²	tɕyŋ²¹³	suŋ⁵⁵
万全	xuən⁴¹	xuən⁴¹	vəŋ⁴¹	tsuəʔ²²	kuəʔ²²	luən⁴¹	tɕyəŋ²¹³	suəŋ⁵⁵
涿鹿	xuŋ⁴⁴	xuŋ⁴²	uən⁴⁴	tsu⁴²	kuʌʔ⁴³	luŋ⁴²	tɕyŋ³¹	suŋ⁴⁵
平山	xoŋ³¹	xoŋ³¹	uəŋ³¹	tsu³¹	ku²⁴	loŋ³¹	tsoŋ⁴²	soŋ⁵⁵
鹿泉	xuẽ⁵⁵	xuẽ⁵⁵	uẽ⁵⁵	tsu⁵⁵	kuo¹³ 白 ku¹³ 文	luẽ⁵⁵	tsuẽ³¹²	suẽ³⁵
赞皇	xuən⁵⁴	xuən⁵⁴	uən⁵⁴	tsu⁵⁴	ku²⁴	luən⁵⁴	tsuən³¹²	suən⁴⁵
沙河	xuən⁴¹	xuən⁵¹	uən⁴¹	tsu⁵¹	kuəʔ²	luən⁵¹	tsyən²¹	syən³³
邯郸	xun³¹	xun⁵³	vən³¹	tsu⁵³	kuəʔ⁴³	lyn⁵³ 白 lun⁵³ 文	tsyn²¹³	syn⁵⁵
涉县	xuəŋ⁴¹	xuəŋ⁴¹²	vəŋ⁴¹	tsuəʔ³²	kuəʔ³²	luəŋ⁴¹	tɕyəŋ⁵⁵	ɕyəŋ⁵³

---

① ~头。
② ~朵。

	0681 准	0682 春	0683 唇	0684 顺	0685 纯	0686 闰	0687 均	0688 匀
	臻合三上谆章	臻合三平谆昌	臻合三平谆船	臻合三去谆船	臻合三平谆禅	臻合三去谆日	臻合三平谆见	臻合三平谆以
兴隆	tʂuən²¹³	tʂʰuən³⁵	tʂʰuən⁵⁵	ʂuən⁵¹	tʂʰuən⁵⁵	zən⁵¹ 又 ʐuən⁵¹ 又	tɕyn³⁵	yn⁵⁵
北戴河	tʂuən²¹⁴	tʃʰuən⁴⁴	tʃʰuən³⁵	ʃuən⁵¹	tʃʰuən³⁵	zən⁵¹	tɕyn⁴⁴	yn³⁵
昌黎	tsuən²¹³	tsʰuən⁴²	tsʰuən²⁴	suən²⁴① suən⁴⁵³②	tsʰuən²⁴	zən⁴⁵³	tɕyn⁴²	yn²⁴
乐亭	tʂuən³⁴	tʂʰuən³¹	tʂʰuən²¹²	ʂuən⁵²	tʂʰuən²¹²	zən⁵²	tɕyən³¹	yən²¹²
蔚县	tsuŋ⁴⁴	tsʰuŋ⁵³	tsʰuŋ⁴¹	suŋ³¹²	tsʰuŋ⁴¹	zuŋ³¹²	tɕyŋ⁵³	yŋ⁴¹
涞水	tʂuən²⁴	tʂʰuən³¹	tʂʰuən⁴⁵	ʂuən³¹⁴	tʂʰuən⁴⁵	ʐuən³¹⁴	tɕyn³¹	yn⁴⁵
霸州	tʂuən²¹⁴	tʂʰuən⁴⁵	tʂʰuən⁵³	ʂuən⁴¹	tʂʰuən⁵³	lin⁴¹ 农历 yn⁴¹ 公历	tɕyn⁴⁵	yn⁵³
容城	tʂuən²¹³	tʂʰuən⁴³	tʂʰuən³⁵	ʂuən⁵¹³	tʂʰuən³⁵	yn⁵¹³ 又 ʐuən⁵¹³ 又	tɕyn⁴³	yn³⁵
雄县	tʂuən²¹⁴	tʂʰuən⁴⁵	tʂʰuən⁵³	ʂuən⁴¹	tʂʰuən⁵³	lin⁴¹ 农历 yn⁴¹ 公历	tɕyn⁴⁵	yn⁵³
安新	tʂuən²¹⁴	tʂʰuən⁴⁵	tʂʰuən³¹	ʂuən⁵¹	tʂʰuən³¹	lin⁵¹	tɕyn⁴⁵	yn³¹
满城	tʂuən²¹³	tʂʰuən⁴⁵	tʂʰuən²²	ʂuən⁵¹²	tʂʰuən²²	lin⁵¹²ʐuən⁵¹²	tɕyn⁴⁵	yn²²
阜平	tʂoŋ⁵⁵	tʂʰoŋ³¹	tʂʰoŋ²⁴	ʂoŋ⁵³	tʂʰoŋ²⁴	zoŋ⁵³	tɕioŋ³¹	ioŋ²⁴
定州	tʂuən²⁴	tʂʰuən³³	tɕʰyn²¹³③	ʂuən⁵¹	tʂʰuən²⁴	lin⁵¹	tɕyn³³	yn²⁴
无极	tʂuen³⁵	tʂʰuen³¹	tʂʰuen²¹³	ʂuen⁴⁵¹	tʂʰuen²¹³	lien⁴⁵¹	tɕyen³¹	yen²¹³
辛集	tʂuən³²⁴	tʂʰuən³³	tʂʰuən³⁵⁴	ʂuən⁴¹	tʂʰuən³⁵⁴	luən⁴¹ 又 liən⁴¹ 又	tɕyən³³	yən³⁵⁴
衡水	tsun⁵⁵	tsʰun²⁴	tɕʰyn⁵³ 旧 tsʰun⁵³ 新	sun³¹	tsʰun⁵³	yn³¹ 旧 ʐun³¹ 新	tɕyn²⁴	yn⁵³
故城	tsuẽ⁵⁵	tsʰuẽ²⁴	tsʰuẽ⁵³	suẽ³¹	tsʰuẽ⁵³	liẽ³¹ yẽ³¹	tɕyẽ²⁴	yẽ⁵³
巨鹿	tʂuən⁵⁵	tʂʰuən³³	tʂʰuən⁴¹	ʂuən²¹	tʂʰuən⁴¹	yən²¹	tɕyən³³	yən⁴¹
邢台	tʂuən⁵⁵	tʂʰuən³⁴	tʂʰuən⁵³	ʂuən³¹	tʂʰuən⁵³	ʐuən³¹ 又 yn³¹ 又	tɕyn³⁴	yn⁵³

（续表）

	0681 准	0682 春	0683 唇	0684 顺	0685 纯	0686 闰	0687 均	0688 匀
	臻合三上谆章	臻合三平谆昌	臻合三平谆船	臻合三去谆船	臻合三平谆禅	臻合三去谆日	臻合三平谆见	臻合三平谆以
馆陶	tṣun⁴⁴	tṣʰun²⁴	tṣʰun⁵²	ṣun²¹³	tṣʰun⁵²	lun²¹³ 白 yn²¹³ 文	tɕyn²⁴	yn⁵²
沧县	tṣuən⁵⁵	tṣʰuən²³	tṣʰuən⁵³	ṣuən⁴¹	tṣʰuən⁵³	liən⁴¹	tɕyən²³	yən⁵³
献县	tṣuən²¹⁴	tṣʰuən³³	tṣʰuən⁵³ 白 tṣʰuən⁵³ 文	ṣuən³¹	tṣʰuən⁵³	ʐuən³¹	tɕyən³³	yən⁵³
平泉	tṣuən²¹⁴	tṣʰuən⁵⁵	tṣʰuən³⁵	ṣuən⁵¹	tṣʰuən³⁵	ʐuən⁵¹	tɕyn⁵⁵	yn³⁵
滦平	tṣuən²¹⁴	tṣʰuən⁵⁵	tṣʰuən³⁵	ṣuən⁵¹	tṣʰuən³⁵	ʐən⁵¹ 又 ʐuən⁵¹ 又	tɕyn⁵⁵	yn³⁵
廊坊	tṣuən²¹⁴	tṣʰuən⁵⁵	tṣʰuən³⁵	ṣuən⁵¹	tṣʰuən³⁵	lin⁵¹ 白 ʐuən⁵¹ 文	tɕyn⁵⁵	yn³⁵
魏县	tṣuən⁵⁵	tṣʰuən³³	tṣʰuən⁵³	ṣuən³¹²	tṣʰuən⁵³	yn³¹²	tɕyn³³	yn⁵³
张北	tsuŋ⁵⁵	tsʰuŋ⁴²	tsʰuŋ⁴²	suŋ²¹³	tsʰuŋ⁴²	ʐuŋ²¹³	tɕyŋ⁴²	yŋ⁴²
万全	tsuəŋ⁵⁵	tsʰuəŋ⁴¹	tsʰuəŋ⁵⁵	suəŋ²¹³	tsʰuəŋ⁴¹	ʐuəŋ²¹³	tɕyəŋ⁴¹	yəŋ⁴¹
涿鹿	tsuŋ⁴⁵	tsʰuŋ⁴⁴	tsʰuŋ⁴²	suŋ³¹	tsʰuŋ⁴²	ʐuŋ³¹	tɕyŋ⁴⁴	yŋ⁴²
平山	tṣoŋ⁵⁵	tṣʰoŋ³¹	tṣʰoŋ³¹	ṣoŋ⁴²	tṣʰoŋ⁵⁵	ʐoŋ⁴²	tɕyŋ³¹	yŋ³¹
鹿泉	tṣuẽ³⁵	tṣʰuẽ⁵⁵	tṣʰuẽ⁵⁵	ṣuẽ³¹²	tṣʰuẽ⁵⁵	ʐuẽ³¹²	tɕyẽ⁵⁵	yẽ⁵⁵
赞皇	tṣuən⁴⁵	tṣʰuən⁵⁴	tṣʰuən⁵⁴	ṣuən³¹²	tṣʰuən⁵⁴	ʐuən³¹²	tɕyn⁵⁴	yn⁵⁴
沙河	tṣuən³³	tṣʰuən⁴¹	tṣʰuən⁵¹	ṣuən²¹	tṣʰuən⁵¹	ʐuən²¹	tɕyən⁴¹	yən⁵¹
邯郸	tṣun⁵⁵	tṣʰun³¹	tṣʰun⁵³	ṣun²¹³	tṣʰun⁵³	yn²¹³	tɕyn³¹	yn⁵³
涉县	tsuəŋ⁵³	tsʰuəŋ⁴¹	tsʰuəŋ⁴¹²	suəŋ⁵⁵	tsʰuəŋ⁴¹²	yəŋ⁵⁵	tɕyəŋ⁴¹	yəŋ⁴¹²

---

① ～当、～过来。
② ～心。
③ 一般儿化。

	0689 律	0690 出	0691 橘	0692 分动	0693 粉	0694 粪	0695 坟	0696 蚊
	臻合三入术来	臻合三入术昌	臻合三入术见	臻合三平文非	臻合三上文非	臻合三去文非	臻合三平文奉	臻合三平文微
兴隆	luei⁵¹又 ly⁵¹又	tʃʰu³⁵	tɕy⁵⁵	fən³⁵	fən²¹³	fən⁵¹	fən⁵⁵	uən⁵⁵
北戴河	ly⁵¹	tʃʰu⁴⁴	tɕy³⁵	fən⁴⁴	fən²¹⁴	fən⁵¹	fən³⁵	uən³⁵
昌黎	ly⁴⁵³	tʂʰu⁴²	tɕy²⁴	fən⁴²	fən²¹³	fən⁴⁵³	fən²⁴	uən²⁴
乐亭	ly⁵²	tʂʰu³¹	tɕy³¹	fən³¹	fən³⁴	fən⁵²	fən²¹²	uən²¹²
蔚县	ly³¹²	tsʰu⁵³	tɕy⁵³	fəŋ⁵³	fəŋ⁴⁴	fəŋ³¹²	fəŋ⁴¹	məŋ⁴¹又 vəŋ⁴¹又
涞水	ly³¹⁴	tʂʰu³¹	tɕy⁴⁵	fən³¹	fən²⁴	fən³¹⁴	fən⁴⁵	uən⁴⁵
霸州	ly⁴¹	tʂʰu⁴⁵	tɕy⁴⁵	fən⁴⁵	fən²¹⁴	fən⁴¹	fən⁵³	uən⁵³
容城	ly⁵¹³	tʂʰu⁴³	tɕy⁴³	fən⁴³	fən²¹³	fən⁵¹³	fən³⁵	uən³⁵
雄县	ly⁴¹	tʂʰu⁴⁵	tɕy⁵³	fən⁴⁵	fən²¹⁴	fən⁴¹	fən⁵³	uən⁵³
安新	ly⁵¹	tʂʰu²¹⁴	tɕy⁴⁵	fən⁴⁵	fən²¹⁴	fən⁵¹	fən³¹	uən³¹
满城	ly⁵¹²	tʂʰu⁴⁵	tɕy⁴⁵	fən⁴⁵	fən²¹³	fən⁵¹²	fən²²	uən²²
阜平	ly⁵³	tʂʰu²⁴	tɕy²⁴	fəŋ³¹	fəŋ⁵⁵	fəŋ⁵³	fəŋ²⁴	məŋ²⁴
定州	ly⁵¹	tʂʰu³³	tɕy³³	fən³³	fən²⁴	fən⁵¹	fən²¹³	uən²¹³
无极	ly⁵¹	tsʰu²¹³	tɕy²¹³	fen³¹	fen³⁵	fen⁵¹	fen²¹³	uen²¹³
辛集	ly⁴¹	tʂʰu³³	tɕy³³	fən³³	fən³²⁴	fən⁴¹	fən³⁵⁴	uən³⁵⁴
衡水	ly³¹	tɕʰy²⁴旧 tsʰu²⁴新	tɕy⁵³	fən²⁴	fən⁵⁵	fən³¹	fən⁵³	vən⁵³
故城	ly³¹	tʂʰʅ²⁴	tɕy²⁴	fẽ²⁴	fẽ⁵⁵	fẽ³¹	fẽ⁵³	ṽẽ⁵³
巨鹿	ly²¹	tɕʰy³³	tɕy³³	fən³³	fən⁵⁵	fən²¹	fən⁴¹	uən⁴¹
邢台	ly³¹	tʂʰu³⁴	tɕy⁵³	fən³⁴	fən⁵⁵	fən³¹	fən⁵³	vən⁵³
馆陶	ly²¹³	tʂʰu²⁴	tɕy²⁴	fen²⁴	fen⁴⁴	fen²¹³	fen⁵²	un⁵²
沧县	ly⁴¹	tʂʰu²³	tɕy⁵³	fən²³	fən⁵⁵	fən⁴¹	fən⁵³	uən⁵³
献县	ly³¹	tʂʰu³³	tɕy³³	fən³³	fən²¹⁴	fən³¹	fən⁵³	uən⁵³
平泉	ly⁵¹	tʂʰu⁵⁵	tɕy³⁵	fən⁵⁵	fən²¹⁴	fən⁵¹	fən³⁵	uən³⁵
滦平	ly⁵¹	tʂʰu⁵⁵	tɕy³⁵	fən⁵⁵	fən²¹⁴	fən⁵¹	fən³⁵	uən³⁵

(续表)

	0689 律	0690 出	0691 橘	0692 分动	0693 粉	0694 粪	0695 坟	0696 蚊
	臻合三 入术来	臻合三 入术昌	臻合三 入术见	臻合三 平文非	臻合三 上文非	臻合三 去文非	臻合三 平文奉	臻合三 平文微
廊坊	ly⁵¹	tʂʰu⁵⁵	tɕy³⁵	fən⁵⁵	fən²¹⁴	fən⁵¹	fən³⁵	uən³⁵
魏县	ly³¹²	tʂʰuɛ³³ 白 tʂʰu³³ 文	tɕy³³	fən³³	fən⁵⁵	fən³¹²	fən⁵³	uən⁵³
张北	ly²¹³	tʂʰuəʔ³²	tɕyəʔ³² tɕy⁴²	fəŋ⁴²	fəŋ⁵⁵	fəŋ²¹³	fəŋ⁴²	vəŋ⁴²
万全	lyəʔ²²	tʂʰuəʔ²²	tɕyəʔ⁴	fəŋ⁴¹	fəŋ⁵⁵	fəŋ²¹³	fəŋ⁴¹	vəŋ⁴¹
涿鹿	luei³¹	tʂʰuʌʔ⁴³	tɕyʌʔ⁴³	fəŋ⁴⁴	fəŋ⁴⁵	fəŋ³¹	fəŋ⁴²	uəŋ⁴²
平山	li⁴²	tʂʰu²⁴	tɕi²⁴	fəŋ³¹	fəŋ⁵⁵	fəŋ⁴²	fəŋ³¹	uəŋ³¹
鹿泉	ly³¹²	tʂʰuo¹³ 白 tʂʰu¹³ 文	tɕyɤ¹³	fẽ⁵⁵	fẽ³⁵	fẽ³¹²	fẽ⁵⁵	uẽ⁵⁵
赞皇	ly³¹²	tʂʰu²⁴	tɕy²⁴	fən⁵⁴	fən⁴⁵	fən³¹²	fən⁵⁴	uən⁵⁴
沙河	ly²¹	tʂʰuəʔ²	tɕyəʔ²	fən⁴¹	fən³³	fən²¹	fən⁵¹	uən⁵¹
邯郸	lyeʔ⁴³	tʂʰuəʔ⁴³	tɕyeʔ⁴³	fən³¹	fən⁵⁵	fən²¹³	fən⁵³	vən⁵³
涉县	lyəʔ³²	tʂʰuəʔ³²	tɕyəʔ³²	fəŋ⁴¹	fəŋ⁵³	fəŋ⁵⁵	fəŋ⁴¹²	vəŋ⁴¹²

	0697 问	0698 军	0699 裙	0700 熏	0701 云~彩	0702 运	0703 佛~像	0704 物
	臻合三去文微	臻合三平文见	臻合三平文群	臻合三平文晓	臻合三平文云	臻合三去文云	臻合三入物奉	臻合三入物微
兴隆	uən⁵¹	tɕyn³⁵	tɕʰyn⁵⁵	ɕyn³⁵	yn⁵⁵	yn⁵¹	fo⁵⁵	u⁵¹
北戴河	uən⁵¹	tɕyn⁴⁴	tɕʰyn³⁵	ɕyn⁴⁴	yn³⁵	yn⁵¹	fɤ³⁵	u⁵¹
昌黎	uən²⁴① uən⁴⁵³②	tɕyn⁴²	tɕʰyn²⁴	ɕyn⁴²	yn²⁴	yn⁴⁵³	fɤ²⁴	u⁴⁵³
乐亭	uən⁵²	tɕyən³¹	tɕʰyən²¹²	ɕyən³¹	yən²¹²	yən⁵²	fə²¹²	u⁵²
蔚县	vəŋ³¹²	tɕyŋ⁵³	tɕʰyŋ⁴¹	ɕyŋ⁵³	yŋ⁴¹	yŋ³¹²	fɤ⁴¹	vu³¹²
涞水	uən³¹⁴	tɕyn³¹	tɕʰyn⁴⁵	ɕyn³¹	yn⁴⁵	yn³¹⁴	fuo⁴⁵	u³¹⁴
霸州	uən⁴¹	tɕyn⁴⁵	tɕʰyn⁵³	ɕyn⁴⁵	yn⁵³	yn⁴¹	fo⁵³	u⁴¹
容城	uən⁵¹³	tɕyn⁴³	tɕʰyn³⁵	ɕyn⁴³	yn³⁵	yn⁵¹³	fo³⁵	u⁵¹³
雄县	uən⁴¹	tɕyn⁴⁵	tɕʰyn⁵³	ɕyn⁴⁵	yn⁵³	yn⁴¹	fo⁵³	u⁴¹
安新	uən⁵¹	tɕyn⁴⁵	tɕʰyn³¹	ɕyn⁴⁵	yn³¹	yn⁵¹	fo³¹	u⁵¹
满城	uən⁵¹²	tɕyn⁴⁵	tɕʰyn²²	ɕyn⁴⁵	yn²²	yn⁵¹²	fo²²	u⁵¹²
阜平	uəŋ⁵³	tɕioŋ³¹	tɕʰioŋ²⁴	ɕioŋ³¹	ioŋ²⁴	ioŋ⁵³	fuɤ²⁴	u⁵³
定州	uən⁵¹	tɕyn³³	tɕʰyn²⁴	ɕyn³³	yn²⁴	yn⁵¹	fo²¹³	u⁵¹
无极	uen⁵¹	tɕyen³¹	tɕʰyen²¹³	ɕyen³¹	yen²¹³	yen⁵¹	fɤ²¹³	u²¹³
辛集	uən⁴¹	tɕyən³³	tɕʰyən³⁵⁴	ɕyən³³	yən³⁵⁴	yən⁴¹	fə³⁵⁴	u⁴¹
衡水	vən³¹	tɕyn²⁴	tɕʰyn⁵³	ɕyn²⁴	yn⁵³	yn³¹	fo⁵³	u³¹
故城	vẽ³¹	tɕyẽ²⁴	tɕʰyẽ⁵³	ɕyẽ²⁴	yẽ⁵³	yẽ³¹	fɤ⁵³	vu³¹
巨鹿	uən²¹	tɕyən³³	tɕʰyən⁴¹	ɕyən³³	yən⁴¹	yən²¹	fo⁴¹	u²¹
邢台	vən³¹	tɕyn³⁴	tɕʰyn⁵³	ɕyn³⁴	yn⁵³	yn³¹	fə⁵³	u³¹
馆陶	un²¹³	tɕyn²⁴	tɕʰyn⁵²	ɕyn²⁴	yn⁵²	yn²¹³	fo⁵²	u²¹³
沧县	uən⁴¹	tɕyən²³	tɕʰyən⁵³	ɕyən²³	yən⁵³	yən⁴¹	fɤ⁵³	u⁴¹
献县	uən³¹	tɕyən³³	tɕʰyən⁵³	ɕyən³³	yən⁵³	yən³¹	fuo⁵³	u³¹
平泉	uən⁵¹	tɕyn⁵⁵	tɕʰyn³⁵	ɕyn⁵⁵	yn³⁵	yn⁵¹	fo³⁵	u⁵¹
滦平	uən⁵¹	tɕyn⁵⁵	tɕʰyn³⁵	ɕyn⁵⁵	yn³⁵	yn⁵¹	fo³⁵	u⁵¹
廊坊	uən⁵¹	tɕyn⁵⁵	tɕʰyn³⁵	ɕyn⁵⁵	yn³⁵	yn⁵¹	fɤ³⁵	u⁵¹

（续表）

	0697 问	0698 军	0699 裙	0700 熏	0701 云~彩	0702 运	0703 佛~像	0704 物
	臻合三 去文微	臻合三 平文见	臻合三 平文群	臻合三 平文晓	臻合三 平文云	臻合三 去文云	臻合三 入物奉	臻合三 入物微
魏县	uən³¹²	tɕyn³³	tɕʰyn⁵³	ɕyn³³	yn⁵³	yn³¹²	fə⁵³	u³¹²
张北	vəŋ²¹³	tɕyŋ⁴²	tɕʰyŋ⁴²	ɕyŋ⁴²	yŋ⁴²	yŋ²¹³	fə⁴²	u²¹³
万全	vəŋ²¹³	tɕyəŋ⁴¹	tɕʰyəŋ⁴¹	ɕyəŋ⁴¹	yəŋ⁴¹	yəŋ²¹³	fəʔ²²	vəʔ²²
涿鹿	uəŋ³¹	tɕyŋ⁴⁴	tɕʰyŋ⁴²	ɕyŋ⁴⁴	yŋ⁴²	yŋ³¹	fuə⁴²	u³¹
平山	uəŋ⁴²	tɕyŋ³¹	tɕʰyŋ³¹	ɕyŋ³¹	yŋ³¹	yŋ⁴²	fə³¹	u²⁴
鹿泉	uẽ³¹²	tɕyẽ⁵⁵	tɕʰyẽ⁵⁵	ɕyẽ⁵⁵	yẽ⁵⁵	yẽ³¹²	fo⁵⁵	u³¹²
赞皇	uən³¹²	tɕyn⁵⁴	tɕʰyn⁵⁴	ɕyn⁵⁴	yn⁵⁴	yn³¹²	fuə⁵⁴	u³¹²
沙河	uən²¹	tɕyən⁴¹	tɕʰyən⁵¹	ɕyən⁴¹	yən⁵¹	yən²¹	fu⁵¹	u²¹
邯郸	vən²¹³	tɕyn³¹	tɕʰyn⁵³	ɕyn³¹	yn⁵³	yn²¹³	fu⁵³	u²¹³
涉县	vəŋ⁵⁵	tɕyəŋ⁴¹	tɕʰyəŋ⁴¹²	ɕyəŋ⁴¹	yəŋ⁴¹²	yəŋ⁵⁵	fəʔ³²	u⁵⁵

① ~问。
② ~道ɪ、~题。

	0705 帮	0706 忙	0707 党	0708 汤	0709 糖	0710 浪	0711 仓	0712 钢名
	宕开一平唐帮	宕开一平唐明	宕开一上唐端	宕开一平唐透	宕开一平唐定	宕开一去唐来	宕开一平唐清	宕开一平唐见
兴隆	paŋ³⁵	maŋ⁵⁵	taŋ²¹³	tʰaŋ³⁵	tʰaŋ⁵⁵	laŋ⁵¹	tsʰaŋ³⁵	kaŋ³⁵
北戴河	paŋ⁴⁴	maŋ³⁵	taŋ²¹⁴	tʰaŋ⁴⁴	tʰaŋ³⁵	laŋ⁵¹	tʃʰaŋ⁴⁴	kaŋ⁴⁴
昌黎	paŋ⁴²	maŋ²⁴	taŋ²¹³	tʰaŋ⁴²	tʰaŋ²⁴	laŋ²⁴	tsʰaŋ⁴²	kaŋ⁴²
乐亭	paŋ³¹	maŋ²¹²	taŋ³⁴	tʰaŋ³¹	tʰaŋ²¹²	laŋ⁵²	tsʰaŋ³¹	kaŋ³¹
蔚县	pɔ⁵³	mɔ⁴¹	tɔ⁴⁴	tʰɔ⁵³	tʰɔ⁴¹	lɔ³¹²	tsʰɔ⁵³	kɔ⁵³
涞水	paŋ³¹	maŋ⁴⁵	taŋ²⁴	tʰaŋ³¹	tʰaŋ⁴⁵	laŋ³¹⁴	tsʰaŋ³¹	kaŋ³¹
霸州	paŋ⁴⁵	maŋ⁵³	taŋ²¹⁴	tʰaŋ⁴⁵	tʰaŋ⁵³	laŋ⁴¹	tsʰaŋ⁴⁵	kaŋ⁴⁵
容城	paŋ⁴³	maŋ³⁵	taŋ²¹³	tʰaŋ⁴³	tʰaŋ³⁵	laŋ⁵¹³	tsʰaŋ⁴³	kaŋ⁴³
雄县	paŋ⁴⁵	maŋ⁵³	taŋ²¹⁴	tʰaŋ⁴⁵	tʰaŋ⁵³	laŋ⁴¹	tsʰaŋ⁴⁵	kaŋ⁴⁵
安新	paŋ⁴⁵	maŋ³¹	taŋ²¹⁴	tʰaŋ⁴⁵	tʰaŋ³¹	laŋ⁴¹	tsʰaŋ⁴⁵	kaŋ⁴⁵
满城	paŋ⁴⁵	maŋ²²	taŋ²¹³	tʰaŋ⁴⁵	tʰaŋ²²	laŋ⁵¹²	tsʰaŋ⁴⁵	kaŋ⁴⁵
阜平	paŋ³¹	maŋ²⁴	taŋ⁵⁵	tʰaŋ³¹	tʰaŋ²⁴	laŋ⁵³	tsʰaŋ³¹	kaŋ³¹
定州	paŋ³³	maŋ²¹³	taŋ²⁴	tʰaŋ³³	tʰaŋ²¹³	laŋ⁵¹	tsʰaŋ³³	kaŋ³³
无极	paŋ³¹	maŋ²¹³	taŋ³⁵	tʰaŋ³¹	tʰaŋ²¹³	laŋ⁴⁵¹	tsʰaŋ³¹	kaŋ³¹
辛集	paŋ³³	maŋ³⁵⁴	taŋ³²⁴	tʰaŋ³³	tʰaŋ³⁵⁴	laŋ⁴¹	tsʰaŋ³³	kaŋ³³
衡水	paŋ²⁴	maŋ⁵³	taŋ⁵⁵	tʰaŋ²⁴	tʰaŋ⁵³	laŋ³¹	tsʰaŋ²⁴	kaŋ²⁴
故城	paŋ²⁴	maŋ⁵³	taŋ⁵⁵	tʰaŋ²⁴	tʰaŋ⁵³	laŋ³¹	tsʰaŋ²⁴	kaŋ²⁴
巨鹿	paŋ³³	mã⁴¹	taŋ⁵⁵	tʰaŋ³³	tʰã⁴¹	lã²¹	tsʰaŋ³³	kaŋ³³
邢台	paŋ³⁴	maŋ⁵³	taŋ⁵⁵	tʰaŋ³⁴	tʰaŋ⁵³	laŋ³¹	tsʰaŋ³⁴	kaŋ³⁴
馆陶	paŋ²⁴	maŋ⁵²	taŋ⁴⁴	tʰaŋ²⁴	tʰaŋ⁵²	laŋ²¹³	tsʰaŋ²⁴	kaŋ²⁴
沧县	paŋ²³	maŋ⁵³	taŋ⁵⁵	tʰaŋ²³	tʰaŋ⁵³	laŋ⁴¹	tsʰaŋ²³	kaŋ²³
献县	pã³³	mã⁵³	tã²¹⁴	tʰã³³	tʰã⁵³	lã³¹	tsʰã³³	kã³³
平泉	paŋ⁵⁵	maŋ³⁵	taŋ²¹⁴	tʰaŋ⁵⁵	tʰaŋ³⁵	laŋ⁵¹	tsʰaŋ⁵⁵	kaŋ⁵⁵
滦平	paŋ⁵⁵	maŋ³⁵	taŋ²¹⁴	tʰaŋ⁵⁵	tʰaŋ³⁵	laŋ⁵¹	tsʰaŋ⁵⁵	kaŋ⁵⁵
廊坊	paŋ⁵⁵	maŋ³⁵	taŋ²¹⁴	tʰaŋ⁵⁵	tʰaŋ³⁵	laŋ⁵¹	tsʰaŋ⁵⁵	kaŋ⁵⁵
魏县	paŋ³³	maŋ⁵³	taŋ⁵⁵	tʰaŋ³³	tʰaŋ⁵³	laŋ³¹²	tʂʰaŋ³³	kaŋ³³

(续表)

	0705 帮	0706 忙	0707 党	0708 汤	0709 糖	0710 浪	0711 仓	0712 钢 名
	宕开一平唐帮	宕开一平唐明	宕开一上唐端	宕开一平唐透	宕开一平唐定	宕开一去唐来	宕开一平唐清	宕开一平唐见
张北	pɤ̃⁴²	mɤ̃⁴²	tɤ̃⁵⁵	tʰɤ̃⁴²	tʰɤ̃⁴²	lɤ̃²¹³	tsʰɤ̃⁴²	kɤ̃⁴²
万全	paŋ⁴¹	maŋ⁴¹	taŋ⁵⁵	tʰaŋ⁴¹	tʰaŋ⁴¹	laŋ²¹³	tsʰaŋ⁴¹	kaŋ⁴¹
涿鹿	pã⁴⁴	mã⁴²	tã⁴⁵	tʰã⁴⁴	tʰã⁴²	lã³¹	tsʰã⁴⁴	kã⁴⁴
平山	paŋ³¹	maŋ³¹	taŋ⁵⁵	tʰaŋ³¹	tʰaŋ³¹	laŋ⁴²	tsʰaŋ³¹	kaŋ³¹
鹿泉	paŋ⁵⁵	maŋ⁵⁵	taŋ³⁵	tʰaŋ⁵⁵	tʰaŋ⁵⁵	laŋ³¹²	tsʰaŋ⁵⁵	kaŋ⁵⁵
赞皇	paŋ⁵⁴	maŋ⁵⁴	taŋ⁴⁵	tʰaŋ⁵⁴	tʰaŋ⁵⁴	laŋ³¹²	tsʰaŋ⁵⁴	kaŋ⁵⁴
沙河	paŋ⁴¹	maŋ⁵¹	taŋ³³	tʰaŋ⁴¹	tʰaŋ⁵¹	laŋ²¹	tsʰaŋ⁴¹	kaŋ⁴¹
邯郸	paŋ³¹	maŋ⁵³	taŋ⁵⁵	tʰaŋ³¹	tʰaŋ⁵³	laŋ²¹³	tsʰaŋ³¹	kaŋ³¹
涉县	pã⁴¹	mã⁴¹²	tã⁵³	tʰã⁴¹	tʰã⁴¹²	lã⁵⁵	tsʰã⁴¹	kã⁴¹

	0713 糠 宕开一平唐溪	0714 薄形 宕开一入铎並	0715 摸 宕开一入铎明	0716 托 宕开一入铎透	0717 落 宕开一入铎来	0718 作 宕开一入铎精	0719 索 宕开一入铎心	0720 各 宕开一入铎见
兴隆	kʰaŋ³⁵	pau⁵⁵ 又 po⁵⁵ 又	mo³⁵	tʰuo³⁵	la⁵¹ ~下 lau⁵¹ ~价 luo⁵¹ ~后	tsuo³⁵ ~坊 tsuo⁵¹ 工~	suo²¹³	kə⁵¹
北戴河	kʰaŋ⁴⁴	pau³⁵	mɤ⁴⁴	tʰuo⁴⁴	lau⁵¹ ~花生 la⁵¹ ~后 luo⁵¹ ~下来	tʃuo⁵¹	ʃuo²¹⁴	kɤ⁵¹
昌黎	kʰaŋ⁴²	pau²⁴	mɤ⁴²	tʰuo⁴²	luo⁴⁵³	tsuo⁴⁵³	suo²¹³	kɤ⁴⁵³
乐亭	kʰaŋ³¹	pau²¹²	mə³¹	tʰuə³¹	lau⁵²	tsuə⁵²	suə³⁴	kə⁵²
蔚县	kʰɔ⁵³	pʌɯ⁴¹	mʌɯ⁵³	tʰʌɯ⁵³ 白 tʰuɤ⁵³ 文	lʌɯ³¹² ~枕 la³¹² ~下 luɤ³¹² ~花生	tsuɤ⁵³	suɤ⁴⁴	kɤ⁵³
涞水	kʰaŋ³¹	pau⁴⁵	mau³¹ 白 muo³¹ 文	tʰau³¹ 白 tʰuo³¹ 文	lau³¹⁴ 白 la³¹⁴ ~下 luo³¹⁴ 文	tsuo³¹⁴	suo²⁴	kɤ³¹⁴
霸州	kʰaŋ⁴⁵	pau⁵³	mau⁴⁵	tʰau⁴⁵ 白 tʰuo⁴⁵ 文	lau⁴¹ ~着一只鸟 la⁴¹ ~下 luo⁴¹ ~后	tsuo⁴⁵ ~死 tsuo⁴¹ 工~	suo²¹⁴	kɤ²¹⁴ 旧 kɤ⁴¹ 新
容城	kʰaŋ⁴³	pau³⁵	mau⁴³	tʰuo⁴³	lau⁵¹³ 白 luo⁵¹³ 文	tsuo⁵¹³	suo²¹³	kɤ⁵¹³
雄县	kʰaŋ⁴⁵	pau⁵³	mau⁴⁵ 又 mo⁴⁵ 又	tʰau²¹⁴ 白 tʰuo⁴⁵ 文	lau⁴¹ ~着一只鸟 la⁴¹ ~下 luo⁴¹ ~后	tsuo⁴⁵ ~死 tsuo⁴¹ 工~	suo²¹⁴	kɤ⁴¹
安新	kʰaŋ⁴⁵	pau³¹	mau⁴⁵ 白 mo⁴⁵ 文	tʰau²¹⁴ 白 tʰuo²¹⁴ 文	lau⁵¹ 白 la⁵¹ 白 luo⁵¹ 白	tsuo⁴⁵ 白 tsuo⁵¹ 白	suo²¹⁴	kɤ⁵¹
满城	kʰaŋ⁴⁵	pau²² po²²	mau⁴⁵ mo⁴⁵	tʰuo⁴⁵	lau⁵¹² luo⁵¹²	tsuo⁴⁵ tsuo⁵¹²	suo²¹³	kɤ⁵¹²
阜平	kʰaŋ³¹	po²⁴ 白 puɤ²⁴ 文	mɔ²⁴ 白 muɤ²⁴ 文	tʰɔ³¹ 白 tʰuɤ³¹ 文	lɔ⁵³ 白 la⁵³ 白 luɤ⁵³ 文	tsuɤ⁵³	suɤ⁵⁵	kɤ⁵³
定州	kʰaŋ³³	pau²¹³	mau³³	tʰuo³³	la⁵¹ ~下 lau⁵¹ ~下病根 luo⁵¹ ~叶儿	tsuo⁵¹	suo²⁴	kɤ⁵¹
无极	kʰaŋ³¹	pɔ²¹³	mɔ²¹³	tʰuɤ³³	lɔ⁵¹	tsuɤ⁵¹	sɔ²¹³	kɤ²¹³
辛集	kʰaŋ³³	pau³⁵⁴	mau³³ 白 mə³³ 文	tʰau³³ 白 tʰuə³³ 文	lau⁴¹ 白 luə⁴¹ 文	tsuə³³ ~坊 tsuə⁴¹ 工~	sau³³ 白 suə³²⁴ 文	kə⁴¹
衡水	kʰaŋ²⁴	pau⁵³ 白 po⁵³ 文	mau²⁴ 白 mo²⁴ 文	tʰuo²⁴	lau³¹ 白 luo³¹ 文	tsuo³¹	suo²⁴	kɤ⁵⁵
故城	kʰaŋ²⁴	pɔo⁵³ 白 pɤ⁵³ 文	mɔo²⁴ 白 mɤ²⁴ 文	tʰuɤ²⁴	luɤ³¹ ~叶儿 lɔo³¹ ~下病啦 la³¹ ~下	tsuɤ²⁴ 胡~ tsuɤ³¹ ~文儿	suɤ⁵⁵	kɤ²⁴

（续表）

	0713 糠 宕开一 平唐溪	0714 薄形 宕开一 入铎並	0715 摸 宕开一 入铎明	0716 托 宕开一 入铎透	0717 落 宕开一 入铎来	0718 作 宕开一 入铎精	0719 索 宕开一 入铎心	0720 各 宕开一 入铎见
巨鹿	kʰaŋ³³	po⁴¹	mo³³	tʰuo³³	lau²¹	tsuo³³	suo³³	kɤ³³
邢台	kʰaŋ³⁴	pau⁵³ 白 / pə⁵³ 文	mau³⁴ 白 / mə³⁴ 文	tʰuo³⁴	la²⁴ ~下 / lau³¹ ~枕 / luo³¹ 脱~	tsuo³¹	suo⁵⁵	kə⁵⁵
馆陶	kʰaŋ²⁴	po⁵²	mo²⁴	tʰuo²⁴	la²⁴ 丢三~四 / luo²¹³ 日~	tsuo²⁴	suo⁴⁴	kɤ²¹³
沧县	kʰaŋ²³	pau⁵³	mau²³	tʰau²³ 白 / tʰuo²³ 文	lau⁴¹ 白 / la⁴¹ 白 / luo⁴¹ 文	tsuo⁴¹	suo⁵⁵	kɤ⁴¹
献县	kʰã³³	pɔ⁵³	mɔ³³	tʰɔ³³ 白 / tʰuo³³ 文	lɔ³¹ 白 / la³¹ 白 / luo³¹ 文	tsuo³¹	suo²¹⁴	kɤ²¹⁴
平泉	kʰaŋ⁵⁵	pau³⁵ 又 / po³⁵ 又	mo⁵⁵	tʰuo⁵⁵	luo⁵¹ / lau⁵¹ 又 / la⁵¹	tsuo⁵¹ 又 / tsuo⁵⁵ 又	suo²¹⁴	kə⁵¹
滦平	kʰaŋ⁵⁵	pau³⁵ 又 / po³⁵ 又	mo⁵⁵	tʰuo⁵⁵	luo⁵¹ ~后 / la⁵¹ ~下 / lau⁵¹ ~价	tsuo⁵¹ 工~ / tsuo⁵⁵ ~坊	suo²¹⁴	kə⁵¹
廊坊	kʰaŋ⁵⁵	pau³⁵ 白 / pɤ³⁵ 文	mau⁵⁵ 白 / mɤ⁵⁵ 文	tʰuo⁵⁵	lau⁵¹ ~钱 / lɤ⁵¹ ~叶 / luo⁵¹ 潮起潮~	tsuo⁵¹ 工~ / tsuo⁵⁵ ~坊	suo²¹⁴	kɤ⁵¹
魏县	kʰaŋ³³	pə⁵³	mə³³	tʰuə³³	luə³³	tʂuə³³	ʂuə⁵⁵	kɤ³³
张北	kʰɔ̃⁴²	pau⁴²	mə⁴²	tʰuəʔ³²	luəʔ³²	tsuəʔ³²	suə⁵⁵	kəʔ³²
万全	kʰa⁴¹	pɔ⁴¹	mʌʔ²²	tʰuʌʔ²²	luʌʔ²² ~后 / lʌʔ²² 太阳~山	tsuʌʔ²²	suəʔ²²	kʌʔ²²
涿鹿	kʰã⁴⁴	pɔ⁴²	mʌʔ⁴³ 又 / mɔ⁴⁴ 又	tʰuʌʔ⁴³	luʌʔ⁴³ / lɔ³¹	tsuʌʔ⁴³	suə⁴⁵	kʌʔ⁴³
平山	kʰaŋ³¹	piə³¹ 白 / pɔ³¹ 文	mə²⁴	tʰuə²⁴	luə²⁴ 又 / lɔ²⁴ 又 / la²⁴ 又	tsuə²⁴	suə⁵⁵	kɤ⁵⁵
鹿泉	kʰaŋ⁵⁵	piɔ⁵⁵	mʌ¹³	tʰuʌ¹³	luo³¹² ~后 / lɔ³¹² ~下来 / la³¹² ~东西	tsuo¹³	suo¹³	kɤ¹³
赞皇	kʰaŋ⁵⁴	piɔ⁵⁴ 又 / pɔ⁵⁴ 又	muə²⁴	tʰuə²⁴	lɔ³¹² ~下来 / luə³¹² 降~	tsuə³¹²	suə⁴⁵	kə³¹²
沙河	kʰaŋ⁴¹	puo⁵¹	muo⁴¹	tʰuəʔ²	luəʔ²	tsuəʔ²	suəʔ²	kəʔ²
邯郸	kʰaŋ³¹	puə⁵³	mʌʔ⁴³	tʰuʌʔ⁴³	luʌʔ⁴³	tsuʌʔ⁴³	suə⁵⁵	kʌʔ⁴³
涉县	kʰã⁴¹	pɐʔ³²	muə⁵³	tʰɐʔ³²	lɐʔ³²	tsuɐʔ³²	suɐʔ³²	kɐʔ³²

	0721 鹤	0722 恶形,入声	0723 娘	0724 两斤~	0725 亮	0726 浆	0727 抢	0728 匠
	宕开一入铎匣	宕开一入铎影	宕开三平阳泥	宕开三上阳来	宕开三去阳来	宕开三平阳精	宕开三上阳清	宕开三去阳从
兴隆	xə⁵¹	nə³⁵ 又 ə⁵¹ 又	ȵiaŋ⁵⁵	liaŋ²¹³	liaŋ⁵¹	tɕiaŋ³⁵	tɕʰiaŋ²¹³	tɕiaŋ⁵¹
北戴河	xɤ⁵¹	nɤ⁴⁴ 白 ɤ⁵¹ 文	ȵiaŋ³⁵	liaŋ²¹⁴	liaŋ⁵¹	tɕiaŋ⁴⁴	tɕʰiaŋ²¹⁴	tɕiaŋ⁵¹
昌黎	xɤ⁴⁵³	nɤ⁴⁵³	ȵiaŋ²⁴	liaŋ²¹³	liaŋ²⁴① liaŋ⁴⁵³②	tɕiaŋ⁴²	tɕʰiaŋ²¹³	tɕiaŋ⁴⁵³
乐亭	xə⁵²	ŋɤ³¹	niaŋ²¹²	liaŋ³⁴	liaŋ⁵²	tɕiaŋ³¹	tɕʰiaŋ³⁴	tɕiaŋ⁵²
蔚县	xɤ⁵³	nɤ⁵³	ȵiɔ⁴¹	liɔ⁴⁴	liɔ³¹²	tɕiɔ⁵³	tɕʰiɔ⁴⁴	tɕiɔ³¹²
涞水	xɤ³¹⁴	ɤ³¹⁴	ȵiaŋ⁴⁵	liaŋ²⁴	liaŋ³¹⁴	tɕiaŋ³¹	tɕʰiaŋ²⁴	tɕiaŋ³¹⁴
霸州	xɤ⁴¹ 新 xɑu⁵³ 旧	nɤ⁴¹	ȵiaŋ⁵³	liaŋ²¹⁴	liaŋ⁴¹	tɕiaŋ⁴⁵	tɕʰiaŋ²¹⁴	tɕiaŋ⁴¹
容城	xɤ⁵¹³	ɤ⁵¹³	niaŋ³⁵	liaŋ²¹³	liaŋ⁵¹³	tɕiaŋ⁴³	tɕʰiaŋ²¹³	tɕiaŋ⁵¹³
雄县	xɤ⁴¹	nɤ⁴¹	ȵiaŋ⁵³	liaŋ²¹⁴	liaŋ⁴¹	tɕiaŋ⁴⁵	tɕʰiaŋ²¹⁴	tɕiaŋ⁴¹
安新	xɤ⁵¹	nɤ⁵¹ 白 ɤ⁵¹ 文	niaŋ³¹	liaŋ²¹⁴	liaŋ⁵¹	tɕiaŋ⁴⁵	tɕʰiaŋ²¹⁴	tɕiaŋ⁵¹
满城	xɤ⁵¹²	nuo⁵¹²	ȵiaŋ²²	liaŋ²¹³	liaŋ⁵¹²	tɕiaŋ⁴⁵ tɕiaŋ⁵¹²	tɕʰiaŋ²¹³	tɕiaŋ⁵¹²
阜平	xɤ⁵³	ŋɤ⁵³	ȵiaŋ²⁴	liaŋ⁵⁵	liaŋ⁵³	tɕiaŋ³¹	tɕʰiaŋ⁵⁵	tɕiaŋ⁵³
定州	xɤ⁵¹	ŋɤ⁵¹	ȵiaŋ²¹³	liaŋ²⁴	liaŋ⁵¹	tsiaŋ³³③ tɕiaŋ⁵¹④	tsʰiaŋ²⁴	tsiaŋ⁵¹
无极	xɤ⁵¹	ŋɤ⁵¹	ȵia⁴⁵¹	liaŋ³⁵	liaŋ⁴⁵¹	tsiaŋ³¹	tsʰiaŋ³⁵	tsiaŋ⁴⁵¹
辛集	xə⁴¹	ŋə⁴¹	ȵiaŋ³⁵⁴	liaŋ³²⁴	liaŋ⁴¹	tsiaŋ³³	tsʰiaŋ³²⁴	tsiaŋ⁴¹
衡水	xɤ³¹	ŋɤ²⁴ 旧 ɤ³¹ 新	ȵiaŋ⁵³	liaŋ⁵⁵	liaŋ³¹	tɕiaŋ²⁴	tɕʰiaŋ⁵⁵	tɕiaŋ³¹
故城	xɤ³¹	ŋɤ²⁴⑤ ŋɤ³¹⑥	ȵiaŋ⁵³	liaŋ⁵⁵	liaŋ³¹	tɕiaŋ²⁴⑦ tɕiaŋ³¹⑧	tɕʰiaŋ⁵⁵	tɕiaŋ³¹
巨鹿	xɤ²¹	ŋɤ³³	ȵiẽ⁴¹	liaŋ⁵⁵	liã²¹	tɕiaŋ³³	tɕʰiaŋ⁵⁵	tɕiã²¹
邢台	xə³¹	ŋə³¹ 又 ə³¹ 又	niaŋ⁵³	liaŋ⁵⁵	liaŋ³¹	tsiaŋ³⁴	tsʰiaŋ⁵⁵	tsiaŋ³¹
馆陶	xɤ²¹³	ɣɤ²⁴	ȵiaŋ⁵²	liaŋ⁴⁴	liaŋ²¹³	tsiaŋ²⁴	tsʰiaŋ⁴⁴	tsiaŋ²¹³
沧县	xɑu⁵³ 白 xɤ⁴¹ 文	ŋɤ²³	ȵiaŋ⁵³	liaŋ⁵⁵	liaŋ⁴¹	tɕiaŋ²³	tɕʰiaŋ⁵⁵	tɕiaŋ⁴¹

（续表）

	0721 鹤	0722 恶形,入声	0723 娘	0724 两斤~	0725 亮	0726 浆	0727 抢	0728 匠
	宕开一 入铎匣	宕开一 入铎影	宕开三 平阳泥	宕开三 上阳来	宕开三 去阳来	宕开三 平阳精	宕开三 上阳清	宕开三 去阳从
献县	xɔ⁵³ 白 xɤ³¹ 白	nɤ³³	n̠iã⁵³	liã²¹⁴	liã³¹	tɕiã³³	tɕʰiã²¹⁴	tɕiã³¹
平泉	xə⁵¹	nə⁵⁵ 又 ə⁵¹ 又	niaŋ³⁵	liaŋ²¹⁴	liaŋ⁵¹	tɕiaŋ⁵⁵	tɕʰiaŋ²¹⁴	tɕiaŋ⁵¹
滦平	xə⁵¹	nə⁵⁵ 又 ŋə⁵⁵ 又 ə⁵¹ 又	n̠ian³⁵	lian²¹⁴	lian⁵¹	tɕian⁵⁵	tɕʰian²¹⁴	tɕian⁵¹
廊坊	xɤ⁵¹	ŋɤ⁵¹ 又 ɤ⁵¹ 又	n̠ian³⁵	lian²¹⁴	lian⁵¹	tɕian⁵⁵	tɕʰian²¹⁴	tɕian⁵¹
魏县	xɤ³³	ɤ³³	n̠iaŋ⁵³	liaŋ⁵⁵	liaŋ³¹²	tɕiaŋ³³	tɕʰiaŋ⁵⁵	tɕiaŋ³¹²
张北	xəʔ³²	ŋəʔ³²	n̠iɔ̃⁴²	liɔ̃⁵⁵	liɔ̃²¹³	tɕiɔ̃⁴²	tɕʰiɔ̃⁵⁵	tɕiɔ̃²¹³
万全	xʌʔ⁴	ŋʌʔ²²	n̠ian⁴¹	lian⁵⁵	lian²¹³	tɕian⁴¹	tɕʰian⁵⁵	tɕian²¹³
涿鹿	xə³¹	ŋʌʔ⁴³	n̠iã⁴²	liã⁴⁵	liã³¹	tɕiã⁴⁴	tɕʰiã⁴⁵	tɕiã³¹
平山	xɤ²⁴	ŋɤ²⁴	n̠iaŋ³¹	liaŋ⁵⁵	liaŋ⁴²	tsiaŋ³¹	tsʰiaŋ⁵⁵	tsiaŋ⁴²
鹿泉	xɔ³¹² 白 xɤ³¹² 白	ŋʌ¹³ 白 ŋɤ³¹² 文	n̠iaŋ⁵⁵	liaŋ³⁵	liaŋ³¹²	tsiaŋ⁵⁵	tsʰiaŋ³⁵	tsiaŋ³¹²
赞皇	xə³¹²	ŋə³¹²	n̠iaŋ⁵⁴	liaŋ⁴⁵	liaŋ³¹²	tsiaŋ⁵⁴	tsʰiaŋ⁴⁵	tsiaŋ³¹²
沙河	xəʔ²	ŋəʔ²	niaŋ⁵¹	liaŋ³³	liaŋ²¹	tsiaŋ⁴¹	tsʰiaŋ³³	tsiaŋ²¹
邯郸	xʌʔ⁴³	ŋʌʔ⁴³	niaŋ⁵³	liaŋ⁵⁵	liaŋ²¹³	tsiaŋ³¹	tsʰiaŋ⁵⁵	tsiaŋ²¹³
涉县	xaxʔ³²	ŋəʔ³²	n̠iau⁵⁵	liã⁵³	liã⁵⁵	tɕiã⁴¹	tɕʰiã⁵³	tɕiã⁵⁵

---

① 天~得早。
② 天~咧、~堂。
③ 豆~。
④ ~洗。
⑤ 可~啦：形容人脾气大，凶，善于吵架。
⑥ ~化。
⑦ 豆~。
⑧ ~洗。

	0729 想	0730 像	0731 张量	0732 长~短	0733 装	0734 壮	0735 疮	0736 床
	宕开三上阳心	宕开三上阳邪	宕开三平阳知	宕开三平阳澄	宕开三平阳庄	宕开三去阳庄	宕开三平阳初	宕开三平阳崇
兴隆	ɕiaŋ²¹³	ɕiaŋ⁵¹	tʂaŋ³⁵	tʂʰaŋ⁵⁵	tʂuaŋ³⁵	tʂuaŋ⁵¹	tʂʰuaŋ³⁵	tʂʰuaŋ⁵⁵
北戴河	ɕiaŋ²¹⁴	ɕiaŋ⁵¹	tʃaŋ⁴⁴	tʃʰaŋ³⁵	tʃuaŋ⁴⁴	tʃuaŋ⁵¹	tʃʰuaŋ⁴⁴	tʃʰuaŋ³⁵
昌黎	ɕiaŋ²¹³	ɕiaŋ⁴⁵³	tsaŋ⁴²	tsʰaŋ²⁴	tsuaŋ⁴²	tsuaŋ²⁴	tsʰuaŋ⁴²	tsʰuaŋ²⁴
乐亭	ɕiaŋ³⁴	ɕiaŋ⁵²	tʂaŋ³¹	tʂʰaŋ²¹²	tʂuaŋ³¹	tʂuaŋ⁵²	tʂʰuaŋ³¹	tʂʰuaŋ²¹²
蔚县	ɕiɔ⁴⁴	ɕiɔ³¹²	tsɔ⁵³	tsʰɔ⁴¹	tsɔ⁵³	tsɔ³¹²	tsʰɔ⁵³	tsʰɔ⁴¹
涞水	ɕiaŋ²⁴	ɕiaŋ³¹⁴	tʂaŋ³¹	tʂʰaŋ⁴⁵	tʂuaŋ³¹	tʂuaŋ³¹⁴	tʂʰuaŋ³¹	tʂʰuaŋ⁴⁵
霸州	ɕiaŋ²¹⁴	ɕiaŋ⁴¹	tʂaŋ⁴⁵	tʂʰaŋ⁵³	tʂuaŋ⁴⁵	tʂuaŋ⁴¹	tʂʰuaŋ⁴⁵	tʂʰuaŋ⁵³
容城	ɕiaŋ²¹³	ɕiaŋ⁵¹³	tʂaŋ⁴³	tʂʰaŋ³⁵	tʂuaŋ⁴³	tʂuaŋ⁵¹³	tʂʰuaŋ⁴³	tʂʰuaŋ³⁵
雄县	ɕiaŋ²¹⁴	ɕiaŋ⁴¹	tʂaŋ⁴⁵	tʂʰaŋ⁵³	tʂuaŋ⁴⁵	tʂuaŋ⁴¹	tʂʰuaŋ⁴⁵	tʂʰuaŋ⁵³
安新	ɕiaŋ²¹⁴	ɕiaŋ⁵¹	tʂaŋ⁴⁵	tʂʰaŋ³¹	tʂuaŋ⁴⁵	tʂuaŋ⁵¹	tʂʰuaŋ⁴⁵	tʂʰuaŋ³¹
满城	ɕiaŋ²¹³	ɕiaŋ⁵¹²	tʂaŋ⁴⁵	tʂʰaŋ²²	tʂuaŋ⁴⁵ tʂuaŋ⁵¹²	tʂuaŋ⁵¹²	tʂʰuaŋ⁴⁵	tʂʰuaŋ²²
阜平	ɕiaŋ⁵⁵	ɕiaŋ⁵³	tʂaŋ³¹	tʂʰaŋ²⁴	tʂuaŋ³¹	tʂuaŋ⁵³	tʂʰuaŋ³¹	tʂʰuaŋ²⁴
定州	siaŋ²⁴	siaŋ⁵¹	tʂaŋ³³	tʂʰaŋ²¹³	tʂuaŋ³³	tʂuaŋ⁵¹	tʂʰuaŋ³³	tʂʰuaŋ²¹³
无极	siaŋ³⁵	siaŋ⁵¹	tʂaŋ³¹	tʂʰaŋ²¹³	tʂuaŋ³¹	tʂuaŋ⁵¹	tʂʰuaŋ³¹	tʂʰuaŋ²¹³
辛集	siaŋ³²⁴	siaŋ⁴¹	tʂaŋ³³	tʂʰaŋ³⁵⁴	tʂuaŋ³³	tʂuaŋ⁴¹	tʂʰuaŋ³³	tʂʰuaŋ³⁵⁴
衡水	ɕiaŋ⁵⁵	ɕiaŋ³¹	tʂaŋ²⁴	tʂʰaŋ⁵³	tʂuaŋ²⁴	tʂuaŋ³¹	tʂʰuaŋ²⁴	tʂʰuaŋ⁵³
故城	ɕiaŋ⁵⁵	ɕiaŋ³¹	tʂaŋ²⁴	tʂʰaŋ⁵³	tʂuaŋ²⁴	tʂuaŋ³¹	tʂʰuaŋ²⁴	tʂʰuaŋ⁵³
巨鹿	ɕiaŋ⁵⁵	ɕiã²¹	tʂaŋ³³	tʂʰã⁴¹	tʂuaŋ³³	tʂuã²¹	tʂʰuaŋ³³	tʂʰuã⁴¹
邢台	siaŋ⁵⁵	siaŋ³¹	tʂaŋ³⁴	tʂʰaŋ⁵³	tʂuaŋ³⁴	tʂuaŋ³¹	tʂʰuaŋ³⁴	tʂʰuaŋ⁵³
馆陶	siaŋ⁴⁴	siaŋ²¹³	tʂaŋ²⁴	tʂʰaŋ⁵²	tʂuaŋ²⁴	tʂuaŋ²¹³	tʂʰuaŋ²⁴	tʂʰuaŋ⁵²
沧县	ɕiaŋ⁵⁵	ɕiaŋ⁴¹	tʂaŋ²³	tʂʰaŋ⁵³	tʂuaŋ²³	tʂuaŋ⁴¹	tʂʰuaŋ²³	tʂʰuaŋ⁵³
献县	ɕiã²¹⁴	ɕiã³¹	tʂã³³	tʂʰã⁵³	tʂuã³³	tʂuã³¹	tʂʰuã³³	tʂʰuã⁵³
平泉	ɕiaŋ²¹⁴	ɕiaŋ⁵¹	tʂaŋ⁵⁵	tʂʰaŋ³⁵	tʂuaŋ⁵⁵	tʂuaŋ⁵¹	tʂʰuaŋ⁵⁵	tʂʰuaŋ³⁵
滦平	ɕiaŋ²¹⁴	ɕiaŋ⁵¹	tʂaŋ⁵⁵	tʂʰaŋ³⁵	tʂuaŋ⁵⁵	tʂuaŋ⁵¹	tʂʰuaŋ⁵⁵	tʂʰuaŋ³⁵
廊坊	ɕiaŋ²¹⁴	ɕiaŋ⁵¹	tʂaŋ⁵⁵	tʂʰaŋ³⁵	tʂuaŋ⁵⁵	tʂuaŋ⁵¹	tʂʰuaŋ⁵⁵	tʂʰuaŋ³⁵

(续表)

	0729 想	0730 像	0731 张₁	0732 长~短	0733 装	0734 壮	0735 疮	0736 床
	宕开三 上阳心	宕开三 上阳邪	宕开三 平阳知	宕开三 平阳澄	宕开三 平阳庄	宕开三 去阳庄	宕开三 平阳初	宕开三 平阳崇
魏县	ɕiaŋ⁵⁵	ɕiaŋ³¹²	tʂaŋ³³	tʂʰaŋ⁵³	tʂuaŋ³³	tʂuaŋ³¹²	tʂʰuaŋ³³	tʂʰuaŋ⁵³
张北	ɕiɔ̃⁵⁵	ɕiɔ̃²¹³	tʂɔ̃⁴²	tʂʰɔ̃⁴²	tsuɔ̃⁴²	tsuɔ̃²¹³	tsʰuɔ̃⁴²	tsʰuɔ̃⁴²
万全	ɕiaŋ⁵⁵	ɕiaŋ²¹³	tsaŋ⁴¹	tsʰaŋ⁴¹	tsuaŋ⁴¹	tsuaŋ²¹³	tsʰaŋ⁴¹	tsʰuaŋ⁴¹
涿鹿	ɕiã⁴⁵	ɕiã³¹	tʂã⁴⁴	tʂʰã⁴²	tsuã⁴⁴	tsuã³¹	tsʰuã⁴⁴	tsʰuã⁴²
平山	siaŋ⁵⁵	siaŋ⁴²	tʂaŋ³¹	tʂʰaŋ³¹	tʂuaŋ³¹	tʂuaŋ⁴²	tʂʰuaŋ³¹	tʂʰuaŋ³¹
鹿泉	siaŋ³⁵	siaŋ³¹²	tʂaŋ⁵⁵	tʂʰaŋ⁵⁵	tʂuaŋ⁵⁵	tʂuaŋ³¹²	tʂʰuaŋ⁵⁵	tʂʰuaŋ⁵⁵
赞皇	siaŋ⁴⁵	siaŋ³¹²	tʂaŋ⁵⁴	tʂʰaŋ⁵⁴	tʂuaŋ⁵⁴	tʂuaŋ³¹²	tʂʰuaŋ⁵⁴	tʂʰuaŋ⁵⁴
沙河	siaŋ³³	siaŋ²¹	tsaŋ⁴¹	tsʰaŋ⁵¹	tsuaŋ⁴¹	tsuaŋ²¹	tsʰuaŋ⁴¹	tsʰuaŋ⁵¹
邯郸	siaŋ⁵⁵	siaŋ²¹³	tsaŋ³¹	tsʰaŋ⁵³	tsuaŋ³¹	tsuaŋ²¹³	tsʰuaŋ³¹	tsʰuaŋ⁵³
涉县	ɕiã⁵³	ɕiã⁵⁵	tsã⁴¹	tsʰã⁴¹²	tsuã⁴¹	tsuã⁵⁵	tsʰuã⁴¹	tsʰuã⁴¹²

	0737 霜	0738 章	0739 厂	0740 唱	0741 伤	0742 尝	0743 上~去	0744 让
	宕开三平阳生	宕开三平阳章	宕开三上阳昌	宕开三去阳昌	宕开三平阳书	宕开三平阳禅	宕开三上阳禅	宕开三去阳日
兴隆	ʂuaŋ³⁵	tʂaŋ³⁵	tʂʰaŋ²¹³	tʂʰaŋ⁵¹	ʂaŋ³⁵	tʂʰaŋ⁵⁵	ʂaŋ⁵¹	zaŋ⁵¹
北戴河	ʃuaŋ⁴⁴	tʃaŋ⁴⁴	tʃʰaŋ²¹⁴	tʃʰaŋ⁵¹	ʃaŋ⁴⁴	tʃʰaŋ³⁵	ʃaŋ⁵¹	zaŋ⁵¹
昌黎	suaŋ⁴²	tsaŋ⁴²	tsʰaŋ²¹³	tsʰaŋ⁴⁵³	saŋ⁴²	tsʰaŋ²⁴	saŋ²⁴① / saŋ⁴⁵³②	zaŋ²⁴
乐亭	ʂuaŋ³¹	tʂaŋ³¹	tʂʰaŋ³⁴	tʂʰaŋ⁵²	ʂaŋ³¹	tʂʰaŋ²¹²	ʂaŋ⁵²	zaŋ⁵²
蔚县	sɔ⁵³	tsɔ⁵³	tsʰɔ⁴⁴	tsʰɔ³¹²	sɔ⁵³	tsʰɔ⁴¹	sɔ³¹²	zɔ³¹²
涞水	ʂuaŋ³¹	tʂaŋ³¹	tʂʰaŋ²⁴	tʂʰaŋ³¹⁴	ʂaŋ³¹	tʂʰaŋ⁴⁵	ʂaŋ³¹⁴	zaŋ³¹⁴
霸州	ʂuaŋ⁴⁵	tʂaŋ⁴⁵	tʂʰaŋ²¹⁴	tʂʰaŋ⁴¹	ʂaŋ⁴⁵	tʂʰaŋ⁵³	ʂaŋ⁴⁵	zaŋ⁴¹
容城	ʂuaŋ⁴³	tʂaŋ⁴³	tʂʰaŋ²¹³	tʂʰaŋ⁵¹³	ʂaŋ⁴³	tʂʰaŋ³⁵	ʂaŋ⁵¹³	zaŋ⁵¹³
雄县	suaŋ⁴⁵	tʂaŋ⁴⁵	tʂʰaŋ²¹⁴	tʂʰaŋ⁴¹	ʂaŋ⁴⁵	tʂʰaŋ⁵³	ʂaŋ⁴¹	zaŋ⁴¹
安新	ʂuaŋ⁴⁵	tʂaŋ⁴⁵	tʂʰaŋ²¹⁴	tʂʰaŋ⁵¹	ʂaŋ⁴⁵	tʂʰaŋ³¹	ʂaŋ⁵¹	zaŋ⁵¹
满城	ʂuaŋ⁴⁵	tʂaŋ⁴⁵	tʂʰaŋ²¹³	tʂʰaŋ⁵¹²	ʂaŋ⁴⁵	tʂʰaŋ²²	ʂaŋ⁵¹²	zaŋ⁵¹²
阜平	ʂuaŋ³¹	tʂaŋ³¹	tʂʰaŋ⁵⁵	tʂʰaŋ⁵³	ʂaŋ³¹	tʂʰaŋ²⁴	ʂaŋ⁵³	zaŋ⁵³
定州	ʂuaŋ³³	tʂaŋ³³	tʂʰaŋ²⁴	tʂʰaŋ⁵¹	ʂaŋ³³	tʂʰaŋ²¹³	ʂaŋ⁵¹	zaŋ⁵¹
无极	ʂuaŋ³¹	tʂaŋ³¹	tʂʰaŋ³⁵	tʂʰaŋ⁵¹	ʂaŋ³¹	tʂʰaŋ²¹³	ʂaŋ⁴⁵¹	zaŋ⁴⁵¹
辛集	ʂuaŋ³³	tʂaŋ³³	tʂʰaŋ³²⁴	tʂʰaŋ⁴¹	ʂaŋ³³	tʂʰaŋ³⁵⁴	ʂaŋ⁴¹	zaŋ⁴¹
衡水	suaŋ²⁴	tsaŋ²⁴	tsʰaŋ⁵⁵	tsʰaŋ³¹	saŋ²⁴	tsʰaŋ⁵³	saŋ³¹	iaŋ³¹旧 / zaŋ³¹新
故城	suaŋ²⁴	tsaŋ²⁴	tsʰaŋ⁵⁵	tsʰaŋ³¹	saŋ²⁴	tsʰaŋ⁵³	saŋ³¹	zaŋ³¹
巨鹿	ʂuaŋ³³	tʂaŋ³³	tʂʰaŋ⁵⁵	tʂʰã²¹	ʂaŋ³³	tʂʰã⁴¹	ʂã²¹	iã²¹
邢台	ʂuaŋ³⁴	tʂaŋ³⁴	tʂʰaŋ⁵⁵	tʂʰaŋ³¹	ʂaŋ³⁴	tʂʰaŋ⁵³	ʂaŋ³¹	zaŋ³¹又 / iaŋ³¹又
馆陶	ʂuaŋ²⁴	tʂaŋ²⁴	tʂʰaŋ⁴⁴	tʂʰaŋ²¹³	ʂaŋ²⁴	tʂʰaŋ⁵²③ / tʂʰaŋ⁴⁴④	ʂaŋ²¹³	zaŋ²¹³
沧县	suaŋ²³	tsaŋ²³	tsʰaŋ⁵⁵	tsʰaŋ⁴¹	saŋ²³	tsʰaŋ⁵³	saŋ⁴¹	iaŋ⁴¹
献县	ʂuã³³	tʂã³³	tʂʰã²¹⁴	tʂʰã³¹	ʂã³³	tʂʰã⁵³	ʂã³¹	iã³¹白 / zã³¹文

（续表）

	0737 霜	0738 章	0739 厂	0740 唱	0741 伤	0742 尝	0743 上~去	0744 让
	宕开三平阳生	宕开三平阳章	宕开三上阳昌	宕开三去阳昌	宕开三平阳书	宕开三平阳禅	宕开三上阳禅	宕开三去阳日
平泉	ʂuaŋ⁵⁵	tʂaŋ⁵⁵	tʂʰaŋ²¹⁴	tʂʰaŋ⁵¹	ʂaŋ⁵⁵	tʂʰaŋ³⁵	ʂaŋ⁵¹	ʐaŋ⁵¹
滦平	ʂuaŋ⁵⁵	tʂaŋ⁵⁵	tʂʰaŋ²¹⁴	tʂʰaŋ⁵¹	ʂaŋ⁵⁵	tʂʰaŋ³⁵	ʂaŋ⁵¹	ʐaŋ⁵¹
廊坊	ʂuaŋ⁵⁵	tʂaŋ⁵⁵	tʂʰaŋ²¹⁴	tʂʰaŋ⁵¹	ʂaŋ⁵⁵	tʂʰaŋ³⁵	ʂaŋ⁵¹	ʐaŋ⁵¹
魏县	ʂuaŋ³³	tʂaŋ³³	tʂʰaŋ⁵⁵	tʂʰaŋ³¹²	ʂaŋ³³	tʂʰaŋ⁵³	ʂaŋ³¹²	ʐaŋ³¹²
张北	suɔ̃⁴²	tsɔ̃⁴²	tsʰɔ̃⁵⁵	tsʰɔ̃²¹³	sɔ̃⁴²	tsʰɔ̃⁴²	sɔ̃²¹³	zɔ̃²¹³
万全	suaŋ⁴¹	tsaŋ⁴¹	tsʰaŋ⁵⁵	tsʰaŋ²¹³	saŋ⁴¹	tsʰaŋ⁴¹	saŋ²¹³	zaŋ²¹³
涿鹿	suã⁴⁴	tʂã⁴⁴	tʂʰã⁴⁵	tʂʰã³¹	ʂã⁴⁴	tʂʰã⁴⁴	ʂã³¹	ʐã³¹
平山	ʂuaŋ³¹	tʂaŋ³¹	tʂʰaŋ⁴⁵	tʂʰaŋ⁴²	ʂaŋ³¹	tʂʰaŋ³¹	ʂaŋ⁴²	ʐaŋ⁴²
鹿泉	ʂuaŋ⁵⁵	tʂaŋ⁵⁵	tʂʰaŋ⁵⁵	tʂʰaŋ³¹²	ʂaŋ⁵⁵	tʂʰaŋ⁵⁵	ʂaŋ³¹²	ʐaŋ³¹²
赞皇	ʂuaŋ⁵⁴	tʂaŋ⁵⁴	tʂʰaŋ⁵⁴	tʂʰaŋ³¹²	ʂaŋ⁵⁴	tʂʰaŋ⁵⁴	ʂaŋ³¹²	ʐaŋ³¹²
沙河	ʂuaŋ⁴¹	tʂaŋ⁴¹	tʂʰaŋ³³	tʂʰaŋ²¹	ʂaŋ⁴¹	tʂʰaŋ⁵¹	ʂaŋ²¹	ʐaŋ²¹
邯郸	ʂuaŋ³¹	tʂaŋ³¹	tʂʰaŋ⁵⁵	tʂʰaŋ²¹³	ʂaŋ³¹	tʂʰaŋ⁵³	ʂaŋ²¹³	ʐaŋ²¹³
涉县	suã⁴¹	tsã⁴¹	tsʰã⁵³	tsʰã⁵⁵	sã⁴¹	tsʰã⁴¹²	sã⁵⁵	iã⁵⁵

① ~去。
② ~车、~班。
③ ~一~。
④ ~试。

	0745 姜生~ 宕开三 平阳见	0746 响 宕开三 上阳晓	0747 向 宕开三 去阳晓	0748 秧 宕开三 平阳影	0749 痒 宕开三 上阳以	0750 样 宕开三 去阳以	0751 雀 宕开三 入药精	0752 削 宕开三 入药心
兴隆	tɕiaŋ³⁵	ɕiaŋ²¹³	ɕiaŋ⁵¹	iaŋ³⁵	iaŋ²¹³	iaŋ⁵¹	tɕʰiau²¹³ 家~ tɕʰiau³⁵ 黑~子 tɕʰye⁵¹ 麻~	ɕiau³⁵ 白 ɕyɛ³⁵ 文
北戴河	tɕiaŋ⁴⁴	ɕiaŋ²¹⁴	ɕiaŋ⁵¹	iaŋ⁴⁴	iaŋ²¹⁴	iaŋ⁵¹	tɕʰiau²¹⁴ 白 tɕʰye⁵¹ 文	ɕiau⁴⁴ 白 ɕye⁴⁴ 文
昌黎	tɕiaŋ⁴²	ɕiaŋ²¹³	ɕiaŋ⁴⁵³	iaŋ⁴²	iaŋ²¹³	iaŋ²⁴① iaŋ⁴⁵³②	tɕʰiau²¹³ 白 tɕʰye⁴⁵³ 文	ɕiau⁴²
乐亭	tɕiaŋ³¹	ɕiaŋ³⁴	ɕiaŋ⁵²	iaŋ³¹	iaŋ³⁴	iaŋ⁵²	tɕʰye⁵²	ɕiau³¹
蔚县	tɕiɔ⁵³	ɕiɔ⁴⁴	ɕiɔ³¹²	iɔ⁵³	iɔ⁴⁴	iɔ³¹²	tɕʰiʌɯ⁴⁴ 白 tɕʰye³¹² 文	ɕiʌɯ⁵³ 旧 ɕye⁵³ 新
涞水	tɕiaŋ³¹	ɕiaŋ²⁴	ɕiaŋ³¹⁴	iaŋ³¹	iaŋ²⁴	iaŋ³¹⁴	tɕʰiau²⁴ 白 tɕʰye³¹⁴ 文	ɕiau³¹ 白 ɕye³¹ 文
霸州	tɕiaŋ⁴⁵	ɕiaŋ²¹⁴	ɕiaŋ⁴¹	iaŋ⁴⁵	iaŋ²¹⁴	iaŋ⁴¹	tɕʰiau²¹⁴ ~盲眼儿 tɕʰiau⁴⁵ ~子 tɕʰye⁴¹ 孔~	ɕiau⁴⁵ 白 ɕye⁴⁵ 文
容城	tɕiaŋ⁴³	ɕiaŋ²¹³	ɕiaŋ⁵¹³	iaŋ⁴³	iaŋ²¹³	iaŋ⁵¹³	tɕʰye⁵¹³	ɕiau⁴³
雄县	tɕiaŋ⁴⁵	ɕiaŋ²¹⁴	ɕiaŋ⁴¹	iaŋ⁴⁵	iaŋ²¹⁴	iaŋ⁴¹	tɕʰiau²¹⁴ ~盲眼 tɕʰiau⁴⁵ ~子 tɕʰye⁴¹ 孔~	ɕiau⁴⁵ 白 ɕye⁴⁵ 文
安新	tɕiaŋ⁴⁵	ɕiaŋ²¹⁴	ɕiaŋ⁵¹	iaŋ⁴⁵	iaŋ²¹⁴	iaŋ⁵¹	tɕʰiau²¹⁴ 白 tɕʰye⁵¹ 文	ɕiau⁴⁵
满城	tɕiaŋ⁴⁵	ɕiaŋ²¹³	ɕiaŋ⁵¹²	iaŋ⁴⁵	iaŋ²¹³	iaŋ⁵¹²	tɕʰiau²¹³ 白 tɕʰye⁵¹² 文	ɕiau⁴⁵ ɕye⁴⁵
阜平	tɕiaŋ³¹	ɕiaŋ⁵⁵	ɕiaŋ⁵³	iaŋ³¹	iaŋ⁵⁵	iaŋ⁵³	tɕʰiɔ⁵³ 白 tɕʰye⁵³ 文	ɕiɔ²⁴
定州	tɕiaŋ³³	ɕiaŋ²⁴	ɕiaŋ⁵¹	iaŋ³³	iaŋ²⁴	iaŋ⁵¹	tɕʰiau²⁴	siau³³
无极	tɕiaŋ³¹	ɕiaŋ³⁵	ɕiaŋ⁴⁵¹	iaŋ³¹	iaŋ³⁵	iaŋ⁴⁵¹		siɔ²¹³
辛集	tɕiaŋ³³	ɕiaŋ³²⁴	ɕiaŋ⁴¹	iaŋ³³	iaŋ³²⁴	iaŋ⁴¹	tsʰiau⁴¹ 白 tɕʰye⁴¹ 文	siau³³
衡水	tɕiaŋ²⁴	ɕiaŋ⁵⁵	ɕiaŋ³¹	iaŋ²⁴	iaŋ⁵⁵	iaŋ³¹	tɕʰye³¹	ɕiau²⁴ 白 ɕye²⁴ 文
故城	tɕiaŋ²⁴	ɕiaŋ⁵⁵	ɕiaŋ³¹	iaŋ²⁴	iaŋ⁵⁵	iaŋ³¹	tɕʰiɔo⁵⁵ 白 tɕʰye³¹ 文	ɕiɔo²⁴ 白 ɕye²⁴ 文
巨鹿	tɕiaŋ³³	ɕiaŋ⁵⁵	ɕiã²¹	iaŋ³³	iaŋ⁵⁵	iã²¹	tɕʰiau³³	ɕiau³³
邢台	tɕiaŋ³⁴	ɕiaŋ⁵⁵	ɕiaŋ³¹	iaŋ³⁴	iaŋ⁵⁵	iaŋ³¹	tɕʰiau⁵⁵ 白 tɕʰye³¹ 文	siau³⁴ 白 syɛ³⁴ 文
馆陶	tɕiaŋ²⁴	ɕiaŋ⁴⁴	ɕiaŋ²¹³	iaŋ²⁴	iaŋ⁴⁴	iaŋ²¹³	tɕʰyE²⁴	siao²⁴ 白 syE²⁴ 文

（续表）

	0745 姜生~	0746 响	0747 向	0748 秧	0749 痒	0750 样	0751 雀	0752 削
	宕开三 平阳见	宕开三 上阳晓	宕开三 去阳晓	宕开三 平阳影	宕开三 上阳以	宕开三 去阳以	宕开三 入药精	宕开三 入药心
沧县	tɕiaŋ²³	ɕiaŋ⁵⁵	ɕiaŋ⁴¹	iaŋ²³	iaŋ⁵⁵	iaŋ⁴¹	tɕʰiau²³ 白 tɕʰyɛ⁴¹ 文	ɕiɑu²³
献县	tɕiã³³	ɕiã²¹⁴	ɕiã³¹	iã³³	iã²¹⁴	iã³¹	tɕʰiɔ³³ 白 tɕʰyɛ³¹ 文	ɕiɔ³³
平泉	tɕiaŋ⁵⁵	ɕiaŋ²¹⁴	ɕiaŋ⁵¹	iaŋ⁵⁵	iaŋ²¹⁴	iaŋ⁵¹	tɕʰiau²¹⁴ 又 tɕʰyɛ⁵¹ 又 tɕʰiau⁵⁵ 又	ɕiau⁵⁵ 白 ɕyɛ⁵⁵ 文
滦平	tɕiaŋ⁵⁵	ɕiaŋ²¹⁴	ɕiaŋ⁵¹	iaŋ⁵⁵	iaŋ²¹⁴	iaŋ⁵¹	tɕʰiau²¹⁴ 家~ tɕʰiau⁵⁵ 黑~子 tɕʰyɛ⁵¹ 麻~	ɕiau⁵⁵ 白 ɕyɛ⁵⁵ 文
廊坊	tɕiaŋ⁵⁵	ɕiaŋ²¹⁴	ɕiaŋ⁵¹	iaŋ⁵⁵	iaŋ²¹⁴	iaŋ⁵¹	tɕʰyɛ⁵¹	ɕiau⁵⁵ 白 ɕyɛ⁵⁵ 文
魏县	tɕiaŋ³³	ɕiaŋ⁵⁵	ɕiaŋ³¹²	zaŋ³³	iaŋ⁵⁵	iaŋ³¹²	tɕʰiə³³ 白 tɕʰyɛ³³ 文	ɕyɛ³³ 白 ɕyɛ³³ 文
张北	tɕiɔ̃⁴²	ɕiɔ̃⁵⁵	ɕiɔ̃²¹³	iɔ̃⁴²	iɔ̃⁵⁵	iɔ̃²¹³	tɕʰyəʔ³²	ɕyəʔ³² ɕiau⁴²
万全	tɕiaŋ⁴¹	ɕiaŋ⁵⁵	ɕiaŋ²¹³	iaŋ⁴¹	iaŋ⁵⁵	iaŋ²¹³	tɕʰyəʔ²²	ɕiɔ⁴¹
涿鹿	tɕiã⁴⁴	ɕiã⁴⁵	ɕiã³¹	iã⁴⁴	iã⁴⁵	iã³¹	tɕʰyʌʔ⁴³	ɕiɔ⁴⁴
平山	tɕiaŋ³¹	ɕiaŋ⁵⁵	ɕiaŋ⁴²	iaŋ³¹	iaŋ⁵⁵	iaŋ⁴²	tsʰiɔ⁵⁵	siɔ³¹
鹿泉	tɕiaŋ⁵⁵	ɕiaŋ³⁵	ɕiaŋ³¹²	iaŋ⁵⁵	iaŋ³⁵	iaŋ³¹²	tsʰiɔ¹³	siɔ⁵⁵
赞皇	tɕiaŋ⁵⁴	ɕiaŋ⁴⁵	ɕiaŋ³¹²	iaŋ⁵⁴	iaŋ⁴⁵	iaŋ³¹²	tsʰiɔ⁵⁴ 白 tsʰyɛ³¹² 文	siɔ⁵⁴
沙河	tɕiaŋ⁴¹	ɕiaŋ³³	ɕiaŋ²¹	zaŋ⁴¹③ iaŋ⁴¹④	iaŋ³³	iaŋ²¹	tɕʰyɛ²¹	ɕyəʔ²
邯郸	tɕiaŋ³¹	ɕiaŋ⁵⁵	ɕiaŋ²¹³	zaŋ³¹⑤ iaŋ³¹⑥	iaŋ⁵⁵	iaŋ²¹³	tsʰiʌʔ⁴³	syʌʔ⁴³
涉县	tɕiã⁴¹	ɕiã⁵³	ɕiã⁵⁵	iã⁴¹	iã⁵³	iã⁵⁵	tɕʰyɐ³² 白 tɕʰiau⁵⁵ 文	ɕyɐʔ³² 白 ɕyæ⁵⁵ 文

---

① 一~儿的¹。
② 一~儿的²、~子。
③ 红薯~子。
④ ~歌儿。
⑤ ~子。
⑥ ~歌儿。

	0753 着 火~了	0754 勺	0755 弱	0756 脚	0757 约	0758 药	0759 光~线	0760 慌
	宕开三入药知	宕开三入药禅	宕开三入药日	宕开三入药见	宕开三入药影	宕开三入药以	宕合一平唐见	宕合一平唐晓
兴隆	tʂau⁵⁵	ʂau⁵⁵	ʐau⁵¹ 又 / ʐuo⁵¹ 又	tɕiau²¹³	iau³⁵ 白 / ye³⁵ 文	iau⁵¹	kuaŋ³⁵	xuaŋ³⁵
北戴河	tʃau³⁵	ʃau³⁵	ʐau⁵¹ 白 / ʐuo⁵¹ 文	tɕiau²¹⁴	iau⁴⁴ 白 / ye⁴⁴ 文	iau⁵¹	kuaŋ⁴⁴	xuaŋ⁴⁴
昌黎	tʂau²⁴	sau²⁴	ʐau⁴⁵³ 白 / ʐuo⁴⁵³ 文	tɕiau²¹³	ye⁴²	iau⁴⁵³	kuaŋ⁴²	xuaŋ⁴²
乐亭	tʂau²¹²	ʂau²¹²	ʐau⁵²	tɕiau³⁴	iau³¹	iau⁵²	kuaŋ³¹	xuaŋ³¹
蔚县	tsʌɯ⁴¹	sʌɯ⁴¹	ʐʌɯ³¹²	tɕiʌɯ⁵³	iʌɯ⁵³ 旧 / ye⁵³ 新	iʌɯ³¹²	kɔ⁵³	xɔ⁵³
涞水	tʂau⁴⁵	ʂau⁴⁵	ʐau³¹⁴ 白 / ʐuo³¹⁴ 文	tɕiau²⁴	iau³¹	iau³¹⁴	kuaŋ³¹	xuaŋ³¹
霸州	tʂau⁵³	ʂau⁵³	ʐau⁴¹ 旧 / ʐuo⁴¹ 新	tɕiau²¹⁴	iau⁴⁵ 旧 / ye⁴⁵ 新	iau⁴¹	kuaŋ⁴⁵	xuaŋ⁴⁵
容城	tʂau³⁵	ʂau³⁵	ʐau⁵¹³ 白 / ʐuo⁵¹³ 文	tɕiau²¹³	iau²¹³ 白 / ye⁴³ 文	iau⁵¹³	kuaŋ⁴³	xuaŋ⁴³
雄县	tʂau⁵³	ʂau⁵³	ʐau⁴¹	tɕiau²¹⁴	iau⁴⁵ 旧 / ye⁴⁵ 新	iau⁴¹	kuaŋ⁴⁵	xuaŋ⁴⁵
安新	tʂau³¹	ʂau³¹	ʐɑu⁵¹ 白 / ʐuo⁵¹ 文	tɕiau²¹⁴	iau⁴⁵ 白 / iuai⁵¹ 白① / ye⁴⁵ 文	iau⁵¹	kuaŋ⁴⁵	xuaŋ⁴⁵
满城	tʂau²²	ʂau²²	ʐɑu⁵¹² 白 / ʐuo⁵¹² 文	tɕiau²¹³	iau⁵¹² / ye⁴⁵	iau⁵¹²	kuaŋ⁴⁵	xuaŋ⁴⁵
阜平	tʂɔ²⁴	ʂɔ²⁴	ʐɔ⁵³	tɕiɔ²⁴	iɔ³¹	iɔ⁵³	kuaŋ³¹	xuaŋ³¹
定州	tʂau²¹³	ʂau²¹³	ʐau⁵¹	tɕiau²⁴	iau³³	iau⁵¹	kuaŋ³³	xuaŋ³³
无极	tʂɔ²¹³	ʂɔ²¹³	ʐɔ⁵¹	tɕiɔ²¹³	iɔ²¹³	iɔ⁵¹	kuaŋ³¹	xuaŋ³¹
辛集	tʂau³⁵⁴	ʂau³⁵⁴	ʐau⁴¹ 白 / luə⁴¹ 文	tɕiau³³	iau³³	iau⁴¹	kuaŋ³³	xuaŋ³³
衡水	tsau⁵³	sau⁵³	iau³¹ 白 / ʐuo³¹ 文	tɕiau²⁴	iau²⁴ 白 / ye²⁴ 文	iau³¹	kuaŋ²⁴	xuaŋ²⁴
故城	tʂɔ⁵³	ʂɔ⁵³	ʐɔ³¹ 白 / ʐɤ³¹ 文	tɕiɔ²⁴	iɔ²⁴ 白 / ye²⁴ 文	iɔ³¹	kuaŋ²⁴	xuaŋ²⁴
巨鹿	tʂau⁴¹	ʂau⁴¹	iau²¹	tɕiau³³	iau³³	iau²¹	kuaŋ³³	xuaŋ³³
邢台	tsau⁵³	sau⁵³	ʐau³¹ 白 / ʐuo³¹ 文	tɕiau³⁴	iau³⁴ 白 / ye³⁴ 文	iau³¹	kuaŋ³⁴	xuaŋ³⁴
馆陶	tʂuo⁵²	ʂuo⁵²	luo²¹³	tɕyo²⁴	yɛ²⁴ 白 / iao²⁴ 文	yo²¹³	kuaŋ²⁴	xuaŋ²⁴

（续表）

	0753 着火~了	0754 勺	0755 弱	0756 脚	0757 约	0758 药	0759 光~线	0760 慌
	宕开三入药知	宕开三入药禅	宕开三入药日	宕开三入药见	宕开三入药影	宕开三入药以	宕合一平唐见	宕合一平唐晓
沧县	tʂɑu⁵³	ʂɑu⁵³	zɑu⁴¹ 白 / zuo⁴¹ 文	tɕiɑu²³	iɑu²³ 白 / iɑu⁴¹ 白 / yɛ²³ 文	iɑu⁴¹	kuɑŋ²³	xuɑŋ²³
献县	tʂɔ⁵³	ʂɔ⁵³	zɔ³¹ 白 / zuo³¹ 文	tɕiɔ³³	iɔ³³ 白 / yɛ³³ 文	iɔ³¹	kuã³³	xuã³³
平泉	tʂɑu³⁵	ʂɑu³⁵	zɑu⁵¹ 又 / zuo⁵¹ 又	tɕiɑu²¹⁴	yɛ⁵⁵ 又 / iɑu⁵⁵ 又	iɑu⁵¹	kuɑŋ⁵⁵	xuɑŋ⁵⁵
滦平	tʂɑu³⁵	ʂɑu³⁵	zɑu⁵¹ 又 / zuo⁵¹ 又	tɕiɑu²¹⁴	yɛ⁵⁵② / iɑu⁵⁵③	iɑu⁵¹	kuɑŋ⁵⁵	xuɑŋ⁵⁵
廊坊	tʂɑu³⁵	ʂɑu³⁵	zɑu⁵¹ 白 / zuo⁵¹ 文	tɕiɑu²¹⁴	iɑu⁵⁵ 白 / yɛ⁵⁵ 文	iɑu⁵¹	kuɑŋ⁵⁵	xuɑŋ⁵⁵
魏县	tʂuə⁵³	ʂuə⁵³	zɑŋ⁵³ 白 / zʅ³¹² 文	tɕyə³³	yə³³ 白 / yɛ³³ 文	yə³³	kuɑŋ³³	xuɑŋ³³
张北	tsau⁴²	sau⁴²	zau²¹³	tɕiau⁵⁵	yəʔ³²	iəʔ³² iau²¹³	kuɔ̃⁴²	xuɔ̃⁴²
万全	tsɔ⁴¹	sɔ⁴¹	zɔ²¹³	tɕiəʔ²²	yəʔ²²	iəʔ²²	kuaŋ⁴¹	xuaŋ⁴¹
涿鹿	tʂɔ⁴²	ʂɔ⁴²	zɔ³¹	tɕiɔ⁴⁵	iɔ⁴⁴ 又 / yɛ⁴² 又	iɔ³¹	kuã⁴⁴	xuã⁴⁴
平山	tʂɤ³¹	ʂɤ³¹	zɔ⁴²	tɕiɔ²⁴	iɔ²⁴	iə²⁴	kuɑŋ³¹	xuɑŋ³¹
鹿泉	tʂɔ⁵⁵	ʂɔ⁵⁵	zuo³¹² 白 / zʅ³¹² 文	tɕyɤ¹³ 白 / tɕiɔ¹³ 文	yɤ⁵⁵ 白 / iɔ¹³ 文	iɔ³¹²	kuɑŋ⁵⁵	xuɑŋ⁵⁵
赞皇	tʂɔ⁵⁴	ʂɔ⁵⁴	zʅ³¹² 白 / zuo³¹² 文	tɕiɔ²⁴	yɛ²⁴	iɔ³¹²	kuɑŋ⁵⁴	xuɑŋ⁵⁴
沙河	tʂuo⁵¹	ʂau⁵¹	zau²¹	tɕiəʔ²	iau²¹	iəʔ²④ / iau²¹⑤	kuaŋ⁴¹	xuaŋ⁴¹
邯郸	tʂuə⁵³	ʂuə⁵³	zɑŋ⁵³ 白 / zəŋ⁴³ 文	tɕiʌʔ⁴³	iʌʔ⁴³ 白 / yʌʔ⁴³ 文	iʌʔ⁴³	kuɑŋ³¹	xuɑŋ³¹
涉县	tsaʔ³²	saʔ³²	yaʔ³²	tɕieʔ³²	yɛʔ³²	yə⁵⁵	kuã⁴¹	xuã⁴¹

---

① 用于"~子"（义为"捆扎麦秸用的绳子或稻草等物"）。
② 大~。
③ ~秤。
④ 中~。
⑤ 芍~。

	0761 黃	0762 郭	0763 霍	0764 方	0765 放	0766 纺	0767 房	0768 防
	宕合一平唐匣	宕合一入铎见	宕合一入铎晓	宕合三平阳非	宕合三去阳非	宕合三上阳敷	宕合三平阳奉	宕合三平阳奉
兴隆	xuaŋ^{55}	kuo^{35}	xuo^{213}又 xuo^{51}又	faŋ^{35}	faŋ^{51}	faŋ^{213}	faŋ^{55}	faŋ^{55}
北戴河	xuaŋ^{35}	kuo^{44}	xuo^{51}	faŋ^{44}	faŋ^{51}	faŋ^{214}	faŋ^{35}	faŋ^{35}
昌黎	xuaŋ^{24}	kuo^{42}	xuo^{453}	faŋ^{42}	faŋ^{453}	faŋ^{213}	faŋ^{24}	faŋ^{24}
乐亭	xuaŋ^{212}	kuə^{31}	xuə^{34}	faŋ^{31}	faŋ^{52}	faŋ^{34}	faŋ^{212}	faŋ^{34}
蔚县	xɔ^{41}	kuɤ^{53}	xuɤ^{312}	fɔ^{53}	fɔ^{312}	fɔ^{44}	fɔ^{41}	fɔ^{41}
涞水	xuaŋ^{45}	kuo^{24}白 kuo^{31}文	xuo^{314}	faŋ^{31}	faŋ^{314}	faŋ^{24}	faŋ^{45}	faŋ^{45}
霸州	xuaŋ^{53}	kuo^{214}	xuo^{214}	faŋ^{45}	faŋ^{41}	faŋ^{214}	faŋ^{53}	faŋ^{53}
容城	xuaŋ^{35}	kuo^{213}又 kuo^{43}又	xuo^{513}	faŋ^{43}	faŋ^{513}	faŋ^{213}	faŋ^{35}	faŋ^{35}
雄县	xuaŋ^{53}	kuo^{214}	xuo^{214}	faŋ^{45}	faŋ^{41}	faŋ^{214}	faŋ^{53}	faŋ^{53}
安新	xuaŋ^{31}	kuo^{214}白 kuo^{45}文	xuo^{51}	faŋ^{45}	faŋ^{51}	faŋ^{214}	faŋ^{31}	faŋ^{31}
满城	xuaŋ^{22}	kuo^{213}	xuo^{512}	faŋ^{45}	faŋ^{512}	faŋ^{213}	faŋ^{22}	faŋ^{22}
阜平	xuaŋ^{24}	kuɤ^{24}	xuɤ^{53}	faŋ^{31}	faŋ^{53}	faŋ^{55}	faŋ^{24}	faŋ^{24}
定州	xuaŋ^{213}	kuo^{33}	xuo^{51}	faŋ^{33}	faŋ^{51}	faŋ^{24}	faŋ^{213}	faŋ^{24}
无极	xuaŋ^{213}	kuɤ^{213}	xuɤ^{51}	faŋ^{31}	faŋ^{451}	faŋ^{35}	faŋ^{213}	faŋ^{213}
辛集	xuaŋ^{354}	kuə^{33}	xuə^{41}	faŋ^{33}	faŋ^{41}	faŋ^{324}	faŋ^{354}	faŋ^{354}
衡水	xuaŋ^{53}	kuo^{24}	xuo^{31}	faŋ^{24}	faŋ^{31}	faŋ^{55}	faŋ^{53}	faŋ^{55}
故城	xuaŋ^{53}	kuɤ^{24}	xuɤ^{31}	faŋ^{24}	faŋ^{31}	faŋ^{55}	faŋ^{53}	faŋ^{55}
巨鹿	xuã^{41}	kuo^{33}	xuo^{33}	faŋ^{33}	fã^{21}	faŋ^{55}	fã^{41}	faŋ^{55}
邢台	xuaŋ^{53}	kuo^{34}	xuo^{31}	faŋ^{34}	faŋ^{31}	faŋ^{55}	faŋ^{53}	faŋ^{53}
馆陶	xuaŋ^{52}	kuo^{24}	xuo^{24}	faŋ^{24}	faŋ^{213}	faŋ^{44}	faŋ^{52}	faŋ^{44}
沧县	xuaŋ^{53}	kuo^{23}	xuo^{41}	faŋ^{23}	faŋ^{41}	faŋ^{55}	faŋ^{53}	faŋ^{55}
献县	xuã^{53}	kuo^{33}	xuo^{31}	fã^{33}	fã^{31}	fã^{214}	fã^{53}	fã^{53}

（续表）

	0761 黄	0762 郭	0763 霍	0764 方	0765 放	0766 纺	0767 房	0768 防
	宕合一平唐匣	宕合一入铎见	宕合一入铎晓	宕合三平阳非	宕合三去阳非	宕合三上阳敷	宕合三平阳奉	宕合三平阳奉
平泉	xuaŋ³⁵	kuo⁵⁵	xuo²¹⁴ 又 xuo⁵¹ 又	faŋ⁵⁵	faŋ⁵¹	faŋ²¹⁴	faŋ³⁵	faŋ³⁵
滦平	xuaŋ³⁵	kuo⁵⁵	xuo²¹⁴ 又 xuo⁵¹ 又	faŋ⁵⁵	faŋ⁵¹	faŋ²¹⁴	faŋ³⁵	faŋ³⁵
廊坊	xuaŋ³⁵	kuo⁵⁵	xuo⁵¹	faŋ⁵⁵	faŋ⁵¹	faŋ²¹⁴	faŋ³⁵	faŋ³⁵
魏县	xuaŋ⁵³	kuə³³	xuə³³	faŋ³³	faŋ³¹²	faŋ⁵⁵	faŋ⁵³	faŋ⁵³
张北	xuɔ̃⁴²	kuəʔ³²	xuəʔ³²	fɔ̃⁴²	fɔ̃²¹³	fɔ̃⁵⁵	fɔ̃⁴²	fɔ̃⁴²
万全	xuaŋ⁴¹	kuəʔ²²	xuəʔ²²	faŋ⁴¹	faŋ²¹³	faŋ⁵⁵	faŋ⁴¹	faŋ⁴¹
涿鹿	xuã⁴²	kuʌʔ⁴³	xuʌʔ⁴³	fã⁴⁴	fã³¹	fã⁴⁵	fã⁴²	fã⁴²
平山	xuaŋ³¹	kuə²⁴	xuə²⁴	faŋ³¹	faŋ⁴²	faŋ⁵⁵	faŋ³¹	faŋ³¹
鹿泉	xuaŋ⁵⁵	kuo¹³	xuʌ¹³	faŋ⁵⁵	faŋ³¹²	faŋ³⁵	faŋ⁵⁵	faŋ⁵⁵
赞皇	xuaŋ⁵⁴	kuə²⁴	xuə³¹²	faŋ⁵⁴	faŋ³¹²	faŋ⁴⁵	faŋ⁵⁴	faŋ⁵⁴
沙河	xuaŋ⁵¹	kuəʔ²	xuəʔ²	faŋ⁴¹	faŋ²¹	faŋ³³	faŋ⁵¹	faŋ⁵¹
邯郸	xuaŋ⁵³	kuʌʔ⁴³	xuʌʔ⁴³	faŋ³¹	faŋ²¹³	faŋ⁵⁵	faŋ⁵³	faŋ⁵³
涉县	xuã⁴¹²	kuɐʔ³²	xuɐʔ³²	fã⁴¹	fã⁵⁵	fã⁵³	fã⁴¹²	fã⁴¹²

	0769 网	0770 筐	0771 狂	0772 王	0773 旺	0774 缚	0775 绑	0776 胖
	宕合三上阳微	宕合三平阳溪	宕合三平阳群	宕合三平阳云	宕合三去阳云	宕合三入药奉	江开二上江帮	江开二去江滂
兴隆	uaŋ²¹³	kʰuaŋ³⁵	kʰuaŋ⁵⁵	uaŋ⁵⁵	uaŋ⁵¹	fu⁵¹	paŋ²¹³	pʰan⁵¹① pʰan³⁵② pʰan⁵⁵③
北戴河	uaŋ²¹⁴	kʰuaŋ⁴⁴	kʰuaŋ³⁵	uaŋ³⁵	uaŋ⁵¹	fu⁵¹	paŋ²¹⁴	pʰaŋ⁵¹
昌黎	uaŋ²¹³	kʰuaŋ⁴²	kʰuaŋ²⁴	uaŋ²⁴	uaŋ⁴⁵³	fu⁴⁵³	paŋ²¹³	pʰaŋ⁴⁵³
乐亭	uaŋ³⁴	kʰuaŋ³¹	kʰuaŋ²¹²	uaŋ²¹²	uaŋ⁵²	fu⁵²	paŋ³⁴	pʰaŋ⁵²
蔚县	vɔ⁴⁴	kʰɔ⁵³	kʰɔ⁴¹	vɔ⁴¹	vɔ³¹²	fu³¹²	pɔ⁴⁴	pʰɔ³¹²
涞水	uaŋ²⁴	kʰuaŋ³¹	kʰuaŋ⁴⁵	uaŋ⁴⁵	uaŋ³¹⁴	fu³¹⁴	paŋ²⁴	pʰaŋ³¹⁴
霸州	uaŋ²¹⁴	kʰuaŋ⁴⁵	kʰuaŋ⁵³	uaŋ⁵³	uaŋ⁴¹	fu⁴¹	paŋ²¹⁴	pʰaŋ⁴¹
容城	uaŋ²¹³	kʰuaŋ⁴³	kʰuaŋ³⁵	uaŋ³⁵	uaŋ⁵¹³	fu⁵¹³	paŋ²¹³	pʰaŋ⁵¹³
雄县	uaŋ²¹⁴	kʰuaŋ⁴⁵	kʰuaŋ⁵³	uaŋ⁵³	uaŋ⁴¹	fu⁴¹	paŋ²¹⁴	pʰaŋ⁴¹
安新	uaŋ²¹⁴	kʰuaŋ⁴⁵	kʰuaŋ³¹	uaŋ³¹	uaŋ⁵¹	fu⁵¹	paŋ²¹⁴	pʰaŋ⁵¹
满城	uaŋ²¹³	kʰuaŋ⁴⁵	kʰuaŋ²²	uaŋ²²	uaŋ⁵¹²	fu⁵¹²	paŋ²¹³	pʰaŋ⁵¹²
阜平	uaŋ⁵⁵	kʰuaŋ³¹	kʰuaŋ²⁴	uaŋ²⁴	uaŋ⁵³	fu⁵³	paŋ⁵⁵	pʰaŋ⁵³
定州	uaŋ²⁴	kʰuaŋ³³	kʰuaŋ²¹³	uaŋ²¹³	uaŋ⁵¹	fu²⁴	paŋ²⁴	pʰaŋ⁵¹
无极	uaŋ³⁵	kʰuaŋ³¹	kʰuaŋ³⁵④	uaŋ²¹³	uaŋ⁵¹		paŋ³⁵	pʰaŋ⁵¹
辛集	uaŋ³²⁴	kʰuaŋ³³	kʰuaŋ³⁵⁴	uaŋ³⁵⁴	uaŋ⁴¹	fu³⁵⁴	paŋ³²⁴	pʰaŋ⁴¹ 又 pʰaŋ³³ 又
衡水	vaŋ⁵⁵	kʰuaŋ²⁴	kʰuaŋ⁵³	vaŋ⁵³	vaŋ³¹	fu⁵³	paŋ⁵⁵	pʰaŋ⁵³
故城	vaŋ⁵⁵	kʰuaŋ²⁴	kʰuaŋ⁵³	vaŋ⁵³	vaŋ³¹	fu³¹	paŋ⁵⁵	pʰaŋ³¹
巨鹿	uaŋ⁵⁵	kʰuaŋ³³	kʰuã⁴¹	uã⁴¹	uã²¹	fu⁴¹	paŋ⁵⁵	pʰã²¹
邢台	vaŋ⁵⁵	kʰuaŋ³⁴	kʰuaŋ⁵³	vaŋ⁵³	vaŋ³¹	fu³¹	paŋ⁵⁵	pʰaŋ³¹
馆陶	uaŋ⁴⁴	kʰuaŋ²⁴	kʰuaŋ⁵²	uaŋ⁵²	uaŋ²¹³	fu⁵²	paŋ⁴⁴	pʰaŋ²¹³
沧县	uaŋ⁵⁵	kʰuaŋ²³	kʰuaŋ⁵³	uaŋ⁵³	uaŋ⁴¹	fu⁴¹	paŋ⁵⁵	pʰaŋ⁴¹
献县	uã²¹⁴	kʰuã³³	kʰuã⁵³	uã⁵³	uã³¹	fu³¹	pã²¹⁴	pʰã³¹
平泉	uaŋ²¹⁴	kʰuaŋ⁵⁵	kʰuaŋ³⁵	uaŋ³⁵	uaŋ⁵¹	fu⁵¹	paŋ²¹⁴	pʰaŋ⁵¹

（续表）

	0769 网	0770 筐	0771 狂	0772 王	0773 旺	0774 缚	0775 绑	0776 胖
	宕合三上阳微	宕合三平阳溪	宕合三平阳群	宕合三平阳云	宕合三去阳云	宕合三入药奉	江开二上江帮	江开二去江滂
滦平	uaŋ²¹⁴	kʰuaŋ⁵⁵	kʰuaŋ³⁵	uaŋ³⁵	uaŋ⁵¹	fu⁵¹	paŋ²¹⁴	pʰaŋ⁵¹⑤ pʰan³⁵⑥
廊坊	uaŋ²¹⁴	kʰuaŋ⁵⁵	kʰuaŋ³⁵	uaŋ³⁵	uaŋ⁵¹	fu⁵¹	paŋ²¹⁴	pʰaŋ⁵¹
魏县	uaŋ⁵⁵	kʰuaŋ³³	kʰuaŋ⁵³	uaŋ⁵³	uaŋ³¹²	fu⁵³	paŋ⁵⁵	pʰaŋ³¹²
张北	vɔ̃⁵⁵	kʰuɔ̃⁴²	kʰuɔ̃⁴²	vɔ̃⁴²	vɔ̃⁴²	fu²¹³	pɔ̃⁵⁵	pʰɔ̃²¹³
万全	vaŋ⁵⁵	kʰuaŋ⁴¹	kʰuaŋ⁴¹	vaŋ⁴¹	vaŋ²¹³	fəʔ²²	paŋ⁵⁵	pʰaŋ²¹³
涿鹿	uã⁴⁵	kʰuã⁴⁴	kʰuã⁴²	uã⁴²	uã³¹	fu³¹	pã⁴⁵	pʰã³¹
平山	uaŋ⁵⁵	kʰuaŋ³¹	kʰuaŋ³¹	uaŋ³¹	uaŋ⁴²	fu³¹	paŋ⁵⁵	pʰaŋ⁴²
鹿泉	uaŋ³⁵	kʰuaŋ⁵⁵	kʰuaŋ⁵⁵	uaŋ⁵⁵	uaŋ³¹²	fu³¹²	paŋ³⁵	pʰaŋ³¹²
赞皇	uaŋ⁴⁵	kʰuaŋ⁵⁴	kʰuaŋ⁵⁴	uaŋ⁵⁴	uaŋ³¹²	fu⁵⁴	paŋ⁴⁵	pʰaŋ³¹²
沙河	uaŋ³³	kʰuaŋ⁴¹	kʰuaŋ⁵¹	uaŋ⁵¹	uaŋ²¹	fu²¹	paŋ³³	pʰaŋ²¹
邯郸	vaŋ⁵⁵	kʰuaŋ³¹	kʰuaŋ⁵³	vaŋ⁵³	vaŋ²¹³	fu⁵³	paŋ⁵⁵	pʰaŋ²¹³
涉县	vã⁵³	kʰuã⁴¹	kʰuã⁴¹²	vã⁴¹²	vã⁵⁵	fu⁵⁵	pã⁵³	pʰã⁵⁵

---

① 肥~。
② ~头鱼。
③ 心宽体~。
④ ~气：形容言语傲慢、嚣张。
⑤ 肥~。
⑥ 心宽体~。

	0777 棒	0778 桩	0779 撞	0780 窗	0781 双	0782 江	0783 讲	0784 降投~
	江开二上江並	江开二平江知	江开二去江澄	江开二平江初	江开二平江生	江开二平江见	江开二上江见	江开二平江匣
兴隆	paŋ⁵¹	tʂuaŋ³⁵	tʂʰuaŋ⁵¹ 又 tʂuaŋ⁵¹ 又	tʂʰuaŋ³⁵	ʂuaŋ³⁵	tɕiaŋ³⁵	tɕiaŋ²¹³	ɕiaŋ⁵⁵
北戴河	paŋ⁵¹	tʃuaŋ⁴⁴	tʃʰuaŋ⁵¹ 白 tʃuaŋ⁵¹ 文	tʃʰuaŋ⁴⁴	ʃuaŋ⁴⁴	tɕiaŋ⁴⁴	tɕiaŋ²¹⁴	ɕiaŋ³⁵
昌黎	paŋ⁴⁵³	tʂuaŋ⁴²	tʂʰuaŋ⁴⁵³	tʂʰuaŋ⁴²	ʂuaŋ⁴²	tɕiaŋ⁴²	tɕiaŋ²¹³	ɕiaŋ²⁴
乐亭	paŋ⁵²	tʂuaŋ³¹	tʂʰuaŋ⁵²	tʂʰuaŋ³¹	ʂuaŋ³¹	tɕiaŋ³¹	tɕiaŋ³⁴	ɕiaŋ³¹
蔚县	pɔ³¹²	tsɔ⁵³	tsʰɔ³¹² 又 tsɔ³¹² 又	tsʰɔ⁵³	sɔ⁵³	tɕiɔ⁵³	tɕiɔ⁴⁴	ɕiɔ⁴¹
涞水	paŋ³¹⁴	tʂuaŋ³¹	tʂʰuaŋ³¹⁴ 又 tʂuaŋ³¹⁴ 又	tʂʰuaŋ³¹	ʂuaŋ³¹	tɕiaŋ³¹	tɕiaŋ²⁴	ɕiaŋ⁴⁵
霸州	paŋ⁴¹	tʂuaŋ⁴⁵	tʂʰuaŋ⁴¹ 又 tʂuaŋ⁴¹ 又	tʂʰuaŋ⁴⁵	ʂuaŋ⁴⁵	tɕiaŋ⁴⁵	tɕiaŋ²¹⁴	ɕiaŋ⁵³
容城	paŋ⁵¹³	tʂuaŋ⁴³	tʂuaŋ⁵¹³	tʂʰuaŋ⁴³	ʂuaŋ⁴³	tɕiaŋ⁴³	tɕiaŋ²¹³	ɕiaŋ³⁵
雄县	paŋ⁴¹	tʂuaŋ⁴⁵	tʂʰuaŋ⁴¹ 又 tʂuaŋ⁴¹ 又	tʂʰuaŋ⁴⁵	ʂuaŋ⁴⁵	tɕiaŋ⁴⁵	tɕiaŋ²¹⁴	ɕiaŋ⁵³
安新	paŋ⁵¹	tʂuaŋ⁴⁵	tʂuaŋ⁵¹	tʂʰuaŋ⁴⁵	ʂuaŋ⁴⁵	tɕiaŋ⁴⁵	tɕiaŋ²¹⁴	ɕiaŋ³¹
满城	paŋ⁵¹²	tʂuaŋ⁴⁵	tʂuaŋ⁵¹²	tʂʰuaŋ⁴⁵	ʂuaŋ⁴⁵ ʂuaŋ⁵¹²	tɕiaŋ⁴⁵	tɕiaŋ²¹³	ɕiaŋ²²
阜平	paŋ⁵³	tʂuaŋ³¹	tʂʰuaŋ⁵³ 又 tʂuaŋ⁵³ 又	tʂʰuaŋ³¹	ʂuaŋ³¹	tɕiaŋ³¹	tɕiaŋ⁵⁵	ɕiaŋ²⁴
定州	paŋ⁵¹	tʂuaŋ³³	tʂʰuaŋ⁵¹	tʂʰuaŋ³³	ʂuaŋ³³	tɕiaŋ³³	tɕiaŋ²⁴	ɕiaŋ²⁴
无极	paŋ⁴⁵¹	tʂuaŋ³¹	tʂʰuaŋ⁴⁵¹	tʂʰuaŋ³¹	ʂuaŋ³¹	tɕiaŋ³¹	tɕiaŋ³⁵	ɕiaŋ²¹³
辛集	paŋ⁴¹	tʂuaŋ³³	tʂʰuaŋ⁴¹ 又 tʂuaŋ⁴¹ 又	tʂʰuaŋ³³	ʂuaŋ³³	tɕiaŋ³³	tɕiaŋ³²⁴	ɕiaŋ³⁵⁴
衡水	paŋ³¹	tʂuaŋ²⁴	tʂʰuaŋ³¹ 又 tʂuaŋ³¹ 又	tʂʰuaŋ²⁴	ʂuaŋ²⁴	tɕiaŋ²⁴	tɕiaŋ⁵⁵	ɕiaŋ⁵³
故城	paŋ³¹	tʂuaŋ²⁴	tʂʰuaŋ³¹ 又 tʂuaŋ³¹ 又	tʂʰuaŋ²⁴	ʂuaŋ²⁴	tɕiaŋ²⁴	tɕiaŋ⁵⁵	ɕiaŋ⁵³
巨鹿	pã²¹	tʂuaŋ³³	tʂʰuã²¹	tʂʰuaŋ³³	ʂuaŋ³³	tɕiaŋ³³	tɕiaŋ⁵⁵	ɕiã⁴¹
邢台	paŋ³¹	tʂuaŋ³⁴	tʂʰuaŋ³¹ 又 tʂuaŋ³¹ 又	tʂʰuaŋ³⁴	ʂuaŋ³⁴	tɕiaŋ³⁴	tɕiaŋ⁵⁵	ɕiaŋ⁵³

（续表）

	0777 棒	0778 桩	0779 撞	0780 窗	0781 双	0782 江	0783 讲	0784 降投~
	江开二 上江並	江开二 平江知	江开二 去江澄	江开二 平江初	江开二 平江生	江开二 平江见	江开二 上江见	江开二 平江匣
馆陶	paŋ²¹³	tʂuaŋ²⁴	tʂʰuaŋ²¹³ 白 tʂuaŋ²¹³ 文	tʂʰuaŋ²⁴	ʂuaŋ²⁴	tɕiaŋ²⁴	tɕiaŋ⁴⁴	ɕiaŋ⁵²
沧县	paŋ⁴¹	tsuaŋ²³	tsʰuaŋ⁴¹	tsʰuaŋ²³	suaŋ²³	tɕiaŋ²³	tɕiaŋ⁵⁵	ɕiaŋ⁵³
献县	pã³¹	tʂuã³³	tʂʰuã³¹	tʂʰuã³³	ʂuã³³	tɕiã³³	tɕiã²¹⁴	ɕiã⁵³
平泉	paŋ⁵¹	tʂuaŋ⁵⁵	tʂʰuaŋ⁵¹ 又 tʂuaŋ⁵¹ 又	tʂʰuaŋ⁵⁵	ʂuaŋ⁵⁵	tɕiaŋ⁵⁵	tɕiaŋ²¹⁴	ɕiaŋ³⁵
滦平	paŋ⁵¹	tʂuaŋ⁵⁵	tʂʰuaŋ⁵¹ 又 tʂuaŋ⁵¹ 又	tʂʰuaŋ⁵⁵	ʂuaŋ⁵⁵	tɕiaŋ⁵⁵	tɕiaŋ²¹⁴	ɕiaŋ³⁵
廊坊	paŋ⁵¹	tʂuaŋ⁵⁵	tʂʰuaŋ⁵¹ 又 tʂuaŋ⁵¹ 又	tʂʰuaŋ⁵⁵	ʂuaŋ⁵⁵	tɕiaŋ⁵⁵	tɕiaŋ²¹⁴	ɕiaŋ³⁵
魏县	paŋ³¹²	tʂuaŋ³³	tʂʰuaŋ³¹² 白 tʂuaŋ³¹² 文	tʂʰuaŋ³³	ʂuaŋ³³	tɕiaŋ³³	tɕiaŋ⁵⁵	ɕiaŋ⁵³
张北	pɔ̃²¹³	tsuɔ̃⁴²	tsuɔ̃²¹³	tsʰuɔ̃⁴²	suɔ̃⁴²	tɕiɔ̃⁴²	tɕiɔ̃⁵⁵	ɕiɔ̃⁵⁵
万全	paŋ²¹³	tsuaŋ⁴¹	tsʰuaŋ²¹³	tsʰuaŋ⁴¹	suaŋ⁴¹	tɕiaŋ⁴¹	tɕiaŋ⁵⁵	ɕiaŋ⁴¹
涿鹿	pã³¹	tsuã⁴⁴	tsuã³¹ 又 tsʰuã³¹ 又	tsʰuã⁴²	suã⁴⁴	tɕiã⁴⁴	tɕiã⁴⁵	ɕiã⁴²
平山	paŋ⁴²	tʂuaŋ³¹	tʂʰuaŋ⁴²	tʂʰuaŋ³¹	ʂuaŋ³¹	tɕiaŋ³¹	tɕiaŋ⁵⁵	ɕiaŋ⁵⁵
鹿泉	paŋ³¹²	tʂuaŋ⁵⁵	tʂʰuaŋ³¹²	tʂʰuaŋ⁵⁵	ʂuaŋ⁵⁵	tɕiaŋ⁵⁵	tɕiaŋ³⁵	ɕiaŋ⁵⁵
赞皇	paŋ³¹²	tʂuaŋ⁵⁴	tʂʰuaŋ³¹² 又 tʂuaŋ³¹² 又	tʂʰuaŋ⁵⁴	ʂuaŋ⁵⁴	tɕiaŋ⁵⁴	tɕiaŋ⁴⁵	ɕiaŋ⁵⁴
沙河	paŋ²¹	tʂuaŋ⁴¹	tʂuaŋ²¹	tʂʰuaŋ⁴¹	ʂuaŋ⁴¹	tɕiaŋ⁴¹	tɕiaŋ³³	ɕiaŋ⁵¹
邯郸	paŋ²¹³	tʂuaŋ³¹	tʂʰuaŋ²¹³	tʂʰuaŋ³¹	ʂuaŋ³¹ ① ʂuaŋ²¹³ ②	tɕiaŋ³¹	tɕiaŋ⁵⁵	ɕiaŋ⁵³
涉县	pã⁵⁵	tsuã⁴¹	tsʰuã⁵⁵	tsʰuã⁴¹	suã⁴¹	tɕiã⁴¹	tɕiã⁵³	ɕiã⁴¹²

---

① ~胞胎。
② ~生儿。

	0785 项	0786 剥	0787 桌	0788 镯	0789 角	0790 壳	0791 学	0792 握
	江开二 上江匣	江开二 入觉帮	江开二 入觉知	江开二 入觉崇	江开二 入觉见	江开二 入觉溪	江开二 入觉匣	江开二 入觉影
兴隆	ɕiaŋ^{51}	pau^{35} 白 po^{35} 文	tʂuo^{35}	tʂuo^{55}	tɕiau^{213} 白 tɕye^{55} 文	tɕʰiau^{51} 白 kʰə^{55} 文	ɕiau^{55} 白 ɕye^{55} 文	uo^{51}
北戴河	ɕiaŋ^{51}	pau^{44} 白 pɤ^{44} 文	tʃuo^{44}	tʃuo^{35}	tɕiau^{35} 白 tɕiau^{214} 文	kʰɤ^{35}	ɕiau^{35} 白 ɕye^{35} 文	uo^{51}
昌黎	ɕiaŋ^{453}	pɤ^{42}	tsuo^{42}	tsuo^{24}	tɕiau^{213}	tɕʰiau^{453} 白 kʰɤ^{24} 文	ɕiau^{24} 白 ɕye^{24} 文	uo^{24}① uo^{453}②
乐亭	ɕiaŋ^{52}	pau^{34}	tʂuə^{31}	tʂau^{212}	tɕiau^{34}	kʰə^{212}	ɕiau^{212} 白 ɕye^{212} 文	uə^{52}
蔚县	ɕio^{312}	pʌɯ^{53} 白 pɤ^{53} 白	tsuɤ^{53}	tsuɤ^{41}	tɕiʌɯ^{44}	tɕʰiʌɯ^{312} 白 kʰə^{53} 文	ɕiʌɯ^{41} 旧 ɕye^{41} 新	vɤ^{53}
涞水	ɕiaŋ^{314}	pau^{31} 白 puo^{31} 文	tsuo^{53}	tsuo^{45}	tɕiau^{24}	kʰɤ^{45}	ɕiau^{45} 白 ɕye^{45} 文	uo^{314}
霸州	ɕiaŋ^{41}	pau^{45} 白 po^{45} 文	tsuo^{45}	tsuo^{53}	tɕiau^{214}	tɕʰiau^{41} 白 kʰɤ^{53} 文	ɕiau^{53} 白 ɕye^{53} 文	uo^{41}
容城	ɕiaŋ^{513}	pau^{43} 白 po^{43} 文	tsuo^{43}	tsuo^{35}	tɕiau^{213}	kʰɤ^{35}	ɕiau^{35} 白 ɕye^{35} 文	uo^{513}
雄县	ɕiaŋ^{41}	pau^{45} 白 po^{45} 文	tsuo^{45}	tsuo^{53}	tɕiau^{214}	tɕʰiau^{41} 白 kʰɤ^{53} 文	ɕiau^{53} 白 ɕye^{53} 文	uo^{41}
安新	ɕiaŋ^{51}	pau^{214} 白 po^{45} 文	tsuo^{45}	tsuo^{31}	tɕiau^{214}	tɕʰiau^{51} 白 kʰɤ^{31} 文	ɕiau^{31} 白 ɕye^{31} 文	uo^{51}
满城	ɕiaŋ^{512}	pau^{45} 白 po^{45} 文	tsuo^{45}	tsuo^{22}	tɕiau^{213}	tɕʰiau^{512} 白 kʰɤ^{45} 文	ɕiau^{22} 白 ɕye^{22} 文	uo^{512}
阜平	ɕiaŋ^{53}	po^{24} 白 puɤ^{24} 文	tsuɤ^{24}	tsuɤ^{24}	tɕio^{24}	kʰɤ^{24}	ɕio^{24} 白 ɕye^{24} 文	uɤ^{53}
定州	ɕiaŋ^{51}	pau^{33} 白 po^{33} 文	tsuo^{33}	tsuo^{213}	tɕiau^{24}	tɕʰiau^{51} 白 kʰɤ^{213} 文	ɕiau^{213}	uo^{51}
无极	ɕiaŋ^{51}	pɔ^{213}	tʂuɤ^{213}	tʂuɤ^{213}	tɕiɔ^{213}	tɕʰiɔ^{51}	ɕiɔ^{213}	uɤ^{31}
辛集	ɕiaŋ^{41}	pau^{33} 白 pə^{33} 文	tʂuau^{33}	tʂuə^{354}	tɕiau^{324}	kʰə^{354}	ɕiau^{354}	uə^{41}
衡水	ɕiaŋ^{31}	pau^{24} 白 po^{24} 文	tsuo^{24}	tsuo^{53}	tɕiau^{24}	kʰɤ^{53}	ɕiau^{53} 白 ɕye^{53} 文	uo^{24}
故城	ɕiaŋ^{31}	pɤ^{24}	tsuɤ^{24}	tsuɤ^{53}	tɕiɔ^{55} 白 tɕye^{24} 文	kʰɤ^{24} 文 tɕʰiɔ^{31} 白	ɕiɔ^{53} 白 ɕye^{53} 文	vɤ^{31}
巨鹿	ɕiã^{21}	po^{33}	tsuo^{33}	tsuo^{41}	tɕiau^{33}	kʰɤ^{33}	ɕiau^{41}	uo^{33}
邢台	ɕiaŋ^{31}	pau^{34} 白 pə^{34} 文	tsuo^{53}	tsuo^{53}	tɕiau^{34} 白 tɕye^{34} 文	tɕʰiau^{31} 白 kʰɤ^{34} 文	ɕiau^{53} 白 ɕye^{53} 文	və^{31}
馆陶	ɕiaŋ^{213}	po^{24}	tsuo^{24}	tsuo^{52}	tɕyE^{24}	kʰɤ^{24}	ɕyE^{52}	uo^{213}

（续表）

	0785 项	0786 剥	0787 桌	0788 镯	0789 角	0790 壳	0791 学	0792 握
	江开二上江匣	江开二入觉帮	江开二入觉知	江开二入觉崇	江开二入觉见	江开二入觉溪	江开二入觉匣	江开二入觉影
沧县	ɕiaŋ⁴¹	pau²³ 白 puo²³ 文	tsuo²³	tsuo⁵³	tɕiau⁵⁵	tɕʰiau⁴¹ 白 kʰɤ⁵⁵ 文	ɕiau⁵³ 白 ɕye⁵³ 文	uo⁴¹
献县	ɕiã³¹	pɔ³³ 白 puo³³ 文	tsuo³³	tsuo⁵³		tɕʰiɔ³¹ 白 kʰɤ⁵³ 文	ɕiɔ⁵³ 白 ɕye⁵³ 文	uo³¹
平泉	ɕiaŋ⁵¹	pau⁵⁵ 白 po⁵⁵ 文	tsuo⁵⁵	tsuo³⁵	tɕiau²¹⁴ 又 tɕye³⁵ 又	tɕʰiau⁵¹ 又 kʰə³⁵ 又	ɕiau³⁵ 白 ɕye³⁵ 文	uo⁵¹
滦平	ɕiaŋ⁵¹	pau⁵⁵ 白 po⁵⁵ 文	tsuo⁵⁵	tsuo³⁵	tɕiau²¹⁴ 白 tɕye³⁵ 又	tɕʰiau⁵¹ 又 kʰə³⁵ 又	ɕiau³⁵ 白 ɕye³⁵ 文	uo⁵¹
廊坊	ɕiaŋ⁵¹	pau⁵⁵ 白 pɤ⁵⁵ 文	tsuo⁵⁵	tsuo³⁵	tɕiau²¹⁴ 白 tɕye³⁵ 又	tɕʰiau⁵¹ 又 kʰɤ³⁵ 又	ɕiau³⁵ 白 ɕye³⁵ 文	uo⁵¹
魏县	ɕiaŋ³¹²	pə³³	tsuə³³	tsuə⁵³	tɕyə³³ 白 tɕiau³³ 文	kʰɤ³³	ɕyə⁵³	uə³³
张北	ɕiɔ̃²¹³	pəʔ³²	tsuəʔ³²	tsuəʔ³²	tɕiəʔ³² tɕiau⁵⁵	kʰəʔ³²	ɕyəʔ³²	vəʔ³²
万全	ɕiaŋ²¹³	pʌʔ²²	tsuʌʔ²²	tsuəʔ²²	tɕiəʔ²² 白 tɕiɔ⁵⁵ 文	kʰʌʔ²²	ɕyəʔ⁴	vʌʔ²²
涿鹿	ɕiã³¹	pʌʔ⁴³	tsuʌʔ⁴³	tsuə⁴²	tɕiɔ⁴⁵	kʰʌʔ⁴³③ tɕʰiɔ³¹④	ɕyʌʔ⁴³ 白 ɕiɔ⁴² 文	uə³¹
平山	ɕiaŋ⁴²	pɔ²⁴	tʂɔ²⁴	tʂɔ³¹	tɕiɔ²⁴	kʰɤ²⁴	ɕiɔ³¹	uə²⁴
鹿泉	ɕiaŋ³¹²	pʌ¹³	tʂuʌ¹³	tsuo⁵⁵	tɕiɔ¹³ 白 tɕyɤ¹³ 文	kʰʌ¹³	ɕiɔ⁵⁵ 白 ɕyɤ⁵⁵ 文	uo³¹²
赞皇	ɕiaŋ³¹²	pɔ²⁴	tsuə²⁴	tsuə⁵⁴	tɕiɔ²⁴ 白 tɕye²⁴ 文	kʰə²⁴	ɕiɔ⁵⁴ 白 ɕye⁵⁴ 文	uə³¹²
沙河	ɕiaŋ²¹	puəʔ²	tsuəʔ²	tsuo⁵¹	tɕiau⁴¹		ɕiau⁵¹	uəʔ²
邯郸	ɕiaŋ²¹³	pʌʔ⁴³	tʂʌʔ⁴³	tsuə⁵³	tɕiʌʔ⁴³	kʰʌʔ⁴³	ʂuə⁵³	vʌʔ⁴³
涉县	ɕiã⁵⁵	pɐʔ³²	tsuɐʔ³²	tsuəʔ³² 又 suəʔ³² 又	tɕyɐʔ³²	kʰɐʔ³²	ɕyɐʔ³²	vɐʔ³²

① ~着。
② ~手。
③ 龟~。
④ 地~。

	0793 朋	0794 灯	0795 等	0796 凳	0797 藤	0798 能	0799 层	0800 僧
	曾开一平登並	曾开一平登端	曾开一上登端	曾开一去登端	曾开一平登定	曾开一平登泥	曾开一平登从	曾开一平登心
兴隆	pʰəŋ⁵⁵	təŋ³⁵	təŋ²¹³	təŋ⁵¹	tʰəŋ⁵⁵	nəŋ⁵⁵	tsʰəŋ⁵⁵	səŋ³⁵
北戴河	pʰəŋ³⁵	təŋ⁴⁴	təŋ²¹⁴	təŋ⁵¹	tʰəŋ³⁵	nəŋ³⁵	tʃʰəŋ³⁵	ʃəŋ⁴⁴
昌黎	pʰəŋ²⁴	təŋ⁴²	təŋ²¹³	təŋ⁴⁵³	tʰəŋ²⁴	nəŋ²⁴	tʂʰəŋ²⁴	tsəŋ⁴²
乐亭	pʰəŋ²¹²	təŋ³¹	təŋ³⁴	təŋ⁵²	tʰəŋ²¹²	nəŋ²¹²	tsʰəŋ²¹²	səŋ³¹
蔚县	pʰəŋ⁴¹	təŋ⁵³	təŋ⁴⁴	təŋ³¹²	tʰəŋ⁴¹	nəŋ⁴¹	tsʰəŋ⁴¹	səŋ⁵³
涞水	pʰəŋ⁴⁵	təŋ³¹	təŋ²⁴	təŋ³¹⁴	tʰəŋ⁴⁵	nəŋ⁴⁵	tsʰəŋ⁴⁵	səŋ³¹
霸州	pʰəŋ⁵³	təŋ⁴⁵	təŋ²¹⁴	təŋ⁴¹	tʰəŋ⁵³	nəŋ⁵³	tsʰəŋ⁵³	səŋ⁴⁵
容城	pʰəŋ³⁵	təŋ⁴³	təŋ²¹³	təŋ⁵¹³	tʰəŋ³⁵	nəŋ³⁵	tsʰəŋ³⁵	səŋ⁴³
雄县	pʰəŋ⁵³	təŋ⁴⁵	təŋ²¹⁴	təŋ⁴¹	tʰəŋ⁵³	nəŋ⁵³	tsʰəŋ⁵³	səŋ⁴⁵
安新	pʰəŋ³¹	təŋ⁴⁵	təŋ²¹⁴	təŋ⁵¹	tʰəŋ³¹	nəŋ³¹	tsʰəŋ³¹	səŋ⁴⁵
满城	pʰəŋ²²	təŋ⁴⁵	təŋ²¹³	təŋ⁵¹²	tʰəŋ²²	nəŋ²²	tsʰəŋ²²	səŋ⁴⁵
阜平	pʰəŋ²⁴	təŋ³¹	təŋ⁵⁵	təŋ⁵³	tʰəŋ²⁴	nəŋ²⁴	tsʰəŋ²⁴	səŋ³¹
定州	pʰəŋ²⁴	təŋ³³	təŋ²⁴	təŋ⁵¹	tʰəŋ²¹³	nəŋ²¹³	tsʰəŋ²¹³	tsəŋ³³
无极	pʰəŋ²¹³	təŋ³¹	təŋ³⁵	təŋ⁴⁵¹	tʰəŋ²¹³	nəŋ²¹³	tsʰəŋ²¹³	səŋ³¹
辛集	pʰəŋ³⁵⁴	təŋ³³	təŋ³²⁴	təŋ⁴¹	tʰəŋ³⁵⁴	nəŋ³⁵⁴	tsʰəŋ³⁵⁴	səŋ³³
衡水	pʰəŋ⁵³	təŋ²⁴	təŋ⁵⁵	təŋ³¹	tʰəŋ⁵³	nəŋ⁵³	tsʰəŋ⁵³	səŋ²⁴
故城	pʰəŋ⁵³	təŋ²⁴	təŋ⁵⁵	təŋ³¹	tʰəŋ⁵³	nəŋ⁵³	tsʰəŋ⁵³	səŋ²⁴
巨鹿	pʰəŋ⁴¹	təŋ³³	təŋ⁵⁵	təŋ²¹	tʰəŋ⁴¹	nəŋ⁴¹	tsʰəŋ⁴¹	tsəŋ³³
邢台	pʰəŋ⁵³	təŋ³⁴	təŋ⁵⁵	təŋ³¹	tʰəŋ⁵³	nəŋ⁵³	tsʰəŋ⁵³	səŋ³⁴
馆陶	pʰəŋ⁵²	təŋ²⁴	təŋ⁴⁴	təŋ²¹³	tʰəŋ⁵²	nəŋ⁵²	tsʰəŋ⁵²	səŋ²⁴
沧县	pʰəŋ⁵³	təŋ²³	təŋ⁵⁵	təŋ⁴¹	tʰəŋ⁵³	nəŋ⁵³	tsʰəŋ⁵³	səŋ²³
献县	pʰəŋ⁵³	təŋ³³	təŋ²¹⁴	təŋ³¹	tʰəŋ⁵³	nəŋ⁵³	tsʰəŋ⁵³	səŋ³³
平泉	pʰəŋ³⁵	təŋ⁵⁵	təŋ²¹⁴	təŋ⁵¹	tʰəŋ³⁵	nəŋ³⁵	tsʰəŋ³⁵	səŋ⁵⁵
滦平	pʰəŋ³⁵	təŋ⁵⁵	təŋ²¹⁴	təŋ⁵¹	tʰəŋ³⁵	nəŋ³⁵	tsʰəŋ³⁵	səŋ⁵⁵
廊坊	pʰəŋ³⁵	təŋ⁵⁵	təŋ²¹⁴	təŋ⁵¹	tʰəŋ³⁵	ŋəŋ³⁵	tsʰəŋ³⁵	səŋ⁵⁵
魏县	pʰəŋ⁵³	təŋ³³	təŋ⁵⁵	təŋ³¹²	tʰəŋ⁵³	nəŋ⁵³	tʂʰəŋ⁵³	ʂəŋ³³

(续表)

	0793 朋	0794 灯	0795 等	0796 凳	0797 藤	0798 能	0799 层	0800 僧
	曾开一 平登並	曾开一 平登端	曾开一 上登端	曾开一 去登端	曾开一 平登定	曾开一 平登泥	曾开一 平登从	曾开一 平登心
张北	pʰəŋ⁴²	təŋ⁴²	təŋ⁵⁵	təŋ²¹³	tʰəŋ⁴²	nəŋ⁴²	tsʰəŋ⁴²	səŋ⁴²
万全	pʰəŋ⁴¹	təŋ⁴¹	təŋ⁵⁵	təŋ²¹³	tʰəŋ⁴¹	nəŋ⁴¹	tsʰəŋ⁴¹	səŋ⁴¹
涿鹿	pʰəŋ⁴⁴	təŋ⁴⁴	təŋ⁴⁵	təŋ³¹	tʰəŋ⁴²	nəŋ⁴²	tsʰəŋ⁴²	səŋ⁴⁴
平山	pʰəŋ³¹	təŋ³¹	təŋ⁵⁵	təŋ⁴²	tʰəŋ³¹	nəŋ³¹	tsʰəŋ³¹	səŋ³¹
鹿泉	pʰəŋ⁵⁵	təŋ⁵⁵	təŋ³⁵	təŋ³¹²	tʰəŋ⁵⁵	nəŋ⁵⁵	tsʰəŋ⁵⁵	səŋ⁵⁵
赞皇	pʰəŋ⁵⁴	təŋ⁵⁴	təŋ⁴⁵	təŋ³¹²	tʰəŋ⁵⁴	nəŋ⁵⁴	tsʰəŋ⁵⁴	səŋ⁵⁴
沙河	pʰəŋ⁵¹	təŋ⁴¹	təŋ³³	təŋ²¹	tʰəŋ⁵¹	nəŋ⁵¹	tsʰəŋ⁵¹	səŋ⁴¹
邯郸	pʰəŋ⁵³	təŋ³¹	təŋ⁵⁵	təŋ²¹³	tʰəŋ⁵³	nəŋ⁵³	tsʰəŋ⁵³	səŋ³¹
涉县	pʰəŋ⁴¹²	təŋ⁴¹	təŋ⁵³	təŋ⁵⁵	tʰəŋ⁴¹²	nəŋ⁴¹²	tsʰəŋ⁴¹²	səŋ⁴¹

	0801 肯 曾开一 上登溪	0802 北 曾开一 入德帮	0803 墨 曾开一 入德明	0804 得 曾开一 入德端	0805 特 曾开一 入德定	0806 贼 曾开一 入德从	0807 塞 曾开一 入德心	0808 刻 曾开一 入德溪
兴隆	k^hən²¹³	pei²¹³	mo⁵¹	tə⁵⁵ 动词，又 tə²¹³ 动词，又 tei²¹³ ~去	t^hə⁵¹	tsei⁵⁵	sai³⁵ 瓶~ sai⁵¹ ~边 sei³⁵ ~东西	k^hə⁵¹ 又 k^hə³⁵ 又
北戴河	k^hən²¹⁴	pei²¹⁴	mi⁵¹ ~斗 mɤ⁵¹ ~水	tei²¹⁴ ~亏 tɤ³⁵ ~到	t^hɤ⁵¹	tʃei³⁵	ʃei⁴⁴ ~进去 ʃai⁴⁴ ~住	k^hɤ⁵¹
昌黎	k^hən²¹³	pei²¹³	mi⁴⁵³ 白 mɤ⁴⁵³ 文	tɤ²⁴	t^hɤ⁴⁵³	tsei²⁴	sei²¹³ ~进去 sai⁴² ~东西、堵~	k^hei²¹³ 午时三~ k^hɤ⁴⁵³ 五点一~
乐亭	k^hən³⁴	pei³⁴	mi⁵²	tei³⁴	t^hə⁵²	tsei²¹²	sei³⁴	k^hə⁵²
蔚县	k^həŋ⁴⁴	pei⁵³	mei³¹² 旧 mɤ³¹² 新	tei⁵³ 旧 tɤ⁵³ 新	t^hɤ⁵³	tsei⁴¹	sei⁵³	k^hə⁵³
涞水	k^hən²⁴	pei²⁴	muo³¹⁴	tɤ⁴⁵	t^hɤ³¹⁴	tsei⁴⁵	sei³¹ 又 sai³¹ 又	k^hɤ³¹⁴
霸州	k^hən²¹⁴	pei²¹⁴	mei⁴¹ 旧 mo⁴¹ 新	tei²¹⁴ 舒服；必须 tɤ²¹⁴ ~到	t^hɤ⁴¹	tsei⁵³	sai⁴⁵	k^hei⁴⁵ 旧 k^hɤ⁴¹ 新
容城	k^hən²¹³	pei²¹³	mo⁵¹³	tei²¹³ 白 tɤ³⁵ 文	t^huo⁵¹³ 又 t^hɤ⁵¹³ 又	tsei³⁵	sai⁴³ 又 sai⁵¹³ 又	k^hə⁵¹³
雄县	k^hən²¹⁴	pei²¹⁴	mei⁴¹ 旧 mo⁴¹ 新	tei²¹⁴ 舒服；必须 tɤ²¹⁴ ~到	t^hɤ⁴¹	tsei⁵³	sai⁴⁵	k^hɤ⁴¹
安新	k^hən²¹⁴	pei²¹⁴	mei⁵¹	tei²¹⁴ 白 tɤ²¹⁴ 文	t^hɤ⁵¹	tsei³¹		k^hɤ⁵¹
满城	k^hən²¹³	pei²¹³	mei⁵¹² 白 mo⁵¹² 文	tuo²¹³ tei²¹³ tɤ²¹³	t^huo⁵¹² t^hɤ⁵¹²	tsei²²	sai⁵¹²	k^hɤ⁵¹²
阜平	k^həŋ⁵⁵	pei²⁴	mei⁵³ 白 mɤ⁵³ 文	tei²⁴ 白 tɤ²⁴ 文	t^hɤ⁵³	tsei²⁴	sæ²⁴	k^hei²⁴ 白 k^hɤ⁵³ 文
定州	k^hən²⁴	pei³³	mei⁵¹	tei²⁴	t^hɤ⁵¹	tsei²¹³	suei³³ ~进去 sai³³ ~子 sai⁵¹ 出~	k^hɤ⁵¹
无极	k^hen³⁵	pəi²¹³	məi⁵¹	təi²¹³	t^hɤ⁵¹	tsəi²¹³	suəi²¹³	k^həi²¹³
辛集	k^hən³²⁴	pei³³	mei⁴¹ 白 mə⁴¹ 文	tei³³ 白 tə³⁵⁴ 文	t^hə⁴¹	tsei³⁵⁴	sei³³ 又 sai³³ 又 sai⁴¹ 文	k^hei³³ 白 k^hə⁴¹ 文
衡水	k^hən⁵⁵	pei²⁴	mei³¹ 白 mo³¹ 文	tɤ⁵³	t^hɤ³¹	tsei⁵³	suei³³ 旧 sɑi²⁴ 新	k^hɤ³¹
故城	k^hẽ⁵⁵	pei²⁴	mei³¹ 白 mɤ³¹ 文	tei²⁴ 白 tɤ³¹ 文	t^hɤ³¹	tsei⁵³	sei²⁴ ~进去 sæ²⁴ ~子 sæ³¹ 出~	k^hei²⁴ 白 k^hɤ³¹ 文

（续表）

	0801 肯 曾开一 上登溪	0802 北 曾开一 入德帮	0803 墨 曾开一 入德明	0804 得 曾开一 入德端	0805 特 曾开一 入德定	0806 贼 曾开一 入德从	0807 塞 曾开一 入德心	0808 刻 曾开一 入德溪
巨鹿	k^hən^{55}	pei^{33}	mei^{21}	tɤ^{33}	t^hɤ^{33}	tsei^{41}	sai^{33}	k^hɤ^{33}
邢台	k^hən^{55}	pei^{34}	mei^{31}白 mə^{31}文	tei^{34}又 tə^{31}又	t^hə^{31}	tsei^{53}	sei^{34}又 sai^{34}又 sə^{31}文	k^hei^{34}白 k^hə^{31}文
馆陶	k^hen^{44}	pei^{24}	mei^{213}	tei^{24}挺~ tɤ^{24}~到	t^huo^{52}白 t^hɤ^{52}文	tsei^{52}	sai^{24}木~ sai^{213}边~	k^hE^{24}白 k^hɤ^{24}文
沧县	k^hən^{55}	pei^{23}	mei^{41}	tei^{23}白 tɤ^{53}文	t^hɤ^{41}	tsei^{53}	sai^{23}	k^hɤ^{23}
献县	k^hən^{214}	pei^{33}白 pei^{214}文	mei^{31}白 muo^{31}文	tei^{33}白 tɤ^{53}文	t^hɤ^{31}	tsei^{53}	sei^{33}	k^hei^{33}白 k^hɤ^{31}文
平泉	k^hən^{214}	pei^{214}	mo^{51}	tə^{35} tei^{214}又	t^hə^{51}	tsei^{35}	sei^{55}又 sai^{55}又 sai^{51}又	k^hə^{51}
滦平	k^hən^{214}	pei^{214}	mo^{51}	tei^{214}~去 tə^{35}~到	t^hə^{51}	tsei^{35}	sai^{55}瓶~ sei^{55}~东西 sai^{51}边~	k^hə^{51}又 k^hə^{55}又
廊坊	k^hən^{214}	pei^{214}	mɤ^{51}	tɤ^{35}~到 tei^{214}~走了	t^hə^{51}	tsei^{35}	sai^{55}~满 sei^{55}~紧 sai^{51}~外	k^hɤ^{51}
魏县	k^hən^{55}	pəi^{33}	məi^{312}白 mə^{312}文	tɛ^{33}	t^hɛ^{33}	tʂəi^{53}	ʂɛ^{33}	k^hɛ^{33}白 k^hɤ^{33}文
张北	k^hən^{55}	piəʔ^{32} pei^{42}	miəʔ^{32} mə^{213}	təʔ^{32}	t^həʔ^{32}	tsei^{42}	səʔ^{32} sai^{42}	k^həʔ^{32}
万全	k^həŋ^{55}	piəʔ^{22}	məʔ^{22}	təʔ^{22}	t^hʌɤ^{22}	tsei^{41}	sɛi^{41}	k^həʔ^{22}
涿鹿	k^həŋ^{45}	pei^{45}	muə^{31}	tʌɤ^{43}	t^hʌɤ^{43}	tsei^{42}	sʌɤʔ^{43}旧 se^{44}新	k^hʌɤ^{43}
平山	k^həŋ^{55}	pæi^{24}	mæi^{24}	tæi^{24}	t^hɤ^{24}	tsæi^{31}	sæi^{24}	k^hɤ^{24}
鹿泉	k^hẽ^{55}	pei^{13}	mei^{312}	tei^{13}白 tɤ^{13}文	t^hɤ^{312}	tsei^{55}	suei^{13}白 sɛ^{13}文	k^hei^{13}白 k^hɤ^{13}文
赞皇	k^hən^{45}	pei^{24}	mən^{312}	tei^{24}	t^hə^{24}	tsei^{54}	suei^{24}白 sɛ^{24}文	k^hei^{24}白 k^hə^{24}文
沙河	k^hən^{33}	piəʔ^{2}	miəʔ^{2}	tiəʔ^{2}~回来 təʔ^{2}心~	t^həʔ^{2}	tsei^{51}	sai^{41}	k^həʔ^{2}
邯郸	k^hən^{55}	pieʔ^{43}	mieʔ^{43}	tiʌɤ^{43}白 tʌɤʔ^{43}文	t^hʌɤ^{43}	tsəi^{53}	sʌɤ^{43}	k^hʌɤʔ^{43}
涉县	k^həŋ^{53}	piəʔ^{32}	mɐʔ^{32}	tɐʔ^{32}	t^hɐʔ^{32}	tsei^{412}	səʔ^{32}	k^hɐʔ^{32}

	0809 黑	0810 冰	0811 证	0812 秤	0813 绳	0814 剩	0815 升	0816 兴高~
	曾开一入德晓	曾开三平蒸帮	曾开三去蒸章	曾开三去蒸昌	曾开三平蒸船	曾开三去蒸船	曾开三平蒸书	曾开三去蒸晓
兴隆	xei³⁵	piŋ³⁵	tʂəŋ⁵¹	tʂʰəŋ³⁵① tʂʰəŋ⁵¹②	ʂəŋ⁵⁵	ʂəŋ⁵¹	ʂəŋ³⁵	ɕiŋ⁵¹
北戴河	xei⁴⁴	piŋ⁴⁴	tʃəŋ⁵¹	tʃʰəŋ⁵¹	ʃəŋ³⁵	ʃəŋ⁵¹	ʃəŋ⁴⁴	ɕiŋ⁵¹
昌黎	xei²¹³白 xei⁴²文	piŋ⁴²	tʂəŋ⁴⁵³	tʂʰəŋ⁴⁵³	ʂəŋ²⁴	ʂəŋ²⁴③ ʂəŋ⁴⁵³④	ʂəŋ⁴²	ɕiŋ⁴⁵³
乐亭	xei³⁴	piəŋ³¹	tʂəŋ⁵²	tʂʰəŋ⁵²	ʂəŋ²¹²	ʂəŋ⁵²	ʂəŋ³¹	ɕiəŋ⁵²
蔚县	xɯ⁵³旧 xei⁵³新	piŋ⁵³	tʂəŋ³¹²	tʂʰəŋ³¹²	ʂəŋ⁴¹	ʂəŋ³¹²	ʂəŋ⁵³	ɕiŋ³¹²
涞水	xei³¹	piŋ³¹	tʂəŋ³¹⁴	tʂʰəŋ³¹⁴	ʂəŋ⁴⁵	ʂəŋ³¹⁴	ʂəŋ³¹	ɕiŋ³¹⁴
霸州	xei⁴⁵	piŋ⁴⁵	tʂəŋ⁴¹	tʂʰəŋ⁴¹	ʂəŋ⁵³	ʂəŋ⁴¹	ʂəŋ⁴⁵	ɕiŋ⁴¹
容城	xei⁴³	piŋ⁴³	tʂəŋ⁵¹³	tʂʰəŋ⁵¹³	ʂəŋ³⁵	ʂəŋ⁵¹³	ʂəŋ⁴³	ɕiŋ⁵¹³
雄县	xei⁴⁵	piŋ⁴⁵	tʂəŋ⁴¹	tʂʰəŋ⁴¹	ʂəŋ⁵³	ʂəŋ⁴¹	ʂəŋ⁴⁵	ɕiŋ⁴¹
安新	xei²¹⁴	piŋ⁴⁵	tʂəŋ⁵¹	tʂʰəŋ⁵¹	ʂəŋ³¹	ʂəŋ⁵¹	ʂəŋ⁴⁵	ɕiŋ⁵¹
满城	xei⁴⁵	piŋ⁴⁵	tʂəŋ⁵¹²	tʂʰəŋ⁵¹²	ʂəŋ²²	ʂəŋ⁵¹²	ʂəŋ⁴⁵	ɕiŋ⁵¹²
阜平	xei²⁴	piŋ³¹	tʂəŋ⁵³	tʂʰəŋ⁵³	ʂəŋ²⁴	ʂəŋ⁵³	ʂəŋ³¹	ɕiŋ⁵³
定州	xei³³	piŋ³³	tʂəŋ⁵¹	tʂʰəŋ⁵¹	ʂəŋ²⁴	ʂəŋ⁵¹	ʂəŋ³³	ɕiŋ⁵¹
无极	xəi²¹³	piŋ³¹	tʂəŋ⁵¹	tʂʰəŋ⁵¹	ʂəŋ²¹³	ʂəŋ⁴⁵¹	ʂəŋ³¹	ɕiŋ⁴⁵¹
辛集	xei³³	piŋ³³	tʂəŋ⁴¹	tʂʰəŋ⁴¹	ʂəŋ³⁵⁴	ʂəŋ⁴¹	ʂəŋ³³	ɕiŋ⁴¹
衡水	xei²⁴	piŋ²⁴	tʂəŋ³¹	tʂʰəŋ³¹	ʂəŋ⁵³	ʂəŋ³¹	ʂəŋ²⁴	ɕiŋ³¹
故城	xei²⁴	piŋ²⁴	tʂəŋ³¹	tʂʰəŋ³¹	ʂəŋ⁵³	ʂəŋ³¹	ʂəŋ²⁴	ɕiŋ³¹
巨鹿	xei³³	piŋ³³	tʂəŋ²¹	tʂʰəŋ²¹	ʂəŋ⁴¹	ʂəŋ²¹	ʂəŋ³³	ɕiŋ²¹
邢台	xei³⁴	piŋ³⁴	tʂəŋ³¹	tʂʰəŋ³¹	ʂəŋ⁵³	ʂəŋ³¹	ʂəŋ³⁴	ɕiŋ³¹
馆陶	xei²⁴	piŋ²⁴	tʂəŋ²¹³	tʂʰəŋ²¹³	ʂəŋ⁵²	ʂəŋ²¹³	ʂəŋ²⁴	ɕiŋ²¹³
沧县	xei²³	piŋ²³	tʂəŋ⁴¹	tʂʰəŋ⁴¹	ʂəŋ⁵³	ʂəŋ⁴¹	ʂəŋ²³	ɕiŋ⁴¹
献县	xei³³	piŋ³³	tʂəŋ³¹	tʂʰəŋ³¹	ʂəŋ⁵³	ʂəŋ³¹	ʂəŋ³³	ɕiŋ³¹
平泉	xei⁵⁵	piŋ⁵⁵	tʂəŋ⁵¹	tʂʰəŋ⁵¹又 tʂʰəŋ⁵⁵又	ʂəŋ³⁵	ʂəŋ⁵¹	ʂəŋ⁵⁵	ɕiŋ⁵¹

（续表）

	0809 黑	0810 冰	0811 证	0812 秤	0813 绳	0814 剩	0815 升	0816 兴高~
	曾开一入德晓	曾开三平蒸帮	曾开三去蒸章	曾开三去蒸昌	曾开三平蒸船	曾开三去蒸船	曾开三平蒸书	曾开三去蒸晓
滦平	xei^{55}	piŋ^{55}	tʂəŋ^{51}	tʂʰəŋ^{51}⑤ tʂʰəŋ^{55}⑥	ʂəŋ^{35}	ʂəŋ^{51}	ʂəŋ^{55}	ɕiŋ^{51}
廊坊	xei^{55}	piŋ^{55}	tʂəŋ^{51}	tʂʰəŋ^{51}	ʂəŋ^{35}	ʂəŋ^{51}	ʂəŋ^{55}	ɕiŋ^{51}
魏县	xɛ^{33}	piŋ^{33}	tʂəŋ^{312}	tʂʰəŋ^{312}	ʂəŋ^{53}	ʂəŋ^{312}	ʂəŋ^{33}	ɕiŋ^{33}
张北	xəʔ^{32}	piŋ^{42}	tsəŋ^{213}	tsʰəŋ^{213}	səŋ^{42}	səŋ^{213}	səŋ^{42}	ɕiŋ^{213}
万全	xəʔ^{22}	piəŋ^{41}	tsəŋ^{213}	tsʰəŋ^{213}	səŋ^{41}	səŋ^{213}	səŋ^{41}	ɕiəŋ^{213}
涿鹿	xʌʔ^{43}	piŋ^{44}	tsəŋ^{31}	tsʰəŋ^{31}	səŋ^{44}	səŋ^{31}	səŋ^{44}	ɕiŋ^{31}
平山	xæi^{24}	piŋ^{31}	tʂəŋ^{42}	tʂʰəŋ^{42}	ʂəŋ^{42}	ʂəŋ^{42}	ʂəŋ^{31}	ɕiŋ^{42}
鹿泉	xei^{13}白 xɤ^{13}文	piŋ^{55}	tʂəŋ^{312}	tʂʰəŋ^{312}	ʂəŋ^{55}	ʂəŋ^{312}	ʂəŋ^{55}	ɕiŋ^{312}
赞皇	xei^{24}	piŋ^{54}	tʂəŋ^{312}	tʂʰəŋ^{312}	ʂəŋ^{54}	ʂəŋ^{312}	ʂəŋ^{54}	ɕiŋ^{312}
沙河	xəʔ^{2}	piəŋ^{41}	tsəŋ^{21}	tsʰəŋ^{21}	səŋ^{51}	səŋ^{21}	səŋ^{41}	ɕiəŋ^{21}
邯郸	xʌʔ^{43}	piŋ^{31}	tʂəŋ^{213}	tʂʰəŋ^{213}	ʂəŋ^{53}	ʂəŋ^{213}	ʂəŋ^{31}	ɕiŋ^{213}
涉县	xɐʔ^{32}	piəŋ^{41}	tsəŋ^{55}	tsʰəŋ^{55}	səŋ^{412}	səŋ^{55}	səŋ^{41}	ɕiəŋ^{55}

① ~重。
② ~砣。
③ ~下来。
④ ~菜、~饭。
⑤ ~砣。
⑥ ~重。

	0817 蝇	0818 逼	0819 力	0820 息	0821 直	0822 侧	0823 测	0824 色
	曾开三平蒸以	曾开三入职帮	曾开三入职来	曾开三入职心	曾开三入职澄	曾开三入职庄	曾开三入职初	曾开三入职生
兴隆	iŋ⁵⁵	pi³⁵	li⁵¹	ɕi³⁵	tʂʅ⁵⁵	tsai³⁵ 白 / tsʰə⁵¹ 文	tsʰə⁵¹	ʂai²¹³ 又 / sə⁵¹ 又
北戴河	iŋ³⁵	pi⁴⁴	li⁵¹	ɕi⁴⁴	tʃʅ³⁵	tʃʰɤ⁵¹	tʃʰɤ⁵¹	ʃai²¹⁴ 白 / ʃɤ⁵¹ 文
昌黎	iŋ²⁴	pi⁴²	li⁴⁵³	ɕi⁴²	tʂʅ²⁴	tsʰɤ⁴⁵³	tsʰɤ⁴⁵³	sai²¹³ 白 / sɤ⁴⁵³ 文
乐亭	iəŋ²¹²	pi³¹	li⁵²	ɕi³¹	tʂʅ²¹²	tsʰə⁵²	tsʰə⁵²	ʂai³⁴ 白 / sə⁵² 文
蔚县	iŋ⁴¹	pi⁵³	li³¹²	ɕi⁵³	tsʅ⁴¹	tsʰɤ⁵³	tsʰɤ⁵³	sei⁵³ 多 / sɤ⁵³ 少
涞水	iŋ⁴⁵	pi³¹	li³¹⁴	ɕi³¹	tʂʅ⁴⁵	tsai³¹ 白 / tsʰɤ³¹⁴ 文	tsʰɤ³¹⁴	ʂai³¹⁴ 白 / sɤ³¹⁴ 文
霸州	iŋ⁵³	pi⁴⁵	li⁴¹	ɕi²¹⁴	tʂʅ⁵³	tʂai⁴⁵ 白 / tsʰɤ⁴¹ 文	tʂʰai⁴⁵ 白 / tsʰɤ⁴¹ 文	ʂai²¹⁴ 白 / sɤ⁴¹ 文
容城	iŋ³⁵	pi⁴³	li⁵¹³	ɕi⁴³	tʂʅ³⁵	tsʰɤ⁵¹³	tsʰuo⁵¹³ 又 / tsʰɤ⁵¹³ 又	ʂai²¹³ 白 / sɤ⁵¹³ 文
雄县	iŋ⁵³	pi⁴⁵	li⁴¹	ɕi⁴⁵	tʂʅ⁵³	tsai⁴⁵ 白 / tsʰɤ⁴¹ 文	tʂʰai⁴⁵ 白 / tsʰɤ⁴¹ 文	ʂai²¹⁴ 白 / sɤ⁴¹ 文
安新	iŋ³¹	pi²¹⁴	li⁵¹	ɕi⁴⁵	tʂʅ³¹	tsai²¹⁴ 白 / tsʰʅ⁵¹ 文	tsʰɤ⁵¹	ʂai²¹⁴ 白 / sɤ⁵¹ 文
满城	iŋ²²	pi⁴⁵	li⁵¹²	ɕi⁴⁵	tʂʅ²²	tsʰɤ⁵¹²	tsʰɤ⁵¹²	ʂai²¹³ 白 / sɤ⁵¹² 文
阜平	iŋ²⁴	pi²⁴	li⁵³	ɕi³¹	tʂʅ²⁴	tʂæ²⁴ 白 / tsʰɤ⁵³ 文	tsʰɤ⁵³	ʂæ²⁴ 白 / sɤ⁵³ 文
定州	iŋ²¹³	pi³³	li⁵¹	si³³	tʂʅ²¹³	tsæ²⁴ 白 / tsʰɤ⁵¹ 文	tsʰɤ⁵¹	ʂai²⁴
无极	iŋ²¹³	pi²¹³	li⁵¹	si³¹	tʂʅ²¹³	tsæ³⁵	tsʰɤ⁵¹	ʂæ²¹³
辛集	iŋ³⁵⁴	pi³³	li⁴¹	si³³	tʂʅ³⁵⁴	tsai³²⁴ 白 / tsʰə⁴¹ 文	tsʰə⁴¹	ʂai³³ 白 / sə⁴¹ 文
衡水	iŋ⁵³	pi²⁴	li³¹	ɕi²⁴	tɕi⁵³ 旧 / tsʅ⁵³ 新	tsai⁵⁵ 白 / tsʰɤ³¹ 文	tsʰɤ³¹	sɑi²⁴ 白 / sɤ³¹ 文
故城	iŋ⁵³	pi⁵³	li³¹	ɕi²⁴	tʂʅ⁵³	tsæ²⁴ 白 / tsʰɤ³¹ 文	tsʰɤ³¹	sæ²⁴ 白 / sɤ³¹ 文

（续表）

| | 0817 蝇 | 0818 逼 | 0819 力 | 0820 息 | 0821 直 | 0822 侧 | 0823 测 | 0824 色 |
	曾开三平蒸以	曾开三入职帮	曾开三入职来	曾开三入职心	曾开三入职澄	曾开三入职庄	曾开三入职初	曾开三入职生
巨鹿	iəŋ^{41}	pi^{33}	li^{21}	ɕi^{33}	tɕi^{41}	tʂɤ^{33}	tsʰɤ^{33}	ʂai^{33}
邢台	iŋ^{53}	pi^{34}	li^{31}	ɕi^{34}	tʂʅ	tʂai^{55}白 tʂə^{31}文	tsʰə^{31}	ʂai^{34}白 sə^{34}文
馆陶	iŋ^{52}	pi^{24}	li^{213}	si^{24}	tʂʅ^{52}	tʂE^{52}白 tʂɤ^{213}文	tsʰɤ^{213}	ʂE^{24}
沧县	iŋ^{53}	pi^{23}	li^{41}	ɕi^{23}	tʂʅ^{53}	tsai^{23}白 tsʰɤ^{41}文	tsʰɤ^{41}	sai^{23}白 sɤ^{41}文
献县	iŋ^{53}	pi^{33}	li^{31}	ɕi^{33}	tʂʅ^{53}	tʂɛ^{33}白 tsʰɤ^{31}文	tsʰɤ^{31}	ʂɛ^{214}白 sɤ^{31}文
平泉	iŋ^{35}	pi^{55}	li^{51}	ɕi^{55}	tʂʅ^{35}	tʂai^{55}又 tsʰə^{51}又	tsʰə^{51}	sə^{51}又 ʂai^{214}又
滦平	iŋ^{35}	pi^{55}	li^{51}	ɕi^{55}	tʂʅ^{35}	tʂai^{55}白 tsʰɤ^{51}文	tsʰə^{51}	ʂai^{214}白 sə^{51}文
廊坊	iŋ^{35}	pi^{55}	li^{51}	ɕi^{55}	tʂʅ^{35}	tʂai^{55}白 tsʰɤ^{51}文	tsʰə^{51}	ʂai^{214}白 sɤ^{51}文
魏县	iŋ^{53}	pi^{33}	li^{33}	ɕi^{33}	tʂʅ^{53}	tʂɛ^{55}	tʂʰɛ^{55}	ʂɛ^{33}
张北	iŋ^{42}	piəʔ^{32}	liəʔ^{32}	ɕiəʔ^{32}	tsəʔ^{32}	tsʰə^{32} tsʰə^{213}	tsʰəʔ^{32}	səʔ^{32}
万全	iəŋ^{41}	piəʔ^{22}	liəʔ^{22}	ɕiəʔ^{22}	tsəʔ^{4}	tsʰʌʔ^{22}	tsʰʌʔ^{22}	sʌʔ^{22}
涿鹿	iŋ^{42}	piʌʔ^{43}	liʌʔ^{43}	ɕiʌʔ^{43}	tʂʌʔ^{43}	tsʰʌʔ^{43}	tsʰʌʔ^{43}	sʌʔ^{43}
平山	iŋ^{31}	pi^{24}	li^{24}	si^{24}	tʂʅ^{31}	tʂɛ^{55}白 tsʰɤ^{24}文	tsʰɤ^{24}	ʂɛ^{24}
鹿泉	iŋ^{55}	pi^{13}	li^{312}	si^{13}	tʂʅ^{55}	tʂɛ^{13}白 tsʰɤ^{312}文	tsʰə^{312}	ʂɛ^{13}白 sɤ^{13}文
赞皇	iŋ^{54}	pi^{24}	li^{312}	si^{24}	tʂʅ^{54}	tʂɛ^{24}白 tsʰə^{312}文	tsʰə^{312}	ʂɛ^{24}白 sə^{312}文
沙河	iəŋ^{51}	piəʔ^{2}	liəʔ^{2}白 li^{21}文	siəʔ^{2}	tʂʅ^{51}	tʂəʔ^{2}	tsʰəʔ^{2}	səʔ^{2}
邯郸	iŋ^{53}	pieʔ^{43}	lieʔ^{43}	sieʔ^{43}	tsəʔ^{43}白 tʂʅ^{53}文	tsʰʌʔ^{43}白 tsʰʌʔ^{43}文	tsʰʌʔ^{43}	sʌʔ^{43}
涉县	iəŋ^{412}	piəʔ^{32}	liəʔ^{32}	ɕiəʔ^{32}	tsəʔ^{32}	tsʰaʔ^{32}	tsʰaʔ^{32}	saʔ^{32}

	0825 织	0826 食	0827 式	0828 极	0829 国	0830 或	0831 猛	0832 打
	曾开三入职章	曾开三入职船	曾开三入职书	曾开三入职群	曾合一入德见	曾合一入德匣	梗开二上庚明	梗开二上庚端
兴隆	tʂʅ³⁵	ʂʅ⁵⁵	ʂʅ⁵¹	tɕi⁵⁵	kuo⁵⁵	xuo⁵¹	məŋ²¹³	ta²¹³ ~架 ta³⁵ 一~
北戴河	tʂʅ⁴⁴	ʂʅ³⁵	ʂʅ⁵¹	tɕi³⁵	kuo²¹⁴	xuo⁵¹	məŋ²¹⁴	ta²¹⁴
昌黎	tʂʅ⁴²	ʂʅ²⁴	ʂʅ⁴⁵³	tɕi²⁴	kuo²¹³	xuo⁴⁵³	məŋ²¹³	ta²¹³
乐亭	tʂʅ³⁴	ʂʅ²¹²	ʂʅ⁵²	tɕi²¹²	kuə³⁴	xuə⁵²	məŋ³⁴	ta³⁴
蔚县	tʂʅ⁵³	ʂʅ⁴¹	ʂʅ⁴⁴	tɕi⁵³	kuɤ⁵³	xɤ³¹²	məŋ⁴⁴	tɑ⁴⁴
涞水	tʂʅ³¹	ʂʅ⁴⁵	ʂʅ³¹⁴	tɕi⁴⁵	kuo⁴⁵	xuo³¹⁴	məŋ²⁴	ta²⁴
霸州	tʂʅ⁴⁵	ʂʅ⁵³	ʂʅ⁴¹	tɕi⁵³	kuo²¹⁴	xuo⁴¹	məŋ²¹⁴	ta²¹⁴
容城	tʂʅ⁴³	ʂʅ³⁵	ʂʅ⁵¹³	tɕi³⁵	kuo²¹³	xuo⁵¹³	məŋ²¹³	ta²¹³
雄县	tʂʅ⁴⁵	ʂʅ⁵³	ʂʅ⁴¹	tɕi⁵³	kuo²¹⁴	xuo⁴¹	məŋ²¹⁴	ta²¹⁴
安新	tʂʅ⁴⁵	ʂʅ³¹	ʂʅ⁵¹	tɕi³¹	kuo²¹⁴	xuo⁵¹	məŋ²¹⁴	ta²¹⁴
满城	tʂʅ⁴⁵	ʂʅ²²	ʂʅ⁵¹²	tɕi²²	kuo²¹³	xuo⁵¹²	məŋ²¹³	ta²¹³
阜平	tʂʅ²⁴	ʂʅ²⁴	ʂʅ⁵³	tɕi²⁴	kuɤ⁵⁵	xuɤ⁵³	məŋ⁵⁵	ta⁵⁵
定州	tʂʅ³³	ʂʅ²¹³	ʂʅ⁵¹	tɕi²⁴	kuo²⁴	xuo⁵¹	məŋ²⁴	ta²⁴
无极	tʂʅ²¹³	ʂʅ²¹³	ʂʅ⁵¹	tɕi²¹³	kuɤ³⁵	xuɤ⁵¹	məŋ³⁵	tɑ³⁵
辛集	tʂʅ³³	ʂʅ³⁵⁴	ʂʅ⁴¹	tɕi³⁵⁴	kuə³²⁴	xuə⁴¹	məŋ³²⁴	tɑ³²⁴
衡水	tɕi²⁴ 旧 tʂʅ²⁴ 新	ɕi⁵³ 旧 ʂʅ⁵³ 新	ʂʅ³¹	tɕi⁵³	kuo⁵⁵	xuo³¹	məŋ⁵⁵	tɑ⁵⁵
故城	tʂʅ²⁴	ʂʅ⁵³	ʂʅ³¹	tɕi⁵³	kuei⁵⁵ 白 kuɤ⁵⁵ 文	xuɤ³¹	məŋ⁵⁵	ta⁵⁵
巨鹿	tɕi³³	ɕi⁴¹	ɕi²¹	tɕi³³	kuo⁵⁵	xuo²¹	məŋ⁵⁵	ta⁵⁵
邢台	tʂʅ³⁴	ʂʅ⁵³	ʂʅ³¹	tɕi⁵³	kuo³⁴	xuo³¹	məŋ⁵⁵	ta⁵⁵
馆陶	tʂʅ²⁴	ʂʅ⁵²	ʂʅ²¹³	tɕi⁵²	kuɛ²⁴ 白 kuo²⁴ 文 kuei²⁴ 姓~	xuo⁵² xuai⁵²①	məŋ⁴⁴	ta⁴⁴ ~架 ta⁵² 一~
沧县	tʂʅ²³	ʂʅ⁵³	ʂʅ⁴¹	tɕi⁵³	kuo⁵⁵	xuei⁴¹ 白 xuo⁴¹ 文	məŋ⁵⁵	tɑ⁵⁵
献县	tʂʅ³³	ʂʅ⁵³	ʂʅ³¹	tɕi⁵³	kuo²¹⁴	xuo³¹	məŋ²¹⁴	ta²¹⁴

（续表）

	0825 织	0826 食	0827 式	0828 极	0829 国	0830 或	0831 猛	0832 打
	曾开三入职章	曾开三入职船	曾开三入职书	曾开三入职群	曾合一入德见	曾合一入德匣	梗开二上庚明	梗开二上庚端
平泉	tʂʅ⁵⁵	ʂʅ³⁵	ʂʅ⁵¹	tɕi³⁵	kuo³⁵	xuo⁵¹	məŋ²¹⁴	ta²¹⁴ 又 ta³⁵ 又
滦平	tʂʅ⁵⁵	ʂʅ³⁵	ʂʅ⁵¹	tɕi³⁵	kuo³⁵	xuo⁵¹	məŋ²¹⁴	ta²¹⁴ ~架 ta³⁵ 一~
廊坊	tʂʅ⁵⁵	ʂʅ³⁵	ʂʅ⁵¹	tɕi³⁵	kuo³⁵	xuo⁵¹	məŋ²¹⁴	ta²¹⁴ ~架 ta³⁵ 一~
魏县	tʂʅ³³	ʂʅ⁵³	ʂʅ³¹²	tɕi³³	kuɛ³³ 白 kuə³³ 文	xuɛ³³	məŋ⁵⁵	ta⁵⁵
张北	tsəʔ³²	səʔ³²	səʔ³²	tɕiəʔ³²	kuəʔ³²	xuəʔ³²	məŋ⁵⁵	ta⁵⁵
万全	tsəʔ²²	səʔ⁴	səʔ⁴	tɕiəʔ²²	kuʌʔ²²	xuʌʔ²²	məŋ⁵⁵	ta⁵⁵
涿鹿	tʂʌʔ⁴³	ʂʌʔ⁴³	ʂʌʔ⁴³	tɕiʌʔ⁴³	kuʌʔ⁴³	xuʌʔ⁴³	məŋ⁴⁵	ta⁴⁵
平山	tʂʅ²⁴	ʂʅ²⁴	ʂʅ⁴²	tɕi²⁴	kuə²⁴	xuæi⁵⁵	məŋ⁵⁵	ta⁵⁵
鹿泉	tʂɤ¹³ 白 tʂʅ¹³ 文	ʂɤ¹³ 白 ʂʅ¹³ 文	ʂʅ³¹²	tɕi¹³	kuo¹³	xuo³¹²	məŋ³⁵	ta³⁵
赞皇	tʂʅ²⁴	ʂʅ²⁴	ʂʅ³¹²	tɕi²⁴	kuə²⁴	xuə³¹²	məŋ⁴⁵	ta⁴⁵
沙河	tsəʔ²	ʂʅ⁵¹	ʂʅ²¹	tɕiəʔ²	kuəʔ²	xuəʔ²	məŋ³³	tɔ³³
邯郸	tsəʔ⁴³	səʔ⁴³ 白 ʂʅ⁵³ 文	ʂʅ²¹³	tɕie ʔ⁴³	kuʌʔ⁴³	xuʌʔ⁴³	məŋ⁵⁵	tɔ⁵⁵
涉县	tsəʔ³²	səʔ³²	səʔ³² 白 ʂʅ⁵⁵ 文	tɕiəʔ³²	kuɐʔ³²	xuɐʔ³²	məŋ⁵³	tɒ⁵³

---

① ~重于泰山，~轻于鸿毛。

	0833 冷	0834 生	0835 省~长	0836 更三~,打~	0837 梗	0838 坑	0839 硬	0840 行~为,~走
	梗开二 上庚来	梗开二 平庚生	梗开二 上庚生	梗开二 平庚见	梗开二 上庚见	梗开二 平庚溪	梗开二 去庚疑	梗开二 平庚匣
兴隆	ləŋ²¹³	ʂəŋ³⁵	ʂəŋ²¹³	tɕiŋ³⁵ 又 kəŋ³⁵ 又	kəŋ²¹³	kʰəŋ³⁵	iŋ⁵¹	ɕiŋ⁵⁵
北戴河	ləŋ²¹⁴	ʃəŋ⁴⁴	ʃəŋ²¹⁴	kəŋ⁴⁴① tɕəŋ⁴⁴②	kəŋ²¹⁴	kʰəŋ⁴⁴	iŋ⁵¹	ɕiŋ³⁵
昌黎	ləŋ²¹³	səŋ⁴²	səŋ²¹³	kəŋ⁴² 白 tɕəŋ⁴² 文	kəŋ²¹³	kʰəŋ⁴²	iŋ²⁴③ iŋ⁴⁵³④	ɕiŋ²⁴
乐亭	ləŋ³⁴	ʂəŋ³¹	ʂəŋ³⁴	tɕiəŋ³¹	kəŋ³⁴	kʰəŋ³¹	iəŋ⁵²	ɕiəŋ²¹²
蔚县	ləŋ⁴⁴	səŋ⁵³	səŋ⁴⁴	tɕiŋ⁵³ 旧 kəŋ⁵³ 新	kəŋ⁴⁴	kʰəŋ⁵³	n̠iŋ³¹²	ɕiŋ⁴¹
涞水	ləŋ²⁴	səŋ³¹	səŋ²⁴	tɕiŋ³¹ 白 kəŋ³¹ 文	kəŋ²⁴	kʰəŋ³¹	iŋ³¹⁴	ɕiŋ⁴⁵
霸州	ləŋ²¹⁴	ʂəŋ⁴⁵	ʂəŋ²¹⁴	tɕiŋ⁴⁵	kəŋ²¹⁴	kʰəŋ⁴⁵	iŋ⁴¹	ɕiŋ⁵³
容城	ləŋ²¹³	səŋ⁴³	səŋ²¹³	tɕiŋ⁴³	kəŋ²¹³	kʰəŋ⁴³	iŋ⁵¹³	ɕiŋ³⁵
雄县	ləŋ²¹⁴	səŋ⁴⁵	səŋ²¹⁴	tɕiŋ⁴⁵⑤ kəŋ⁴⁵⑥	kəŋ²¹⁴	kʰəŋ⁴⁵	iŋ⁴¹	ɕiŋ⁵³
安新	ləŋ²¹⁴	səŋ⁴⁵	səŋ²¹⁴	tɕiŋ⁴⁵ 白 kəŋ⁴⁵ 文	kəŋ²¹⁴	kʰəŋ⁴⁵	iŋ⁵¹	ɕiŋ³¹
满城	ləŋ²¹³	səŋ⁴⁵	səŋ²¹³	tɕiŋ⁴⁵	kəŋ²¹³	kʰəŋ⁴⁵	iŋ⁵¹²	ɕiŋ²²
阜平	ləŋ⁵⁵	səŋ³¹	səŋ⁵⁵	kəŋ³¹	kəŋ⁵⁵	kʰəŋ³¹	iŋ⁵³	ɕiŋ²⁴
定州	ləŋ²⁴	səŋ³³	səŋ²⁴	tɕiŋ³³	kəŋ²⁴	kʰəŋ³³	iŋ⁵¹	ɕiŋ²⁴
无极	ləŋ³⁵	səŋ³¹	səŋ³⁵	tɕiŋ³¹	kəŋ³⁵	kʰəŋ³¹	iŋ⁴⁵¹	ɕiŋ²¹³
辛集	ləŋ³²⁴	səŋ³³	səŋ³²⁴	tɕiŋ³³ 白 kəŋ³³ 文	kəŋ³²⁴	kʰəŋ³³	iŋ⁴¹	ɕiŋ³⁵⁴
衡水	ləŋ⁵⁵	səŋ²⁴	səŋ⁵⁵	tɕiŋ²⁴ 旧 kəŋ²⁴ 新	kəŋ⁵⁵	tɕʰiŋ²⁴ 旧 kʰəŋ²⁴ 新	iŋ³¹	ɕiŋ⁵³
故城	ləŋ⁵⁵	səŋ²⁴	səŋ⁵⁵	tɕiŋ²⁴	kəŋ⁵⁵	kʰəŋ²⁴	iŋ³¹	ɕiŋ⁵³
巨鹿	ləŋ⁵⁵	səŋ³³	səŋ⁵⁵	tɕiŋ³³	kəŋ⁵⁵	kʰəŋ³³	iəŋ²¹	ɕiŋ⁴¹
邢台	ləŋ⁵⁵	səŋ³⁴	səŋ⁵⁵	tɕiŋ³⁴ 又 kəŋ³⁴ 又	kəŋ⁵⁵	kʰəŋ³⁴	iŋ³¹	ɕiŋ⁵³
馆陶	ləŋ⁴⁴	səŋ²⁴	səŋ⁴⁴	tɕiŋ²⁴	kəŋ⁴⁴	kʰəŋ²⁴	iŋ²¹³	ɕiŋ⁵²
沧县	ləŋ⁵⁵	səŋ²³	səŋ⁵⁵	tɕiŋ²³	kəŋ⁵⁵	kʰəŋ²³	iŋ⁴¹	ɕiŋ⁵³
献县	ləŋ²¹⁴	səŋ³³	səŋ²¹⁴	tɕiŋ³³ 白 kəŋ³³ 文	kəŋ²¹⁴	kʰəŋ³³	iŋ³¹	ɕiŋ⁵³

(续表)

	0833 冷	0834 生	0835 省~长	0836 更三~,打~	0837 梗	0838 坑	0839 硬	0840 行~为,~走
	梗开二上庚来	梗开二平庚生	梗开二上庚生	梗开二平庚见	梗开二上庚见	梗开二平庚溪	梗开二去庚疑	梗开二平庚匣
平泉	ləŋ²¹⁴	ʂəŋ⁵⁵	ʂəŋ²¹⁴	tɕiŋ⁵⁵ 又 kəŋ⁵⁵ 又	kəŋ²¹⁴	kʰəŋ⁵⁵	iŋ⁵¹	ɕiŋ³⁵
滦平	ləŋ²¹⁴	ʂəŋ⁵⁵	ʂəŋ²¹⁴	tɕiŋ⁵⁵ 白 kəŋ⁵⁵ 文	kəŋ²¹⁴	kʰəŋ⁵⁵	iŋ⁵¹	ɕiŋ³⁵
廊坊	ləŋ²¹⁴	ʂəŋ⁵⁵	ʂəŋ²¹⁴	tɕiŋ⁵⁵ 又 kəŋ⁵⁵ 又	kəŋ²¹⁴	kʰəŋ⁵⁵	iŋ⁵¹	ɕiŋ³⁵
魏县	ləŋ⁵⁵	ʂəŋ³³	ʂəŋ⁵⁵	tɕiŋ³³ 白 kəŋ³³ 文	kəŋ⁵⁵	kʰəŋ³³	iŋ³¹²	ɕiŋ⁵³
张北	ləŋ⁵⁵	səŋ⁴²	səŋ⁵⁵	tɕiŋ⁴²	kəŋ⁵⁵	kʰəŋ⁴²	ȵiŋ²¹³	ɕiŋ⁴²
万全	ləŋ⁵⁵	səŋ⁴¹	səŋ⁵⁵	kəŋ⁴¹⑦ tɕiəŋ⁴¹⑧	kəŋ⁵⁵	kʰəŋ⁴¹	ȵiəŋ²¹³	ɕiəŋ⁴¹
涿鹿	ləŋ⁴⁵	səŋ⁴⁴	səŋ⁴⁵	kəŋ⁴⁴	kəŋ⁴⁵	kʰəŋ⁴⁴	ȵiŋ³¹	ɕiŋ⁴²
平山	ləŋ⁵⁵	ʂəŋ³¹	ʂəŋ⁵⁵	tɕiŋ³¹	kəŋ⁵⁵	tɕʰiŋ³¹	iŋ⁴²	ɕiŋ³¹
鹿泉	ləŋ³⁵	ʂəŋ⁵⁵	ʂəŋ³⁵	tɕiŋ⁵⁵ 白 kəŋ⁵⁵ 文	kəŋ³⁵	tɕʰiŋ⁵⁵ 白 kʰəŋ⁵⁵ 文	iŋ³¹²	ɕiŋ⁵⁵
赞皇	ləŋ⁴⁵	ʂəŋ⁵⁴	ʂəŋ⁴⁵	tɕiŋ⁵⁴ 白 kəŋ⁵⁴ 文	kəŋ⁴⁵	tɕʰiŋ⁵⁴ 白 kʰəŋ⁵⁴ 文	iŋ³¹²	ɕiŋ⁵⁴
沙河	ləŋ³³	ʂəŋ⁴¹	ʂəŋ³³	tɕiəŋ⁴¹	kəŋ³³	kʰəŋ⁴¹	iəŋ²¹	ɕiəŋ⁵¹
邯郸	ləŋ⁵⁵	ʂəŋ³¹	ʂəŋ⁵⁵	tɕiŋ³¹ 白 kəŋ³¹ 文	kəŋ⁵⁵	kʰəŋ³¹	iŋ²¹³	ɕiŋ⁵³
涉县	ləŋ⁵³	ʂəŋ⁴¹	ʂəŋ⁵³	tɕiəŋ⁴¹ 白 kəŋ⁴¹ 文	kəŋ⁵³	kʰəŋ⁴¹	iəŋ⁵⁵	ɕiəŋ⁴¹²

---

① 三~。
② 打~。
③ 忒~。
④ 桌子~。
⑤ 打~。
⑥ 三~。
⑦ 三~。
⑧ 打~。

	0841 百 梗开二 入陌帮	0842 拍 梗开二 入陌滂	0843 白 梗开二 入陌並	0844 拆 梗开二 入陌彻	0845 择 梗开二 入陌澄	0846 窄 梗开二 入陌庄	0847 格 梗开二 入陌见	0848 客 梗开二 入陌溪
兴隆	pai²¹³	pʰai³⁵	pai⁵⁵	tʂʰai³⁵	tʂai⁵⁵ 白 tsə⁵⁵ 文	tʂai²¹³	kə⁵⁵	kʰə⁵¹
北戴河	pai²¹⁴	pʰai⁴⁴	pai³⁵	tʃʰai⁴⁴	tʃai³⁵ 白 tʃɤ³⁵ 文	tʃai²¹⁴	kɤ³⁵	tɕʰie²¹⁴ 白 kʰɤ⁵¹ 文
昌黎	pai²¹³	pʰai⁴²	pai²⁴	tsʰai²¹³ 白 tsʰai⁴² 文	tsɤ²⁴	tsai²¹³	kɤ²⁴	kʰɤ⁴⁵³
乐亭	pai³⁴	pʰai³¹	pai²¹²	tʂʰai³⁴	tʂai²¹²	tʂai³⁴	kə²¹²	kʰə⁵²
蔚县	pei⁵³	pʰei⁵³	pei⁴¹	tsʰei⁵³	tsei⁵³ 旧 tsɤ⁴¹ 新	tsei⁵³	kɤ⁵³	tɕʰiə⁵³ 白 kʰɤ⁵³ 文
涞水	pai²⁴	pʰai³¹	pai⁴⁵	tsʰai³¹	tsai⁴⁵ 白 tsɤ⁴⁵ 文	tsai²⁴	kɤ⁴⁵	tɕʰie³¹⁴ 白 kʰɤ³¹⁴ 文
霸州	pai²¹⁴	pʰai⁴⁵	pai⁵³	tsʰai⁴⁵	tsai⁵³ 白 tsɤ⁵³ 文	tsai²¹⁴	kɤ⁵³	tɕʰie²¹⁴ 白 kʰɤ⁴¹ 文
容城	pai²¹³	pʰai⁴³	pai³⁵	tsʰai⁴³	tsai³⁵	tsai²¹³	kɤ³⁵	kʰɤ⁵¹³
雄县	pai²¹⁴	pʰai⁴⁵	pai⁵³	tsʰai⁴⁵	tsai⁵³ 白 tsɤ⁵³ 文	tsai²¹⁴	kɤ⁵³	tɕʰie²¹⁴ 白 kʰɤ⁴¹ 文
安新	pai²¹⁴	pʰai⁴⁵	pai³¹	tsʰai²¹⁴	tsai³¹ 白 tsɤ³¹ 文	tsai²¹⁴	kɤ³¹	tɕʰie²¹⁴ 白 kʰɤ⁵¹ 文
满城	pai²¹³	pʰai⁴⁵	pai²²	tsʰai⁴⁵	tsai²² 白 tsɤ²² 文	tsai²¹³	kɤ²²	tɕʰie²¹³ 白 kʰɤ⁵¹² 文
阜平	pæ²⁴	pʰæ²⁴	pæ²⁴	tsʰæ²⁴	tsæ²⁴ 白 tsɤ²⁴ 文	tsæ²⁴	kɤ²⁴	tɕʰie²⁴ 白 kʰɤ⁵³ 文
定州	pai²⁴	pʰai³³	pai²¹³	tsʰai³³	tsai²¹³	tsai²⁴	kɤ²⁴	tɕʰie³³ 白 kʰɤ⁵¹ 文
无极	pæ²¹³	pʰæ²¹³	pæ²¹³	tsʰæ²¹³	tsæ²¹³	tsæ²¹³	kɤ²¹³	tɕʰie²¹³
辛集	pai³²⁴	pʰai³³	pai³⁵⁴	tsʰai³³	tsai³⁵⁴	tsai³³	kə³⁵⁴	tɕʰie³³ 白 kʰə⁴¹ 文
衡水	pɑi²⁴	pʰɑi²⁴	pɑi⁵³	tsʰɑi²⁴	tsɑi⁵³ 白 tsɤ⁵³ 文	tsɑi²⁴	kɤ⁵³	tɕʰie²⁴ 旧 kʰɤ³¹ 新
故城	pæ²⁴	pʰæ²⁴	pæ⁵³	tsʰæ²⁴	tsæ⁵³ 白 tsɤ⁵³ 文	tsæ²⁴	kɤ⁵³① kɤ²⁴②	tɕʰie²⁴ 白 kʰɤ³¹ 文
巨鹿	pai³³	pʰai³³	pai⁴¹	tsʰai³³	tsai⁴¹	tsai³³	kɤ³³	kʰɤ²¹
邢台	pai³⁴	pʰai³⁴	pai⁵³	tsʰai³⁴	tsai⁵³ 白 tsə⁵³ 文	tsai³⁴	kə³⁴	tɕʰie³⁴ 白 kʰə³¹ 文
馆陶	pai²⁴	pʰai²⁴	pai⁵²	tʂʰɛ²⁴	tʂɛ⁵²	tʂɛ²⁴	kɤ²⁴	kʰɛ²⁴ 白 kʰɤ²¹³ 文
沧县	pai²³	pʰai²³	pai⁵³	tsʰai²³	tsai⁵³ 白 tsɤ⁵³ 文	tsai²³	kɤ⁵³	tɕʰie²³ 白 kʰɤ⁴¹ 文
献县	pɛ²¹⁴	pʰɛ³³	pɛ⁵³	tsʰɛ³³	tsɛ⁵³ 白 tsɤ⁵³ 文	tsɛ³³	kɤ⁵³	tɕʰie³³ 白 kʰɤ³¹ 文

（续表）

	0841 百 梗开二 入陌帮	0842 拍 梗开二 入陌滂	0843 白 梗开二 入陌並	0844 拆 梗开二 入陌彻	0845 择 梗开二 入陌澄	0846 窄 梗开二 入陌庄	0847 格 梗开二 入陌见	0848 客 梗开二 入陌溪
平泉	pai²¹⁴	pʰai⁵⁵	pai³⁵	tʂʰai⁵⁵	tʂai³⁵ 又 tsə³⁵ 又	tʂai²¹⁴	kə³⁵	tɕʰie²¹⁴ 白 kʰə⁵¹ 文
滦平	pai²¹⁴	pʰai⁵⁵	pai³⁵	tʂʰai⁵⁵	tʂai³⁵ 白 tsə³⁵ 文	tʂai²¹⁴	kə³⁵	tɕʰie²¹⁴ 白 kʰə⁵¹ 文
廊坊	pai²¹⁴	pʰai⁵⁵	pai³⁵	tʂʰai⁵⁵	tʂai³⁵ 白 tsɤ³⁵ 文	tʂai²¹⁴	kɤ³⁵	tɕʰie²¹⁴ 白 kʰɤ⁵¹ 文
魏县	pe³³ 白 pai³³ 文	pʰie³³ 白 pʰai³³ 文	pai⁵³	tʂʰɛ³³ 白 tʂʰai³³ 文	tʂɛ³³ 又 tʂɛ⁵³ 又	tʂɛ³³	kɤ³³	kʰɛ³³
张北	piəʔ³² pai⁵⁵	pʰiəʔ³² pʰai⁴²	pai⁴²	tʂʰəʔ³² tʂʰai⁴²	tsəʔ³² tsai⁴²	tsəʔ³² tsai⁵⁵	kəʔ³²	kʰəʔ³² tɕʰie⁴²
万全	pei⁴¹	pʰieʔ²² 白 pʰei⁴¹ 文	pei⁴¹	tʂʰɛi⁴¹	tsʌʔ²²	tsəʔ²²	kʌʔ²²	tɕʰiʌʔ²² 白 kʰʌʔ²² 文
涿鹿	pɛ⁴⁵	pʰɛ⁴⁴③ pʰɛ⁴²④	pɛ⁴²	tʂʰʌʔ⁴³	tsʌʔ⁴³	tsʌʔ⁴³	kʌʔ⁴³	kʰʌʔ⁴³
平山	pɛ²⁴	pʰɛ²⁴	pɛ³¹	tʂʰɛ²⁴	tʂɛ²⁴	tʂɛ²⁴	kɤ²⁴	tɕʰiə²⁴ 白 kʰɤ²⁴ 文
鹿泉	pɛ³⁵	pʰɛ⁵⁵⑤ pʰɛ¹³⑥	pɛ⁵⁵	tʂʰɛ¹³	tʂɛ⁵⁵ 白 tsɤ¹³ 文	tʂɛ¹³	kʌ¹³	tɕʰiʌ¹³ 白 kʰɤ³¹² 文
赞皇	pɛ²⁴	pʰɛ⁵⁴⑦ pʰɛ²⁴⑧	pɛ⁵⁴	tʂʰɛ²⁴	tʂɛ²⁴ 白 tsə²⁴ 文	tʂɛ²⁴	kə²⁴	tɕʰie²⁴ 白 kʰə²⁴ 文
沙河	piəʔ² 又 pai³³ 又	pʰiəʔ²	pai⁵¹	tʂʰai²¹ 白 tʂʰəʔ² 文	tsai⁵¹ 白 tsəʔ² 文	tʂəʔ²	kəʔ²	kʰəʔ²
邯郸	piʌʔ⁴³	pʰiʌʔ⁴³	pie⁵³ 白 pai⁵³ 文	tʂʰʌʔ⁴³	tʂʌʔ⁴³ 白 tʂʰ⁵³ 文	tʂʌʔ⁴³	kʌʔ⁴³	kʰʌʔ⁴³
涉县	pɐʔ³²	pʰɐʔ³²	pɐʔ³² 白 pai⁴¹² 文	tʂʰəʔ³² tʂʰai⁴¹ 文	tsɐʔ³²	tsɐʔ³²	kɐʔ³²	kʰɐʔ³²

① ~外。
② ~子。
③ ~手。
④ ~片。
⑤ ~片。
⑥ ~打。
⑦ ~片。
⑧ ~打。

	0849 额 梗开二 入陌疑	0850 棚 梗开二 平耕并	0851 争 梗开二 平耕庄	0852 耕 梗开二 平耕见	0853 麦 梗开二 入麦明	0854 摘 梗开二 入麦知	0855 策 梗开二 入麦初	0856 隔 梗开二 入麦见
兴隆	nə^{55} 又 ə^{55} 又	pʰəŋ^{55}	tʂəŋ^{35}	kəŋ^{35}	mai^{51}	tʂai^{35}	tsʰə^{51}	kə^{55}
北戴河	nɤ^{35}① ɤ^{35}②	pʰəŋ^{35}	tʃəŋ^{44}	tɕiŋ^{44}白 kəŋ^{44}文	mai^{51}	tʃai^{44}	tʃʰɤ^{51}	kɤ^{35}
昌黎	ɤ^{24}	pʰəŋ^{24}	tsəŋ^{42}	kəŋ^{42}	mai^{453}	tsai^{42}	tsʰɤ^{453}	kɤ^{24}
乐亭	ŋ^{212}	pʰəŋ^{212}	tsəŋ^{31}	tɕiəŋ^{31}	mai^{52}	tʂai^{34}	tsʰə^{52}	kə^{34}
蔚县	ȵiə^{312}③ nɤ^{41}④	pʰəŋ^{41}	tsəŋ^{53}	tɕiŋ^{53}白 kəŋ^{53}文	mei^{312}	tsei^{53}	tsʰei^{53}旧 tsʰɤ^{53}新	tɕiə^{53}白 kɤ^{53}文
涞水	ɤ^{45}	pʰəŋ^{45}	tsəŋ^{31}	tɕiŋ^{31}白 kəŋ^{31}文	mai^{314}	tsai^{45}	tsʰɤ^{314}	kɤ^{45}
霸州	nɤ^{53}	pʰəŋ^{53}	tsəŋ^{45}	tɕiŋ^{45}白 kəŋ^{45}文	mai^{41}	tʂai^{45}	tʂʰai^{214}白 tsʰɤ^{41}文	tɕie^{45}白 kɤ^{45}文
容城	ɤ^{35}	pʰəŋ^{35}	tsəŋ^{43}	tɕiŋ^{43}白 kəŋ^{43}文	mai^{513}	tsai^{43}	tsʰuo^{513}又 tsʰɤ^{513}又	kɤ^{43}
雄县	nɤ^{53}旧 ɤ^{53}新	pʰəŋ^{53}	tsəŋ^{45}	tɕiŋ^{45}白 kəŋ^{45}文	mai^{41}	tsai^{45}	tsʰai^{214}旧 tsʰɤ^{41}新	tɕie^{45}白 kɤ^{53}文
安新	ɤ^{31}	pʰəŋ^{31}	tsəŋ^{45}	tɕiŋ^{45}	mai^{51}	tsai^{214}	tsʰɤ^{51}	tɕie^{214}白 kɤ^{31}文
满城	nuo^{22} nɤ^{512}	pʰəŋ^{22}	tsəŋ^{45}	tɕiŋ^{45}白 kəŋ^{45}文	mai^{512}	tʂai^{45}	tsʰai^{213}白 tsʰɤ^{512}文	tɕie^{45}白 kɤ^{45}文
阜平	ŋɤ^{24}	pʰəŋ^{24}	tsəŋ^{31}	tɕiŋ^{31}白 kəŋ^{31}文	mæ^{53}	tʂæ^{24}	tsʰɤ^{53}	tɕie^{24}白 kɤ^{24}文
定州	ŋɤ^{51}	pʰəŋ^{24}	tsəŋ^{33}	tɕiŋ^{33}白 kəŋ^{33}文	mai^{51}	tsai^{33}	tsʰɤ^{51}	tɕie^{33}白 kɤ^{24}文
无极	ie^{213}	pʰəŋ^{213}	tsəŋ^{31}	tɕiŋ^{31}	mæ^{451}	tʂæ^{213}	tsʰæ^{213}	tɕie^{213}
辛集	ŋə^{354}	pʰəŋ^{354}	tsəŋ^{33}	tɕiŋ^{33}白 kəŋ^{33}文	mai^{41}	tsai^{33}	tsʰai^{33}白 tsʰə^{31}文	tɕie^{33}白 kə^{31}文
衡水	ŋɤ^{53}旧 ɤ^{53}新	pʰəŋ^{53}	tsəŋ^{24}	tɕiŋ^{24}旧 kəŋ^{24}新	mɑi^{31}	tsɑi^{24}	tsʰɑi^{24}白 tsʰɤ^{31}文	tɕie^{24}旧 kɤ^{24}新
故城	ŋɤ^{53}	pʰəŋ^{53}	tsəŋ^{24}	tɕiŋ^{24}白 kəŋ^{24}文	mæ^{31}	tsæ^{24}	tsʰɤ^{31}	tɕiæ^{24}白 kɤ^{24}文
巨鹿	ŋɤ^{41}	pʰəŋ^{41}	tsəŋ^{33}	tɕiŋ^{33}	mai^{21}	tsai^{33}	tsʰai^{33}	kɤ^{33}
邢台	ŋə^{53}又 ə^{53}又	pʰəŋ^{53}	tsəŋ^{34}	tɕiŋ^{34}白 kəŋ^{34}文	mai^{31}	tsai^{34}	tsʰai^{34}白 tsʰə^{31}文	tɕie^{34}白 kə^{34}文
馆陶	ɣɤ^{52}	pʰəŋ^{52}	tʂəŋ^{24}	kəŋ^{24}	mai^{24}	tʂɛ^{24}	tʂʰɛ^{24}	kiɛ^{24}
沧县	ŋɤ^{53}	pʰəŋ^{53}	tsəŋ^{23}	tɕiŋ^{23}	mai^{41}	tsai^{23}	tsʰɤ^{41}	tɕie^{23}白 kɤ^{23}文

(续表)

	0849 额 梗开二 入陌疑	0850 棚 梗开二 平耕并	0851 争 梗开二 平耕庄	0852 耕 梗开二 平耕见	0853 麦 梗开二 入麦明	0854 摘 梗开二 入麦知	0855 策 梗开二 入麦初	0856 隔 梗开二 入麦见
献县	ie²¹⁴ 白 ɤ⁵³ 文	pʰəŋ⁵³	tʂʰəŋ³³	tɕiŋ³³ 白 kəŋ³³ 文	mɛ³¹	tʂɛ³³	tʂʰɤ³¹	tɕie³³ 白 kɤ⁵³ 文
平泉	ə³⁵	pʰəŋ³⁵	tʂəŋ⁵⁵	kəŋ⁵⁵	mai⁵¹	tʂai⁵⁵	tsʰə⁵¹	kə³⁵
滦平	nə³⁵ 又 ŋə³⁵ 又 ə³⁵ 又	pʰəŋ³⁵	tʂəŋ⁵⁵	kəŋ⁵⁵	mai⁵¹	tʂai⁵⁵	tsʰə⁵¹	kə³⁵
廊坊	ɤ³⁵	pʰəŋ³⁵	tʂəŋ⁵⁵	tɕiŋ⁵⁵ 白 kəŋ⁵⁵ 文	mai⁵¹	tʂai⁵⁵	tsʰɤ⁵¹	tɕie⁵⁵ 白 kɤ³⁵ 文
魏县	ɤ⁵³	pʰəŋ⁵³	tʂəŋ³³	tɕiŋ³³ 白 kəŋ³³ 文	mɛ³³ 白 mai³³ 文	tʂɛ³³ 白 tʂai³³ 文	tʂʰɛ³³ 白 tʂʰɤ³³ 文	kɛ³³ 白 kɤ³³ 文
张北	ŋə⁴²	pʰəŋ⁴²	tsəŋ⁴²	tɕiŋ⁴² kəŋ⁴²	miəʔ³² mai²¹³	tsəʔ³² tsai⁴²	tsʰəʔ³²	kəʔ³²
万全	ŋʌʔ²²	pʰəŋ⁴¹	tsəŋ⁴¹	kəŋ⁴¹	mei²¹³⑤ miʌʔ²²⑥	tsəʔ⁴	tsʰʌʔ²²	kʌʔ²²
涿鹿	ŋʌʔ⁴³	pʰəŋ⁴²	tsəŋ⁴⁴	kəŋ⁴⁴	mɛ³¹	tsʌʔ⁴³	tsʰʌʔ⁴³	kʌʔ⁴³
平山	ŋɤ²⁴	pʰəŋ³¹	tsəŋ³¹	tɕiŋ³¹ 白 kəŋ³¹ 文	mɛ²⁴	tʂɛ²⁴	tʂʰɛ²⁴ 白 tʂʰɤ²⁴ 文	tɕiə²⁴ 白 kɤ²⁴ 文
鹿泉	ŋʌ¹³	pʰəŋ⁵⁵	tsəŋ⁵⁵	tɕiŋ⁵⁵ 白 kəŋ⁵⁵ 文	mɛ³¹²	tʂɛ¹³	tʂʰɛ¹³ 白 tʂʰʌ¹³ 文	kʌ¹³ 又 tɕiʌ¹³ 又
赞皇	ŋə²⁴	pʰəŋ⁵⁴	tsəŋ⁵⁴	tɕiŋ⁵⁴ 白 kəŋ⁵⁴ 文	mɛ³¹²	tʂɛ²⁴	tsʰə²⁴	tɕie²⁴ 白 kə²⁴ 文
沙河	ŋɤ⁵¹	pʰəŋ⁵¹	tsəŋ⁴¹	kəŋ⁴¹	miəʔ² 又 mai²¹ 又	tsəʔ²	tsʰəʔ²	kəʔ²
邯郸	ŋʌʔ⁴³	pʰəŋ⁵³	tsəŋ³¹	tɕiŋ³¹ 白 kəŋ³¹ 文	miʌʔ⁴³	tʂʌʔ⁴³	tʂʰʌʔ⁴³	kʌʔ⁴³
涉县	ŋɐʔ³²	pʰəŋ⁴¹²	tsəŋ⁴¹	tɕiəŋ⁴¹ 白 kəŋ⁴¹ 文	mɐʔ³² 白 miə⁵⁵ 文	tsɐʔ³²	tsʰɐʔ³²	kɐʔ³²

---

① 超~。
② ~头。
③ ~脑。
④ 名~。
⑤ ~田。
⑥ 小~。

	0857 兵	0858 柄	0859 平	0860 病	0861 明	0862 命	0863 镜	0864 庆
	梗开三平庚帮	梗开三去庚帮	梗开三平庚並	梗开三去庚並	梗开三平庚明	梗开三去庚明	梗开三去庚见	梗开三去庚溪
兴隆	piŋ³⁵	piŋ²¹³	pʰiŋ⁵⁵	piŋ⁵¹	miŋ⁵⁵	miŋ⁵¹	tɕiŋ⁵¹	tɕʰiŋ⁵¹
北戴河	piŋ⁴⁴	piŋ²¹⁴	pʰiŋ³⁵	piŋ⁵¹	miŋ³⁵	miŋ⁵¹	tɕiŋ⁵¹	tɕʰiŋ⁵¹
昌黎	piŋ⁴²	piŋ²¹³	pʰiŋ²⁴	piŋ²⁴① / piŋ⁴⁵³②	miŋ²⁴	miŋ²⁴③ / miŋ⁴⁵³④	tɕiŋ⁴⁵³	tɕʰiŋ⁴⁵³
乐亭	piəŋ³¹	piəŋ³⁴	pʰiəŋ²¹²	piəŋ⁵²	miəŋ²¹²	miəŋ⁵²	tɕiəŋ⁵²	tɕʰiəŋ⁵²
蔚县	piŋ⁵³	piŋ³¹²	pʰiŋ⁴¹	piŋ³¹²	miŋ⁴¹	miŋ³¹²	tɕiŋ³¹²	tɕʰiŋ³¹²
涞水	piŋ³¹	piŋ²⁴	pʰiŋ⁴⁵	piŋ³¹⁴	miŋ⁴⁵	miŋ³¹⁴	tɕiŋ³¹⁴	tɕʰiŋ³¹⁴
霸州	piŋ⁴⁵	piŋ²¹⁴	pʰiŋ⁵³	piŋ⁴¹	miŋ⁵³	miŋ⁴¹	tɕiŋ⁴¹	tɕʰiŋ⁴¹
容城	piŋ⁴³	piŋ⁵¹³	pʰiŋ³⁵	piŋ⁵¹³	miŋ³⁵	miŋ⁵¹³	tɕiŋ⁵¹³	tɕʰiŋ⁵¹³
雄县	piŋ⁴⁵	piŋ²¹⁴	pʰiŋ⁵³	piŋ⁴¹	miŋ⁵³	miŋ⁴¹	tɕiŋ⁴¹	tɕʰiŋ⁴¹
安新	piŋ⁴⁵	piŋ²¹⁴	pʰiŋ³¹	piŋ⁵¹	miŋ³¹	miŋ⁵¹	tɕiŋ⁵¹	tɕʰiŋ⁵¹
满城	piŋ⁴⁵	piŋ⁵¹²	pʰiŋ²²	piŋ⁵¹²	miŋ²²	miŋ⁵¹²	tɕiŋ⁵¹²	tɕʰiŋ⁵¹²
阜平	piŋ³¹	piŋ⁵⁵	pʰiŋ²⁴	piŋ⁵³	miŋ²⁴	miŋ⁵³	tɕiŋ⁵³	tɕʰiŋ⁵³
定州	piŋ³³	piŋ⁵¹	pʰiŋ²¹³	piŋ⁵¹	miŋ²⁴	miŋ⁵¹	tɕiŋ⁵¹	tɕʰiŋ⁵¹
无极	piŋ³¹	piŋ³⁵	pʰiŋ²¹³	piŋ⁴⁵¹	miŋ²¹³	miŋ⁴⁵¹	tɕiŋ⁴⁵¹	tɕʰiŋ⁴⁵¹
辛集	piŋ³³	piŋ³²⁴	pʰiŋ³⁵⁴	piŋ⁴¹	miŋ³⁵⁴	miŋ⁴¹	tɕiŋ⁴¹	tɕʰiŋ⁴¹
衡水	piŋ²⁴	piŋ⁵⁵	pʰiŋ⁵³	piŋ³¹	miŋ⁵³	miŋ³¹	tɕiŋ³¹	tɕʰiŋ³¹
故城	piŋ²⁴	piŋ⁵⁵	pʰiŋ⁵³	piŋ⁵³	miŋ⁵³	miŋ³¹	tɕiŋ³¹	tɕʰiŋ³¹
巨鹿	piŋ³³	piŋ⁵⁵	pʰiŋ⁴¹	piŋ²¹	miŋ⁴¹	miŋ²¹	tɕiŋ²¹	tɕʰiŋ²¹
邢台	piŋ³⁴	piŋ⁵⁵	pʰiŋ⁵³	piŋ³¹	miŋ⁵³	miŋ³¹	tɕiŋ³¹	tɕʰiŋ³¹
馆陶	piŋ²⁴	piŋ⁴⁴	pʰiŋ⁵²	piŋ²¹³	miŋ⁵²	miŋ²¹³	tɕiŋ²¹³	tɕʰiŋ²¹³
沧县	piŋ²³	piŋ⁵⁵	pʰiŋ⁵³	piŋ⁴¹	miŋ⁵³	miŋ⁴¹	tɕiŋ⁴¹	tɕʰiŋ⁴¹
献县	piŋ³³	piŋ²¹⁴	pʰiŋ⁵³	piŋ³¹	miŋ⁵³	miŋ³¹	tɕiŋ³¹	tɕʰiŋ³¹
平泉	piŋ⁵⁵	piŋ²¹⁴	pʰiŋ³⁵	piŋ⁵¹	miŋ³⁵	miŋ⁵¹	tɕiŋ⁵¹	tɕʰiŋ⁵¹
滦平	piŋ⁵⁵	piŋ²¹⁴	pʰiŋ³⁵	piŋ⁵¹	miŋ³⁵	miŋ⁵¹	tɕiŋ⁵¹	tɕʰiŋ⁵¹
廊坊	piŋ⁵⁵	piŋ²¹⁴	pʰiŋ³⁵	piŋ⁵¹	miŋ³⁵	miŋ⁵¹	tɕiŋ⁵¹	tɕʰiŋ⁵¹

(续表)

	0857 兵	0858 柄	0859 平	0860 病	0861 明	0862 命	0863 镜	0864 庆
	梗开三平庚帮	梗开三去庚帮	梗开三平庚並	梗开三去庚並	梗开三平庚明	梗开三去庚明	梗开三去庚见	梗开三去庚溪
魏县	piŋ³³	piŋ⁵⁵	pʰiŋ⁵³	piŋ³¹²	miŋ⁵³	miŋ³¹²	tɕiŋ³¹²	tɕʰiŋ³¹²
张北	piŋ⁴²	piŋ⁵⁵	pʰiŋ⁴²	piŋ²¹³	miŋ⁴²	miŋ²¹³	tɕiŋ²¹³	tɕʰiŋ²¹³
万全	piəŋ⁴¹	piəŋ⁵⁵	pʰiəŋ⁴¹	piəŋ²¹³	miəŋ⁴¹	miəŋ²¹³	tɕiəŋ²¹³	tɕʰiəŋ²¹³
涿鹿	piŋ⁴⁴	piŋ⁴⁵	pʰiŋ⁴²	piŋ³¹	miŋ⁴²	miŋ³¹	tɕiŋ³¹	tɕʰiŋ³¹
平山	piŋ³¹	piŋ⁴²	pʰiŋ³¹	piŋ⁴²	miŋ³¹	miŋ⁴²	tɕiŋ⁴²	tɕʰiŋ⁴²
鹿泉	piŋ⁵⁵	piŋ³⁵	pʰiŋ⁵⁵	piŋ³¹²	miŋ⁵⁵	miŋ³¹²	tɕiŋ³¹²	tɕʰiŋ³¹²
赞皇	piŋ⁵⁴	piŋ⁴⁵	pʰiŋ⁵⁴	piŋ³¹²	miŋ⁵⁴	miŋ³¹²	tɕiŋ³¹²	tɕʰiŋ³¹²
沙河	piəŋ⁴¹		pʰiəŋ⁵¹	piəŋ²¹	miəŋ⁵¹	miəŋ²¹	tɕiəŋ²¹	tɕʰiəŋ²¹
邯郸	piŋ³¹	piŋ⁵⁵	pʰiŋ⁵³	piŋ²¹³	miŋ⁵³	miŋ²¹³	tɕiŋ²¹³	tɕʰiŋ²¹³
涉县	piəŋ⁴¹	piəŋ⁵³	pʰiəŋ⁴¹²	piəŋ⁵⁵	miəŋ⁴¹²	miəŋ⁵⁵	tɕiəŋ⁵⁵	tɕʰiəŋ⁵⁵

① 有~、心脏~。
② ~人。
③ 没~咧。
④ ~苦。

	0865 迎	0866 影	0867 剧戏~	0868 饼	0869 名	0870 领	0871 井	0872 清
	梗开三平庚疑	梗开三上庚影	梗开三入陌群	梗开三上清帮	梗开三平清明	梗开三上清来	梗开三上清精	梗开三平清清
兴隆	iŋ⁵⁵	iŋ²¹³	tɕy⁵¹	piŋ²¹³	miŋ⁵⁵	liŋ²¹³	tɕiŋ²¹³	tɕʰiŋ³⁵
北戴河	iŋ³⁵	iŋ²¹⁴	tɕy⁵¹	piŋ²¹⁴	miŋ³⁵	liŋ²¹⁴	tɕiŋ²¹⁴	tɕʰiŋ⁴⁴
昌黎	iŋ²⁴	iŋ²¹³	tɕy⁴⁵³	piŋ²¹³	miŋ²⁴	liŋ²¹³	tɕiŋ²¹³	tɕʰiŋ⁴²
乐亭	iəŋ²¹²	iəŋ³⁴	tɕy⁵²	piəŋ³⁴	miəŋ²¹²	liəŋ³⁴	tɕiəŋ³⁴	tɕʰiəŋ³¹
蔚县	iŋ⁴¹	iŋ⁴⁴	tɕy³¹²	piŋ⁴⁴	miŋ⁴¹	liŋ⁴⁴	tɕiŋ⁴⁴	tɕʰiŋ⁵³
涞水	iŋ⁴⁵	iŋ²⁴	tɕy³¹⁴	piŋ²⁴	miŋ⁴⁵	liŋ²⁴	tɕiŋ²⁴	tɕʰiŋ³¹
霸州	iŋ⁵³	iŋ²¹⁴	tɕy⁴¹	piŋ²¹⁴	miŋ⁵³	liŋ²¹⁴	tɕiŋ²¹⁴	tɕʰiŋ⁴⁵
容城	iŋ³⁵	iŋ²¹³	tɕy⁵¹³	piŋ²¹³	miŋ³⁵	liŋ²¹³	tɕiŋ²¹³	tɕʰiŋ⁴³
雄县	iŋ⁵³	iŋ²¹⁴	tɕy⁴¹	piŋ²¹⁴	miŋ⁵³	liŋ²¹⁴	tɕiŋ²¹⁴	tɕʰiŋ⁴⁵
安新	iŋ³¹	iŋ²¹⁴	tɕy⁵¹	piŋ²¹⁴	miŋ³¹	liŋ²¹⁴	tɕiŋ²¹⁴	tɕʰiŋ⁴⁵
满城	iŋ²²	iŋ²¹³	tɕy⁵¹²	piŋ²¹³	miŋ²²	liŋ²¹³	tɕiŋ²¹³	tɕʰiŋ⁴⁵
阜平	iŋ²⁴	iŋ⁵⁵	tɕy⁵³	piŋ⁵⁵	miŋ²⁴	liŋ⁵⁵	tɕiŋ⁵⁵	tɕʰiŋ³¹
定州	iŋ²¹³	iŋ²⁴	tɕy⁵¹	piŋ²⁴	miŋ²¹³	liŋ²⁴	tsiŋ²⁴	tsʰiŋ³³
无极	iŋ²¹³	iŋ³⁵	tɕy⁵¹	piŋ³⁵	miŋ²¹³	liŋ³⁵	tsiŋ³⁵	tsʰiŋ³¹
辛集	iŋ³⁵⁴	iŋ³²⁴	tɕy⁴¹	piŋ³²⁴	miŋ³⁵⁴	liŋ³²⁴	tsiŋ³²⁴	tsʰiŋ³³
衡水	iŋ⁵³	iŋ⁵⁵	tɕy³¹	piŋ⁵⁵	miŋ⁵³	liŋ⁵⁵	tɕiŋ⁵⁵	tɕʰiŋ²⁴
故城	iŋ⁵³	iŋ⁵⁵	tɕy³¹	piŋ⁵⁵	miŋ⁵³	liŋ⁵⁵	tɕiŋ⁵⁵	tɕʰiŋ²⁴
巨鹿	iəŋ⁴¹	iəŋ⁵⁵	tɕy²¹	piŋ⁵⁵	miŋ⁴¹	liŋ⁵⁵	tɕiŋ⁵⁵	tɕʰiŋ³³
邢台	iŋ⁵³	iŋ⁵⁵	tɕy³¹	piŋ⁵⁵	miŋ⁵³	liŋ⁵⁵	tsiŋ⁵⁵	tsʰiŋ³⁴
馆陶	iŋ⁵²	iŋ⁴⁴	tɕy²¹³	piŋ⁴⁴	miŋ⁵²	liŋ⁴⁴	tsiŋ⁴⁴	tsʰiŋ²⁴
沧县	iŋ⁵³	iŋ⁵⁵	tɕy⁴¹	piŋ⁵⁵	miŋ⁵³	liŋ⁵⁵	tɕiŋ⁵⁵	tɕʰiŋ²³
献县	iŋ⁵³	iŋ²¹⁴	tɕy³¹	piŋ²¹⁴	miŋ⁵³	liŋ²¹⁴	tɕiŋ²¹⁴	tɕʰiŋ³³
平泉	iŋ³⁵	iŋ²¹⁴	tɕy⁵¹	piŋ²¹⁴	miŋ³⁵	liŋ²¹⁴	tɕiŋ²¹⁴	tɕʰiŋ⁵⁵
滦平	iŋ³⁵	iŋ²¹⁴	tɕy⁵¹	piŋ²¹⁴	miŋ³⁵	liŋ²¹⁴	tɕiŋ²¹⁴	tɕʰiŋ⁵⁵
廊坊	iŋ³⁵	iŋ²¹⁴	tɕy⁵¹	piŋ²¹⁴	miŋ³⁵	liŋ²¹⁴	tɕiŋ²¹⁴	tɕʰiəŋ⁵⁵

(续表)

	0865 迎	0866 影	0867 剧戏~	0868 饼	0869 名	0870 领	0871 井	0872 清
	梗开三平庚疑	梗开三上庚影	梗开三入陌群	梗开三上清帮	梗开三平清明	梗开三上清来	梗开三上清精	梗开三平清清
魏县	iŋ⁵³	iŋ⁵⁵	tɕy³¹²	piŋ⁵⁵	miŋ⁵³	lin⁵⁵白 lin⁵⁵文	tɕiŋ⁵⁵	tɕʰiŋ³³
张北	iŋ⁴²	iŋ⁵⁵	tɕy²¹³	piŋ⁵⁵	miŋ⁴²	liŋ⁵⁵	tɕiŋ⁵⁵	tɕʰiŋ⁴²
万全	iəŋ⁴¹	iəŋ⁵⁵	tɕy²¹³	piəŋ⁵⁵	miəŋ⁴¹	liəŋ⁵⁵	tɕiəŋ⁵⁵	tɕʰiəŋ⁴¹
涿鹿	iŋ⁴²	iŋ⁴⁵	tɕy³¹	piŋ⁴⁵	miŋ⁴²	liŋ⁴⁵	tɕiŋ⁴⁵	tɕʰiŋ⁴⁴
平山	iŋ³¹	iŋ⁵⁵	tɕi⁴²	piŋ⁵⁵	miŋ³¹	liŋ⁵⁵	tsiŋ⁵⁵	tsʰiŋ³¹
鹿泉	iŋ⁵⁵	iŋ³⁵	tɕy³¹²	piŋ³⁵	miŋ⁵⁵	liŋ³⁵	tsiŋ³⁵	tsʰiŋ⁵⁵
赞皇	iŋ⁵⁴	iŋ⁴⁵	tɕy³¹²	piŋ⁴⁵	miŋ⁵⁴	liŋ⁴⁵	tsiŋ⁴⁵	tsʰiŋ⁵⁴
沙河	iəŋ⁵¹	iəŋ³³	tɕy²¹	piəŋ³³	miəŋ⁵¹	liəŋ³³	tsiəŋ³³	tsʰiəŋ⁴¹
邯郸	iŋ⁵³	iŋ⁵⁵	tɕy²¹³	piŋ⁵⁵	miŋ⁵³	liŋ⁵⁵	tsiŋ⁵⁵	tsʰiŋ³¹
涉县	iəŋ⁴¹	iəŋ⁵³	tɕy⁵⁵	piəŋ⁵³	miəŋ⁴¹²	liəŋ⁵³	tɕiəŋ⁵³	tɕʰiəŋ⁴¹

	0873 静	0874 姓	0875 贞	0876 程	0877 整	0878 正~反	0879 声	0880 城
	梗开三上清从	梗开三去清心	梗开三平清知	梗开三平清澄	梗开三上清章	梗开三去清章	梗开三平清书	梗开三平清禅
兴隆	tɕiŋ⁵¹	ɕiŋ⁵¹	tʂəŋ³⁵	tʂʰəŋ⁵⁵	tʂəŋ²¹³	tʂəŋ⁵¹	ʂəŋ³⁵	tʂʰəŋ⁵⁵
北戴河	tɕiŋ⁵¹	ɕiŋ⁵¹	tʃəŋ⁴⁴	tʃʰəŋ³⁵	tʃəŋ²¹⁴	tʃəŋ⁵¹	ʃəŋ⁴⁴	tʃʰəŋ³⁵
昌黎	tɕiŋ⁴⁵³	ɕiŋ⁴⁵³	tʂəŋ⁴²	tʂʰəŋ²⁴	tʂəŋ²¹³	tʂəŋ⁴⁵³	ʂəŋ⁴²	tʂʰəŋ²⁴
乐亭	tɕiəŋ⁵²	ɕiəŋ⁵²	tʂəŋ³¹	tʂʰəŋ²¹²	tʂəŋ³⁴	tʂəŋ⁵²	ʂəŋ³¹	tʂʰəŋ²¹²
蔚县	tɕiŋ³¹²	ɕiŋ³¹²	tʂəŋ⁵³	tʂʰəŋ⁴¹	tʂəŋ⁴⁴	tʂəŋ³¹²	ʂəŋ⁵³	tʂʰəŋ⁴¹
涞水	tɕiŋ³¹⁴	ɕiŋ³¹⁴	tʂəŋ³¹	tʂʰəŋ⁴⁵	tʂəŋ²⁴	tʂəŋ³¹⁴	ʂəŋ³¹	tʂʰəŋ⁴⁵
霸州	tɕiŋ⁴¹	ɕiŋ⁴¹	tʂəŋ⁴⁵	tʂʰəŋ⁵³	tʂəŋ²¹⁴	tʂəŋ⁴¹	ʂəŋ⁴⁵	tʂʰəŋ⁵³
容城	tɕiŋ⁵¹³	ɕiŋ⁵¹³	tʂəŋ⁴³	tʂʰəŋ³⁵	tʂəŋ²¹³	tʂəŋ⁵¹³	ʂəŋ⁴³	tʂʰəŋ³⁵
雄县	tɕiŋ⁴¹	ɕiŋ⁴¹	tʂəŋ⁴⁵	tʂʰəŋ³⁵	tʂəŋ²¹⁴	tʂəŋ⁴¹	ʂəŋ⁴⁵	tʂʰəŋ⁵³
安新	tɕiŋ⁵¹	ɕiŋ⁵¹	tʂəŋ⁴⁵	tʂʰəŋ³⁵	tʂəŋ²¹⁴	tʂəŋ⁵¹	ʂəŋ⁴⁵	tʂʰəŋ³¹
满城	tɕiŋ⁵¹²	ɕiŋ⁵¹²	tʂəŋ⁴⁵	tʂʰəŋ²²	tʂəŋ²¹³	tʂəŋ⁵¹²	ʂəŋ⁴⁵	tʂʰəŋ²²
阜平	tɕiŋ⁵³	ɕiŋ⁵³	tʂəŋ³¹	tʂʰəŋ²⁴	tʂəŋ⁵⁵	tʂəŋ⁵³	ʂəŋ³¹	tʂʰəŋ²⁴
定州	tsiŋ⁵¹	siŋ⁵¹	tʂəŋ³³	tʂʰəŋ²⁴	tʂəŋ²⁴	tʂəŋ⁵¹	ʂəŋ³³	tʂʰəŋ²⁴
无极	tsiŋ⁴⁵¹	siŋ⁴⁵¹	tʂəŋ³¹	tʂʰəŋ²¹³	tʂəŋ³⁵	tʂəŋ⁵¹	ʂəŋ³¹	tʂʰəŋ²¹³
辛集	tsiŋ⁴¹	siŋ⁴¹	tʂəŋ³³	tʂʰəŋ³⁵⁴	tʂəŋ³²⁴	tʂəŋ⁴¹	ʂəŋ³³	tʂʰəŋ³⁵⁴
衡水	tɕiŋ³¹	ɕiŋ⁵³ 又 ɕiŋ³¹ 又	tʂən²⁴	tʂʰəŋ⁵³	tʂəŋ⁵⁵	tʂəŋ³¹	ʂəŋ²⁴	tʂʰəŋ⁵³
故城	tɕiŋ³¹	ɕiŋ³¹	tʂẽ²⁴① tʂəŋ²⁴②	tʂʰəŋ⁵³	tʂəŋ⁵⁵	tʂəŋ³¹	ʂəŋ²⁴	tʂʰəŋ⁵³
巨鹿	tɕiŋ²¹	ɕiŋ²¹	tʂəŋ³³	tʂʰəŋ⁴¹	tʂəŋ⁵⁵	tʂəŋ²¹	ʂəŋ³³	tʂʰəŋ⁴¹
邢台	tsiŋ³¹	siŋ³¹	tʂəŋ³⁴	tʂʰəŋ⁵³	tʂəŋ⁵⁵	tʂəŋ³¹	ʂəŋ³⁴	tʂʰəŋ⁵³
馆陶	tsiŋ²¹³	siŋ²¹³	tʂen²⁴	tʂʰəŋ⁵²	tʂəŋ⁴⁴	tʂəŋ²¹³	ʂəŋ²⁴	tʂʰəŋ⁵²
沧县	tɕiŋ⁴¹	ɕiŋ⁴¹	tʂəŋ²³	tʂʰəŋ⁵³	tʂəŋ⁵⁵	tʂəŋ⁴¹	ʂəŋ²³	tʂʰəŋ⁵³
献县	tɕiŋ³¹	ɕiŋ³¹③ ɕiŋ⁵³④	tʂəŋ³³ 白 tʂəŋ³³ 文	tʂʰəŋ⁵³	tʂəŋ²¹⁴	tʂəŋ³¹	ʂəŋ³³	tʂʰəŋ⁵³
平泉	tɕiŋ⁵¹	ɕiŋ⁵¹	tʂəŋ⁵⁵	tʂʰəŋ³⁵	tʂəŋ²¹⁴	tʂəŋ⁵¹	ʂəŋ⁵⁵	tʂʰəŋ³⁵
滦平	tɕiŋ⁵¹	ɕiŋ⁵¹	tʂəŋ⁵⁵	tʂʰəŋ³⁵	tʂəŋ²¹⁴	tʂəŋ⁵¹	ʂəŋ⁵⁵	tʂʰəŋ³⁵

（续表）

	0873 静	0874 姓	0875 贞	0876 程	0877 整	0878 正~反	0879 声	0880 城
	梗开三上清从	梗开三去清心	梗开三平清知	梗开三平清澄	梗开三上清章	梗开三去清章	梗开三平清书	梗开三平清禅
廊坊	tɕiŋ⁵¹	ɕiŋ⁵¹	tʂən⁵⁵	tʂʰəŋ³⁵	tʂəŋ²¹⁴	tʂəŋ⁵¹	ʂəŋ⁵⁵	tʂʰəŋ³⁵
魏县	tɕiŋ³¹²	ɕiŋ³¹²	tʂən³³ 白 tʂən³³ 文	tʂʰəŋ⁵³	tʂəŋ⁵⁵	tʂəŋ³¹²	ʂəŋ³³	tʂʰəŋ⁵³
张北	tɕiŋ²¹³	ɕiŋ²¹³	tʂən⁴²	tʂʰəŋ⁴²	tʂəŋ⁵⁵	tʂəŋ²¹³	ʂəŋ⁴²	tʂʰəŋ⁴²
万全	tɕiəŋ²¹³	ɕiəŋ²¹³	tʂən⁴¹	tʂʰəŋ⁴¹	tʂəŋ⁵⁵	tʂəŋ²¹³	ʂəŋ⁴¹	tʂʰəŋ⁴¹
涿鹿	tɕiŋ³¹	ɕiŋ³¹	tʂən⁴⁴	tʂʰəŋ⁴²	tʂəŋ⁴⁵	tʂəŋ³¹	ʂəŋ⁴⁴	tʂʰəŋ⁴²
平山	tsiŋ⁴²	siŋ⁴²	tʂən³¹	tʂʰəŋ³¹	tʂəŋ⁵⁵	tʂəŋ⁴²	ʂəŋ³¹	tʂʰəŋ³¹
鹿泉	tsiŋ³¹²	siŋ³¹²	tʂẽ⁵⁵	tʂʰəŋ⁵⁵	tʂəŋ³⁵	tʂəŋ³¹²	ʂəŋ⁵⁵	tʂʰəŋ⁵⁵
赞皇	tsiŋ³¹²	siŋ³¹²	tʂən⁵⁴ 又 tʂəŋ⁵⁴ 又	tʂʰəŋ⁵⁴	tʂəŋ⁴⁵	tʂəŋ³¹²	ʂəŋ⁵⁴	tʂʰəŋ⁵⁴
沙河	tsiəŋ²¹	siəŋ²¹	tʂən⁴¹	tʂʰəŋ⁵¹	tʂəŋ³³	tʂəŋ²¹	ʂəŋ⁴¹	tʂʰəŋ⁵¹
邯郸	tsiŋ²¹³	siŋ²¹³	tʂən³¹	tʂʰəŋ⁵³	tʂəŋ⁵⁵	tʂəŋ²¹³	ʂəŋ³¹	tʂʰəŋ⁵³
涉县	tɕiəŋ⁵⁵	ɕiəŋ⁵⁵	tsəŋ⁴¹	tsʰəŋ⁴¹²	tsəŋ⁵³	tsəŋ⁵⁵	səŋ⁴¹	tsʰəŋ⁴¹²

① ~洁牌坊。
② ~观。
③ 名词。
④ 动词。

	0881 轻	0882 赢	0883 积	0884 惜	0885 席	0886 尺	0887 石	0888 益
	梗开三平清溪	梗开三平清以	梗开三入昔精	梗开三入昔心	梗开三入昔邪	梗开三入昔昌	梗开三入昔禅	梗开三入昔影
兴隆	tɕʰiŋ³⁵	iŋ⁵⁵	tɕi³⁵	ɕi³⁵	ɕi⁵⁵	tʂʰʅ²¹³	ʂʅ⁵⁵① tan⁵¹②	i⁵¹
北戴河	tɕʰiŋ⁴⁴	iŋ³⁵	tɕi⁴⁴	ɕi⁵¹	ɕi³⁵	tʂʰʅ²¹⁴	ʂʅ³⁵	i⁵¹
昌黎	tɕʰiŋ⁴²	iŋ²⁴	tɕi⁴²	ɕi⁴²	ɕi²⁴	tʂʰʅ²¹³	ʂʅ²⁴	i⁴⁵³
乐亭	tɕʰiəŋ³¹	iəŋ²¹²	tɕi³¹	ɕi⁵²	ɕi²¹²	tʂʰʅ³⁴	ʂʅ²¹²	i⁵²
蔚县	tɕʰiŋ⁵³	iŋ⁴¹	tɕi⁵³	ɕi⁵³	ɕi⁴¹	tʂʰʅ⁵³	ʂʅ⁴¹	i³¹²
涞水	tɕʰiŋ³¹	iŋ⁴⁵	tɕi³¹	ɕi³¹	ɕi⁴⁵	tʂʰʅ²⁴	ʂʅ⁴⁵	i³¹⁴
霸州	tɕʰiŋ⁴⁵	iŋ⁵³	tɕi⁴⁵新 tɕi⁴¹旧	ɕi⁴⁵	ɕi⁵³	tʂʰʅ²¹⁴	ʂʅ⁵³	i⁴¹
容城	tɕʰiŋ⁴³	iŋ³⁵	tɕi⁴³	ɕi²¹³	ɕi³⁵	tʂʰʅ²¹³	ʂʅ³⁵	i⁵¹³
雄县	tɕʰiŋ⁴⁵	iŋ⁵³	tɕi⁴⁵	ɕi⁴⁵	ɕi⁵³	tʂʰʅ²¹⁴	ʂʅ⁵³	i⁴¹
安新	tɕʰiŋ⁴⁵	iŋ³¹	tɕi⁴⁵	ɕi²¹⁴	ɕi³¹	tʂʰʅ²¹⁴	ʂʅ³¹	i⁵¹
满城	tɕʰiŋ⁴⁵	iŋ²²	tɕi⁴⁵	ɕi²¹³	ɕi²²	tʂʰʅ²¹³	ʂʅ²²	i⁵¹²
阜平	tɕʰiŋ³¹	iŋ²⁴	tɕi³¹	ɕi³¹	ɕi²⁴	tʂʰʅ²⁴	ʂʅ²⁴	i⁵³
定州	tɕʰiŋ³³	iŋ²⁴	tsi³³	si³³	si²¹³	tʂʰʅ³³	ʂʅ²¹³③ tan⁵¹④	i⁵¹
无极	tɕʰiŋ³¹	iŋ²¹³	tsi²¹³	sʅ⁴⁵¹⑤	si²¹³	tʂʰʅ²¹³	ʂʅ²¹³	i⁵¹
辛集	tɕʰiŋ³³	ȵiŋ³⁵⁴又 iŋ³⁵⁴又	tsi³³	si³³	si³⁵⁴	tʂʰʅ³³	ʂʅ³⁵⁴	i⁴¹
衡水	tɕʰiŋ²⁴	ȵiŋ⁵³	tɕi²⁴	ɕi²⁴	ɕi⁵³	tɕʰi²⁴旧 tʂʰʅ²⁴新	ɕi⁵³旧 ʂʅ⁵³新	i³¹
故城	tɕʰiŋ²⁴	iŋ⁵³	tɕi²⁴	ɕi²⁴	ɕi⁵³	tʂʰʅ²⁴	ʂʅ⁵³⑥ tæ³¹⑦	i³¹
巨鹿	tɕʰiŋ³³	iəŋ⁴¹	tɕi³³	ɕi³³	ɕi⁴¹	tɕʰi³³	ɕi⁴¹	i²¹
邢台	tɕʰiŋ³⁴	zəŋ⁵³又 iŋ⁵³又	tsi³⁴	si³⁴	si⁵³	tʂʰʅ³⁴	ʂʅ⁵³	i³¹
馆陶	tɕʰiŋ²⁴	iŋ⁵²	tsi²⁴	si²⁴	si⁵²	tʂʰʅ²⁴	ʂʅ⁵²⑧ tæn²¹³⑨	i²¹³
沧县	tɕʰiŋ²³	iŋ⁵³	tɕi²³	ɕi²³	ɕi⁵³	tʂʰʅ²³	ʂʅ⁵³	i⁴¹
献县	tɕʰiŋ³³	iŋ⁵³	tɕi³³	ɕi³³	ɕi⁵³	tʂʰʅ³³白 tʂʰʅ²¹⁴文	ʂʅ⁵³	i³¹

（续表）

	0881 轻	0882 赢	0883 积	0884 惜	0885 席	0886 尺	0887 石	0888 益
	梗开三平清溪	梗开三平清以	梗开三入昔精	梗开三入昔心	梗开三入昔邪	梗开三入昔昌	梗开三入昔禅	梗开三入昔影
平泉	tɕʰiŋ⁵⁵	iŋ³⁵	tɕi⁵⁵	ɕi⁵⁵	ɕi³⁵	tʂʰʅ²¹⁴	ʂʅ³⁵ 又 tan⁵¹ 又	i⁵¹
滦平	tɕʰiŋ⁵⁵	iŋ³⁵	tɕi⁵⁵	ɕi⁵⁵	ɕi³⁵	tʂʰʅ²¹⁴	ʂʅ³⁵⑩ tan⁵¹⑪	i⁵¹
廊坊	tɕʰiŋ⁵⁵	iŋ³⁵	tɕi⁵⁵	ɕi⁵⁵	ɕi³⁵	tʂʰʅ²¹⁴	ʂʅ³⁵	i⁵¹
魏县	tɕʰiŋ³³	iŋ⁵³	tɕi³³	ɕi³³	ɕi⁵³	tʂʰʅ³³	ʂʅ⁵³	i³¹²
张北	tɕʰiŋ⁴²	iŋ⁴²	tɕiəʔ³²	ɕiəʔ³²	ɕiəʔ³²	tʂʰəʔ³²	ʂəʔ³²	i²¹³
万全	tɕʰiəŋ⁴¹	iəŋ⁴¹	tɕiəʔ²²	ɕiəʔ²²	ɕiəʔ⁴	tʂʰəʔ²²	ʂəʔ⁴	iəʔ²²
涿鹿	tɕʰiŋ⁴⁴	iŋ⁴²	tɕiʌʔ⁴³	ɕiʌʔ⁴³	ɕi⁴²	tʂʰʌʔ⁴³	ʂʌʔ⁴³	i³¹
平山	tɕʰiŋ³¹	iŋ³¹	tsi²⁴	si²⁴	si³¹	tʂʰʅ²⁴	ʂʅ³¹	i²⁴
鹿泉	tɕʰiŋ⁵⁵	iŋ⁵⁵	tsiɤ¹³⑫ tsi¹³⑬	si³⁵	si⁵⁵	tʂʰɤ¹³ 白 tʂʰʅ¹³ 文	ʂʅ⁵⁵	i³¹²
赞皇	tɕʰiŋ⁵⁴	iŋ⁵⁴	tsi²⁴	si²⁴	si²⁴	tʂʰʅ²⁴	ʂʅ⁵⁴	i³¹²
沙河	tɕʰiəŋ⁴¹	iəŋ⁵¹	tsiəʔ²	siəʔ²	si⁵¹	tʂʰəʔ²	ʂəʔ²	i²¹
邯郸	tɕʰiŋ³¹	iŋ⁵³	tsieʔ⁴³	sieʔ⁴³	si⁵³	tʂʰəʔ⁴³	ʂəʔ⁴³ 白 ʂʅ⁵³ 文	i²¹³
涉县	tɕʰiəŋ⁴¹	yəŋ⁴¹²	tɕiəʔ³²	ɕiəʔ³²	ɕiəʔ³²	tʂʰəʔ³²	ʂəʔ³²	i⁵⁵

---

① ~头。

② 一~米。

③ ~头。

④ 一~。

⑤ 可~了（liə³⁵）：三字连用，表惋惜，后可加其他语气词。

⑥ ~头。

⑦ 一~。

⑧ ~头。

⑨ 一~米。

⑩ ~头。

⑪ 一~米。

⑫ ~极。

⑬ ~累。

	0889 瓶	0890 钉名	0891 顶	0892 厅	0893 听~见	0894 停	0895 挺	0896 定
	梗开四平青並	梗开四平青端	梗开四上青端	梗开四平青透	梗开四平青透	梗开四平青定	梗开四上青定	梗开四去青定
兴隆	pʰiŋ⁵⁵	tiŋ³⁵	tiŋ²¹³	tʰiŋ³⁵	tʰiŋ³⁵	tʰiŋ⁵⁵	tʰiŋ²¹³	tiŋ⁵¹
北戴河	pʰiŋ³⁵	tiŋ⁴⁴	tiŋ²¹⁴	tʰiŋ⁴⁴	tʰiŋ⁴⁴	tʰiŋ³⁵	tʰiŋ²¹⁴	tiŋ⁵¹
昌黎	pʰiŋ²⁴	tiŋ⁴²	tiŋ²¹³	tʰiŋ⁴²	tʰiŋ⁴²	tʰiŋ²⁴	tʰiŋ²¹³	tiŋ⁴⁵³
乐亭	pʰiəŋ²¹²	tiəŋ³¹	tiəŋ³⁴	tʰiəŋ³¹	tʰiəŋ³¹	tʰiəŋ²¹²	tʰiəŋ³⁴	tiəŋ⁵²
蔚县	pʰiŋ⁴¹	tiŋ⁵³	tiŋ⁴⁴	tʰiŋ⁵³	tʰiŋ⁵³	tʰiŋ⁴¹	tʰiŋ⁴⁴	tiŋ³¹²
涞水	pʰiŋ⁴⁵	tiŋ³¹	tiŋ²⁴	tʰiŋ³¹	tʰiŋ³¹	tʰiŋ⁴⁵	tʰiŋ²⁴	tiŋ³¹⁴
霸州	pʰiŋ⁵³	tiŋ⁴⁵	tiŋ²¹⁴	tʰiŋ⁴⁵	tʰiŋ⁴⁵	tʰiŋ⁵³	tʰiŋ²¹⁴	tiŋ⁴¹
容城	pʰiŋ³⁵	tiŋ⁴³	tiŋ²¹³	tʰiŋ⁴³	tʰiŋ⁴³	tʰiŋ³⁵	tʰiŋ²¹³	tiŋ⁵¹³
雄县	pʰiŋ⁵³	tiŋ⁴⁵	tiŋ²¹⁴	tʰiŋ⁴⁵	tʰiŋ⁴⁵	tʰiŋ⁵³	tʰiŋ²¹⁴	tiŋ⁴¹
安新	pʰiŋ³¹	tiŋ⁴⁵	tiŋ²¹⁴	tʰiŋ⁴⁵	tʰiŋ⁴⁵	tʰiŋ³¹	tʰiŋ²¹⁴	tiŋ⁵¹
满城	pʰiŋ²²	tiŋ⁴⁵	tiŋ²¹³	tʰiŋ⁴⁵	tʰiŋ⁴⁵	tʰiŋ²²	tʰiŋ²¹³	tiŋ⁵¹²
阜平	pʰiŋ²⁴	tiŋ³¹	tiŋ⁵⁵	tʰiŋ³¹	tʰiŋ³¹	tʰiŋ²⁴	tʰiŋ⁵⁵	tiŋ⁵³
定州	pʰiŋ²¹³	tiŋ³³	tiŋ²⁴	tʰiŋ³³	tʰiŋ³³	tʰiŋ²¹³	tʰiŋ²⁴	tiŋ⁵¹
无极	pʰiŋ²¹³	tiŋ³¹	tiŋ³⁵	tʰiŋ³¹	tʰiŋ³¹	tʰiŋ²¹³	tʰiŋ³⁵	tiŋ⁴⁵¹
辛集	pʰiŋ³⁵⁴	tiŋ³³	tiŋ³²⁴	tʰiŋ³³	tʰiŋ³³	tʰiŋ³⁵⁴	tʰiŋ³²⁴	tiŋ⁴¹
衡水	pʰiŋ⁵³	tiŋ²⁴	tiŋ⁵⁵	tʰiŋ²⁴	tʰiŋ²⁴	tʰiŋ⁵³	tʰiŋ⁵⁵	tiŋ³¹
故城	pʰiŋ⁵³	tiŋ²⁴	tiŋ⁵⁵	tʰiŋ²⁴	tʰiŋ²⁴	tʰiŋ⁵³	tʰiŋ⁵⁵	tiŋ³¹
巨鹿	pʰiŋ⁴¹	tiŋ³³	tiŋ⁵⁵	tʰiŋ³³	tʰiŋ³³	tʰiŋ⁴¹	tʰiŋ⁵⁵	tiŋ²¹
邢台	pʰiŋ⁵³	tiŋ³⁴	tiŋ⁵⁵	tʰiŋ³⁴	tʰiŋ³⁴	tʰiŋ⁵³	tʰiŋ⁵⁵	tiŋ³¹
馆陶	pʰiŋ⁵²	tiŋ²⁴	tiŋ⁴⁴	tʰiŋ²⁴	tʰiŋ²⁴	tʰiŋ⁵²	tʰiŋ⁴⁴	tiŋ²¹³
沧县	pʰiŋ⁵³	tiŋ²³	tiŋ⁵⁵	tʰiŋ²³	tʰiŋ²³	tʰiŋ⁵³	tʰiŋ⁵⁵	tiŋ⁴¹
献县	pʰiŋ⁵³	tiŋ³³	tiŋ²¹⁴	tʰiŋ³³	tʰiŋ³³	tʰiŋ⁵³	tʰiŋ²¹⁴	tiŋ³¹
平泉	pʰiŋ³⁵	tiŋ⁵⁵	tiŋ²¹⁴	tʰiŋ⁵⁵	tʰiŋ⁵⁵	tʰiŋ³⁵	tʰiŋ²¹⁴	tiŋ⁵¹
滦平	pʰiŋ³⁵	tiŋ⁵⁵	tiŋ²¹⁴	tʰiŋ⁵⁵	tʰiŋ⁵⁵	tʰiŋ³⁵	tʰiŋ²¹⁴	tiŋ⁵¹
廊坊	pʰiŋ³⁵	tiŋ⁵⁵	tiŋ²¹⁴	tʰiŋ⁵⁵	tʰiŋ⁵⁵	tʰiəŋ³⁵	tʰiŋ²¹⁴	tiəŋ⁵¹
魏县	pʰiŋ⁵³	tiŋ³³	tiŋ⁵⁵	tʰiŋ³³	tʰiŋ³³	tʰiŋ⁵³	tʰiŋ⁵⁵	tiŋ³¹²

（续表）

	0889 瓶	0890 钉_名	0891 顶	0892 厅	0893 听~见	0894 停	0895 挺	0896 定
	梗开四平青並	梗开四平青端	梗开四上青端	梗开四平青透	梗开四平青透	梗开四平青定	梗开四上青定	梗开四去青定
张北	pʰiŋ⁴²	tiŋ⁴²	tiŋ⁵⁵	tʰiŋ⁴²	tʰiŋ⁴²	tʰiŋ²¹³	tʰiŋ⁵⁵	tiŋ²¹³
万全	pʰiəŋ⁴¹	tiəŋ⁴¹	tiəŋ⁵⁵	tʰiəŋ⁴¹	tʰiəŋ⁴¹	tʰiəŋ²¹³	tʰiəŋ⁵⁵	tiəŋ²¹³
涿鹿	pʰiŋ⁴²	tiŋ⁴⁴	tiŋ⁴⁵	tʰiŋ⁴⁴	tʰiŋ⁴⁴	tʰiŋ⁴²	tʰiŋ⁴⁵	tiŋ³¹
平山	pʰiŋ³¹	tiŋ³¹	tiŋ⁵⁵	tʰiŋ³¹	tʰiŋ³¹	tʰiŋ³¹	tʰiŋ⁵⁵	tiŋ⁴²
鹿泉	pʰiŋ⁵⁵	tiŋ⁵⁵	tiŋ³⁵	tʰiŋ⁵⁵	tʰiŋ⁵⁵	tʰiŋ⁵⁵	tʰiŋ³⁵	tiŋ³¹²
赞皇	pʰiŋ⁵⁴	tiŋ⁵⁴	tiŋ⁴⁵	tʰiŋ⁵⁴	tʰiŋ⁵⁴	tʰiŋ⁵⁴	tʰiŋ⁴⁵	tiŋ³¹²
沙河	pʰiəŋ⁵¹	tiəŋ⁴¹	tiəŋ³³	tʰiəŋ⁴¹	tʰiəŋ⁴¹	tʰiəŋ⁵¹	tʰiəŋ³³	tiəŋ²¹
邯郸	pʰiŋ⁵³	tiŋ³¹	tiŋ⁵⁵	tʰiŋ³¹	tʰiŋ³¹	tʰiŋ⁵³	tʰiŋ⁵⁵	tiŋ²¹³
涉县	pʰiəŋ⁴¹²	tiəŋ⁴¹²	tiəŋ⁵³	tʰiəŋ⁴¹	tʰiəŋ⁴¹	tʰiəŋ⁴¹²	tʰiəŋ⁵³	tiəŋ⁵⁵

	0897 零	0898 青	0899 星	0900 经	0901 形	0902 壁	0903 劈	0904 踢
	梗开四平青来	梗开四平青清	梗开四平青心	梗开四平青见	梗开四平青匣	梗开四入锡帮	梗开四入锡滂	梗开四入锡透
兴隆	liŋ⁵⁵	tɕʰiŋ³⁵	ɕiŋ³⁵	tɕiŋ³⁵	ɕiŋ⁵⁵	pi⁵¹	pʰi³⁵	tʰi³⁵
北戴河	liŋ³⁵	tɕʰiŋ⁴⁴	ɕiŋ⁴⁴	tɕiŋ⁴⁴	ɕiŋ³⁵	pi⁵¹	pʰi⁴⁴	tʰi⁴⁴
昌黎	liŋ²⁴	tɕʰiŋ⁴²	ɕiŋ⁴²	tɕiŋ⁴²	ɕiŋ²⁴	pi⁴⁵³	pʰi⁴²	tʰi⁴²
乐亭	liəŋ²¹²	tɕʰiəŋ³¹	ɕiəŋ³¹	tɕiəŋ³¹	ɕiəŋ²¹²	pi⁵²	pʰi³⁴	tʰi³⁴
蔚县	liŋ⁴¹	tɕʰiŋ⁵³	ɕiŋ⁵³	tɕiŋ⁵³	ɕiŋ⁴¹	pei³¹²白 pi³¹²文	pʰi⁵³	tʰi⁵³
涞水	liŋ⁴⁵	tɕʰiŋ³¹	ɕiŋ³¹	tɕiŋ³¹	ɕiŋ⁴⁵	pi³¹⁴	pʰi³¹	tʰi³¹
霸州	liŋ⁵³	tɕʰiŋ⁴⁵	ɕiŋ⁴⁵	tɕiŋ⁴⁵	ɕiŋ⁵³	pi⁴¹①	pʰi⁴⁵② pʰi²¹⁴③	tʰi⁴⁵
容城	liŋ³⁵	tɕʰiŋ⁴³	ɕiŋ⁴³	tɕiŋ⁴³	ɕiŋ³⁵	pi⁵¹³	pʰi⁴³	tʰi⁴³
雄县	liŋ⁵³	tɕʰiŋ⁴⁵	ɕiŋ⁴⁵	tɕiŋ⁴⁵	ɕiŋ⁵³	pi⁴¹④	pʰi⁴⁵⑤ pʰi²¹⁴⑥	tʰi⁴⁵
安新	liŋ³¹	tɕʰiŋ⁴⁵	ɕiŋ⁴⁵	tɕiŋ⁴⁵	ɕiŋ³¹	pi⁵¹	pʰi²¹⁴白 pʰi⁴⁵文	tʰi²¹⁴
满城	liŋ²²	tɕʰiŋ⁴⁵	ɕiŋ⁴⁵	tɕiŋ⁴⁵	ɕiŋ²²	pei⁴⁵ pi⁵¹²	pʰi²¹³ pʰi⁴⁵	tʰi⁴⁵
阜平	liŋ²⁴	tɕʰiŋ³¹	ɕiŋ³¹	tɕiŋ³¹	ɕiŋ²⁴	pi⁵³	pʰi²⁴	tʰi²⁴
定州	liŋ²⁴	tsʰiŋ³³	siŋ³³	tɕiŋ³³	ɕiŋ²⁴	pei⁵¹白 pi⁵¹文	pʰi³³	tʰi³³
无极	liŋ²¹³	tsʰiŋ³¹	siŋ³¹	tɕiŋ³¹	ɕiŋ²¹³	pi⁵¹	pʰi²¹³	
辛集	liŋ³⁵⁴	tsʰiŋ³³	siŋ³³	tɕiŋ³³	ɕiŋ³⁵⁴	pei³³白 pi⁴¹文	pʰi³³	tʰi³³
衡水	liŋ⁵³	tɕʰiŋ²⁴	ɕiŋ²⁴	tɕiŋ²⁴	ɕiŋ⁵³	pei³¹白 pi³¹文	pʰi²⁴	tʰi²⁴
故城	liŋ⁵³	tɕʰiŋ²⁴	ɕiŋ²⁴	tɕiŋ²⁴⑦ tɕiŋ³¹⑧	ɕiŋ⁵³	pei³¹白 pi³¹文	pʰi²⁴	tʰi²⁴
巨鹿	liŋ⁴¹	tɕʰiŋ³³	ɕiŋ³³	tɕiŋ³³	ɕiŋ⁴¹	pi²¹	pʰi³³	tʰi³³
邢台	liŋ⁵³	tsʰiŋ³⁴	siŋ³⁴	tɕiŋ³⁴	ɕiŋ⁵³	pei³¹又 pi³¹又	pʰi³⁴	tʰi³⁴
馆陶	liŋ⁵²	tsʰiŋ²⁴	siŋ²⁴	tɕiŋ²⁴	ɕiŋ⁵²	pi²¹³	pʰi²⁴	tʰi²⁴
沧县	liŋ⁵³	tɕʰiŋ²³	ɕiŋ²³	tɕiŋ²³	ɕiŋ⁵³	pi⁴¹⑨	pʰi²³	tʰi²³

（续表）

	0897 零	0898 青	0899 星	0900 经	0901 形	0902 壁	0903 劈	0904 踢
	梗开四平青来	梗开四平青清	梗开四平青心	梗开四平青见	梗开四平青匣	梗开四入锡帮	梗开四入锡滂	梗开四入锡透
献县	liŋ^{53}	tɕʰiŋ^{33}	ɕiŋ^{33}	tɕiŋ^{33}	ɕiŋ^{53}	pi^{31}	pʰi^{33}	tʰi^{33}
平泉	liŋ^{35}	tɕʰiŋ^{55}	ɕiŋ^{55}	tɕiŋ^{55}	ɕiŋ^{35}	pi^{51}	pʰi^{55}	tʰi^{55}
滦平	liŋ^{35}	tɕʰiŋ^{55}	ɕiŋ^{55}	tɕiŋ^{55}	ɕiŋ^{35}	pi^{51}	pʰi^{55}	tʰi^{55}
廊坊	liŋ^{35}	tɕʰiŋ^{55}	ɕiŋ^{55}	tɕiŋ^{55}	ɕiŋ^{35}	pai^{55}白 pi^{51}文	pʰi^{55}	tʰi^{55}
魏县	liŋ^{53}	tɕʰiŋ^{33}	ɕiŋ^{33}	tɕiŋ^{33}	ɕiŋ^{53}	pi^{312}	pʰi^{33}	tʰi^{33}
张北	liŋ^{42}	tɕʰiŋ^{42}	ɕiŋ^{42}	tɕiŋ^{42}	ɕiŋ^{42}	pi^{213}	pʰiəʔ^{32}	tʰiəʔ^{32}
万全	liəŋ^{41}	tɕʰiəŋ^{41}	ɕiəŋ^{41}	tɕiəŋ^{41}	ɕiəŋ^{41}	piəʔ^{22}	pʰiəʔ^{22}	tʰiəʔ^{22}
涿鹿	liŋ^{42}	tɕʰiŋ^{44}	ɕiŋ^{44}	tɕiŋ^{44}	ɕiŋ^{42}	piʌʔ^{43}	pʰiʌʔ^{43}	tʰiʌʔ^{43}
平山	liŋ^{31}	tsʰiŋ^{31}	siŋ^{31}	tɕiŋ^{31}	ɕiŋ^{31}	pæi^{31}	pʰi^{24}	tʰi^{24}
鹿泉	liŋ^{55}	tsʰiŋ^{55}	siŋ^{55}	tɕiŋ^{55}	ɕiŋ^{55}	pei^{55}白 pi^{312}文	pʰiɤ^{13}	tʰiʌ^{13}白 tʰi^{13}文
赞皇	liŋ^{54}	tsʰiŋ^{54}	siŋ^{54}	tɕiŋ^{54}	ɕiŋ^{54}	pi^{312}	pʰi^{24}	tʰi^{24}
沙河	liəŋ^{51}	tsʰiəŋ^{41}	siəŋ^{41}	tɕiəŋ^{41}	ɕiəŋ^{51}	pi^{21}	pʰie^{21}	tʰiəʔ^{2}
邯郸	liŋ^{53}	tsʰiŋ^{31}	siŋ^{31}	tɕiŋ^{31}	ɕiŋ^{53}	pieʔ^{43}白 pi^{213}文	pʰieʔ^{43}	tʰieʔ^{43}
涉县	liəŋ^{412}	tɕʰiəŋ^{41}	ɕiəŋ^{41}	tɕiəŋ^{41}	ɕiəŋ^{412}	piəʔ^{32}	pʰiəʔ^{32}	tʰiəʔ^{32}

---

① 在"影壁"中读 pei^{0}。
② 用刀～。
③ ～开。
④ 在"影壁"中读 pei^{0}。
⑤ 用刀～。
⑥ ～开。
⑦ ～济。
⑧ ～线。
⑨ 在"影壁"中读 pei^{0}。

	0905 笛	0906 历农~	0907 锡	0908 击	0909 吃	0910 横~竖	0911 划计~	0912 兄
	梗开四入锡定	梗开四入锡来	梗开四入锡心	梗开四入锡见	梗开四入锡溪	梗合二平庚匣	梗合二入麦匣	梗合三平庚晓
兴隆	ti^{55}	li^{51}	ɕi^{35}	tɕi^{35}	tʂʰɿ^{35}	xəŋ^{55}	xua^{51}	ɕioŋ^{35}
北戴河	ti^{35}	li^{51}	ɕi^{44}	tɕi^{44}	tʃʰ^{44}	xəŋ^{35}	xua^{51}	ɕyŋ^{44}
昌黎	ti^{24}	li^{453}	ɕi^{42}	tɕi^{42}	tʂʰɿ^{42}	xəŋ^{24}	xua^{453}	ɕyŋ^{42}
乐亭	ti^{212}	li^{52}	ɕi^{34}	tɕi^{31}	tʂʰɿ^{31}	xəŋ^{212}	xua^{52}	ɕyŋ^{31}
蔚县	ti^{41}	li^{312}	ɕi^{53}	tɕi^{53}	tʂʰɿ^{53}	xəŋ^{312}	xuɑ^{312}	ɕyŋ^{53}
涞水	ti^{45}	li^{314}	ɕi^{31}	tɕi^{31}	tʂʰɿ^{31}	xəŋ^{45}	xua^{314}	ɕioŋ^{31}
霸州	ti^{53}	li^{41}	ɕi^{45}	tɕi^{45}	tʂʰɿ^{45}	xəŋ^{53}	xua^{41}	ɕyŋ^{45}
容城	ti^{35}	li^{513}	ɕi^{43}	tɕi^{43}	tʂʰɿ^{43}	xəŋ^{513}	xua^{513}	ɕyŋ^{43}
雄县	ti^{53}	li^{41}	ɕi^{45}	tɕi^{45}	tʂʰɿ^{45}	xəŋ^{53}	xua^{41}	ɕyŋ^{45}
安新	ti^{31}	li^{51}	ɕi^{214}	tɕi^{45}	tʂʰɿ^{214}	xəŋ^{31}	xua^{51}	ɕyŋ^{45}
满城	ti^{22}	li^{512}	ɕi^{45}	tɕi^{45}	tʂʰɿ^{45}	xəŋ^{22}	xua^{512}	ɕyŋ^{45}
阜平	ti^{24}	li^{53}	ɕi^{24}	tɕi^{24}	tʂʰɿ^{24}	xəŋ^{24}	xua^{53}	ɕioŋ^{31}
定州	ti^{24}	li^{51}	si^{33}	tɕi^{33}	tʂʰɿ^{33}	xəŋ^{51}	xua^{51}	ɕyŋ^{33}
无极	ti^{213}	li^{51}	si^{213}	tɕi^{213}	tʂʰɿ^{213}	xəŋ^{213}	xuɑ^{451}	ɕyŋ^{31}
辛集	ti^{354}	li^{41}	si^{33}	tɕi^{33}	tʂʰɿ^{33}	xəŋ^{354}	xɑ^{41}	ɕioŋ^{33}
衡水	ti^{53}	li^{31}	ɕi^{24}	tɕi^{24}	tɕʰi^{24}旧 / tʂɿ^{24}新	xəŋ^{31}	xua^{31}	ɕyŋ^{24}
故城	ti^{53}	li^{31}	ɕi^{24}	tɕi^{24}	tʂʰɿ^{24}	xəŋ^{53}	xua^{31}	ɕyŋ^{24}
巨鹿	ti^{41}	li^{21}	ɕi^{33}	tɕi^{33}	tɕʰi^{33}	xoŋ^{21}	xua^{21}	ɕioŋ^{33}
邢台	ti^{53}	li^{31}	si^{34}	tɕi^{34}	tʂʰɿ^{34}	xəŋ^{31}	xua^{31}	ɕyŋ^{34}
馆陶	ti^{52}	li^{213}	si^{24}	tɕi^{24}	tʂʰɿ^{24①} / tʂʰɿ^{52②}	xuŋ^{213}白 / xəŋ^{213}文	xua^{213}	ɕyŋ^{24}
沧县	ti^{53}	li^{41}	ɕi^{23}	tɕi^{23}	tʂʰɿ^{23}	xəŋ^{53}	xua^{41}	ɕyoŋ^{23}
献县	ti^{53}	li^{31}	ɕi^{33}	tɕi^{33}	tʂʰɿ^{33}	xəŋ^{31}又 / xəŋ^{53}又	xua^{31}	ɕyoŋ^{33}
平泉	ti^{35}	li^{51}	ɕi^{55}	tɕi^{55}	tʂʰɿ^{55}	xəŋ^{35}	xua^{51}	ɕyŋ^{55}
滦平	ti^{35}	li^{51}	ɕi^{55}	tɕi^{55}	tʂʰɿ^{55}	xəŋ^{35}	xua^{51}	ɕyŋ^{55}

（续表）

	0905 笛	0906 历农~	0907 锡	0908 击	0909 吃	0910 横~坚	0911 划计~	0912 兄
	梗开四入锡定	梗开四入锡来	梗开四入锡心	梗开四入锡见	梗开四入锡溪	梗合二平庚匣	梗合二入麦匣	梗合三平庚晓
廊坊	ti³⁵	li⁵¹	ɕi⁵⁵	tɕi⁵⁵	tʂʰʅ⁵⁵	xəŋ³⁵	xua⁵¹	ɕyŋ⁵⁵
魏县	ti⁵³	li³¹²	ɕi³³	tɕi³³	tʂʰʅ³³	xuŋ³¹² 白 xəŋ³¹² 文	xua³¹²	ɕyŋ³³
张北	tiəʔ³² ti⁴²	li²¹³	ɕiəʔ³²	tɕiəʔ³²	tʂʰəʔ³²	xəŋ²¹³	xua⁴²	ɕyŋ⁴²
万全	tiəʔ⁴	lei²¹³	ɕiəʔ²²	tɕiəʔ²²	tʂʰəʔ²²	xəŋ⁴¹	xua²¹³	ɕyəŋ⁴¹
涿鹿	ti⁴²	lei³¹	ɕiʌʔ⁴³	tɕiʌʔ⁴³	tʂʰʌʔ⁴³	xəŋ³¹	xua³¹	ɕyŋ⁴⁴
平山	ti³¹	li⁴²	si²⁴	tɕi²⁴	tʂʰʅ²⁴	xoŋ⁴² 又 xəŋ⁴² 又	xua⁴²	ɕyŋ³¹
鹿泉	ti⁵⁵	li³¹²	si³⁵	tɕi⁵⁵	tʂʰɤ¹³ 白 tʂʰʅ¹³ 文	xuŋ³¹²③ xəŋ³¹²④	xua³¹²	ɕyŋ⁵⁵
赞皇	ti⁵⁴	li³¹²	si²⁴	tɕi²⁴	tʂʰʅ²⁴	xəŋ³¹²⑤ xuŋ³¹²⑥	xua³¹²	ɕyŋ⁵⁴
沙河	ti⁵¹	li²¹	siəʔ²	tɕiəʔ²	tʂʰəʔ²	xəŋ⁴¹	xuɔ²¹	ɕioŋ⁴¹
邯郸	ti⁵³	lieʔ⁴³	sieʔ⁴³	tɕieʔ⁴³	tʂʰəʔ⁴³	xuŋ²¹³ 白 xəŋ²¹³ 文	xɔ²¹³	ɕyŋ³¹
涉县	tiəʔ³²	li⁵⁵	ɕiəʔ³²	tɕiəʔ³²	tʂʰəʔ³²	xuəŋ⁵⁵	xuɒ⁵⁵	ɕyəŋ⁴¹

① ~饭。
② 口~。
③ ~山。
④ 蛮~。
⑤ 蛮~。
⑥ ~山。

	0913 荣	0914 永	0915 营	0916 蓬~松	0917 东	0918 懂	0919 冻	0920 通
	梗合三平庚云	梗合三上庚云	梗合三平清以	通合一平东並	通合一平东端	通合一上东端	通合一去东端	通合一平东透
兴隆	zoŋ⁵⁵	ioŋ²¹³	iŋ⁵⁵	pʰəŋ⁵⁵	toŋ³⁵	toŋ²¹³	toŋ⁵¹	tʰoŋ³⁵
北戴河	zuŋ³⁵	yŋ²¹⁴	iŋ³⁵	pʰəŋ³⁵	tuŋ⁴⁴	tuŋ²¹⁴	tuŋ⁵¹	tʰuŋ⁴⁴
昌黎	zuŋ²⁴	yŋ²¹³	iŋ²⁴	pʰəŋ²⁴	tuŋ⁴²	tuŋ²¹³	tuŋ⁴⁵³	tʰuŋ⁴²
乐亭	zuŋ²¹²	yŋ³⁴	iŋ²¹²	pʰəŋ²¹²	tuŋ³¹	tuŋ³⁴	tuŋ⁵²	tʰuŋ³¹
蔚县	zyŋ⁴¹	yŋ⁴⁴	iŋ⁴¹	pʰəŋ⁴¹	tuŋ⁵³	tuŋ⁴⁴	tuŋ³¹²	tʰuŋ⁵³
涞水	zoŋ⁴⁵	ioŋ²⁴	iŋ⁴⁵	pʰəŋ⁴⁵	toŋ³¹	toŋ²⁴	toŋ³¹⁴	tʰoŋ³¹
霸州	zuŋ⁵³	zuŋ²¹⁴	iŋ⁵³	pʰəŋ⁵³	tuŋ⁴⁵	tuŋ²¹⁴	tuŋ⁴¹	tʰuŋ⁴⁵
容城	zuŋ³⁵	yŋ²¹³	iŋ³⁵	pʰəŋ³⁵	tuŋ⁴³	tuŋ²¹³	tuŋ⁵¹³	tʰuŋ⁴³
雄县	zuŋ⁵³	yŋ²¹⁴	iŋ⁵³	pʰəŋ⁵³	tuŋ⁴⁵	tuŋ²¹⁴	tuŋ⁴¹	tʰuŋ⁴⁵
安新	zuŋ³¹	yŋ²¹⁴	iŋ³¹	pʰəŋ³¹	tuŋ⁴⁵	tuŋ²¹⁴	tuŋ⁵¹	tʰuŋ⁴⁵
满城	zuŋ²²	yŋ²¹³	iŋ²²	pʰəŋ²²	tuŋ⁴⁵	tuŋ²¹³	tuŋ⁵¹²	tʰuŋ⁴⁵
阜平	zoŋ²⁴	ioŋ⁵⁵	iŋ²⁴	pʰəŋ²⁴	toŋ³¹	toŋ⁵⁵	toŋ⁵³	tʰoŋ³¹
定州	zuŋ²⁴	yŋ²⁴	iŋ²¹³	pʰəŋ²¹³	tuŋ³³	tuŋ²⁴	tuŋ⁵¹	tʰuŋ³³
无极	zuŋ²¹³	yŋ³⁵	iŋ²¹³		tuŋ³¹	tuŋ³⁵	tuŋ⁵¹	tʰuŋ³¹
辛集	loŋ³⁵⁴	ioŋ³²⁴	iŋ³⁵⁴	pʰəŋ³⁵⁴	toŋ³³	toŋ³²⁴	toŋ⁴¹	tʰoŋ³³
衡水	yŋ⁵³旧 zuŋ⁵³新	yŋ⁵⁵	iŋ⁵³	pʰəŋ⁵³	tuŋ²⁴	tuŋ⁵⁵	tuŋ³¹	tʰuŋ²⁴
故城	zuŋ⁵³	yŋ⁵⁵	iŋ⁵³	pʰəŋ⁵³	tuŋ²⁴	tuŋ⁵⁵	tuŋ³¹	tʰuŋ²⁴
巨鹿	ioŋ⁴¹	ioŋ⁵⁵	iəŋ⁴¹	pʰəŋ⁴¹	toŋ³³	toŋ⁵⁵	toŋ²¹	tʰoŋ³³
邢台	zuŋ⁵³	yŋ⁵⁵	iŋ⁵³	pʰəŋ⁵³	tuŋ³⁴	tuŋ⁵⁵	tuŋ⁵¹	tʰuŋ³⁴
馆陶	yŋ⁵²白 zuŋ⁵²文	yŋ⁴⁴	iŋ⁵²	pʰəŋ⁵²	tuŋ²⁴	tuŋ⁴⁴	tuŋ²¹³	tʰuŋ²⁴
沧县	zoŋ⁵³	yoŋ⁵⁵	iŋ⁵³	pʰəŋ⁵³	toŋ²³	toŋ⁵⁵	toŋ⁴¹	tʰoŋ²³
献县	zoŋ⁵³	yoŋ²¹⁴	iŋ⁵³	pʰəŋ⁵³	toŋ³³	toŋ²¹⁴	toŋ³¹	tʰoŋ³³
平泉	zuŋ³⁵	yŋ²¹⁴	iŋ³⁵	pʰəŋ³⁵	tuŋ⁵⁵	tuŋ²¹⁴	tuŋ⁵¹	tʰuŋ⁵⁵
滦平	zuŋ³⁵	yŋ²¹⁴	iŋ³⁵	pʰəŋ³⁵	tuŋ⁵⁵	tuŋ²¹⁴	tuŋ⁵¹	tʰuŋ⁵⁵
廊坊	zuŋ³⁵	yŋ²¹⁴	iŋ³⁵	pʰəŋ³⁵	tuŋ⁵⁵	tuŋ²¹⁴	tuŋ⁵¹	tʰuŋ⁵⁵

（续表）

	0913 荣	0914 永	0915 营	0916 蓬~松	0917 东	0918 懂	0919 冻	0920 通
	梗合三平庚云	梗合三上庚云	梗合三平清以	通合一平东並	通合一平东端	通合一上东端	通合一去东端	通合一平东透
魏县	ʐuŋ⁵³	yŋ⁵⁵	iŋ⁵³	pʰəŋ⁵³	tuŋ³³	tuŋ⁵⁵	tuŋ³¹²	tʰuŋ³³
张北	ʐuŋ⁴²	yŋ⁵⁵	iŋ⁴²	pʰəŋ⁴²	tuŋ⁴²	tuŋ⁵⁵	tuŋ²¹³	tʰuŋ⁴²
万全	ʐuəŋ⁴¹	yəŋ⁵⁵	iəŋ⁴¹	pʰəŋ⁴¹	tuəŋ⁴¹	tuəŋ⁵⁵	tuəŋ²¹³	tʰuəŋ⁴¹
涿鹿	ʐuŋ⁴²	yŋ⁴⁵	iŋ⁴²	pʰəŋ⁴²	tuŋ⁴⁴	tuŋ⁴⁵	tuŋ³¹	tʰuŋ⁴⁴
平山	ʐoŋ³¹	yŋ⁵⁵	iŋ³¹	pʰəŋ³¹	toŋ³¹	toŋ⁵⁵	toŋ⁴²	tʰoŋ³¹
鹿泉	ʐuŋ⁵⁵	yŋ³⁵	iŋ⁵⁵	pʰəŋ⁵⁵	tuŋ⁵⁵	tuŋ³⁵	tuŋ³¹²	tʰuŋ⁵⁵
赞皇	ʐuŋ⁵⁴	yŋ⁴⁵	iŋ⁵⁴	pʰəŋ⁵⁴	tuŋ⁵⁴	tuŋ⁴⁵	tuŋ³¹²	tʰuŋ⁵⁴
沙河	loŋ⁵¹	ioŋ³³	iəŋ⁵¹	pʰəŋ⁵¹	toŋ⁴¹	toŋ³³	toŋ²¹	tʰoŋ⁴¹
邯郸	luŋ⁵³	yŋ⁵⁵	iŋ⁵³	pʰəŋ⁵³	tuŋ³¹	tuŋ⁵⁵	tuŋ²¹³	tʰuŋ³¹
涉县	luəŋ⁴¹²	yəŋ⁵³	iəŋ⁴¹²	pʰəŋ⁴¹²	tuəŋ⁴¹	tuəŋ⁵³	tuəŋ⁵⁵	tʰuəŋ⁴¹

	0921 桶	0922 痛	0923 铜	0924 动	0925 洞	0926 聋	0927 弄	0928 粽
	通合一上东透	通合一去东透	通合一平东定	通合一上东定	通合一去东定	通合一平东来	通合一去东来	通合一去东精
兴隆	tʰoŋ²¹³	tʰoŋ⁵¹	tʰoŋ⁵⁵	toŋ⁵¹	toŋ⁵¹	loŋ⁵⁵	nəŋ⁵¹ 又 noŋ⁵¹ 又	tsəŋ⁵¹ 又 tsoŋ⁵¹ 又
北戴河	tʰuŋ²¹⁴	tʰuŋ⁵¹	tʰuŋ³⁵	tuŋ⁵¹	tuŋ⁵¹	luŋ³⁵	nuŋ⁵¹	tʃəŋ⁵¹
昌黎	tʰuŋ²¹³	tʰuŋ⁴⁵³	tʰuŋ²⁴	tuŋ²⁴① tuŋ⁴⁵³②	tuŋ²⁴③ tuŋ⁴⁵³④	luŋ²⁴	nuŋ⁴⁵³	tsəŋ⁴⁵³
乐亭	tʰuŋ³⁴	tʰuŋ⁵²	tʰuŋ²¹²	tuŋ⁵²	tuŋ⁵²	luŋ²¹²	nəŋ⁵²	tsəŋ⁵²
蔚县	tʰuŋ⁴⁴	tʰuŋ³¹²	tʰuŋ⁴¹	tuŋ³¹²	tuŋ³¹²	luŋ⁴¹	nəŋ³¹² 新 nuŋ³¹² 旧	tsuŋ³¹²
涞水	tʰoŋ²⁴	tʰoŋ³¹⁴	tʰoŋ⁴⁵	toŋ³¹⁴	toŋ³¹⁴	loŋ⁴⁵	nəŋ³¹⁴ 白 noŋ³¹⁴ 文	tsoŋ³¹⁴
霸州	tʰuŋ²¹⁴	tʰuŋ⁴¹	tʰuŋ⁵³	tuŋ⁴¹	tuŋ⁴¹	luŋ⁵³	nəŋ⁴¹	tʂuŋ⁴¹
容城	tʰuŋ²¹³	tʰuŋ⁵¹³	tʰuŋ³⁵	tuŋ⁵¹³	tuŋ⁵¹³	luŋ³⁵	nəŋ⁵¹³	tsuŋ⁵¹³
雄县	tʰuŋ²¹⁴	tʰuŋ⁴¹	tʰuŋ⁵³	tuŋ⁴¹	tuŋ⁴¹	luŋ⁵³	nəŋ⁴¹	tsuŋ⁴¹
安新	tʰuŋ²¹⁴	tʰuŋ⁵¹	tʰuŋ³¹	tuŋ⁵¹	tuŋ⁵¹	luŋ³¹	nəŋ⁵¹	tsuŋ⁵¹
满城	tʰuŋ²¹³	tʰuŋ⁵¹²	tʰuŋ²²	tuŋ⁵¹²	tuŋ⁵¹²	luŋ²²	nəŋ⁵¹²	tsuŋ⁵¹²
阜平	tʰoŋ⁵⁵	tʰoŋ⁵³	tʰoŋ²⁴	toŋ⁵³	toŋ⁵³	loŋ²⁴	nəŋ⁵³	tsoŋ⁵³
定州	tʰuŋ²⁴	tʰuŋ⁵¹	tʰuŋ²¹³	tuŋ⁵¹	tuŋ⁵¹	luŋ²¹³	nəŋ⁵¹⑤	tsuŋ⁵¹
无极	tʰuŋ³⁵		tʰuŋ²¹³	tuŋ⁴⁵¹		luŋ²¹³	nəŋ⁴⁵¹	tsuŋ⁵¹
辛集	tʰoŋ³²⁴	tʰoŋ⁴¹	tʰoŋ³⁵⁴	toŋ⁴¹	toŋ⁴¹	loŋ³⁵⁴	nəŋ⁴¹ 又 noŋ⁴¹ 又	tsoŋ⁴¹
衡水	tʰuŋ⁵⁵	tʰuŋ³¹	tʰuŋ⁵³	tuŋ³¹	tuŋ³¹	luŋ⁵³	nəŋ³¹ 旧 nuŋ³¹ 新	tsuŋ³¹
故城	tʰuŋ⁵⁵	tʰuŋ³¹	tʰuŋ⁵³	tuŋ³¹	tuŋ³¹	luŋ⁵³	nuŋ³¹ 又 nəŋ³¹ 又 luŋ³¹⑥	tsuŋ³¹
巨鹿	tʰoŋ⁵⁵	tʰoŋ²¹	tʰoŋ⁴¹	toŋ²¹	toŋ²¹	loŋ⁴¹	loŋ²¹	tsoŋ²¹
邢台	tʰuŋ⁵⁵	tʰuŋ³¹	tʰuŋ⁵³	tuŋ³¹	tuŋ³¹	luŋ⁵³	nəŋ³¹ 又 nuŋ³¹ 又	tsuŋ³¹
馆陶	tʰuŋ⁴⁴	tʰuŋ²¹³	tʰuŋ⁵²	tuŋ²¹³	tuŋ²¹³	luŋ⁵²	nəŋ²¹³ 白 nuŋ²¹³ 文	tsuŋ²¹³
沧县	tʰoŋ⁵⁵	tʰoŋ⁴¹	tʰoŋ⁵³	toŋ⁴¹	toŋ⁴¹	loŋ⁵³	nəŋ⁴¹	tsoŋ⁴¹

（续表）

	0921 桶	0922 痛	0923 铜	0924 动	0925 洞	0926 聋	0927 弄	0928 粽
	通合一上东透	通合一去东透	通合一平东定	通合一上东定	通合一去东定	通合一平东来	通合一去东来	通合一去东精
献县	tʰoŋ²¹⁴	tʰoŋ³¹	tʰoŋ⁵³	toŋ³¹	toŋ³¹	loŋ⁵³	nəŋ³¹	tʂoŋ³¹
平泉	tʰuŋ²¹⁴	tʰuŋ⁵¹	tʰuŋ³⁵	tuŋ⁵¹	tuŋ⁵¹	luŋ³⁵	nəŋ⁵¹ 又 nuŋ⁵¹ 又	tsəŋ⁵¹ 又 tsuŋ⁵¹ 又
滦平	tʰuŋ²¹⁴	tʰuŋ⁵¹	tʰuŋ³⁵	tuŋ⁵¹	tuŋ⁵¹	luŋ³⁵	nəŋ⁵¹ 又 nuŋ⁵¹ 又	tsəŋ⁵¹ 又 tsuŋ⁵¹ 又
廊坊	tʰuŋ²¹⁴	tʰuŋ⁵¹	tʰuŋ³⁵	tuŋ⁵¹	tuŋ⁵¹	luŋ³⁵	ŋuŋ⁵¹ 又 ŋəŋ⁵¹ 又	tsuŋ⁵¹
魏县	tʰuŋ⁵⁵	tʰuŋ³¹²	tʰuŋ⁵³	tuŋ³¹²	tuŋ³¹²	luŋ⁵³	nəŋ³¹²	tɕyŋ³¹²
张北	tʰuŋ⁵⁵	tʰuŋ²¹³	tʰuŋ⁴²	tuŋ²¹³	tuŋ²¹³	luŋ⁴²	nuŋ²¹³	tsuŋ²¹³
万全	tʰuəŋ⁵⁵	tʰuəŋ²¹³	tʰuəŋ⁴¹	tuəŋ²¹³	tuəŋ²¹³	ləŋ⁴¹	nuəŋ²¹³	tsuəŋ²¹³
涿鹿	tʰuŋ⁴⁵	tʰuŋ³¹	tʰuŋ⁴²	tuŋ³¹	tuŋ³¹	luŋ⁴²	nuŋ³¹	tsuŋ³¹
平山	tʰoŋ⁵⁵	tʰoŋ⁴²	tʰoŋ³¹	toŋ⁴²	toŋ⁴²	loŋ³¹	noŋ⁴²	tsoŋ⁴²
鹿泉	tʰuŋ³⁵	tʰuŋ³¹²	tʰuŋ⁵⁵	tuŋ³¹²	tuŋ³¹²	luŋ⁵⁵	nəŋ³¹²	tsuŋ³¹²
赞皇	tʰuŋ⁴⁵	tʰuŋ³¹²	tʰuŋ⁵⁴	tuŋ³¹²	tuŋ³¹²	luŋ⁵⁴	nəŋ³¹²⑦ luŋ³¹²⑧	tsuŋ³¹²
沙河	tʰoŋ³³	tʰoŋ²¹	tʰoŋ⁵¹	toŋ²¹	toŋ²¹	loŋ⁵¹	noŋ²¹	tsoŋ²¹
邯郸	tʰuŋ⁵⁵	tʰuŋ²¹³	tʰuŋ⁵³	tuŋ²¹³	tuŋ²¹³	luŋ⁵³	nəŋ²¹³ 又 luŋ²¹³ 又	tsuŋ²¹³
涉县	tʰuəŋ⁵³	tʰuəŋ⁵⁵	tʰuəŋ⁴¹²	tuəŋ⁵⁵	tuəŋ⁵⁵	luəŋ⁴¹²	nuəŋ⁵⁵	tɕyəŋ⁵⁵

---

① 地~、~活ㄦ。
② ~作、~起来。
③ 地~、山~。
④ ~口。
⑤ "糊弄"中的"弄"读 [ləŋ⁰]。
⑥ 糊~。
⑦ ~什么。
⑧ 糊~。

	0929 葱	0930 送	0931 公	0932 孔	0933 烘~干	0934 红	0935 翁	0936 木
	通合一平东清	通合一去东心	通合一平东见	通合一上东溪	通合一平东晓	通合一平东匣	通合一平东影	通合一入屋明
兴隆	tsʰoŋ³⁵	soŋ⁵¹	koŋ³⁵	kʰoŋ²¹³	xoŋ³⁵	xoŋ⁵⁵	uəŋ³⁵	mu⁵¹
北戴河	tʃʰuŋ⁴⁴	ʃuŋ⁵¹	kuŋ⁴⁴	kʰuŋ²¹⁴	xuŋ⁴⁴	xuŋ³⁵	uəŋ⁴⁴	mu⁵¹
昌黎	tsʰuŋ⁴²	suŋ⁴⁵³	kuŋ⁴²	kʰuŋ²¹³	xuŋ⁴²	xuŋ²⁴	uəŋ⁴²	mu⁴⁵³
乐亭	tsʰuŋ³¹	suŋ⁵²	kuŋ³¹	kʰuŋ³⁴	xuŋ³¹	xuŋ²¹²	uəŋ³¹	mu⁵²
蔚县	tsʰuŋ⁵³	suŋ³¹²	kuŋ⁵³	kʰuŋ⁴⁴	xuŋ⁵³	xuŋ⁴¹	vəŋ⁵³	mu³¹²
涞水	tsʰoŋ³¹	soŋ³¹⁴	koŋ³¹	kʰoŋ²⁴	xoŋ³¹	xoŋ⁴⁵	uəŋ³¹	mu³¹⁴
霸州	tsʰuŋ⁴⁵	suŋ⁴¹	kuŋ⁴⁵	kʰuŋ²¹⁴	xuŋ⁴⁵	xuŋ⁵³	uəŋ⁴⁵	mu⁴¹
容城	tsʰuŋ⁴³	suŋ⁵¹³	kuŋ⁴³	kʰuŋ²¹³	xuŋ⁴³	xuŋ³⁵	uəŋ⁴³	mu⁵¹³
雄县	tsʰuŋ⁴⁵	suŋ⁴¹	kuŋ⁴⁵	kʰuŋ²¹⁴	xuŋ⁴⁵	xuŋ⁵³	uəŋ⁴⁵	mu⁴¹
安新	tsʰuŋ⁴⁵	suŋ⁵¹	kuŋ⁴⁵	kʰuŋ²¹⁴		xuŋ³¹	uəŋ⁴⁵	mu⁵¹
满城	tsʰuŋ⁴⁵	suŋ⁵¹²	kuŋ⁴⁵	kʰuŋ²¹³	xuŋ⁴⁵	xuŋ²²	uəŋ⁴⁵	mu⁵¹²
阜平	tsʰoŋ³¹	soŋ⁵³	koŋ³¹	kʰoŋ⁵⁵	xoŋ³¹	xoŋ²⁴	uəŋ³¹	mu⁵³
定州	tsʰuŋ³³	suŋ⁵¹	kuŋ³³	kʰuŋ²⁴	xuŋ³³	xuŋ²¹³	uəŋ³³	mu⁵¹
无极	tsʰuŋ³¹	suŋ⁴⁵¹	kuŋ³¹	kʰuŋ³⁵	xuŋ³¹	xuŋ²¹³	uəŋ³¹	mu⁵¹
辛集	tsʰoŋ³³	soŋ⁴¹	koŋ³³	kʰoŋ³²⁴	xoŋ³³	xoŋ³⁵⁴	uəŋ³³	mu⁴¹
衡水	tsʰuŋ²⁴	suŋ³¹	kuŋ²⁴	kʰuŋ⁵⁵	xuŋ²⁴	xuŋ⁵³	vəŋ²⁴	mu³¹
故城	tsʰuŋ²⁴	suŋ³¹	kuŋ²⁴	kʰuŋ⁵⁵	xuŋ²⁴	xuŋ⁵³	vəŋ²⁴	mu³¹
巨鹿	tsʰoŋ³³	soŋ²¹	koŋ³³	kʰoŋ⁵⁵	xoŋ³³	xoŋ⁴¹	uəŋ³³	mu²¹
邢台	tsʰuŋ³⁴	suŋ³¹	kuŋ³⁴	kʰuŋ⁵⁵	xuŋ³⁴	xuŋ⁵³	vəŋ³⁴	mu³¹
馆陶	tsʰuŋ²⁴	suŋ²¹³	kuŋ²⁴	kʰuŋ⁴⁴	xuŋ²⁴	xuŋ⁵²	uŋ²⁴	mu²¹³
沧县	tsʰoŋ²³	soŋ⁴¹	koŋ²³	kʰoŋ⁵⁵	xoŋ²³	xoŋ⁵³	uəŋ²³	mu⁴¹
献县	tsʰoŋ³³	soŋ³¹	koŋ³³	kʰoŋ²¹⁴	xoŋ³³	xoŋ⁵³	uəŋ³³	mu³¹
平泉	tsʰuŋ⁵⁵	suŋ⁵¹	kuŋ⁵⁵	kʰuŋ²¹⁴	xuŋ⁵⁵	xuŋ³⁵	uəŋ⁵⁵	mu⁵¹
滦平	tsʰuŋ⁵⁵	suŋ⁵¹	kuŋ⁵⁵	kʰuŋ²¹⁴	xuŋ⁵⁵	xuŋ³⁵	uəŋ⁵⁵	mu⁵¹
廊坊	tsʰuŋ⁵⁵	suŋ⁵¹	kuŋ⁵⁵	kʰuŋ²¹⁴	xuŋ⁵⁵	xuŋ³⁵	uəŋ⁵⁵	mu⁵¹
魏县	tʂʰuŋ³³	ʂuŋ³¹²	kuŋ³³	kʰuŋ⁵⁵	xuŋ³³	xuŋ⁵³	uəŋ³³	mɛ³³

(续表)

	0929 葱	0930 送	0931 公	0932 孔	0933 烘~干	0934 红	0935 翁	0936 木
	通合一平东清	通合一去东心	通合一平东见	通合一上东溪	通合一平东晓	通合一平东匣	通合一平东影	通合一入屋明
张北	tsʰuŋ⁴²	suŋ²¹³	kuŋ⁴²	kʰuŋ⁵⁵	xuŋ⁴²	xuŋ⁴²	vəŋ⁴²	məʔ³² muʔ²¹³
万全	tsʰuəŋ⁴¹	suəŋ²¹³	kuəŋ⁴¹	kʰuəŋ⁵⁵	xuəŋ⁴¹	xuəŋ⁴¹	vəŋ⁴¹	məʔ²²
涿鹿	tsʰuŋ⁴²	suŋ³¹	kuŋ⁴⁴	kʰuŋ⁴⁵	xuŋ⁴⁴	xuŋ⁴²	uəŋ⁴⁴	muʌʔ³¹
平山	tsʰoŋ³¹	soŋ⁴²	koŋ³¹	kʰoŋ⁵⁵	xoŋ³¹	xoŋ³¹	uəŋ³¹	mu²⁴
鹿泉	tsʰuŋ⁵⁵	suŋ³¹²	kuŋ⁵⁵	kʰuŋ³⁵	xuŋ⁵⁵	xuŋ⁵⁵	uəŋ⁵⁵	mu³¹²
赞皇	tsʰuŋ⁵⁴	suŋ³¹²	kuŋ⁵⁴	kʰuŋ⁴⁵	xuŋ⁵⁴	xuŋ⁵⁴	uəŋ⁵⁴	mu³¹²
沙河	tsʰoŋ⁴¹	soŋ²¹	koŋ⁴¹	kʰoŋ³³	xoŋ⁴¹	xoŋ⁵¹	uəŋ⁴¹	məʔ²
邯郸	tsʰuŋ³¹	suŋ²¹³	kuŋ³¹	kʰuŋ⁵⁵	xuŋ³¹	xuŋ⁵³	vəŋ³¹	məʔ⁴³
涉县	tsʰuəŋ⁴¹	suəŋ⁵⁵	kuəŋ⁴¹	kʰuəŋ⁵³	xuəŋ⁴¹	xuəŋ⁴¹²	vəŋ⁴¹	məʔ³²

	0937 读	0938 鹿	0939 族	0940 谷稻~	0941 哭	0942 屋	0943 冬~至	0944 统
	通合一 入屋定	通合一 入屋来	通合一 入屋从	通合一 入屋见	通合一 入屋溪	通合一 入屋影	通合一 平冬端	通合一 去冬透
兴隆	tu⁵⁵	lu⁵¹	tsu⁵⁵	ku²¹³	kʰu³⁵	u³⁵	toŋ³⁵	tʰoŋ²¹³
北戴河	tu³⁵	lu⁵¹	tʃu³⁵	ku²¹⁴	kʰu⁴⁴	u⁴⁴	tuŋ⁴⁴	tʰuŋ²¹⁴
昌黎	tu²⁴	lu⁴⁵³	tsu²⁴	ku²¹³	kʰu⁴²	u⁴²	tuŋ⁴²	tʰuŋ²¹³
乐亭	tu³⁴	lu⁵²	tsu²¹²	ku³⁴	kʰu³¹	u³¹	tuŋ³¹	tʰuŋ³⁴
蔚县	tu⁴¹	lu³¹²	tsu⁴¹	ku⁵³	kʰu⁵³	vu⁵³	tuŋ⁵³	tʰuŋ⁴⁴
涞水	tu⁴⁵	lu³¹⁴	tsu⁴⁵	ku²⁴	kʰu³¹	u³¹	toŋ³¹	tʰoŋ²⁴
霸州	tu⁵³	lu⁴¹	tsu⁵³	ku²¹⁴	kʰu⁴⁵	u⁴⁵	tuŋ⁴⁵	tʰuŋ²¹⁴
容城	tu³⁵	lu⁵¹³	tsu³⁵	ku²¹³	kʰu⁴³	u⁴³	tuŋ⁴³	tʰuŋ²¹³
雄县	tu⁴⁵	lu⁴¹	tsu⁵³	ku²¹⁴	kʰu⁴⁵	u⁴⁵	tuŋ⁴⁵	tʰuŋ²¹⁴
安新	tu³¹	lu⁵¹	tsu³¹	ku²¹⁴	kʰu⁴⁵	u⁴⁵	tuŋ⁴⁵	tʰuŋ²¹⁴
满城	tu²¹³	lu⁵¹²	tsu²²	ku²¹³	kʰu⁴⁵	u⁴⁵	tuŋ⁴⁵	tʰuŋ²¹³
阜平	tu²⁴	lu⁵³	tsu²⁴	ku²⁴	kʰu²⁴	u²⁴	toŋ³¹	tʰoŋ⁵⁵
定州	tu²⁴	lu⁵¹	tsu²¹³	ku³³	kʰu³³	u³³	tuŋ³³	tʰuŋ²⁴
无极	tu²¹³	lu⁵¹	tsu²¹³	ku²¹³		u²¹³	tuŋ³¹	tʰuŋ³⁵
辛集	tu³⁵⁴	lu⁴¹	tsu³⁵⁴	ku³³	kʰu³³	u³³	toŋ³³	tʰoŋ³²⁴
衡水	tu⁵³	lu³¹	tsu⁵³	ku²⁴	kʰu²⁴	u²⁴	tuŋ²⁴	tʰuŋ⁵⁵
故城	tu⁵³	lu³¹	tsu⁵³	ku²⁴	kʰu²⁴	vu²⁴	tuŋ²⁴	tʰuŋ²⁴
巨鹿	tu⁴¹	lu²¹	tsu⁴¹	ku³³	kʰu³³	u³³	toŋ³³	tʰoŋ³³
邢台	tu⁵³	lu³¹	tsu⁵³	ku³⁴	kʰu³⁴	u³⁴	tuŋ³⁴	tʰuŋ⁵⁵
馆陶	tu⁵²	lu²¹³	tsu⁵²	ku²⁴	kʰu²⁴	u²⁴	tuŋ²⁴	tʰuŋ⁴⁴① tʰuŋ²⁴②
沧县	tu⁵³	lu⁴¹	tsu⁵³	ku²³	kʰu²³	u²³	toŋ²³	tʰoŋ⁵⁵
献县	tu⁵³	lu³¹	tsu⁵³	ku³³	kʰu³³	u³³	toŋ³³	tʰoŋ²¹⁴
平泉	tu³⁵	lu⁵¹	tsu³⁵	ku²¹⁴	kʰu⁵⁵	u⁵⁵	tuŋ⁵⁵	tʰuŋ²¹⁴
滦平	tu³⁵	lu⁵¹	tsu³⁵	ku²¹⁴	kʰu⁵⁵	u⁵⁵	tuŋ⁵⁵	tʰuŋ²¹⁴
廊坊	tu³⁵	lu⁵¹	tsu³⁵	ku²¹⁴	kʰu⁵⁵	u⁵⁵	tuŋ⁵⁵	tʰuŋ²¹⁴

（续表）

	0937 读	0938 鹿	0939 族	0940 谷稻~	0941 哭	0942 屋	0943 冬~至	0944 统
	通合一入屋定	通合一入屋来	通合一入屋从	通合一入屋见	通合一入屋溪	通合一入屋影	通合一平冬端	通合一去冬透
魏县	tu^{53}	lu^{33}	tʂu^{53}	kuɛ^{33}白 ku^{33}文	kʰuɛ^{33}白 kʰu^{33}文	uɛ^{33}白 u^{33}文	tuŋ^{33}	tʰuŋ^{33}
张北	tuəʔ^{32}	luəʔ^{32} lu^{213}	tsuəʔ^{32}	kuəʔ^{32}	kʰuəʔ^{32}	u^{42}	tuŋ^{42}	tʰuŋ^{55}
万全	tuəʔ^{4}	ləʔ^{22}	tsuəʔ^{22}	kuəʔ^{22}	kʰuəʔ^{22}	vu^{41}	tuəŋ^{41}	tʰuəŋ^{55}
涿鹿	tuʌʔ^{43}	luʌʔ^{43}	tsu^{42}	kuʌʔ^{43}	kʰuʌʔ^{43}	u^{44}	tuŋ^{44}	tʰuŋ^{45}
平山	tu^{24}	lu^{24}	tsu^{55}	ku^{24}	kʰu^{55}	u^{24}	toŋ^{31}	tʰoŋ^{55}
鹿泉	tu^{13}	lu^{312}	tsu^{13}	kuo^{13}白 ku^{13}文	kʰu^{35}	uo^{13}白 u^{13}文	tuŋ^{55}	tʰuŋ^{35}
赞皇	tu^{24}	lu^{312}	tsu^{24}	ku^{24}	kʰu^{24}	u^{24}	tuŋ^{54}	tʰuŋ^{45}
沙河	tu^{51}	luəʔ^{2}	tsu^{51}	kuəʔ^{2}	kʰuəʔ^{2}	u^{41}	toŋ^{41}	tʰoŋ^{33}
邯郸	tu^{53}	luəʔ^{43}	tsu^{53}	kuəʔ^{43}	kʰuəʔ^{43}	vəʔ^{43}	tuŋ^{31}	tʰuŋ^{55}
涉县	tuəʔ^{32}	luəʔ^{32}	tsuəʔ^{32}	kuəʔ^{32}	kʰuəʔ^{32}	vəʔ^{32}	tuəŋ^{41}	tʰuəŋ^{53}

① 总~。
② ~一。

	0945 脓	0946 松~紧	0947 宋	0948 毒	0949 风	0950 丰	0951 凤	0952 梦
	通合一平冬泥	通合一平冬心	通合一去冬心	通合一入沃定	通合三平东非	通合三平东敷	通合三去东奉	通合三去东明
兴隆	nəŋ⁵⁵ 又 noŋ⁵⁵ 又	soŋ³⁵	soŋ⁵¹	tu⁵⁵	fəŋ³⁵	fəŋ³⁵	fəŋ⁵¹	məŋ⁵¹
北戴河	nəŋ³⁵	ʃuŋ⁴⁴	ʃuŋ⁵¹	tu³⁵	fəŋ⁴⁴	fəŋ⁴⁴	fəŋ⁵¹	məŋ⁵¹
昌黎	nəŋ²⁴	suŋ⁴²	suŋ⁴⁵³	tu²⁴	fəŋ⁴²	fəŋ⁴²	fəŋ⁴⁵³	məŋ²⁴
乐亭	nəŋ²¹²	suŋ³¹	suŋ⁵²	tu²¹²	fəŋ³¹	fəŋ³¹	fəŋ⁵²	məŋ⁵²
蔚县	nəŋ⁴¹ 多 nuŋ⁴¹ 少	suŋ⁵³	suŋ³¹²	tu⁴¹	fəŋ⁵³	fəŋ⁵³	fəŋ³¹²	məŋ³¹²
涞水	noŋ⁴⁵	soŋ³¹	soŋ³¹⁴	tu⁴⁵	fəŋ³¹	fəŋ³¹	fəŋ³¹⁴	məŋ³¹⁴
霸州	nəŋ⁵³	suŋ⁴⁵	suŋ⁴¹	tu⁵³	fəŋ⁴⁵	fəŋ⁴⁵	fəŋ⁴¹	məŋ⁴¹
容城	nəŋ³⁵	suŋ⁴³	suŋ⁵¹³	tu³⁵	fəŋ⁴³	fəŋ⁴³	fəŋ⁵¹³	məŋ⁵¹³
雄县	nəŋ⁵³	suŋ⁴⁵	suŋ⁴¹	tu⁵³	fəŋ⁴⁵	fəŋ⁴⁵	fəŋ⁴¹	məŋ⁴¹
安新	nəŋ³¹	suŋ⁴⁵	suŋ⁵¹	tu³¹	fəŋ⁴⁵	fəŋ⁴⁵	fəŋ⁵¹	məŋ⁵¹
满城	nəŋ²² nuŋ²²	suŋ⁴⁵	suŋ⁵¹²	tu²²	fəŋ⁴⁵	fəŋ⁴⁵	fəŋ⁵¹²	məŋ⁵¹²
阜平	nəŋ²⁴ 白 noŋ²⁴ 文	soŋ³¹	soŋ⁵³	tu²⁴	fəŋ³¹	fəŋ³¹	fəŋ⁵³	məŋ⁵³
定州	nəŋ²¹³	suŋ³³	suŋ⁵¹	tu²⁴	fəŋ³³	fəŋ³³	fəŋ⁵¹	məŋ⁵¹
无极	nəŋ²¹³	suŋ³¹	suŋ⁵¹	tu²¹³	fəŋ³¹	fəŋ³¹	fəŋ⁴⁵¹	məŋ⁴⁵¹
辛集	noŋ³⁵⁴	soŋ³³	soŋ⁴¹	tu³⁵⁴	fəŋ³³	fəŋ³³	fəŋ⁴¹	məŋ⁴¹
衡水	nuŋ⁵³	suŋ²⁴	suŋ³¹	tu⁵³	fəŋ²⁴	fəŋ²⁴	fəŋ³¹	məŋ³¹
故城	nuŋ⁵³	suŋ²⁴	suŋ³¹	tu⁵³	fəŋ²⁴	fəŋ²⁴	fəŋ³¹	məŋ³¹
巨鹿	noŋ⁴¹	soŋ³³	soŋ²¹	tu⁴¹	fəŋ³³	fəŋ³³	fəŋ²¹	məŋ²¹
邢台	nəŋ⁵³ 又 nuŋ⁵³ 又	suŋ³⁴	suŋ³¹	tu⁵³	fəŋ³⁴	fəŋ³⁴	fəŋ³¹	məŋ³¹
馆陶	nuŋ⁵²	suŋ²⁴	suŋ²¹³	tu⁵²	fəŋ²⁴	fəŋ²⁴	fəŋ²¹³	məŋ²¹³
沧县	nəŋ⁵³	soŋ²³	soŋ⁴¹	tu⁵³	fəŋ²³	fəŋ²³	fəŋ⁴¹	məŋ⁴¹
献县	noŋ⁵³	soŋ³³	soŋ³¹	tu⁵³	fəŋ³³	fəŋ³³	fəŋ³¹	məŋ³¹

（续表）

	0945 脓	0946 松~紧	0947 宋	0948 毒	0949 风	0950 丰	0951 凤	0952 梦
	通合一平冬泥	通合一平冬心	通合一去冬心	通合一入沃定	通合三平东非	通合三平东敷	通合三去东奉	通合三去东明
平泉	nəŋ³⁵ 又 nuŋ³⁵ 又	suŋ⁵⁵	suŋ⁵¹	tu³⁵	fəŋ⁵⁵	fəŋ⁵⁵	fəŋ⁵¹	məŋ⁵¹
滦平	nəŋ³⁵ 又 nuŋ³⁵ 又	suŋ⁵⁵	suŋ⁵¹	tu³⁵	fəŋ⁵⁵	fəŋ⁵⁵	fəŋ⁵¹	məŋ⁵¹
廊坊	ȵyŋ³⁵ 又 nəŋ³⁵ 又	suŋ⁵⁵	suŋ⁵¹	tu³⁵	fəŋ⁵⁵	fəŋ⁵⁵	fəŋ⁵¹	məŋ⁵¹
魏县	nuŋ⁵³	ʂuŋ³³	ʂuŋ³¹²	tu⁵³	fəŋ³³	fəŋ³³	fəŋ³¹²	məŋ³¹²
张北	nuŋ⁴²	suŋ⁴²	suŋ²¹³	tuəʔ³²	fəŋ⁴²	fəŋ⁴²	fəŋ²¹³	məŋ²¹³
万全	nuəŋ⁴¹	suəŋ⁴¹	suəŋ²¹³	tuəʔ⁴	fəŋ⁴¹	fəŋ⁴¹	fəŋ²¹³	məŋ²¹³
涿鹿	nuŋ⁴²	suŋ⁴⁴	suŋ³¹	tuʌʔ⁴³ 旧 tu⁴² 新	fəŋ⁴⁴	fəŋ⁴⁴	fəŋ³¹	məŋ³¹
平山	noŋ³¹	soŋ³¹	soŋ⁴²	tu³¹	fəŋ³¹	fəŋ³¹	fəŋ⁴²	məŋ⁴²
鹿泉	nəŋ⁵⁵ 又 nuŋ⁵⁵ 又	suŋ⁵⁵	suŋ³¹²	tu⁵⁵	fəŋ⁵⁵	fəŋ⁵⁵	fəŋ³¹²	məŋ³¹²
赞皇	nuŋ⁵⁴	suŋ⁵⁴	suŋ³¹²	tu⁵⁴	fəŋ⁵⁴	fəŋ⁵⁴	fəŋ³¹²	məŋ³¹²
沙河	noŋ⁵¹	soŋ⁴¹	soŋ²¹	tu⁵¹	fəŋ⁴¹	fəŋ⁴¹	fəŋ²¹	məŋ²¹
邯郸	nuŋ⁵³	suŋ³¹	suŋ²¹³	tu⁵³	fəŋ³¹	fəŋ³¹	fəŋ²¹³	məŋ²¹³
涉县	nuəŋ⁴¹²	suəŋ⁴¹	suəŋ⁵⁵	tuəʔ³²	fəŋ⁴¹	fəŋ⁴¹	fəŋ⁵⁵	məŋ⁵⁵

	0953 中当~	0954 虫	0955 终	0956 充	0957 宫	0958 穷	0959 熊	0960 雄
	通合三平东知	通合三平东澄	通合三平东章	通合三平东昌	通合三平东见	通合三平东群	通合三平东云	通合三平东云
兴隆	tʂoŋ³⁵	tʂʰoŋ⁵⁵	tʂoŋ³⁵	tʂʰoŋ³⁵	koŋ³⁵	tɕʰioŋ⁵⁵	ɕioŋ⁵⁵	ɕioŋ⁵⁵
北戴河	tʃuŋ⁴⁴	tʃʰuŋ³⁵	tʃuŋ⁴⁴	tʃʰuŋ⁴⁴	kuŋ⁴⁴	tɕʰyŋ³⁵	ɕyŋ³⁵	ɕyŋ³⁵
昌黎	tʂuŋ⁴²	tʂʰuŋ²⁴	tsuŋ⁴²	tsʰuŋ⁴²	kuŋ⁴²	tɕʰyŋ²⁴	ɕyŋ²⁴	ɕyŋ²⁴
乐亭	tʂuŋ³¹	tʂʰuŋ²¹²	tʂuŋ³¹	tʂʰuŋ³¹	kuŋ³¹	tɕʰyŋ²¹²	ɕyŋ²¹²	ɕyŋ²¹²
蔚县	tsuŋ⁵³	tsʰuŋ⁴¹	tsuŋ⁵³	tsʰuŋ⁵³	kuŋ⁵³	tɕʰyŋ⁴¹	ɕyŋ⁴¹	ɕyŋ⁴¹
涞水	tʂoŋ³¹	tʂʰoŋ⁴⁵	tʂoŋ³¹	tʂʰoŋ³¹	koŋ³¹	tɕʰioŋ⁴⁵	ɕioŋ⁴⁵	ɕioŋ⁴⁵
霸州	tʂuŋ⁴⁵	tʂʰuŋ⁵³	tʂuŋ⁴⁵	tʂʰuŋ⁴⁵	kuŋ⁴⁵	tɕʰyŋ⁵³	ɕyŋ⁵³	ɕyŋ⁵³
容城	tʂuŋ⁴³	tʂʰuŋ³⁵	tʂuŋ⁴³	tʂʰuŋ⁴³	kuŋ⁴³	tɕʰyŋ³⁵	ɕyŋ³⁵	ɕyŋ³⁵
雄县	tsuŋ⁴⁵	tsʰuŋ⁵³ 又 tʂʰuŋ⁵³ 又	tsuŋ⁴⁵	tsʰuŋ⁴⁵	kuŋ⁴⁵	tɕʰyŋ⁵³	ɕyŋ⁵³	ɕyŋ⁵³
安新	tʂuŋ⁴⁵	tʂʰuŋ³¹	tʂuŋ⁴⁵	tʂʰuŋ⁴⁵	kuŋ⁴⁵	tɕʰyŋ³¹	ɕyŋ³¹	ɕyŋ³¹
满城	tʂuŋ⁴⁵	tʂʰuŋ²²	tʂuŋ⁴⁵	tʂʰuŋ⁴⁵	kuŋ⁴⁵	tɕʰyŋ²²	ɕyŋ²²	ɕyŋ²²
阜平	tʂoŋ³¹	tʂʰoŋ²⁴	tʂoŋ³¹	tʂʰoŋ³¹	koŋ³¹	tɕʰioŋ²⁴	ɕioŋ²⁴	ɕioŋ²⁴
定州	tʂuŋ³³	tʂʰuŋ²⁴	tʂuŋ³³	tʂʰuŋ³³	kuŋ³³	tɕʰyŋ²⁴	ɕyŋ²⁴	ɕyŋ²⁴
无极	tʂuŋ³¹	tʂʰuŋ²¹³	tʂuŋ³¹	tʂʰuŋ³¹	kuŋ³¹	tɕʰyŋ²¹³	ɕyŋ²¹³	ɕyŋ²¹³
辛集	tʂoŋ³³	tʂʰoŋ³⁵⁴	tʂoŋ³³	tʂʰoŋ³³	koŋ³³	tɕʰioŋ³⁵⁴	ɕioŋ³⁵⁴	ɕioŋ³⁵⁴
衡水	tsuŋ²⁴	tsʰuŋ⁵³	tsuŋ²⁴	tsʰuŋ²⁴	kuŋ²⁴	tɕʰyŋ⁵³	ɕyŋ⁵³	ɕyŋ⁵³
故城	tsuŋ²⁴	tsʰuŋ⁵³	tsuŋ²⁴	tsʰuŋ²⁴	kuŋ²⁴	tɕʰyŋ⁵³	ɕyŋ⁵³	ɕyŋ⁵³
巨鹿	tʂoŋ³³	tʂʰoŋ⁴¹	tʂoŋ³³	tʂʰoŋ³³	koŋ³³	tɕʰioŋ⁴¹	ɕioŋ⁴¹	ɕioŋ⁴¹
邢台	tsuŋ³⁴	tsʰuŋ⁵³	tsuŋ³⁴	tsʰuŋ³⁴	kuŋ³⁴	tɕʰyŋ⁵³	ɕyŋ⁵³	ɕyŋ⁵³
馆陶	tsuŋ²⁴	tsʰuŋ⁵²	tsuŋ²⁴	tsʰuŋ²⁴	kuŋ²⁴	tɕʰyŋ⁵²	ɕyŋ⁵²	ɕyŋ⁵²
沧县	tsoŋ²³	tsʰoŋ⁵³	tsoŋ²³	tsʰoŋ²³	koŋ²³	tɕʰyoŋ⁵³	ɕyoŋ⁵³	ɕyoŋ⁵³
献县	tʂoŋ³³	tʂʰoŋ⁵³	tʂoŋ³³	tʂʰoŋ³³	koŋ³³	tɕʰyoŋ⁵³	ɕyoŋ⁵³	ɕyoŋ⁵³
平泉	tʂuŋ⁵⁵	tʂʰuŋ³⁵	tsuŋ⁵⁵	tsʰuŋ⁵⁵	kuŋ⁵⁵	tɕʰyŋ³⁵	ɕyŋ³⁵	ɕyŋ³⁵
滦平	tsuŋ⁵⁵	tsʰuŋ³⁵	tsuŋ⁵⁵	tsʰuŋ⁵⁵	kuŋ⁵⁵	tɕʰyŋ³⁵	ɕyŋ³⁵	ɕyŋ³⁵
廊坊	tʂuŋ⁵⁵	tʂʰuŋ³⁵	tsuŋ⁵⁵	tsʰuŋ⁵⁵	kuŋ⁵⁵	tɕʰyŋ³⁵	ɕyŋ³⁵	ɕyŋ³⁵

(续表)

	0953 中当~	0954 虫	0955 终	0956 充	0957 宫	0958 穷	0959 熊	0960 雄
	通合三平东知	通合三平东澄	通合三平东章	通合三平东昌	通合三平东见	通合三平东群	通合三平东云	通合三平东云
魏县	tʂuŋ³³	tʂʰuŋ⁵³	tʂuŋ³³	tʂʰuŋ³³	kuŋ³³	tɕʰyŋ⁵³	ɕyŋ⁵³	ɕyŋ⁵³
张北	tsuŋ⁴²	tsʰuŋ⁴²	tsuŋ⁴²	tsʰuŋ⁴²	kuŋ⁴²	tɕʰyŋ⁴²	ɕyŋ⁴²	ɕyŋ⁴²
万全	tsuəŋ⁴¹	tsʰuəŋ⁴¹	tsuəŋ⁴¹	tsʰuəŋ⁴¹	kuəŋ⁴¹	tɕʰyəŋ⁴¹	ɕyəŋ⁴¹	ɕyəŋ⁴¹
涿鹿	tsuŋ⁴⁴	tsʰuŋ⁴²	tsuŋ⁴⁴	tsʰuŋ⁴⁴	kuŋ⁴⁴	tɕʰyŋ⁴²	ɕyŋ⁴²	ɕyŋ⁴²
平山	tʂoŋ³¹	tʂʰoŋ³¹	tʂoŋ³¹	tʂʰoŋ⁵⁵	koŋ³¹	tɕʰyŋ³¹	ɕyŋ³¹	ɕyŋ³¹
鹿泉	tʂuŋ⁵⁵	tʂʰuŋ⁵⁵	tʂuŋ⁵⁵	tʂʰuŋ⁵⁵	kuŋ⁵⁵	tɕʰyŋ⁵⁵	ɕyŋ⁵⁵	ɕyŋ⁵⁵
赞皇	tʂuŋ⁵⁴	tʂʰuŋ⁵⁴	tsuŋ⁵⁴	tsʰuŋ⁵⁴	kuŋ⁵⁴	tɕʰyŋ⁵⁴	ɕyŋ⁵⁴	ɕyŋ⁵⁴
沙河	tʂoŋ⁴¹	tʂʰoŋ⁵¹	tsoŋ⁴¹	tsʰoŋ⁴¹	koŋ⁴¹	tɕʰioŋ⁵¹	ɕioŋ⁵¹	ɕioŋ⁵¹
邯郸	tʂuŋ³¹	tʂʰuŋ⁵³	tsuŋ³¹	tsʰuŋ³¹	kuŋ³¹	tɕʰyŋ⁵³	ɕyŋ⁵³	ɕyŋ⁵³
涉县	tsuəŋ⁴¹	tsʰuəŋ⁴¹	tsuəŋ⁴¹	tsʰuəŋ⁴¹	kuəŋ⁴¹	tɕʰyəŋ⁴¹	ɕyəŋ⁴¹	ɕyəŋ⁴¹

	0961 福	0962 服	0963 目	0964 六	0965 宿住~,~舍	0966 竹	0967 畜~生	0968 缩
	通合三入屋非	通合三入屋奉	通合三入屋明	通合三入屋来	通合三入屋心	通合三入屋知	通合三入屋彻	通合三入屋生
兴隆	fu²¹³ 又 fu⁵⁵ 又	fu⁵⁵	mu⁵¹	liou⁵¹	su⁵¹ 又 ɕy²¹³ 又	tʂu³⁵	tʂʰu⁵¹	suo³⁵ 又 suo⁵¹ 又
北戴河	fu²¹⁴ 白 fu³⁵ 文	fu³⁵	mu⁵¹	liou⁵¹	ɕiou²¹⁴ 住~ ɕy²¹⁴ ~舍 ʃu⁵¹ 住~	tʃu³⁵	tʃʰu⁵¹	ʃuo⁴⁴
昌黎	fu²⁴	fu²⁴	mu⁴⁵³	liou⁴⁵³	ɕy²¹³ 白 su⁴⁵³ 文	tʂu²⁴	tʂʰu⁴⁵³	suo⁴²
乐亭	fu³⁴	fu²¹²	mu⁵²	liou⁵²	ɕy³⁴	tʂu³¹	tʂʰu⁵²	suə⁵²
蔚县	fu⁵³	fu⁴¹	mu³¹²	liəu³¹²	ɕiəu⁵³ 住一~ ɕy⁵³ 旧 su⁵³ 新	tsu⁵³	tsʰu⁵³	suɤ⁵³
涞水	fu²⁴	fu⁴⁵	mu³¹⁴	liou³¹⁴	su³¹⁴	tʂu⁴⁵	tʂʰu³¹⁴	suo³¹
霸州	fu²¹⁴	fu⁵³ ~务 fu⁴¹ 一~药	mu⁴¹	liou⁴¹	ɕiou²¹⁴ 住一~ su⁴¹ ~舍	tʂu⁴⁵	tʂʰu⁴¹	suo⁴⁵ 又 suo⁴¹ 又
容城	fu²¹³	fu³⁵	mu⁵¹³	liou⁵¹³	su⁵¹³	tʂu⁴³	tʂʰu⁵¹³	suo⁴³ 白 suo⁵¹³ 文
雄县	fu²¹⁴	fu⁵³ ~务 fu⁴¹ 一~药	mu⁴¹	liou⁴¹	ɕiou²¹⁴ 住一~ su⁴¹ ~舍	tʂu⁴⁵	tʂʰu⁴¹	suo⁴⁵
安新	fu²¹⁴	fu³¹	mu⁵¹	liou⁵¹	su⁵¹	tʂu²¹⁴	tʂʰu⁵¹	suo⁴⁵① suo⁵¹②
满城	fu²¹³	fu²²	mu⁵¹²	liou⁵¹²	ɕy²¹³ su⁵¹²	tʂu⁴⁵	tʂʰu⁵¹²	suo⁵¹²
阜平	fu²⁴	fu²⁴	mu⁵³	liou⁵³	ɕy²⁴ 白 su²⁴ 文	tʂu²⁴	tʂʰu⁵³	suɤ³¹
定州	fu³³	fu²⁴ ~装 fu⁵¹ 一~药	mu⁵¹	liou⁵¹	sy⁵¹	tʂu³³	tʂʰu⁵¹	suo⁵¹
无极	fu²¹³	fu²¹³	mu⁵¹	liəu⁵¹	siəu²¹³	tʂu²¹³	tʂʰəu²¹³	ʂɔ⁵¹
辛集	fu³³	fu³⁵⁴	mu⁴¹	liou⁴¹	sy³⁵⁴ 又 su⁴¹ 又	tʂu³³	tʂʰu⁴¹	suə³³
衡水	fu²⁴	fu⁵³	mu⁵³	liəu³¹	ɕy²⁴ 白 su³¹ 文	tsu²⁴	tsʰu³¹	suo²⁴
故城	fu²⁴	fu⁵³ ~装 fu³¹ 一~药	mu³¹	liou³¹	ɕy²⁴	tsu²⁴	tʂʰʉ³¹	suɤ²⁴

（续表）

	0961 福	0962 服	0963 目	0964 六	0965 宿住~,~舍	0966 竹	0967 畜~生	0968 缩
	通合三入屋非	通合三入屋奉	通合三入屋明	通合三入屋来	通合三入屋心	通合三入屋知	通合三入屋彻	通合三入屋生
巨鹿	fu³³	fu⁴¹	mu²¹	liou²¹	ɕy³³	tʂu³³	tʂʰu²¹	suo³³
邢台	fu⁵³	fu⁵³	mu³¹	liou³¹	su³⁴	tʂu⁵³	tʂʰu³¹	suo³⁴
馆陶	fu²⁴	fu⁵²	mu²¹³	liəu²¹³	sy²⁴ 白 su²⁴ 文	tʂu²⁴	tʂʰu²¹³	ʂuo⁴⁴ 白 suo⁴⁴ 文
沧县	fu⁵⁵	fu⁵³	mu⁴¹	liou⁴¹	ɕy²³	tsu²³	tʂʰu⁴¹	suo²³
献县	fu⁵³	fu⁵³	mu³¹	liou³¹	ɕy³³ 旧 su³¹ 新	tʂu³³		suo³³
平泉	fu²¹⁴ 又 fu³⁵ 又	fu³⁵	mu⁵¹	liou⁵¹	ɕy²¹⁴ 白 su⁵¹ 文	tʂu³⁵	tʂʰu⁵¹	suo⁵⁵
滦平	fu²¹⁴ 又 fu³⁵ 又	fu³⁵	mu⁵¹	liou⁵¹	ɕy²¹⁴ 又 su⁵¹ 又	tʂu³⁵ 又 tsu³⁵ 又	tʂʰu⁵¹	suo⁵¹ 又 suo⁵⁵ 又
廊坊	fu³⁵ 又 fu²¹⁴ 又	fu³⁵	mu⁵¹	liou⁵¹	su⁵¹	tʂu³⁵	tʂʰu⁵¹	suo⁵⁵ suo⁵¹③
魏县	fɛ³³ 白 fu³³ 文	fu⁵³	mu³¹²	liəu³¹²	ɕy³³ 白 ʂu³³ 文	tʂu³³	tʂʰu⁵³	ʂuə³³
张北	fəʔ³²	fəʔ³²	mu²¹³	liəu²¹³	suəʔ³²	tsuəʔ³²	tʂʰu²¹³	suəʔ³²
万全	fəʔ²²	fəʔ²²	məʔ²²	liou²¹³	ɕyəʔ²²	tsuəʔ²²	tsʰuəʔ²²	suəʔ²²
涿鹿	fʌʔ⁴³	fʌʔ⁴³	mu³¹	liəu³¹	su³¹	tsuʌʔ⁴³	tʂʰu³¹	suʌʔ⁴³
平山	fu²⁴	fu³¹	mu⁴²	liɐu²⁴	siɐu²⁴ 白 su²⁴ 文	tʂu²⁴	tʂʰu⁵⁵	suə²⁴
鹿泉	fo¹³ 白 fu¹³ 文	fo¹³ 白 fu⁵⁵ 文	mu³¹²	liou³¹²	siou¹³ 白 su¹³ 文	tʂuo¹³ 白 tʂu¹³ 文	tʂʰuo¹³ 白 tʂʰu¹³ 文	suo¹³
赞皇	fu²⁴	fu⁵⁴	mu³¹²	liəu³¹²	su²⁴	tʂu²⁴	tʂʰu²⁴	suə²⁴
沙河	fəʔ²	fəʔ²	mu²¹	liəu²¹	suəʔ²	tsuəʔ²	tʂʰuəʔ²	suəʔ²
邯郸	fəʔ⁴³	fəʔ⁴³ 白 fu⁵³ 文	məʔ⁴³ 白 mu²¹³ 文	liəu²¹³	syeʔ⁴³	tsuəʔ⁴³	tʂʰu²¹³	ʂuəʔ⁴³ 白 suəʔ⁴³ 文
涉县	fəʔ³²	fəʔ³²	mu⁵⁵	liou⁵⁵	ɕyəʔ³²	tsuəʔ³²	tʂʰu⁵⁵	suəʔ³²

---

① ~进去。

② 压~。

③ ~影。

	0969 粥	0970 叔	0971 熟	0972 肉	0973 菊	0974 育	0975 封	0976 蜂
	通合三入屋章	通合三入屋书	通合三入屋禅	通合三入屋日	通合三入屋见	通合三入屋以	通合三平钟非	通合三平钟敷
兴隆	tʂou³⁵	ʂou³⁵ 又 ʂu³⁵ 又	ʂou⁵⁵ 白 ʂu⁵⁵ 文	ʐou⁵¹	tɕy⁵⁵	y⁵¹	fəŋ³⁵	fəŋ³⁵
北戴河	tʃou⁴⁴	ʃou⁴⁴ 白 ʃu⁴⁴ 文	ʃou³⁵	ʐou⁵¹	tɕy⁴⁴① tɕy³⁵②	y⁵¹	fəŋ⁴⁴	fəŋ⁴⁴
昌黎	tʂou⁴²	ʂou⁴² ʂu⁴²	ʂu²⁴	ʐou⁴⁵³	tɕy²⁴	y⁴⁵³	fəŋ⁴²	fəŋ⁴²
乐亭	tʂou³¹	ʂou³¹	ʂou²¹²	ʐou⁵²	tɕy³¹	y⁵²	fəŋ³¹	fəŋ³¹
蔚县	tsəu⁵³	səu⁵³ 白 su⁵³ 文	səu⁴¹ 白 su⁴¹ 文	zəu³¹²	tɕy⁵³	y³¹²	fəŋ⁵³	fəŋ⁴¹
涞水	tʂou³¹	ʂou³¹ 白 ʂu³¹ 文	ʂou⁴⁵ 白 ʂu⁴⁵ 文	ʐou³¹⁴	tɕy⁴⁵	y³¹⁴	fəŋ³¹	fəŋ³¹
霸州	tʂou⁴⁵	ʂou⁴⁵ 白 ʂu⁴⁵ 文	ʂou⁵³	ʐou⁴¹	tɕy⁴⁵	y⁴¹	fəŋ⁴⁵	fəŋ⁴⁵
容城	tʂou⁴³	ʂou⁴³ 白 ʂu⁴³ 文	ʂou³⁵ 白 ʂu³⁵ 文	ʐou⁵¹³	tɕy⁴³	y⁵¹³	fəŋ⁴³	fəŋ⁴³
雄县	tʂou⁴⁵	ʂou⁴⁵ 白 ʂu⁴⁵ 文	ʂou⁵³ 白 ʂu⁵³ 文	ʐou⁴¹	tɕy⁴⁵ 旧 tɕy⁵³ 新	y⁴¹	fəŋ⁴⁵	fəŋ⁴⁵
安新	tʂou⁴⁵	ʂou²¹⁴ 白 ʂu⁴⁵ 文	ʂou³¹ 白 ʂu³¹ 文	ʐou⁵¹	tɕy³¹	y⁵¹	fəŋ⁴⁵	fəŋ⁴⁵
满城	tʂou⁴⁵	ʂou⁴⁵ 白 ʂu⁴⁵ 文	ʂou²² 白 ʂu²² 文	ʐou⁵¹²	tɕy²¹³	y⁵¹²	fəŋ⁴⁵	fəŋ⁴⁵
阜平	tʂou³¹	ʂou²⁴ 白 ʂu²⁴ 文	ʂu²⁴	ʐou⁵³	tɕy²⁴	y⁵³	fəŋ³¹	fəŋ³¹
定州	tʂou³³	ʂou³³	ʂou²¹³	ʐou⁵¹	tɕy³³	y⁵¹	fəŋ³³	fəŋ³³
无极	tʂəu²¹³	ʂəu³⁵	ʂəu²¹³	ʐəu⁵¹	tɕy²¹³	y⁵¹	fəŋ³¹	fəŋ³¹
辛集	tʂou³³	ʂou³³ 白 ʂu³³ 文	ʂou³⁵⁴	ʐou⁴¹	tɕy³²⁴	y⁴¹	fəŋ³³	fəŋ³³
衡水	tsəu²⁴	səu²⁴ 旧 su²⁴ 新	səu⁵³ 旧 su⁵³ 新	iəu³¹ 旧 zəu³¹ 新	tɕy²⁴	y³¹	fəŋ²⁴	fəŋ²⁴
故城	tʂou²⁴	su²⁴	ʂou⁵³ 白 ʂu⁵³ 文	ʐou³¹	tɕy²⁴	y³¹	fəŋ²⁴	fəŋ²⁴
巨鹿	tʂou³³	ʂu⁵⁵	ʂu⁴¹	iou²¹	tɕy³³	y²¹	fəŋ³³	fəŋ³³
邢台	tʂou³⁴	ʂou³⁴ 又 ʂu³⁴ 又	ʂou⁵³ 又 ʂu⁵³ 又	ʐou³¹	tɕy³⁴	y³¹	fəŋ³⁴	fəŋ³⁴

（续表）

	0969 粥	0970 叔	0971 熟	0972 肉	0973 菊	0974 育	0975 封	0976 蜂
	通合三 入屋章	通合三 入屋书	通合三 入屋禅	通合三 入屋日	通合三 入屋见	通合三 入屋以	通合三 平钟非	通合三 平钟敷
馆陶	tʂəu²⁴	ʂu⁴⁴	ʂu⁵²	zəu²¹³	tɕy²⁴	y²¹³	fəŋ²⁴	fəŋ²⁴
沧县	tʂou²³	su²³	ʂou⁵³白 su⁵³文	zou⁴¹	tɕy²³	y⁴¹	fəŋ²³	fəŋ²³
献县	tʂou³³	ʂou³³白 ʂu³³文	ʂou⁵³白 ʂu⁵³文	zou³¹	tɕy³³	y³¹	fəŋ³³	fəŋ³³
平泉	tʂou⁵⁵	ʂu⁵⁵	ʂou³⁵白 ʂu³⁵文	zou⁵¹	tɕy³⁵	y⁵¹	fəŋ⁵⁵	fəŋ⁵⁵
滦平	tʂou⁵⁵	ʂu⁵⁵	ʂou³⁵白 ʂu³⁵文	zou⁵¹	tɕy³⁵	y⁵¹	fəŋ⁵⁵	fəŋ⁵⁵
廊坊	tʂou⁵⁵	ʂou⁵⁵白 ʂu⁵⁵文	ʂou³⁵又 ʂu³⁵又	zou⁵¹	tɕy³⁵	y⁵¹	fəŋ⁵⁵	fəŋ⁵⁵
魏县	tʂəu³³	ʂu⁵⁵	ʂu⁵³	zəu³¹²	tɕy³³	y³¹²	fəŋ³³	fəŋ³³
张北	tʂəu⁴²	su⁴²	suəʔ³²	zəu²¹³	tɕy⁴²	yəʔ³²	fəŋ⁴²	fəŋ⁴²
万全	tsou⁴¹	suəʔ²²	suəʔ⁴	zou²¹³	tɕyəʔ⁴	yəʔ²²	fəŋ⁴¹	fəŋ⁴¹
涿鹿	tʂəu⁴⁴	suʌʔ⁴³旧 ʂu⁴⁴新	ʂəu⁴²白 ʂu⁴²文	zəu³¹	tɕyʌʔ⁴³	yʌʔ⁴³	fəŋ⁴⁴	fəŋ⁴⁴
平山	tʂɐu²⁴	ʂɐu²⁴	ʂɐu³¹白 ʂu³¹文	zɐu²⁴	tɕi²⁴	i⁴²	fəŋ³¹	fəŋ⁴²
鹿泉	tʂou⁵⁵	ʂou⁵⁵白 ʂu⁵⁵文	ʂou⁵⁵白 ʂu⁵⁵文	zou³¹²	tɕyɤ¹³白 tɕy¹³文	y³¹²	fəŋ⁵⁵	fəŋ⁵⁵
赞皇	tʂəu²⁴	ʂəu²⁴③ ʂu²⁴④	ʂəu⁵⁴白 ʂu⁵⁴文	zəu³¹²	tɕy²⁴	y³¹²	fəŋ⁵⁴	fəŋ⁵⁴
沙河		ʂu³³	ʂu⁵¹	zəu²¹	tɕyəʔ²	y²¹	fəŋ⁴¹	fəŋ⁴¹
邯郸	tʂəu³¹	ʂuəʔ⁴³白 ʂu⁵⁵文	ʂu⁵³	zəu²¹³	tɕyeʔ⁴³	y²¹³	fəŋ³¹	fəŋ³¹
涉县	tsou⁴¹	su⁵⁵	suəʔ³²	iou⁵⁵	tɕyəʔ³²	y⁵⁵	fəŋ⁴¹	fəŋ⁴¹

① ~花儿。
② 人名。
③ ~~。
④ ~伯。

	0977 缝~一条~	0978 浓	0979 龙	0980 松~树	0981 重~轻~	0982 肿	0983 种~树	0984 冲
	通合三去钟奉	通合三平钟泥	通合三平钟来	通合三平钟邪	通合三上钟澄	通合三上钟章	通合三去钟章	通合三平钟昌
兴隆	fəŋ⁵¹	noŋ⁵⁵	loŋ⁵⁵	soŋ³⁵	tʂoŋ⁵¹	tʂoŋ²¹³	tʂoŋ⁵¹	tʂʰoŋ³⁵ ~锋 tʂʰoŋ⁵¹ 气味~
北戴河	fəŋ⁵¹	nuŋ³⁵	luŋ³⁵	ʃuŋ⁴⁴	tʃuŋ⁵¹	tʃuŋ²¹⁴	tʃuŋ⁵¹	tʃʰuŋ⁴⁴
昌黎	fəŋ⁴⁵³	nəŋ²⁴	ləŋ²⁴	suŋ⁴²	tʂuŋ⁴⁵³	tsuŋ²¹³	tʂuŋ⁴⁵³	tʂʰuŋ⁴²
乐亭	fəŋ⁵²	nəŋ²¹²	luŋ²¹²	suŋ³¹	tʂuŋ⁵²	tʂuŋ³⁴	tʂuŋ⁵²	tʂʰuŋ³¹
蔚县	fəŋ³¹²	nuŋ⁴¹	luŋ⁴¹	suŋ⁵³	tsuŋ³¹²	tsuŋ⁴⁴	tsuŋ³¹²	tsʰuŋ⁵³ 往前~ tsʰuŋ³¹² ~着
涞水	fəŋ³¹⁴	noŋ⁴⁵	loŋ⁴⁵	soŋ³¹	tʂoŋ³¹⁴	tʂoŋ²⁴	tʂoŋ³¹⁴	tʂʰoŋ³¹
霸州	fəŋ⁴¹	nu⁵³	luŋ⁵³	suŋ⁴⁵	tsuŋ⁴¹	tsuŋ²¹⁴	tsuŋ⁴¹	tsʰuŋ⁴⁵ ~锋 tsʰuŋ⁴¹ 说话
容城	fəŋ⁵¹³	nuŋ³⁵	luŋ³⁵	suŋ⁴³	tsuŋ⁵¹³	tsuŋ²¹³	tsuŋ⁵¹³	tsʰuŋ⁴³
雄县	fəŋ⁴¹	nəŋ⁵³	luŋ⁵³	suŋ⁴⁵	tsuŋ⁴¹	tsuŋ²¹⁴	tsuŋ⁴¹	tsʰuŋ⁴⁵ ~锋 tsʰuŋ⁴¹ 说话
安新	fəŋ⁵¹	nuŋ³¹	luŋ³¹	suŋ⁴⁵	tsuŋ⁵¹	tsuŋ²¹⁴	tsuŋ⁵¹	tsʰuŋ⁴⁵
满城	fəŋ⁵¹²	nuŋ²²	luŋ²²	suŋ⁴⁵	tsuŋ⁵¹²	tsuŋ²¹³	tsuŋ⁵¹²	tsʰuŋ⁴⁵
阜平	fəŋ⁵³	noŋ²⁴	loŋ²⁴	soŋ³¹	tʂoŋ⁵³	tʂoŋ⁵⁵	tʂoŋ⁵³	tʂʰoŋ³¹
定州	fəŋ⁵¹	nəŋ²¹³	luŋ²¹³	suŋ³³	tsuŋ⁵¹	tsuŋ²⁴	tsuŋ⁵¹	tsʰuŋ³³ 向前~ tsʰuŋ⁵¹ ~齐
无极	fəŋ⁴⁵¹		luŋ²¹³	suŋ³¹	tsuŋ⁴⁵¹	tsuŋ³⁵	tsuŋ⁴⁵¹	tsʰuŋ³¹
辛集	fəŋ⁴¹	noŋ³⁵⁴	loŋ³⁵⁴	soŋ³³	tsoŋ⁴¹	tsoŋ³²⁴	tsoŋ⁴¹	tsʰoŋ³³
衡水	fəŋ³¹	nuŋ⁵³	luŋ⁵³	suŋ²⁴	tsuŋ³¹	tsuŋ⁵⁵	tsuŋ³¹	tsʰuŋ²⁴
故城	fəŋ³¹	nuŋ⁵³① nuŋ³¹②	luŋ⁵³	suŋ²⁴	tsuŋ³¹	tsuŋ⁵⁵	tsuŋ³¹	tsʰuŋ²⁴ 向前~ tsʰuŋ³¹ ~齐
巨鹿	fəŋ²¹	noŋ⁴¹	loŋ⁴¹	soŋ³³	tsoŋ²¹	tsoŋ⁵⁵	tsoŋ²¹	tsʰoŋ³³
邢台	fəŋ³¹	nuŋ⁵³	luŋ⁵³	suŋ³⁴	tsuŋ³¹	tsuŋ⁵⁵	tsuŋ³¹	tsʰuŋ³⁴
馆陶	fəŋ²¹³	nuŋ²¹³	luŋ⁵²	suŋ²⁴	tsuŋ²¹³	tsuŋ⁴⁴	tsuŋ²¹³	tsʰuŋ²⁴③ tsʰuŋ²¹³④
沧县	fəŋ⁴¹	nu⁵³	loŋ⁵³	soŋ²³	tsoŋ⁴¹	tsoŋ⁵⁵	tsoŋ⁴¹	tsʰoŋ²³⑤ tsʰoŋ⁴¹⑥

（续表）

	0977 缝_一条~	0978 浓	0979 龙	0980 松~树	0981 重轻~	0982 肿	0983 种~树	0984 冲
	通合三 去钟奉	通合三 平钟泥	通合三 平钟来	通合三 平钟邪	通合三 上钟澄	通合三 上钟章	通合三 去钟章	通合三 平钟昌
献县	fəŋ³¹	noŋ⁵³	loŋ⁵³	soŋ³³	tʂoŋ³¹	tʂoŋ²¹⁴	tʂoŋ³¹	tʂʰoŋ³³⑦ tʂʰoŋ³¹⑧
平泉	fəŋ⁵¹	nuŋ³⁵	luŋ³⁵	suŋ⁵⁵	tʂuŋ⁵¹	tʂuŋ²¹⁴	tʂuŋ⁵¹	tʂʰuŋ⁵⁵
滦平	fəŋ⁵¹	nuŋ³⁵	luŋ³⁵	suŋ⁵⁵	tʂuŋ⁵¹	tʂuŋ²¹⁴	tʂuŋ⁵¹	tʂʰuŋ⁵⁵
廊坊	fəŋ⁵¹	ɳuŋ³⁵	luŋ³⁵	suŋ⁵⁵	tʂuŋ⁵¹	tʂuŋ²¹⁴	tʂuŋ⁵¹	tʂʰuŋ⁵⁵
魏县	fəŋ³¹²	nuŋ³¹²	luŋ⁵³	ɕyŋ³³	tʂuŋ³¹²	tʂuŋ⁵⁵	tʂuŋ³¹²	tʂʰuŋ³³
张北	fəŋ²¹³	nuŋ⁴²	luŋ⁴²	suŋ⁴²	tsuŋ²¹³	tsuŋ⁵⁵	tsuŋ²¹³	tsʰuŋ⁴²
万全	fəŋ²¹³	nuəŋ⁴¹	luəŋ⁴¹	suəŋ⁴¹	tsuəŋ²¹³	tsuəŋ⁵⁵	tsuəŋ²¹³	tsʰuəŋ⁴¹
涿鹿	fəŋ³¹	nuŋ⁴²	luŋ⁴²	suŋ⁴⁴	tsuŋ³¹	tsuŋ⁴⁵	tsuŋ³¹	tsʰuŋ⁴⁴
平山	fəŋ⁴²	noŋ³¹	lyŋ³¹白 luŋ³¹文	soŋ³¹	tʂoŋ⁴²	tʂoŋ⁵⁵	tʂoŋ⁴²	tʂʰoŋ³¹
鹿泉	fəŋ³¹²	nuŋ⁵⁵	luŋ⁵⁵	suŋ⁵⁵	tʂuŋ³¹²	tʂuŋ³⁵	tʂuŋ³¹²	tʂʰuŋ⁵⁵
赞皇	fəŋ³¹²	nuŋ⁵⁴	luŋ⁵⁴	suŋ⁵⁴	tʂuŋ³¹²	tʂuŋ⁴⁵	tʂuŋ³¹²	tʂʰuŋ⁵⁴
沙河		noŋ⁵¹	lioŋ⁵¹	soŋ⁴¹	tʂoŋ²¹	tʂoŋ³³	tʂoŋ²¹	tʂʰoŋ⁴¹
邯郸	fəŋ²¹³	nuŋ⁵³	lyŋ⁵³白 luŋ⁵³文	suŋ³¹	tʂuŋ²¹³	tʂuŋ⁵⁵	tʂuŋ²¹³	tʂʰuŋ³¹
涉县	fəŋ⁵⁵	nuəŋ⁴¹²	lyəŋ⁴¹²白 luəŋ⁴¹²文	ɕyəŋ⁴¹白 suəŋ⁴¹文	tsuəŋ⁵⁵	tsuəŋ⁵³	tsuəŋ⁵⁵	tsʰuəŋ⁴¹

---

① ~茶。
② ~乎，义为汤汁浓稠，也可表泥泞之义。
③ ~水。
④ ~我来。
⑤ 动词。
⑥ 介词。
⑦ 动词。
⑧ 介词。

	0985 恭 通合三 平钟见	0986 共 通合三 去钟群	0987 凶吉~ 通合三 平钟晓	0988 拥 通合三 上钟影	0989 容 通合三 平钟以	0990 用 通合三 去钟以	0991 绿 通合三 入烛来	0992 足 通合三 入烛精
兴隆	koŋ³⁵	koŋ⁵¹	ɕioŋ³⁵	ioŋ³⁵	ʐoŋ⁵⁵	ioŋ⁵¹	luei⁵¹ 又 ly⁵¹ 又 lu⁵¹①	tsu⁵⁵
北戴河	kuŋ⁴⁴	kuŋ⁵¹	ɕyŋ⁴⁴	yŋ⁴⁴	ʐuŋ³⁵	yŋ⁵¹	ly⁵¹	tʃu³⁵
昌黎	kuŋ⁴²	kuŋ⁴⁵³	ɕyŋ⁴²	yŋ⁴²	ʐuŋ²⁴	yŋ⁴⁵³	ly⁴⁵³	tsu²⁴
乐亭	kuŋ³¹	kuŋ⁵²	ɕyŋ³¹	yŋ³¹	ʐuŋ²¹²	yŋ⁵²	ly⁵²	tsu²¹²
蔚县	kuŋ⁵³	kuŋ³¹²	ɕyŋ⁵³	yŋ⁴⁴	ʐuŋ⁴¹	yŋ³¹²	ly³¹²	tɕy⁵³ 白 tsu⁴¹ 文
涞水	koŋ³¹	koŋ³¹⁴	ɕioŋ³¹	ioŋ³¹	ʐoŋ⁴⁵	ioŋ³¹⁴	ly³¹⁴	tsu⁴⁵
霸州	kuŋ⁴⁵	kuŋ⁴¹	ɕyŋ⁴⁵	ʐuŋ⁴⁵	ʐuŋ⁵³	ʐuŋ⁴¹	ly⁴¹	tsu²¹⁴ 旧 tsu⁵³ 新
容城	kuŋ⁴³	kuŋ⁵¹³	ɕyŋ⁴³	yŋ⁴³	ʐuŋ³⁵	yŋ⁵¹³	ly⁵¹³	tsu³⁵
雄县	kuŋ⁴⁵	kuŋ⁴¹	ɕyŋ⁴⁵	yŋ⁴⁵	ʐuŋ⁵³	yŋ⁴¹	ly⁴¹	tsu²¹⁴ 旧 tsu⁵³ 新
安新	kuŋ⁴⁵	kuŋ⁵¹	ɕyŋ⁴⁵	yŋ⁴⁵	ʐuŋ³¹	yŋ⁵¹	ly⁵¹	tsu³¹
满城	kuŋ⁴⁵	kuŋ⁵¹²	ɕyŋ⁴⁵	yŋ⁴⁵	ʐyŋ²²	yŋ⁵¹²	ly⁵¹²	tɕy²¹³ tsu²¹³
阜平	koŋ³¹	koŋ⁵³	ɕioŋ³¹	ioŋ³¹	ʐoŋ²⁴	ioŋ⁵³	ly⁵³	tsu²⁴
定州	kuŋ³³	kuŋ⁵¹	ɕyŋ³³	yŋ³³	ʐuŋ²⁴	yŋ⁵¹	ly⁵¹	tsu²¹³
无极	kuŋ³¹	kuŋ⁴⁵¹	ɕyŋ³¹	yŋ³¹	ʐuŋ²¹³	yŋ⁴⁵¹	ly⁴⁵¹	tsu²¹³
辛集	koŋ³³	koŋ⁴¹	ɕioŋ³³	ioŋ³³	ʐoŋ³⁵⁴	ioŋ⁴¹	ly⁴¹	tsu³⁵⁴
衡水	kuŋ²⁴	kuŋ³¹	ɕyŋ²⁴	yŋ⁵⁵	yŋ⁵³ 旧 ʐuŋ⁵³ 新	yŋ³¹	ly³¹	tsu²⁴
故城	kuŋ²⁴	kuŋ³¹	ɕyŋ²⁴	yŋ⁵⁵	ʐuŋ⁵³	yŋ³¹	ly³¹② lu³¹③	tsu²⁴
巨鹿	koŋ³³	koŋ²¹	ɕioŋ³³	ioŋ³³	ioŋ⁵⁵	ioŋ²¹	ly²¹	tsu³³
邢台	kuŋ³⁴	kuŋ³¹	ɕyŋ³⁴	yŋ³⁴	yŋ⁵³ 又 ʐuŋ⁵³ 又	yŋ³¹	ly³¹	tsu⁵³
馆陶	kuŋ²⁴④ kuŋ²¹³⑤	kuŋ²¹³	ɕyŋ²⁴	yŋ²⁴	yŋ⁵² 白 ʐuŋ⁵² 文	yŋ²¹³	ly²¹³⑥ lu²¹³⑦	tɕy²⁴ 白 tsu²⁴ 文
沧县	koŋ²³	koŋ⁴¹	ɕyoŋ²³	yoŋ²³	yoŋ⁵³	yoŋ⁴¹	ly⁴¹	tsu²³
献县	koŋ³³	koŋ³¹	ɕyoŋ³³	yoŋ³³	ʐoŋ⁵³	yoŋ³¹	ly³¹	tsu³³

（续表）

	0985 恭	0986 共	0987 凶吉~	0988 拥	0989 容	0990 用	0991 绿	0992 足
	通合三 平钟见	通合三 去钟群	通合三 平钟晓	通合三 上钟影	通合三 平钟以	通合三 去钟以	通合三 入烛来	通合三 入烛精
平泉	kuŋ⁵⁵	kuŋ⁵¹	ɕyŋ⁵⁵	yŋ⁵⁵	zuŋ³⁵	yŋ⁵¹	ly⁵¹ 又 lu⁵¹ 又	tsu³⁵
滦平	kuŋ⁵⁵	kuŋ⁵¹	ɕyŋ⁵⁵	yŋ⁵⁵	zuŋ³⁵	yŋ⁵¹	ly⁵¹⑧ lu⁵¹⑨	tsu³⁵
廊坊	kuŋ⁵⁵	kuŋ⁵¹	ɕyŋ⁵⁵	yŋ⁵⁵	zuŋ³⁵	yŋ⁵¹	ly⁵¹	tsu³⁵
魏县	kuŋ³³	kuŋ³¹²	ɕyŋ³³	yŋ³³ 又 yŋ⁵⁵ 又	zuŋ⁵³	yŋ³¹²	ly³³	tɕy³³ 白 tsu³³ 文
张北	kuŋ⁴²	kuŋ²¹³	ɕyŋ⁴²	yŋ⁴²	zuŋ⁴²	yŋ²¹³	luəʔ³²	tsuəʔ³²
万全	kuəŋ⁴¹	kuəŋ²¹³	ɕyəŋ⁴¹	yəŋ⁵⁵	zuəŋ⁴¹	yəŋ²¹³	luəʔ²²	tsuəʔ²²
涿鹿	kuŋ⁴⁴	kuŋ³¹	ɕyŋ⁴⁴	yŋ⁴⁴	zuŋ⁴²	yŋ³¹	lyʌʔ⁴³	tsu⁴²
平山	koŋ³¹	koŋ⁴²	ɕyŋ³¹	yŋ⁵⁵	zoŋ³¹	yŋ⁴²	li²⁴	tsu²⁴
鹿泉	kuŋ⁵⁵	kuŋ³¹²	ɕyŋ⁵⁵	yŋ³⁵	zuŋ⁵⁵	yŋ³¹²	ly³¹²	tsu³⁵
赞皇	kuŋ⁵⁴	kuŋ³¹²	ɕyŋ⁵⁴	yŋ⁴⁵	zuŋ⁵⁴	yŋ³¹²	ly³¹²	tsu²⁴
沙河	koŋ⁴¹	koŋ²¹	ɕioŋ⁴¹	ioŋ⁴¹	loŋ⁵¹	ioŋ²¹	lyəʔ²¹⑩ lu²¹⑪	tsu⁵¹
邯郸	kuŋ³¹	kuŋ²¹³	ɕyŋ³¹	yŋ³¹	luŋ⁵³	yŋ²¹³	lyeʔ⁴³	tsyeʔ⁴³ 白 tsu⁵³ 文
涉县	kuəŋ⁴¹	kuəŋ⁵⁵	ɕyəŋ⁴¹	yəŋ⁴¹	yəŋ⁴¹² 白 luəŋ⁴¹² 文	yəŋ⁵⁵	ly⁵⁵	tɕyəʔ³²

---

① ~林。
② ~色。
③ 鸭~江。
④ ~敬。
⑤ ~喜。
⑥ ~色。
⑦ ~林好汉。
⑧ ~色。
⑨ ~林。
⑩ ~色。
⑪ ~林好汉。

	0993 烛	0994 赎	0995 属	0996 褥	0997 曲~折,歌~	0998 局	0999 玉	1000 浴
	通合三入烛章	通合三入烛船	通合三入烛禅	通合三入烛日	通合三入烛溪	通合三入烛群	通合三入烛疑	通合三入烛以
兴隆	tʂu⁵⁵	ʃu⁵⁵	ʂu²¹³	zu⁵¹	tɕʰy³⁵① tɕʰy²¹³②	tɕy⁵⁵	y⁵¹	y⁵¹
北戴河	tʃu³⁵	ʃu³⁵	ʃu²¹⁴	zu⁵¹	tɕʰy²¹⁴	tɕy³⁵	y⁵¹	y⁵¹
昌黎	tʂu²⁴	ʂu²⁴	su²¹³	zu⁴⁵³	tɕʰy²¹³	tɕy²⁴	y⁴⁵³	y⁴⁵³
乐亭	tʂu⁵²	ʂu²¹²	ʂu³⁴	zu⁵²	tɕʰy³⁴	tɕy²¹²	y⁵²	y⁵²
蔚县	tsu⁵³	su⁴¹	su⁴⁴	zu³¹²	tɕʰy⁵³	tɕy⁴¹	y³¹²	y³¹²
涞水	tʂu⁴⁵	ʂu⁴⁵	ʂu²⁴	zu³¹⁴	tɕʰy²⁴	tɕy⁴⁵	y³¹⁴	y³¹⁴
霸州	tʂu⁴¹③ tʂu⁵³④	ʂu⁵³	ʂu²¹⁴	zu⁴¹	tɕʰy²¹⁴	tɕy⁵³	y⁴¹	y⁴¹
容城	tʂu⁵¹³	ʂu³⁵	ʂu²¹³	zu⁵¹³	tɕʰy²¹³	tɕy³⁵	y⁵¹³	y⁵¹³
雄县	tʂu⁵³	ʂu⁵³	ʂu²¹⁴	zu⁴¹	tɕʰy²¹⁴	tɕy⁵³	y⁴¹	y⁴¹
安新	tʂu³¹	ʂu³¹	ʂu²¹⁴	zu⁵¹	tɕʰy²¹⁴	tɕy³¹	y⁵¹	y⁵¹
满城	tʂu²¹³	ʂu²²	ʂu²¹³	zu⁵¹²	tɕʰy²¹³	tɕy²²	y⁵¹²	y⁵¹²
阜平	tʂu²⁴	ʂu²⁴	ʂu⁵⁵	zu⁵³	tɕʰy²⁴	tɕy²⁴	y⁵³	y⁵³
定州	tʂu²⁴⑤	ʂu²⁴	ʂu²⁴	zu⁵¹	tɕʰy³³⑥ tɕʰy²⁴⑦	tɕy²¹³	y⁵¹	y⁵¹
无极	tʂu²¹³	ʂu²¹³	ʂu³⁵	lu⁴⁵¹	tɕʰy²¹³	tɕy²¹³	y⁴⁵¹	y⁴⁵¹
辛集	tʂu³³	ʂu³⁵⁴	ʂu³²⁴	lu⁴¹	tɕʰy³³	tɕy³⁵⁴	y⁴¹	y⁴¹
衡水	tsu²⁴	su⁵³	ɕy⁵³旧 su⁵⁵新	y³¹旧 zu³¹新	tɕʰy²⁴	tɕy⁵³	y³¹	y³¹
故城	tʂʉ²⁴	ʂu⁵³	ʂu⁵³	zʉ³¹	tɕʰy²⁴⑧ tɕʰy⁵⁵⑨	tɕy⁵³	y³¹	y³¹
巨鹿	tʂu³³	ʂu³³	ʂu⁵⁵	y²¹	tɕʰy³³	tɕy⁴¹	y²¹	y²¹
邢台	tʂu⁵³	ʂu⁵³	ʂu⁵⁵	zu³¹	tɕʰy⁵⁵	tɕy⁵³	y³¹	y³¹
馆陶	tʂu²⁴	ʂu²⁴	ʂu⁴⁴	lu²¹³	tɕʰy²⁴	tɕy⁵²	y²¹³	y²¹³
沧县	tsu²³	su⁵³	su⁵³	y⁴¹白 zu⁴¹文	tɕʰy²³	tɕy⁵³	y⁴¹	y⁴¹
献县	tʂu⁵³	tʂʰu⁵³	ʂu⁵³	y³¹白 zu³¹文	tɕʰy²¹⁴	tɕy⁵³	y³¹	y³¹
平泉	tʂu³⁵	ʂu³⁵	ʂu²¹⁴	zu⁵¹	tɕʰy⁵⁵又 tɕʰy²¹⁴又	tɕy³⁵	y⁵¹	y⁵¹

（续表）

	0993 烛	0994 赎	0995 属	0996 褥	0997 曲 ~折，歌~	0998 局	0999 玉	1000 浴
	通合三入烛章	通合三入烛船	通合三入烛禅	通合三入烛日	通合三入烛溪	通合三入烛群	通合三入烛疑	通合三入烛以
滦平	tʂu³⁵	ʂu³⁵	ʂu²¹⁴	ʐu⁵¹	tɕʰy⁵⁵⑩ tɕʰy²¹⁴⑪	tɕy³⁵	y⁵¹	y⁵¹
廊坊	tʂu³⁵	ʂu³⁵	ʂu²¹⁴	ʐu⁵¹	tɕʰy²¹⁴	tɕy³⁵	y⁵¹	y⁵¹
魏县	tʂu³³	ʂu³¹²	ʂu⁵⁵	ʐu⁵⁵	tɕʰy³³	tɕy⁵³	y³¹²	y³¹²
张北	tsuʔ³²	suʔ³²	su⁵⁵	ʐuəʔ³²	tɕʰyəʔ³²	tɕyəʔ³² tɕy⁴²	y²¹³	y²¹³
万全	tsuʔ²²	suʔ⁴	suəʔ²²	ʐu²¹³	tɕʰyəʔ²²	tɕy⁴¹	y²¹³	y²¹³
涿鹿	tʂu⁴²	ʂu⁴⁴	ʂuʌʔ⁴³	ʐu³¹	tɕʰyʌʔ⁴³	tɕy⁴²	y³¹	y³¹
平山	tʂu²⁴	ʂu⁴²	ʂu⁴²⑫ ʂɐu⁴²⑬	ʐɐu²⁴	tɕʰi³¹	tɕi³¹	i⁴²	i⁴²
鹿泉	tʂu³⁵	ʂu⁵⁵	ʂu¹³	ʐu³¹²	tɕʰyɤ¹³白 tɕʰy¹³文	tɕy⁵⁵	y³¹²	y³¹²
赞皇	tʂu²⁴	ʂu²⁴	ʂu²⁴	ʐɐu³¹²白 ʐu³¹²文	tɕʰy²⁴	tɕy⁵⁴	y³¹²	y³¹²
沙河	tʂu⁵¹	ʂu⁵¹	ʂuəʔ²	ʐu³³	tɕʰyəʔ²	tɕy⁵¹	y²¹	y²¹
邯郸	tʂuəʔ⁴³	ʂu³¹	ʂuəʔ⁴³白 ʂu⁵⁵文	luəʔ⁴³	tɕʰyeʔ⁴³	tɕy⁵³	y²¹³	y²¹³
涉县	tsuəʔ³²	suəʔ³²	suəʔ³²	lu⁵⁵	tɕʰyəʔ³²	tɕyəʔ³²	y⁵⁵	y⁵⁵

① ~折。
② 歌~。
③ 火~：火把。
④ 蜡~。
⑤ 一般只说"蜡"，"烛"基本不用。
⑥ 弯~。
⑦ 小~儿。
⑧ 弯~。
⑨ 小~儿。
⑩ ~折。
⑪ 歌~。
⑫ 家~。
⑬ ~相，~牛的。

参考文献

（汉）许　慎　1963　《说文解字》，中华书局。
（宋）陈彭年等　2008　《宋本广韵》，江苏教育出版社。
（宋）丁度等　2005　《宋刻集韵》，中华书局。
安新县地方志编纂委员会　2000　《安新县志》，新华出版社。
安新县地方志编纂委员会　2017　《安新县志（1978—2008）》，方志出版社。
北戴河区语委　2001　《北戴河区方言辩证手册》，北戴河区文教局编（未刊）。
北京大学中文系语言学教研室　2003　《汉语方音字汇》（重排本），语文出版社。
沧县地方志编纂委员会　1995　《沧县志》，中国和平出版社。
沧县地方志编纂委员会　2011　《沧县志（1986—2004）》，线装书局。
昌黎县地方志编纂委员会　1992　《昌黎县志》，中国国际广播出版社。
昌黎县人民政府地方志办公室　2018　《昌黎年鉴2017》，新华出版社。
陈保亚　2009　《当代语言学》，高等教育出版社。
陈淑静　1986　河北保定地区方言的语音特点，《方言》第2期。
陈淑静　1988　河北满城方言的特点，《方言》第2期。
陈淑静　1990　《获鹿方言志》，河北人民出版社。
陈淑静　1994　古四声在河北方言中的演变，《河北大学学报》第2期。
陈淑静　1995　《献县志·方言》，中国和平出版社。
陈章太、李行健　1996　《普通话基础方言基本词汇集》，语文出版社。
阜平县地方志编纂委员会　1999　《阜平县志》，方志出版社。
阜平县地方志编纂委员会　2019　《阜平县志（1996—2010）》，方志出版社。
盖林海　2001　河北平山方言入声流变考查，《语文研究》第2期。
盖林海　2004　《平山方言志》，河北教育出版社。
河北北京师范学院、中国科学院河北省分院语文研究所编　1961　《河北方言概况》，河北人民出版社。
河北省昌黎县地名办公室　1983　《昌黎县地名资料汇编》，内部资料。
河北省昌黎县县志编纂委员会、中国科学院语言研究所　1984　《昌黎方言志》，上海教育出版社。
河北省沙河市地方志编纂委员会　1994　《沙河市志》，生活·读书·新知三联书店。
贺　巍、钱曾怡、陈淑静　1986　河北省北京市天津市方言的分区（稿），《方言》第4期。
姜　巍　2009　河北辛集方言语音调查研究，河北大学硕士论文。
孔祥卿　2011　辛集方言两字组连读变调与轻声，《中国语文》第1期。
涞水县地方志编纂委员会　2000　《涞水县志》，北京燕山出版社。
涞水县地方志编纂委员会　2018　《涞水县志（1979—2009）》，方志出版社。
赖　玮、许小颖、徐　欣、朱晓农　2014　北方方言中两折调的变体与对立——以乐亭、滦南、芝罘、乳山、荣成、牟平、普兰店声调为例，《中国语言学会语音学分会会议论文集》第11届。
李　荣　1985　官话方言的分区，《方言》第1期。
李　荣　1989　汉语方言的分区，《方言》第4期。
李　旭　2008　河北省中部南部方言语音研究，山东大学博士学位论文。
李巧兰　2011　河北方言中的儿化变音研究，河北人民出版社。

李秋来　2013　浅谈乐亭方言的特点，《长春教育学院学报》第 19 期。
李小凡　2006　汉语方言的轻声变调，《中国方言学报》第 1 期。
林　焘、王士元　1984　声调感知问题，《中国语言学报》第 2 期。
刘淑学　2000　《中古入声字在河北方言中的读音研究》，河北大学出版社。
钱曾怡　2010　《汉语官话方言研究》，齐鲁书社。
桑宇红　2011　从昌徐型看官话方言间的近缘关系，《语文研究》第 4 期。
沈丹萍　2017　河北唐山秦皇岛方言语音研究，北京语言大学博士学位论文。
石汝杰　1988　说轻声，《语言研究》第 1 期。
汪化云　2003　自主的轻声和非自主的轻声，《语文研究》第 1 期。
王福堂　2005　《汉语方言语音的演变和层次》（修订本），语文出版社。
王辅世　1990　河北滦南话的声调，《语言研究》第 1 期。
王洪君　2008　《汉语非线性音系学：汉语的音系格局与单字音》，北京大学出版社。
王洪君　2014　《历史语言学方法论与汉语方言音韵史个案研究》，商务印书馆。
王锡丽　2007　邯郸方言中古入声字的舒化，《邯郸学院学报》第 2 期。
王志勇　2009　武安方言舒声促化现象初探，《邯郸职业技术学院学报》第 2 期。
魏钢强　2000　调值的轻声和调类的轻声，《方言》第 1 期。
吴继章　1989　魏县话双字组连读变调，《河北大学学报》（增刊）。
吴继章　1996　魏县方言中与入声有关的几种现象，首届晋方言国际研讨会论文集。
吴继章、陈淑静、唐健雄　2005　《河北省志·方言志》，方志出版社。
五　臺　1986　关于"连读变调"的再认识，《语言研究》第 1 期。
献县地方志编纂委员会　2016　《献县志（1979—2005）》，中州古籍出版社。
邢向东　1999　神木方言的两字组连读变调和轻声，《语文研究》第 2 期。
邢向东　2004　论西北方言和晋语重轻式语音词的调位中和模式，《南开语言学刊》第 1 期。
熊正辉　1989　跟丁声树先生在昌黎调查方言，《方言》第 2 期。
熊正辉　1990　官话方言区分 ts、tʂ 的类型，《方言》第 1 期。
杨同用　1996　河北无极方言音系记略，《河北大学学报》第 4 期。
张秋荣　2005　迁安方言儿化现象研究，河北师范大学硕士论文。
张世方　2000　汉语方言三调现象初探，《语言研究》第 4 期。
张世方　2006　北京话及周边方言的阴平与阳平，《语言研究》第 1 期。
张世方　2010　《北京官话语音研究》，北京语言大学出版社。
张振兴　2010　再读《昌黎方言志》，怀念大家丁声树——纪念《昌黎方言志》出版 50 周年，《语文研究》第 2 期。
郑　莉　2014　现代河北方言声调的演变，《语文研究》第 1 期。
中国社会科学院语言研究所、中国社会科学院民族学与人类学研究所、香港城市大学语言咨询科学研究中心　2012　《中国语言地图集（第 2 版）·汉语方言卷》，商务印书馆。
朱晓农　2010　《语音学》，商务印书馆。
朱晓农　2012　降调的种类，《语言研究》第 2 期。
朱晓农、杨建芬　2010　嘎裂声作为低调特征——河北省方言的声调考察，《语言研究集刊》第 7 辑。
朱晓农、衣　莉　2011　两折调的故事，《语言研究集刊》第 8 辑。
朱晓农、章　婷、衣　莉　2012　凹调的种类——兼论北京话上声的音节学性质，《中国语文》第 5 期。

附 录

说明：

1. 各调查点的排序与各地音系、单字音表等处的排序相同。
2. 方言片区划分依据《中国语言地图集·汉语方言卷》（第 2 版）。
3. 调查人中排在第一位的是该调查点的负责人。
4. 协助调查人排名不分先后。

编号	调查点	地级	县级	乡镇级	村级	方言区	方言片	发音人	性别	出生年	文化程度	调查人	协助调查人	调查设备和调查时间
001	兴隆	承德	兴隆	兴隆镇	大有	冀鲁官话	保唐片	于占友	男	1955	初中	戴克良	白杨	录音话筒：SAMSON C03U
								张话官	男	1987	大专	马彦芳	闫秋敏	录音声卡：SAMSON C03U
								赵笑铁	女	1958	中专	王俊欢	马占成	内置声卡
								于艳春	女	1988	本科	何青霞	曹俊金	摄像机：松下 AJ-PX398MC
								任志刚	男	1984	本科	张永利	刘卫华	调查时间：2017.5.21—11.5
								尤凤华	女	1971	高中		王凯	
002	北戴河	秦皇岛	北戴河区	戴河镇	万嘉家园	冀鲁官话	保唐片	杨晓春	男	1958	小学	沈丹祥	王宝昌	录音话筒：SAMSON C03U
								张伟	男	1986	中专	张丽红	王辉	录音声卡：SAMSON C03U
								刘海艳	女	1960	小学	杨紫		内置声卡
								张志余	女	1987	中专	苏鹏		摄像机：索尼 FDR-AXP35
								陈柏	男	1986	本科			调查时间：2016.3.16—10.7

(续表)

编号	调查点	地级	县级	乡镇级	村级	方言区	方言片	发音人	性别	出生年	文化程度	调查人	协助调查人	调查设备和调查时间
003	昌黎	秦皇岛	昌黎	昌黎镇	一街	冀鲁官话	保唐片	马季强	男	1953	小学	曹梦雪 赵文荣 沈丹萍 苏鹏 杨紫	刘娜 李雪涛	录音话筒：SAMSON C03U 录音声卡：SAMSON C03U 内置声卡 摄像机：索尼 FDR-AX40 调查时间：2016.5.10—10.2
								赵亮	男	1981	本科			
								戚凤荣	女	1953	初中			
								王智松	女	1982	本科			
								刘志才	男	1957	大专			
								张津	男	1987	中专			
004	乐亭	唐山	乐亭	乐亭镇	城关	冀鲁官话	保唐片	孙兴琦	男	1950	高中	侯建华 刘伯群 张文光 王斌 马志成	付迎新 母秀君	录音话筒：SAMSON C03U 录音声卡：SAMSON C03U 内置声卡 摄像机：索尼 D70 调查时间：2016.7.3—7.10
								张佳伟	男	1983	高中			
								张秀君	女	1956	初中			
								张雪	女	1989	大学			
								王建东	男	1962	大学			
								孙慧艳	女	1967	大学			
								常淑娜	女	1967	大学			
005	蔚县	张家口	蔚县	蔚州镇	三泉庄	冀鲁官话	保唐片	苏贵	男	1954	高中	李旭 王新宇 陈凯阳 孙淼 王帅臣	章海亮 贺雪萍	录音话筒：罗德 video mix pro 录音声卡：笔记本内置声卡 摄像机：索尼 PMW-EX1R 调查时间：2018.5.24—10.11
								刘建立	男	1989	大专			
								张桂梅	女	1955	高中			
								周俊丽	女	1990	初中			
								张帅	男	1988	大专			
								门金荣	女	1969	初中			
								王楠	女	1986	中专			

（续表）

编号	调查点	地级	县级	乡镇级	村级	方言区	方言片	发音人	性别	出生年	文化程度	调查人	协助调查人	调查设备和调查时间
006	涞水	保定	涞水	涞水	南关	冀鲁官话	保唐片	王志清	男	1958	高中	傅林	刘志红	录音话筒：SAMSON C03U 录音声卡：SAMSON C03U 内置声卡 摄像机：索尼 HDR-PJ670 调查时间：2018.8.15—8.28
								杜英春	男	1985	初中	李晓旭		
								赵秀莲	女	1957	初中	姚婷婷		
								寇成志	女	1993	大专	王延慧		
								陈春来	男	1951	初中	齐孟远		
007	霸州	廊坊	霸州	霸州	东关八街	冀鲁官话	保唐片	张国伦	男	1957	中专	李旭	邵雅轩 戴铨银	录音话筒：SAMSON C03U 录音声卡：SAMSON C03U 内置声卡 摄像机：松下 AG-HPX500MC 调查时间：2017.5.19—9.20
								吴昊东	男	1985	本科	王渐宇		
								尚玉兰	女	1958	高中	杨彬驰		
								王晶晶	女	1988	大专	陈凯阳		
								韩富智	男	1962	中专			
								邵雅轩	男	1976	本科			
								何军	男	1956	初中			
008	容城	雄安新区	容城	容城镇	上坡	冀鲁官话	保唐片	张保芬	男	1951	初中	侯建华 张文光 王斌 高光新 马志成	包永安 杨艳娟	录音话筒：SAMSON C03U 录音声卡：SAMSON C03U 内置声卡 摄像机：索尼 D70、罗技 C03U 摄录一体机 调查时间：2017.4.15—10.9
								薛威	男	1982	中专			
								杨景池	女	1954	初中			
								胡超	女	1984	初中			
								陈启芳	男	1962	小学			
								张红英	女	1963	初中			
009	雄县	雄安新区	雄县	雄州	一铺南	冀鲁官话	保唐片	郭桃茂	男	1956	大专	李旭 吴勇 陈凯阳 王渐宇	曹长海 王艳平	录音话筒：罗德 video mix pro 录音声卡：笔记本内置声卡 摄像机：松下 dvx200 调查时间：2017.5.26—10.14
								钱旭	男	1989	中专			
								刘克楼	女	1952	初中			
								于娟	女	1987	初中			

（续表）

编号	调查点	地级	县级	乡镇级	村级	方言区	方言片	发音人	性别	出生年	文化程度	调查人	协助调查人	调查设备和调查时间
010	安新	雄安新区	安新	安新	东刘街	冀鲁官话	保唐片	周宏亮	男	1963	高中	傅林 武松静 阳毅 李晓旭 韩笑	杨鹤峰	录音话筒：SAMSON C03U 录音声卡：SAMSON C03U 内置声卡 摄像机：索尼 HDR-PJ670 调查时间：2017.7.15—7.31，11.10—11.11
								姜锁柱	男	1956	初中			
								司美贤	女	1979	小学			
								张会新	男	1981	初中			
								王会来	男	1977	初中			
								臧国安	男	1957	初中			
								臧浩	男	1989	初中			
								汤大新	女	1962	高中			
								王娜	女	1990	初中			
								焦娜	女	1981	小学			
011	满城	保定	满城	满城镇	城内	冀鲁官话	保唐片	刘乃先	男	1957	高中	甫健雄 李改婷 刘磊	朱喜爱	录音话筒：SAMSON C03U 录音声卡：SAMSON C03U 内置声卡 摄像机：索尼 NX5C 调查时间：2016.4.20—7.30
								李宾	男	1984	初中			
								班娜	女	1957	初中			
								王晓丹	女	1982	中专			
								刘军锋	男	1969	中专			
								王建英	女	1965	初中			
								刘影	女	1984	高中			
								毕秀娟	女	1974	初中			
012	阜平	保定	阜平	阜平	白河	冀鲁官话	保唐片	陈永明	男	1956	初中	傅林 李晓旭 姚婷婷 王延慧 齐孟远	韩建琳	录音话筒：SAMSON C03U 录音声卡：SAMSON C03U 内置声卡 摄像机：索尼 HDR-PJ670 调查时间：2018.7.28—8.12
								陈春	男	1985	大专			
								卢士慧	女	1962	初中			
								张耀月	女	1988	大专			

（续表）

编号	调查点	地级	县级	乡镇级	村级	方言区	方言片	发音人	性别	出生年	文化程度	调查人	协助调查人	调查设备和调查时间
013	定州	（无）	定州	西城区	西关东街	冀鲁官话	保唐片	张继花	女	1955	小学	李小平 李梦珂 武可 王世永 赵梅赏	王育芳	录音话筒：SAMSON C03U 录音声卡：SAMSON C03U 内置声卡 摄像机：索尼 HDR-PJ625 调查时间：2018.7.19—8.18
								王丙午	男	1954	中专			
								石磊	男	1983	本科			
								郝英改	女	1954	小学			
								张倩	女	1985	高中			
								刘玉坤	女	1959	高中			
								侯国军	男	1968	初中			
014	无极	石家庄	无极	无极	东中铺	冀鲁官话	石济片	王增云 刘玉儒	女 男	1968 1953	大专 初中	尹凯 石丽玲 杨秩群	陈同学 张军学 李亚玲 马军亚 吕国弟	录音话筒：SAMSON C03U 录音声卡：SAMSON C03U 内置声卡 摄像机：索尼 FDR-AXP35 调查时间：2016.3.26—10.21
								司明水	男	1984	大专			
								邢荣敏	女	1952	小学			
								司巧云	女	1987	初中			
								高志欣	女	1974	高中			
015	辛集	（无）	辛集	辛集	四街	冀鲁官话	石济片	史同训	男	1952	小学	李巧兰 崔梦楼 李建昌 汤文菲 王涛	贾顺兴 齐飞跃 杨秀华 李秀霞 张运朝	录音话筒：SAMSON C03U 录音声卡：SAMSON C03U 内置声卡 摄像机：索尼 NX5C 调查时间：2017.6.20—6.30
								王朋	男	1985	高中			
								赵淑曼	女	1953	小学			
								张赏	女	1981	高中			
								马玉敏	女	1959	高中			
								吕法要	男	1981	大专			
016	衡水	衡水	桃城	河西	东明	冀鲁官话	石济片	冯建文	男	1954	高中	郑莉 曹庆改 高美燕	王胜利	录音话筒：SAMSON C03U 录音声卡：SAMSON C03U 内置声卡
								赵冰	男	1987	中专			
								李俊青	女	1955	初中			

(续表)

编号	调查点	地级	县级	乡镇级	村级	方言区	方言片	发音人	性别	出生年	文化程度	调查人	协助调查人	调查设备和调查时间
								赵翠兰	女	1988	中专			摄像机：松下 AG-ACB0AMC 调查时间：2018.7.15—7.31
								罗灵桂	男	1950	初中			
017	故城	衡水	故城	郑口	张庄	冀鲁官话	石济片	周仲文	男	1958	大专	李小平 闫倩倩 武青国 裴伟科 王世水	肖士全 高振霞	录音话筒：SAMSON C03U 录音声卡：SAMSON C03U 内置声卡 摄像机：索尼 HDR-PJ670 调查时间：2017.7.13—8.18
								孙树全	男	1987	初中			
								陈全玲	女	1962	高中			
								贾丽丽	女	1984	大专			
								杨光魁	男	1946	高小			
018	巨鹿	邢台	巨鹿	巨鹿	北街	冀鲁官话	石济片	王振刚	男	1951	初中	张兰英 于宏源 孙朝峰 孙西朝 李雪稳	仁明哲 陈淑红 韩海冰	录音话筒：SAMSON C03U 录音声卡：SAMSON C03U 内置声卡 摄像机：索尼 FDR-AXP55 调查时间：2016.7.15—8.30
								孙自学	男	1992	大学			
								刘招钦	女	1963	高中			
								张红梅	女	1994	大专			
								解会谦	男	1962	初中			
019	邢台	邢台	桥东	北大街	牛市街	冀鲁官话	石济片	黄庆云	男	1955	初中	刘义青 黄卫静 李建昌 张宁华 盖海红	王四荣 赵霞 张少丽 冯叶芹 王宁	录音话筒：SAMSON C03U 录音声卡：SAMSON C03U 内置声卡 摄像机：索尼 NX5C 调查时间：2018.5.1—8.31
								王晓	男	1992	大专			
								尹九芳	女	1956	高中			
								朱俊芳	女	1992	大专			
								段晚湖	男	1967	初中			
020	馆陶	邯郸	馆陶	馆陶	（无）	冀鲁官话	石济片	刘贵宝	男	1959	中专	王志勇 郭贞彦 傅少林 李少虹 张子媛	马月起 王媛军 白巧云 刘贵宝	录音话筒：SAMSON C03U 录音声卡：SAMSON C03U 内置声卡 摄像机：索尼 NX5C 调查时间：2017.7.14—7.31
								武俊超	男	1987	中专			
								李秋玲	女	1962	高中			
								刘艳艳	女	1987	大专			

（续表）

编号	调查点	地级	县级	乡镇级	村级	方言区	方言片	发音人	性别	出生年	文化程度	调查人	协助调查人	调查设备和调查时间
021	沧县	沧州	沧县	旧州	北头	冀鲁官话		庞峰波	男	1957	高中	傅林 李晓旭 武松静 殷毅 高佳钰	提恩恒	录音话筒：SAMSON C03U 录音声卡：SAMSON C03U 内置声卡 摄像机：索尼 HDR-PJ670 调查时间：2017.8.3—8.20
								董德建	男	1990	初中			
								王俊皎	女	1955	高中			
								孙俊丽	女	1984	初中			
								刘树智	男	1948	小学			
								韩瑞雪	女	2002	初中			
								程玉明	男	2000	初中			
022	献县	沧州	献县	乐寿	（无）	冀鲁官话	沧惠片	李永华	男	1952	小学	傅林 王志勇 殷毅 王强军	王金英	录音话筒：SAMSON C03U 录音声卡：SAMSON C03U 内置声卡 摄像机：索尼 HDR-PJ670 调查时间：2016.4.10—4.24
								田松	男	1986	高中			
								张淑女	女	1954	初中			
								李双敬	女	1984	初中			
								杨永盛	男	1957	高中			
								杨玉春	男	1947	初中			
								杨玉忠	男	1950	初中			
								王磊	男	1987	初中			
023	平泉	承德	平泉	（无）	（无）	北京官话	京承片	杨国平	男	1959	本科	吴丽君 王筱欢 马彦芳 戴克良 成福伟	李青松 王立华 毕桂玉 刘占富 万雪峰	录音话筒：SAMSON C03U 录音声卡：SAMSON C03U 内置声卡 摄像机：松下 268 调查时间：2016.3.20—5.30
								孙占峰	男	1989	大专			
								刘淑芹	女	1955	大专			
								李伟静	女	1984	本科			
								于艳梅	女	1978	本科			
								刘海超	女	1978	本科			
								刘蒨	女	1980	大专			

（续表）

编号	调查点	地级	县级	乡镇级	村级	方言区	方言片	发音人	性别	出生年	文化程度	调查人	协助调查人	调查设备和调查时间
								孙月伟	女	1976	大专			
								王淑梅	女	1967	初中			
024	滦平	承德	滦平	滦平镇	（无）	北京官话	京承片	白凤然	男	1941	中专	吴丽君 王筱欢 戴克良 马彦芳 戚福伟	张绍儒 刘丹丹 于德富 马婧 田金陵	录音话筒：SAMSON C03U 录音声卡：SAMSON C03U 内置声卡 摄像机：索尼 pxw-x280 调查时间：2017.5.14—6.12
								孙海军	男	1974	本科			
								缪如敏	女	1940	中专			
								师利华	女	1974	本科			
								李桂君	女	1959	大专			
								苏蒴云	女	1969	大专			
								高凌燕	女	1969	大专			
025	廊坊	廊坊	广阳	南尖塔	北尖塔	北京官话	京承片	王宝丰	男	1956	高中	田文静 李佳 韩彦婕 王新宁 王雪梅	薄丽颖	录音话筒：罗德（Rode）Videomic pro 录音声卡：笔记本自带声卡 摄像机：松下 AG-DVX200 调查时间：2018.7.16—7.28
								董家更	男	1991	大学			
								曹秀玲	女	1961	高中			
								王颖	女	1988	大专			
								董梦	女	1990	本科			
026	魏县	邯郸	魏县	魏城镇 魏州	冯小庄	中原官话	郑开片	冯立学	男	1953	本科	吴继章	王文清	录音话筒：SAMSON C03U 录音声卡：SAMSON C03U 内置声卡 摄像机：索尼 NX5C 调查时间：2016.4.20—7.28
								关雷雷	男	1983	初中			
								张书兰	女	1954	初中			
								陈宁玲	女	1981	初中			
								陈书英	女	1962	中专			
027	张北	张家口	张北	张北镇	教育街	晋语	张呼片	程瑞峰	男	1956	初中	刘又青 关彦琦 叶云飞	杨静 刘会锋 徐继果	录音话筒：Rode NT-USB 录音声卡：话筒内置声卡 摄像机：索尼 NEX-FS700RH
								张利彪	男	1987	中专			
								苗润花	女	1958	高中			

（续表）

编号	调查点	地级	县级	乡镇级	村级	方言区	方言片	发音人	性别	出生年	文化程度	调查人	协助调查人	调查设备和调查时间
028	万全	张家口	万全区	万全镇	西南街	晋语	张呼片	俞文燕	女	1992	中专	盖海红 张宇华	高雪琴 刘凤霞 郑淑琳 郭景峰 车凤荣	调查时间: 2017.7.19—8.25
								张英栋	男	1952	初中			
								蔡俊生	男	1959	大专			
								刘运涛	女	1970	初中			
029	涿鹿	张家口	涿鹿	涿鹿镇	教场村	晋语	张呼片	原巨纲	男	1956	高中	李巧兰 关彦琦 崔梦楼 王金苗 黄鞠利	岳万 张静	录音话筒: SAMSON C03U 录音声卡: SAMSON C03U 内置声卡 摄像机: 索尼 NEX-FS700RH 调查时间: 2018.5.1—7.18
								孙虎	男	1988	中专			
								李香兰	女	1962	初中			
								吴然芳	女	1984	大学			
								王琴	女	1973	初中			
								桂永海	男	1959	高中	盖林海 李建昌 纸新华 钱璐 靳紫玺	崇敬红	录音话筒: SAMSON C03U 录音声卡: SAMSON C03U 内置声卡 摄像机: 索尼 NX5C 罗技 BCC950 调查时间: 2018.8.3—8.15
								王伟	男	1987	大学			
								张全平	女	1962	高中			
								候奕良	女	1990	大专			
								王永贵	男	1964	大专			
								任建国	女	1963	高中			
								张成胜	男	1972	大专			
								张玉林	女	1955	高中			
030	平山	石家庄	平山	平山镇	东关	晋语	张呼片	王文海	男	1953	高中	盖林海 李建昌 王涛 兰迎 张国飞	赵彦山 李艳	录音话筒: SAMSON C03U 录音声卡: SAMSON C03U 内置声卡 摄像机: 索尼 NX5C 调查时间: 2016.4.1—5.31
								崔小雷	男	1985	高中			
								李花芹	女	1958	高中			
								李卫	女	1986	中专			
								刘三联	女	1962	初中			

（续表）

编号	调查点	地级	县级	乡镇级	村级	方言区	方言片	发音人	性别	出生年	文化程度	调查人	协助调查人	调查设备和调查时间
031	鹿泉	石家庄	鹿泉	获鹿镇	三街	晋语	张呼片	同振芳	男	1934	大专	盖林海 李建昌 马美茹 刘卓 杨杰华	齐伟	录音话筒：SAMSON C03U 录音声卡：SAMSON C03U 内置声卡 摄像机：索尼 NX5C 调查时间：2017.5.1—8.31
								尤超超	男	1983	高中			
								程俊巧	女	1961	高中			
								王秋花	女	1957	初中			
								韩家桐	男	1958	初中			
								刘岩	男	1988	中专			
								袁敏	女	1955	初中			
								东静	女	1987	中专			
								袁子忠	男	1965	高中			
								高凤月	女	1963	高中			
								卞文英	女	1956	高中			
								齐承全	男	1955	初中			
								刘长海	男	1955	高中			
032	赞皇	石家庄	赞皇	赞皇镇	南街	晋语	张呼片	韩进国	男	1954	初中	盖林海 刘华 李建昌 刘义青 郝鹏磊	白崇玉	录音话筒：SAMSON C03U 录音声卡：SAMSON C03U 内置声卡 摄像机：索尼 NX5C 罗技 BCC950 调查时间：2018.5.1—7.20
								李慧渊	男	1987	大专			
								张菊芬	女	1958	初中			
								任娟飞	女	1987	初中			
								李彦良	男	1966	大专			
								任怀玉	男	1966	大专			
								蔺艳瑞	女	1978	大专			
								李艳青	女	1969	初中			

（续表）

编号	调查点	地级	县级	乡镇级	村级	方言区	方言片	发音人	性别	出生年	文化程度	调查人	协助调查人	调查设备和调查时间
033	沙河	邢台	沙河	桥西	赵泗水	晋语	邯新片	马社民	男	1956	高中	孙顺 闫智卿 王怡蕾 黄薇	董少平	录音话筒：SAMSON C03U 录音声卡：SAMSON C03U 内置声卡 摄像机：索尼 HDR-PJ675 调查时间：2017.8.4—9.10
								石建波	男	1983	高中			
								李素玲	女	1953	高中			
								杨洁	女	1988	大专			
								董粉霞	女	1966	小学			
								李雪霞	女	1971	高中			
034	邯郸	邯郸	邯山区	北张庄镇	王家湾	晋语		亢海云	女	1961	高中	王锡丽 乔月涛 朱丽		录音话筒：SAMSON C03U 录音声卡：SAMSON C03U 内置声卡 摄像机：索尼 HDR-PJ675 调查时间：2017.7.10—7.22
								王海勤	男	1951	初中			
								贺世广	男	1985	本科			
							邯新片	冯素英	女	1957	高中			
								王珍	女	1985	中专			
								邢静	女	1985	初中			
								马素荣	女	1954	小学			
035	涉县	邯郸	涉县	涉城	（无）	晋语	邯新片	王晓平	男	1953	小学	宋金旗 申广明 王秀娟 王林花 武东梅	录音话筒：SAMSON C03U 录音声卡：SAMSON C03U 内置声卡 摄像机：索尼 NX5C 调查时间：2018.6.30—7.12
								程广王	男	1988	初中	王志勇 王建军 王延慧 魏红华 齐晓威	
								吴书枝	女	1958	高中		
								李江艳	女	1988	高中		
								王振海	男	1962	高中		

后 记

《中国语言资源集·河北》共4卷（5册），分别为语音卷、词汇卷（上下）、语法卷和口头文化卷。该丛书的形成过程包括方言调查研究和书稿编写两个阶段。

河北语保工程共调查了35个方言点，35个调查点都是以语保工程"河北汉语方言调查项目·县/市/区"（如"河北汉语方言调查项目·阜平"）的形式完成的。项目负责人是河北省语委办公室主任王晖同志，工作秘书是河北省语委办公室的刘宏宇同志，首席专家是河北师范大学的吴继章教授。为完成这35个调查项目，我们先后组建了20个调查团队/课题组。这20个调查团队的负责人分别是：戴克良、沈丹萍、曹梦雪、侯建华、李旭、傅林、唐健雄、李小平、尹凯、李巧兰、郑莉、张兰英、刘义青、王志勇、吴丽君、田文静、吴继章、盖林海、孙顺、王锡丽。

方言调查研究阶段历时3年（2016年—2018年），调查内容包括：各方言点的音系，1000个单字音；1200个词语；50个句子以及一些文化方面的内容等。上述内容的纸笔记录部分大都反映在了丛书中。

调查的35个方言点中，属于冀鲁官话的有22个：兴隆、秦皇岛市北戴河区、昌黎、乐亭、蔚县、涞水、霸州、容城、雄县、安新、满城、阜平、定州、无极、辛集、衡水市桃城区、故城、巨鹿、邢台市桥东区、馆陶、沧县、献县；属于北京官话的有3个：平泉、滦平、廊坊市广阳区；属于中原官话的1个：魏县；属于晋语的有9个：张北、张家口市万全区、涿鹿、平山、石家庄市鹿泉区、赞皇、沙河、邯郸市邯山区、涉县。

3年当中，2016年完成了10个调查点的调查任务，分别是：秦皇岛市北戴河区、昌黎、乐亭、满城、无极、巨鹿、献县、平泉、魏县、平山。2017年原计划启动的调查点是11个。2017年，中共中央、国务院决定设立河北雄安新区。为服务国家重大战略需求，中国语言资源保护研究中心、河北省语委办经过沟通达成共识，向教育部语信司请示获得批复，确定将雄县、安新和容城3点纳入2017年调查规划。这样，2017年实际共完成14个方言点的调查任务，分别是：兴隆、霸州、容城、雄县、安新、辛集、故城、馆陶、沧县、滦平、张北、石家庄市鹿泉区、沙河市、邯郸市邯山区。2018年原计划启动的调查点是 10 个，其中包括提前于 2017 年完成的雄县方言点。2018 年的调查开始之前，鉴于行政区划变化对调查点区域分布的影响等原因，我们又于 2018 年 1 月向教育部语信司和语保中心提出了增加调查点的申请，获批增加了阜平和赞皇两个调查点。2018 年实际共完成 11 个方言点的调查任务，分别是：蔚县、涞水、阜平、定州、衡水市桃城区、邢台市桥东区、廊坊市广阳区、张家口市万全区、涿鹿、赞皇、涉县。

书稿编写阶段历时近两年（2019 年—2020 年），编写工作于 2019 年年中开始。2019 年 6 月成立了丛书编写委员会并申报出版立项，7 月初组织召开了编写工作研讨会议，会上就编写的第一步工作即单点校对任务进行了安排，要求各课题组在自我校对的基础上，进行分组互校。10 月份完成了 35 个点的两轮校对任务，并将修改的情况按要求报送了语保中心。2020 年 1 月省语委办组织专家针对校对和前期编写中发现的问题进行了集中研讨，对下一步的编写任务按照语音、词汇、语法和口头文化进行了明确分工。9 位副主编，傅林、吴丽君、侯建华负责语音卷；盖林海、李旭、刘义青负责词汇卷；王志勇、李巧兰、李小平负责语法和口头文化卷；主编吴继章总负责。按照教育部语信司、语保中心的统一安排，2020 年 5 月底到 6 月初，河北省语委办组织专家对已完成的部分书稿进行了中期检查（一审），同时向语保中心报送了部分书稿和其他相关材料；2020 年 6 月到 9 月，继续编写工作，形成了完整书稿并进行了书稿的二审和全面修改；2020 年 10 月到 11 月中旬，省语委办组织了对书稿的预验收，根据预验收中提出的问题和建议对书稿做了进一步的修改和完善。

在将 35 个调查点的纸笔调查内容编辑整理为丛书的过程中，除了反复校对之外，编写团队主要还做了以下几个方面的工作：一是按照经过多次修订的《中国语言资源集（分省）编写出版规范》制作了"调查点分布图"；确定了调查点相关内容在丛书各部分中的排序；完善了参考文献；增加了涵盖各调查点全部发音人、调查人信息以及调查设备和调查起止时间信息的附录，等等。二是统一了一些内容的表达或呈现方式，如语音卷中连读变调和儿化的内容，原调查材料中不都是表格的形式，即使是表格，各点的表格也不完全一致。经过编写过程中的多次修改，统一成现在丛书中基本一致的表格形式。三是通过专项调查增补了少数调查点原调查材料中欠缺的内容，如少数调查点缺少异读尤其是"新老异读"的内容，我们经过进一步调查进行了增补；再如少数调查点整理的儿化韵与基本韵母对应规律没能涵盖全部的基本韵母，我们也通过进一步调查做了补充。四是认真处理了各点之间用字不一致的问题。用字不一致，首先表现在一部分词缀、体成分、结构助词、语气词等虚成分因在不同的调查点读音不同或在同一调查点的不同句法位置上读音不同而导致的用字不一致。对这一类用字不一致，我们通过制定"关于'子''着''了''呢'等相关成分用字的意见"和"句尾语气词用字的建议"做了这方面用字的统一规定。另一类用字不一致多与对一些成分本字的认定有关，如与普通话"公猪"同义的方言词有的调查点原来记作"赠̈儿""鬃儿",而"赠""鬃"的本字应是"潡",我们就将"赠̈儿""鬃儿"统一为了"潡儿"。再如与普通话"吃早饭"同义的词语有的方言点原来记作"吃早些饭"。从有的方言点是"吃早下饭"和方位成分的"下"读"些"在河北方言中具有一定的普遍性这两个角度观察,可以推断这里"些"的本字是"下"。丛书的定稿中我们把"吃早些饭"都改为了"吃早下饭"。

无论是"河北汉语方言调查项目"的立项、调查还是丛书的编写,河北的整个语保工程从始至终都得到了多方面的大力支持和帮助。语保中心的曹志耘老师、张世方老师、王莉宁老师、刘晓海老师、黄晓东老师、黄拾全老师通过工作交流和答疑解惑从多方面给我们以大量宝贵的指导和建议。语保中心核心专家组的张树铮老师、乔全生老师、汪国胜老师、黑维强老师、岳立静老师和张世方老师、王莉宁老师、黄晓东老师、黄拾全老师通过中期检查、预验收、验收等方式,指出我们调查描写中存在的问题,提出修改意见建议,向我们传授他们所在省市或高校语保工作的经验,为提高河北语保项目的质量和丛书的水平做出了重要贡献。河北省教育厅的领导,尤其是韩爱丽同志多年来一直在以极大的热情关心支持着语保项目,在项目经费的申请、发音人的选聘、与省内相关部门工作关系的协调等方面做了大量的工作。河北省各高校领导和老师们也都是我们语保工作的大力支持者。如河北师大的郑振峰副校长,地理科学学院的李仁杰院长,文学院的武建宇院长、袁世旭副院长,社科处的王颖宏老师,财务处的领导和老师们在调查团队的组建、语保项目经费的管理与使用、方言调查点分布图的设计与审查、参与项目老师们的调查与教学时间的协调等方面给予了大力的支持和帮助。河北各市县语言文字工作系统的领导和老师们通过他们的辛苦劳动,配合我们找到了理想的发音人,他们和发音人一起为我们的语保调查从根本上提供了保障,河北语保工作,他们都功不可没。唐山师范学院的张文光老师、石家庄经济职业学院的武青国老师、河北科技工程职业技术大学的黄卫静老师、邢台学院的郎瑞萍老师虽未担任课题组负责人,但在发音人的选聘、课题调查、丛书编写过程中的补充调查等方面做了大量的工作。在我们因专业调查人员不足,组建调查团队遇到困难时,我们还得到了京津同行的支持。我们的20个调查团队,有3个团队是由京津同行专家组成的,他们帮助我们完成了6个点的调查任务。在《中国语言资源集·河北》即将付梓之际,我们在此一并向他们表示衷心的感谢!

《中国语言资源集·河北》编者
2023 年 1 月

图书在版编目（CIP）数据

中国语言资源集. 河北. 语音卷 / 吴继章主编. —北京：商务印书馆，2023
ISBN 978 - 7 - 100 - 21874 - 0

Ⅰ.①中… Ⅱ.①吴… Ⅲ.①汉语方言—方言研究—河北 Ⅳ.①H17

中国版本图书馆 CIP 数据核字 (2022) 第 223235 号

权利保留，侵权必究。

中国语言资源集·河北
语音卷
吴继章　主编

商 务 印 书 馆 出 版
（北京王府井大街36号　邮政编码 100710）
商 务 印 书 馆 发 行
北京虎彩文化传播有限公司印刷
ISBN 978 - 7 - 100 - 21874 - 0

2023年4月第1版　　　　开本 787×1092　1/16
2023年4月北京第1次印刷　印张 40　插页1
定价：268.00 元